LES
GRANDS ÉCRIVAINS
DE LA FRANCE

NOUVELLES ÉDITIONS

PUBLIÉES SOUS LA DIRECTION

DE M. AD. REGNIER

membre de l'Institut

SUR LES MANUSCRITS, LES COPIES LES PLUS AUTHENTIQUES
ET LES PLUS ANCIENNES IMPRESSIONS
AVEC VARIANTES, NOTES, NOTICES, PORTRAITS, ETC.

J. DE LA FONTAINE
TOME V

PARIS
LIBRAIRIE HACHETTE ET Cie
BOULEVARD SAINT-GERMAIN, 79

M DCCC LXXXIX

LES
GRANDS ÉCRIVAINS
DE LA FRANCE

NOUVELLES ÉDITIONS

PUBLIÉES SOUS LA DIRECTION

DE M. AD. REGNIER

Membre de l'Institut

ŒUVRES

DE

J. DE LA FONTAINE

TOME V

PARIS. — IMPRIMERIE A. LAHURE
Rue de Fleurus, 9

ŒUVRES

DE

J. DE LA FONTAINE

NOUVELLE ÉDITION

REVUE SUR LES PLUS ANCIENNES IMPRESSIONS
ET LES AUTOGRAPHES

ET AUGMENTÉE

de variantes, de notices, de notes, d'un lexique des mots
et locutions remarquables, de portraits, de fac-simile, etc.

PAR M. HENRI REGNIER

TOME CINQUIÈME

PARIS

LIBRAIRIE HACHETTE ET Cie

BOULEVARD SAINT-GERMAIN, 79

1889

CONTES ET NOUVELLES

TROISIÈME PARTIE

(1671)

CONTES ET NOUVELLES

TROISIÈME PARTIE[1]
(1671)

I

LES OIES DE FRÈRE PHILIPPE.

NOUVELLE TIRÉE DE BOCCACE.

Ce conte de la Fontaine est emprunté au préambule de la IVe journée du *Décaméron*; voici la fin du récit de Boccace, tel que le Maçon l'a traduit :

« Ils rencontrerent par fortune une troupe de belles ieunes dames et bien en ordre qui venoient d'une nopce. Lesquelles, tout aussi tost que le garson les vit, il demanda à son pere quelle chose c'estoit. A qui le pere dist : « Mon fils, baisse les yeulx en terre, et « ne les regarde point, car c'est une mauluaise chose. » Le garson dist alors : « Mais comment s'appellent elles? » Le pere, pour non rcueillir en l'appetit concupiscible du ieune garson aulcun inclinable desir moins que utile, ne les voulut nommer par leur

---

[1]. La troisième partie des *Contes et Nouvelles en vers de M. de la Fontaine* fut publiée à Paris, en 1671, chez Claude Barbin, au Palais, sur le perron de la Sainte-Chapelle, in-12 de 1 feuillet blanc, 1 feuillet de titre, 191 pages chiffrées, et 1 page pour le Privilège. Ce Privilège est du 2 mars 1668, avec rappel des Privilèges précédents pour les *OEuvres en vers du sieur de la Fontaine mises en Fables, Contes, et autres* (sic). L'Achevé d'imprimer est du 27 janvier 1671. Ce volume contient, outre la troisième partie des Contes, *le Différend de Beaux yeux et de Belle bouche* (p. 105), et *Clymène*, comédie (p. 140). Une contrefaçon (de 211 pages) parut à Paris (Lyon) la même année.

propre nom, c'est à sçauoir femmes; mais luy dist : « Elles se nom-
« ment oyes. » O chose esmerueillable à ouyr, que cestuy ci, qui
n'en auoit iamais veu, ne se souciant des palais, ne du bœuf, ne du
cheual, ne de l'asne, ne d'argent, ne d'aulcune aultre chose qu'il
eust vue, dist soudainement : « Mon pere, ie vous prie, faictes tant
« que i'aye une de ces oyes! » A qui le pere dist: « O Iesus! mon
« fils, tays toy, c'est une mauluaise chose. » Et le garson en demandant luy dist : « Comment! mon pere, les mauluaises choses sont
« elles ainsi faictes? — Oui », dist le pere. Et le garson respondit : « Ie ne sçay que vous voulez dire, ne pourquoy ces choses ci
« sont mauluaises, car, quant à moy, il ne me semble point auoir
« encore veu chose si belle ne si plaisante comme elles, qui sont
« beaucoup plus belles que les anges peincts que vous m'auez plu-
« sieurs fois monstrés. Hé, mon pere, ie vous supplie, si vous
« m'aymez, faictes que nous menions là haut une de ces oyes, et
« ie luy donneray à paistre. — Ie ne le veulx pas, dist le pere, tu
« ne sçais point par où elles se paissent. »

Le conte de la Fontaine est bien, comme le dit le titre, tiré de Boccace; c'est pourquoi nous citons ce dernier en premier lieu; mais
la même histoire a été narrée antérieurement. Elle est dans le *Livre
de Barlaam et Josaphat*, le célèbre roman chrétien et mystique, si
populaire au moyen âge, écrit sans doute entre 620 et 634, comme
s'est attaché à le prouver M. Zotenberg[1], et traduit plusieurs fois
du grec, en syriaque, en arabe, en copte, en arménien, en latin,
en français, en provençal, en italien, en espagnol, en tchèque, en
polonais, en allemand, etc., qui fut imprimé à Strasbourg et à
Spire, *s. l. n. d.*, vers le milieu du quinzième siècle.

Le fils du roi indien Abenner est élevé jusqu'à l'âge de douze
ans dans l'obscurité, parce que les astrologues ont prédit qu'il de-
viendrait aveugle s'il voyait auparavant la lumière. Ce délai ex-
piré, on le fait sortir des ténèbres où il vivait, et on lui désigne

[1]. *Notice sur le Livre de Barlaam et Josaphat*, Paris, 1886, in-4°.
Voyez aussi *la Légende des saints Barlaam et Josaphat, son origine*,
par M. E. Cosquin (*Revue des questions historiques*, octobre 1880),
où cette parabole est comparée à la légende du Bouddha Çakya-
Mouni, et les principaux traits des deux récits mis en regard; et,
dans les *Miracles de Nostre Dame par personnages*, publiés par
MM. Gaston Paris et Ulysse Robert, le *Miracle de Barlaam et Josaphat* (tome III, p. 241-304).

par leurs noms tous les objets qui passent sous ses yeux. A la vue des femmes, il demande avec empressement comment on nomme ces objets-là : « Ce sont des démons, lui répond-on, des démons redoutables qui induisent toujours à mal, et dont il convient d'éviter l'approche. » Lorsque plus tard son père veut savoir quel objet lui a le plus agréé dans sa promenade : « Ce sont, dit le jeune prince, ces démons qui toujours induisent à mal, ces démons si dangereux, qui m'ont paru si charmants. »

C'est la LXXVIIIe des *Latin stories* tirées de manuscrits des treizième et quatorzième siècles (Londres, 1839-1843, 2 vol. in-8°) : *De heremita juvene*, par Odo de Shirton ou de Cerrington, où les démons ont été changés en oies et le fils du roi en ermite :

Juvenis heremita, qui in heremo a pueritia fuit nutritus, ibat cum abbate suo ad civitatem. Et cum vidisset mulieres in chorea, quid essent ab abbate quæsivit sollicite. Cui abbas : « Anseres sunt. » Et reversus puer ad claustrum flere cœpit. Cui abbas : « Fili, quid vis ? — Pater, volo comedere de illis anseribus quas in civitate vidi. »

La même histoire, dans les mêmes termes, est chez Jean Herolt, *Promptuarium exemplorum discipuli* (exemple XXIII donné sous la lettre L), imprimé à la suite des *Sermones discipuli de tempore* (Bâle, 1482, in-fol.); chez Étienne de Bourbon (Bibliothèque nationale, ms. latin 15970, fol. 338); chez Jacques de Vitry (*ibidem*, ms. latin 17509, fol. 6); chez Pierre de Limoges (*ibidem*, ms. latin 3234); etc.

C'est le proverbe IX des *Proverbi*, petits contes libres de Cornazzano (Venetia, 1518, in-8°); et la XIVe (XIIIe ou XVIIe dans d'autres éditions) des *Ciento novelle antike* (Bologna, 1525, in-4°), la même que dans le *Livre de Barlaam et Josaphat* :

Como uno re fecie nodrire uno suo figliuolo dieci anni in luogo tenebroso, e poi li mostro tutte le cose, e piu le piacque le femine. — A uno re nacque uno figliuolo; savi strologi providero kelli stesse anni dieci ke non vedesse il sole. Allhora il fecie notricare e guardare in tenebroso spelonke. Dopo il tempo detto lo fecie trarre fuori, et innanzi allui fecie metterle molte belle gioie, e di molte belle donzelle, tutte cose nominando per nome; e detto li le donzelle essero domoni, e poi il domandara quale desse li fosse piu gratiosa. Rispose i domoni. Allhora lo re di cio si maraviglio molto, diciendo ke cosa tirannia e bellore di donna.

Voyez aussi, dans le recueil de Zambrini : *Libro di novelle antiche* (Bologne, 1868), cité par Landau (p. 171), le conte plus explicite (n° 22) extrait du *Fiore di virtu* (Venetia, 1474, in-4°); et *das Gänse-*

lein, « la Petite Oie », dans les *Gesammtabenteuer* de Hagen, Stuttgart et Tubingue, 1850, tome II, p. 37. Hans Sachs raconte la même histoire du fils d'un roi de Suède (*Gedichte*, tome IV, p. 125, Nuremberg, 1578, in-fol.).

Elle est enfin dans *le Champion des Dames*, « liure plaisant, copieux et abondant en sentences, contenant la deffence des Dames, contre Malebouche et ses consors, et victoire d'icelles, composé par Martin Franc, secretaire du feu pape Felix V », Paris, 1530, in-16, fol. 94-95. C'est, comme *le Cheualier aus Dames, le Garand des Dames*, fragment du précédent, l'*Epistre au Dieu d'amour* et le *Tresor de la Cité des Dames*, de Christine de Pisan, la pièce intitulée *Contre Roman de la Rose*, *la vray disant Aduocate des Dames*, de Jean Marot, père de Clément, *le Rebous de Matheolus*, etc., etc., une réponse aux attaques du *Roman de la Rose* contre le beau sexe, et à celles du *Matheolus*, violente satire contre les femmes, écrite au quatorzième siècle par un poète inconnu. Martin Franc prélude à son récit par ce dithyrambe en leur honneur:

> C'est l'orient de l'humain plaisir,
> Le mydi de l'humaine ioye,
> Le lieu, le seiour, le loisir,
> Le puys d'amours et la montioye.
> . . . . . Se veu n'eussiez
> Femme, iusques à cestuy iour,
> Et veoir une dame peussiez
> En la beaulté de son atour,
> Tu dirois : Ie voy la fleur
> Du monde et la ioye des ioyes,
> La beaulté, l'honneur et l'amour,
> Et par mon ame si feroies.

Vient ensuite l'anecdote elle-même ·

> Conteray cy d'ung nouice
> Qui oncques veu femme n'auoit.
> Innocent estoit et sans vice
> Et riens du monde ne sçauoit ;
> Tant que celluy qui l'ensuyuoit
> Luy fist acroire par les voies
> Des belles dames qu'il veoit
> Que c'estoient tous oysons et oyes.
> On ne peut nature tromper:

En aprez tant luy en souuint
Qu'il ne peut disner ne soupper,
Tant amoureux il en deuint;
Et quant des moines plus de vingt
Luy demanderent qu'il musoit,
Il respondit, comme il conuint,
Que veoir les oyes luy plaisoit.
Ou oysons, oytz ou anettes,
Qui femme ne veoit il n'a riens.
Comme, sans soleil ou planettes
Ou clarté, aueugle te tiens,
Ainsi, sans elles, de tous biens
La lumiere et fondement,
Homme, par sainct Fremin d'Amiens,
N'a ne ioye n'esbatement.

Cette même anecdote, assez finement racontée, est dans un conte intitulé : *Amatus Fornacius amator ineptus* (Palladii, 1633, in-12, p. 11-13), sans nom d'auteur : nous la donnons à l'*Appendice*. Elle est aussi au début du conte ix des *Heures perdues de R. D. M.*, cavalier françois (s. l., 1615, in-12).

Comparez également la séduction de Rishyasringa, dans le *Ramayana* (édition Schlegel, livre I, chapitres VIII et IX), le fils du saint anachorète, né et grandi au milieu des forêts, et voué dès son enfance à la vie ascétique, que de jeunes courtisanes, de belles enchanteresses, déguisées en ermites, finissent par entraîner hors de sa retraite; le *Calila et Dimna*, édité par Silvestre de Sacy, chapitre XIII; *Gesta Romanorum*, chapitre CXIX; Gower, *Confessio amantis* (Londres, 1532, in-fol.), fol. 110; et Matthœi Pàris, monachi albanensis, *Historia major*, etc. (Zurich, 1589, in-fol.), p. 173.

Mme de Sévigné écrit à sa fille au sujet des œuvres de la Fontaine, et en particulier de cette troisième partie des *Contes*, le 6 mai 1671 : « Ne jetez pas si loin les livres de la Fontaine. Il y a des fables qui vous raviront, et des contes qui vous charmeront : la fin des *Oies de frère Philippe*, les *Rémois*, le *Petit Chien*, tout cela est très joli; il n'y a que ce qui n'est point de ce style qui est plat. Je voudrois faire une fable qui lui fît entendre combien cela est misérable de forcer son esprit à sortir de son genre, et combien la folie de vouloir chanter sur tous les tons fait une mauvaise musique. Il ne faut point qu'il sorte du talent qu'il a de conter. »

Bussy Rabutin, dans une lettre à Furetière du 4 mai 1686

(tome V, p. 538, de l'édition de 1859), vante aussi beaucoup les contes de la Fontaine, particulièrement ses prologues ; et ce qu'il dit s'applique très bien au début de ce conte-ci, dont Mme de Sévigné louait surtout la fin, comme on vient de le voir : « .... Pour M. de la Fontaine, c'est le plus agréable faiseur de contes qu'il y ait jamais eu en France. Il est vrai qu'il en a fait quelques-uns où il y a des endroits un peu trop gaillards, et quelque admirable enveloppeur qu'il soit, j'avoue que ces endroits-là sont trop marqués ; mais quand il voudra les rendre moins intelligibles, tout y sera achevé. La plupart de ses prologues, qui sont des ouvrages de son cru, sont des chefs-d'œuvre de l'art, et pour cela, aussi bien que pour ses fables, les siècles suivants le regarderont comme un original qui à la naïveté de Marot a joint mille fois plus de politesse. »

Rapprochons des *Oies de frère Philippe* la comédie en prose tirée de ce conte et de celui de *la Coupe enchantée*, et qui porte ce dernier titre : *la Coupe enchantée*, par la Fontaine et Champmeslé, qui fut jouée pour la première fois au Théâtre-Français le 16 juillet 1688.

Comparez aussi *le Faucon, ou les Oies de Boccace*, comédie en trois actes, en prose, par Delisle de la Drevetière, précédée d'un prologue et suivie d'un divertissement, représentée au Théâtre-Italien le 6 février 1725 : c'est la donnée du *Faucon*, mêlée, confondue avec celle des *Oies de frère Philippe*; *l'Oracle*, de M. de Saint-Foix (Théâtre-Français, 1740), sorte de féerie qui eut le plus grand succès, où une jeune fille, Lucinde, joue à l'égard d'un jeune homme, Charmant, le même rôle que le garçon de notre nouvelle à l'égard des femmes qu'il rencontre[1] ; *la Volière de frère Philippe*, par Scribe, Delestre-Poirson, et Mélesville, vaudeville en un acte représenté aux Variétés le 15 juin 1818, et d'où a été tiré un ballet en un acte, *la Volière, ou les Oiseaux de Boccace*, par Scribe et Thérèse Essler, musique de Casimir Gide, dansé à l'Opéra en 1838.

Lisez enfin dans le *Théâtre impossible* d'Edmond About (Paris,

1. Paix ! je vais consulter *l'Oracle*
    Auquel on court de tous côtés.
    J'en reviens; écoutez : miracle !
    C'est lui qui m'inspire, écoutez.
    Lucinde aime Charmant ; Lucinde
    Au col une laisse lui met, etc.
        (PIRON, *A une dame qui lui demandoit des vers pour un envoi de manchettes.*)

1861), la spirituelle comédie intitulée *l'Éducation d'un prince*, inspirée par une anecdote que conte Saint-Simon, dans ses *Additions au Journal de Dangeau* (tome III, p. 127) : Le grand Dauphin avait été élevé, comme notre héros, dans une telle innocence de mœurs qu'au jour de son mariage il fallut lui apprendre ce qu'il aurait à faire la nuit de ses noces. Son gouverneur (M. de Montausier) s'y employa vainement ; le Roi lui-même y perdit son latin. On était dans un grand embarras ; mais une dame de bonne volonté (la maréchale de Rochefort) se chargea de parfaire, en quelques minutes, entre deux portes, l'éducation du prince.

Je dois trop au beau sexe, il me fait trop d'honneur
De lire ces récits, si tant est qu'il les lise.
Pourquoi non ? c'est assez qu'il condamne en son cœur
  Celles qui font quelque sottise[1].
  Ne peut-il pas, sans qu'il le dise,   5
  Rire sous cape[2] de ces tours,
  Quelque aventure qu'il y trouve ?
  S'ils sont faux, ce sont vains discours ;
  S'ils sont vrais, il les désapprouve.
Iroit-il après tout s'alarmer sans raison   10
  Pour un peu de plaisanterie[3] ?

1. Au sens très déterminé où on disait autrefois « faire la folie » (*les Lunettes*, vers 139). Comparez Molière, *Sganarelle*, vers 448 : « elles font la sottise » ; et *Amphitryon*, vers 1157-1158 :

Je m'appréhendois fort, et craignois qu'avec toi
Je n'eusse fait quelque sottise.

Semblable locution, au même sens, chez Catulle (*carmen* vi, vers 14) : .... *ni tu quid facias ineptiarum*.

2. Ou *sous chape*, ὑφ' εἱμάτων, comme disaient les Grecs : voyez *Belphégor*, vers 275 : « L'esprit malin rioit sous cape » ; *le Tartuffe* de Molière, vers 24 : « Vous menez sous chape un train que je hais fort » ; Mme de Sévigné, tome V, p. 175 : « On l'a regardée sous cape » ; et rapprochez les vers 21 et 40 de *l'Ermite :* « dedans sa coque », « sous son capuce ».

3. Dans la Préface de la Ire partie des *Contes* (tome IV, p. 14) : « S'il y a quelque chose dans nos écrits qui puisse faire impression

Je craindrois bien plutôt que la cajolerie[1]
 Ne mît le feu dans la maison.
Chassez les soupirants, belles, souffrez mon livre :
 Je réponds de vous corps pour corps[2]. 15
Mais pourquoi les chasser? ne sauroit-on bien vivre
 Qu'on ne s'enferme avec les morts[3]?
 Le monde ne vous connoît guères,
S'il croit que les faveurs sont chez vous familières[4] :
 Non pas que les heureux amants[5] 20
 Soient ni phénix ni corbeaux blancs[6];

sur les âmes, ce n'est nullement la gaieté de ces contes; elle passe légèrement : je craindrois plutôt une douce mélancolie, où les romans les plus chastes et les plus modestes sont très capables de nous plonger, et qui est une grande préparation pour l'amour. »

1. Les paroles caressantes des galants, plutôt que les gais et libres propos des conteurs. Rapprochez les vers 37 de la fable 1 du livre II, 64 du *Petit Chien*, 26 de *la Clochette*, 293 de *Joconde* :

 Ce n'est pas mon métier de cajoler personne;

et dans les lettres de notre poète à sa femme (tome III M.-L., p. 358, 362, et p. 316) : « .... toutes qualités de bon augure, et j'y eusse trouvé matière de cajolerie, si la beauté s'y fût rencontrée. » — Dans un des *Sermons* de Fléchier (tome II, p. 67, de l'édition de 1733) : « Ces assemblées étoient un rendez-vous tumultueux de vanité, de curiosité, de cajolerie. »

2. ....J'en réponds corps pour corps.
  (CORNEILLE, *le Menteur*, vers 1396.)

3. Comme la Matrone d'Éphèse; jolie et naturelle antithèse.
4. Que vous ayez l'habitude de les accorder à tout venant. — Voyez le vers 720 de *la Fiancée du roi de Garbe*, et la note.
5. Les « amants aimés » (*le Gascon*, vers 43; *ibidem*, vers 19). — Même locution dans la fable des *Deux Pigeons*, vers 65 et note 23 : « Amants, heureux amants, etc. », et dans le prologue de *Daphné*, vers 86.
6. On disait, on dit encore plutôt *merles blancs*, mais peut-être avec moins de justesse, car le merle blanc n'est pas introuvable. — « Nul lait noir, nul blanc corbeau. » (Le Roux de Lincy, *Proverbes*, tome I, p. 173.) — Pour *phénix*, comparez le vers 9 de la fable II du livre I.

Aussi ne sont-ce fourmilières¹.
Ce que mon livre en dit doit passer pour chansons².
J'ai servi des beautés³ de toutes les façons⁴ :
Qu'ai-je gagné⁵ ? Très peu de chose, 25
Rien⁶. Je m'aviserois sur le tard⁷ d'être cause

1. Mais ce ne sont pas non plus fourmilières. Même locution figurée au tome II, p. 28, des *Mémoires* de Retz : « cette fourmilière de fripiers » ; et tour semblable à la seconde ligne de la page 13 de notre tome IV.

2. .... Je le souffre aux récits qui passent pour chansons.
(*La Fiancée du roi de Garbe*, vers 3.)

3. Rapprochez le mot *servage*, au tome IV, p. 67 et note 4, et le vers 23 du *Petit Chien*; du Bellay, tome I, p. 272 :

Croyez que vous estes de moy
Encore mieulx seruie ;

et Jodelle, tome II, p. 45 :

Sans estre esclaue, et sans toutesfoys estre
Seul de mon bien, seul de mon cœur le maistre,
Ie me plais à seruir.

4. Au vers 45 du *Faucon :* « marchands de toutes guises. » Comparez le vers 3 du *Faiseur d'oreilles* et la note.

5. I'en voy aulcuns qui, par moyen d'audace,
Viennent au poinct de ce qu'ont pretendu,
Et n'est bon tour que l'Amour ne leur fasse :
Moy, pour estre humble, ay bien le temps perdu.
(SAINT-GELAIS, tome III, p. 38.)

6. Voltaire, dans les vers suivants d'une épître à Mme de Montbrun (tome XIII des *OEuvres*, p. 11-12), s'est évidemment souvenu de ce passage, et aussi du prologue de *Belphégor*, à la Champmeslé, et des élégies.

.... Pour moi je vous louerai, ce sera mon emploi.
Je sais que c'est souvent un partage stérile,
Et que la Fontaine et Virgile
Recueillaient rarement le fruit de leurs chansons.
D'un inutile dieu malheureux nourrissons,
Nous semons pour autrui, etc.

7. La Fontaine naquit en 1621, et cette troisième partie des *Contes* fut publiée en 1671 : il avait donc alors cinquante ans. Voyez tome I, p. cxvi.

Que la moindre de vous commît le moindre mal[1]!
Contons, mais contons bien : c'est le point principal;
C'est tout; à cela près, censeurs, je vous conseille
De dormir, comme moi, sur l'une et l'autre oreille[2]. 30
    Censurez, tant qu'il vous plaira,
    Méchants vers et phrases méchantes[3] :
    Mais pour bons tours[4], laissez-les là,
    Ce sont choses indifférentes;
    Je n'y vois rien de périlleux. 35
Les mères, les maris, me prendront aux cheveux
    Pour dix ou douze contes bleus[5]!
    Voyez un peu[6] la belle affaire!

1.   Sotte ignorance en fait trébucher mille,
    Contre une seule à qui nuiroient mes vers.
       (*Le Fleuve Scamandre*, vers 16-17.)

2. Comparez la Préface de la Ire partie des *Contes*, tome IV, p. 13-16 et les notes; *la Critique de l'École des femmes*, de Molière, scène VI (tome III, p. 345-346); et, pour l'expression, Ronsard (tome II, p. 327) :

    Vostre bonté, qui n'a point de pareille,
    Permit de m'endormir sur l'une et l'aultre oreille;

et Voltaire, lettre à M. de la Houlière du 22 octobre 1770 : « Dormez donc sur l'une et l'autre oreille, mon cher petit-neveu. »

3. Mal tournées; nous ne pensons pas qu'il y ait ici une équivoque sur ce mot : le « Contons bien » qui précède ne permet même pas de doute. Dans la *Vie d'Ésope*, tome I, p. 39 : « Voilà, dit Xantus, la pâtisserie la plus méchante que j'aie jamais mangée. »

4. Semblable locution au même sens : les « bons tours » d'amour, aux vers 499 de *Joconde*, 221 de *Richard Minutolo*, 171 du *Faiseur d'oreilles*, 173 de *l'Oraison de saint Julien*; etc., etc., et ci-dessus, au vers 6.

5. Des contes de bonne femme, ou, comme dit Boileau dans sa *Dissertation* sur *Joconde*, des « contes de ma Mère l'Oie ». Voyez la *Notice biographique* en tête de notre tome I, p. LXXXV-LXXXVI.
— Dans *le Tartuffe*, de Molière, vers 141 :

    Voilà les contes bleus qu'il vous faut pour vous plaire!

6. Même locution et même tour au vers 66 du conte IX de la IIe partie :

    Voyez un peu la perte que c'étoit!

Ce que je n'ai pas fait, mon livre iroit le faire?
Beau sexe, vous pouvez le lire en sûreté. 40

  Mais je voudrois m'être acquitté
  De cette grâce par avance[1].
 Que puis-je faire en récompense[2]?
Un conte où l'on va voir vos appas triompher :
Nulle précaution ne les peut étouffer[3]. 45
Vous auriez surpassé le printemps et l'aurore
Dans l'esprit d'un garçon, si, dès ses jeunes ans[4],
Outre l'éclat des cieux, et les beautés des champs,
  Il eût vu les vôtres encore.
Aussi, dès qu'il les vit, il en sentit les coups, 50
Vous surpassâtes tout; il n'eut d'yeux que pour vous[5];
Il laissa les palais[6] : enfin votre personne
  Lui parut avoir plus d'attraits
  Que n'en auroient, à beaucoup près,
  Tous les joyaux de la Couronne. 55

1. De la grâce, de l'honneur (vers 1), que me fera le beau sexe de lire mes contes.

2. Voyez, au tome IV, p. 61 : « se récompenser de », et la note.

3. Put. (1685, 1686, 1705.) — Ne peut en arrêter l'effet, en diminuer la force. — Comparez le vers 144 de *la Courtisane amoureuse :*

  N'est-il pas vrai que naguère, entre nous,
  A mes attraits chacun rendoit hommage?
  Ils sont *éteints*, ces dons si précieux.

4. Vers 63 : « dès ses plus tendres ans ».

5. Dans *Clitandre* de Corneille, vers 134 : « Il n'a d'yeux que pour toi »; dans *Psyché*, vers 1185 :

  N'ayez d'yeux que pour moi qui n'en ai que pour vous;

dans *la Comtesse d'Escarbagnas* de Molière, scène II : « L'amour que vous lui donnez éclate dans toutes ses actions, et l'empêche d'avoir des yeux que pour vous. »

6. Il cessa de les « considérer », de les « admirer », ci-dessous, vers 145-149.

On l'avoit dès l'enfance élevé dans un bois.
　　Là, son unique compagnie
Consistoit aux oiseaux¹ ; leur aimable harmonie
　　Le désennuyoit quelquefois.
Tout son plaisir étoit cet innocent ramage ; 　　　60
Encor ne pouvoit-il entendre leur langage².
　　En une école si sauvage
Son père l'amena dès ses plus tendres ans³.
　　Il venoit de perdre sa mère ;
Et le pauvre garçon ne connut la lumière 　　　65
　　Qu'afin qu'il ignorât les gens.
Il ne s'en figura⁴, pendant un fort long temps,
　　Point d'autres que les habitants
　　De cette forêt, c'est-à-dire
Que des loups, des oiseaux, enfin ce qui respire 　　　70
Pour respirer sans plus⁵, et ne songer à rien⁶.
Ce qui porta son père à fuir tout entretien⁷,

---

1. Livre XII, fable xx, vers 7 :

　　Son bonheur consistoit aux beautés d'un jardin.

« Le prix d'un homme consiste au cœur et en la volonté. » (Montaigne, tome I, p. 302.) — « Le bien jouer à la paume ne consiste pas en l'esprit, mais au mouvement et en la disposition du corps. » (Malherbe, tome II, p. 46.)

2. Qui est un langage d'amour.
3. Ci-dessus, vers 47 : « dès ses jeunes ans ».
4. Il ne s'imagina, il ne se représenta : comparez le vers 120 de *Richard Minutolo*.
5. Tome IV, p. 78 et note 2.
6. Cependant le fabuliste a écrit (livre II, fable xiv, vers 1-2) :

　　Un Lièvre en son gîte songeoit,
　Car que faire en un gîte, à moins que l'on ne songe ?

sans parler de tant d'autres passages sur le raisonnement des animaux. Mais les animaux de ses fables sont à la fois des bêtes et des hommes.

7. Tout commerce avec les hommes. Chez Amyot (traduction

Ce furent deux raisons, ou mauvaises, ou bonnes :
　　　L'une, la haine des personnes;
　　　L'autre, la crainte¹; et, depuis qu'à ses yeux　　75
Sa femme disparut, s'envolant dans les cieux²,
　　　Le monde lui fut odieux;
　　　Las d'y gémir et de s'y plaindre,
　　　Et partout des plaintes ouïr³,
Sa moitié le lui fit par son trépas haïr,　　　　　80
　　　Et le reste des femmes craindre⁴.
Il voulut être ermite, et destina son fils
　　　A ce même genre de vie⁵.
　　　Ses biens aux pauvres départis⁶,
　　　Il s'en va seul, sans compagnie　　　　　　85
Que celle de ce fils, qu'il portoit dans ses bras :
Au fond d'une forêt il arrête ses pas.
(Cet homme s'appeloit Philippe, dit l'histoire⁷.)

de la *Vie de Périclès*, tome I, p. 277) : « Il desista d'aller aux banquetz où on le conuioit, et laissa tout aultre tel entretien d'amis, et toute telle maniere de conuersation. »

1. Surtout la crainte des femmes, comme on le verra six vers plus bas.

2. C'est dire qu'elle était bonne, accomplie : un ange.

3. 　Tous deux ne recueillant que plainte et que murmure...,
　　Vont confier leur peine au silence des bois.
　　Là, sous d'âpres rochers, etc.
　　　　(Livre XII, fable xxv, vers 31 et suivants.)

4. Parce qu'il les comparait à la femme qu'il avait perdue; ou plutôt parce qu'il avait peur de les aimer.

5. Chez Boccace : *Costui per la morte della sua donna tanto sconsolato rimase quanto mai alcuno altro, amata cosa perdendo, rimanesse. Et veggendosi di quella compagnia, laquale egli piu amava, rimaso solo, del tutto si dispose di non volere piu essere al mondo, ma di darsi al servigio di Dio, et il simigliante fare del suo piccolo figliuolo.*

6. Partagés, distribués : voyez *le Muletier*, vers 83 et la note. — « Quand se vit toucher argent comptant, il en departit à beaucoup de gens. » (Noel du Fail, *les Propos rusticques*, p. 56.)

7. *Fu un cittadino, ilquale fu nominato Filippo Balducci.*

Là, par un saint motif, et non par humeur noire,
Notre ermite nouveau cache avec très grand soin   90
Cent choses à l'enfant¹, ne lui dit, près ni loin²,
    Qu'il fût au monde aucune femme,
    Aucuns desirs, aucun amour;
Au progrès de ses ans réglant en ce séjour
    La nourriture³ de son âme.   95
A cinq, il lui nomma des fleurs, des animaux,
    L'entretint de petits oiseaux;
Et, parmi ce discours⁴ aux enfants agréable,
    Mêla des menaces du diable,
Lui dit qu'il étoit fait d'une étrange façon⁵ :   100
La crainte est aux enfants la première leçon⁶.
Les dix ans expirés, matière plus profonde
Se mit sur le tapis⁷ : un peu de l'autre monde
    Au jeune enfant fut révélé,

---

1. *Col quale di limosine in di giuni et in orationi vivendo, sommamente si guardava di non ragionare, là dove egli fosse, d'alcuna temporal cosa, ne di lasciarnegli alcuna vedere.*

2. Point du tout. Semblable locution dans *le Muletier*, vers 35. — « Il ne souffroit prez ou loing ung mauluais garson. » (Du Fail, tome II, p. 21.) « Ils ne sçauent pourtant pas que c'est, ny ne l'apprehendent (ne le conçoivent) ny prez ni loing. » (Montaigne, tome II, p. 403.) « Cet écrit ne parle ni près ni loin de société. » (Patru, vi⁰ plaidoyer.)

3. Tomes II, p. 333, III, p. 64, et les notes.

4. Pour cet emploi de *parmi* avec un régime singulier, voyez tome III, p. 95.

5. Qu'il avait queue, cornes et griffes (*le Diable de Papefiguière*, vers 33).

6. *Initium sapientiæ timor Domini.* (*Ecclesiasticus*, chapitre 1, verset 16.) Ici c'est la crainte du diable.

7.   Le cas se met sur le tapis.
        (Saint-Amant, *les Nobles Triolets*, vers 161.)

Rapprochez, pour cette image, le vers 26 de *Richard Minutolo*; et, chez du Fail (tome I, p. 211), l'expression : « mettre sur le tablier » : « Le seigneur mit sur le tablier les bons tours et finesses, etc. »

Et de la femme point parlé. 105
Vers quinze ans, lui fut enseigné,
Tout autant que l'on put, l'auteur de la nature,
Et rien touchant la créature :
Ce propos n'est alors déjà plus de saison
Pour ceux qu'au monde on veut soustraire¹; 110
Telle idée en ce cas est fort peu nécessaire.

Quand ce fils eut vingt ans, son père trouva bon
De le mener à la ville prochaine.
Le vieillard, tout cassé², ne pouvoit plus qu'à peine
Aller querir son vivre³ : et, lui mort, après tout, 115
Que feroit ce cher fils? comment venir à bout
De subsister sans connoître personne?
Les loups n'étoient pas gens⁴ qui donnassent l'aumône.
Il savoit bien que le garçon
N'auroit de lui pour héritage 120
Qu'une besace et qu'un bâton :
C'étoit un étrange partage⁵.
Le père à tout cela songeoit sur ses vieux ans.
Au reste, il étoit peu de gens
Qui ne lui donnassent la miche⁶. 125

1. Il serait imprudent de leur en donner la moindre idée, « aulcun inclinable desir moins que utile », comme traduit le Maçon cité à la notice.

2. Dans *le Cid* de Corneille (vers 1010) : « Tout cassé que je suis.... »

3. Même locution : « le vivre », au vers 10 de la fable III du livre VII. Chez Brantôme (tome VII, p. 238) : « Que pouuoient lz moins faire.... que là chercher leur viure et là le trouuer, puisque leur patrie leur desnyoit? » — « Uses donques hardiment de l'infinitif pour le nom, comme *l'aller, le chanter, le vivre, le mourir.* » (DU BELLAY, *Illustration de la langue françoise*, chapitre IX.)

4. Pour cette personnification des bêtes, comparez tome II, p. 271; et *passim;* et Voiture (tome I, p. 168) : « Avec le temps, ils (ces lions) seront gens de bien. »

5. Voyez le vers 84 et la note.

6. Qui ne lui donnassent du pain, proprement le pain grossier

Frère Philippe eût été riche
S'il eût voulu. Tous les petits enfants
Le connoissoient, et, du haut de leur tête[1]
　Ils crioient : « Apprêtez la quête !
Voilà frère Philippe. » Enfin dans la cité　　　130
　Frère Philippe souhaité
Avoit force dévots[2], de dévotes pas une[3],

réservé aux gueux qui mendiaient aux portes; on disait « fliche (lard) ne miche » pour dire « rien du tout » : voyez l'*Ancien Théâtre françois*, tomes I, p. 55, II, p. 35, 176; Coquillart, tome II, p. 171 :

　　Les gros bouletz à couleuurines,
　　Ce sont les miches du conuent;

Rabelais, tome I, p. 149 : « Ainsi leurs ayde Dieu, s'ilz prient pour nous, et non par paour de perdre leurs miches et soupes grasses »; *le Moyen de parvenir*, p. 308-309 : « point de pain, mais de la miche »; le *Recueil de poésies françoises*, tome X, p. 93 :

　　Mieulx vauldroit n'auoir qu'une miche
　　Que de meschant cas se conurir;

et dans le *Nouveau Recueil de fabliaux* de Jubinal (Paris, 1839), tome I, p. 207 :

　　Maintenant la dame li done
　　Plein pot de vin et une miche,
　　Et une piece d'une fliche,
　　Et de pois une grant potée.

1. Comparez *l'Ermite*, vers 52 et la note : « tout du haut de la tête ».

2. ....Messieurs les curés, en tous ces cantons-là,
　Ainsi qu'au nôtre, avoient des dévots et dévotes.
　　　　(*Le Cas de conscience*, vers 104-105.)

Dans *Psyché*, livre I (tome III M.-L., p. 26) : « plus d'offrandes, plus de dévots »; dans une lettre (*ibidem*, p. 398) : « le chef de ses dévots ».

3. Rapprochez la comédie de *Clymène*, vers 370 :

　　Je parle en la personne
　Du sexe en général, des dévotes d'Amour;

Rabelais, tome I, p. 206 : « Auecques soy il emmenoit une des

Car il n'en vouloit point avoir.
Sitôt qu'il crut son fils ferme dans son devoir¹,
 Le pauvre homme le mène voir   135
  Les gens de bien², et tente la fortune³.
Ce ne fut qu'en pleurant qu'il exposa ce fils.

 Voilà nos ermites partis;
Ils vont à la cité, superbe, bien bâtie,
  Et de tous objets assortie⁴ :   140
   Le prince y faisoit son séjour.
   Le jeune homme, tombé des nues⁵, [cour.
Demandoit : « Qu'est-ce là? — Ce sont des gens de
— Et là? — Ce sont palais. — Ici? — Ce sont statues⁶. »

dames, celle laquelle l'auoit prins pour son deuot »; et Mlle de Montpensier (*Mémoires*, tome III, p. 440) : « .... Il y avoit dix ans qu'elle étoit sa dévote, car ils appellent cela ainsi. »

1. Je l'ai toujours connu ferme dans son devoir.
(Corneille, OEdipe, vers 1024.)

2. Les gens vertueux, bienveillants, charitables.

3. En hasardant son cher fils. — C'est le fils, chez Boccace, qui demande à son père de le conduire à Florence : « *Padre mio, voi siete hoggimai vecchio, et potete male durare fatica; perche non mi menate voi una volta a Firenze, accio che, faccendomi conoscere gli amici et divoti di Dio et vostri, io, che son giovane, et posso meglio faticare di voi, possa poscia pe' nostri bisogni a Firenze andare quando vi piacera, et voi rimanervi qui? » Il valente huomo, pensando che gia questo suo figliuolo era grande, et era si habituato al servigio di Dio che malagevolmente le cose del mondo a se il dovrebbono homai poter trarre, seco stesso disse : « Costui dice bene. » Perche, havendovi ad andare, seco il meno.*

4. Tome IV, p. 221. — Comparez le vers 19 du *Petit Chien* et la note :

....Elle, jeune et jolie,
Et de tous charmes assortie.

5. « Richard, tombé des nues » (*le Calendrier*, vers 242).

6. *Quivi il giovane, veggendo i palagi, le case, le chiese, et tutte l'altre cose dellequali tutta la citta piena si vede, si come colui che mai*

20 CONTES. [C. I

Il considéroit tout, quand de jeunes beautés 145
 Aux yeux vifs, aux traits enchantés[1],
Passèrent devant lui. Dès lors nulle autre chose
 Ne put ses regards attirer.
Adieu palais[2], adieu ce qu'il vient d'admirer :
 Voici bien pis, et bien une autre cause 150
  D'étonnement[3].
Ravi comme en extase[4] à cet objet charmant[5],
 « Qu'est-ce là, dit-il à son père,
 Qui porte un si gentil habit?
Comment l'appelle-t-on[6]? » Ce discours ne plut guère
 Au bon vieillard, qui répondit :

piu per ricordanza vedute non havea, si comincio forte a maravigliare, et di molte domandava il padre che fossero et come si chiamassero. Il padre gliele diceva; et egli, havendolo udito, rimaneva contento, et domandava d'una altra.

1. Respirant la grâce et la joie, pleins d'enchantement. On dit aussi : « regards enchantés », « manières enchantées ». Mme de Sévigné écrit à peu près dans le même sens : « Il faut à cette heure parler du beau temps; il est enchanté » (tome VIII, p. 118). « Il y eut hier au soir une fête extrêmement enchantée à l'hôtel de Condé » (tome VI, p. 254).

2. Vers 52. — « Je ne connois rien de plus parfait que vous, et je n'ai plus de curiosité pour tout le reste. » (*La Coupe enchantée*, comédie, scène XI.)

3. Rapprochez *le roi Candaule*, vers 28-29 :

 ....Ils vont; Gygès admire. Admirer c'est trop peu :
  Son étonnement est extrême.

4. « La joie de Psyché fut grande, si l'on doit appeler joie ce qui est proprement extase; encore ce mot est-il foible, et n'exprime pas la moindre partie du plaisir que reçut la belle (à la vue de l'Amour). » (*Psyché*, livre I, tome III M.-L., p. 71.)

5. A cet objet qui n'eût eu l'âme émue?
  (*L'Oraison de saint Julien*, vers 255 et la note.)

Au livre IX, fable II, vers 79 : « tant d'objets si doux et si charmants ».

6. *O, come si chiamano?*

« C'est un oiseau qui s'appelle oie.
— O l'agréable oiseau! dit le fils plein de joie.
Oie, hélas! chante un peu, que j'entende ta voix!
    Peut-on point un peu te connoître¹?
Mon père, je vous prie et mille et mille fois,
    Menons-en une en notre bois²,
    J'aurai soin de la faire paître³. »

1.   Ne pourroit-on point te connoître?
                    (1685, 1686, 1705.)

2. « Mon Dieu, mon père, je vous supplie m'acheter une de ces « oies », et incontinent.... en va prendre une qu'il embrasse, baise, et mettoit déjà la main à la bague, pour commencer la carrière, si son père et les autres ne l'eussent empêché. » (*Les Heures perdues*, citées à la notice.) — « Mais que vois-je? Ah! c'est ce que je cherche.... Oui, mon père, les voilà. Souffrez que je les amène à ma chambre; je vous promets de n'en sortir jamais. » (*La Coupe enchantée*, comédie, scène dernière.)

3. Ce trait de la fin est, comme on l'a vu, chez Boccace, il y en a même un second : « *Fate che noi cene meniamo una cola su di queste papere, et io le daro beccare.* » *Disse il padre* : « *Io non voglio; tu non sai donde elle s'imbeccano* », par où on les abecque. — Dans une lettre de Mme de Sévigné du 22 décembre 1675 (tome IV, p. 292) : « Vous me faites peur de votre vieille veuve qui se marie à un jeune homme : c'est un grand bonheur de n'être point sujette à se coiffer de ces oisons-là ; il vaut mieux les envoyer paître que de les y mener. »

II

LA MANDRAGORE.

NOUVELLE TIRÉE DE MACHIAVEL.

Ce conte est emprunté à la comédie de Machiavel intitulée *Comedia di Callimaco et di Lucrezia* (1re édition, *s. l. n. d.*, petit in-8°), puis *Mandragola* (Rome, Venise, Florence, 1524, 1531, 1533, etc.), en cinq actes, en prose, précédée d'un prologue, et dont voici le sujet : Messire Nicia Calfucci désire vivement avoir un enfant. Le jeune Callimaco Guadagni, amoureux de sa femme, se déguise en médecin, et, dans un langage qui ressemble à celui des médecins de Molière, lui persuade, s'il veut être père, de faire boire à la belle Lucrezia une potion à la mandragore. « N'est-ce que cela ? » s'écrie Nicia. « Attendez, lui répond le jeune homme, vous ne serez pas dispensé pour cela de vous acquitter des devoirs conjugaux, et il vous en coûtera la vie. » Grand effroi du mari : alors Callimaco lui propose d'introduire auprès de sa femme un jeune rustaud qui courra tous les risques. Nicia finit par y consentir ; tout le monde se prête à cet expédient : Sostrata, mère de Lucrezia, frère Timoteo, Ligurio, parasite, Siro, valet de Callimaco ; et c'est Callimaco lui-même, on le devine, qui se présente sous un déguisement, et se glisse auprès de la belle Lucrezia. Une fois le charme rompu, Nicia considère que tout est pour le mieux dans le meilleur des mondes, et sa femme aussi.

Voici ce qu'écrivait Voltaire au sujet de cette comédie dans sa xvie lettre d'Amabed : « La comédie que je vis avant-hier chez le Pape[1], dit Amabed, est intitulée *la Mandragora* (sic). Le sujet de la pièce est un jeune homme adroit qui veut coucher avec la femme de son voisin. Il engage avec de l'argent un moine, un *Fa tutto* ou un *Fa molto*, à séduire sa maîtresse et à faire tomber son mari dans un piège ridicule. On se moque tout le long de la pièce de

---

1. Léon X la fit jouer en effet, en 1520, au Vatican, où elle eut un grand succès.

la religion que l'Europe professe, dont Roume (Rome) est le centre, et dont le siège papal est le trône. De tels plaisirs te paraîtront peut-être indécents.... Mais la comédie est si jolie que le plaisir l'a emporté sur le scandale. » (*OEuvres*, tome XXXIV p. 261.)

La Fontaine a suivi de près Machiavel, mais il a retranché les personnages de Sostrata et de Siro, et il parle à peine de frère Timoteo, et de Ligurio (qu'il transforme en valet), bien que ces deux intrigants jouent dans la pièce un rôle très important et très actif.

Brantôme, dans ses *Dames galantes*, p. 96, raconte deux anecdotes analogues, mais le dénouement de la première est bien différent de celui de notre conte : « Ie cognois ung qui, ne pouuant rien faire à sa femme, attiltra ung grand laquais qu'il auoit, beau fils, pour coucher et depuceler sa femme en dormant, et sauuer son honneur par là; mais elle s'en apperceut et le laquais n'y fit rien, qui fut cause qu'ilz plaiderent longtemps : finalement ilz se demarierent. Le roy Henry de Castille en fit de mesmes, lequel, ainsi que raconte Baptista Fulgosius[1], voyant qu'il ne pouuoit faire d'enfans à sa femme, il s'ayda d'ung beau et ieune gentilhomme de sa cour pour luy en faire : ce qu'il fit; dont pour la peine il luy fit de grans biens, et l'aduança en des honneurs, grandeurs et dignitez : ne fault douter si la femme ne l'en ayma et s'en trouua bien. Voylà ung bon cocu. »

Rapprochons aussi, entre autres nombreuses substitutions du même genre, Brantôme, déjà cité, *ibidem*, p. 639-642, 699; et l'histoire ou plutôt la légende du prince de Darmstadt nommé grand d'Espagne à vie « pour qu'il pût demeurer à la cour et s'y insinuer à loisir, pour venir à bout du dessein de faire un enfant à la reine (Marie-Anne de Bavière Neubourg, seconde femme de Charles II roi d'Espagne) » (*Mémoires de Saint-Simon*, tome I, p. 477-478).

La *Mandragola* a été imitée par J.-B. Rousseau dans sa comédie, *la Mandragore*, également en cinq actes, en prose, « tirée, dit le titre, de l'italien de Machiavel »; mais il a changé le nom de quelques-uns des acteurs; en voici la liste : « Le docteur Cacarelle; Lucrèce, sa femme; Sostrate, mere de Lucrèce; Léandre, amant

---

[1]. *Bap. Fulgosii factorum dictorumque memorabilium libri* IX, chapitre III du dernier livre, Paris, 1588, in-8°, p. 323.

de Lucrèce; Sbrigani, homme d'intrigues; Covielle, valet de Léandre; frère Timothée, moine; une dévote. — La scène est à Florence. » Voyez le *Supplément aux OEuvres de M. Rousseau, contenant les pièces que l'auteur a rejetées de son édition*, p. 5-106 (1 vol. in-12, Londres, 1723).

Citons également *la Potione, comedia facetissima et dilletevole*, en quatre actes et un prologue, imitation de la *Mandragola*, écrite dans les dialectes vénitien, bergamasque, italo-grec, etc., par Andrea Calmo, Venise, 1552, in-8°, réimprimée en 1560, 1561, et 1600.

Rappelons enfin la nouvelle de Charles Nodier, intitulée *la Fée aux miettes* (1832, in-8°), dont le héros, pour posséder sa maîtresse, doit trouver « la mandragore qui chante ».

Au présent conte[1] on verra la sottise
D'un Florentin. Il avoit femme prise[2],
Honnête et sage autant qu'il est besoin,
Jeune pourtant, du reste toute belle :
Et n'eût-on cru de jouissance telle[3]   5

1. Comparez, pour cet emploi du datif, tome IV, p. 410 et note 1.
2. Sur cet accord du participe avec le régime qui le précède, voyez tome IV, p. 69 et note 8; et ces curieux vers de Marot *à ses disciples*, tome III, p. 32-33 :

> Enfans, oyez une leçon :
> Nostre langue a ceste façon
> Que le terme qui va deuant
> Voluntiers regist le suyuant.
> Les vieux exemples ie suyuray
> Pour le mieulx ; car, à dire vray,
> La chanson fut bien ordonnée
> Qui dit : « M'amour vous ay donnée ».
> Et du bateau est estonné[a]
> Qui dit : « M'amour vous ay donné. »
> Voilà la force que possede
> Le femenin quand il precede.

3. Telle que celle d'une pareille femme.

[a] Est troublé par quelque fatigue, quelque préoccupation ; n'est pas dans son assiette.

Dans le pays, ni même encor plus loin¹.
Chacun l'aimoit, chacun la jugeoit digne
D'un autre époux² : car, quant à celui-ci,
Qu'on appeloit Nicia Calfucci,
Ce fut un sot³ en son temps⁴ très insigne⁵.
Bien le montra lorsque, bon gré, mal gré,
Il résolut d'être père appelé ;
Crut qu'il feroit beaucoup pour sa patrie
S'il la pouvoit orner de Calfuccis.
Sainte ni saint n'étoit en paradis
Qui de ses vœux n'eût la tête étourdie⁶ ;
Tous ne savoient où mettre ses présents.
Il consultoit matrones⁷, charlatans,

1. On ignoroit le prix de sa possession :
Seulement à l'user chacun la croyoit bonne.
(*Le Gascon puni*, vers 24-25.)
2. Elle méritait « d'être un peu mieux pourvue » (*le Calendrier*, vers 208 et note 2).
3. Comparez le vers 52 de *Féronde* :

Féronde étoit un sot de par le monde ;

et le vers 45 du *Mari confesseur* et la note.
4. Même locution aux vers 5 du *Muletier* et 21 des *Troqueurs*. — « Iehan Ragot, noble gueux en mon temps. » (*Recueil de poésies françoises*, tome V, p. 147.) « Il estoit riche en son temps. » (RABELAIS, tome II, p. 327.)
5. Ce roi fut en sottise un très grand personnage.
(*Le roi Candaule*, vers 3.)
6. Jupiter est là-haut étourdi de leurs cris.
(Livre X, fable v, vers 9 et la note.)

Dans *Belphégor*, vers 35 : « Satan en étoit étourdi (de leurs cris). »

— Il n'y a sainct en la kyrielle
Ne saincte qui n'ayt sa chandelle.
(*Recueil de poésies françoises*, tome II, p. 14.)

7. Les sages-femmes ; et peut-être aussi les devineresses : voyez la fable xv du livre VII. — « On porte quelquefois les filles heureusement, et les garçons ont des fantaisies de venir plus tôt.... Après cette leçon de matrone, je vous ferai mille compli-

Diseurs de mots[1], experts sur cette affaire[2] :
Le tout en vain ; car il ne put tant faire   20
Que d'être père. Il étoit buté là[3],

ments, etc. » (Lettre de Mme de Sévigné à sa fille, du 6 septembre 1671, tome II, p. 346-347.) « Il y avoit là, entre les matrones, une vieille madame Pezé, âgée de quatre-vingts ans, nommée d'office, qui fit cent folies ; elle alloit de temps en temps voir en quel état il étoit, et revenoit dire aux experts : « C'est grand'pitié ; « il ne nature point. » (TALLEMANT DES RÉAUX, tome VI, p. 30.) — Dans le *Satyricon* de Pétrone (chapitres CXXVII-CXXXIX), Polyenos, qui, victime des enchantements des magiciens, n'a pu jouir de Circé, est guéri par les sortilèges et les remèdes très efficaces d'une vieille.

1. Diseurs de mots magiques, cabalistiques : des sorciers, des exorcistes, capables de rendre la virilité à un homme, de dénouer l'aiguillette des refroidis, des ensorcelés, des maléficiés. Peut-être aussi les diseurs de bonne aventure, les faiseurs d'horoscope, comme ceux que consulte un père, aux vers 3-5 de la fable XVI du livre VIII, « sur le sort de sa géniture ». Comparez le début de *l'Oraison de saint Julien* et les notes.

2. Ligurio, le parasite, dans la comédie de Machiavel, lui conseille tout d'abord d'aller à des bains renommés.

3. Il tendait opiniâtrément à ce but.

Si je suivois mon goût, je saurois où buter.
(Livre III, fable 1, vers 23.)

L'escumeur qui le suit a rencontré le centre
  Où butoit son desir.
(*Ancien Théâtre françois*, tome IX, p. 378.)

Dans une épigramme de Maynard :

Lise, je vois que ta finesse
Bute à m'engager sous tes lois.

Chez Tallemant des Réaux (tome III, p. 277) : « Il butoit à se faire maréchal de France. » Dans *l'Étourdi* de Molière, vers 1748 :

Toutes mes volontés ne butent qu'à vous plaire.

Comparez chez Brantôme (tome V, p. 173), au même sens : « Ce mareschal s'estoit si fort heurté aux commandemens du roy qu'il n'auoit rien tant en affection que de les executer. » Mais le verbe *buter* implique ici en outre : « sans pouvoir y atteindre », comme un homme qui s'obstine, qui s'efforce, vainement. « Il bute là, mais on ne sait s'il y pourra parvenir. » (Dictionnaire de Richelet.)

Quand un jeune homme, après avoir en France
Étudié, s'en revint à Florence,
Aussi leurré[1] qu'aucun de par delà[2] ;
Propre[3], galant, cherchant partout fortune,   25
Bien fait de corps[4], bien voulu de chacune[5].

1. Terme de fauconnerie : dressé au leurre ; au figuré, homme délié, adroit, pratique : « Il est leurré à cela », il s'y connaît. « Garson si bien leurré » (*le Printemps d'hiver*, p. 643). « Leurrer, par metaphore, c'est desniayser ung homme neuf, et le faire deuenir cault et habile ; selon ce on dict d'un homme grossier qu'il n'a pas encore esté leurré. » (Dictionnaire de Robert Estienne.) Voyez tome III, p. 254 et note 27. — Rapprochez l'expression *déluré* (déleurré), qui n'a plus besoin du leurre.

> *Un giovane, Callimaco Guadagni,*
> *Venuto or da Parigi,*
> *Abita là in quella sinistra porta.*
> *Costui, fra tutti gli altri buon compagni,*
> *A' segni et a' vestigi*
> *L'onor di gentilezza e pregio porta.*
>   (*Mandragola*, prologue.)

2. De par delà les monts.
3. « Propre, bien fait, bien mis. » (*Le Magnifique*, vers 21.)

> Propre, toujours rasé, bien disant, et beau fils.
>   (*Le Tableau*, vers 59.)

« ....Tant tu vas propre et bien en poinct. » (SAINT-GELAIS, tome II, p. 230.) « Comment, Monsieur Jourdain ? vous voilà le plus propre du monde ! » (MOLIÈRE, *le Bourgeois gentilhomme*, acte III, scène IV.)

4. Même locution : « bien fait de corps », dans *la Courtisane amoureuse*, vers 18.

5. Bien vu, bien accueilli, bien reçu ; mais le terme ici, on le sent, est beaucoup plus expressif. Nous le rencontrons dans l'*Ancien Théâtre françois*, tome VI, p. 110 ; chez des Périers (tome I, p. 79) : « Auec sa magnificence, il auoit une certaine priuauté qui le fesoit encore mieulx vouloir de tout le monde » ; chez Brantôme (tome V, p. 52, et p. 88) : « Il fut bien voulu et aymé de deux trez grandes dames de par le monde » ; chez du Bellay (tome I, p. 256) ; et « mal voulu » chez Remy Belleau (tome I, p. 136) :

> Mal né, mal voulu de chacun.

Voyez les *Lexiques de Malherbe et de Corneille*, au mot VOULOIR.

Il sut dans peu la carte du pays[1];
Connut les bons et les méchants maris,
Et de quel bois se chauffoient leurs femelles[2],
Quels surveillants ils avoient mis près d'elles,   30
Les si, les car[3], enfin tous les détours;

1. « Quant à vos intérêts de deçà, laissez les gouverner par celui qui les y a fait naître, qui sait la charte et le pays. » (CHAPELAIN, recueil cité, tome II, p. 480.) « Valenzuela en savoit déjà la carte (du palais). » (MME D'AULNOY, *Mémoires de la cour d'Espagne*, tome I, p. 87.) « Mme des Ursins savoit trop la carte de la cour pour ignorer, etc. » (SAINT-SIMON, tome IV, p. 230.) Rapprochez l'expression : « perdre la carte ». — Autre figure dans *Richard Minutolo*, vers 10-11 :

Il n'étoit lors de Paris jusqu'à Rome
Galant qui sût si bien le numéro.

2. Quelles femmes c'étaient, et de quoi elles étaient capables. — « Croyez que ie n'en eusse mis si auant les fers au feu, si ie n'eusse bien sceu de quel bois elle se chauffe, pour l'auoir cogneue dez le berceau. » (*Ancien Théâtre françois*, tome VII, p. 130.) « Il voulut voir.... ceux qui luy sembloient de plus gaye et mathurinesque humeur, et de quel bois ilz se chauffoient. » (BRANTÔME, tome V, p. 153.) « Lequel mary, estant assez instruict de quel bois se chauffe tel animant (la femme).... » (DU FAIL, tome II, p. 216.) « Quant aux cours des princes, il les fault auoir veues, et sçauoir de quel bois on s'y chauffe. » (*Ibidem*, p. 272.) « Les officiers.... sçauoient de quel bois on se chauffoit en ce païs. » (*Ibidem*, p. 66.) « Vous verrez de quel bois nous nous chauffons lorsqu'on s'attaque à ceux qui nous peuvent appartenir. » (MOLIÈRE, *George Dandin*, acte I, scène IV.)

3. Locutions monosyllabiques empruntées aux procureurs et aux avocats : les difficultés, les objections, les conditions pour réussir. Comparez la fable IV du livre VI, vers 6, *le roi Candaule*, vers 233, *la Chose impossible*, vers 9, *Belphégor*, vers 138, où nous lisons les *si*, les *cas*, au lieu des *si* et des *car;* Marot, tomes II, p. 124, IV, p. 100 :

Vous, craignans Dieu, confessez le sans si;

d'Aubigné, *Histoire universelle* (édition de 1616), tome III, p. 187 « servir le Roi sans si et sans car »; et le *Dépit amoureux* de Molière, vers 484 :

Ces protestations ne coûtent pas grand chose,

> Comment gagner les confidents d'amours,
> Et la nourrice, et le confesseur même[1],
> Jusques au chien : tout y fait[2] quand on aime[3];

>> Alors qu'à leur effet un pareil si s'oppose.

On dit de même les *si*, les *mais* : « Il y a tousiours si ou mais. » (Coquillart, tome I, p. 190.) « En vos propositions tant y a de si et de mais que ie n'y sçaurois rien fonder ne rien resouldre. » (Rabelais, tome II, p. 53.)

1. La nourrice, l'ancienne confidente classique, comme celles de *Juliette* dans Shakespeare, de *Mélite* et de *la Veuve* dans Corneille, ou celle que nous rencontrons, ci-après, dans *la Coupe enchantée*, etc. Pour le confesseur, voyez ci-dessous, les vers 203 et suivants :

> On eut recours à frère Timothée.
> Il la prêcha, etc.

2. Tout sert. — Dans *les Quiproquo*, vers 71 : « Le hasard y fait. »
3. On se rappelle ces vers, que, en 1672, un an après la publication de cette troisième partie des *Contes*, Molière mettait dans la bouche d'Henriette (*les Femmes savantes*, acte I, scène III, vers 241-244):

> Un amant fait sa cour où s'attache son cœur :
> Il veut de tout le monde y gagner la faveur;
> Et, pour n'avoir personne à sa flamme contraire,
> Jusqu'au chien du logis il s'efforce de plaire.

Mais la Fontaine se rapproche plus ici du ton de Cléérète (à la scène III de l'acte I de *l'Asinaire* de Plaute) que de celui d'Henriette. Cléérète, vieille mère d'une jeune courtisane qu'elle exploite, motive, au point de vue de ses intérêts, et dans le langage le plus convenable à son caractère, sa prédilection pour tout amateur nouveau venu, et, entre autres mérites, malicieusement énumérés, lui trouve celui-ci :

> *Volt placere sese amicæ, volt mihi, volt pedisequæ,*
> *Volt famulis, volt etiam ancillis; et quoque catullo meo*
> *Subblanditur novos amator, se ut quom videat gaudeat.*
>> (Vers 168-170.)

« Il n'a qu'un souci, plaire à sa maîtresse, à moi, à la femme de chambre, aux domestiques, aux servantes, et même, le nouvel amoureux, il flatte jusqu'à mon roquet pour s'en faire bien venir. » Voyez tome IX, p. 74, note 1, du Molière de notre collection ; et ci-dessous, *le Faucon*, vers 15-16, où l'argent, qui sert d'auxiliaire à l'amour,

> N'entreprend rien dont il ne vienne à bout;
> Fait taire chiens, et, quand il veut, servantes.

Tout tend aux fins, dont un seul iota[1] 35
N'étant omis[2], d'abord le personnage
Jette son plomb[3] sur Messer[4] Nicia
Pour lui donner l'ordre de Cocuage[5].
Hardi dessein ! L'épouse de léans[6],
A dire vrai, recevoit bien les gens[7] ; 40
Mais c'étoit tout ; aucun de ses amants
Ne s'en pouvoit promettre davantage.
Celui-ci seul, Callimaque nommé,
Dès qu'il parut fut très fort à son gré.
Le galant donc près de la forteresse 45

1. « Ilz transgresseront ung iota de ses mandemens. » (RABELAIS, tome II, p. 446.) Et voici comment lui-même (tome III, p. 195) explique ce mot dans sa *Briefue declaration d'aulcunes dictions*, etc. : « *Iota*, ung poinct. C'est la plus petite lettre des Grecs. » — Semblable locution au sens de « petit moment », dans la comédie de *la Coupe enchantée*, scène I : « Laisse-nous ici.... — Je ne vous y laisserai pas un iota davantage. »

2.   Nouvel hôte et nouvel amant,
        Ce n'étoit pas pour rien omettre.
              (*La Fiancée du roi de Garbe*, vers 471-472.)

Voyez aussi *la Coupe enchantée*, vers 315 :

        N'omettez un seul petit point.

3. Terme de marine ; jette le plomb de sonde : jette son dévolu. « Dieu jeta son plomb sur la sainte Vierge en pilote expert. » (LA MONNOIE, septième Noël nouveau.) « J'ai jeté mon plomb sur madame Isabelle. » (DANCOURT, *le Retour des officiers*, scène XI.)

4. Tome IV, p. 321 et note 5.

5. Ici *Cocuage* est une sorte d'ordre de chevalerie ; dans *Joconde*, c'était un dieu (vers 225-226). Comparez *le Mari confesseur*, vers 18 ; et ce titre d'une ancienne facétie : *l'Ordre de chevalerie des cocus reformez, nouvellement establis à Paris, la ceremonie qu'ils observent en prenant l'habit, les statuts de leur ordre*, s. l., 1623, petit in-8°.

6. De ce logis, de ce lieu-là : tome IV, p. 489 et note 2.

7. Ses gens. (1685, 1686.)

—   Puis-je empêcher les gens de me trouver aimable ?
        (MOLIÈRE, *le Misanthrope*, acte II, scène I, vers 462.)

Assied son camp, vous investit Lucrèce[1],
Qui ne manqua de faire la tigresse[2]
A l'ordinaire[3], et l'envoya jouer[4].
Il ne savoit à quel saint se vouer,
Quand le mari, par sa sottise extrême[5],   50
Lui fit juger qu'il n'étoit stratagème,
Panneau n'étoit, tant étrange semblât,

1. La Fontaine s'est souvent servi ainsi (voyez tome III, p. 298 et note 2), et particulièrement dans le langage de la galanterie, d'expressions empruntées à l'art militaire : rapprochez *l'Oraison de saint Julien*, vers 170-171 et la note : « toute l'artillerie de Cupidon »; les débuts du *Faucon* (vers 12-20) et de *la Confidente* (vers 5-14); *Féronde*, vers 102-106; *le Magnifique*, vers 2-9 et 56-58; *les Rémois*, vers 67 ; *les Amours de Mars et de Vénus*, qui forment le ixe fragment du *Songe de Vaux* (tome III M.-L., p. 230-231); *Daphné*, acte I, scène III; et *passim*. Comparez des métaphores analogues : mettre ses étendards aux champs, escarmoucher, rompre des lances, recommencer la charge, presser la place, faire les approches, ouvrir la tranchée, se saisir des dehors, ruiner les défenses, monter à la brèche, assaillir, forcer, emporter d'assaut, battre la chamade, parlementer, capituler, etc., chez Coquillart, tome II, p. 182-184; dans *les Cent Nouvelles nouvelles*, presque à chaque page, chez Brantôme, tome IX, p. 81-82, 385-386, 480, 505, 518, chez Ronsard, le premier livre des *Amours*, sonnet XLIV, chez Saint-Gelais, tome I, p. 284, chez Regnier, satire XIII, vers 4; etc., etc., métaphores dont Montaigne (tome III, p. 322) vante l'utilité et la saveur : « Il n'est rien qu'on ne fist du iargon de nos chasses et de nostre guerre, qui est ung genereux terrain à emprunter. »

2. Semblable figure dans la comédie de *Clymène*, vers 584; dans *Psyché*, livre II (tome III M.-L., p. 144); etc. Rapprochez F. de Callières, *des Mots à la mode, et des nouvelles façons de parler* (3e édition, Lyon, 1693, in-12), p. 68 : « Quand une belle et jeune tigresse comme vous ne trouve que de jeunes tigres, plus tigres qu'elle, il faut bien qu'elle s'apprivoise avec eux, car autrement elle seroit en danger de s'ennuyer. »

3. Selon son ordinaire : comparez livre VII, fable XI, vers 11.

4. Comme on dit : l'envoya promener. — « Je n'avois plus alors les atours de demoiselle; il y avoit longtemps qu'ils étoient allés jouer. » (*La Vraye histoire comique de Francion*, tome I, p. 111.)

5. *Benche sia dottore, egli è il piu semplice et il piu sciocco huomo di Firenze.* (*Mandragola*, acte I, scène 1.)

Où le pauvre homme à la fin ne donnât[1]
De tout son cœur, et ne s'en affublât[2].
L'amant et lui, comme étant gens d'étude,   55
Avoient entre eux lié quelque habitude[3] ;
Car Nice étoit docteur en droit canon[4] :
Mieux eût valu l'être en autre science[5],
Et qu'il n'eût pris si grande confiance
En Callimaque. Un jour, au compagnon[6]   60
Il se plaignit de se voir sans lignée[7].

1. Dans mes propres panneaux j'ai donné : j'en enrage.
(*Le Florentin*, scène XII.)

Le bonhomme ébloui donna dans le panneau.
(*Je vous prends sans verd*, scène I.)

2. On peut dire « s'affubler d'un panneau », puisque panneau signifie proprement pan d'étoffe, filet pour prendre des bêtes ; voile de navire chez Rabelais (tome II, p. 335). Comparez *le Diable de Papefiguière*, vers 160, *le Psautier*, vers 68, *le Cuvier*, vers 61.

3. Quelque commerce :

A servir Amarante il met beaucoup d'étude ;
Mais ce n'est qu'un prétexte à faire une habitude.
(Corneille, *la Suivante*, acte I, scène I, vers 69-70.)

« Je n'ai aucune habitude avec ces Messieurs-là. » (Molière, *la Critique de l'École des femmes*, scène VI.) Voyez aussi les *Lexiques de Racine* et *de la Rochefoucauld*.

4. Droit fondé sur les canons de l'Église : les Décrétales, etc. qui règlent les points de doctrine ou de discipline.

5. *Nonne id flagitium est te aliis consilium dare,*
Foris sapere, tibi non posse te auxiliarier?
(Térence, *Heautontimorumenos*, acte V, scène I.)

— Rapprochez *le Calendrier*, vers 23-24 et 37-38 ; et, pour toute cette aventure, l'histoire du maître et du disciple dans la seconde partie du *Roi Candaule*.

6. Tome IV, p. 493 et note 8.

7. « Le mari et la femme, dit Callimaco à Siro, chez Machiavel (*ibidem*), encore sans lignée après dix ans de mariage, ont un extrême désir d'avoir des enfants. »

A qui la faute? il étoit vert galant[1],
Lucrèce jeune, et drue[2], et bien taillée.
« Lorsque j'étois à Paris, dit l'amant,
Un curieux[3] y passa d'aventure[4].   65
Je l'allai voir: il m'apprit cent secrets[5],
Entre autres un pour avoir géniture[6] ;
Et n'étoit chose à son compte plus sûre :
Le grand Mogor[7] l'avoit avec succès
Depuis deux ans éprouvé[8] sur sa femme ;   70
Mainte princesse, et mainte et mainte dame,
En avoit fait aussi d'heureux essais[9].
Il disoit vrai[10] : j'en ai vu des effets.

1. Sur cette expression, voyez tome IV, p. 302 et note 9; comparez *ladre vert* chez Rabelais (tome III, p. 113) : « Voire le ferois tu bien autant, frere Iehan? Il est par dieu ladre vert » ; *vert coquin* (*ibidem*, tome II, p. 300), qui a plus ordinairement un autre sens et une autre orthographe : « L'ung appeloit une aultre mon vert. Elle l'appeloit son coquin. Il y a bien là, dit Eusthenes, du vert coquin » ; et *vert homme de guerre* chez Brantôme (tome III, p. 222). — *Impotente io!* répond, chez Machiavel, Nicia à Callimaco qui lui demande si son impuissance ne serait pas la cause de cette stérilité. *Oh! voi mi farete ridere! Io non credo che sia il piu ferrigno et il piu rubizzo huomo in Firenze di me!* (Acte II, scène II.)
2. Forte et saine : tome IV, p. 348 et note 5.
3. Un amateur de sciences occultes ou, comme on disait aussi, de « sciences curieuses », celles qui sont connues de très peu de personnes, qui ont des secrets particuliers : la cabale, la magie, etc. « .... Si vous me croyez, vous mettrez ces curieux et les professeurs des sciences libérales tout en un rang. » (Malherbe, tome II, p. 700.)
4. Tome IV, p. 232 et note 1.
5. « Vous faites cent secrets » (*l'Abbesse*, vers 85).
6. Voyez *l'Ermite*, vers 187 et la note.
7. Le souverain du Mogol : ci-dessous, p. 37 ; et tome III, p. 117, note 1.
8. Tome IV, p. 245 et note 3.
9. *Et se non era questo, la reina di Francia sarebbe sterile, et infinite altre principesse di quello stato.* (Acte II, scène VI.)
10. « Il prophétisoit vrai » (livre III, fable XVIII, vers 35). « Il disoit bien » (*On ne s'avise jamais de tout*, vers 29).

Cette recette est une médecine
Faite du jus de certaine racine,   75
Ayant pour nom mandragore[1]; et ce jus

1. Cette superstition remontait jusqu'aux sorcières de Thessalie. On attribuait à la mandragore des vertus magiques : aphrodisiaques, prolifiques, anesthésiques, etc.; celle, entre autres, de faire découvrir les trésors enfouis, lorsqu'on la portait sur soi[a]; et aussi de faire aimer ou haïr, de faire mourir surtout[b] : on prétendait que celui qui déracinait une mandragore en mourait infailliblement; aussi la faisait-on déraciner par un chien; quant à la prétendue figure humaine des racines de mandragore (Théophraste la nommait ἀνθρωπόμορφον, Columelle, *semi-homo*), c'était une superstition ou une supercherie bien faite pour augmenter le merveilleux; rappelons que les Germains fabriquaient avec ces racines des idoles qui leur servaient de dieux lares; dans certaines parties de la Bretagne on appelle *Mandragores* des lutins familiers qui apparaissent, croit-on, sous la forme de petits hommes imberbes et les cheveux épars. — Voici ce que dit de la mandragore Isidore de Séville, qui vivait au commencement du VIe siècle, siècle où l'on croyait avec tant de force aux incantations, à la magie, à la puissance des philtres, et où le mysticisme religieux, la dévotion byzantine, se conciliaient si bien avec ces superstitions : Mandragora *dicta, quod habeat mala suaveolentia in magnitudinem mali Martiani; unde et eam Latini malum terræ vocant. Hanc poetæ* ἀνθρωπόμορφον *appellant, quod habeat radicem formam hominis simulantem.* Ἄνθρωπος *enim græce, latine dicitur homo. Cujus cortex vino mixtus ad bibendum datur iis quorum corpus propter curam secandum est, ut soporati dolorem non sentiant. Hujus species duæ : fœmina, foliis lactucæ similibus, mala generans in similitudinem prunorum;* masculus *vero folia betæ similia habet.* (Isidori Hispalensis episcopi *Originum sive Etymologiarum libri XX* : liber XVII, *de re rustica*, col. 1255, dans le recueil in-4° de Genève, 1595, intitulé *Auctores latinæ linguæ in unum redacti*

[a] Ou simplement d'enrichir : « A la Rochelle, le bruit étoit parmi la populace qu'un certain chandelier avoit une *main de gorre*, c'est-à-dire une mandragore : or, communément on dit cela de ceux qui font bien leurs affaires. Le Roi, qui n'étoit alors que roi de Navarre, envoya quelqu'un à minuit chez cet homme demander à acheter une chandelle. Le chandelier se lève et la donne. « Voilà, dit le lendemain le Roi, la *main de gorre*. Cet « homme ne perd point l'occasion de gagner, et c'est le moyen de s'enri-« chir. » (TALLEMANT DES RÉAUX, tome I, p. 13-14.)

[b] « Ie craindrois autant de la rencontrer (cette femme) de nuict comme de voir une mandragore. » BRANTÔME, tome IX, p. 305.)

Pris par la femme opère beaucoup plus
Que ne fit onc nulle ombre monacale¹
D'aucun convent de jeunes frères plein² :

corpus.) Voyez aussi, sans parler de la Bible (*Genèse*, chapitre xxx, versets 14-17), de Théophraste*ᵃ*, déjà cité, de Pline, d'Athénée, un passage du *Bestiaire* de Philippe de Than, écrit en 1123, et publié par M. Moland dans le recueil des *Poètes françois* (Gide, 1861, tome I, p. 34) : c'est une sorte de traduction ou de paraphrase de l'ouvrage d'Isidore de Séville. On peut consulter également Mattioli, *Commentaires sur Dioscoride* (Venise, 1565, livre IV, chapitre lxxi); Ambroise Paré, livre XXIII, chapitre xliv; le *Recueil général des questions traitées ès conférences du Bureau d'adresse sur toutes sortes de matières* (Paris, 1655, tome IV); le *Glossaire* de du Cange; le *Dictionnaire économique* de Noël-Chomel, édition de 1767; la *Dissertation botanique et historique sur la mandragore*, de Granier (1788); le *Dictionnaire historique des institutions, mœurs et coutumes de la France*, de M. Chéruel; le *Dictionnaire infernal*, de Collin de Plancy (Paris, 1826), où il est longuement parlé des vertus de cette plante pour féconder les femmes; etc. On attribuait du reste, on le sait, les mêmes propriétés à d'autres plantes enchantées qu'on payait également au poids de l'or; et aussi aux os de grenouille, au poisson rémora, aux mouches cantharides, à la pierre astroïte, à l'hippomane, etc., etc.

1. Adjectif pris presque toujours dans un sens défavorable ou ironique : « ....Se tenant droict comme ung ionc, n'ayant la teste auancée, et le cul à deux lieues loing, à la monachale. » (Du Fail, tome I, p. 252.) « Les vertus monastiques cèdent à l'esprit monacal. » (Duclos, *Considérations sur les mœurs*, chapitre xiv.) « De petites pratiques monacales. » (Montesquieu, *Lettres persanes*, lxxvii).

2. « Seulement l'ombre du clochier d'une abbaye est feconde. » (Rabelais, *Gargantua*, chapitre xlv.) Dans la *Farce du frere Guillebert* (Ancien Théâtre françois, tome I, p. 324-325), il est dit que le seul attouchement des « braies de saint François » suffit pour « faire faire des enfans », ou même des braies de simples frères : voyez *les Braies du Cordelier*, fabliau satirique du xiiiᵉ siècle, imité par Poge, Sacchetti, Sabadino, Henri Estienne, l'abbé Casti, etc., etc.; et Rabelais, déjà cité (chapitre xxvii du tiers livre) : « Veidz tu oncques le froc du moine de Castres? Quand on le posoit en quelque maison, feust à descouuert, feust à cachettes, soubdain par sa vertu horrificque tous les manens et habitans du lieu entroient en

---

ᵃ « Ilz (ces moines paillards) ont, ou ie resue, l'herbe de l'Indie celebrée

Dans dix mois d'hui¹ je vous fais père enfin,   80
Sans demander un plus long intervalle²,
Et touchez là³ : dans dix mois, et devant⁴,
Nous porterons au baptême l'enfant⁵.

rut, bestes et gens, homes et femmes, iusques aux ratz et aux chatz. » — La femme de Nicia, chez Machiavel (acte III, scène III), pour devenir grosse, fait vœu d'entendre quarante jours de suite la première messe au couvent des Servites à Florence. Elle y renonce au bout de vingt jours parce qu'elle s'aperçoit qu'un des moines rôde trop assidûment autour d'elle. Rapprochez l'*Apologie pour Hérodote* (tome I, p. 277) : « Tant les uns que les aultres (prêtres et femmes) perdent beaucoup au descriement des pelerinages, et celles principalement qui, ne pouuans auoir enfans de leurs maris, alloyent cercher quelque sainct qui leur en fist. Il est vray qu'elles ont quelque recours aux processions, qui sont encores en quelque credit ; mais les pelerinages estoient bien aultre chose : car Nostre Dame des Vertus, entr'aultres, ne failloit iamais de faire des vertus en une sorte ou aultre auant qu'on retournast à la maison. » Comparez, pour ces sortes de « pèlerinages », tome IV, p. 320 et note 3, et aux vers 205-206 de *Féronde*, « l'abbaye où l'on se voue pour obtenir enfants. »

1. D'aujourd'hui, à compter de ce jour. Voyez tome IV, p. 246 et note 4.

— D'huy à ung bon an, ou à deux,
Luy donneray et corps et biens,
Pour les mesler auec les siens.
(MAROT, *Dialogue de deux amoureux*, tome I, p. 35.)

« D'huy à cent ans, ie vous y conuie.... » (DU FAIL, tome II, p. 205.) « D'huy en ung an. » (VOITURE, *Lettres en vieux langage*, tome II, p. 267.)

2. Rapprochez *les Lunettes*, vers 25 :

Cet entretemps ne fut sans fruit : le sire
L'employa bien.

3. « Touchez là, mon mari. » (*Le Petit Chien*, vers 492.)
4. Et avant : comparez *la Coupe enchantée*, vers 139.
5. *Et se oggi ad un anno la vostra donna non ha un suo figliuolo in*

par Theophraste. » (RABELAIS, tome III, p. 113.) « Ne me alleguez poinct l'Indian tant celebré par Theophraste, Pline et Athenæus, lequel auecques l'ayde de certaine herbe le faisoit en ung iour soixante et dix foys et plus. » (*Ibidem*, tome II, p. 135.)

— Dites-vous vrai? repartit Messer Nice :
Vous me rendez un merveilleux office¹.   85
— Vrai? Je l'ai vu : faut-il répéter tant?
Vous moquez-vous d'en douter seulement?
Par votre foi²! le Mogor³ est-il homme
Que l'on osât de la sorte affronter⁴?
Ce curieux en toucha telle somme   90
Qu'il n'eut sujet de s'en mécontenter⁵. »
Nice reprit : « Voilà chose admirable,
Et qui doit être à Lucrèce agréable.
Quand lui verrai-je un poupon sur le sein?
Notre féal⁶, vous serez le parrain⁷ ;   95

braccio, io voglio havere a donarvi duemila ducati. (Acte II, scène VI.)

1. Tome IV, p. 431 et note 11.

2. Tome III, p. 165 et note 21. Comparez : « Par mon serment! », au tome IV, p. 298 et note 1.

3. *Mogol*, ici et plus haut, dans les éditions de 1685, 1686, 1705. — Comparez *l'Illusion* de Corneille, acte II, scène II, vers 227 : « le grand Mogor ».

4. *Si che voi dubitate di fare quello che ha fatto il re di Francia et tanti signori quanti sono là?* (*Ibidem.*)

5. Chez Amyot (traduction de la *Vie de Publicola*, tome I, p. 183) : « Le peuple se plaignoit et se mescontentoit de cela » chez Brantôme (tome IV, p. 124) : « La fortune lui rist fort bien.... iusques a ce qu'il eut ung trez grand subiect de se mescontenter de son roy » ; chez Corneille (*Agésilas*, vers 1035) : « ces injustices

Dont vous avez raison de vous mécontenter. »

6. Familièrement : notre fidèle, notre sincère ami. Rapprochez *feable* chez Marot (élégie xx, tome II, p. 47) :

Pas ne merite au chaste lict gesir
De celle là qui tant luy est feable ;

chez Montaigne (tome III, p. 494): « mes amis les plus feaux »; et chez Rabelais, tome II, p. 159, chez du Fail, tome I, p. 264, dans *le Magnifique*, vers 181, dans *le roi Candaule*, vers 144 : « notre féal », comme ici. *Féal*, qui est simplement présenté comme « terme de chancellerie » par Richelet et Furetière, est un des vieux mots que regrette la Bruyère (tome II, p. 208 et note 8).

7. C'est Lucrezia, chez Machiavel, qui, au dernier acte, une fois

C'est la raison¹ ; dès hui² je vous en prie³.
— Tout doux, reprit alors notre galant;
Ne soyez pas si prompt, je vous supplie.
Vous allez vite ; il faut auparavant
Vous dire tout : un mal est dans l'affaire ; 100
Mais ici-bas put-on jamais tant faire
Que de trouver un bien pur et sans mal⁴?
Ce jus doué de vertu tant insigne⁵
Porte d'ailleurs qualité très maligne⁶ :
Presque toujours il se trouve fatal 105
A celui-là qui⁷ le premier caresse
La patiente⁸ ; et souvent on en meurt. »

la nuit d'épreuves passée, conseille à son époux Callimaque pour futur « compère », et joue sur le mot : NICIA. *Maestro, toccate la mano qui alla donna mia.* CALLIMACO. *Volontieri.* NICIA. *Lucretia, costui è quello che sera cagione che noi haremo un bastone che sostenga la nostra vecchiezza.* LUCRETIA. *Io l'ho molto caro, et vuolsi che sia nostro compare.*

1. C'est raisonnable, c'est juste ; voyez tome IV, p. 247 et note 3, à laquelle on peut joindre d'autres exemples empruntés à l'*Ancien Théâtre françois*, tomes I, p. 9, 49, 67, 105, III, p. 91, au *Recueil de poésies françoises*, tome IV, p. 90, à Rabelais, *Gargantua*, chapitres XVII et LVIII, à Marot, tome I, p. 7, 259, 266, à Roger de Collerye, p. 103, à Saint-Gelais, tome II, p. 52, à Remy Belleau, p. 148 : « C'est raison, c'est la raison, c'est raison que, c'est bien raison, c'est bien la raison que. »

2. Ci-dessus, p. 36 et note 1.

3. Dès aujourd'hui je vous invite, je vous retiens pour parrain.

4. « Nul bien sans mal.... » (*Le Psautier*, vers 42.) « Nous n'avons ni vrai ni bien qu'en partie, et mêlé de mal et de faux. » (PASCAL, *Pensées*, p. 98.)

5. Ces herbes ne sont pas d'une vertu commune.
 (CORNEILLE, *Médée*, vers 981.)

6. Comparez tome II, p. 51 et note 8 ; ici la rime ne demande pas la suppression du *g*.

7. Même tour au tome IV, p. 271 et note 1.

8. Ci-dessous, vers 223.

TROISIÈME PARTIE.

Nice reprit aussitôt : « Serviteur[1] !
Plus de votre herbe[2] ; et laissons là Lucrèce
Telle qu'elle est : bien grand merci du[3] soin. 110
Que servira, moi mort, si je suis père ?
Pourvoyez-vous de quelque autre compère[4] ;
C'est trop de peine : il n'en est pas besoin. »
L'amant lui dit : « Quel esprit est le vôtre !
Toujours il va d'un excès dans un autre[5]. 115
Le grand desir de vous voir un enfant
Vous transportoit naguère d'allégresse ;
Et vous voilà, tant vous avez de presse[6],
Découragé sans attendre un moment.
Oyez le reste ; et sachez que Nature[7] 120
A mis remède à tout, fors[8] à la mort.
Qu'est-il de faire[9] afin que l'aventure
Nous réussisse, et qu'elle aille à bon port ?

---

1. Voyez, pour cette formule de refus ironiquement poli : « Serviteur ! », notre tome II, p. 321 et note 7 ; et comparez *la Coupe enchantée*, vers 470 :

Messire Damon, je suis vôtre.

2. *Et bisogna ora pensare a questo chè quell' huomo che ha prima a far seco presa che l'ha cotesta potione, muore infra otto giorni, et non camperebbe il mondo. — Cacasangue! io non voglio cotesta suzzacchera* (cette drogue). (Acte II, scène VI.)

3. *Bien grammercy* dans nos anciens textes : voyez tomes I, p. 292, II, p. 47 ; et *l'Anneau d'Hans Carvel*, vers 44.

— Renaud dit à Damon : « Grand merci de la coupe. »
(*La Coupe enchantée*, vers 459.)

4. Pour faire votre tour.
5. Et toujours d'un excès vous vous jetez dans l'autre.
(Molière, *Tartuffe*, acte V, scène I, vers 1610.)

6. D'impatience ; tant vous avez l'esprit agité, tourmenté.
7. Pour ce mot, employé comme nom propre, sans article, voyez tome III, p. 20 et note 5.
8. Tome IV, p. 226 et note 5.
9. Qu'y a-t-il à faire ? qu'est-il besoin de faire ? Même locution

Il nous faudra choisir quelque jeune homme[1]
D'entre le peuple, un pauvre malheureux,   125
Qui vous précède au combat amoureux[2],
Tente la voie[3], attire et prenne en somme
Tout le venin : puis, le danger ôté,
Il conviendra que de votre côté
Vous agissiez[4] sans tarder davantage;   130
Car soyez sûr d'être alors garanti[5].
Il nous faut faire *in anima vili*
Ce premier pas[6], et prendre un personnage
Lourd[7] et de peu, mais qui ne soit pourtant

dans l'*Ancien Théâtre françois*, tomes I, p. 395, III, p. 20, dans les *Cent Nouvelles nouvelles*, p. 19, 100, 108, 168, 288, chez Coquillart, tome II, p. 250, chez Rabelais, tome I, p. 73, 141 : « qu'est il de faire ? » « ce qu'il est de faire, » « ce qu'estoit de faire; » etc.

1. C'est Nicia, chez Machiavel, qui réclame lui-même comme auxiliaire un jeune homme, et non pas, dit-il, « un vieux qui ne pourrait faire la besogne ni prendre tout le venin ».

2. A « la basse bataille. » (MAROT, tome III, p. 119.) Au « combat corps à corps. » (DES PÉRIERS, tome I, p. 27.) — Voyez, pour cette image, le vers 8 de *l'Anneau d'Hans Carvel* et la note.

3. Comparez le vers 369 de *Joconde* et la note.

4. Ci-dessous, vers 144.

5. *Ci è rimedio. — Quale? — Far dormire subito con lei un altro che tiri (standosi seco una notte) a se tutta quella infezione di quella mandragola; dipoi vi giacerete voi senza pericolo.* (*Ibidem.*)

6. Dans *Joconde*, vers 348 et note 4 : « prétendre le pas ».

— C'est ce que nous nommons, dans un latin poli,
Faire une expérience *in anima vili*.
(VICTOR HUGO, *Cromwell*, acte IV, scène v.)

Cette locution est très usitée dans les expérimentations médicales, scientifiques.

7. Ci-dessous, vers 231. — Mêmes galants : « un gros lourdaud », dans *Joconde*, vers 116; et dans *le Tableau*, vers 122 : un « coquin, lourd d'ailleurs, et de très court esprit. » Comparez *la Jument*, vers 56 : « Pierre étoit lourd, sans esprit »; et Ronsard, tome I, p. 178 : « Les hommes sont bien lourds, etc. »

Mal fait de corps¹, ni par trop dégoûtant², 135
Ni d'un toucher si rude et si sauvage
Qu'à votre femme un supplice ce soit.
Nous savons bien que madame Lucrèce,
Accoutumée à la délicatesse³
De Nicia, trop de peine en auroit : 140
Même il se peut qu'en venant à la chose⁴
Jamais son cœur n'y voudroit consentir.
Or ai-je dit un jeune homme, et pour cause ;
Car plus sera d'âge pour bien agir,
Moins laissera de venin, sans nul doute ; 145
Je vous promets qu'il n'en laissera goutte. »

Nice d'abord eut peine à digérer⁵
L'expédient⁶ ; allégua le danger,
Et l'infamie⁷ ; il en seroit en peine :
Le magistrat⁸ pourroit le rechercher 150
Sur le soupçon d'une mort si soudaine.

1. Vers 26 : « bien fait de corps ».
2. « Voilà une malade qui n'est pas tant dégoûtante. » (Molière, *le Médecin malgré lui*, acte II, scène IV.)
3. Délicatesse de peau, douceur de mouvements.

   Sa femme avoit de la jeunesse,
 De la beauté, de la délicatesse.
     (*Joconde*, vers 40-41 et la note.)

4. Ou « à l'effet » (*la Coupe enchantée*, vers 287); ou « au point » (*ibidem*, vers 201 et 342).
5. Au livre VI, fable XXI, vers 34 : « digérer sa disgrâce »; tome IV, p. 138 : « digérer des coups ». Même expression figurée dans *le Médecin malgré lui* de Molière, acte I, scène IV.
6.   L'expédient plut très fort à Catelle.
     (*Richard Minutolo*, vers 76.)

7. *Io non vo' far cotesto. — Perche? — Perche io non vo' far la mia donna femina, et me becco.* « Parce que je ne veux pas faire de ma femme une catin et de moi un cocu. » (*Ibidem*.)
8. Le conseil des Huit, dans Machiavel.

Empoisonner un de ses citadins[1] !
Lucrèce étoit échappée aux blondins[2],
On l'alloit mettre entre les bras d'un rustre !
« Je suis d'avis[3] qu'on prenne un homme illustre,   155
Dit Callimaque, ou quelqu'un qui bientôt
En mille endroits cornera[4] le mystère !
Sottise et peur contiendront ce pitaud[5] :
Au pis aller, l'argent le fera taire.
Votre moitié n'ayant lieu de s'y plaire,   160

1. Un homme habitant la même ville que lui, un concitoyen. — Au livre XII, fable 1, vers 62 : « un citadin d'Ithaque » ; voyez aussi livre I, fable IX, vers 19. — « A ce faire conuierent tous les citadins de Sainnais, de Suillé, etc. » (RABELAIS, tome I, p. 19.) « Elles estoyent toutes grandes dames, et principales citadines de ladicte ville. » (BRANTÔME, tome IX, p. 323 ; ibidem, tome VI, p. 492.)

2. Comparez tome IV, p. 28 et note 7 ; ci-dessous, vers 199 ; et dans la Coupe enchantée, vers 62 : « la blondine chiorme ».

3. Pour ce tour ironique, voyez tome IV, p. 306 et note 1.

4. Ibidem, p. 364 et note 4 :

> Gulphar alla tout droit
> Conter ce cas, le corner par la ville.

5. Pitaud, ou piedau, ou petaud, d'où pietaille, pedaille (on disait aussi bidel, bidau, bedel, bediel, bedier, bedeau), proprement piéton, paysan, gueux, goujat, truand ; soldat des anciennes compagnies de gens de pied[a]. — C'est un homme rustique, « lourd et de peu » (vers 134), un « coquin » (vers 161).

> Gens de commun et bons hommeaux,
> Varlez, soullions, gardecheuaulx,
> Bedeaux, garsons, et coquinaille.
> (A. GRESBAN, le Mystere de la passion, vers 18564-18566.)

> Ie voudrois estre ung pitaut de village,
> Sot, sans raison et sans entendement,
> Ou fagoteur qui trauaille au bocage.
> (RONSARD, le premier livre des Amours, sonnet XVI.)

« Encor lou pis fut des pitaux qui, à.... vastons bolants, vouloyent

a Doncques, pietons marchans sur la campaigne,
Fouldroiez tout sans rien prendre à rançon.
(MAROT, tome II, p. 72.)

Et le coquin même n'y songeant pas[1],
Vous ne tombez proprement dans le cas
De cocuage. Il n'est pas dit encore
Qu'un tel paillard[2] ne résiste au poison ;
Et ce nous est une double raison   165
De le choisir tel que la mandragore
Consume en vain sur lui tout son venin :
Car quand je dis qu'on meurt, je n'entends dire
Assurément[3]. Il vous faudra demain
Faire choisir sur la brune[4] le sire,   170
Et dès ce soir donner la potion :
J'en ai chez moi de la confection[5].
Gardez-vous bien au reste, Messer Nice,
D'aller paroître en aucune façon.

separer le cheval et la jument. » (D'Aubigné, *les Aventures du baron de Fœneste*, livre II, chapitre XVI.) Comparez les exemples d'Henri Estienne, de Pasquier, de Guillaume Bouchet, de Saint-Amant, cités par Littré ; la traduction de Straparole, tome II, p. 247 : « Lors Monsieur le pitaud, tout fier et content de sa personne, mettant la main à son gras chapeau, etc. » ; l'*Histoire maccaronique*, p. 187 : « un gueux, un lacquay piedau » ; *les Baliuerneries* de Noël du Fail, p. 173 ; *les Propos rusticques* du même, p. 126 ; *la Vraye Histoire comique de Francion*, tome II, p. 9, 11 ; *les Chansons* de Gautier Garguille, p. 63 : « un gros pitaud de valet » ; etc. ; et ci-après *le Tableau*, vers 136, 173, 206. — Chez Brantôme, tome IX, p. 691 : une « reuerence à la pitaude », à la paysanne ; chez Mme de Sévigné, tome IV, p. 458 : « En vérité, vous êtes une vraie pitaude. »

1. Ne songeant pas qu'il vous fait cocu.

2. Ici dans le sens de rustre vigoureux, gars solide : voyez tome IV, p. 138 et note 4.

3. Vers 105-107.

4. Nous rencontrons la même locution dans *les Rémois*, vers 64 :

Bon, dirent-ils, nous viendrons sur la brune.

5. J'en ai de toute faite : ce terme pharmaceutique, *confection*, est bien à sa place ici. — *Et la Fortuna vi' ha in tanto voluto bene che io ho condotto qui meco tutte quelle cose che in quella potione si mettono.* (*Ibidem.*)

Ligurio choisira le garçon[1];　　　　　　　　175
C'est là son fait[2], laissez-lui cet office.
Vous vous pouvez fier à ce valet[3]
Comme à vous-même ; il est sage et discret.
J'oublie encor que, pour plus d'assurance[4],
On bandera les yeux à ce paillard[5] ;　　　　180
Il ne saura qui, quoi[6], n'en quelle part[7],
N'en[8] quel logis, ni si dedans Florence,
Ou bien dehors, on vous l'aura mené. »

Par Nicia le tout fut approuvé.
Restoit sans plus d'y disposer sa femme.　　　185

1. Chez Machiavel, toute la bande est travestie, Nice compris, et ils courent tous à la recherche du « rustre », du « garçon » : c'est une vraie mascarade.

2. Son affaire : comparez *la Courtisane amoureuse*, vers 122 ; la comédie de *Ragotin*, vers 1201 ; *Clymène*, vers 446 : « Ce n'est pas votre fait » ; Molière, *les Femmes savantes*, vers 730 ; etc.

3. Nous avons dit que dans la comédie de Machiavel, Ligurio était un parasite, non un valet.

4. Pour plus de sûreté : voyez les vers 562 de *la Fiancée*, 54 du *Petit Chien*, et 89 du *Magnifique*.

5. Ci-dessus, vers 164.

6. Voyez sur cette locution *qui, quoi*, fréquemment employée comme sobriquet au dix-septième siècle, le *Lexique de la Rochefoucauld*.

7. En quel endroit.

　　　　Estends tes yeulx ung petit ceste part.
　　　　　　　　　(Marot, tome I, p. 98.)

　　.... La simplette aux plus barbares parts
　　De toute Europe alla faire demeure.
　　　　　　　　　(*Ibidem*, p. 111.)

Et m'enseignez au vray le canton et la part....
　　　　　　　(Remy Belleau, tome I, p. 314.)

8. Tome IV, p. 492 et note 4.

　　——　　Qu'il n'aduise où, ne quoy, ne quant.
　　　　(*Recueil de poésies françoises*, tome VII, p. 230.)

De prime face[1] elle crut qu'on rioit ;
Puis se fâcha ; puis jura sur son âme
Que mille fois plutôt on la tueroit.
Que diroit-on si le bruit en couroit ?
Outre l'offense[2] et péché trop énorme,   190
Calfuce et Dieu savoient que de tout temps
Elle avoit craint ces devoirs complaisants,
Qu'elle enduroit seulement pour la forme.
Puis il viendroit quelque mâtin[3] difforme
L'incommoder, la mettre sur les dents[4] !   195

1. *Prima facie.* Voyez tome IV, p. 27, note 2 ; d'autres exemples dans *les Cent Nouvelles nouvelles*, p. 281, chez Comynes, livre VIII, chapitres ix et xiii, chez Gabriel Chappuys, tome I, fol. 97 v°, dans *les Comptes du monde aduentureux*, tome II, p. 34, chez Rabelais, tome III, p. 15, 66, 209, Coquillart, tomes I, p. 51, II, p. 97, 116, Roger de Collerye, p. 120, Noël du Fail, *les Propos rusticques*, p. 1 ; etc. ; et rapprochez « de prime fronte », *ibidem*, p. 70, et « de prime arriuée », chez Rabelais, déjà cité, tome III, p. 69.

2. Tome IV, p. 193 et note 3. — « Trop enorme eust esté le peché.... » (RABELAIS, tome II, p. 98.)

3. Ce même terme est, au figuré, dans *la Fiancée du roi de Garbe*, vers 417 et note 2 ; chez Rabelais, tome II, p. 223 : « Et voyent les dolens peres et meres hors leurs maisons enleuer et tirer par ung incogneu, estrangier, barbare, mastin, leurs tant belles, delicates, et saines filles » ; dans la traduction de Straparole, tome I, p. 349, et p. 374 : « ....Celui qui estoit le plus mastin et luy rembouroit mieulx son pelisson » ; chez Noël du Fail, *Baliuerneries*, p. 173 : « Deux gros lourdaux, deux gros mastins » ; chez Ronsard, *Response à un ministreau de Geneue*, vers 1 :

Quoy ? tu iappes, mastin, afin de m'effrayer ?

chez du Bellay, tome II, p. 201 : « Vieux mastin affamé » ; dans les *Lettres* de Chapelain (tome I, p. 98, du recueil cité) : « C'est (notre partie) un mâtin qui a été battu et qui aboie encore en fuyant. » Comparez « mastine » chez du Fail, tome II, p. 122 : « Petite vilaine, mastine ! »

4. .... N'estant passe-volant, soldat, ni capitaine,
Depuis les plus chetifs jusques aux plus fendans,
Qu'elle n'ait desconfit et mis dessus les dents.
               (REGNIER, satire xiii, vers 6-8.)

« Suis-je de taille à souffrir toutes gens ?
Quoi ! recevoir un pitaud[1] dans ma couche !
Puis-je y songer qu'avecque du dédain ?
Et, par saint Jean[2], ni pitaud, ni blondin,
Ni roi, ni roc[3], ne feront qu'autre touche,   200
Que Nicia, jamais onc[4] à ma peau[5]. »

Lucrèce étant de la sorte arrêtée[6],
On eut recours à frère Timothée[7].
Il la prêcha[8], mais si bien et si beau[9],

1. Ci-dessus, vers 158. — 2. Tome IV, p. 304 et note 6.
3. Termes du jeu d'échecs. On donne mat avec le roi et le roc.

— Il ne tient ni à roy ni à roq.
(*Farce des mal contens.*)

« Il n'espargnoit, comme on dit en commun prouerbe, ni roy ni roc. » (Des Périers, conte cxxv.)

Bien que ne soit ni roi ni roc.
(Scarron, *Ode à M. Maynard.*)

Semblable locution : « Ni roi, ni roc, ni reine », dans les *Poésies* de Voiture, p. 121. — *Roc*, autrefois la tour au jeu d'échecs, « de *rokh*, dit Littré, nom donné par les Persans au chameau monté par des archers et, par assimilation de forme, à la tour des échecs ; elle a jadis été figurée par un éléphant portant une tour. » C'est de *roc* que vient *roquer*, autre terme du jeu d'échecs.

4. Pléonasme qui rend l'affirmation plus énergique, et se rencontre fréquemment (*onc mais* ou *iamais onc*) dans notre ancienne langue.

5. Terme bien cru dans la bouche d'une dame. Comparez tome IV, p. 87 et note 2.

6. Décidée, résolue à ne pas se laisser faire. — « La dame s'arresta sur cet aduis. » (Froissart, livre I, chapitre I, § 12.) « .... Arrestés, constans. » (Charron, *de la Sagesse*, livre I, chapitre xxxviii.) « Ceste reyne laissa ung bruit de femme impudique et mal arrestée, comme de qui l'on disoit qu'elle estoit arrestée en cela seul qu'elle n'auoit point d'arrest. » (Brantôme, tome VIII, p. 193.)

7. Le confesseur, le directeur de la dame (vers 33).

8. Voyez ci-dessous, la note du vers 287.

9. Locution adverbiale plusieurs fois employée par la Fontaine : tome IV, p. 88 et note 5.

Qu'elle donna les mains[1] par pénitence[2].   205
On l'assura de plus qu'on choisiroit
Quelque garçon d'honnête corpulence[3],
Non trop rustaud, et qui ne lui feroit
Mal ni dégoût[4]. La potion fut prise[5].
Le lendemain notre amant se déguise,   210
Et s'enfarine en vrai garçon meunier[6];
Un faux menton; barbe d'étrange guise[7];
Mieux ne pouvoit se métamorphoser[8]:
Ligurio, qui de la faciende[9]

1. Qu'elle céda : comme le vaincu qui tend les mains en signe qu'il se rend ; ou plutôt peut-être, ici, comme celui qui prête les mains à la besogne qu'on lui demande. — « Triomphez.... M. Jurieu vous donne les mains puisqu'il avoue. » (Bossuet, *Premier avertissement aux protestants*, § XI.) « Le philosophe fut obligé de donner les mains. » (*Vie d'Ésope*, tome I, p. 44.)

2.   Elle crut faire acte de repentante.
            (*Le Diable en enfer*, vers 144.)

3. Pour l'épithète *honnête*, voyez tome IV, p. 213, fin de la note 2. — Ni trop gros ni trop maigre, ni trop grand ni trop petit.

4. « Ni par trop dégoûtant » (vers 135).

5. Un verre d'hypocras, chez Machiavel, excellent pour « réconforter l'estomac et réjouir le cerveau » (acte IV, scène II).

6.   Le meunier semble un jodelet
        Fariné d'étrange manière.
            (*Les Rieurs du Beau-Richard*, vers 64-65.)

7. Étrangement taillée; à la rustaude, à la pitaude. — Voyez tome IV, p. 156 et note 3.

8. Dans la comédie de Machiavel, il arrive déguisé en portefaix, avec un faux nez, un œil caché sous un bandeau.

9. De l'affaire, de l'intrigue. Ce mot ne se dit guère qu'en mauvaise part et de gens méchants, rusés, ou fripons. — « Nous à ceste heure n'auons aultre faciende que rendre coingnées perdues? » (Rabelais, Prologue du quart livre, tome II, p. 261.) « .... Cavoye alloit souvent dîner avec bonne compagnie, et la plupart gens de faciende et de manège. » (Saint-Simon, tome III, p. 378.) Voyez aussi l'exemple de la *Satyre Ménippée* cité par Littré.

48 CONTES. [c. II

Et du complot¹ avoit toujours été, 215
Trouve l'amant tout tel qu'il le demande²,
Et, ne doutant qu'on n'y fût attrapé,
Sur le minuit³ le mène à Messer Nice,
Les yeux bandés, le poil⁴ teint, et si bien
Que notre époux ne reconnut en rien 220
Le compagnon. Dans le lit il se glisse⁵
En grand silence⁶ : en grand silence aussi
La patiente⁷ attend sa destinée,
Bien blanchement⁸ et ce soir atournée⁹.

Faciende est qualifié de « vieux » dans les deux dernières éditions du Dictionnaire de l'Académie.

1. Chez Machiavel, le mot d'ordre de la bande déguisée est saint Coucou : *Chi è san Cuccu?* demande Nicia. *È il piu onorato santo che sia in Francia*, lui répond le parasite Ligurio (acte IV, scène IX).

2. Il la retrouveroit, au retour, toute telle
       Qu'il la laissoit en s'en allant.
                (*Le Petit Chien*, vers 82-83.)

3. Tome IV, p. 323 et note 7. — « Hier au soir entre onze heures et le minuit.... » (MALHERBE, tome III, p. 376.) « Sur le minuit l'armée se mit en marche. (SAINT-SIMON, » tome I, p. 184.) — Sur la minuit. (1685, 1686.)

4. Tome IV, p. 233 et note 2.

5.   Entre les draps il se glissa.
                (*Joconde*, vers 419.)

Voyez aussi *la Courtisane amoureuse*, vers 244 ; et *le Diable en enfer*, vers 137-138 :
       Tout à l'heure il se glisse
  Dedans le lit.

6. « Sans rien dire » (*le Muletier*, vers 69 et la note).

7. Même expression, ci-dessus, vers 107.

8. Tome IV, p. 488 et note 7 : « aguimpées bien blanchement »; expression qui revient souvent dans la bouche des mères, des nourrices : « Il faut tenir les enfants bien blanchement. »

9. *Atournée* ou *atourée*, ajustée, parée : tome II, p. 244 et note 10.

—   Tousiours à ces grans iournées

« Voire[1], ce soir! atournée! et pour qui ? »   225
Pour qui? j'entends : n'est-ce pas que la dame
Pour un meunier prenoit trop de souci?
Vous vous trompez ; le sexe en use ainsi.
Meuniers ou rois, il veut plaire à toute âme[2].
C'est double honneur, ce semble, en une femme,   230
Quand son mérite échauffe un esprit lourd[3],
Et fait aimer les cœurs nés sans amour.
Le travesti[4] changea de personnage,
Sitôt qu'il eut dame de tel corsage[5]

> Les femmes sont mieulx atournées.
> (Marot, *Dialogue de deux amoureux*, tome I, p. 28.)

Dans son épître vii, *ibidem*, p. 173 :

> Ie ne veulx point de blanche hacquenée
> Tant que ie sois damoyselle atournée.

« Icelles.... desguiserent les paiges..., et les habillerent en damoyselles bien pimpantes et atourées. » (Rabelais, tome II, p. 306.) Voyez aussi le *Roman des sept sages*, p. 72 : « Il vint moult biaux et moult bien atornez »; Joinville, p. 164 : « ung bachelier bien atourné »; *les Cent Nouvelles nouvelles*, p. 348, et p. 417 : « Elle se para et atoura des meilleurs atours et plus precieux qu'elle eust »; le *Recueil de poésies françoises*, tome X, p. 211 : « filz et filles gayement atournez »; l'*Ancien Théâtre françois*, tome IX, p. 28 : « une espousée qu'on atourne »; Brantôme, tome II, p. 336 : « Ie l'ai faicte atourner (sa tête) d'ung beau chaperon fourré. » Nous trouvons *atourneuse* dans *Psyché*, livre ii (tome III *M.-L.*, p. 125) : « L'autre avoit des réparations à faire de tous les côtés (à ses charmes). Le bain y fut employé, les chimistes, les atourneuses. » On disait aussi *atourneresse, atournaresse, atournement, atournure*.

1. Oui-da, vraiment : tome IV, p. 288 et note 2.
2. Comparez les vers 116-119 de *l'Ermite*.
3. Ci-dessus, vers 134.

> Ung esprit qui est sot et lourd
> Est tost de nous chassé arriere.
> (*Le Mistere du viel Testament*, tome IV, p. 276.)

4. Dans le livre ii de *Psyché* (tome III *M.-L.*, p. 119) : « Nos deux travesties ».
5. Pour ce mot, voyez tome II, p. 324 et note 2; et d'autres exemples dans l'*Ancien Théâtre françois*, tome II, p. 254 : « Ne velà

A ses côtés, et qu'il fut dans le lit¹ :
Plus de meunier; la galande² sentit
Auprès de soi la peau d'un honnête homme³;
Et ne croyez qu'on employât au somme
De tels moments⁴. Elle disoit tout bas :

pas ung beau corsaige? »; dans le *Recueil de poésies françoises*, tome III, p. 116 :

Prens la de bon maintien et de gentil corsaige;

chez Marot, tomes II, p. 23, III, p. 255 : « Venus au beau corsaige »; chez Rabelais, tomes I, p. 197 : « Fleurs de beaulté à droict corsaige », III, p. 109 : « Quel corsaige ont elles? — Droict »; chez Voiture, *Poésies*, p. 74 :

Rien n'est si droit que son corsage.

1. Rapprochez les vers 318-320 du *Petit Chien :*

Aussitôt que le drôle tint
Entre ses bras madame Argie,
Il redevint Atis.

2. Tome IV, p. 380 et note 2.
3. On connaît le sens de cette expression au dix-septième siècle : homme bien élevé, de bonne compagnie, qui sait vivre. « Le vrai *honnête homme*, dit la Rochefoucauld, est celui qui ne se pique de rien » (tome I, p. 111). De son côté la Bruyère le définit ainsi : « L'*honnête homme* tient le milieu entre l'habile homme et l'homme de bien, quoique dans une distance égale de ces deux extrêmes » (tome II, p. 99); et il dit ailleurs : « Une belle femme qui a les qualités d'un *honnête homme* est ce qu'il y a au monde d'un commerce plus délicieux » (tome I, p. 174). Voyez *la Courtisane amoureuse*, vers 24, *Nicaise*, vers 173, *les Troqueurs*, vers 169, etc.; et les divers *Lexiques* de notre collection. Rappelons aussi le titre d'un opuscule du dix-septième siècle : *L'honneste homme, ou l'Art de plaire à la cour*, par Faret, Paris, 1631, in-12. Ajoutons cependant qu'ici le mot « honnête homme », opposé à « pitaud », « rustre », « rustaud », etc., n'a d'autre prétention que de signifier un homme qui a la peau fine et qui n'a pas les mouvements trop brusques (ci-dessus, vers 134-140).
4. Comparez *le Berceau*, vers 79 :

Pas ne trouva la pucelle endormie, etc.

et *le Psautier*, vers 56 et suivants :

« Qu'est ceci donc? Ce compagnon n'est pas   240
Tel que j'ai cru ; le drôle¹ a la peau fine :
C'est grand dommage ; il ne mérite, hélas !
Un tel destin : j'ai regret qu'au trépas
Chaque moment de plaisir l'achemine. »
Tandis² l'époux, enrôlé tout de bon³,   245
De sa moitié plaignoit bien fort la peine.
Ce fut avec une fierté de reine
Qu'elle donna la première façon⁴

> Vous noterez que Madame n'étoit
> En oraison, ni ne prenoit son somme :
> Trop bien alors dans son lit elle avoit
> Messire Jean, etc.

1. Ci-dessus, p. 50, note 1. Même locution dans *les Rémois*, vers 205, *la Courtisane amoureuse*, vers 266, et *passim*.

2. Pendant ce temps : *tandis*, sans *que*, emploi proscrit par Vaugelas en 1647 (*Remarques*, p. 64) : voyez ci-dessous, le conte du *Faucon*, vers 183 ; et les exemples cités dans les *Lexiques* de Malherbe et de Corneille, auxquels on peut en ajouter un de des Portes, p. 76, quatre de Marot, tomes I, p. 181, 224, II, p. 54, 97 ; etc.

3. Mis sur le « rôle » de Cocuage (ci-dessus, vers 38), et jouant son personnage en conscience. — Semblables expressions chez Maucroix, tomes II, p. 96, 121 : « enrôler dans la confrérie », « enregistrer », et I, p. 214 :

> On dit que l'époux de ta mère
> Assurément n'est pas ton père :
> Mais quand ta mère l'enrôla,
> Tombe d'accord, belle Clarice,
> Que Cocuage ce jour-là
> Te rendit un fort bon office.

— Dans *les Rémois*, vers 189-190 :

> C'est bien raison que Messer Cocuage
> Sur son état vous couche ainsi que nous.

4. Terme d'agriculture (*façonner* un champ, une vigne), qui se retrouve dans *le roi Candaule*, vers 264 ; rapprochez *les Cordeliers*, vers 12-13 et la note. On dirait de même : donner ou recevoir le premier coup de pioche. Cette assimilation de la femme à la terre, et réciproquement, est d'un usage constant dans certains pays

> De cocuage; et, pour le décoron[1],
> Point ne voulut y joindre ses caresses.   250

particulièrement en Hongrie. Les expressions consacrées au labourage ont très souvent été appliquées, par métaphore, à l'union des sexes chez les auteurs anciens et modernes. Voyez Sophocle, *Antigone*, vers 568-569; Euripide, *les Phéniciennes*, vers 17-18; Aristophane, *l'Assemblée des femmes*, vers 885-886, où une jeune femme dit à une vieille : « Tu espérais vendanger mes vignes en mon absence »; Plaute, *Amphitruo*, acte IV, scène II, vers 26-27; *Truculentus*, acte I, scène II, vers 45-48; et *Asinaria*, acte V, scène II, vers 23-24 :

> *Ille opere foris faciundo lassus noctu advenit :*
> *Fundum alienum arat, incultum familiarem deserit*

Lucrèce, livre IV, vers 1103, et 1268-1269; Virgile, *Géorgiques*, livre III, vers 136; Juvénal, satire IX, vers 45-46. Des comparaisons, des métaphores analogues, reviennent souvent chez Shakespeare, Boccace, Rabelais, Brantôme, et chez tous nos vieux poètes et conteurs. André Tiraqueau, dans son traité intitulé : *De legibus connubialibus et de opere maritali* (Paris, 1515, in-fol.), recommande, à plusieurs reprises, aux maris *ut fundum muliebrem diligenter, impigre, frequenter colant*, s'ils veulent que leurs femmes leur restent fidèles. Citons enfin ce passage de Montaigne (tome I, p. 192) : « Tout ainsi qu'en l'agriculture les façons qui vont auant le planter sont certaines et aysées, et le planter mesme, mais, depuis que ce qui est planté vient à prendre vie, à l'esleuer il y a une grande varieté de façons, et difficulté : pareillement aux hommes il y a peu d'industrie à les planter, etc. »; ces vers de Roger de Collerye (p. 115) :

> Le poure mary s'esuertue
> De labourer, tant qu'il s'en tue;
> Puis à defricher il s'applique
> Si fort qu'il en demeure etique;

et ceux-ci de Corneille, qui terminent la comédie de *Mélite* dans les éditions de 1633-1648; la Nourrice dit aux deux amoureux qui la raillent :

> Allez! je vais vous faire à ce soir telle niche
> Qu'au lieu de labourer vous lairrez tout en friche.

1. *Décoron* au lieu de *décorum*, pour la rime. Cependant dans *Mazet* (vers 101-102) notre poète a fait rimer *factotum* avec *soupçon*.

A ce garçon la perle des Lucrèces
Prendroit du goût¹! Quand le premier venin
Fut emporté², notre amant prit la main
De sa maîtresse; et de baisers de flamme³
La parcourant : « Pardon, dit-il, Madame ;   255
Ne vous fâchez du tour qu'on vous a fait⁴ ;
C'est Callimaque ; approuvez son martyre⁵ :
Vous ne sauriez ce coup⁶ vous en dédire⁷ ;
Votre rigueur n'est plus d'aucun effet.
S'il est fatal⁸ toutefois que j'expire,   260
J'en suis content : vous avez dans vos mains

1. Ci-dessus, vers 160; ci-dessous, vers 322.
2. Plus haut : « attiré », « pris », « consumé ».
3. Même locution dans *la Fiancée du roi de Garbe*, vers 277.
4.   Ne me sachez mauvais gré d'un tel tour.
                             (*Richard Minutolo*, vers 167.)

5. Son amour, l'amour qui le fait souffrir :

             ....D'un commun martyre,
    Tous deux brûloient sans oser se le dire.
                    (*La Fiancée du roi de Garbe*, vers 56-57.)

Voyez aussi *le Berceau*, vers 18, *le Magnifique*, vers 44, etc.
6. Tome IV, p. 249 et note 3.
7. Le sens est ici : « nier », « tâcher de revenir sur une chose faite », plutôt que désavouer (son amour), et c'est le lieu de rappeler cette phrase de Montaigne (tome III, p. 308) : « Si les songes les engagent par foys si auant (les femmes) qu'elles ne s'en puissent desdire.... »; et ce passage du *George Dandin* de Molière (acte I, scène VI) : « Quelque pensée qui vous puisse rester, il a nié : c'est satisfaire les personnes, et l'on n'a nul droit de se plaindre de tout homme qui se dédit. — Si bien donc que si je le trouvois couché avec ma femme, il en seroit quitte pour se dédire? » — Dans *Richard Minutolo*, vers 63 :

        Il sera pris sans s'en pouvoir dédire.

8. Marqué, ordonné par le destin.

—   Que si pourtant il vous plaît que je meure.
                        (VOITURE, élégie II, tome II, p. 286.)

Un moyen sûr de me priver de vie,
Et le plaisir, bien mieux qu'aucuns venins,
M'achèvera[1]; tout le reste est folie. »

Lucrèce avoit jusque-là résisté, 265
Non par défaut de bonne volonté,
Ni que l'amant ne plût fort à la belle[2];
Mais la pudeur et la simplicité[3]
L'avoient rendue ingrate en dépit d'elle[4].
Sans dire mot, sans oser respirer, 270
Pleine de honte et d'amour tout ensemble,
Elle se met aussitôt à pleurer[5] :
« A son amant peut-elle se montrer
Après cela? qu'en pourra-t-il penser?
Dit-elle en soi[6]; et qu'est-ce qu'il lui semble[7]? 275
J'ai bien manqué de courage et d'esprit[8]. »
Incontinent un excès de dépit

1. Ci-dessus, vers 244.
2. Vers 44.

— Le fauconnier plut très fort à la dame.
(*Le Cocu battu et content*, vers 35.)

Voyez aussi *la Fiancée*, vers 56.

3. Une sorte d'innocence et de modestie, sans malice : tel est sans doute ici le sens de *simplicité*.
4. Même locution « en dépit d'elle », au vers 230 de *Nicaise*.

— Tout ce qui tient Madame
Est seulement belle honte de Dieu.
(*L'Abbesse*, vers 102-103.)

5. Elle se mit à pleurer tendrement.
(*Richard Minutolo*, vers 180.)

6. « Dit-elle en soi-même » (*le Berceau*, vers 101).
7. Osera-t-elle bien désormais revoir son amant? Que doit-il penser d'elle?
8. « De courage » pour n'avoir pas su résister à la fantaisie de mon mari : « d'esprit », pour n'avoir pas deviné le stratagème de mon amant.

Saisit son cœur, et fait que la pauvrette[1]
Tourne la tête, et vers le coin du lit
Se va cacher, pour dernière retraite[2].   280
Elle y voulut tenir bon, mais en vain ;
Ne lui restant que ce peu de terrain,
La place fut incontinent rendue[3].
Le vainqueur l'eut à sa discrétion[4];
Il en usa selon sa passion,   285
Et plus ne fut de larme répandue[5].
Honte cessa ; scrupule autant en fit[6].
Heureux sont ceux qu'on trompe à leur profit[7] !
L'aurore vint trop tôt pour Callimaque[8] ;

1. Même diminutif au tome IV, p. 347 et note 3.
2. Rapprochez la comédie de *Clymène*, vers 638-639 :

>....Et m'ayant entrevu, la belle et ses appas
>Se sont au même instant cachés au fond des draps ;

et *le Gascon puni*, vers 72 :

>.... Se fait petit, se serre, au bord se va nicher.

3. Voyez ci-dessus, les vers 45-46 et la note.
4. « Toute votre personne sera à ma discrétion, et je serai à même pour vous caresser comme je voudrai. » (Molière, *le Mariage forcé*, scène II.)
5. «.... Et en fit à son bon plaisir, sans aucun respect; dont elle s'en trouua bien. » (Brantôme, tome IX, p. 293.)

6. >Tant bien sut dire et prêcher, que la dame,
>Séchant ses yeux, rassérénant son âme,
>Plus doux que miel à la fin l'écouta.
>(*Richard Minutolo*, vers 207-209.)

7. >J'en connois, Dieu merci,
>Qui voudroient bien qu'on les trompât ainsi.
>(*Ibidem*, vers 177-178.)

8. >Et si voudrois que ceste nuict encore
>Fust eternelle, et que iamais l'aurore
>Pour m'esueiller ne rallumast le iour.
>(Ronsard, le premier livre des *Amours*, sonnet VI.)

>Douces nuits, qui jamais encore

Trop tôt encor pour l'objet de ses vœux. 290
« Il faut, dit-il, beaucoup plus d'une attaque
Contre un venin tenu[1] si dangereux. »
Les jours suivants notre couple amoureux[2]
Y sut pourvoir[3]; l'époux ne tarda guères
Qu'il n'eût atteint tous ses autres confrères[4]. 295
Pour ce coup-là[5] fallut se séparer.
L'amant courut chez soi se recoucher.

A peine au lit il s'étoit mis encore,
Que notre époux, joyeux et triomphant,
Le va trouver, et lui conte comment 300
S'étoit passé le jus de mandragore.
« D'abord, dit-il, j'allai tout doucement
Auprès du lit écouter si le sire[6]

> N'ont fait voir sans regret le retour de l'aurore !
> (MAUCROIX, OEuvres diverses, tome I, p. 127.)

1. Comparez *Joconde*, vers 231, *la Fiancée*, vers 669, etc.
2. Au vers 119 de *la Gageure :*

> Notre couple amoureux
> D'un temps si doux à son aise profite.

3. Même locution dans *le Faiseur d'oreilles*, vers 177 :

> Mon avis donc est que, sans retarder,
> Nous pourvoyions de ce pas à l'affaire ;

et dans *les Rémois*, vers 197 :

> « ....Vouliez ou non, elle aura son affaire. »
> Elle l'eut donc : notre peintre y pourvut
> Tout de son mieux.

4. Conclusion, qu'il prit en cocuage
Tous ses degrés : un seul ne lui manqua.
(*Le Magnifique*, vers 206-207.)

— Dans *la Coupe enchantée*, vers 415-416 : « .... Étant de nos confrères en ces redoutables mystères. » Voyez aussi *le Diable de Papefiguière*, vers 129, et *les Quiproquo*, vers 187.

5. Vers 258 et note 6.
6. Ci-dessus, vers 170.

S'approcheroit, et s'il en voudroit dire[1];
Puis je priai notre[2] épouse tout bas   305
Qu'elle lui fît quelque peu de caresse[3],
Et ne craignît de gâter ses appas[4] :
C'étoit au plus une nuit d'embarras[5].
« Et ne pensez, ce lui dis-je, Lucrèce,
« Ni l'un ni l'autre en ceci me tromper[6] ;   310
« Je saurai tout : Nice se peut vanter
« D'être homme à qui l'on n'en donne à garder[7].
« Vous savez bien qu'il y va de ma vie :
« N'allez donc point faire la renchérie[8];

1. Et s'il en voudrait conter à ma femme ; ou plutôt s'il voudrait « en jouer » : « Les vezoux disoient (jouaient) de la veze (cornemuse). » (*Le Moyen de parvenir*, chapitre cv.)

2. *Notre* est plaisant. — 3. Rapprochez le vers 250.

4. « Bien gastée seroit elle d'auoir l'accointance d'ung braue roy ? » (BRANTÔME, tome VII, p. 172.) « Pensans se rendre plus belles, elles gastent tout. » (*Ibidem*, tome IX, p. 344.)

5. « Une nuit n'est pas tant, il y en a plus que de sepmaines. » (*Le Moyen de parvenir*, chapitre LXXII.)

6. Double sens où le bonhomme n'en voit qu'un.

7. Dans la *Mandragola* (acte V, scène II), Nicia raconte la chose à Ligurio : *Messilo al letto, et innanzi mi partissi, volsi toccar con mano come la cosa andava ; ch'io non son uso ad essermi dato ad entendere lucciole per lenterne.*

8.   Ne faictes point la rencherie.
           (*Ancien Théâtre françois*, tome IX, p. 79.)
      Tousiours faictes la rencherie.
           (CHARLES D'ORLÉANS, ballade XL.)
      Hahay ! estes vous rencherie,
      Dieux y ait part, puis deuant hier?
      Ma dame, c'est pour enrager !
      Le faictes vous par mocquerie?
           (VILLON, rondel, p. 139.)
      Mais ie vous en prie !
      Point ne feray la rencherie :
      Besongnez, ie vous ayderay.
(GRINGORE, *le Ieu du prince des sotz*, tome I des OEuvres, p. 280.)
      Telle est fascheuse et fait la rencherie

« Montrez par là que vous savez aimer
« Votre mari plus qu'on ne croit encore :
« C'est un beau champ[1]. Que si cette pécore[2]
>Qui sans pourchas se verroit bien marrie.
>(SAINT-GELAIS, chanson, tome II, p. 223.)

« A-t-on jamais vu, dites-moi, deux pecques provinciales faire plus les renchéries que celles-là ? » (MOLIÈRE, *les Précieuses ridicules*, scène 1.)

>Vous avez dans le monde un bruit
>De n'être pas si renchérie.
>(*Amphitryon*, Prologue, vers 139.)

Chez Coquillart, tome II, p. 54 : « façons rencheries » ; chez Brantôme, tome IV, p. 196 : « C'estoient marautz qui ne valoient rien, qui faisoient des encheris (*sic*). » Comparez *la Courtisane amoureuse*, vers 44.

1. C'est une belle occasion qui s'offre à vous. — « Dieu sait le beau champ que trouvera l'évêque à parler là-dessus ! » (MME DE SÉVIGNÉ, tome III, p. 384.) « Voilà un champ bien ample pour exercer un cœur aussi tendre.... que le mien. » (*Ibidem*, tome IV, p. 269 ; et tomes VI, p. 353, VIII, p. 125.) « Voilà un beau champ ouvert aux catholiques. » (BOSSUET, *Histoire des variations*, livre XV.)

>Et l'aigreur de la dame à ces sortes d'outrages....
>Est un champ à pousser les choses assez loin.
>(MOLIÈRE, *l'École des maris*, acte I, scène IV.)

Chez Brantôme, au propre (tome VII, p. 140) : « Il y eust eu une grande faute de... quicter ung beau champ qu'il auoit à luy desià, pour en aller chercher ung aultre bien loing pour combattre. »

2. Voyez tome I, p. 66 et note 4. Ici le mot est pris dans un sens injurieux, comme chez Rabelais, tome I, p. 305 : « Hé, grosse pecore ! », chez Noël du Fail, *les Propos rusticques*, p. 68 : « esprit lourdaud, pecore », et dans ces vers de Molière :

>J'aimerois mieux cent fois être grosse pécore,
>Devenir cruche, chou, etc.
>(*L'Étourdi*, acte I, scène IX, vers 448-449.)

« Grosse pecore, grand asne que tu es ! » (*Le Moyen de parvenir*, p. 271 ; *ibidem*, p. 329, 360.) « Pesante pécore, lourde pécore » (Scarron, *le Virgile travesti*, livres III et V).

>Ces nez plats, ces puants de Mores
>Sont de dangereuses pécores.
>(*Ibidem*, livre IV.)

« Fait le honteux¹, envoyez sans tarder
« M'en avertir ; car je me vais coucher :
« Et n'y manquez ; nous y mettrons bon ordre. »
Besoin n'en eus² : tout fût bien jusqu'au bout³.
Savez-vous bien que ce rustre y prit goût⁴ ?
Le drôle avoit tantôt peine à démordre⁵ :
J'en ai pitié ; je le plains, après tout.
N'y songeons plus ; qu'il meure, et qu'on l'enterre.
Et quant à vous, venez nous voir souvent.
Nargue de ceux qui me faisoient la guerre ;
Dans neuf mois d'hui⁶ je leur livre un enfant. »

1. Dans *la Gageure*, vers 110 : « La chambrière fait la honteuse ».
2. Comparez *ibidem*, vers 230 :

>Bon besoin eut d'être femme d'esprit.

3. Voyez *la Servante justifiée*, vers 98 et la note :

>Monsieur votre époux
Jusques au bout a poussé l'aventure.

4. Ci-dessus, vers 252.
5. Même expression, au propre, tome III, p. 355. Rapprochez le verbe *désemparer*, au même sens, dans *la Coupe enchantée*, vers 264. — .... *Che direte voi, ch'io non poteva far levar quel rubaldone?* — Credolo. — *E'gli era piaciuto l'unto.* « Le jeu (proprement : la viande) lui plaisait. » (*Mandragola*, acte V, scène II.) Nicia, pendant toute cette scène, entre dans des détails du comique le plus cru.
6. Vers 96 et note 2.

III

LES RÉMOIS.

Ce conte, comme tant d'autres, remonte à l'Inde : on le retrouve dans le *Vrihat-Kathâ*, ou grand recueil de contes sanscrits (voyez le *Quarterly oriental Magazine* de Calcutta, mars 1824, p. 71), et il a été reproduit, et plus ou moins défiguré, dans l'histoire de « la belle Arouya » des *Contes persans*, conte où l'honneur de l'héroïne n'est pas non plus mis en doute, dans celles de *la Dame du Caire et de ses quatre galants* (*Arabian Nights*, Londres, 1811, in-18, tome VI, p. 380), de *Gohera*, dans le livre persan qui a pour titre *Bahar-i Danisch* (tome III, p. 279, de la traduction de Jonathan Scott), et dans le roman arabe des *Sept Vizirs*, traduit par le même (*Tales, Anecdotes and Letters, translated from the arabic and the persian*, Shrewsbury, 1800, in-8°).

Il s'agit dans le conte sanscrit d'une belle et honnête femme, Upakoçâ, qui, pendant l'absence du brahmane Vararuci, son mari, est courtisée avec une telle importunité par trois amoureux, l'aumônier ou chapelain du roi Nanda, le commandant de la garde, et le précepteur du jeune prince, qu'elle se résout de les punir de leurs désirs lubriques. Elle leur donne rendez-vous à tous les trois le même soir, à une heure de distance l'un de l'autre; et, afin que les dieux favorisent son stratagème, elle envoie réclamer à un banquier, pour en faire des aumônes, une somme d'argent, qu'elle a déposée chez lui. Le banquier, non moins épris de la dame que les trois autres soupirants, refuse de lui restituer la somme si elle ne cède à ses prières : elle lui donne aussi un rendez-vous, mais une heure plus tard.

Arrive le précepteur du prince, le premier ; et d'abord on lui fait prendre un bain, suivant l'usage d'Orient ; on substitue à ses vêtements, tandis qu'il est dans l'eau, une pièce de toile parfumée, mais enduite de suie ; lorsqu'il sort du bain, on se sert dans l'étuve obscure de serviettes semblables pour l'essuyer, de façon que le précepteur est noir de la tête aux pieds lorsque le second amoureux survient, et on le pousse, pour le dérober aux regards, dans une grande corbeille où on l'enferme; le second des amoureux et le troisième sont également invités à entrer au bain, noircis aussi de pied en cap, et emprisonnés dans des corbeilles. Enfin c'est le tour du banquier, auquel, à peine arrivé, la dame fait jurer devant les trois corbeilles, de restituer le dépôt qu'il a reçu. Puis on le conduit au bain, et comme l'aurore se lève au moment où il en sort, les esclaves, sans se donner la peine de le noircir, le mettent à la porte tout nu, et les chiens du voisinage le poursuivent jusqu'à sa maison, non sans chercher à lui mordre les fesses.

Quelques heures après, la belle Upakoçâ se rend auprès du roi Nanda pour réclamer l'argent que lui doit le banquier : celui-ci, mandé, nie le dépôt; Upakoçâ invoque le témoignage de ses dieux domestiques enfermés, dit-elle, dans trois corbeilles, et qui ont entendu le serment du banquier. On apporte les corbeilles; la dame interpelle les trois prisonniers qui, de peur d'être découverts, se hâtent de répondre comme elle le désire; mais le roi, curieux de connaître ces dieux domestiques, fait soulever le couvercle, et les trois amoureux apparaissent noirs comme l'ébène au milieu des rires de toute l'assistance : ils sont chassés ignominieusement des États du roi Nanda.

Cette plaisante histoire est la source première du fabliau : *de Constant du Hamel*, publié dans les recueils de Barbazan-Méon, tome III, p. 296, et de Montaiglon, tome IV, p. 166, et analysé dans celui de Legrand d'Aussy, tome IV, p. 246.

Nous trouvons là un prêtre, un prévôt et un forestier épris tous trois de la belle Isabeau, femme d'un laboureur, Constant du Hamel. Ne pouvant la réduire par leurs supplications ou leurs présents, ils ont recours à un moyen diabolique : ils dénoncent, l'accusant de méfaits imaginaires, d'avoir épousé sa commère, d'avoir volé du blé, d'avoir mutilé des arbres, le pauvre Constant, qui bientôt voit tomber sur lui, comme grêle, les confiscations et les amendes.

La belle Isabeau, trop fine pour ne pas deviner quels sont les persécuteurs, se décide à venger son mari. Elle envoie chercher tour à tour, par sa servante Galestrot, le curé, qu'elle invite à prendre un bain, comme dans le conte oriental; puis le prévôt, à l'arrivée duquel le prêtre se cache dans un grand tonneau rempli de plumes, derrière un van, tandis que le prévôt lui succède au bain; puis le forestier, et le prévôt saute dans le tonneau; puis le mari, armé d'une hache, et le forestier, qu'elle avait fait baigner également, va rejoindre dans le tonneau les deux autres soupirants.

Alors dame Isabeau mande successivement « la prestresse », comme dit le texte (la gouvernante ou maitresse du prêtre), les femmes du prévôt et du forestier, et, sur toutes trois, Constant, à la requête de sa femme, se venge du mal que les trois compagnons voulaient lui faire : c'est là un trait particulièrement plaisant, et que la Fontaine a bien eu soin de ne pas négliger ; on peut même dire que c'est tout son conte. Non satisfait de ces représailles, le mari jette à terre le van et met le feu au tonneau. Nos trois amoureux, nus et emplumés, s'enfuient, poursuivis, comme le banquier du conte indien, par tous les chiens du quartier, et relancés, harcelés, par la populace.

Entre ce fabliau et le conte de la Fontaine on peut trouver des récits, ou du moins des traits, analogues chez Boccace, VIII° nouvelle de la VIII° journée, déjà citée dans la notice du *Faiseur d'oreilles* (Boccace et quelques autres conteurs supposent que la femme est coupable et ne venge son mari que pour qu'il lui pardonne); chez Bandello, nouvelles XX et XLIII de la III° partie ; chez Straparole, fable V de la II° nuit[1], où le galant se cache dans un sac et est roué de coups, comme le Géronte de Molière (*les Fourberies de Scapin*, acte III, scène II) ; chez Sansovino, nouvelle VIII de la IX° journée ; chez Guillaume Bouchet, serée XXXII (c'est l'histoire du coffre : voyez notre tome IV, p. 156, 171 et note 6 ; chez Gabriel Chappuys, journée VII, nouvelle II, déjà citée également à la fin de la notice du *Faiseur d'oreilles;* dans le *Discours très facétieux et véritable d'un ministre de Cleyrat en Agenois, lequel, estant amoureux de la femme d'un notaire, fut enfermé dans un coffre et vendu à l'inquant à la place dudit Cleyrat* (Toulouse, 1619, in-8°); dans *le Courrier facétieux* (Lyon, 1650, in-8°), p. 326 ; dans *les Divertissements curieux de ce temps* (mêmes lieu, date, et format), p. 153 ; dans *les Mille et un Jours* (Paris, 1826, in-8°), contes 150 et suivants; dans le recueil, déjà cité, de Hagen, n° LXII (tome III, p. 169-173), sous ce titre : *Die drei Mönchen von Kolmar*, les trois Moines de Colmar; dans les

---

1. « Simplice Rossi est amoureux de Giliole, femme de Guirot, paisand, et, estant trouué par le mary, fut battu et frotté qu'il n'y manquoit rien, puis s'en retourna en son logis. »

Contes russes, s. l. n. d.), parus vers 1842 en Allemagne, n°⁸ 64 et 65 (Montaiglon, tome III, p. 334-335); etc.

Straparole et Chappuys nous offrent bien les circonstances toutes particulières, toutes spéciales, du fabliau et du conte : la complicité de la femme, les galants punis avant d'avoir été coupables ; ce sont eux sans doute qui ont servi d'intermédiaire ou d'anneau entre l'auteur du fabliau et la Fontaine. Voltaire, dans le treizième chapitre de *Zadig, ou la Destinée*, intitulé *les Rendez-vous*, ne s'est point inspiré de la Fontaine, mais de l'histoire de la belle Upakoçâ et de la belle Aronya.

Voyez dans la notice des *Oies de frère Philippe*, le jugement que Mme de Sévigné portait sur le conte des *Rémois*.

Sedaine a tiré de ce conte l'idée d'un opéra-comique en un acte et en vers : *les Femmes vengées, ou les Feintes infidélités*, musique de Philidor, représenté, pour la première fois, le 20 mars 1775, par les comédiens italiens. Il est analysé dans le *Dictionnaire dramatique*, tome III, p. 489.

> Il n'est cité que je préfère à Reims[1] :
> C'est l'ornement et l'honneur de la France[2] ;
> Car, sans compter l'ampoule[3] et les bons vins,
> Charmants objets[4] y sont[5] en abondance[6].

1. On sait que la Fontaine dans sa jeunesse séjourna fréquemment à Reims chez son ami Maucroix, chanoine de cette ville : voyez la *Notice biographique* en tête de notre tome I, p. XI et LV-LVI. Ajoutons que le poète rémois, Coquillart, la gloire et l'amusement de cette cité joyeuse, était, comme on l'a vu, un de ses auteurs de prédilection.

2. Comparez le vers 55 de *la Fiancée* et la note : « honneur de l'Alcoran. »

3. La sainte ampoule qui contenait l'huile consacrée à l'onction des rois de France.

4. Ci-dessus, p. 20 et note 5.

5. Femmes y sont qui font venir l'envie
  D'être amoureux quand on ne voudroit pas.
     (*Richard Minutolo*, vers 5-6.)

6. Là se trouvoient tendrons en abondance.
     (*Féronde*, vers 29.)

Par ce point-là, je n'entends, quant à moi, 5
Tours ni portaux¹, mais gentilles galoises ²,
Ayant trouvé telle de nos Rémoises

1. Portes de ville ou de monuments, façades d'églises; le portail de Notre-Dame de Reims. — Chez Marot (tome IV, p. 103):

Haulsez vos testes, grans portaulx!

chez Brantôme (tome IX, p. 545): « C'est aux grans portaulx que battent les grans vents. » — On disait autrefois *portal* ou *portail*, et au pluriel *portaux* ou *portails*. L'Académie ne donne pas de pluriel à ce mot dans la 1ʳᵉ édition de son Dictionnaire, et condamne *portaux* à partir de la 2ᵉ.

— .... Quelle est cette ville à mes yeux inconnue
Où cent clochers hautains s'élèvent dans la nue?
— C'est l'illustre cité du sacre de nos rois,
Reims, la gloire et l'honneur du climat champenois.
Vois-tu ce temple saint dont la superbe masse
Dans le milieu des airs occupe tant d'espace?
Considère ces tours dont l'ouvrage mignard
Semble de l'architecte avoir épuisé l'art, etc.
(MAUCROIX, *OEuvres diverses*, tome I, p. 94.)

2. La Fontaine paraît être ici du même avis que le moine d'Amiens « Bernardlardon » : « I'ay aussi bien contemplé comme vous, dit ce moine, parlant de Florence, et ne suys aueugle plus que vous. Et puys? Qu'est ce? Ce sont belles maisons. C'est tout.... Ces porphyres, ces marbres sont beaulx. Ie n'en diz poinct de mal. Mais les darioles d'Amiens sont meilleures à mon goust. Ces statues antiques sont bien faictes, ie le veulx croire. Mais par sainct Ferreol d'Abbeuille, les ieunes bachelettes de nos pays sont mille foys plus aduenantes. » (RABELAIS, tome II, p. 307-308.) — Nous rencontrons aussi *ieunes galoyses* (de *gale*, fête, *galer*, se réjouir), femmes galantes, gaillardes, libres, de belle humeur, *ibidem*, tomes I, p. 381, et II, p. 302 ; *mignonnes galoyses*, tome II, p. 21 ; *bonnes galoyses*, *ibidem*, p. 22, dans *les Quinze Ioyes de mariage*, p. 82, 86, dans *l'Euangile des Quenouilles*, p. 78, dans le *Recueil de poésies françoises*, tomes IV, p. 89 : « deux mignonnes bourgeoyses

Bonnes commeres et galoyses » ;

VIII, p. 253, XII, p. 8, 21, chez Coquillart, tome II, p. 250, dans l'*Apologie pour Hérodote*, tome I, p. 281, dans *les Propos rusticques* de Noël du Fail, p. 24 : « Quelque bonne galoyse menoit la danse. » Comparez, dans les *Contes et Discours d'Eutrapel*, par le même (tome II, p. 77) : « Se trouua toutesfois une babillarde,

Friande[1] assez pour la bouche d'un roi[2].

Une avoit pris un peintre en mariage,
Homme estimé dans sa profession[3] ;
Il en vivoit : que faut-il davantage ?
C'étoit assez pour sa condition.

bien rebrassée galoyse. » — Walckenaer donne ces deux exemples :

> Et puis s'en vont pour faire les galoyses,
> Lors que deuroient vacquer en oraisons.
> (*Liure des pardons de sainct Trotet.*)
>
> C'est chose qui moult nous poise,
> Veoir iouyr estrange galoyse
> Des haults biens que debuons auoir.
> (JEAN MAROT, *Epistre des dames de Paris aux courtisans de France estans pour lors en Italie.*)

Dans les *Chansons du XVe siècle*, p. 16 : « compagnons galoys » ; dans l'*Ancien Théâtre françois*, tome III, p. 25, chez des Périers, tome II, p. 61 : « gentz, gentilz galoys » ; *ibidem*, tome I, p. 68 : « Et... furent les hommes ioyeulx, contens, sains, gais, drus..., alaigres, esbaudiz, galans, galoys, gaillardz, gentz, frisques, mignons, poupins, brusques. O ! qu'ilz se portoient bien ! » Chez Rabelais, déjà cité, tome I, p. 197, « galliers » :

> Frisques, galliers, ioyeulx, plaisans mignons,
> En general tous gentilz compaignons.

— « Les Galoys et Galoyses » étaient les membres d'une sorte de franc-maçonnerie amoureuse qui se forma dans le Poitou au commencement du quatorzième siècle, mais ne dura pas longtemps.

1. Rapprochez le vers 80 de *la Gageure* :

> Votre ordinaire est donc trop peu friand
> A votre goût ?

— « En Italie l'on tient les dames Ferraroises pour de bons et friands morceaux. » (BRANTÔME, tome IX, p. 361.)

2.   Ma foi ! Colette est un morceau de roi.
(*Le Berceau*, vers 139.)

— « ....Une belle fille..., et de laquelle ung grand roy s'en fust trez dignement contenté. » (BRANTÔME, tome IX, p. 566.)

3. Suivant M. Louis Paris (*OEuvres diverses* de Maucroix, tome I, p. CXI-CXIV), le peintre Hélart, un des compagnons de la Fontaine

Chacun trouvoit sa femme fort heureuse.
Le drôle étoit, grâce à certain talent[1],
Très bon époux, encor meilleur galant.   15
De son travail[2] mainte dame amoureuse
L'alloit trouver; et le tout à deux fins.
C'étoit le bruit, à ce que dit l'histoire[3]:
Moi qui ne suis en cela des plus fins,
Je m'en rapporte[4] à ce qu'il en faut croire.   20
Dès que le sire avoit donzelle[5] en main[6],
Il en rioit avecque son épouse.
Les droits d'hymen[7] allant toujours leur train,

dans sa vie de dissipations à Reims, artiste de mérite, et d'un caractère très enjoué.

1. Dans *le roi Candaule*, vers 236-237 :

> Un seul point l'arrêtoit : c'étoit certain talent
> Qu'avoit en sa moitié trouvé l'étudiant, etc.

2. Au vers 47 du *Faiseur d'oreilles :*

> André vaquoit de grande affection
> A son travail.

3. Tome IV, p. 386 et note 5.
4. Voyez *la Gageure*, vers 324 et note 4.
5. Tome IV, p. 254 et note 2, et p. 318, 319, 321, etc.
6. A sa disposition. « Asseure toy (dit-il à la vieille), si tu me la veux mettre en main, que ie te donneray la meilleure robe que tu vestis de ta vie. » (DES PÉRIERS, tome II, p. 15.) « Le roy François, ayant en main une fort belle dame, etc. » (BRANTÔME, tome IX, p. 711; *ibidem*, p. 713.) « .... Vous qui auez eu tant de femmes en main. » (DU FAIL, *Baliuerneries*, p. 166.)

> Il me faudroit en main avoir un autre amant.
> (CORNEILLE, *le Menteur*, acte II, scène II, vers 444.)

Comparez *l'Ermite*, vers 7 et note 2.

7. Rapprochez le vers 59 du *Gascon puni*. — Aux vers 42, 66, 178 des *Cordeliers:* « les dons du mariage », « les œuvres de mariage ». Dans *l'Eugène* de Jodelle, acte I, scène III :

> Car alors que suis excité
> De faire le droit du mesnage....

Besoin n'étoit qu'elle¹ fît la jalouse.
Même elle eût pu le payer de ses tours,   25
Et comme lui voyager en amours²,
Sauf d'en user³ avec plus de prudence,
Ne lui faisant la même confidence⁴.

Entre les gens qu'elle sut attirer,
Deux siens voisins se laissèrent leurrer⁵   30
A l'entretien libre et gai de la dame ;
Car c'étoit bien la plus trompeuse femme
Qu'en ce point-là l'on eût su rencontrer ;
Sage surtout, mais aimant fort à rire.

---

1. Même tour dans *le Diable en enfer*, vers 190. — « Besoin n'est de », *ibidem*, vers 7, et dans *les Lunettes*, vers 105.

2. Dans le pays de Tendre. — Comparez le *Recueil de poésies françoises*, tome V, p. 182 :

> Ie ne sçay nul si parfaict maistre,
> Qui en amours souuent ne muse :
> Cueur femenin plusieurs abuse ;

dans le conte de *Nicaise*, vers 6 : « les tours

> Qui se pratiquent en amours. »

Voyez aussi le *Pâté d'anguille*, vers 117, 125 ; et Ronsard, tome II, p. 309 :

> L'homme en amours mal gracieux et laid.

3. Même locution : « sauf de », suivi de l'infinitif, au tome IV, p. 111.

4.   Se confesser à son propre mari !
          Quelle folie !
              (*Les Aveux indiscrets*, vers 104-105.)

5. Se laissèrent prendre.

—   .... Prétends-tu, par ta foi,
Me leurrer de l'appât d'un profane langage ?
              (Livre X, fable xi, vers 49.)

— *Attirer, leurrer, lacs* (vers 56), *plumer* (vers 57) : la métaphore est bien suivie.

Elle ne manque incontinent de dire 35
A son mari l'amour des deux bourgeois[1],
Tous deux gens sots, tous deux gens à sornettes[2]
Lui raconta mot pour mot leurs fleurettes[3],
Pleurs et soupirs, gémissements gaulois[4].
Ils avoient lu, ou plutôt ouï dire, 40
Que d'ordinaire en amour on soupire;

1. Comme dans le conte v de la Ire partie, vers 14-15 :

.... Puis vient trouver Blaise tout aussitôt,
L'avertissant de ce qu'on lui propose.

2. A billevesées, à contes bleus : tome IV, p. 215 et 312.

— ....Certains récits qui ne sont que sornettes.
(Ballade au Roi, tome V M.-L., p. 153.)

Comparez Villon, le Grand Testament, stance CLVII :

Ie lui enuoye ces sornettes
Pour soy desennuyer; combien,
Si veult, face en des alumettes;

Scarron, épître burlesque à Mgr le Prince :

Il (Apollon) ne m'a fait qu'un poète à sornette;

Regnier, satire VI, vers 154 : « conteur de sornettes », épître III, vers 27 : « esprit fécond en sornettes »; Molière, les Femmes savantes, vers 1261; etc.
3. Leurs propos galants; voyez Joconde, vers 270 et la note, le roi Candaule, vers 187, et ci-dessous, p. 76 et 81. — « Les fleurettes s'entendent par tout pays. » (Lettre de la Fontaine à sa femme du 19 septembre 1663.) « Pour galant, je l'ai été un peu autrefois; présentement je ne le suis plus.... J'ai renoncé aux fleurettes, et je m'étonne... de ce qu'il y a encore tant d'honnêtes gens qui s'occupent à en débiter. » (LA ROCHEFOUCAULD, son Portrait fait par lui-même, tome I, p. 11.) — Le to flirt des Anglais et son dérivé flirtation ne peuvent être considérés que comme des emprunts au français : fleur, fleureter, fleurette.
4. Surannés, dignes du bon vieux temps. « Elles (les femmes) ont fait passer pour gaulois ridicules tous ceux qui ont voulu conserver la gravité et la simplicité des mœurs anciennes. » (FÉNELON, de l'Éducation des filles, chapitre x.) « Avant moi tout étoit

Ils tâchoient donc d'en faire leur devoir[1],
Que bien, que mal[2], et selon leur pouvoir[3].
A frais communs se conduisoit l'affaire[4] :
Ils ne devoient nulle chose se taire.   45
Le premier d'eux qu'on favoriseroit[5]
De son bonheur part à l'autre feroit.

Femmes, voilà souvent comme on vous traite.
Le seul plaisir est ce que l'on souhaite ;
Amour est mort[6] : le pauvre compagnon   50

grossier, pauvre, ignorant, gaulois. » (*Ibidem*, dialogue de Louis XI et de François Ier.) On disait : « manières *gauloises* » pour manière provinciales ; « à la vieille *gauloise* » pour « à la vieille mode ». Comparez l'expression encore usitée : « à la bonne *franquette* ».

1. Voyez *le Calendrier*, vers 122 et la note ; et ajoutons, entre autres exemples, le *Recueil de poésies françoises*, tome XI, p. 222 :

> De mon grand feu veulx faire mon debuoir
> A les brusler ;

des Périers, tome I, p. 111 : « faire son debuoir de prier Dieu » ; du Fail, *les Propos rusticques*, p. 23 : « La ieunesse alors faisoit son debuoir de mener le grand galop » ; Marot, tome II, p. 107 :

> Quand toute France aura faict son debuoir
> De ta Haultesse en ioye receuoir... ;

Saint-Gelais, tome II, p. 109 ; *le Moyen de parvenir*, p. 374 ; etc.

2. Tant bien que mal : tome II, p. 365 et note 22.
3. Dans *les Cordeliers*, vers 71 : « selon notre petit pouvoir ». Chez Rabelais, tome I, p. 308 : « A toutes heures me trouueras prest de obtemperer à une chascune de tes requestes, selon mon petit pouuoir. »
4. Comme dans *les Quiproquo* (vers 105) :

> Hé bien ! soyons cnacun
> Et du plaisir et des frais en commun.

5. Voyez, pour cet emploi de ce verbe, tome IV, p. 435 et note 3.
6. Plus haut, c'était *Gratis* :

> Gratis est mort ; plus d'amour sans payer.
>   (*A Femme avare Galant escroc*, vers 3.)

Fut enterré sur les bords du Lignon¹ ;
Nous n'en avons ici ni vent ni voie².
Vous y servez de jouet et de proie
A jeunes gens indiscrets, scélérats³ :
C'est bien raison⁴ qu'au double on le leur rende : 55
Le beau premier⁵ qui sera dans vos lacs,

1. Petite rivière du Forez, illustrée par le roman de d'Urfé, l'*Astrée*.

.... Ces illustres bergères
Que le Lignon tenoit si chères, etc.
(*Vers pour des bergers et des bergères*, tome V M.-L., p. 112.)

Ses bords sont aussi le lieu de la scène dans la tragédie d'*Astrée* de notre poète.

2. Nous n'en avons point de nouvelles : termes de vénerie. On sait que la Fontaine se servait souvent et très à propos de ces termes soit au propre, soit au figuré; comparez *Joconde*, vers 273; *la Fiancée*, vers 406 et la note; et tome III, p. 280 et 321-322. — Dans la traduction de Straparole, tome II, p. 66, 189, 357 : « vent ni voix (*sic*) ».

3. Rapprochez la fin du conte ix de la II⁰ partie.

4. Voyez *la Mandragore*, vers 96 et la note, et ci-dessous, vers 189.

5. Nous rencontrons cette expression au tome V M.-L., p. 61 : « être rangés entre les beaux premiers »; *ibidem*, p. 144 :

Amour viendra le beau premier en danse;

et dans la fable xx du livre I, vers 3, avec un nom exprimé : « le beau premier lapidaire ». Comparez le *Recueil de poésies françoises*, tome VII, p. 31, et p. 33 : « le beau premier qu'en mes poings ie tiendray »; du Bartas, p. 361, et p. 414 (édition de 1642) :

Dom Iean, accompagné de mains braues guerriers,
Prodigue de son sang, entre des beaux premiers
Dans le vaisseau vaincu du bascha;

Marot, tome III, p. 58, et du Fail, tome II, p. 9 : « les fins beaux premiers »; Mme de Sévigné, tome I, p. 539 : « tout le beau premier »; et Molière, *l'Étourdi*, acte II, scène vii, vers 764 : « livrer au premier », au premier venu qui présentera la bague :

Ma bague est la marque choisie
Sur laquelle au premier il doit livrer Célie.

Plumez-le-moi[1], je vous le recommande.

La dame donc, pour tromper ses voisins,
Leur dit un jour : « Vous boirez de nos vins
Ce soir chez nous. Mon mari s'en va faire   60
Un tour aux champs[2]; et le bon de l'affaire[3]
C'est qu'il ne doit au gîte revenir[4].

1. Rapprochez le premier vers du conte IX de la seconde partie et la note :

> Qu'un homme soit plumé par des coquettes,
> Ce n'est pour faire au miracle crier.

Voyez aussi *le Faiseur d'oreilles*, vers 10-11 et la note :

> Sage eût été l'oiseau qui de ses rets
> Se fût sauvé sans laisser quelque plume;

et dans la scène III de l'acte I de *l'Asinaire* de Plaute un joli passage sur les amoureux comparés également aux oiseaux.

2. Le vieux moyen employé toujours avec succès : comparez *le Faiseur*, vers 110. — « .... Par ainsi, il se rendoit plus priué et importun, dont la ieune femme se voulut defaire, moyennant le complot pris auec son mary, qui fit semblant d'aller aux champs. » (*Le Moyen de parvenir*, p. 253.) « Il fallut enfin qu'elle nommast le ribaud, et qu'elle lui donnast assignation au lendemain soir que Monsieur le curé fit semblant d'estre aux champs : cette entreprise faicte sur d'aultres de mesme qu'ils avoient lues en Boccace. » (D'AUBIGNÉ, *les Aventures du baron de Fæneste*, p. 106.) — Le « tour aux champs » n'est pas supposé, mais réel, dans le conte IX de la seconde partie, etc. (tome IV, p. 362 et note 5).

3. Voyez *ibidem*, vers 43 et note 4; et *l'Eunuque*, vers 1145 :

> Il falloit un eunuque, et le bon de l'affaire
> Est que l'on n'a pas dit tout ce qu'il savoit faire.

Comparez Brantôme, tome III, p. 148 : « le bon du faict », Marot, tome I, p. 155 : « le bon du conte »; et *les Cent Nouvelles nouvelles*, p. 139, 334, Rabelais, tome I, p. 74, 284, 328, Brantôme, déjà cité, tome VII, p. 42 : « le bon fut quand », « le bon fut que », « ce qui est le bon »; Retz, tome II, p. 298 : « le bon est que ».

4.   Partons, bientôt nous reviendrons au gîte.
                                    (*L'Ermite*, vers 86.)

Nous nous pourrons à l'aise¹ entretenir.
— Bon, dirent-ils, nous viendrons sur la brune². »
Or les voilà compagnons de fortune³.   65
La nuit venue, ils vont⁴ au rendez-vous.
Eux introduits, croyant ville gagnée⁵,
Un bruit survint ; la fête fut troublée⁶ ;
On frappe⁷ à l'huis⁸. Le logis aux verrous
Étoit fermé ; la femme à la fenêtre   70
Court en disant : « Celui-là frappe en maître⁹ !
Seroit-ce point par malheur mon époux ?

1. « A notre bel aise » : Comparez *Mazet*, vers 140 et la note, et cet autre exemple, de Brantôme (tome IX, p. 164) : « Il se mit à iouir de toutes deux bien et beau à son aise. »
2. Ci-dessus, p. 43 et note 5.
3. Comme dans *Joconde*, vers 247. — Voyez ci-dessous, les vers 142 et 191.
4. Ils sont. (1685, 1686.)
5. « Ceste conuersation n'eust point esté seullement ville gaignée, mais toute l'entreprinse. » (COMYNES, livre I, chapitre VIII.)

> L'arrogant croit déjà tenir ville gagnée ;
> Mais il sera puni de m'avoir dédaignée.
> (CORNEILLE, *l'Illusion*, acte II, scène IX, vers 609-610.)

« Il la trouve seule, et s'imaginoit déjà avoir ville gagnée. » (TALLEMANT DES RÉAUX, tome III, p. 364.)

6.   Mais quelqu'un troubla la fête
     Pendant qu'ils étoient en train.
     (*Le Rat de ville et le Rat des champs*, vers 11-12.)

7.   André venu, l'époux guère ne tarde,
     Monte, et fait bruit.
     (*Le Faiseur d'oreilles*, vers 119-120.)

8. A la porte. Voyez *le Berceau*, vers 88 et la note.

—   .... Dessus le soir, pour l'amour de s'amye,
     Deuant son huys la petite chanson.
     (MAROT, *Ballade des enfans sans soucy*, tome II, p. 62.)

9. Cependant, sans delay, Messieurs frappent en maistre.
           (RÉGNIER, satire XI, vers 317.)

Oui ; cachez-vous, dit-elle ; c'est lui-même.
Quelque accident, ou bien quelque soupçon,
Le font venir coucher à la maison. »   75
Nos deux galants, dans ce péril extrême,
Se jettent vite en certain cabinet[1] :
Car s'en aller, comment auroient-ils fait?
Ils n'avoient pas le pied hors de la chambre
Que l'époux entre, et voit au feu le membre[2]   80
Accompagné de maint et maint pigeon ;
L'un au hâtier[3], les autres au chaudron.
« Oh ! oh ! dit-il, voilà bonne cuisine !
Qui traitez-vous ? — Alis, notre voisine,
Reprit l'épouse, et Simonette aussi.   85
Loué soit Dieu qui vous ramène ici !
La compagnie en sera plus complète.
Madame Alis, madame Simonette,
N'y perdront rien. Il faut les avertir
Que tout est prêt, qu'elles n'ont qu'à venir :   90

1. Comparez *Joconde*, vers 153.
2. Ellipse : membre, pour gigot, cuisse ou épaule de mouton.
3. *Hâtier* ou *contrehâtier*, grand chenet de cuisine, à plusieurs crans, sur lequel on appuie les broches (anciennement *hastes*) qui servent à faire rôtir les viandes. On dit aussi *landier*.

Ly uns prent ung hastier, ly aultres ung espoi (*épieu, broche*).
(*Le Chevalier au cygne*, édition Reiffenberg, vers 7758.)

« Trouuerent plus de trois cens chaudieres..., pleines de chair et d'eau, pour faire bouillir, et plus de mille hastiers, pleins de pieces de chair, pour rostir. » (Froissart, livre I, chapitre xxxvii.) « Adoncques voyant frere Ian le desarroy et tumulte..., sort auecques ses bons soubdars, les uns portans broches de fer, les aultres tenans landiers, contrehastiers, pælles, pales, cocquasses, etc. » (Rabelais, tome II, p. 414.) « Pour quoy là ne considerons le branlement des broches, l'harmonie des contrehastiers, la position des lardons, la temperature des potaiges, etc. » (*Ibidem*, p. 306.) « Quelque vertu latente et proprieté specificque absconse dedans les marmites et contrehastiers qui les moines y attire.... » (*Ibidem*, p. 308.)

J'y cours moi-même. » Alors la créature¹
Les va prier². Or, c'étoient les moitiés
De nos galants et chercheurs d'aventure³,
Qui, fort chagrins de se voir enfermés,
Ne laissoient pas de louer leur hôtesse   95
De s'être ainsi tirée avec adresse
De cet apprêt⁴. Avec elle à l'instant
Leurs deux moitiés entrent tout en chantant⁵.
On les salue, on les baise, on les loue
De leur beauté, de leur ajustement.   100
On les contemple, on patine⁶, on se joue.

1. Comparez, pour ce terme peu respectueux, *l'Anneau d'Hans Carvel*, vers 11 ; ci-dessous, le vers 174 ; et *la Coupe enchantée*, vers 115 :

> Il vous mit donc la créature
> Dans un couvent.

2. Inviter.

> A quelque temps de là, la Cicogne le prie.
> (*Le Renard et la Cicogne*, vers 10.)

Rapprochez le vers 96 de *la Mandragore*.
3. De « nos aventuriers » (*Joconde*, vers 300). Voyez aussi *ibidem*, vers 247 : « Cherchons partout notre fortune », *la Mandragore*, vers 25, et *la Fiancée du roi de Garbe*, vers 620.
4. C'est-à-dire d'avoir expliqué au mari avec adresse ces apprêts du régal : comparez le conte du *Tableau*, vers 80.
5. N'oublions pas que nous sommes à Reims, pays de la joie. Mais il n'y a pas si longtemps que, dans notre bon pays de France, c'était encore la mode de chanter à tout propos, comme fait Tiennette au conte des *Troqueurs* (vers 157).
6. « Nulle familiarité avec les hommes ; je l'en ai fort priée : elle est très dangereuse, et les provinciaux patinent volontiers. » (Mme DE MAINTENON, *Correspondance générale*, publiée par Th. Lavallée, tome II, p. 17.) Rapprochez *le Moyen de parvenir*, p. 221 : « Ce mary, voyant l'importunité des doigts de sa femme qui ne faisoient que patiner, fit bande à part » ; Scarron, *le Roman comique*, livre I, chapitre VIII : « Les mains d'Angélique étoient quelquefois serrées ou baisées, car les provinciaux se démènent fort et sont grands patineurs » ; *ibidem*, chapitre X : « Ragotin voulut

Cela ne plut aux maris nullement.
Du cabinet la porte à demi close
Leur laissant voir le tout distinctement,
Ils ne prenoient aucun goût à la chose¹ :   105
Mais passe encor pour ce commencement.
Le souper mis² presque au même moment,
Le peintre prit par la main les deux femmes,
Les fit asseoir³, entre elles se plaça.
« Je bois, dit-il, à la santé des dames ! »   110
Et de trinquer⁴ : passe encor pour cela.
On fit raison⁵ ; le vin ne dura guère.

un peu patiner : galanterie provinciale qui tient plus du satyre que de l'honnête homme » ; *le Virgile travesti*, livre III : « patiner les membres nus de Vénus » ; et, dans l'*Épître chagrine à M. d'Albret* :

Les patineurs sont très insupportables,
Même aux beautés qui sont très patinables ;

Molière, *George Dandin*, acte II, scène I : « Ah ! doucement : je n'aime pas les patineurs » ; *le Théâtre italien de Gherardi*, tome II, p. 18 : « Elle (cette pâte) entretient la peau dans une fraîcheur qui donneroit envie de patiner à un homme de quatre-vingt-dix ans » ; etc., etc. « *Patiner*, manier indiscrètement et malproprement », dit l'Académie dans toutes les éditions de son Dictionnaire.

1. Messire Artus ne prit goût à l'affaire.
(*Le Mari confesseur*, vers 14.)

2. Mis sur table, servi. « Allez tuer chapons et poulailles, et ce que nous auons de bon, et mettez en haste. » (*Les Cent Nouvelles nouvelles*, p. 347.) — Dans *le Cas de conscience*, vers 131 : « On met sur table. »

3. Comparez la vengeance de Guillaume dans *le Faiseur d'oreilles*, vers 164 et suivants.

4. Puis de trinquer à la commère.
(*Les Cordeliers*, vers 113 et la note.)

5. Dans la fable x du livre II, vers 25-26 :

Tous trois burent d'autant : l'Anier et le Grison
Firent à l'éponge raison.

L'hôtesse étant alors sans chambrière
Court à la cave, et, de peur des esprits,
Mène avec soi madame Simonette.   115
Le peintre reste avec madame Alis,
Provinciale assez belle et bien faite,
Et s'en piquant[1], et qui pour le pays
Se pouvoit dire honnêtement[2] coquette[3].

Le compagnon, vous la tenant seulette[4],   120
La conduisit de fleurette en fleurette[5]
Jusqu'au toucher[6], et puis un peu plus loin;
Puis, tout à coup levant la collerette[7],
Prit un baiser dont l'époux fut témoin.
Jusque-là passe[8] : époux, quand ils sont sages,   125

1. Tome IV, p. 245 et note 5.
2. Suffisamment, passablement. « Il y auoit en la ville de Lyon une ieune femme honnestement belle. » (DES PÉRIERS, tome I, p. 51.) Chez Tallemant des Réaux, tome V, p. 412, 421 « honnêtement brutal », « honnêtement méchant ».

> Chemin faisant, c'étoit fortune honnête.
> (*Le Berceau*, vers 125 et la note.)

Voyez le conte précédent, vers 207, et *le Diable de Papefiguière*, vers 10.

> Payer ainsi des marques de tendresse
> En la suivante étoit, vu le pays,
> Selon mon sens, un fort honnête prix.
> (*Les Quiproquo*, vers 67-69.)

3. Pour le pays : elle l'eût semblé peu en regard d'une Parisienne, veut sans doute dire le poète.
4. Tome IV, p. 158 et note 2.
5. Vers 38 et la note.
6. Ci-dessus, p. 40.
7. La collerette, dite aussi tour de gorge. — Au livre IV, fable IV, vers 27 :

> .... Prend une main, un bras, lève un coin du mouchoir.

8. Ci-dessus, vers 106 et 111.

Ne prennent garde à ces menus suffrages¹,
Et d'en tenir registre² c'est abus³.
Bien est-il vrai qu'en⁴ rencontre pareille
Simples baisers font craindre le surplus⁵ ;
Car Satan lors vient frapper sur l'oreille   130
De tel qui dort, et fait tant qu'il s'éveille⁶.
L'époux vit donc que, tandis qu'une main

1. Au figuré : à ces caresses menues; proprement, en termes de bréviaire, menues dévotions, courtes oraisons. « .... Puis disoys mes menuz suffraiges, et oraisons de saincte Brigide. » (RABELAIS, tome I, p. 302.) Voyez aussi *ibidem*, p. 291 et 326, tome II, p. 257 et 335; Coquillart, tome I, p. 84 :

   Sa fille de chambre est leans
   Qui la sert de menus suffrages (*menus services*);

l'Heptaméron, p. 30; Brantôme, tome II, p. 255; *le Moyen de parvenir*, p. 6; Noël du Fail, tome I, p. 148 (chez ce dernier cette expression a le sens de « quolibets »); et le *Poème de la Captivité de saint Malc*, vers 185.

—   Menu détail : baisers donnés et pris;
   La petite-oie.
    (*L'Oraison de saint Julien*, vers 299-300.)

2. ..... Que, si je surprends le soldat auprès d'elle,
  Je tienne des clins d'œil un registre fidèle.
    (*L'Eunuque*, vers 485-486.)

3. C'est mal fait, c'est un tort.

—   Tout cela n'est que courtoisie ;
   Ie ne prens point de fantasie
   Pour ung baiser.
    (GREVIN, *la Tresorière*, acte IV, scène 1.)

4. Pour ce tour, voyez tome IV, p. 245 et note 7.

5.   En bon françois les préludes d'amour. »
    (*L'Oraison de saint Julien*, vers 301.)

6. Rapprochez le vers 50 de *la Servante*; et Charles d'Orléans, *Songe en complaincte* :

   ....Ilz crient en l'oreille
  Du cueur qui dort, tant qu'il fault qu'il s'esueille.

—   Alibech s'endormit
  L'ermite non : une certaine bête,

Se promenoit sur la gorge à son aise[1],
L'autre prenoit un tout autre chemin[2].
Ce fut alors, dame ! ne vous déplaise,   135
Que, le courroux lui montant au cerveau,
Il s'en alloit, enfonçant son chapeau[3],
Mettre l'alarme[4] en tout le voisinage,
Battre sa femme, et dire au peintre rage[5],
Et témoigner qu'il n'avoit les bras gourds[6].   140
« Gardez-vous bien de faire une sottise,

> Diable nommée, un vrai serpent maudit,
> N'eut point de paix qu'il ne fût de la fête.
> (*Le Diable en enfer*, vers 111-114.)

1. Ci-dessus, vers 63.

2.   L'autre prenoit tout un autre chemin.
>   (1685, 1686, 1705.)

3. Enfoncer son chapeau, c'est ce que font les gens courroucés, ou qui s'arment de courage : « ....Faire une desmarche braue..., tenir une posture altiere, maintenant son bonnet enfoncé. » (BRANTÔME, tome III, p. 100; *ibidem*, tome IV, p. 345.) « Tiens-toi un peu. Enfonce ton bonnet en méchant garçon. » (MOLIÈRE, *les Fourberies de Scapin*, acte I, scène v.)

4. Tome IV, p. 307 et note 4.

5. Lui dire toutes les injures possibles. « Il avoit dit rage contre Mme de Guémené. » (RETZ, tome I, p. 110.) « Disant rage et injures de lui. » (SAINT-SIMON, tome V, p. 169.) Mme de Sévigné a employé le mot au pluriel : « On dit des injures, des mépris, des rudesses, des cruautés, des querelles, des plaintes, des rages. » (Lettre à Mme de Grignan du 20 octobre 1679, tome VI, p. 59.)

6. Engourdis, maladroits : qu'il savait s'en servir.

> Car, quant à moy, j'ay belle paour
> Qu'à vous ferir n'ayt le bras gourd.
>   (*Janot et Catin*, tome V *M.-L.*, p. 105.)

Dans le *Recueil de poésies françoises*, tome VII, p. 234 :

> Les delices font l'homme gourd.

Chez Montaigne, tomes II, p. 359, 485, III, p. 356 : « doigts gourds », « mains gourdes »; chez Remy Belleau, tomes I, p. 128 : « nos membres froids et gourds », II, p. 185 : « sa main gourde et son bras endormy. »

Lui dit tout bas son compagnon d'amours[1];
Tenez-vous coi; le bruit en nulle guise [2]
N'est bon ici, d'autant plus qu'en vos lacs
Vous êtes pris; ne vous montrez donc pas :   145
C'est le moyen d'étouffer cette affaire[3].
Il est écrit qu'à nul il ne faut faire
Ce qu'on ne veut à soi-même être fait[4].
Nous ne devons quitter ce cabinet
Que bien à point[5], et tantôt, quand cet homme,   150
Étant au lit, prendra son premier somme[6].
Selon mon sens, c'est le meilleur parti.
A tard[7] viendroit aussi bien la querelle.
N'êtes-vous pas cocu plus d'à demi[8]?
Madame Alis au fait a consenti :   155

1. Le mot ici est très plaisamment ironique vu la situation des deux galants. Vers 65 : « compagnons de fortune. »
2. En aucune façon : ci-dessus, p. 47, note 7.
3.   Le moins de bruit que l'on peut faire
            En telle affaire
        Est le plus sûr de la moitié.
                (*Joconde*, vers 101-103 et la note.)
4. *Quod ab alio oderis fieri tibi, vide ne tu aliquando alteri facias.* (*Tobie*, chapitre IV, verset 16.)
5. Au bon moment. Tome IV, p. 110 et note 1 : « tout à point ».
6. *Ibidem*, p. 476 et note 2.
7. Tard, trop tard.
        Loup change à tard condition.
    (*Recueil de poésies françoises*, tome III, p. 186; *ibidem*, p. 197.)

« Souuent l'on meet en terme plusieurs choses dont en la fin on se repent, et à tard. » (*Les Cent Nouvelles nouvelles*, p. 294.) « Il estoit grossier et peu subtil de nature, et s'aperceuoit à tard des fautes qu'on luy faisoit. » (Amyot, traduction de la *Vie d'Antoine*, tome II, p. 715.)

        Car bien à tard vouldroit l'homme desplaire,
        S'il n'est trop fainct, qui met peine à complaire.
                (Marot, tome I, p. 177.)

8. Voyez, pour cette expression, tome IV, p. 226 et note 3. — Dans *Belphégor*, vers 27 : « amants plus d'à demi. »

Cela suffit¹ ; le reste est bagatelle. »
L'époux goûta quelque peu ces raisons².
Sa femme fit quelque peu de façons³,
N'ayant le temps d'en faire davantage⁴.
Et puis?... Et puis, comme personne sage⁵,   160
Elle remit sa coiffure en état⁶.
On n'eût jamais soupçonné ce ménage⁷,
Sans qu'il restoit⁸ un certain incarnat⁹

1. Question plusieurs fois résolue dans les contes : voyez *la Mandragore*, vers 160-163, *la Coupe enchantée*, vers 341-342, *le roi Candaule*, vers 102-103, *les Quiproquo*, vers 186-190.

2. Dans *le Faiseur d'oreilles*, vers 100 :

   L'époux, sortant quelque peu de colère, etc.

3.   On résista tout autant qu'il falloit, etc.
        (*L'Oraison de saint Julien*, vers 294.)

4. Faute d'avoir le temps de s'en mettre en courroux.
       (*La Fiancée du roi de Garbe*, vers 90.)

5. Avisée : tome IV, p. 112 et note 1. — 6. En ordre.

7. Ce désordre, cette équipée. Comparez des Périers, tome II, p. 92 : « Il saultoit, il couroit, il faisoit un terrible mesnage »; du Fail, tome II, p. 69 : « .... faisant un terrible mesnage sur icelles »; Marot, tome IV, p. 6 :

   Quel mesnage, dame Ysabeau !

du Bellay, tome II, p. 389 :

  Six ou sept ans ie fis ce beau mesnage,
  Ayant passé le meilleur de mon aage
  En ces plaisirs ;

Molière, *le Tartuffe*, vers 7 :

 C'est que je ne puis voir tout ce ménage-ci ;

et le vers 41 de *la Servante justifiée* et la note.

8. Si ce n'est qu'il restait ; locution usitée autrefois : voyez *l'Étourdi* de Molière, vers 433 ; Saint-Simon, tome IV, p. 287 ; et les *Lexiques de Racine* et *de Mme de Sévigné*. Nous rencontrons le même tour dans *la Confidente sans le savoir*, vers 157 :

  Sans que je crains de commettre Géronte,
  Je poserois tantôt un si bon guet
  Qu'il seroit pris ainsi qu'au trébuchet.

9. Au livre II de *Psyché* (tome III M.-L., p. 102) : « L'incar-

Dessus son teint[1] : mais c'étoit peu de chose ;
Dame Fleurette[2] en pouvoit être cause.   165

L'une pourtant des tireuses de vin
De lui sourire au retour ne fit faute :
Ce fut la peintre[3]. On se remit en train ;
On releva grillades et festin[4] ;
On but encore à la santé de l'hôte,   170
Et de l'hôtesse, et de celle des trois
Qui la première auroit quelque aventure[5].
Le vin manqua pour la seconde fois.

L'hôtesse, adroite et fine créature,

nat.... leur monta aussitôt aux joues. » Rapprochez le vers 96 de *la Courtisane amoureuse* :

    Le vermillon leur vient d'autre manière ;

et Marot, tome II, p. 185 :

    .... Quand à mon gré vous aurois
      En ma chambre seulette,
    Pour me venger, ie vous ferois
      La couleur vermeillette.

1. « Pernette, quand elle fut venue, n'y congneut rien ; car, combien que la ieune dame fust ung petit en couleur, elle pensa que ce fust de la chaleur du feu. Aussi estoit ce, mais c'estoit d'ung feu qui ne s'estaint pas pour l'eau de la riuiere. » (DES PÉRIERS, tome I, p. 94.)

2. Ci-dessus, p. 76 et note 5.

3. La femme du peintre. — Le peintre. (1685, 1686, 1705, faute évidente.)

4. On servit de nouveaux mets ; expression populaire : « relever mangerie », recommencer à manger. « Il se souvient exactement de quels plats on a relevé le premier service. » (LA BRUYÈRE, tome II, p. 56.) Comparez le mot *reliefs*, ce qu'on relève de dessus la table après le repas, la desserte, les restes, dans *l'Oraison de saint Julien*, vers 192 ; et chez Corneille, *l'Illusion*, vers 1185 : « les reliefs de cuisine ».

5. Voyez le vers 7 des *Oies de frère Philippe*.

J. DE LA FONTAINE. V

Soutient toujours qu'il revient des esprits¹ 175
Chez les voisins. Ainsi madame Alis
Servit d'escorte. Entendez que la dame
Pour l'autre emploi inclinoit en son âme² :
Mais on l'emmène; et, par ce moyen-là,
De faction Simonette changea³. 180
Celle-ci fait d'abord plus la sévère⁴,
Veut suivre l'autre, ou feint le vouloir faire;
Mais, se sentant par le peintre tirer,
Elle demeure, étant trop ménagère⁵

1. Ci-dessus, vers 114.
2. Semblable expression : « en son âme », dans *la Fiancée du roi de Garbe*, vers 739 et note 3. Chez Brantôme (tome IX, p. 292) : « Que sçait on si dans son ame ceste belle dame n'eust point désiré auoir esté ung peu percée et entamée? »
3. Elle fut de garde auprès du peintre, tandis qu'elle l'avait été précédemment auprès de son épouse. Cette expression : « changer de faction », est appliquée aussi, dans une circonstance analogue, à une femme, dans *Mazet*, vers 154.
4. Même locution, au même sens, dans *la Fiancée*, vers 555, dans *la Courtisane*, vers 246; etc.
5. Trop économe; voyez tomes I, p. 273, IV, p. 308; et comparez le *Recueil de poésies françoises*, tome II, p. 52 :

> Toy qui manges ton bled en herbe,
> Pour estre mauluais mesnager;

Coquillart, tome I, p. 70 :

> Ung bon mesnager ne perd rien;

ibidem, p. 185, et tome II, p. 115; Rabelais, tome II, p. 21, 430, 507; Marot, tome IV, p. 182; Remy Belleau, *la Reconnue*, acte I, scène II :

> Elle est modeste, elle prend soin
> De son faict, bonne mesnagere;

du Fail, tomes I, p. 204, II, p. 168 : « trop grand mesnager »; Montaigne, tome III, p. 307 : « femme mesnagere »; Baïf, tome II, p. 48 : « la filandiere

> Qui pauurement mesnagere
> Vit du labeur de sa main »;

Brantôme, tome IX, p. 243 : « bonne mesnagere »; etc.

Pour se laisser son habit déchirer¹. 185
L'époux, voyant quel train prenoit l'affaire²,
Voulut sortir. L'autre lui dit : « Tout doux!
Nous ne voulons sur vous nul avantage.
C'est bien raison³ que Messer Cocuage⁴
Sur son état vous couche ainsi que nous⁵ : 190
Sommes-nous pas compagnons de fortune⁶?
Puisque le peintre en a caressé l'une,
L'autre doit suivre⁷. Il faut, bon gré, mal gré,
Qu'elle entre en danse⁸; et, s'il est nécessaire,

1. La servante soudain
   Se défendit; mais de quelle manière?
   Sans rien gâter.
              (*La Servante justifiée*, vers 31-33.)

2. L'époux, qui voit comme l'on se caresse....
              (*La Gageure*, vers 176.)
3. Ci-dessus, vers 55 et note 4.
4. Semblable personnification de Cocuage dans *la Gageure*, vers 261 (tome IV, p. 321 et notes 5 et 6).
5. Voyez le « livre », le « registre » de *Joconde*, vers 257 et 283 ; le « rôle » de *la Mandragore*, vers 245 et note 3 ; et le « grand catalogue » du *Roi Candaule*, vers 99. — Même locution : « coucher sur l'état », au livre VI, fable XI, vers 18-19; et dans Marot, tome II, p. 66-67, *A madame d'Alençon, pour estre couché en son estat* :

   D'estre assis ie n'ay plus d'enuie,
   Il n'est que d'estre bien couché ;

et tome III, p. 13, *A monsieur le Grand Maistre :* « Prenez doncques enuie de me coucher, etc. »
6. Vers 65.
7. Dans le conte de *Mazet*, vers 167 :

   Sœur Angélique et sœur Claude suivirent;

dans celui de *l'Abbesse*, vers 17, et vers 121 :

   De ses brebis à peine la première
   A fait le saut, qu'il suit une autre sœur.

8. Pour cette métaphore, voyez *Mazet*, vers 173 et la note :

   L'abbesse aussi voulut entrer en danse;

et comparez des Périers, tome II, p. 54 : « Y auoit ung tiers couché

Je m'offrirai de lui tenir le pied[1] :   195
Vouliez ou non, elle aura son affaire[2]. »
Elle l'eut donc, notre peintre y pourvut
Tout de son mieux[3] : aussi le valoit-elle[4].
Cette dernière eut ce qu'il[5] lui fallut ;
On[6] en donna le loisir à la belle.   200
Quand le vin fut de retour, on conclut

en mesme lict qui dansoit la danse treuisaine auec sa femme » ; Brantôme, tome IX, p. 565 : « Soubz l'ombre qu'il dansoit trez bien, non seulement le branle de son païs, mais tous aultres, il les menoit danser ordinairement, mesmes les y aprenoit..., et leur aprist aprez le branle des p...... » ; et p. 586 : « Telles filles..., aprez s'estre bien iouées et passé leurs fantasies en leurs plaisirs et ieunesses, en chasses, en bals, en voltes, en courantes, en danses, ma foy, aprez elles se veulent mettre à la grand danse et à la douce carolle de la deesse d'amours. »

1. Pour la mettre en danse ; ou comme on tient le pied à une femme pour l'aider à monter à cheval. Cette expression est restée dans le langage populaire : « Elle n'a pas besoin qu'on lui tienne le pied. »

2. Elle sera « lotie » (*Mazet*, vers 157).

—   Vous eussiez eu votre compte tous trois.
          (*Conte d'une chose arrivée à Château-Thierry*, vers 32.)

3. Même locution au vers 51 de *Femme avare* et note 3 :

          Le lendemain elle le régala
          Tout de son mieux, en femme de parole.

Voyez aussi *Féronde*, vers 185 : « Il y fit de son mieux » ; *le Tableau*, vers 18 : « Je ferai de mon mieux » ; et la ballade de la Fontaine *Pour le premier terme* (tome V *M.-L.*, p. 20) :

          Partant vous faut agir dans cette affaire,
          Non par acquit, mais de tout votre mieux.

4.   ....Moins n'en valoit si gentille femelle.
          (*Le Magnifique*, vers 199.)

Dans le conte 1 de la IVe partie, vers 43 : « Vaux-je cela ? » Chez Brantôme, tome III, p. 265 : « ....Ainsy qu'elles en valoient la peine et le plaisir. »

5. Qui. (1685, 1686.)

6. *On*, l'hôtesse, « la peintre ».

Qu'il ne falloit s'attabler¹ davantage.
Il étoit tard ; et le peintre avoit fait
Pour ce jour-là suffisamment d'ouvrage².
On dit bonsoir. Le drôle satisfait   205
Se met au lit; nos gens sortent de cage :
L'hôtesse alla tirer du cabinet
Les regardants³, honteux, mal contents⁴ d'elle,
Cocus de plus⁵. Le pis de leur méchef⁶

1. « Se remettre en train » (vers 168).

2. Rapprochez « son travail », du vers 16 ; et *le Faiseur d'oreilles* vers 64 et 74 : « Tant fut ouvré », « un bel ouvrage ».

3. Pour ce participe employé à la façon des Latins, voyez tomes I, p. 232, III, p. 16 et note 15; le conte 1 de la IV° partie, vers 13 :

> De regardants, pour y juger des coups,
> Il n'en faut point ;

Coquillart, tome II, p. 213; Marot, tome II, p. 97; du Bellay, tome I, p. 161; Brantôme, tomes IV, p. 160, V, p. 408, IX, p. 323, X, p. 50; etc.

4. Plus élégamment employé autrefois que « mécontent ». Comparez la fable xv du livre II, vers 29; *les Cent Nouvelles nouvelles*, p. 305 : « Le mary estoit encores mal content de sa dicte femme »; Marot, épître *à une mal contente*; du Fail, tome I, p. 14; Saint-Gelais, tomes I, p. 196, III, p. 102; des Portes, p. 36, 98, 443; Brantôme, tomes I, p. 289, II, p. 30, III, p. 85, IV, p. 8 : « Du despuis ie l'ay veu brauer et faire du glorieux et du mal content », p. 125 : « un mal content et despité », IX, p. 627 : « Elle demeura fort mal contente de M. de Guyze », etc.; « mal contenter » chez Saint-Gelais déjà cité, tome III, p. 51; et les *Lexiques de Malherbe, de Corneille, de Racine, de Sévigné*.

5.
> Gens de Reims, amasseurs d'écus,
> Si l'on n'alloit point à confesse,
> Ma foi, vous seriez tous cocus !
>   (MAUCROIX, tome I, p. 122.)

> Il seroit bien moins de Rémois,
> A ce que dit un homme sage,
> Si Cocuage quelquefois
> Ne visitoit le mariage.
>   (*Ibidem*, p. 179.)

6. Terme qui n'est dans le Dictionnaire de l'Académie qu'à par-

Fut qu'aucun d'eux ne put venir à chef[1]   210

tir de la 3° édition, comme vieux · malheur, fâcheuse aventure; *mauvais chef*, mauvaise issue :

> Iamais ne rit (*l'Envie*) si elle ne rencontre
> Deuant ses yeulx meschef ou malencontre.

(MAROT, livre II de *la Métamorphose d'Ovide*, tome III, p. 241.)

> Ce iour premier fut la cause et le chef
> Et de la mort et de tout le meschef.

(DU BELLAY, livre IV de *l'Énéide*, tome I, p. 348.)

> Ainsi par moy n'auienne tel meschef.

(BAÏF, *le Second livre des Poèmes*, tome II, p. 81.)

> Ie ne sçay quel malheur, quel desastre, ou meschef
> Faict que ie la souhaitte à baiser de rechef.

(REMY BELLEAU, *la Bergerie*, tome I, p. 232.)

> Que vous et lui le Ciel punisse
> Et vous fasse choir sur le chef
> Bientôt quelque horrible méchef.

(SCARRON, *le Virgile travesti*, livre II.)

1. Locution vieillie : à bout, au-dessus (tome IV, p. 317 et note 2), à chef de son dessein, à son couronnement, à son heureux succès : « ne put l'*achever*. Voyez la note précédente ; et comparez *les Cent Nouvelles nouvelles*, p. 17, 20, 183, 259, 262 : « venir au dessus et à chef d'une entreprise », p. 364 : « Par ce moien nostre gendre vint à chef de sa iousterie »; l'*Ancien Théâtre françois*, tomes III, p. 107, VII, p. 363, du Bellay, tome I, p. 449, Remy Belleau, tome II, p. 71, Olivier de Magny, tome I, p. 9 : « mettre à fin et chef, mener à chef une affaire »; Jodelle, tome I, p. 208 :

Les siens pourront à chef mettre une aultre Carthage ;

Tahureau, fol. 90 r° : « conduire son entreprise à chef »; Voiture, tome II, p. 264 : « Les hautes aventures qu'ils (les anciens chevaliers) ont mises à chef.... »; et Froissart, livre I, chapitre 1, § 18 : « au chef (au bout) de deux iours »; Montaigne, tomes III, p. 14, et p. 389 : « au chef de chasque iournée », IV, p. 110, et I, p. 361 : « Si les choses se rendent à nostre mercy, pourquoy n'en cheuirons nous (*n'en viendrons-nous à chef, n'en jouirons-nous*)? » Même emploi de ce verbe chez Marot (tome II, p. 124) :

> Il luy a faict, pour de cela cheuir,
> Mille vacarmes ;

De son dessein, ni rendre à la donzelle
Ce qu'elle avoit à leurs femmes prêté[1] :
Par conséquent c'est fait, j'ai tout conté.

chez Mâlherbe (tome III, p. 115) : « Je crois qu'il vous contentera, et que vous en chevirez comme vous voudrez »; et chez Molière, *Don Juan* (acte IV, scène III) : « Plus que jamais, Monsieur (notre petit chien mord), et nous ne saurions en chevir. »

1. « Il resolut de le tuer, et luy reprendre ce qu'il luy vouloit prester. » (BRANTÔME, tome VI, p. 199.) « Il fut tué, et eut ce qu'il auoit presté à Monsieur l'Admiral. » (*Ibidem*, tome IV, p. 310.) « Il (le prince de Condé) fut pris prisonnier, non sans grand danger de a mort, si M. de Guyze luy eust voulu rendre ce qu'il luy auoit voulu prester à la coniuration d'Amboise. » (*Ibidem*, p. 349.)

IV

LA COUPE ENCHANTÉE.

NOUVELLE TIRÉE DE L'ARIOSTE.

Un long fragment de ce conte parut à Leyde, chez Jean Sambix, en 1669, dans les *Contes et Nouvelles en vers de M. de la Fontaine* (petit in-12). L'éditeur fit suivre ce fragment de cette note : « Je ne vous aurois pas donné cette nouvelle imparfaite comme elle est, si je n'avois su de bonne part que son illustre auteur n'est pas dans le dessein de l'achever. Mais, en quelque état qu'elle soit, vous devez toujours m'en être obligé, puisque son Prologue est tenu par les plus éclairés pour un chef-d'œuvre. » La Fontaine, pour remédier au tort qu'on lui faisait, inséra lui-même ce fragment dans la réimpression parisienne des deux premières parties de ses *Contes* (Paris, 1669, in-12), et il donna un démenti au libraire hollandais dans cet avis placé à la fin de sa nouvelle inachevée : « Sans l'impression de Hollande j'aurois attendu que cet ouvrage fût achevé avant que de le donner au public, les fragments de ce que je fais n'étant pas d'une telle conséquence que je doive croire qu'on s'en soucie. En cela et en autre chose (l'éditeur de Leyde dans sa Préface fait un grand éloge du poète) cette impression de Hollande me fait plus d'honneur que je n'en mérite. J'aurois souhaité seulement que celui qui s'en est donné le soin n'eût pas ajouté qu'il sait de très bonne part que je laisserai cette nouvelle sans l'achever. C'est ce que je ne me souviens pas d'avoir jamais dit, et qui est tellement contre mon intention que la première chose à quoi j'ai dessein de travailler, c'est cette *Coupe enchantée*. »

En effet il fit paraître sa nouvelle entière, à la place qu'elle occupe ici, dans la troisième partie publiée en 1671 ; nous donnons au bas des pages les variantes tirées du fragment de 1669.

Cette coupe enchantée (*il nappo incantato*), la coupe dénonciatrice de l'Arioste et de la Fontaine, n'est, sous une autre forme, que le lotus rouge des contes de l'Inde, le lotus qui change de couleur et se flétrit lorsque l'un des deux époux trahit ses serments (voyez dans l'*Essai sur les fables indiennes de Loiseleur Deslongchamps*, Paris, 1838, p. 107, note 1, l'analyse d'un conte du *Vrihat-Kathâ*); c'est le bouquet du conte persan, qui reste frais tant que la femme reste sage (*Touti-Nameh*, traduction de C. J. L. Iken, Stuttgart, 1822, p. 32); l'eau amère, mêlée de cendre, l'eau de jalousie, du livre des *Nombres* (chapitre v, versets 18-27), qui faisait « crever le ventre » des femmes adultères; la coupe présentée à Haroun-al-Raschid par Aboulcasem au début des *Mille et un Jours*, qui demeure toujours pleine lorsque celui qui y boit a la conscience pure, coupe que nous retrouvons dans le roman de *Huon de Bordeaux*; ou la source qui se trouble, le lait qui rougit, le vin qui écume, la plante qui se dessèche, la bague qui se brise, le couteau qui se rouille, le portrait dont les couleurs pâlissent, la ceinture qui ne se noue plus, etc., etc., de tant de récits et de légendes populaires; c'est le *corn* ou cornet à boire des romans de *Tristan* et de *Perceval*, ou du *Lai du Corn* de Robert Biket, poète anglo-normand (treizième siècle), ce cornet que les dames ne peuvent approcher de leurs lèvres si elles ont été infidèles, ou les maris s'ils ont été trompés, sans qu'aussitôt le vin ne s'élance hors du vase; c'est la corne d'ivoire, ornée de cent sonnettes ou grelots, qui fait entendre une musique délicieuse lorsqu'on la touche seulement du doigt, à condition que le chevalier ou la dame aient été constants, sinon le talisman reste muet (de la Rue, *Essais historiques sur les Bardes, les Jongleurs et les Trouvères*, Caen, 1834, tome III, p. 217; et *Histoire littéraire de la France*, tome XIX, p. 712-716); c'est le cor suspendu dans le palais enchanté d'Apollidon, qui rend des sons harmonieux à l'approche des cœurs aimants, farouches à celle des cœurs perfides (*Amadis de Gaule*, livre IV, chapitre xxx); la rose du roman de *Perceforest*; l'anneau constellé de *Flore et Blanchefleur*, dont la pierre doit se ternir si Blanchefleur court quelque péril; *le court mantel* ou *le mantel mautaillé* (Montaiglon, tome III, p. 1-34), qui a la propriété de donner une mesure exacte de la vertu des femmes : à une des fêtes solennelles des chevaliers de la Table ronde toutes les dames de la cour d'Artus essayent ce manteau enchanté l'une après l'autre, mais n'ont pas à se louer, même la belle reine Genèvre, d'avoir subi cette dangereuse épreuve. A une seule, entre deux cents, il va tout à fait bien, à « une gente pucelle », et la fée Morgane, qui l'a envoyé, lui en fait cadeau. C'est le soc de charrue rougi au feu, sur lequel marchent sans se brûler les épouses innocentes[1], le fer ardent qu'elles tiennent dans leurs mains, ou la cuve d'eau bouillante où elles plongent impunément leur bras nu[2], ou la rivière où on les jette sans qu'elles se noient; la chemise blanche du LXIXe chapitre des *Gesta Romanorum*; l'oiseau qui meurt si sa maîtresse trahit la foi conjugale, dans l'emblème XLVII d'Alciat, tradition longtemps répandue en Portugal, où l'on appelait cet oiseau *camao*; le miroir magique de la nouvelle XXI de Bandello; l'arbre enchanté, aux pommes transparentes, qui deviennent noires lorsqu'une femme adultère passe sous ses branches, et laissent tomber sur la coupable des taches ineffaçables (voyez Legrand d'Aussy, tome I, p. 126, 150, 151; de la Rue, tome I, p. 13, tome III, p. 216; l'*Histoire littéraire de la France*, tome XXIII, p. 169-170; le docteur Graesse, *Allgemeine literär Geschichte*, 1842, tome II, p. 185; et le recueil publié, en 1838, par lady Charlotte Guest : *the Mabinoghion*, tome II, où il est fait mention de toutes sortes de talismans); la poupée en cire blanche du conte de Sénecé : *Filer le parfait amour*, qui jaunit si la femme est tentée, qui noircit si elle succombe : ce conte a été imité par Alfred de Musset dans *la Quenouille de Barberine*; c'est « la robe de dissension » dans l'opéra-comique, en deux actes, de Piron, qui porte ce titre (ou *le Faux Prodige*), et où Arlequin persuade à son rival qu'une vilaine robe noire que lui a prêtée un alguazil est « du plus beau couleur de feu du monde et enrichie d'une broderie merveilleuse », mais que ce rouge et cette broderie ne paraissent qu'aux yeux des maris dont les femmes sont irréprochables ou des frères dont les sœurs sont sages.

Rappelons aussi le beau hanap, aux effets merveilleux, quoique non magiques, dont parle Brantôme dans ses *Dames galantes* (p. 45-50), cette coupe « si bien historiée », et « où estoient taillées bien gentiment et subtilement au burin plusieurs figures de l'Aretin, de l'homme et de la femme », etc. La vue de cette coupe, ajoute-t-il, « faisoit de terribles effects, tant y estoient penetrantes ces images, visions et perspectiues », et plusieurs femmes qui y burent « s'en desbaucherent ». Elle « auoit quasi quelque simpa-

---

1. Telle fut, d'après la légende, l'épreuve que subit l'impératrice Cunégonde, la femme de saint Henri.

2. Comme la reine Thietberge, bru de l'empereur Lothaire Ier, petit-fils de Charlemagne, accusée d'avoir commis un inceste avec son frère, le duc Hubert.

thie, par antinomie, de la coupe que trouua Renault de Montauban en ce chasteau dont parle l'Arioste, laquelle à plein descouuroit les paoures cocus, et ceste cy les faisoit; mais l'une portoit ung peu trop de scandale aux cocus et leurs femmes infideles, et ceste cy point. »

Le récit de l'Arioste, imité par la Fontaine, commence à l'octave 70 du chant XLII d'*Orlando farioso* et se termine à l'octave 67 du chant XLIII, où s'ouvre l'histoire du chien qui secoue des perles et des pierreries (conte XIII de cette IIIe partie). Nous donnons à l'*Appendice* plusieurs strophes de ces deux chants. On trouvera en outre dans les notes qui suivent un certain nombre de rapprochements entre les deux poètes.

La Coupe enchantée, comédie en un acte, en prose, empruntée à notre conte et aux *Oies de frère Philippe*, et attribuée à la Fontaine et à Champmeslé, fut représentée pour la première fois le 16 juillet 1688. Un opéra-comique en un acte, portant le même titre, de Rochon de la Valette et de Rochon de Chabannes, a été tiré de cette comédie et joué à la foire Saint-Germain le 19 juillet 1753. Il est analysé dans le *Dictionnaire dramatique*, tome I, p. 324.

Le début ou prologue de ce conte (vers 1-78) est dans le manuscrit Y^F, n° 8, in-4°, de la Bibliothèque Sainte-Geneviève, fol. 176-178, avec quelques variantes.

Les maux les plus cruels ne sont que des chansons[1]
Près de ceux qu'aux maris cause la jalousie[2].
Figurez-vous un fou chez qui tous les soupçons
  Sont bien venus[3] quoi qu'on lui die.
Il n'a pas un moment de repos en sa vie :   5
Si l'oreille lui tinte, ô dieux! tout est perdu.
Ses songes sont toujours que l'on le fait cocu ;
  Pourvu qu'il songe c'est l'affaire[4] :

---

1. Voyez *les Oies*, vers 23 et la note.
2. « Il y a.... des hommes très malheureux que personne ne console : ce sont les maris jaloux; il y en a que tout le monde hait : ce sont les maris jaloux; il y en a que tous les hommes méprisent : ce sont encore les maris jaloux. » (MONTESQUIEU, *Lettres persanes*, lettre LV.)
3. Reçus pour fondés.
4. Il suffit qu'il rêve pour qu'il croie l'être.

Je ne vous voudrois pas un tel point garantir :
    Car pour songer il faut dormir,   10
    Et les jaloux ne dorment guère[1] :
Le moindre bruit éveille un mari soupçonneux;
Qu'à l'entour de sa femme une mouche bourdonne,
    C'est Cocuage[2] qu'en personne
    Il a vu de ses propres yeux,   15
Si bien vu que l'erreur n'en peut être effacée.
Il veut à toute force être au nombre des sots[3] ;
Il se maintient cocu, du moins de la pensée[4],

1. Non plus que les peureux et les avares; comparez le vers 1 du conte x de la IIe partie :

    Certain jaloux, ne dormant que d'un œil...;

et les fables xiv du livre II et ii du livre VIII.

2. Voyez le vers 189 du conte précédent et la note.

—   Le bruit d'une araignée, alors qu'elle tricote,
    Une mouche qui vole, une souris qui trotte,
    Sont éléphants pour lui, qui l'alarment soudain.
              (*Le Florentin*, scène 1.)

3. Au sens de maris trompés : tome IV, p. 106 et note 2. — Il fait « comme aulcuns qui, ayans les cornes cachées en leur sein, les attachent sur leurs testes », rendent leur infortune publique. (*Ancien Théâtre françois*, tome VI, p. 167; *ibidem*, p. 178, 426.) D'autres, au contraire, dit des Périers (tome II, p. 95), « le sçauent et n'en font semblant, et ceulx là aiment mieux porter les cornes au cueur que non pas au front. »

4. Il affirme, il soutient qu'il l'est. — Dans l'*Ancien Théâtre françois*, tome VI, p. 121 : « Qui est ialoux est cocu. »

    Mais ie croy qu'il est plus doux
    D'estre cocu que ialoux.
        (*Ibidem*, tome IX, p. 145.)

C'est aussi ce que dit Gautier Garguille, presque dans les mêmes termes, dans une de ses chansons (p. 39). Comparez le vieux poète G. de Machault (p. 58 de l'édition Tarbé) :

    En tel doleur sont cil qui sont ialoux
    Qu'il vauroit miex, cent contre ung, estre cous;

c. IV] TROISIÈME PARTIE. 93

> S'il ne l'est en chair et en os[1].
> Pauvres gens! dites-moi, qu'est-ce que Cocuage? 20
> Quel tort vous fait-il, quel dommage[2]?
> Qu'est-ce enfin que ce mal dont tant de gens de bien
> Se moquent avec juste cause?
> Quand on l'ignore, ce n'est rien;
> Quand on le sait, c'est peu de chose[3]. 25

et Victor Hugo, *Ruy Blas*, acte IV, scène v :

> J'aimerois mieux encore, et je le dis à vous,
> Être pauvre qu'avare et cocu que jaloux.

— Il se maintient au moins cocu dans la pensée.
(Manuscrit de Sainte-Geneviève.)

1. Rapprochez ce passage de Saint-Simon (tome II, p. 150-151) : « La jeune femme (Mme de Barbezieux), piquée de la conduite de son mari à son égard, crut de mauvais conseils et rendit son mari jaloux. Il s'abandonna à cette passion : tout lui grossit; il crut voir ce qu'il ne voyoit point, et il lui arriva ce qui n'est jamais arrivé à personne, de se déclarer publiquement cocu, d'en vouloir donner les preuves, de ne le pouvoir, et de n'en être cru de qui que ce soit. On n'a jamais vu homme si enragé que celui-là de ne pouvoir passer pour cocu. »

2. Quel mal cela fait-il? la jambe en devient-elle
Plus tortue, après tout, et la taille moins belle?
(MOLIÈRE, *Sganarelle*, scène XVII, vers 437-438.)

3. *Non me crimina parva movent*, dit Properce à propos des infidélités de Cynthie (livre II, élégie XXXII, vers 30). — Ce qui va suivre n'est que le développement de ce passage de Rabelais, dans lequel frère Jean dit à Panurge : « Il n'est.... coqu qui veult. Si tu es coqu, *ergo* ta femme sera belle; *ergo* tu seras bien traicté d'elle; *ergo* tu auras des amis beaucoup; *ergo* tu seras saulué. Ce sont topicques monachales. Tu ne en vauldras que mieulx, pecheur. Tu ne feuz iamais si ayse. Tu n'y trouueras rien moins. Ton bien acroistra d'aduentaige. S'il est ainsi prædestiné, y vouldrois tu contreuenir? diz. » (Le tiers livre, chapitre XXVIII, tome II, p. 137.) C'est ce que répète des Périers à la fin de sa V^e nouvelle : « Et bien, s'elle vous fait cocu aprez, le plaisir vous demeure tousiours, ie ne dis pas d'estre cocu, ie dis de l'auoir depucelée. Et puis vous auez mille faueurs, mille auantages à cause d'elle.... »

Vous croyez cependant¹ que c'est un fort grand cas² :
Tâchez donc d'en douter³, et ne ressemblez pas
A celui-là qui⁴ but dans la coupe enchantée.
  Profitez du malheur d'autrui.
Si cette histoire peut soulager votre ennui⁵,   35
  Je vous l'aurai bientôt contée.

  Mais je vous veux premièrement
  Prouver par bon raisonnement
Que ce mal dont la peur vous mine et vous consume⁶
N'est mal qu'en votre idée, et non point dans l'effet⁷.
  En mettez-vous votre bonnet
  Moins aisément que de coutume⁸?

1. Cependant vous croyez. (Manuscrit de Sainte-Geneviève.)
2. Un grand accident : tome IV, p. 226 et note 4.
3. De ne jamais chercher à vous en assurer, de rester toujours dans le doute.

—   .... Mauldit soit il qui en scet rien;
    Aussi ie n'en veulx rien sçauoir....
   — Et pourquoy? — Que, dyable, ay ie affaire
   De cercher ce qui m'est contraire
   Et ce que ne vouldroys trouuer?
   (*Ancien Théâtre françois*, tome I, p. 148-149;
    ibidem, tome II, p. 32.)

4. Même tour au tome IV, p. 271 et note 1.
5. Votre chagrin. Rapprochez ci-dessous, le vers 292; les deux premiers vers du sonnet ridicule, dans *le Misanthrope* :

   L'espoir, il est vrai, nous soulage,
   Et nous berce un temps notre ennui... ;

et les *Lexiques* de Malherbe, Corneille, Racine, Sévigné.

6. Cet animal est triste, et la crainte le ronge,
    (Livre II, fable XIV, vers 4.)

7. Et n'est point en effet. (Manuscrit de Sainte-Geneviève.)
8. « Cippus..., pour auoir eu en songe toute la nuict des cornes en la teste, les produisit en son front par la force de l'imagination. » (MONTAIGNE, tome I, p. 113.) « Pour les cornes, je n'en ai jamais

Cela s'en va-t-il pas tout net[1]?
Voyez-vous qu'il en reste une seule apparence,
Une tache qui nuise à vos plaisirs secrets[2]? 40
Ne retrouvez-vous pas toujours les mêmes traits[3]
Vous apercevez-vous d'aucune différence?
  Je tire donc ma conséquence,
Et dis, malgré le peuple ignorant et brutal :
  Cocuage n'est point un mal[4]. 45

vu qui en eussent, bien qu'il y a un homme des principaux d'un présidial de ce royaume qui témoigna par ses paroles, il y a quelque temps, qu'il avoit quelque opinion qu'un homme ne pouvoit avoir ce mal sans qu'il en apparût quelque chose à sa tête, soit qu'il en parlât ou par bouffonnerie ou tout de bon. » (*Les Heures perdues*, conte II.)

1. Sans qu'il en demeure aucune trace. — Chez l'Arioste, « ce mal » est loin d'être considéré aussi philosophiquement :

> *L'incarco de le corna è lo piu lieve*
> *Ch' al mondo sia, se ben l'uom tanto infama :*
> *Lo vede quasi tutta l'altra gente;*
> *E chi l'ha in capo mai non se lo sente.*
>   (Chant XLII, stance 100.)

2. Ces trois derniers vers sont remplacés par celui-ci dans le manuscrit de Sainte-Geneviève :

> Pour cela votre femme a-t-elle moins d'attraits?

— Ne mets donc rien de ta femme en ta teste,
Ou ne te tiens ny elle moins honneste;
Ou t'estimant d'elle auoir une tache,
Garde toy bien au moins qu'on ne le sache :
Le remede est à qui les cornes porte
De les planter ailleurs de mesme sorte.
  (SAINT-GELAIS, chanson, tome II, p. 224.)

3. Chez votre femme. — C'est ce que fait entendre la nourrice à sa maîtresse aux vers 274 et suivants du *Petit Chien* :

> Qui le saura? J'en vois marcher tête levée
> Qui n'iroient pas ainsi, j'ose vous l'assurer,
> Si sur le bout du nez tache pouvoit montrer
>   Que telle chose est arrivée, etc.

4. Et ci-dessous, vers 65 :

> Cocuage est un bien.

« Oui, mais l'honneur est une étrange affaire ! »
Qui vous soutient que non ? ai-je dit le contraire ?
Et bien ! l'honneur ! l'honneur ! je n'entends que ce mot[1].

— Estre cocu n'est point maulvaise chose.
(Saint-Gelais, tome II, p. 224.)

Sur les inconvénients et maux de toute sorte que la jalousie entraîne avec elle, sur les avantages, au contraire, profits, avancements, honneurs même, que procure la qualité de cocu, sur la fréquence de cet accident qui doit en tempérer l'amertume, rapprochons, sans parler des anciens, outre Rabelais et des Périers, déjà cités, Roger de Collerye, p. 199 : « Contre ialoux et cocus »; la Borderie, *Opuscules d'amour* (Lyon, 1547, in-12), p. 146-147; Brantôme, tome IX : « Sur les dames qui font l'amour et leurs maris cocus », *passim*; Doni, traduit par Chappuys, *du Monde des cornus* (Lyon, 1578, in-8°); Pierre le Loyer, *la Nephelococugie, ou la Nuée des cocus*, comédie (Paris, 1579, in-12); G. Bouchet, viii° serée, « des Cocus et des Cornards », tome I, p. 307, 317-319; Charron, *de la Sagesse*, livres I, chapitre xl, III, chapitre xxxv; Montaigne, tomes I, p. 381, II, p. 489-490, III, p. 266, 305, 314-316; *le Moyen de parvenir*, p. 179-180, 184, 350; Dorimond, *l'École des cocus*, comédie (1661); Montfleury, *l'École des jaloux, ou le Cocu volontaire*, comédie dédiée aux cocus (1664); etc., etc.; et ajoutons ces titres d'ouvrages facétieux consacrés au développement de la même thèse : *les Privilèges du Cocuage, ouvrage utile et nécessaire tant aux cornards actuels qu'aux cocus en herbe* (Cologne, 1608, in-12); *Bon jour et bon an à MM. les cornards de Paris et de Lyon, avec les privilèges de la confrairie des Jans*, par le sieur Tabarin (Lyon, 1620, in-8°); *la Lettre de Corniflerie* (s. l. n. d., in-16); *le Cornement des cornars pour recreer les esperiz encornifistibulez* (s. l. n. d., in-8°); *le Pasquil du rencontre des cocus*, etc. (s. l., 1623, in-8°); *le Juvénal françois, curieuse recherche comme le Cocuage est honorable presque chez toute sorte de nations*, par Jacques le Gorlier (Paris, 1624, in-8°); *Sermon pour la consolation des cocus* (Paris, même année, in-12); *le Remède du mal à la mode, ou Consolations aux cocus* (Paris, 1696, in-12); *Sermon en faveur des cocus* (Cologne, 1697, in-12); *l'École des maris jaloux* (Neufchâtel, 1698, in-12); *le Cocu content* (Rouen, 1702, in-12); *le Cocu consolateur* (Paris, 1789, in-8°); etc., etc.

1. « Vouldriez-vous, dit crûment Rabelais, maintenir que l'honneur et renom d'ung homme de bien pendist au cul d'une p.....? »

Apprenez qu'à Paris ce n'est pas comme à Rome[1] :
Le cocu qui s'afflige y passe pour un sot ; 50
Et le cocu qui rit, pour un fort honnête homme[2].

(Le tiers livre, chapitre XVIII.) « L'honneur d'ung homme tiendroit à bien peu de chose s'il dependoit du faict d'une femme. » (DES PÉRIERS, tome I, p. 38.)

1. Comme dans l'ancienne Rome, du moins,
 .... Celle-là que les mœurs du vieux temps
 Rendoient triste, sévère, incommode aux galants.
 (*Le roi Candaule*, vers 124-125.)

2. C'est-à-dire qui sait vivre, et dont l'honneur n'est pas entaché par cet accident. Rapprochez ces vers de *Sganarelle* (425 et suivants) :

 Mais mon honneur me dit que d'une telle offense
 Il faut absolument que je prenne vengeance....
 Peste soit qui premier trouva l'invention
 De s'affliger l'esprit de cette vision,
 Et d'attacher l'honneur de l'homme le plus sage
 Aux choses que peut faire une femme volage! etc.

Voyez aussi les célèbres tirades de Chrysalde, dans *l'École des femmes* (acte IV, scène VIII, vers 1228-1275, 1280-1285, etc.)

 C'est un étrange fait qu'avec tant de lumières,
 Vous vous effarouchiez toujours sur ces matières,
 Qu'en cela vous mettiez le souverain bonheur,
 Et ne conceviez point au monde d'autre honneur.
 Être avare, brutal, fourbe, méchant et lâche,
 N'est rien, à votre avis, auprès de cette tache ;
 Et, de quelque façon qu'on puisse avoir vécu,
 On est homme d'honneur quand on n'est point cocu.
 A le bien prendre au fond, pourquoi voulez-vous croire
 Que de ce cas fortuit dépende notre gloire,
 Et qu'une âme bien née ait à se reprocher
 L'injustice d'un mal qu'on ne peut empêcher ?
 Pourquoi voulez-vous, dis-je, en prenant une femme,
 Qu'on soit digne, à son choix, de louange ou de blâme,
 Et qu'on s'aille former un monstre plein d'effroi
 De l'affront que nous fait son manquement de foi ?
 Mettez-vous dans l'esprit qu'on peut du cocuage
 Se faire en galand homme une plus douce image, etc. ;

et comparez la poésie de Remy Belleau intitulée *les Cornes* (tome I, p. 83) :

Quand on prend comme il faut cet accident fatal[1],
  Cocuage n'est point un mal.

Prouvons que c'est un bien : la chose est fort facile.
Tout vous rit; votre femme est souple comme un gant[2];
Et vous pourriez avoir vingt mignonnes[3] en ville,

> Vrayment ie voudrois bien congnoistre
> Qui est cil qui vous fait paroistre
> Que c'est vergongne le porter (*ce panache*).
> Clairement il se peut vanter
> Estre un grand sot, et fust ce mesme
> Ung Platon, et vous sot extresme,
> Pardonnez le moy, de penser
> Que cela vous puisse offenser;

Regnier, satire VI, vers 57-66, 85-96, Racan, *les Bergeries*, acte I, scène III, où est développée la même idée; et notre tome IV, p. 27.

1. Il fut comme accablé de ce cruel outrage:
   Mais bientôt il le prit en homme de courage,
     En galant homme, et, pour le faire court,
     En véritable homme de cour.
           (*Joconde*, vers 240-243.)

2.   Voyez, elle se rend
   Plus douce qu'une épouse et plus souple qu'un gant.
   (CORNEILLE, *le Menteur*, acte IV, scène VI, vers 1299-1300.)

Même locution, mais appliquée à « l'époux », dans *la Reconnue* de Remy Belleau (acte I, scène IV) :

   Ell' le rendra doux comme ung gant,
   Et souple comme ung marroquin;

et dans *le Jaloux* de Baron (acte IV, scène I) :

   .... Une femme a toujours le talent
   De rendre son époux aussi souple qu'un gant.

3. Cent mignonnes. (Édition de Leyde 1669, et manuscrit de Sainte-Geneviève.)

   I'ay ung tas d'aultres mignonnes,
   Que i'appelle mes bien amées,
   Mes frisquettes, mes reclamées, etc.
       (ELOY DAMERVAL, *le Liure de la Deablerie*,
              Paris, 1507, in-fol., fol. 41.)

   Les plaisirs qu'Alix ma mignonne,

Qu'on n'en sonneroit[1] pas deux mots en tout un an.
Quand vous parlez, c'est dit notable[2];
On vous met le premier à table;
C'est pour vous la place d'honneur,   60
Pour vous le morceau du seigneur[3] :

Quand ie suis à Paris, me donne.
(JODELLE, *l'Eugène*, acte II, scène II.)

Voyez aussi le *Recueil de poésies françoises*, tome V, p. 159, 161 :
« entretenir la mignonne », « à sa mignonne faire feste » ; l'*Ancien Théâtre françois*, tomes II, p. 144, 149, et p. 199 : « ma doulcinette, ma mignonne » ; III, p. 36 :

Et tenez coinctes vos personnes,
Et entretenez les mignonnes;

Coquillart, tome I, p. 174 : « Ung mignon ayme une mignonne »; Marot, tome III, p. 32 ; Belleau, tome I, p. 24 ; Rabelais, tome II, p. 259, 300; la célèbre chanson sur le prince de Condé, Louis de Bourbon :

Ce petit homme tant ioly
Tousiours cause et tousiours ry,
Et tousiours baise sa mignonne;

Tallemant des Réaux, tomes II, p. 99, V, p. 107, et p. 169 : « Ce bon homme, à quatre-vingts ans, alloit encore voir les mignonnes », IV, p. 454, 456, et *passim*. *Mignonne* avait le sens bien déterminé de « maîtresse », comme *mignon* celui d' « amant », de « favori ». « On dit d'un homme qui entretient une femme que c'est sa mignonne, *amica*. En ce sens, on le dit odieusement d'une femme qui n'est guère sage. » (*Dictionnaire de Furetière*.)

1. Qu'elle n'en diroit. (Manuscrit de Sainte-Geneviève.) — Semblable locution : « sonner mot », dans *le Muletier*, vers 74.

2.   Ie tiens cecy pour ung mot bien notable.
(*Recueil de poésies françoises*, tome V, p. 229.)

Ibidem, tome II, p. 140 : « dictz notables », comme ici. On connaît les titres de deux des traités de Plutarque traduits par Amyot : « Les Dictz notables des anciens rois, princes, et grands capitaines », « Les Dictz notables des Lacedæmoniens ». Chez Coquillart (tome I, p. 79) : « Puisqu'auez ouï ce notable.... » ; (*ibidem*, p. 84) : « Prenez ce notable, car ainsi l'ay ie veu tenir »; chez des Périers (tome I, p. 8) : « L'ung vous baillera pour ung grand notable qu'il faut reprimer son courroux. »

3. Les meilleurs morceaux : à tout seigneur tout honneur. —

Heureux qui vous le sert! La blondine chiorme[1]
Afin de vous gagner n'épargne aucun moyen :
Vous êtes le patron[2] : dont[3] je conclus en forme :

« I'estois tousiours le maistre, on me craignoit ; quand ie venois de
la ville, ma femme venoit à moy, me tastoit la teste : « Vous estes
« eschauffé, mon fils ; sus, seruante, chauffez une chemise pour mon
« mignon ; mon amy, il fault prendre ung peu de vin ; voicy monsieur
« tel, qui vous estoit venu reoir : il prendra la patience auec vous. »
« Eh bien ! i'estois mignardé, etc. » (*Le Moyen de parvenir*, chap. xcvii.)

1. *Blondine* : ci-dessus, p. 42 et note 2. — La troupe, la foule de blonds, de blondins, et non pas de blondes comme l'a dit, par mégarde, Walckenaer. — *Chiorme*, *chiourme* (probablement du turc *tcheurmè*), proprement l'équipage d'une galère, le nombre de forçats nécessaire pour la faire marcher ; par extension troupe, foule :

> .... Item, adieu belle de l'Orme,
> Chez qui l'on voit grande chiorme
> De beaux amants tous parfumés.
> (Scarron, *Adieu au Marais et à la Place Royale*.)

En décrivant la félicité du mari « cocu », la Fontaine met en regard la besogne fatigante et sans trêve des galants attelés au char de l'épouse, ou mieux ramant sur sa galère. — Dans la première édition du *Dictionnaire de l'Académie* (1694) le mot est écrit *chiourme* ; auparavant l'orthographe la plus usitée était *chiorme*.

2. *Le maitre* : le patron de la chiourme.

> Monstre toy donc plus courtois et plus sage,
> Et ne fais point si rigoureux visage
> A ta compaigne, oubliant tous les droits
> Que comme maistre alleguer tu voudrois.
> Si ses amis acquis tu entretiens,
> Elle en fera maints aultres estre tiens,
> Et, par ce poinct, sans peine receuoir,
> De tous pourras la bonne grace auoir ;
> Et si seras appelé aux banquets,
> Et iouiras des deuis et caquets
> Des ieunes gens, et (qui est un grand poinct)
> Tu auras femme en ordre et bien en poinct,
> Et sera tien le profit et l'honneur
> De ce dont aultre aura esté donneur.
> (Saint-Gelais, élégie paraphrasée des *Amours* d'Ovide[a],
> tome II, p. 180-181.)

3. *Donc.* (1685, 1686, 1705, et manuscrit de Sainte-Geneviève.)

[a] Livre III, élégie iv.

Cocuage est un bien[1].   65

Quand[2] vous perdez au jeu, l'on vous donne revanche ;
Même votre homme écarte et ses as et ses rois.
Avez-vous sur les bras quelque monsieur Dimanche[3],
Mille bourses vous sont ouvertes à la fois[4].
Ajoutez que l'on tient votre femme en haleine :   70
Elle n'en vaut que mieux, n'en a que plus d'appas[5].

1.   Apprenez qu'en effet
    Le cocuage n'est que ce qu'on le fait,
    Qu'on peut le souhaiter pour de certaines causes,
    Et qu'il à ses plaisirs comme les autres choses.
        (*L'École des femmes*, acte IV, scène VIII, vers 1302-1305.)

« J'avais vu tout ce qu'il y a de beau, de bon et d'admirable sur la terre.... Je me mariai, je fus cocu, et je vis que c'était l'état le plus doux de la vie. » (VOLTAIRE, fin de l'*Histoire des voyages de Scarmentado*.) Comparez aussi Balzac, la *Physiologie du mariage*, méditation XXVIII, « des Compensations ».

2. *Si*, dans le manuscrit de Sainte-Geneviève.

3. Allusion à la scène III de l'acte IV du *Don Juan* de Molière (1665) ; le Prologue de *la Coupe enchantée* faisait partie du fragment qui parut en 1669 : on voit donc combien, malgré le petit nombre de représentations de *Don Juan*, l'épisode de M. Dimanche était rapidement devenu populaire. Il est du reste nommé *la belle scène* dans le *Programme-annonce du* FESTIN DE PIERRE imprimé dans le tome V du Molière de notre collection (p. 258) : « On peut nommer cette scène *la belle scène*, puisque c'est une peinture du temps. » — Quant au nom même de M. Dimanche, M. Soulié nous a appris qu'il n'est pas de l'invention de Molière : « J'ai, dit-il (p. 276, note 1, de ses *Recherches*, 1863), rencontré plusieurs actes notariés concernant des personnages portant le nom de M. Dimanche, de M. Jourdain, et de M. Fleurant, à l'époque même où Molière composait *Don Juan*, *le Bourgeois gentilhomme* et *le Malade imaginaire*. »

4.   D'aultre part, c'est grande follye
        A homme d'auoir ialousye
        De chose où n'a aulcun dommage.
        Quel desplaisir te faict ung personnage
        S'il te croist ou eslargit tes biens ?
            (*Ancien Théâtre françois*, tome II, p. 211.)

5. Rapprochez *les Troqueurs*, vers 134-135 :

Ménélas rencontra des charmes dans Hélène
Qu'avant qu'être à Pâris[1] la belle n'avoit pas [2].
Ainsi de votre épouse : on veut qu'elle vous plaise [3].
Qui dit prude au contraire, il dit laide [4] ou mauvaise [5], 75
Incapable en amour d'apprendre [6] jamais rien.

>Gille a quelque secret :
>J'ai retrouvé Tiennette plus jolie
>Qu'elle ne fut onc en jour de sa vie;

et *le Fleuve Scamandre*, vers 107-108 :

>.... Même un de ses amants l'en trouva plus jolie :
>C'est un goût.

1. Qu'avant qu'aimer Pâris. (1669 Leyde et manuscrit de Sainte-Geneviève.) — Même tour dans *l'Oraison*, vers 215 et note 2, et dans *le Petit Chien*, vers 314.

2. Voyez le chant IV de *l'Odyssée*, vers 120 et suivants. — « ....Iamais ne se firent tant de caresses : comme fit Menelaus, le paouure cocu, lequel, l'espace de dix ou douze ans, menassant sa femme Heleine qu'il la tueroit s'il la tenoit iamais, et mesme luy disoit du bas de la muraille en hault; mais Troye prise, et elle tombée entre ses mains, il fut si rauy de sa beaulté qu'il luy pardonna tout, et l'ayma et caressa mieulx que iamais. » (BRANTÔME, tome IX, p. 17.)

3. Ce vers a été omis dans le manuscrit de Sainte-Geneviève.

4. « La pruderie.... ne cache ni l'âge ni la laideur ; souvent elle les suppose. » (LA BRUYÈRE, tome I, p. 186.)

5. Pensez-vous qu'à choisir...,
>Je n'aimasse pas mieux être ce que vous dites,
>Que de me voir mari de ces femmes de bien,
>Dont la mauvaise humeur fait un procès sur rien,
>Ces dragons de vertu, ces honnêtes diablesses, etc. ?
>(*L'École des femmes*, acte IV, scène III, vers 1292-1301.)

Comparez *le Tartuffe*, acte IV, scène III, vers 1329-1334 :

>J'aime qu'avec douceur nous nous montrions sages,
>Et ne suis point du tout pour ces prudes sauvages
>Dont l'honneur est armé de griffes et de dents,
>Et veut au moindre mot dévisager les gens :
>Me préserve le Ciel d'une telle sagesse!
>Je veux une vertu qui ne soit point diablesse.

6. *De faire*, dans le manuscrit de Sainte-Geneviève.

Pour¹ toutes ces raisons je persiste en ma thèse :
    Cocuage est un bien².

Si ce prologue est long³, la matière en est cause :
Ce n'est pas en passant qu'on traite cette chose.
Venons à notre histoire. Il étoit un quidam⁴,
Dont je tairai le nom⁵, l'état, et la patrie.
    Celui-ci, de peur d'accident⁶,

  1. Par. (1705.)
  2.
        Sus donc, point ne nous soucions,
        Quoy que vrais cocus nous soyons...,
        De rien il ne nous faut challoir.
        (*Le Pasquil du rencontre des cocus*, déjà cité, fol. 15.)

Cocu ! vous vous moquez. Bon ! il n'est pas possible.
— Et pourquoi non ? Qu'a donc ce mot de si terrible ?...
Cela fut bon jadis. Voyez le grand malheur,
Quand ton nom des cocus grossira le volume,
Si ton front à la chose aisément s'accoutume !
Eh ! pourquoi sans raison du seul mot s'effrayer ?
Je le dis entre nous, il faut que ce métier
Ne soit pas, après tout, un si rude exercice
Puisqu'on voit tous les jours dedans cette milice
Des flots d'honnêtes gens venir prendre parti.
              (Regnard, épître v.)

  3. Ce prologue, il est à peine besoin de le dire, n'est pas dans l'Arioste.
  4. Tome IV, p. 241 et note 4.
  5.
        Clidamant, que par respect je n'ose
        Sous son nom propre introduire en ces vers....
             (*Les Quiproquo*, vers 42-43.)
Comparez le conte du *Remède*, vers 6-10 :

        .... Non qu'il ne faille en de pareils écrits
        Feindre les noms; le reste de l'affaire
        Se peut conter sans en rien déguiser :
        Mais, quant aux noms, il faut au moins les taire,
        Et c'est ainsi que je vais en user;

et Brantôme, tome IX, p. 727, et p. 577 : « Pour alleguer des contes et en taire les noms, il n'y a nul mal, et i'en laisse à deuiner au monde les personnes dont il est question. »
  6. Au conte v de la I⁽ʳᵉ⁾ partie, vers 26 : « de crainte de fortune ».

Avoit juré que dė sa vie
Femme ne lui seroit autre que bonne amie¹,   85
Nymphe, si vous voulez, bergère, et cætera²;
Pour épouse, jamais il n'en vint jusque-là.
S'il eut tort ou raison, c'est un point que je passe³.
Quoi qu'il en soit, Hymen n'ayant pu trouver grâce
  Devant cet homme, il fallut que l'Amour   90
   Se mêlât seul de ses affaires,
Eût soin de le fournir des choses nécessaires,
  Soit pour la nuit, soit pour le jour.
Il lui procura donc les faveurs d'une belle,
   Qui d'une fille naturelle   95
Le fit père⁴, et mourut. Le pauvre homme en pleura,
  Se plaignit, gémit, soupira,

---

1. « Mignonne » (vers 55). — « La raison enseigne, ce que les femmes doiuent entendre, que femme est ung nom d'honneur, et amie ung nom de plaisir. » (G. Bouchet, livre I, serée VIII.)

2. Voyez le vers 110 de *la Courtisane amoureuse* et la note. — Dans une lettre à Saint-Évremond du 18 décembre 1687 (tome III *M.-L.*, p. 400) :

 .... Que la nymphe ou la bergère
 N'occupe notre esprit et nos yeux qu'en passant.

Comparez *le Cas de conscience*, vers 6 ; *les Quiproquo*, vers 78 :

 Amour vend tout, et nymphes et bergères ;

et le *Pâté d'anguille*, vers 142-144 :

 Par où le drôle en put croquer
 Il en croqua : femmes et filles,
 Nymphes, grisettes, ce qu'il put.

3. On sait que la Fontaine n'a pas toujours été aussi discret à cet égard (voyez tome II, p. 103 et note 5). Il ne va pas l'être longtemps (ci-dessous, vers 232-237).

4. *Visse tutta sua eta solo e selvaggio,*
 Se non l'estrema; che da Amor condotto,
 Con premio ottenne una matrona bella,
 E n'ebbe di nascosto una zitella.
    (Chant XLIII, stance 13.)

Non comme qui perdroit sa femme :
Tel deuil n'est bien souvent que changement d'habits,
Mais comme qui perdroit tous ses meilleurs amis, 100
    Son plaisir, son cœur, et son âme[1].
La fille crût, se fit[2] : on pouvoit déjà voir
    Hausser et baisser son mouchoir[3].
Le temps coule : on n'est pas sitôt à la bavette
Qu'on trotte, qu'on raisonne[4] : on devient grandelette[5],
Puis grande tout à fait ; et puis le serviteur[6].

1.   .... Quand la mort a fait son malefice,
    Amour adonc use de son office,
    Faisant porter aux vrays amis le dueil,
    Non point ung dueil de feinctes larmes d'œil,
    Non point ung dueil de drap noir annuel,
    Mais ung dueil teinct d'ennuy perpetuel,
    Non point ung dueil qui dehors apparoist,
    Mais qui au cueur sans apparence croist.
        (MAROT, *Deploration*, tome II, p. 245.)

2. Se forma.

3. Son mouchoir de cou. Voyez *l'Oraison de saint Julien*, vers 248-249 et note 1 :

    Un mouchoir noir de deux grands doigts trop court ;
    Sous ce mouchoir ne sais quoi fait au tour ;

et dans *le Diable en enfer*, vers 120-125 : « certain sein ne se reposant point, allant, venant, etc. »

—   Le sein naissant de la fillette
    Couva bientôt certains desirs,
    Sources de maints profonds soupirs
    Qui le soulevoient en cachette.
    (PIRON, *Rosine, ou tout vient à point qui peut attendre*, vers 29-32.)

4.   Le vôtre (*votre enfant*), en arrivant au monde,
    Parle, raisonne, raille et rit.
        (VOITURE, tome II, p. 400.)

5.   Ainsi la vierge grandelette
    Nourrit une flamme secrette.
        (REMY BELLEAU, tome II, p. 129.)

Chez Ronsard (tome II, p. 279) : « ses enfans grandelets ».

6. Et puis le galant, l'amant.

—   Eh bien, ce serviteur, l'aura-t-on agréable ?

> Le père avec raison eut peur
> Que sa fille, chassant de race¹,
> Ne le prévînt², et ne prévînt encor·
> Prêtre, notaire, hymen, accord³;
> Choses qui d'ordinaire ôtent toute la grâce
> Au présent que l'on fait de soi⁴.

110

— Vous m'attaquez toujours par quelque trait semblable.
Des hommes comme vous ne sont que des conteurs.
Vraiment c'est bien à moi d'avoir des serviteurs!
(CORNEILLE, *la Galerie du Palais,* acte IV, scène IX.)

C'est ainsi qu'on a compris jusqu'à présent cet hémistiche; mais nous croyons qu'il faut considérer ici le mot comme s'il n'était pas précédé de l'article : « et puis serviteur », c'est-à-dire « et puis bonsoir, adieu » :

Il nous le fait garder jour et nuit, et de près :
Autrement serviteur, et mon homme est aux plaids.
(RACINE, *les Plaideurs,* acte I, scène I.)

Voltaire a dit dans le même sens : « Si elles (mes nièces) se marient à des bourgeois de Paris, serviteur très humble, elles sont perdues pour moi. » (Lettre à Thieriot du 21 décembre 1737.)

1. *Sicut mater, ita et filia ejus.* (*Ézéchiel,* chapitre XVI, verset 44.)
— Comparez le conte VII de la Iʳᵉ partie, vers 9-10 et note 4.

—
.... Elle tient cela de race :
Et puis la fille voluntiers
Est tousiours suiuant les sentiers
De la mere, ainsi comme il fault.
(GREVIN, *les Esbahis,* acte I, scène III.)

Je suis un peu coquet, tu n'es pas mal coquette :
Notre mère l'étoit, dit-on, en son vivant;
Nous chassons tous de race, et le mal n'est pas grand.
(REGNARD, *le Distrait,* acte IV, scène III.)

2. Ne prît les devants sur lui, ne prévînt le moment où il voudrait la marier. Voyez tome II, p. 303 et note 9.
3. La convention préliminaire d'un mariage. Rapprochez *la Fiancée,* vers 789 et la note :

Vous voyez que l'hymen y suit l'accord de près.

4. Comparez *l'Ermite,* vers 37-38 et note 5 :

.... Ce temps n'est plus. Hymen, qui marchoit seul,

La laisser sur sa bonne foi[1],
Ce n'étoit pas chose trop sûre.
Il vous mit donc la créature[2]
Dans un convent[3]. Là cette belle apprit
Ce qu'on apprend : à manier l'aiguille[4];
Point de ces livres qu'une fille

Mène à présent à sa suite un notaire;

la Courtisane amoureuse, vers 260-265; le conte de *Nicaise*, passim; et aussi les vers 50-52 du *Remède* :

Amour n'y fit un trop long examen :
Prêtre et parent tout ensemble, et notaire,
En peu de jours il consomma l'affaire.

1. Même locution chez Mme de Sévigné (tome VIII, p. 415) : « Il est donc là sur sa bonne foi, faisant toutes les commissions que son oncle lui donne »; chez Racine, *Phèdre*, vers 1620, *Britannicus*, vers 305, et vers 146 :

Ne l'osez-vous laisser un moment sur sa foi?

Chez Voltaire, lettre au marquis de Chauvelin du 9 octobre 1764 : « Il voyageait, à quinze ans, sur sa bonne foi, et dépensait mille guinées par mois. » Rapprochez : « dessous sa bonne foi », au même sens, dans l'*Héraclius* de Corneille, vers 1141; et l'expression « à sa franchise » dans le *Recueil de poésies françoises* (tome III, p. 227) :

Fille, tu es à ta franchise,
Fais ce que bon te semblera.

2. La Fontaine a déjà employé cette expression dans le conte précédent, vers 91 et 174, en parlant de la femme du peintre; mais là, comme ici, sans intention méprisante.

3. *E per vietar che simil la figliuola
A la madre non sia, che per mercede
Vende sua castità, che valea sola
Piu che quanto oro al mondo si possiede,
Fuor del commercio popolar la invola.*

(Chant XLIII, stance 14.)

4. Ci-dessous, vers 130 : « manier un canevas »; dans le poème d'*Adonis*, vers 303 : « manier la laine ».

— Coudre et filer, c'étoit son exercice.
(*Comment l'esprit vient aux filles*, vers 23.)

Ne lit qu'avec danger, et qui gâtent l'esprit[1];
Le langage d'amour étoit jargon[2] pour elle.   120
    On n'eût su tirer de la belle
    Un seul mot que de sainteté :
      En spiritualité[3]
Elle auroit confondu le plus grand personnage[4].

1. Les romans que la Fontaine estime plus dangereux que ses contes (tome IV, p. 14), et qui perdent en effet tant de jeunes filles. Il écrit cependant au livre II de *Psyché* (tome III M.-L., p. 112-113) : « Elles (les mères) défendent à leurs filles cette lecture pour les empêcher de savoir ce que c'est qu'Amour : en quoi je tiens qu'elles ont tort; et cela est même inutile, la nature servant d'Astrée. Ce qu'elles gagnent par là n'est qu'un peu de temps; encore n'en gagnent-elles point : une fille qui n'a rien lu croit qu'on n'a garde de la tromper, et est plutôt prise.... Si jamais vous avez des filles, laissez-les lire. »

2. Un langage à la fois inintelligible et trompeur. Pour la flatter et pour la séduire il aurait fallu le jargon de la dévotion. — Comparez le vers 42 de *la Clochette* : « la bergère

    Pour qui l'amour étoit langue étrangère » ;

et le vers 54 de *la Jument* : « avoir cent menus soins pour elle,

    C'étoit parler bas-breton tout au moins. »

3. En dévotion, en mysticisme, et surtout en langage mystique. Les livres de dévotion s'appelaient livres de spiritualité. Voyez la Bruyère, tome II, p. 152 : « .... ne se repaître que de livres de spiritualité, comme s'il n'y avoit ni Évangiles, ni Épîtres des Apôtres, ni morale des Pères »; Racine, tome IV, p. 335 : « Je crois bien que si des Marets avoit revu ses romans depuis sa conversion..., il y auroit peut-être mis de la spiritualité »; Sévigné, tome VII, p. 523 : « Elle prend tout ce qui lui convient de ce saint couvent, c'est-à-dire la spiritualité..., et laisse la rigueur de la règle. » — « Devenue veuve dans une assez grande jeunesse, avec du bien, de la beauté et un esprit fait pour le monde, elle (Mme Guyon) s'entêta de ce qu'on appelle la spiritualité. » (VOLTAIRE, *Siècle de Louis XIV*, chapitre XXXVIII.)

4. Le plus illustre dévot; le plus « grand personnage theologien » (Brantôme, tome VI, p. 444).

    Onde a fronte di lei, benche fanciulla,
    Di Sorbona un dottor non saria nulla.
        (L'abbé Casti, *la Papessa*, octave 18.)

Si l'une des nonnains la louoit de beauté : 125
« Mon Dieu, fi! disoit-elle; ah! ma sœur, soyez sage;
Ne considérez point des traits qui périront[1];
C'est terre que cela, les vers le mangeront[2]. »
Au reste, elle n'avoit au monde sa pareille
     A manier un canevas[3], 130
Filoit mieux que Clothon, brodoit mieux que Pallas,
Tapissoit mieux qu'Arachne[4], et mainte autre merveille.

 1. Ne faites point état d'eux. Dans *le Faucon*, vers 109 : « L'époux

      Avoit toujours considéré sa femme. »

 2. Chez Marot, tome I, p. 122 : « Le corps n'est que terre. » — *Sicut enim vestimentum, sic comedet eos vermis; et sicut lanam, sic devorabit eos tinea.* (*Isaïe*, chapitre LI, verset 8.)

     L'ame dehors, le corps retourne en vers,

dit une femme à son amant dans *le Débat de la dame et de l'escuyer* (Recueil de poésies françoises, tome IV, p. 128). *Ibidem*, dans *la Complaincte douloureuse de l'ame damnée* (tome VII, p. 104) :

        Et mon meschant corps se mourra,
        Et demourra viande à vers,
        Gisant à terre tout enuers.

 3. Ci-dessus, vers 117.
 4. Clothon, l'une des trois Parques qui filaient la trame de la vie des hommes. Rapprochez le *Poème du Quinquina*, chant I, vers 58 :

     ....Clothon, quand ses mains se lassoient de filer, etc.

— Arachné, habile brodeuse, qui osa un jour défier Pallas à qui broderait le mieux : la déesse irritée la changea en araignée. Voyez Rabelais (tome I, p. 300) : « Il auoit les doigts faictz à la main (au maniement) comme Minerue ou Arachne »; notre tome III, p. 35 et note 3; *Psyché*, livre I (tome III M.-L., p. 38) : «les disciples d'Arachne »; et le début des *Filles de Minée* :

     Je chante dans ces vers les filles de Minée,
     Troupe aux arts de Pallas dès l'enfance adonnée.

— Arioste a dit aussi (chant XLIII, stance 18) :

      Di bei trapunti e di ricami, quanto
      Mai ne sapesse Pallade, sapea.

Sa sagesse, son bien¹, le bruit de ses² beautés³,
Mais le bien plus que tout y fit mettre la presse⁴ ;
Car la belle étoit là comme en lieux empruntés⁵,   135.
    Attendant mieux, ainsi que l'on y laisse

1.   La fille étoit un parti d'importance :
        Charmes et dot, aucun point n'y manquoit.
                            (*Le Remède*, vers 17-18.)

2. Ces. (1685, 1686.)

3.   Son esprit, ses traits, sa richesse,
            Engageoient beaucoup de jeunesse
            A sa recherche.
                            (*Nicaise*, vers 34-36.)

4. « Mettre la presse », « mettre la foule », expressions usitées dans l'ancien recrutement militaire. — Comparez ci-dessous, *l'Abbesse*, vers 124 : « Presse se met, etc. » ; la comédie de *Clymène*, vers 445 :

        Aux auteurs Érato pourroit mettre la presse ?

Charles d'Orléans, chanson x :

        Tous la siuuent, ieunes et vieulx,
        Dieu scet qu'elle n'est pas sans presse ;

Marot, tome I, p. 84 :

        ....Faites la plus belle et gratieuse
        Que ne fut onc ou Heleine ou Lucresse,
        Afin qu'elle ayt des amoureux la presse ;

des Périers, tomes I, p. 92, 231, II, p. 62 : « auoir grand presse, estre en la presse » ; Ronsard, tome I, p. 140 : « chaulde presse », p. 213 : « doulce presse » ; Jodelle, tome II, p. 255 : « presse drue » ; Montaigne, tome III, p. 253 : « la presse de mille poursuiuans qui la demandoient en mariage » ; ces jolis vers de Segrais :

            Pour l'aimable comtesse
                Meurt tous les jours
            Quelque amant qu'elle laisse
                Sans nul secours :
            Et cependant la presse
                Y est toujours ;

et dans une lettre de Mme de Coulanges du 30 juillet 1700 : « On dit que la presse est grande à qui épousera ce joli héros. » Voyez aussi les divers *Lexiques* de notre collection.

5. Étrangers ; qui n'étaient pas siens, et qui n'étaient pas son fait.

Les bons partis, qui vont souvent
Au moutier¹, sortant du couvent².

Vous saurez que le père avoit, longtemps devant,
    Cette fille légitimée³.   140
Caliste (c'est le nom de notre renfermée)
N'eut pas la clef des champs, qu'adieu les livres saints.
    Il se présenta des blondins⁴,
    De bons bourgeois⁵, des paladins⁶,
Des gens de tous états⁷, de tout poil⁸, de tout âge. 145
La belle en choisit un, bien fait, beau personnage⁹,

1. A l'église, à la chapelle du monastère, pour se marier; comparez le vers 321 de *la Gageure* et la note :

    Puis au moutier le couple s'alla rendre.

Dans le *Recueil de poésies françoises*, tome II, p. 50 :

    Mieulx te vault aller au moustier (*te marier*).

2. Convent. (1685, 1686.)
3. Voyez, sur cette inversion, et sur cet accord du participe avec son régime, ci-dessus, p. 24 et note 2. — Dans les deux éditions de 1669, on lit après ce vers les quatre suivants que l'auteur a depuis retranchés :

    Soit par affection, soit pour jouer d'un tour
    A des collatéraux, nation affamée,
    Qui, des écus de l'homme ayant eu la fumée,
        Lui faisoit réglément sa cour.

4. Page 100 et note 1, et ci-dessous, vers 170; etc.
5. Vers 234 et note 2.
6. Des chevaliers errants, des redresseurs de torts.

    Son nom était Atis; son métier, paladin.
               (*Le Petit Chien*, vers 97.)

Voyez aussi *la Fiancée*, vers 620.
7. Tome IV, p. 229.
8. *Ibidem*, p. 233 et note 2.
9.   Il étoit grand, bien fait, beau personnage.
      (*L'Oraison de saint Julien*, vers 198 et la note.)

« Beau personnage, ieune et sage. » (COMYNES, livre VIII, cha-

D'humeur commode, à ce qu'il lui sembla;
Et pour gendre aussitôt le père l'agréa.
　　La dot fut ample, ample fut le douaire¹ :
La fille étoit unique, et le garçon aussi.　　　　　150
Mais ce ne fut pas là le meilleur de l'affaire² :
　　　Les mariés n'avoient souci
　　Que de s'aimer et de se plaire.
Deux ans de paradis s'étant passés ainsi,
　　　L'enfer des enfers vint ensuite³.　　　　　155
Une jalouse humeur saisit soudainement
　　　Notre époux, qui fort sottement
S'alla mettre en l'esprit de craindre la poursuite

pitre xvi.) « Cestuy là estoit beau personnage et de belle taille. » (Des Périers, tome I, p. 196.) « Le plus delibéré, dispos et beau personnage qui se trouuast en la place. » (Brantôme, tome VIII, p. 150.)

1. Tel est le texte des éditions originales, et non :

　　　La dot fut simple, ample fut le douaire,

comme on l'a trop longtemps imprimé, bien que le vers suivant détermine très clairement le sens de celui-ci.

— 　　　On les dota l'un et l'autre amplement.
　　　　　　(*La Gageure*, vers 319.)

— 　　*I lati campi, oltre a le belle mura,*
　　Non meno i pescarecci che gli asciutti,
　　Che ci son d'ogn' intorno a venti miglia,
　　Mi consegno per dote de la figlia.
　　　　　　(Chant xliii, stance 17.)

2. Dans *les Rémois*, vers 61 : « le bon de l'affaire ».

3. 　　Si la femme a mauluaise teste...,
　　　C'est enfer loing de paradis...,
　　　Helas! c'est ung petit enfer :
　　　Il ne s'en fault que Lucifer,
　　　Chaux, soufre, poix, et plomb fondu :
　　　Le mari en est morfondu.
　　　　　(*Recueil de poésies françoises*, tome I, p. 21-22.)

Ibidem, tomes II, p. 12, 16, et III, p. 187 : « .... ung droict en-

D'un amant¹ qui sans lui se seroit morfondu² ;
  Sans lui le pauvre homme eût perdu
  Son temps à l'entour de la dame³,
Quoique pour la gagner il tentât tout moyen⁴.

fer terrestre ». — Voltaire, dans *l'Enfant prodigue* (acte II, scène 1), explique, après bien d'autres, comment l'hymen est tantôt « le ciel sur la terre », tantôt « l'enfer de ce monde ». Même locution énergique : « l'enfer dans les ménages », chez Boileau, satire x, vers 370. Rapprochez Molière, *Dom Garcie*, vers 141-142 :

  J'abhorre des nœuds
Qui deviendroient sans doute un enfer pour tous deux ;

et le conte de *Belphégor* (vers 177-178) :

  Le pauvre diable (*Belphégor marié*) eut lieu de regretter
  De l'autre enfer la demeure profonde.

1. Dans *la Confidente*, vers 72 :

  Faites cesser, pour Dieu, cette poursuite ;

et vers 99 :

  De plus en plus sa poursuite s'augmente.

2. *Ibidem*, vers 13 :

  Devant son fort je veux qu'il se morfonde.

— Comparez le vers 45 de la fable xv du livre VII :

  L'autre femme se morfondit ;

dans le *Recueil de poésies françoises*, tome IV, p. 5 :

  Vous valez pis que morts fondus (*sic*) ;

chez du Fail, tome I, p. 64 : « ung aduocat qui morfondoit à Paris » ; chez Regnier, satire III, vers 11 :

  Je me doy jusqu'au bout d'espérance repaistre,
  Courtisan morfondu, frénétique et resveur ;

et chez Scarron (*Nouvelles tragi-comiques*, tome I, p. 4) : « Il donnoit des musiques dans la rue de sa maitresse ; son rival en avoit le plaisir dans sa chambre, et peut-être en recevoit des caresses, tandis que le misérable se morfondoit. »

3. Ci-dessous, vers 366.

4. C'est ce que dit Furetière dans ces vers souvent cités :

  Iris m'étoit inexorable,

Que doit faire un mari quand on aime sa femme?
　　　　Rien.
　　　Voici pourquoi je lui conseille 165
De dormir, s'il se peut, d'un et d'autre côté[1] :
　　Si le galant est écouté,
Vos soins ne feront pas qu'on lui ferme l'oreille;
Quant à l'occasion, cent pour une. Mais si
Des discours du blondin[2] la belle n'a souci, 170
Vous le lui faites naître, et la chance se tourne.
　　　Volontiers où Soupçon séjourne
　　　Cocuage séjourne aussi[3].

　　　　Lorsque son défiant époux
　　　　Mal à propos devint jaloux :
　　　　O dieux! qu'il me fut favorable!
　　　　La belle Iris me prit au mot
　　　　En dépit de son fâcheux maître;
　　　　Et ce pauvre homme fut un sot,
　　　　Par la seule crainte de l'être.

1.　　　　　Je vous conseille
　De dormir, comme moi, sur l'une et l'autre oreille.
　　　　　　(*Les Oies*, vers 29-30.)

　　Je repose la nuict sus l'un et l'autre flanc.
　　　　　　(REGNIER, satire v, vers 71.)

2. Ci-dessus, vers 143 et la note.
3. On sera peut-être curieux de se rappeler comment Molière a développé une idée semblable par la bouche de Marinette (acte I, scène II, du *Dépit amoureux*, vers 117-128) :

　　En effet tu dis bien, voilà comme il faut être :
　　Jamais de ces soupçons qu'un jaloux fait paroître!
　　Tout le fruit qu'on en cueille est de se mettre mal,
　　Et d'avancer par là les desseins d'un rival :
　　Au mérite souvent de qui l'éclat vous blesse
　　Vos chagrins font ouvrir les yeux d'une maîtresse;
　　Et j'en sais tel qui doit son destin le plus doux
　　Aux soins trop inquiets de son rival jaloux;
　　Enfin, quoi qu'il en soit, témoigner de l'ombrage,
　　C'est jouer en amour un mauvais personnage,
　　Et se rendre, après tout, misérable à crédit :
　　Cela, seigneur Éraste, en passant vous soit dit.

Damon (c'est notre époux) ne comprit pas ceci.
Je l'excuse et le plains, d'autant plus que l'ombrage¹
    Lui vint par conseil seulement.
    Il eût fait un trait d'homme sage²,
    S'il n'eût cru que son mouvement³.
Vous allez entendre comment.

   L'enchanteresse Nérie⁴   180
   Fleurissoit lors; et Circé⁵,
   Au prix d'elle⁶, en diablerie⁷

Ce couplet, comme il est dit au tome I, p. 410, note 2, du Molière de notre collection, est imité de *l'Interesse* (la Cupidité), comédie de Nicolo Secchi; dans cette note est cité le passage correspondant de Secchi. Comparez *le Sicilien*, scène VI, *l'École des femmes*, acte IV, scène VIII; ci-dessus, la note du vers 45; et, dans les comédies de la Fontaine, celle du *Florentin*, passim.

 1. Le soupçon, la défiance; voyez ci-dessous, le vers 272; *le Petit Chien*, vers 523 : *Féronde*, vers 145 : « soupçon, ombrage, et jalousie »; et les *Lexiques de Malherbe, Corneille* et *Racine*.
 2. Au vers 34 du *Calendrier* :

   En ce ne fit Richard tour d'homme habile.

 3. Son propre sentiment. « Il n'avoit en cela d'autre mouvement que celui qui lui étoit inspiré, etc. » (RETZ, tome I, p. 91.)

  Ma raison, il est vrai, dompte mes mouvements.
    (CORNEILLE, *Polyeucte*, vers 500, variante.)
  Père, dit-elle, un mouvement m'a pris.
    (*Le Diable en enfer*, vers 43.)

Voyez aussi *la Matrone d'Éphèse*, vers 48; le vers 54 de *Richard Minutolo* et note 1 : « Ce qui me meut, etc. »
 4. Dans *Roland furieux* l'enchanteresse se nomme Melissa.
 5. Tome III, p. 185 et note 21.
 6. Tome IV, p. 250 et note 3.
 7. Ou magie noire.

—   J'acquis de toute diablerie
   La pratique et la théorie.
    (SCARRON, *le Virgile travesti*, livre VI.)
  Quoi? te mêlerois-tu d'un peu de diablerie?

N'eût été qu'à l'A B C¹.
Car Nérie eut à ses gages
Les intendants des orages², 185
Et tint le Destin lié :
Les Zéphyrs étoient ses pages ;
Quant à ses valets de pied,
C'étoient Messieurs les Borées³,
Qui portoient par les contrées 190

— Non, tout ce que je sais n'est que blanche magie.
(MOLIÈRE, *l'Étourdi*, vers 139-140.)

« Nous ne travaillons ici que sur des sorcelleries et des diableries. »
(MME DE SÉVIGNÉ, tome VI, p. 259.)

1. Comparez *le Tableau*, vers 38 : « Ne sachant A ni B. »
2. Comme les sorcières de Thessalie (Lucain, livre VI, vers 461 et suivants) :

.... *Nunc omnia complent*
Imbribus, et calido producunt nubila Phœbo;
Et tonat ignaro cœlum Jove : vocibus isdem
Humentes late nebulas, nimbosque solutis
Excussere comis. Ventis cessantibus, æquor
Intumuit ; rursum vetitum sentire procellas
Conticuit, turbante Noto : puppimque ferentes
In ventum tumuere sinus, etc.

— Le grand trouble escumeux de la mer se retire
Honteux dessous ma voix ; les soupirs de Zephire
S'apaisent deuant moy ; et me sont seruiteurs
Les vents, legers appas des marines fureurs.
(REMY BELLEAU, tome II, p. 82.)

Il tonne lorsque bon lui semble,
Pleut, grêle et vente tout ensemble....
Bref, elle commande à baguette
A tous les habitants d'enfer,
Même à Monseigneur Lucifer.
(SCARRON, *le Virgile travesti*, livre IV.)

3. « Rien ne lui étoit impossible (à cette fée) : elle se moquoit du Destin, disposoit des vents et des astres, et faisoit aller le monde à sa fantaisie. » (*Psyché*, livre II, tome III *M.-L.*, p. 151-152.) — Rapprochez ces vers de Piron dans son conte de *Rosine :*

Cependant Rosine en repos,
Voguant à la merci des flots,

Ses mandats souventes fois[1], .
Gens dispos[2], mais peu courtois.

Avec toute sa science,
Elle ne put trouver de remède à l'amour :
Damon la captiva. Celle dont la puissance   195
    Eût arrêté l'astre du jour
Brûle pour un mortel, qu'en vain elle souhaite
Posséder une nuit à son contentement[3].
Si Nérie eût voulu des baisers seulement,
    C'étoit une affaire faite ;   200

> Sembloit avoir, dans ses voyages,
> Éole et Neptune à ses gages....
> Après quelques jours de gros temps,
> Où des bons vents la troupe agile
> S'épuisa de soins obligeants, etc.

1. Ancienne locution adverbiale.

> ....Souuentes foys eschappe peine et mort.

(Marot, tome I, p. 56 ; *ibidem*, p. 142, 258, et *passim*.)

2. Voyez *le Muletier*, vers 68 et la note ; *les Comptes du monde aduentureux*, tome I, p. 156 : « dispos, ieune, et bien conditionné comme ung moyne » ; des Périers, tome I, p. 31 : « Ilz les trouuerent toutes trois belles, disposes et esueillées » ; Brantôme, tomes V, p. 415 : « ses compagnons de guerre gallans et dispos », p. 429 : « tous hommes de bonne façon, de gente taille, et dispos », VII, p. 449 : « Il estoit fort adroict aux armes et dispos en toutes choses », IX, p. 489 : « disposition et dexterité » ; Scarron, *le Virgile travesti*, livre v : « Helymus et Panopes

> Prisés tous deux pour la gambade
> Et jeux de disposition » ;

Tallemant des Réaux, tome III, p. 90 : « Au lieu d'entrer par la porte, il entra en voltigeant par la fenêtre ; cette disposition et un certain air agréable qu'il avoit la charmèrent d'abord. »

3. « A son bel aise » (*Mazet*, vers 140), « à souhait » (*l'Abbesse*, vers 66), « à sa discrétion » (*la Mandragore*, vers 284). — Dans *la Gageure*, vers 292 et note 5 :

Autre renfort de tout contentement.

Mais elle alloit au point¹, et ne marchandoit pas².
Damon, quoiqu'elle eût des appas,
Ne pouvoit se résoudre à fausser la promesse³
    D'être fidèle à sa moitié⁴,
Et vouloit que l'enchanteresse

1. A l'effet, à l'essentiel, au solide :

> A ce point que l'on prise tant.
> (GREVIN, *la Tresorière*, acte II, scène IV.)

> Venons au point, au point qu'on n'ose dire.
> (MAROT, tome II, p. 186.)

> Mais quand ce vint au point de iouyssance,
> Te defendant d'une aigre resistance,
> Ton cueur felon me boucha ce doux pas.
> (TAHUREAU, fol. 91 r°.)

> Il faut venir au point...,
> Il faut iouir, il faut passer sa rage.
> (BRANTÔME, *Poésies*, tome X des OEuvres, p. 432.)

> Ie le pince et ie le picque
> Pour l'amener à mon point.
> (GAUTIER GARGUILLE, *Chanson*, p. 77.)

— Plus bas, vers 342 :

> Un cocu se pouvoit-il faire
> Par la volonté seule, et sans venir au point ?

Comparez *Richard Minutolo*, vers 214 ; et la fable XXV du livre VIII, vers 22, où ce terme, sans avoir rien de libre, veut dire également : l'important, le capital, l'essentiel.

2. Tome IV, p. 180 et note 6.

3. Même locution dans *les Cent Nouvelles nouvelles*, p. 111. Chez Regnier, épître 1, vers 170 : « fausser sa foi », chez Molière, *Dépit amoureux*, vers 1324 : « fausser parole ».

4. *Ella sapea d'incanti e di malie*
Quel che saper ne possa alcuna maga :
Rendea la notte chiara, oscuro il die,
Fermava il sol, facea la terra vaga ;
Non potea trar pero le voglie mie,
Che le sanassin l'amorosa piaga
Col rimedio che dar non le potria
Senza alta ingiuria de la donna mia.
        (Chant XLIII, stance 21.)

Se tînt aux marques d'amitié.

Où sont-ils ces maris? la race en est cessée,
Et même je ne sais si jamais on en vit[1].
L'histoire[2] en cet endroit est, selon ma pensée,
  Un peu sujette à contredit.
L'Hippogriffe n'a rien qui me choque l'esprit,
  Non plus que la Lance enchantée[3];
Mais ceci, c'est un point qui d'abord me surprit.
Il passera[4] pourtant, j'en ai fait passer d'autres.
Les gens d'alors étoient d'autres gens que les nôtres :
  On ne vivoit pas comme on vit[5].
Pour venir à ses fins, l'amoureuse Nérie
  Employa philtres et brevets[6],
Eut recours aux regards remplis d'afféterie[7],

1.   Ces extrêmes Agnès
    Sont oiseaux qu'on ne vit jamais.
                (*Le Tableau*, vers 10.)

2. Le récit de l'Arioste.

3. L'Hippogriffe qui emporte Roger dans les champs de l'espace, et conduit Astolphe dans la lune, et la Lance enchantée d'Argail, qui désarçonne tous les chevaliers qu'elle atteint.

4. Il sera accepté : tome IV, p. 11 et note 4.

5.   Bons bourgeois du temps de nos pères
      S'avisoient tard d'être bons frères.
                (*Nicaise*, vers 7-8.)

   Las! ce n'est plus le siècle de nos pères.
                (*Les Quiproquo*, vers 77.)

Rapprochez Properce (livre II, élégie XXXII, vers 47-48) :

   Qui quærit Tatios veteres, durasque Sabinas,
     Hic posuit nostra nuper in urbe pedem,

c'est-à-dire celui-là est tout nouveau dans notre ville, il ignore comme on y vit.

6. Talismans : tome IV, p. 239 et note 1.

7. Leur œil rit mollement avecque afféterie.
                (Régnier, satire IX, vers 77.)

Enfin n'omit aucuns secrets[1]. 220
Damon à ces ressorts[2] opposoit l'hyménée.
Nérie en fut fort étonnée.
Elle lui dit un jour : « Votre fidélité
Vous paroît héroïque et digne de louange;
Mais je voudrois savoir comment de son côté 225
Caliste en use, et lui rendre le change[3].
Quoi donc! si votre femme avoit un favori[4],
Vous feriez l'homme chaste auprès d'une maîtresse?
Et pendant que Caliste, attrapant son mari,
Pousseroit jusqu'au bout ce qu'on nomme tendresse[5],

Comparez chez Corneille (*Rodogune*, vers 845) : « l'indigne appas d'un coup d'œil affété »; et chez du Fail (tome II, p. 169) : « la plus affettée des chambrieres »; (*ibidem*, p. 180) : « Si les pauures hommes n'estoient subornez par la veue d'ung tas d'affetteries que les sottes leur monstrent.... »

1. Ci-dessus, p. 33 et note 5. — Au lieu de ces quatre vers on lit dans les deux éditions de 1669 les onze qui suivent :

> Pour venir à ce que j'ai dit,
> Il n'est herbe ni racine,
> Pilule ni médecine,
> Philtre, charme, ni brevet,
> Dont notre amante en vain ne tentât le secret
> Et ne fit jouer la machine.
> Des philtres elle en vint aux regards languissants,
> Aux soupirs, aux façons pleines d'afféterie :
> Quand les charmes sont impuissants
> Il ne faut pas que de sa vie
> Une femme prétende ensorceler les sens.

2. Voyez le vers 6 de la variante qui précède; et, dans *le Petit Chien*, vers 60 : « les machines d'Amour. »

3.   Caliste en use, et lui rendra le change.
         (Édition de Leyde, 1669; faute évidente.)

— Comparez *Mazet*, vers 41 et la note; et les *Lexiques de Malherbe* et *de Corneille*.

4. Tome IV, p. 449 et note 2.

5. Rapprochez *la Mandragore*, vers 321 et note 3; ci-dessous, le vers 326; le vers 527 de *la Fiancée*; et la comédie de *l'Eunuque*, vers 904 :

Vous n'iriez qu'à moitié chemin ?
Je vous croyois beaucoup plus fin,
Et ne vous tenois pas homme de mariage[1].
Laissez les bons bourgeois se plaire en leur ménage[2] :
C'est pour eux seuls qu'Hymen fit les plaisirs permis[3].
Mais vous, ne pas chercher ce qu'Amour a d'exquis !
Les plaisirs défendus[4] n'auront rien qui vous pique ?
Et vous les bannirez de votre république[5] ?
Non, non; je veux qu'ils soient désormais vos amis.
    Faites-en seulement l'épreuve ;   240
Ils vous feront trouver Caliste toute neuve[6]
    Quand vous reviendrez au logis.
Apprenez tout au moins si votre femme est chaste[7].

> Alors qu'on en vient là, toutes ont leur défaite :
> Tel souvent en a peu qui croit en avoir tout,
> Et même va bien loin sans aller jusqu'au bout.

1. Comme nous disons : « homme de ménage ».

2. Ainsi que bons bourgeois achevons notre vie,
    Chacun près de sa femme, et demeurons-en là.
        (*Joconde*, vers 508-509, et la note.)

3. Dans une lettre au prince de Conti, de juillet 1689 :

> Je soutiens et dis hautement
> Que l'hymen est bon seulement
> Pour les gens de certaines classes.

Mais par « les gens de certaines classes », la Fontaine entendait là au contraire « ceux du haut rang ». Voyez ci-dessus, p. 104 et note 3.

4. Si le Ciel en mes mains eût mis ma destinée,
    Nous aurions fui tous deux le joug de l'hyménée,
    Et, sans nous opposer ces devoirs prétendus,
    Nous goûterions encor des plaisirs défendus.
        (BOILEAU, *le Lutrin*, chant II, vers 45-48.)

5. De votre maison, de votre train de vie; il ne s'agit pas ici d'une république idéale comme la république fermée de Platon.

6. Ce sera pour vous un plaisir tout nouveau.

7. Au moins, et si vous voulez persister à ne pas la tromper, assurez-vous que votre femme est chaste.

Je trouve qu'un certain Éraste
Va chez vous fort assidûment. 245
— Seroit-ce en qualité d'amant,
Reprit Damon, qu'Éraste nous visite ?
Il est trop mon ami pour toucher ce point-là.
— Votre ami tant qu'il vous plaira,
Dit Nérie honteuse et dépite[1] : 250
Caliste a des appas[2], Éraste a du mérite ;
Du côté de l'adresse il ne leur manque rien ;
Tout cela s'accommode bien. »

Ce discours porta coup[3], et fit songer notre homme.
Une épouse fringante, et jeune[4], et dans son feu, 255
Et prenant plaisir à ce jeu[5]

1. Dépitée. La Fontaine s'est servi du même terme dans sa *ballade* contre Mme Deshoulières (tome V *M.-L.*, p. 148) :

> Quoi qu'en ait dit femme un peu trop dépite,
> Rien n'est changé du siècle d'Amadis.

Voyez Rabelais, tome I, p. 30 : « despit, courroussé, fasché ou marry » ; *l'Heptaméron*, p. 130 : « despite, vindicatiue, opiniastre » ; Marot, tomes III, p. 84, 235, 242, IV, p. 68 ; Ronsard, tome II, p. 2, 154, 218 ; des Portes, p. 91 : « la ialousie enuieuse et despite » ; du Fail, tome II, p. 178 ; Montaigne, tomes I, p. 231, II, p. 204, III, p. 407 : « une ignorance despite » ; Brantôme, tomes VI, p. 413, VII, p. 16, IX, p. 69 ; Scarron, *le Virgile travesti*, livre IV ; « fier et dépit » ; etc. L'Académie n'admet *dépit* comme adjectif dans aucune des éditions de son Dictionnaire.

2. Ci-dessus, vers 202.

3. Au tome IV, p. 14 : « Qui ne voit que ceci est jeu, et par conséquent ne peut porter coup ? » Comparez aussi le vers 211 des *Filles de Minée*, cité plus bas, p. 127, note 4. Chez Brantôme, tome V, p. 135 : « Cest aduis et lettres ne porterent nul coup pour ceste fois. »

4. Rapprochez les vers 13-14 du *Cocu* et la note 6 :

> La dame étoit de gracieux maintien,
> De doux regard, jeune, fringante et belle.

5. Même locution : « le jeu », au même sens, aux vers 44 du

Qu'il n'est pas besoin que je nomme ;
Un personnage expert aux choses de l'amour,
Hardi comme un homme de cour,
Bien fait, et promettant beaucoup de sa personne : 260
Où Damon jusqu'alors avoit-il mis ses yeux ?
Car d'amis... moquez-vous ? c'est une bagatelle ;
En est-il [1] de religieux [2]
Jusqu'à désemparer [3], alors que la donzelle
Montre à demi son sein [4], sort du lit un bras blanc [5], 265
Se tourne, s'inquiète, et regarde un galant
En cent façons, de qui la moins friponne
Veut dire : « Il y fait bon, l'heure du berger sonne [6] ;

Faiseur d'oreilles, 80 du *Berceau*, 1, 5, 11, etc., de *Comment l'esprit vient aux filles*; et *passim*.

1. Vous moquez-vous de parler de la sorte ? des amis ! en est-il, etc. ?

2. « Je les vois si religieux à se taire que je crains qu'il n'y ait en cela de l'excès. » (PASCAL, *les Provinciales*, fin de la lettre XVIII. Comparez Brantôme, tome VI, p. 444 : « religieux et cerimonieux »; Malherbe, tome IV, p. 62 : « Je suis assez religieux en ces choses-là »; la Bruyère, tomes I, p. 285 : « une ponctualité religieuse », et II, p. 182 : « le fonds perdu, autrefois si sûr, si religieux (gardé si religieusement) ».

3. Des amis assez scrupuleux pour s'en aller, quitter la place. — « Le vent poussoit le feu contre ceulx du roy, lesquels commencerent à desemparer. » (COMYNES, livre I, chapitre III.) « Elles ne veulent desemparer et l'ayment constamment. » (BRANTÔME, tome IX, p. 576.) « Iadis, par les vieilles coustumes des batailles, les grans et premiers escuyers des roys de France deuoient estre tousiours prez d'eux sans iamais les desemparer ny abandonner. » (*Ibidem*, tome II, p. 309.)

4. A la fin du *Gascon puni* :

....En lui montrant ce qu'il avoit perdu,
Laissoit son sein à demi nu.

5.   Bien plus blanc que le linge mesme.
            (THÉOPHILE, stances, tome I, p. 209.)

6. Comparez, dans *Je vous prends sans verd*, scène V : « l'heure

Êtes-vous sourd? » Damon a dans l'esprit
*Que tout cela s'est fait, du moins qu'il¹ s'est pu faire.
Sur ce beau fondement le pauvre homme bâtit
      Maint ombrage² et mainte chimère.
        Nérie en a bientôt le vent³ ;
      Et, pour tourner en certitude
      Le soupçon et l'inquiétude   275
Dont Damon s'est coiffé⁴ si malheureusement,
      L'enchanteresse lui propose

du berger brusquée par un petit-maître entre deux vins » ; dans une élégie (tome V *M.-L.*, p. 83) :

> J'aperçus dans les yeux d'Amarille gagnée
> Que l'heure du berger n'étoit pas éloignée;

dans *Janot et Catin* (*ibidem*, p. 107) :

> Son œil me dit en son patois :
> « Berger, berger, ton heure sonne. »

Voyez aussi *l'Heure du berger, ou l'Occasion perdue,* conte III des *Heures perdues d'un cavalier françois,* qui commence ainsi : « Je ne doute pas que quantité de dames, qui ont pratiqué le monde et goûté la douceur qu'il y a d'être aimées de quelque gentil galand, n'ayent quelquefois ressenti ce que ces vieilles matrones du temps jadis ont nommé dans le *Livre des Quenouilles* l'heure du charretier, et nous, pour parler plus doucement, l'heure du berger.... » ; et Tallemant des Réaux, tomes V, p. 24, 190, IV, p. 343 : « L'ayant rencontrée au lit, il avoit été assez heureux pour trouver l'heure du berger. » — *L'Heure du berger* est le titre d'un « roman demi-comique » de Claude le Petit (Paris, 1662, in-12).

1. Rapprochez, pour ce neutre, *la Fiancée,* vers 508 et la note, et la comédie de *l'Eunuque,* vers 1566 :

> Te conter en détail comment il (*cela*) s'est pu faire,
> Demanderoit peut-être un peu plus de loisir.

2. Maint soupçon, comme plus haut, au vers 175.
3. Voyez ci-dessus, le vers 52 des *Rémois* et la note :

> Nous n'en avons ici ni vent ni voie.

4. S'est entêté.

> Fille se coiffe volontiers

Une chose[1] :
C'est de se frotter le poignet
D'une eau dont les sorciers ont trouvé le secret, 280
Et qu'ils appellent l'eau de la métamorphose,
Ou des miracles autrement.
Cette drogue, en moins d'un moment,
Lui donneroit d'Éraste et l'air et le visage,
Et le maintien, et le corsage[2], 285
Et la voix; et Damon, sous ce feint personnage[3],
Pourroit voir si Caliste en viendroit à l'effet[4].

> D'amoureux à longue crinière.
> (Livre IV, fable 1, vers 39-40.)

Si on songe trop (à une chose), on s'entête, et on s'en coiffe. » (PASCAL, *Pensées*, p. 30.)

> Faut-il de ses appas m'être si fort coiffé?
> (MOLIÈRE, *l'École des femmes*, vers 995.)

« Mon amie de Lyon m'en paroît moins coiffée (de Mme de Maintenon). » (Mme DE SÉVIGNÉ, tome IV, p. 286.) « La belle s'en laissa coiffer (de ce galant) encore moins raisonnablement que les autres. » (HAMILTON, *Mémoires du comte de Grammont*, chapitre XIII.

1. Rapprochez, pour cet épisode, l'aventure de Céphale et de Procris dans *les Filles de Minée*, vers 200 et suivants.

2. La taille : voyez *la Mandragore*, vers 234 et la note.

— *Tanto Melissa lusingommi e mulse,*
Ch' a tor la forma di colui mi volse;
E mi muto, ne so ben dirti come,
Di faccia, di parlar, d'occhi, e di chiome.
(Chant XLIII, stance 34.)

3. Dans *le Petit Chien*, vers 295 : « notre feint pèlerin »; dans *Féronde*, vers 142 : « dessous un feint habit ».

4. En viendrait « à la chose » (*la Mandragore*, vers 141), « au point » (ci-dessus, vers 201 et note 1), « au solide » (*le Calendrier*, vers 89) :

> Droit au solide alloit Bartholomée;

« au but » (*le roi Candaule*, vers 189). Chez Marot (tome I, p. 287) :

> .... Car sans souffrir amour n'est pas parfait,
> Et sans pouuoir ne vient on à l'effet.

Damon n'attend pas davantage :
Il se frotte; il devient l'Éraste le mieux fait
Que la nature ait jamais fait. 290

En cet état il va trouver sa femme,
Met la fleurette au vent¹; et cachant son ennui² :
« Que vous êtes belle aujourd'hui !
Lui dit-il; qu'avez-vous, Madame,
Qui vous donne cet air d'un vrai jour de printemps³ ? »
Caliste, qui savoit les propos des amants,
Tourna la chose en raillerie.
Damon changea de batterie :
Pleurs et soupirs furent tentés,
Et pleurs et soupirs rebutés. 300
Caliste étoit un roc⁴; rien n'émouvoit la belle.
Pour dernière machine⁵, à la fin notre époux
Proposa de l'argent⁶; et la somme fut telle

1. Comme on dirait : « met flamberge au vent. » — Voyez *les Rémois*, vers 165 et la note.
2. Son chagrin, son affliction, son tourment, sens qu'avait autrefois ce mot dont la signification s'est fort affaiblie. Comparez ci-dessus, le vers 30, le conte suivant, vers 103, le poème d'*Adonis*, vers 235; etc.
3. On lisait après ce vers, dans le fragment publié à Leyde et Paris en 1669, un dialogue entre le feint Éraste et Caliste, que l'auteur a supprimé depuis, et qui terminait le fragment. Nous insérons ce dialogue à la fin du conte.

— Amarante et le printemps
Ont un air qui se ressemble.
(Lettre à l'abbé Vergier du 4 juin 1688.)

4. Elle tint bon; Frédéric échoua
Près de ce roc, et le nez s'y cassa.
(*Le Faucon*, vers 22-23.)

5. Pour dernier ressort : voyez ci-dessus, p. 120 et note 2; le vers 3 du *Magnifique;* et les *Lexiques de la Bruyère, de Racine, de Sévigné*.
6. Rapprochez le début du conte ix de la II⁰ partie (tome IV,

c. iv] TROISIÈME PARTIE. 127

Qu'on¹ ne s'en mit point en courroux :
La quantité rend excusable². 305
Caliste enfin l'inexpugnable
Commença d'écouter raison³ ;
Sa chasteté plia : car comment tenir bon
Contre ce dernier adversaire⁴ ?

p. 358 et note 3). — Dans *Roland furieux*, le chevalier cherche à séduire sa femme avec des pierreries, des diamants :

> *E le piu ricche gemme....*
> *Che mai mandassin gl' Indi o gli Eritrei.*
> (Chant XLIII, stance 35.)

De même dans la version de 1669 le feint Éraste offre à Caliste :

> De ces appeaux à prendre belles,
> Assez pour fléchir six cruelles,
> Assez pour créer six cocus,
> Un collier de vingt mille écus.

1. Ci-dessus, vers 168 :

> Vos soins ne feront pas qu'*on* lui ferme l'oreille.

2. Tout me rend excusable, Atis et son mérite,
Et la qualité du présent.
Vous verrez tout incontinent
Si femme qu'un tel don à l'amour sollicite
Peut résister un seul moment.
(*Le Petit Chien*, vers 461-455.)

3. Comparez *les Quinze Ioies de mariage*, p. 147 : « Il y en a eu ung qui tant luy a offert de raison qu'elle ne luy a pu refuser »; *ibidem*, p. 103 : « Une femme qui est bonne galoyse... ne refuseroit iamais raison qui la lui offriroit »; les *Mémoires du comte de Grammont*, chapitre XI : « Que faire pour apprivoiser une impertinente vertu qui ne vouloit point entendre raison ? » ; et l'expression : « tirer raison », au vers 16 de *Richard Minutolo*.

4. Des mages aussitôt consultant la science,
D'un feint adolescent il prend la ressemblance,
S'en va trouver Procris, élève jusqu'aux cieux
Ses beautés, qu'il soutient être dignes des dieux ;
Joint les pleurs aux soupirs, comme un amant sait faire,
Et ne peut s'éclaircir par cet art ordinaire.
Il fallut recourir à ce qui porte coup,
Aux présents : il offrit, donna, promit beaucoup,

Si tout ne s'ensuivit, il ne tint qu'à Damon[1] ;   310
   L'argent en auroit fait l'affaire[2].

   Et quelle affaire ne fait point
Ce bienheureux métal[3], l'argent, maître du monde[4] ?

> Promit tant, que Procris lui parut incertaine.
> Toute chose a son prix.
>   (*Les Filles de Minée*, vers 205-214.)

  1. Ci-dessous, vers 358.

  2. Ci-dessus, vers 200 : « C'étoit une affaire faite. » — Caliste se rend bien vite dans cette version-ci (de 1671), puisque la voilà déjà à la merci du feint Éraste. Dans la première leçon sa défaite est moins prompte, ou du moins mieux amenée :

> Caliste n'étoit pas tellement en colère
> Qu'elle ne regardât ce don du coin de l'œil.
>   Sa vertu, sa foi, son orgueil
> Eurent peine à tenir contre un tel adversaire ;
> Mais il ne falloit pas si tôt changer de ton.

Chez l'Arioste elle cède aussi très facilement à l'aspect des brillantes pierreries, ruisselant de mille feux (stance 38), et lui promet de se rendre à ses désirs si elle est assurée que personne ne le saura :

> *Ma il veder fiammeggiar poi, come foco,*
> *Le belle gemme il duro cor fe' molle ;*
> *E con parlar rispose breve e fioco*
> *Quel che la vita a rimembrar mi tolle :*
> *Che mi compiaceria, quando credesse*
> *Ch' altra persona mai nol risapesse.*

Alfred de Musset semble s'être souvenu de ce passage dans *la Coupe et les Lèvres*, acte IV, scène 1, où Frank, vêtu en moine et masqué, tente Monna Belcolore avec de l'argent, des bijoux ; bien qu'il se prétende laid, hideux, et défiguré par un affreux ulcère, elle auss finit par se laisser séduire.

  3. *Métail* dans les éditions de 1669-1671 : voyez tome III, p. 204 et note 22. — « Ce diuin metal dont tout le monde est enchanté. » (*Histoire comique de Francion*, tome I, p. 93.)

  4.
> Les amoureuses du iour d'huy
> En se vendant ayment celuy
> Qui le plus d'argent leur apporte.
>   (Ronsard, tome II, p. 510.)

Soyez beau, bien disant[1], ayez perruque blonde[2],
  N'omettez un seul petit point[3];   315
Un financier viendra qui sur votre moustache[4]

1. Comparez le conte du *Tableau*, vers 59.

> A ieunes filles de quinze ans....
> Ie leur laisse gens bien disans,
> Petits muguetz, propres, duisans, etc.
> (*Recueil de poésies françoises*, tome X, p. 138.)

« Trez sçauant, et trez eloquent, et bien disant, s'il en fut onc. » (Brantôme, tome V, p. 435; *ibidem*, tomes II, p. 107, III, p. 82, 98, 101, 217, IV, p. 77, VI, p. 150, IX, p. 257, etc.)

> Après ceux qui font des présens,
> L'Amour est pour les bien disans.
>   (Regnier, *Contre un amoureux transi*.)

« Les mieux disans. » (*Ibidem*, satire 1, vers 58.) « Bien disans à merueilles. » (Saint-Gelais, tome I, p. 198.) « Un beau garçon, bien civil et bien disant. » (Tallemant des Réaux, tome IV, p. 147.)

> Deux mots de votre bouche et belle et bien disante
> Feront des merveilles pour moi.
>   (Épître à *Mme de Thiange*, tome V M.-L., p. 124.)

Voyez aussi Racine, tome VI, p. 492 : « filles coquettes et bien disantes »; et Malherbe, tomes II, p. 336, 640 : « sa bien disance », IV, p. 80 : « votre bien dire ».

2. Dans *le Misanthrope* de Molière, acte II, scène 1, vers 481-482 :

> Vous êtes-vous rendue, avec tout le beau monde,
> Au mérite éclatant de sa perruque blonde?

3. Rapprochez ci-dessus, le vers 220, et *la Mandragore*, vers 35-36 et la note : « ....un seul iota n'étant omis ».

4. Et non « sous votre moustache », comme l'a imprimé Walckenaer. Enlever sur la moustache, « obtenir de hauteur, selon Furetière, et par violence, quelque chose à laquelle quelque autre prétendoit, ou dont il étoit en possession », comme on dit « prendre à la barbe de quelqu'un. »

> Sachez que nous avons ici des créatures
>   Qui feront leurs maris cocus
>   Sur la moustache des Argus.
>   (*Le roi Candaule*, vers 168-170.)

> .... Afin qu'un jeune fou dont elle s'amourache
> Me la vienne enlever jusque sur la moustache.
> (Molière, *l'École des femmes*, acte IV, scène 1, vers 1032-1033.

J. DE LA FONTAINE. V

Enlèvera la belle; et dès le premier jour
  Il fera présent du panache¹;
Vous languirez encore après un an d'amour².

L'argent sut donc fléchir ce cœur inexorable.   320
Le rocher disparut³ : un mouton succéda⁴,
  Un mouton qui s'accommoda
A tout ce qu'on voulut⁵, mouton doux et traitable⁶,

Comparez *le Sicilien*, scène XIII : « L'on n'est point bien aise de voir sur sa moustache cajoler hardiment sa femme ou sa maîtresse »; cette phrase d'une lettre de Mme de Sévigné à sa fille du 1ᵉʳ octobre 1677, où cette locution proverbiale est plaisamment appliquée à des femmes : « Quatre belles dans un carrosse, nous ayant vus passer dans les nôtres, eurent une telle envie de nous revoir qu'elles voulurent passer devant nous lorsque nous étions sur une chaussée qui n'a jamais été faite que pour un carrosse. Ce téméraire cocher nous passa sur la moustache »; et Brantôme (tome VII, p. 141) : « Dites luy que ie la luy prendray (cette ville), encore qu'elle fust posée sur la cime de sa moustache. »

1. Au mari :
    D'un panache de cerf sur le front me pourvoir,
    Hélas! voilà vraiment un beau venez-y-voir!
        (MOLIÈRE, *Sganarelle*, scène VI, vers 199-200.)

2. C'est ce que dit, mais d'une façon plus tragique, l'Arioste au début du chant XLIII, dans sa diatribe contre l'avarice :

    *Che d'alcune diro belle e gran donne
    Ch'a bellezza, a virtu de' fidi amanti,
    A lunga servitu, piu che colonne
    Io veggo dure, immobili e costanti?
    Veggo venir poi l'Avarizia, e ponne
    Far si che par che subito le incanti :
    In un di, senza amor (chi fia che'l creda?)
    A un vecchio, a un brutto, a un mostro le da in preda!*

3. Ci-dessus, vers 301 : « Caliste étoit un roc. »
4. Dans la comédie de *Clymène*, vers 584 :
    Le Sort et moi rendrons mouton votre tigresse.
5. Au vers 765 de *la Fiancée* : « De tout elle s'accommode. »
6.   Lion de colère embrasé,
    Mais mouton étant apaisé.
        (SCARRON, *le Virgile travesti*, livre I.)

Mouton qui, sur le point de ne rien refuser¹,
        Donna pour arrhes² un baiser³.   325
L'époux ne voulut pas pousser plus loin la chose⁴,
Ni de sa propre honte être lui-même cause⁵.
Il reprit donc sa forme, et dit à sa moitié :
« Ah! Caliste, autrefois de Damon si chérie,
Caliste, que j'aimai cent fois plus que ma vie⁶,   330
Caliste, qui m'aimas d'une ardente amitié,
L'argent t'est-il plus cher qu'une union si belle?
Je devrois dans ton sang éteindre ce forfait :
Je ne puis; et je t'aime encor toute infidèle⁷.
Ma mort seule expiera le tort que tu m'as fait⁸. »   335

1. Rapprochez le vers 310 : « Si tout ne s'ensuivit, etc. »

2. On lui donne un baiser pour arrhes, etc.
                    (*Le Petit Chien*, vers 316 et la note.)

3. « J'ai vu beaucoup de gens d'esprit et de goût, dit Voltaire, en parlant de ces six derniers vers, qui ne pouvaient souffrir que la Fontaine eût gâté *la Coupe enchantée* de l'Arioste par des vers tels que ceux-ci. » Il faut avouer que ces « gens d'esprit et de goût » étaient bien difficiles. Ces images, dans le style familier, n'ont rien de faux ni d'incohérent : elles ne sont qu'un aimable badinage.

4. Vers 230 et la note.

5. Comparez dans *le Mercure galant* de l'année 1672, p. 169-176, l'*Histoire du mari qui se croit cocu par lui-même*, mais qui, lui, il est vrai, « a poussé la chose » jusqu'au bout. Voyez aussi ci-dessus, p. 127, note 4.

6.   Zaïr, soudan d'Alexandrie,
        Aima sa fille Alaciel
        Un peu plus que sa propre vie.
                        (*La Fiancée*, vers 38-40.)

    ....Ung qui l'aymoit mieulx que sa vie.
                        (REMY BELLEAU, tome I, p. 82.)

7. Tome IV, p. 57 et note 2. — Tout infidèle que tu sois : voyez *le Misanthrope* de Molière, vers 390 et la note.

8.   Rien que la mort n'étoit capable
    D'expier, etc.   (Livre VII, fable 1, vers 61-62.)

Notre épouse, voyant cette métamorphose,
Demeura bien surprise; elle dit peu de chose;
    Les pleurs furent son seul recours[1].
    Le mari passa quelques jours
    A raisonner sur cette affaire[2] :   340
    Un cocu se pouvoit-il faire
Par la volonté seule[3], et sans venir au point[4]?
    L'étoit-il? ne l'étoit-il point?
Cette difficulté fut encore éclaircie
        Par Nérie[5].   345
« Si vous êtes, dit-elle, en doute de cela,
    Buvez dans cette coupe-là;
On la fit par tel art[6] que, dès qu'un personnage
    Dûment atteint de cocuage
Y veut porter la lèvre, aussitôt tout s'en va[7];   350
Il n'en avale rien, et répand le breuvage
Sur son sein, sur sa barbe, et sur son vêtement.

---

1. Chez l'Arioste, la femme s'enfuit après cette cruelle épreuve; elle va rejoindre l'amant qu'elle avait éconduit jusqu'alors.

2. A « ruminer », à « rêver à son cas » (*le Mari confesseur*, vers 15, *le Faiseur*, vers 138, etc.).

—   Dieu scet se le mary est triste;
        Il songe, il marmouse, il radote.
            (COQUILLART, tome I, p. 116.)

3. Ci-dessus, p. 80 et note 1.
4. Page 125 et note 4.
5. « L'infortunée fille éclaircit encore ce doute. » (*Psyché*, livre I, tome III *M.-L.*, p. 31.)

6. Le sage l'aura fait par tel art et de guise, etc.
        (Livre X, fable XIII, vers 22.)

7.   Cest corn fist une fee...,
    Et le corn destina
    Que ia houme ne beura,
    Taunt soit sages ne fous,
    Si il est cous ne gelous.
        (*Lai du corn*, vers 227-232.)

Que s'il n'est point censé cocu suffisamment¹,
  Il boit tout sans répandre goutte. »
    Damon, pour éclaircir son doute, 355
Porte la lèvre au vase : il ne se répand rien.
« C'est, dit-il, réconfort² ; et pourtant je sais bien
Qu'il n'a tenu qu'à moi³. Qu'ai-je affaire de coupe ?
  Faites-moi place en votre troupe,
Messieurs de la grand'bande⁴. » Ainsi disoit Damon,

1. S'il n'est que « récipiendaire », s'il n'est point encore « reçu » et n'a pas « toutes ses façons » (*le roi Candaule*, vers 288-292, et 264), s'il lui manque quelques « degrés » (*le Magnifique*, vers 207).

2. Consolation, soulagement ; voyez, pour ce mot, le vers 27 de *l'Anneau d'Hans Carvel* et la note.

3. Ci-dessus, vers 310.

4. La grande armée, la grande *confrérie* des maris trompés, locution employée par Noël du Fail (tome II, p. 141) ; par Molière, dans *Sganarelle*, vers 462 ; par Piron, dans une de ses épigrammes (tome IX, p. 166) :

> ....La grande confrérie,
> Plus grande à Paris qu'ailleurs :
> D'elle nos mauvais railleurs
> Font, d'un ton de petits-maîtres,
> Cent contes tous des meilleurs,
> Puis finissent par en être.

Voyez aussi ci-dessus, p. 83 et note 5, ci-dessous, le vers 415, le conte v de la IVᵉ partie, vers 129 ; et, pour le mot *bande*, employé ici, cette phrase de la vIIIᵉ serée de Bouchet (tome I, p. 318) : « Ie ne doubte point qu'il ne fist beau voir ceste bande (la bande des cornards), et qu'elle ne fust bien complete et bien grande » ; le titre d'une ancienne facétie : *Monologue des nouueaux sotz de la ioyeuse bande*, s. l. n. d., petit in-8° ; et le dernier vers de la vieille chanson citée plus bas, p. 142. Mais *bande* se disait particulièrement alors, comme aujourd'hui encore *band* en anglais, d'une troupe de musiciens, d'un orchestre :

> .... Là, dans le carnaval, vous pouvez espérer
> Le bal et la grand'bande....
>   (Molière, *le Tartuffe*, acte II, scène III, vers 664-665.)

Par *grande bande* on désignait à la cour les vingt-quatre violons de la chambre du Roi, par *petite bande* les petits violons dont Lulli était le chef. Rapprochez, pour l'expression et le tour, « les dames

Faisant à sa femelle¹ un étrange sermon.
Misérables humains! Si pour des cocuages
Il faut en ce pays² faire tant de façon,
    Allons-nous-en chez les sauvages.

Damon, de peur de pis, établit des Argus³   365
A l'entour de sa femme⁴, et la rendit coquette :
    Quand les galants sont défendus,
    C'est alors que l'on les souhaite⁵.

de la ioyeuse bande », « de la petite bande » (les maitresses du roi), chez Brantôme (tomes VII, p. 379, 344, IX, p. 474).

1. Voyez *l'Anneau d'Hans Carvel*, vers 5 et la note.
2. En ces pays. (1685, 1685, 1705.)
3. Argus aux cent yeux, auquel Junon avait confié la garde de la vache Io, fille d'Inachus, qu'aimait Jupiter. Comparez le conte x de la IIe partie, vers 11 et la note; *l'Eunuque*, acte II, scène III, vers 515 : « Ni billet à donner,

  Ni nuits à faire guet avec tes yeux d'Argus »;

Ragotin, acte IV, scène 1, vers 856 :

  Autant qu'Argus eut d'yeux je voudrois des oreilles;

et *le Florentin*, scène III, vers 129 et 136 :

  Disposez plus d'Argus qu'un siècle n'a de jours...,
  A leurs chants séducteurs Argus s'endormira.

—   Helas! de nuict elle est mieulx que gardée,
  Et sur le iour de cent yeulx regardée,
  Plus que iadis n'estoit Io d'Argus,
  Qui eut au chef cent yeulx clers et agus.
        (Marot, tome II, p. 39.)

  Iamais le chef d'Argus, fenestré de cent yeux,
  Ne garda si soigneux l'Inachide pucelle,
  Que sa rude paupiere, à veiller eternelle,
  Te regarde, t'espie, et te suit en tous lieux.
    (Ronsard, pièces retranchées des *Amours*, LVII.)

4. Ci-dessus, vers 161.
5. Tome IV, p. 206 et note 5.

—   Donc, si tu veux viure bien asseuré,

Le malheureux époux s'informe, s'inquiète,
Et de tout son pouvoir court au-devant d'un mal¹ 370
Que la peur bien souvent rend aux hommes fatal².
De quart d'heure en quart d'heure il consulte la tasse;
    Il y boit³ huit jours sans disgrâce.
    Mais à la fin il y boit⁴ tant,
      Que le breuvage se répand. 375
Ce fut bien là le comble⁵. O science fatale!
Science que Damon eût bien fait d'éviter⁶!
Il jette de fureur cette coupe infernale;
Lui-même est sur le point de se précipiter⁷.
Il enferme sa femme en une tour carrée⁸; 380

    Ferme les yeux, ne garde point ta femme:
    Le bien permis est le moins désiré.
        (Des Portes, livre II, sonnet XXIX.)

1. Force gens ont été l'instrument de leur mal.
        (*Le roi Candaule*, vers 1.)

2. Inévitable : ci-dessus, p. 53 et note 8. — Comparez Hamilton, *Mémoires du comte de Grammont*, chapitre IX : « Jamais le maudit vieillard ne voulut être cocu; ce n'est pas toujours l'aversion, ni la peur qu'on en a qui garantissent de la destinée. »

3. Il boit. (1685, 1686.) — 4. Il boit. (1705.)

5.   Ce fut bien là qu'une douleur extrême
    Saisit, etc.
        (*La Courtisane amoureuse*, vers 209.)

6. Ci-dessus, vers 24 :

    Quand on l'ignore, ce n'est rien;

et vers 27 : « Tâchez donc d'en douter. »

7. De se précipiter dans un abîme, ou par la fenêtre. Voyez *la Fiancée du roi de Garbe*, vers 735 et la note; et Brantôme, tome VI, p. 216 : « Ains penseroit on que, comme ung desesperé..., desirant la mort, il se seroit ainsi precipité »; Montaigne, tomes III, p. 48, II, p. 36, et p. 431 : « Il auoit faict bastir exprez une tour sumptueuse... pour se precipiter. »

8. Rapprochez la scène 1 du *Florentin*, vers 21 et suivants :

    Une chambre, où le jour n'entre que rarement,
    Est de la pauvre enfant l'unique appartement;

Lui va, soir et matin, reprocher son forfait.
Cette honte, qu'auroit le silence enterrée,
Court le pays, et vit du vacarme qu'il fait[1].

Caliste cependant mène une triste vie[2].
Comme on ne lui laissoit argent ni pierrerie,   385
Le geôlier fut fidèle; elle eut beau le tenter.
　　Enfin la pauvre malheureuse
Prend son temps que[3] Damon, plein d'ardeur amoureuse,
　　Étoit d'humeur à l'écouter :
« J'ai, dit-elle, commis un crime inexcusable ;   390
Mais quoi! suis-je la seule? hélas! non. Peu d'époux
Sont exempts, ce dit-on, d'un accident semblable.
Que le moins entaché se moque un peu de vous.
　　Pourquoi donc être inconsolable[4]?
— Eh bien, reprit Damon, je me consolerai,   395
　　Et même vous pardonnerai,

> Autour règne une épaisse et terrible muraille,
> De briques composée, et de pierre de taille, etc.;

et, tome IV, p. 367, notre analyse de *l'Empereour Eracles*.

1. Ci-dessus, p. 79 et note 3 :

> Tenez-vous coi; le bruit en nulle guise
> N'est bon ici, d'autant plus qu'en vos lacs
> Vous êtes pris; ne vous montrez donc pas :
> C'est le moyen d'étouffer cette affaire.

2. Pour cette locution : « mener une vie », voyez *la Fiancée*, vers 754-755 et la note.

3. Ellipse. « Les Turcs prirent le temps que l'armée navale des Vénitiens venoit de faire un grand naufrage. » (RACINE, tome V, p. 136.) « Déjanire sort, et prend le temps que Lichas parle en secret aux captives. » (*Ibidem*, tome VI, p. 251.)

4. Rapprochez les vers 194-196 des *Cordeliers* :

> Il apprit que mainte autre dame
> Payoit la même pension.
> Ce lui fut consolation ;

et 493-494 de *Joconde* et la note :

Tout incontinent que ¹ j'aurai
Trouvé de mes pareils² une telle légende³,
Qu'il s'en puisse former une armée assez grande
Pour s'appeler royale⁴. Il ne faut qu'employer   400
Le vase qui me sut vos secrets révéler. »

Le mari, sans tarder exécutant la chose,
Attire les passants, tient table⁵ en son château.
Sur la fin des repas, à chacun il propose
L'essai de cette coupe, essai rare et nouveau⁶.   405

   Si nos femmes sont infidèles,
  Consolons-nous : bien d'autres le sont qu'elles.

1. Tome IV, p. 312 et note 4. Rapprochez, dans l'Examen de *Pompée* de Corneille : « incontinent après que ».
2. Ci-dessous, vers 475.
3. Un tel nombre, une liste si longue, que, etc.

— Il poursuit, nonobstant, d'une fureur plus grande,
 Et ne cessa jamais qu'il n'eût fait sa légende (*lu tous ses vers*).
   (REGNIER, satire VIII, vers 129-130.)

Chez Montaigne, tome I, p. 360 : « une legende de qualitez et tiltres. » — La *légende* des saints signifiait la « série » des vies des saints, *legenda* (devant être lue) : voyez tome IV, p. 334 et note 1; et *les Cent Nouvelles nouvelles*, p. 6, 24, 384 ; etc.

4. *Armée royale*, armée qui marchait avec du gros canon, et était assez nombreuse, assez forte pour assiéger une grande place : ci-dessous, vers 431-432. Comparez Brantôme, tomes VI, p. 467, VII, p. 142 : « En ces deux et memorables factions, les Espagnolz s'attribuent la gloire, comme en toutes aultres où ilz se treuuent en armées royales, que leur valeur, leur discipline militaire et leur ordre de guerre triumphent par dessus toutes les aultres »; et les *Aventures du baron de Fæneste* de d'Aubigné, livre IV, chapitre 1 : « .... Appelez-vous ces rencontres batailles ? — Pourquoy non, quand ce sont armées royales qui se chocquent, quand il y a des drapeaux vlancs arborez et artillerie qui marche ? »

5. Même locution aux vers 29 de *l'Anneau d'Hans Carvel*, 83 de *Belphégor*, et à la scène 1 de l'acte II de *l'Eunuque* : « tenir table ouverte ». Chez Brantôme, tome VI, p. 105 : « Il tenoit ordinairement trez bonne et longue table, bien garnye, à tous venans. »

6. C'est pour se consoler, après la fuite de son épouse (ci-dessus,

138   CONTES.   [C. IV

« Ma femme, leur dit-il, m'a quitté pour un autre;
    Voulez-vous savoir si la vôtre
  Vous est fidèle? il est quelquefois bon
D'apprendre comme tout se passe à la maison.
En voici le moyen; buvez dans cette tasse :   410
    Si votre femme de sa grâce[1]
    Ne vous donne aucun suffragant[2],
    Vous ne répandrez nullement;
    Mais si du dieu nommé Vulcan
Vous suivez[3] la bannière[4], étant de nos confrères[5]   415

p. 132, note 1), et chercher un amer soulagement à sa douleur, que le chevalier dans l'Arioste propose à ses hôtes l'essai de la coupe. A part la fuite de la femme, les deux récits du reste ont beaucoup de ressemblance.

1. Par sa volonté, de son chef; voyez tome II, p. 382 et note 9 :

    Le Pédant, de sa grâce,
    Accrut le mal;

et comparez *la Jument*, vers 175 :

    Monsieur notre pasteur
    Veut de sa grâce à ce traine-malheur
    Montrer de quoi finir notre misère;

les Cent Nouvelles nouvelles, p. 14, 16, 22, 111, 169, 228, 348, 358, Marot, tomes I, p. 111, 133, IV, p. 144, du Bellay, tome II, p. 76, Ronsard, tome II, p. 57, 60, Montaigne, tome III, p. 478; etc., etc.

2. Par métaphore : suffragant se dit d'un ministre du culte (évêque ou pasteur), ou d'un magistrat, qui en remplace un autre, qui vote dans un synode, ou juge au besoin, pour lui.

3. Vous suiviez. (1685, 1686.)

4. On connaît les mésaventures conjugales de Vulcain, que la Fontaine raconte dans *les Amours de Mars et de Vénus*. Comparez le vers 102 du *Roi Candaule*; et, pour cette orthographe : *Vulcan*, tome II, p. 317 et note 18.

5. Dans *les Quiproquo*, vers 187 :

    Si l'époux fut du nombre des confrères....

Voyez ci-dessus, vers 360; et la *Mandragore*, vers 294-295 :

    L'époux ne tarda guères
    Qu'il n'eût atteint tous ses autres confrères.

> En ces redoutables mystères,
> De part et d'autre¹ la boisson
> Coulera sur votre menton². »
> Autant qu'il s'en rencontre à qui Damon propose
> Cette pernicieuse chose, 420
> Autant en font l'essai; presque tous y sont pris³.
> Tel en rit, tel en pleure; et, selon les esprits,
> Cocuage en plus d'une sorte
> Tient sa morgue parmi ses gens⁴.

1. Des deux coins de la bouche.

2. *Se bei con questo, vedrai grande effetto;*
   Che, se porti il cimier di Cornovaglia,
   Il vin ti spargerai tutto sul petto,
   Ne gocciola sara che in bocca saglia;
   Ma se hai moglie fedel, tu berrai netto.
   (Chant XLII, stance 103.)

3. Voient le vin se répandre; tant il est vrai que « Coqüage (tome IV, p. 38 et note 1) est naturellement des apennages de mariage. »

4. Garde une contenance fière (comme un général parmi ses troupes), et plus ou moins dédaigneuse « selon les esprits », c'est-à-dire selon que chacun est plus ou moins affligé ou résigné.

> Encor nous faut il tenir morgues.
> (*Recueil de poésies françoises*, tome VII, p. 86.)

> Mais, ie vous prie, que vous semble
> Des morgues que ie tiens vers luy?
> (JODELLE, tome I, p. 27.)

« A le voir si resolu et tenir si bonne morgue.... » (DES PÉRIERS, tome II, p. 174.) « Ie le vis venir... qui tenoit fort bien sa morgue à l'endroict de la reyne. » (BRANTÔME, tome V, p. 200.) « C'est folie et iniustice de priuer les enfans, qui sont en aage, de la familiarité des peres, et vouloir maintenir en leur endroict une morgue austere et dedaigneuse. » (MONTAIGNE, tome II, p. 90.) Citons aussi du mot *morgue* un exemple de Noël du Fail (*les Propos rusticques*, p. 97) : « ....Glorieux de ce, se frottant le bout du nez, faisant bonne morgue »; et de *faire une morgue* deux de Rabelais : « .... Ces parolles acheuées, Iupiter, contournant la teste comme un cinge qui aualle pillules, feist une morgue tant espouuantable, que tout

Déjà l'armée est assez forte 425
Pour faire corps et battre aux champs¹.
La voilà tantôt qui menace
Gouverneurs de petite place,
Et leur dit qu'ils seront pendus
Si de tenir ils ont l'audace² : 430
Car, pour être royale³, il ne lui manque plus
Que peu de gens⁴; c'est une affaire
Que deux ou trois mois peuvent faire.

le grand Olympe trembla. » (Prologue du quart livre, tome II, p. 264.) « Loyre et sa femme se vestirent de leurs beaulx habillemens, comparurent en la salle faisans bonne morgue. » (Le quart livre, chapitre XII, tome II, p. 313.) — *Morgue* était proprement le siège où, dans les geôles, on tenait pendant plusieurs heures les prisonniers, à leur arrivée, pour que les guichetiers pussent bien connaître leurs figures.

1. C'est-à-dire : se mettre en campagne (ci-dessous, vers 454).

2. Comparez le chapitre XIV du livre I des *Essais* de Montaigne (tome I, p. 68-70) : « On est puny pour s'opiniastrer à une place sans raison. La vaillance a ses limites, comme les aultres vertus.... De ceste consideration est née la coustume que nous auons aux guerres de punir, voire de mort, ceux qui s'opiniastrent à deffendre une place qui par les regles militaires ne peult estre soubstenue. Aultrement, soubs l'esperance de l'impunité, il n'y auroit poullier (bicoque) qui n'arrestast une armée. M. le connestable de Montmorency, au siege de Pauie, ayant esté commis pour passer le Tesin et se loger aux fauxbourgs Sainct Antoine, estant empesché d'une tour au bout d'ung pont, qui s'opiniastra iusqu'à se faire battre, feit pendre tout ce qui estoit dedans ; et encores depuis, accompaignant Monsieur le Dauphin au voyage delà les monts, ayant prins par force le chasteau de Villane, et tout ce qui estoit dedans ayant esté mis en pieces par la furie des soldats, hormis le capitaine et l'enseigne, il les feit pendre et estrangler pour ceste mesme raison ; comme feit aussi le capitaine Martin du Bellay, lors gouuerneur de Turin en ceste mesme contrée, le capitaine de Sainct Bony, le reste de ses gens ayant esté massacré à la prinse de la place. »

3. Voyez ci-dessus, le vers 400 et la note.

4. Ne dirait-on pas une allusion aux troubles de la minorité de Louis XIV ? Voyez les *Mémoires* de la Rochefoucauld, *passim*; et

Le nombre croît de jour en jour [1]
Sans que l'on batte le tambour [2].   435
Les différents degrés où monte Cocuage
Règlent le pas [3] et les emplois :
Ceux qu'il n'a visités seulement qu'une fois
Sont fantassins pour tout potage [4];
On fait les autres cavaliers.   440

particulièrement, pour la menace de pendaison, la page 198, où il est question de deux gouverneurs de places pendus, l'un par l'armée royale, l'autre, en représailles, par les rebelles. — « On pendoit ordinairement autrefois, dit le *Dictionnaire de Trévoux*, un gouverneur qui avoit eu la témérité de tenir dans une bicoque contre une armée royale. »

1. « Il feroit beau voir aujourd'hui la compagnie des Cornuts, qui gaignoit la soulde soubs la charge du maistre de camp, etc. » (BOUCHET, VIII° serée, tome I, p. 317.)

2. Ou la caisse : les bans usités d'appel. « Sçachant que le roy d'Espaigne faisoit battre le tambour par toute l'Italie, se vinrent enrooler. » (BRANTÔME, tome V, p. 383.) « Le roy lui donna permission de la faire (cette compagnie) et amasser dans l'armée de M. le mareschal de Brissac, et y battre le tambour comme si c'eust esté dans les champs et villes. » (*Ibidem*, tome IV, p. 106.)

3. La préséance. Même locution au tome IV, p. 49 et note 4 :

Vous auriez droit de prétendre le pas.

4. En tout et pour tout. C'est le sens qu'ont aussi les mots : « pour toute besogne », dans la fable XVIII du livre I, vers 4. — Comparez le vers 4 de la fable XVI du livre V; le conte de *Féronde*, vers 152; les *Cent Nouvelles nouvelles*, p. 317; Rabelais, tome I, p. 243 : « Tu es lymosin pour tout potage »; Coquillart, tome II, p. 18, 223; Noël du Fail, *les Propos rusticques*, p. 27 : « Ils sont brigans, voleurs, gardeurs de chemins pour tous potages », et p. 45 : « C'estoit une femme pour tous potages »; Montaigne, tome I, p. 400 : « C'est un homme pour tous potages »; d'Aubigné, *les Aventures du baron de Fœneste*, livre IV, chapitre IX : « Il vit venir le pauvre Nostre Seigneur..., accompagné pour tout potage de pauvres pescheurs »; Scarron, *le Virgile travesti*, livre IX :

....Parmi les Grecs grand personnage,
Mais lors un sot pour tout potage;

Mme de Sévigné, tome III, p. 285 : « Le pauvre Grignan n'a pour

Quiconque est de ses familiers[1],
On ne manque pas de l'élire
Ou capitaine, ou lieutenant,
Ou l'on lui donne un régiment[2],
Selon qu'entre les mains du sire   445
Ou plus ou moins subitement
La liqueur du vase s'épand.
Un versa tout en un moment :
Il fut fait général. Et croyez que l'armée
De hauts officiers ne manqua :   450
Plus d'un intendant[3] se trouva ;
Cette charge fut partagée[4].

Le nombre des soldats étant presque complet,
Et plus que suffisant pour se mettre en campagne,

tout potage que le régiment des galères » ; etc. ; et, chez Coquillart, déjà cité, tomes I, p. 82, II, p. 217, 231, la locution analogue : « pour tous mets ».

1. Les notables cocus.

2. Comparez ce couplet d'une vieille chanson du temps de François Ier, transcrit par Brantôme (tome IX, p. 209) :

> Mais quand viendra la saison
> Que les cocus s'assembleront,
> Le mien ira deuant, qui portera la banniere ;
> Les aultres suiuront aprez, le vostre sera au darriere.
> La procession en sera grande,
> L'on y verra une trez longue bande ;

et la prédiction d'Her Trippa à Panurge, chez Rabelais (tome II, p. 123) : « Quand tous coqus s'assembleront, tu porteras la banniere. »

3. Les intendants militaires étaient des délégués du secrétaire d'État de la guerre, sorte de commissaires extraordinaires chargés de l'administration de l'armée. — On comprend toute l'ironie de ce mot : *intendants*, appliqué à des maris trompés, mais complaisants, accommodants.

4. C'est un trait sans doute contre le grand nombre des titulaires de cette charge sous Louis XIV, lesquels ne servaient que par quartier, si même ils servaient.

  Renaud, neveu de Charlemagne[1],   455
Passe par ce château[2] : l'on l'y traite à souhait ;
  Puis le seigneur du lieu lui fait
  Même harangue qu'à la troupe.
Renaud dit à Damon : « Grand merci de la coupe[3] :
Je crois ma femme chaste, et cette foi suffit.   460
  Quand la coupe me l'aura dit,
Que m'en reviendra-t-il ? Cela sera-t-il cause
De me faire dormir de plus que de deux yeux ?
  Je dors d'autant, grâces aux dieux.
  Puis-je demander autre chose ?   465
Que sais-je ? par hasard si le vin s'épandoit ?
Si je ne tenois pas votre vase assez droit ?
  Je suis quelquefois maladroit :
Si cette coupe enfin me prenoit pour un autre ?
  Messire Damon, je suis vôtre[4] :   470

1. Et époux d'une sœur de Roland.
2. On connaît le charmant début de cet épisode dans le xLII^e chant du *Roland furieux* (stance 70) :

> *Gia s'inchinava il sol molto a la sera*
> *Ed apparia nel ciel la prima stella,*
> *Quando Rinaldo in ripa a la riviera*
> *Stando in pensier s'avea da mutar sella,*
> *O tanto soggiornar che l'aria nera*
> *Fuggisse innanzi a l'altra aurora bella,*
> *Venir si vede un cavaliero innanti*
> *Cortese ne l'aspetto e ne i sembianti....*

3. « Bien grand merci du soin. » (*La Mandragore*, vers 110.)
4. Je suis votre serviteur : *ibidem*, vers 108. — Ce discours est à rapprocher du couplet de Thibaut dans la scène xviii de *la Coupe enchantée*, comédie de la Fontaine et de Champmeslé citée à la notice : « Non, morgué ! je ne boirai point. Et si le vin alloit répandre par hasard ? Testigué, voyez-vous, je suis maladroit de ma nature. Quand je saurois ça, en serois-je plus gras ? en aurois-je la jambe plus droite ? en dormirois-je plus que des deux yeux ? en mangerois-je autrement que par la bouche ? Non, pargué ! C'est pourquoi, frère, je suis votre serviteur, je ne boirai point. »

Commandez-moi tout, hors ce point[1]. »
Ainsi Renaud partit, et ne hasarda point[2].

Damon dit : « Celui-ci, Messieurs, est bien plus sage
Que nous n'avons été : consolons-nous pourtant[3] ;
Nous avons des pareils[4] ; c'est un grand avantage[5]. » 475

[1]. Renaud n'est pas plus accommodant chez l'Arioste lorsque son hôte lui offre de faire l'essai de la coupe ; mais il exprime son refus d'une façon plus poétique :

> *Io vi dicea, ch' alquanto pensar volle*
> *Prima ch' a i labri il vaso s'appressasse ;*
> *Penso ; e poi disse : « Ben sarebbe folle*
> *Chi quel che non vorria trovar cercasse.*
> *Mia donna è donna, ed ogni donna è molle.*
> *Lasciam star mia credenza, come stasse.*
> *Sin qui m'ha il creder mio giovato, e giova :*
> *Che poss' io migliorar per farne prova?*
>
> *Potria poco giovare, e nuocer molto ;*
> *Che' l tentar qualche volta Dio disdegna.*
> *Non so s'in questo io mi sia saggio o stolto ;*
> *Ma non vo' piu saper che mi convegna.*
> *Or questo vin dinanzi mi sia tolto :*
> *Sete non n'ho, ne vo' che me ne vegna ;*
> *Che tal certezza ha Dio piu proibita*
> *Ch'al primo padre l'arbor de la vita.*
>
> *Che come Adam, poi che gusto del pomo*
> *Che Dio con propria bocca gl' interdisse,*
> *Da la letizia al pianto fece un tomo,*
> *Onde in miseria poi sempre s'afflisse.*
> *Cosi, se de la moglie sua vuol l'uomo*
> *Tutto saper quanto ella fece e disse,*
> *Cade de l'allegrezze in pianti e in guai*
> *Onde non puo piu rilevarsi mai.*
>
> (Chant XLIII, stances 6, 7 et 8.)

[2]. Et ne tenta point le hasard ; nous rencontrons également ce verbe au neutre dans le conte VIII de la IIe partie, vers 109 et note 3.

[3]. Page 136 et note 4.

[4]. Ci-dessus, vers 398.

[5].   Mais en mon mal i'ay au moins ce confort

Il s'en rencontra tant et tant,
Que, l'armée à la fin royale devenue,
Caliste eut liberté, selon le convenant[1];
    Par son mari chère tenue[2],
    Tout de même qu'auparavant[3].   480

Époux, Renaud vous montre à vivre :

> Que seul ne suis, car c'est *solatium*
> *Miserorum habere socium.*
> (*Recueil de poésies françoises*, tome IV, p. 197.)

— Le chevalier dans l'Arioste ne peut retenir ses larmes, et il raconte à Renaud, dont il envie la prudence, sa propre histoire. Sa seule consolation, c'est que, pendant dix ans, parmi tous ceux qui sont entrés chez lui et à qui cette coupe a été présentée, il n'en a pas trouvé un qui ne se soit très ridiculement inondé de son contenu.

1. *Convenant* ou *covenant* : convention; voyez les exemples de Villehardouin, de Froissart et d'Amyot que cite Littré, auxquels nous en ajouterons trois empruntés à Joinville, p. 1, p. 7 : « Li sainz roys ama tant veritei que neis aus Sarrazins ne vout il pas mentir de ce que il lour auoit en conuenant », et p. 179 : « Quant il oy ce, si commença à rire mout cleremen, et me dist que il me retenoit par tel conuenant », un à l'*Ancien Théâtre françois* (tome I, p. 117) : « par tel conuenans » et un autre à Charles d'Orléans, *Songe en complaincte* : « Qu'il me quicte de tous les conuenans que ie lui fis. » On sait que par ce nom fut désigné le pacte conclu, la ligue formée, entre les presbytériens ou puritains d'Écosse pour la conservation de leur culte.

2.   Moi qui estois chere tenue.
       (*Recueil de poésies françoises*, tome IV, p. 12.)

« .... L'espoir que i'auois d'estre de vous tout le plus cher tenu. » (*Les Cent Nouvelles nouvelles*, p. 165.) « Il auoit espousé une trez belle et bonne dame qui de tout son cueur l'aymoit et tenoit cher. » (*Ibidem*, p. 306; et p. 347.) « Mes filles cher tenues. « (Marot, tome IV, p. 225.)

   Telles étoient jadis ces illustres bergères
     Que le Lignon tenoit si chères.
   (*Vers pour des bergers et des bergères*, tome V M.-L., p. 112.)

3. Comparez *Joconde*, vers 521 et suivants.

Pour Damon, gardez de le suivre.
Peut-être le premier eût eu charge de l'ost¹;
Que sait-on²? Nul mortel, soit Roland, soit Renaud,
Du danger de répandre exempt ne se peut croire :   485
Charlemagne lui-même auroit eu tort de boire³.

1. Eût été fait général de l'armée : ci-dessus, vers 448-449. — L'*ost*, terme ancien, dont s'est servi plusieurs fois la Fontaine : voyez la fable III du livre XI, vers 36 et la note. — Ce trait plaisant de l'armée des cocus, armée devenue à la fin si grande qu'elle mérite d'être appelée « royale », paraît bien être de l'invention de la Fontaine.

2. « Que sais-je ? » (vers 466).

3. Rapprochez *Joconde*, déjà cité, vers 214-218, et la parodie de la *Consolation à du Périer* de Malherbe, par Mathieu de Montereul :

....Et les grands sont sujets aux lois du cocuage
Aussi bien qu'aux lois de la mort.

Le fragment publié dans les éditions de 1669, Leyde et Paris, se termine par ce dialogue (voyez ci-dessus, p. 126, note 3) :

<pre>
        Le feint Éraste, en même temps,
        Lui présente un miroir de poche[1].
Caliste s'y regarde, et le galant s'approche :
Il contemple, il admire, il lève au ciel les yeux ;
Il fait tant qu'il attrape un souris gracieux.
« Mauvais commencement ! ce dit-il en soi-même ;
— Eh bien ! poursuivit-il, quand d'un amour extrême
            On vous aime,
    A-t-on raison ? je m'en rapporte à vous ;
        Peut-on résister à ces charmes ?
                CALISTE.
On sait bien[2], car comment ne pas devenir fous,
Quand vos cœurs ont affaire à de si fortes armes !
        Sans mentir, Messieurs les amants,
        Vous me semblez divertissants :
        J'aurois regret qu'on vous fît taire.
        Mais savez-vous que votre encens
        Peut, à la longue, nous déplaire ?
                Le feint ÉRASTE.
        Et pouvons-nous autrement faire ?
        Tenez, voyez encor ces traits.
                CALISTE.
        Je les vois, je les considère,
        Je sais quels ils sont ; mais après ?
                Le feint ÉRASTE.
Après ? l' « après » est bon ; faut-il toujours vous dire
Qu'on brûle, qu'on languit, qu'on meurt sous votre empire ?
</pre>

1. Comme en portaient les élégants :

<pre>
        Miroirs aux poches des galands,
        Miroirs aux ceintures des femmes.
            (Livre I, fable XI, vers 9-10.)
</pre>

« Les gants parfumés, les miroirs de poche, les étuis garnis, les pâtes d'abricot, les essences, et autres menues denrées d'amour.... » (HAMILTON, *Mémoires du comte de Grammont*, chapitre VII.)

2. Oui, on connaît cette chanson, ce refrain-là. Ci-dessus, vers 296 : « Caliste, qui savoit les propos des amants.... »

CALISTE.

Mon Dieu, non! je le sais; mais après?
Le feint ÉRASTE.

Il suffit.
Et quand on est mort, c'est tout dit.
CALISTE.

Vous n'êtes pas si mort que vos yeux ne remuent
Contenez-les, de grâce; ou bien, s'ils continuent,
Je mettrai mon touret de nez[1].
Le feint ÉRASTE.

Votre touret de nez? gardez-vous de le faire.
CALISTE.

Cessez donc, et vous contenez.
Le feint ÉRASTE.

Quoi! défendre les yeux! c'est être trop sévère :
Passe encor pour les mains.
CALISTE.

Ah! pour les mains, je croi
Que vous riez.
Le feint ÉRASTE.

Point trop.

---

1. « Espèce de masque ancien. » (*Note de la Fontaine.*) Petit masque noir, sorte de « loup » ou de « demi-loup » qui ne cachait que le haut du visage, et pouvait servir au besoin, comme l'éventail, à voiler, à ménager la pudeur, plus ou moins simulée, des dames. On le mettait volontiers dans les rues, aux promenades, aux fêtes, aux carrousels, ou dans les églises. Il s'appelait aussi tour de nez ou cache-nez. — « O quel parfum, o quel vaporament, pour embrener touertz de nez à ieunes galoyses! ». (RABELAIS, tome I, p. 381.) « En ceste façon auoient le visage caché, et se mocquoient en liberté..., ne plus ne moins que font nos damoyselles quand c'est qu'elles ont leur cache laid que vous nommez touret de nez. » (*Ibidem*, tome III, p. 103.) « Qu'elles n'oublient pas leurs touretz de nez quand elles iront par la ville; car ilz sont bien bons pour se rire et mocquer de plusieurs choses que l'on voit, sans que le monde s'en aperçoiue. » (BONAVENTURE DES PÉRIERS, *Cymbalum mundi*, dialogue III.) Voyez aussi *l'Heptaméron*, p. 161, p. 315 : « Elle s'en alla en ceste galerie, ayant mis sa cornette basse et son touret de nez »; p. 361 : « Combien de fois ont elles mis leur touret de nez pour rire en liberté? »; Brantôme, tomes II, p. 406 : « Elle l'escoutoit parler, car il disoit trez bien, de l'amour, non pourtant sans rire soubz son touret de nez », IV, p. 38 : « Le bon homme en portoit tousiours ung (touret de nez), comme une damoyselle..., de peur du froid et du vent », IX, p. 236 : « Cest honneste gentilhomme, ayant iouy plusieurs fois de ceste honneste dame, de nuict, bouchée (cachée) auec son touret de nez, car les masques n'estoyent encores en usage.... »; etc.

CALISTE.
                        C'est donc à moi
De me garder¹.
            Le feint ÉRASTE.
                    Ma passion commence
A se lasser de la longueur du temps.
Si mon calcul est bon, voici tantôt deux ans
    Que je vous sers sans récompense.
            CALISTE.
Quelle vous la faut-il?
            Le feint ÉRASTE.
                    Tout², sans rien excepter.
            CALISTE.
Un remercîment donc ne vous peut contenter?
            Le feint ÉRASTE.
    Des remercîments? bagatelles.
            CALISTE.
De l'amitié?
            Le feint ÉRASTE.
            Point de nouvelles⁵.
            CALISTE.
De l'amour?
            Le feint ÉRASTE.
        Bon cela. Mais je veux du plus fin,
        Qui me laisse avancer chemin⁴
            En moins de deux ou trois visites,
            Moyennant quoi nous serons quittes.
    Et, si vous voulez mettre à prix cet amour-là,
    Je vous en donnerai tout ce qui vous plaira :
            Cette boîte de filigrane.
            CALISTE.
Le libéral amant qu'est Éraste ! voyez !

1. Même locution dans *la Fiancée*, vers 785 :

    Le plus sûr toutefois est de se bien garder ;

et à la scène II de l'acte I de l'opéra de *Daphné* :

    Je vous dis : « Filles, gardez-vous. »

2. Comparez ci-dessus, le vers 310.
3. Tome IV, p. 139 et note 2.
4. Ou « faire beaucoup de chemin » (*la Fiancée*, vers 645-646), gagner du terrain. — « Quand la cauallerie se tiendroit esloignée, il conuiendroit que les bataillons auançassent chemin. » (LANOUE, *Discours politiques et militaires*, p. 322.)

Le feint ÉRASTE.

Madame, avant qu'on la condamne,
Il faut l'ouvrir. Peut-être vous croyez
Qu'elle est vide?

CALISTE.

Non pas. Ce sont des pierreries?

Le feint ÉRASTE.

Ouvrez, vous le verrez.

CALISTE.

Trêve de railleries.

Le feint ÉRASTE.

Moi! me railler! ouvrez.

CALISTE.

Et quand je l'aurois fait?
Je ne sais qui me tient qu'avec un bon soufflet....
Mais non. Si jamais plus cette insolence extrême....

Le feint ÉRASTE.

Je vois bien ce que c'est; il faut l'ouvrir moi-même. »

Disant ces mots, il l'ouvre, et, sans autre façon,
Il tire de la boîte, et d'entre du coton,
   De ces appeaux à prendre belles,
   Assez pour fléchir six cruelles,
   Assez pour créer six cocus[1],
   Un collier de vingt mille écus[2].
Caliste n'étoit pas tellement en colère
Qu'elle ne regardât ce don du coin de l'œil[3].
   Sa vertu, sa foi, son orgueil,
Eurent peine à tenir contre un tel adversaire;
Mais il ne falloit pas sitôt changer de ton.
Éraste, à qui Nérie avoit fait la leçon....

1. Dans l'*Ancien Théâtre françois* (tome IX p. 55) : « appeau de cocu ». Voyez notre tome II, p. 322 et note 12.

2. « Quand nostre amoureux produit ung brasselet de perles grosses comme pois, les portes fermées luy sont ouuertes trez grandes, comme à passer une chartée de foin, qui est le souuerain remede, la clef de la besongne, la peautre du nauire, le manche de la charrue. » (NOEL DU FAIL, *les Propos rusticques*, p. 56.)

3. Comparez *la Gageure*, vers 56 et la note :

   Du coin de l'œil l'époux la regardoit.

V

LE FAUCON.

NOUVELLE TIRÉE DE BOCCACE.

Ce conte est emprunté à la nouvelle IX de la Ve journée du *Décaméron*, dont voici le sommaire :

Federigo degli Alberighi ama et non è amato; et in cortesia spendendo il suo si consuma, et rimangli un sol falcone, ilquale, non havendo altro, da a mangiare alla sua donna venutagli a casa : laqual cio sappiendo, mutata di animo, il prende per marito et fallo ricco.

« Federic des Alberigui, amoureux d'une femme de laquelle il n'estoit point aymé, despendit tout son bien en gentillesses et honnestetez, se consommant entierement, tellement qu'il ne luy demeura que son faulcon ; et n'ayant aultre chose pour donner à disner à sa mye qui le vint veoir, il le feit rostir, dont elle, sçachant cesté honnesteté, changea d'opinion, et le print à mary, le faisant riche homme. »

La Fontaine a suivi de très près le récit de Boccace.

Dans un fabliau du XIIIe siècle intitulé *de Guillaume au Faulcon*, qui se recommande par la naïveté et la grâce du langage (voyez Barbazan-Méon, tome IV, p. 407, Legrand d'Aussy, tome III, p. 307, l'*Histoire littéraire de la France*, tome XXIII, p. 181-182), on trouve une analogie lointaine avec notre conte, bien que les circonstances ne soient pas les mêmes. « C'est, dit M. Moland auquel nous empruntons cette analyse, l'histoire d'un page amoureux de la châtelaine. Il se déclare pendant une absence du châtelain ; il est repoussé durement. Il fait le serment de ne plus boire ni manger jusqu'à ce qu'on lui ait octroyé merci. Il y a près de quatre jours qu'il jeûne, lorsque le châtelain revient et demande à la dame pourquoi Guillaume est malade. Celle-ci, touchée enfin, répond que le page lui a demandé son faucon favori, et qu'elle a cru devoir le lui refuser. Le châtelain blâme sa femme, et lui ordonne de donner l'oiseau à Guillaume : « Puisque mon mari le veut, dit-« elle, je ne vous le refuserai plus » ; et Guillaume est guéri. Ce conte conclut en invitant les amants à la persévérance, et cela pourrait être aussi la conclusion de la charmante nouvelle de la Fontaine », le seul de ses contes, dit Voltaire, qui parle au cœur : il oublie *la Courtisane amoureuse*.

Comparez une anecdote, qui est également comme la contre-partie du *Faucon*, dans le chapitre LXXXII du *Vyolier des histoires romaines moraliseez* : c'est la dame qui possède le faucon et le chevalier qui le demande à la dame.

On sait combien le faucon était en honneur au moyen âge, le faucon, « l'oiseau, dit Buffon, dont le courage est le plus franc, le plus grand, relativement à ses forces », et qui fond sans détour et perpendiculairement sur sa proie. Son agilité, sa légèreté égalent son courage ; et il semble nager dans l'air, selon l'expression des anciens fauconniers. On comprend toute l'étendue du sacrifice que, dans ce conte, Frédéric fait à Clitie, d'autant plus étendu que son faucon est son pourvoyeur unique. La chasse au faucon était pour la noblesse, non seulement un privilège, mais un plaisir très vif, une véritable passion. Qui n'a vu sur de vieilles tapisseries, sur des monnaies, des pierres tumulaires, ces oiseaux portés sur le poing, garni d'un gant, des chasseurs ou des chasseresses ? On ne les quittait pas, même pour se rendre à l'église. Il n'était pas permis de les donner en gage, non plus que l'épée, comme garantie d'une transaction ou d'un accord, ou en composition, c'est-à-dire en réparation d'un dommage fait à autrui. M. Moland cite ces deux vers de *Gerard de Viane* qui prouvent à quel haut prix cet oiseau était estimé ; Roland dit à Olivier qui lui a pris son faucon :

> Car me rant or mon faulcon que i'ay chier,
> Ie te donray quinze liures d'or mier.

Quinze livres d'or fin pour un faucon ! Mais ce n'est rien : dans la première fable de la première nuit de Straparole, le marquis de Montferrat condamne à être pendu un gentilhomme qui lui a dérobé son faucon préféré, et il ordonne la confiscation de tous ses biens. La fauconnerie, cet art si noble et si prisé, avait ses règles, ses lois, et sa langue. Rappelons enfin qu'il existe encore en Allemagne un ordre de chevalerie « du Faucon », « l'ordre du Faucon blanc », dans le grand-duché de Saxe-Weimar-Eisenach.

On peut voir, entre autres ouvrages très nombreux, relatifs à la fauconnerie, *l'Art de faulconnerie* de Guillaume Tardif (Paris, 1492, in-4°); dans *le Mesnagier de Paris* (réimpression de 1846), le Traité sur la chasse aux oiseaux de proie, savamment annoté par le baron Jérôme Pichon ; l'opuscule allégorique intitulé *le Livre du Faulcon* (Paris, 1500, in-4°) ; *le Livre de l'Art de faulconnerie* de Jehan de Franchières (Paris, 1531, in-4°) ; le poème latin sur la fauconnerie, *Hieracosophion*, de Jacques-Auguste de Thou (Paris, 1584, in-4°) ; *de l'Autourserie et de ce qui tient au vol des oiseaux*, par le P. de Gommer de Lusancy (Châlons, 1594, in-8°) ; le célèbre ouvrage de l'empereur Frédéric II, *de Arte venandi cum avibus*, imprimé avec celui d'Albert le Grand, *de Falconibus*, etc., à Augsbourg (1596, in-8°) ; *la Faulconnerie*, par Charles d'Arcussia (Aix, 1598, in-8°) ; *le Miroir de la Fauconnerie*, par Pierre Harmont (Paris, 1620, in-8°) ; *la véritable Fauconnerie*, par C. de Morais, seigneur de Fortille (Paris, 1683, in-12) ; etc., etc.

Le conte du *Faucon*, si original et si touchant, a donné naissance à un grand nombre de pièces :

Le Faucon, ou la Constance, comédie en un acte, en vers, par le comédien Dauvilliers, représentée devant l'électeur de Bavière au mois de janvier 1718, et imprimée à Munich, chez Matthieu Riedel, la même année, in-8°.

Le Faucon, comédie en un acte, en prose, par Fuselier, jouée au Théâtre-Italien le 16 août 1719.

Le Faucon, comédie en un acte, en vers, par Mlle Barbier et l'abbé Pellegrin, donnée au Théâtre-Français le 1er septembre 1719.

Le Faucon, ou les Oies de Boccace, comédie en trois actes, en prose, par M. de la Drevetière de l'Isle, représentée pour la première fois par les comédiens italiens ordinaires du Roi, le 6 février 1725, analysée dans le *Dictionnaire dramatique*, tome I, p. 474. L'auteur s'est inspiré à la fois du *Faucon* et des *Oies de frère Philippe*.

Le Faucon, opéra-comique en un acte, de Sedaine, musique de Monsigny, joué au Théâtre-Italien en 1772, analysé dans le *Dictionnaire dramatique*, tome I, p. 473.

Frédéric et Clitie, comédie en vers libres, par Théis (1773).

Le Faucon, comédie en un acte, mêlée de vaudevilles, par Radet, donnée au théâtre du Vaudeville le 23 novembre 1793.

> Je me souviens d'avoir damné jadis
> L'amant avare; et je ne m'en dédis[1].

1. Ces vers font allusion à un passage du livre II de *Psyché*, 1669

Si la raison¹ des contraires est bonne,
Le libéral² doit être en paradis :
Je m'en rapporte à Messieurs de Sorbonne³.   5

Il étoit donc autrefois un amant
Qui dans Florence aima certaine femme.
Comment aimer ? c'étoit si follement
Que, pour lui plaire, il eût vendu son âme⁴.
S'agissoit-il de divertir la dame,   10
A pleines mains il vous jetoit l'argent :
Sachant très bien qu'en amour comme en guerre⁵,
On ne doit plaindre un métal⁶ qui fait tout⁷,

(tome III *M.-L.*, p. 159), où la Fontaine disait, dans la description des Enfers :

> Ministres, confidents, domestiques perfides,
> Y lassent sous les fouets le bras des Euménides.
> Près d'eux sont les auteurs de maint hymen forcé,
> L'amant chiche et la dame au cœur intéressé.

Dans le conte IX de la II⁰ partie, il a narré le tour d'un galant non seulement avare, mais escroc, mais s'est bien gardé de le damner, de le vouer aux feux éternels.

1. La loi. — 2. Le généreux, le magnifique.
3. Aux théologiens de Sorbonne. « Étudier en Sorbonne », c'était étudier en théologie. — Chez Brantôme, tome V, p. 60 : « Ie m'en remetz à nos grans docteurs de Sorbonne. » — De la Sorbonne. (1685, 1686, faute évidente.)
4. Au Diable, comme l'amant du conte de *la Chose impossible*.
5. Même tour : « en amour comme en guerre », au vers 291 de *l'Oraison de saint Julien* et note 1 ; et dans *l'École des femmes*, de Molière, vers 348 :

> ....Ce doux métal, qui frappe tant de têtes,
> En amour comme en guerre avance les conquêtes.

6. *Métail* dans nos plus anciennes éditions : comparez ci-dessus, p. 128 et note 3. — *Plaindre*, épargner, donner avec répugnance, à regret ; voyez *le Faiseur*, vers 49 et la note.
7. « L'argent fait tout » (*Richard Minutolo*, vers 85).

— Le gain faict tout ; le gain emporte
Les rempars d'une ville forte ;

Renverse murs, jette portes par terre,
N'entreprend rien dont il ne vienne à bout, 15
Fait taire chiens, et, quand il veut, servantes¹ ;
Et, quand il veut, les rend plus éloquentes
Que Cicéron, et mieux persuadantes² ;
Bref, ne voudroit avoir laissé debout
Aucune place, et tant forte fût-elle. 20
Si³ laissa-t-il sur ses pieds⁴ notre belle.
Elle tint bon⁵ ; Fédéric échoua
Près de ce roc⁶, et le nez s'y cassa ;

> Le gain fait coqus les maris, etc.
> (GREVIN, *la Tresorière*, acte III, scène I.)

1.   *Latratu fures excepi, mutus amantes.*
> (DU BELLAY, dans ses *Tumbeaux* latins.)

> Telz dons, telz presens seruent mieulx
> Que beaulté, sçauoir ne prieres :
> Ilz endorment les chamberieres ;
> Ilz ouurent les portes fermées,
> Comme s'elles estoient charmées ;
> Ilz font aueugles ceux qui voyent
> Et taire les chiens qui aboyent.
> (MAROT, tome I, p. 34.)

Voyez ci-dessus, *la Mandragore*, vers 34 et note 3 ; et le *Pâté d'anguille*, vers 125-127 :

> Mots dorés en amours font tout.
> Ils persuadent la donzelle,
> Son petit chien, sa demoiselle, etc.

2.   ....Il n'avoit l'âme
> Sourde à cette éloquence ; et, dame !
> Les orateurs du temps jadis
> N'en ont de telle en leurs écrits.
> (*Ibidem*, vers 130-133.)

3. Tome IV, p. 358 et note 4. — 4. Sur pieds. (1685, 1686.)
5. Rapprochez *la Coupe*, vers 308.
6.   Caliste étoit un roc ; rien n'émouvoit la belle.
> (*Ibidem*, vers 301.)

> L'honneur qui est en saige dame
> Est comparé au fort rochier

Sans fruit aucun vendit et fricassa[1]
Tout son avoir; comme l'on pourroit dire   25
Belles comtés[2], beaux marquisats de Dieu[3],
Qu'il possédoit en plus et plus d'un lieu.
Avant qu'aimer[4], on l'appeloit Messire
A longue queue[5]; enfin, grâce à l'amour,

> Qui ne peult estre surprins d'ame
> Ni que nul ne scet eslochier (*ébranler*).
> (*Recueil de poésies françoises*, tome V, p. 277.)

Chez Brantôme, tome IX, p. 406 : « Il entretint la grande auec tous les respects..., sans faire iamais aucun semblant de s'approcher de prez ni vouloir forcer la roque (la forteresse). »

1. Dissipa follement.

— Qu'il s'en torche le nez, sa part est fricassée.
(*Ancien Théâtre françois*, tome IX, p. 322.)

« Guilleragues avoit des amis et... vivoit à leurs dépens, parce qu'il avoit tout fricassé. » (Saint-Simon, tome I, p. 347.) L'Académie (1694) qualifie cette expression figurée de « basse ». Semblable locution familière : « frire », au tome IV, p. 192.

2. Mot qui a longtemps été féminin, comme duché, ou plutôt des deux genres; il est resté féminin dans *vicomté;* le nom propre *Franche-Comté* a conservé ce genre.

3. Pour ajouter à la force de l'épithète. En réalité, c'est une expression de l'Écriture, où on lit fréquemment un *vent de Dieu*, une *montagne de Dieu*, etc. — « Un temps de Dieu. » (*Le Calendrier*, vers 70.) « Belle honte de Dieu. » (*L'Abbesse*, vers 103.) « Biens de Dieu. » (*Les Cent Nouvelles nouvelles*, p. 2, 67, 79.) « Belle cuisine de Dieu. » (Rabelais, tome II, p. 306.) « Ces cafards ne font que scandaliser le bon monde de Dieu. » (*Le Moyen de parvenir*, p. 229.) « Belle serrure de Dieu. » (Des Périers, tome I, p. 205.) « Beaux cailloux de Dieu. » (Saint-Amant, tome I, p. 147.) « Bel argent de Dieu. » (Scarron, *l'Écolier de Salamanque*, acte IV, scène III.) « Boucles d'oreilles, diamants, brillants et belles guinées de Dieu. » (Hamilton, *Mémoires du comte de Grammont*, chapitre VI.) « Bon procès de Dieu. » (Voltaire, tome XX, p. 105.) — On dit de même, en sens contraire : « un temps du diable » « une peur du diable », « un engin du diable »; etc.

4. Même tour dans *la Coupe enchantée*, vers 73 et note 1.

5. Longue queue de qualifications, de titres : les noms de ses

Il ne fut plus que Messire tout court. 30
Rien ne resta qu'une ferme au pauvre homme.
Et peu d'amis, même amis Dieu sait comme.
Le plus zélé de tous se contenta,
Comme chacun, de dire : « C'est dommage. »
Chacun le dit, et chacun s'en tint là; 35
Car de prêter à moins que sur bon gage,
Point de nouvelle¹; on oublia les dons,
Et le mérite, et les belles raisons
De Fédéric², et sa première vie.
Le protestant de madame Clitie³ 40
N'eut du crédit qu'autant qu'il eut du fonds.

domaines. *Sans queue* signifiait au contraire : sans désignation, sans titre. Monsieur sans queue, c'était le frère du Roi; Monsieur le Prince sans queue, c'était le premier prince du sang. Voyez Rabelais, tome I, p. 46, qui joue sur le mot, les *Contes d'Eutrapel* de Noël du Fail, tomes I, p. 152, II, p. 146, Brantôme, tomes IV, p. 79, V, p. 157, e *Moyen de parvenir*, p. 200, 332 : « Monsieur sans queue, Madame sans queue, M. le mareschal sans queue, M. le curé sans queue »: Tallemant des Réaux, tomes I, p. 246-247, III, p. 214, IV, p. 382 : « Monsieur le marquis sans queue, Monseigneur sans queue, Monsieur sans queue »; et ces vers sur Buinard, prieur de Sermaise (frère Jean des Entommeures) :

> Quand Rabelais t'appeloit moine,
> C'estoit sans queue et sans doreure :
> Tu n'estois prieur ne chanoine,
> Mais frere Ieau de l'entammeure, etc.

(*Les Contredictz d'Antoine Couillard*, seigneur du Pauillon, *aux faulses propheties de Nostradamus*, Paris, 1560, in-8°, dernier des feuillets liminaires.)

1. Même locution ci-dessus, p. 149 et note 3. — Comparez Montaigne (tome I, p. 172): « Du iugement et de la vertu peu de nouuelles. »

2. Terme de pratique : ses titres, son rang, les beaux noms qu'on lui donnait autrefois.

3. Celui qui s'était déclaré pour elle, qui lui faisait des offres, des protestations de service et d'amour. On sait que *protester* voulait dire « jurer », *protestation*, « serment » : voyez ci-dessous,

Tant qu'il¹ dura, le bal, la comédie
Ne manqua point à cet heureux objet² ;
De maints tournois elle fut le sujet;
Faisant gagner marchands de toutes guises³,   45
Faiseurs d'habits, et faiseurs de devises⁴,
Musiciens⁵, gens du sacré vallon⁶ :
Fédéric eut à sa table Apollon.
Femme n'étoit ni fille dans Florence
Qui n'employât, pour débaucher le cœur   50
Du cavalier, l'une un mot suborneur⁷,

p. 311; Rabelais, tomes I, p. 264, II, p. 69, 70, 336, 463, III, p. 8; Brantôme, tomes VIII, p. 91, 93, IX, p. 131, etc.; Molière, *l'Avare*, acte V, scène III; et les divers *Lexiques* de la Collection.

— Ce n'est pas le seul protestant
Qui se plaint qu'en amour je suis toujours en reste.
(*Le Nouveau Cabinet des muses gaillardes*, déjà cité, p. 14.)

1. Le fonds, l'argent.
2. Voyez le vers 4 des *Rémois* et la note.
3. De toutes sortes : ci-dessus, p. 47 et note 7; et rapprochez *les Oies*, vers 24 :

J'ai servi des beautés de toutes les façons.

— *Et accio che egli l'amor di lei acquistar potesse, giostrava, armeggiava, faceva feste, et donava il suo, et senza alcun ritegno spendeva.* (BOCCACE.)

4. Devises en l'honneur de sa dame.
5. Dans *le Magnifique*, vers 134-136 :

Vos fréquentes passades,
Joûtes, tournois, devises, sérénades,
M'ont avant vous déclaré votre amour.

6. Poëtes. Voyez, entre autres exemples, la comédie de *Clymène*, vers 551, et vers 386 :

Tout est trop fort déchu dans le sacré vallon;

et *Ragotin*, vers 855 :

Un novice rampant dans le sacré vallon,

7. Qui trompe, séduit; comparez le *Lexique de Corneille* : « regret suborneur », « amour suborneur ».

L'autre un coup d'œil, l'autre quelque autre avance[1] :
Mais tout cela ne faisoit que blanchir[2].
Il aimoit mieux Clitie inexorable
Qu'il n'auroit fait Hélène favorable[3]. 55
Conclusion, qu'il ne la put fléchir[4].
Or, en ce train de dépense effroyable,
Il envoya les marquisats au diable[5]
Premièrement; puis en vint aux comtés,
Titres par lui plus qu'aucuns regrettés, 60

1.   L'un des plaisirs où plus il dépensa
     Fut la louange : Apollon l'encensa;
     Car il est maître en l'art de flatterie.
     Diable n'eut onc tant d'honneurs en sa vie.
     Son cœur devint le but de tous les traits
     Qu'Amour lançoit : il n'étoit point de belle
     Qui n'employât ce qu'elle avoit d'attraits
     Pour le gagner, tant sauvage fût-elle.
                    (*Belphégor*, vers 86-93.)

2. « *Blanchir* se dit des coups de canon qui ne font qu'effleurer une muraille, et y laissent une marque blanche. En ce sens on dit, au figuré, de ceux qui entreprennent d'attaquer ou de persuader quelqu'un, et dont tous les efforts sont inutiles, que tout ce qu'ils ont fait, tout ce qu'ils ont dit, n'a fait que *blanchir* devant cet homme ferme et opiniâtre. » (*Dictionnaire de Furetière.*) — Nous ne trouuasmes nul mal sur luy, sinon la blancheur de la balle dans la cuyrasse. » (BRANTÔME, tome V, p. 333.)

          On ne peut les fléchir;
          Contre eux les triolets,
          Doux propos et poulets,
          Ne feront que blanchir.
              (SCARRON, *Chanson sur deux yeux noirs.*)

     Les douceurs ne feront que blanchir contre moi.
          (MOLIÈRE, *Dépit amoureux*, acte V, scène VIII, vers 1792.)

3.   .... Et ayme mieulx vous seruir en tristesse
         Qu'aymer ailleurs en ioye et en liesse.
                    (MAROT, tome II, p. 23.)

4.   Conclusion, que Renaud sur la place....
              (*L'Oraison*, vers 311 et la note.)

5. Les « beaux marquisats de Dieu » (vers 26).

Et dont alors on faisoit plus de compte[1].
Delà les monts chacun veut être comte[2],
Ici marquis[3], baron[4] peut-être ailleurs.
Je ne sais pas lesquels sont les meilleurs;
Mais je sais bien qu'avecque la patente[5]   65
De ces beaux noms on s'en aille au marché,
L'on reviendra comme on étoit allé[6] :
Prenez le titre et laissez-moi la rente.
Clitie avoit aussi beaucoup de bien;
Son mari même étoit grand terrien[7].   70

1. Allusion aux longues querelles de préséance entre les marquis et les comtes.

2. Le titre de comte est plus ancien puisqu'il remonte à l'empire romain, et l'on comprend qu'en Italie, « delà les monts », il fût autrefois le plus recherché.

3. Tomes I, p. 67, note 9, et III, p. 131, fin de la note 23. — C'était en effet, du temps de la Fontaine, la prétention des gens de cour d'être marquis, et ils faisaient souvent eux-mêmes leur qualité sans avoir besoin du Roi pour cela. Aussi le théâtre s'était-il emparé d'eux : voyez Molière, *l'Impromptu de Versailles*, scène 1 (tome III, p. 401); *le Joueur* de Regnard, acte IV, scène x, et *passim*. — « J'ai trouvé depuis mon retour, ajouta le Commandeur, une foule de comtes et de marquis de noms obscurs et inconnus, qui me feroit croire qu'il en est venu une recrue d'Italie, où tout le monde porte ces titres, si je n'apprenois que la mode en est présentement si grande en France, et qu'il s'en fait tous les jours avec tant de licence et si peu de retenue, que les uns sont à peine gentilshommes et les autres même ne le sont pas, et je vois qu'il suffit d'aller en carrosse et de se faire suivre par quelques laquais pour s'ériger d'abord en « Monsieur le Marquis » ou en « Monsieur le Comte. » (De Callières, déjà cité, *des Mots à la mode*, etc., p. 129-130.)

4. Tome IV, p. 101 et note 7.

5. Les lettres patentes. — On se rappelle les mésaventures de la Fontaine pour son titre d'écuyer : voyez notre tome I, p. vi-vii, et l'épître à M. le duc de Bouillon (tome V M.-L., p. 49-54).

6. Comparez le vers 69 de *la Servante justifiée* et la note.

7. Possédait beaucoup de terres.

> Quand Belus, son mary, fut mort,
> Elle (*Sémiramis*) se vit grand terrienne.
> (*Recueil de poésies françoises*, tome VII, p. 236.)

Ainsi jamais la belle ne prit rien,
Argent ni dons, mais souffrit la dépense
Et les cadeaux¹, sans croire pour cela
Être obligée à nulle récompense².

Chez Coquillart, tome II, p. 179 : « infinis princes terriens », p. 180 : « ung prince grand terrien »; chez Brantôme, tome VII, p. 145 : « ung roy grand terrien »; chez Marot, tome I, p. 185 :

L'empereur est grand terrien,
Plus grand que Monsieur de Bourbon ;

chez Noël du Fail, *Propos rusticques*, p. 45 : « Le Turc est grand terrien »; dans le recueil des *Lettres* de Chapelain, tome II, p. 319 : « Un grand terrien, sans des habitants qui labourent ses grandes terres, est un pauvre déguisé sous l'apparence d'un opulent »; dans l'*Essai sur les mœurs* de Voltaire, chapitre L : « Jean sans terre, qui succéda à Richard, devait être un très grand terrien. »

1. Ces vers expliquent bien le sens qu'a ici *cadeaux*, à savoir parties de plaisir offertes à des dames : festins, collations à la mode italienne et espagnole, ou « cadeaux de musique et de danse », bals, sérénades, concerts, dans un jardin ou sur l'eau, puisque la belle n'acceptait ni « argent ni dons ». La Fontaine a employé encore ce mot en ce sens dans *la Courtisane amoureuse*, vers 62; dans *Belphégor*, vers 122; et dans une lettre au prince de Conti du 18 août 1689 (tome III *M.-L.*, p. 423). Voyez aussi Tallemant des Réaux, tomes IV, p. 70-71 : « Il devint amoureux de Ninon, et la convia à un cadeau à Saint-Cloud », V, p. 103, 348, 484, et p. 415 : « Ils faisoient de continuels cadeaux et avoient des banquets avec des femmes mal famées », VI, p. 9, 17; Molière, *les Précieuses ridicules*, scène XI, *les Amants magnifiques*, acte I, scène I, *le Mariage forcé*, scène IV, *l'École des maris*, acte I, scène II, *l'École des femmes*, acte IV, scène VIII, et acte III, scène II :

Des promenades du temps,
Ou repas qu'on donne aux champs,
Il ne faut point qu'elle essaye... :
Le mari, dans ces cadeaux,
Est toujours celui qui paye.

Le superbe divertissement que Dorante, dans *le Menteur* de Corneille (acte I, scène V), prétend avoir offert à des dames, est un véritable *cadeau*.

2. Accorder aucune compensation : tome IV, p. 269 et note 2; et ci-dessus, p. 149 :

Voici tantôt deux ans

S'il m'en souvient, j'ai dit¹ qu'il ne resta 75
Au pauvre amant rien qu'une métairie²,
Chétive³ encore, et pauvrement bâtie⁴.
Là Frédéric alla se confiner⁵,
Honteux qu'on vît sa misère en Florence⁶;
Honteux encor⁷ de n'avoir su gagner, 80
Ni par amour, ni par magnificence,
Ni par six ans de devoirs et de soins,

   Que je vous sers sans récompense.

— *Ma ella, non meno honesta che bella, niente di quelle cose per lei fatte ne di colúi si curava che le faceva.*

1. Ci-dessus, vers 31.
2. *Métairie*, proprement terre de médiocre étendue.
3. Pauvre, misérable : voyez ci-dessous, *la Jument*, vers 38.
4. Chez Brantôme, tome V, p. 401 : « Il se mit à faire bastir les Combes, qui estoient une iolie terre..., mais pourtant point bastie » ; dans les *Mémoires* de d'Aubigné, chapitre CXLVI : « Il acheta dans ce temps et bastit la terre du Crest » ; chez Saint-Simon (tome I, p. 121) : « ....C'étoit ma seule terre bâtie ; » dans les lettres de Mme de Sévigné (tome VI, p. 409) : « Nous allons demain à la Silleraye, qui est devenu tout poli, tout joli et bâti, depuis que vous y avez été » ; chez Voltaire, lettre à M. de Cideville du 25 novembre 1758 : « Je bâtis une terre, non pas un marquisat..., mais une maison commode et rustique. »

5.   Il se va confiner
 Aux lieux les plus cachés qu'il peut s'imaginer.
    (Livre I, fable XI, vers 11-12.)

— Comparez *le Petit Chien*, vers 105-107. — *Et esso rimase povero, senza altra cosa che un suo poderetto piccolo, essergli rimasa, delle rendite delquale strettissimamente vivea, et oltre a questo un suo falcone de migliori del mondo. Perche, amando piu che mai, ne parendogli piu potere esser cittadino, come disiderava, a campi là dove il suo poderetto era, se n'ando a stare. Quivi, quando poteva, uccellando, et senza alcuna persona richiedere, patientemente la sua poverta comportava.*

6. A Florence. (1705.) — On sait qu'au dix-septième siècle on employait souvent *en* devant un nom de ville, et *à* devant un nom de pays. Voyez les *Lexiques de Malherbe, Corneille, Racine, la Bruyère*; et notre tome III, p. 159 et note 17.

7. Aussi : ci-dessus, p. 56.

Une beauté qu'il n'en aimoit pas moins.
Il s'en prenoit à son peu de mérite,
Non à Clitie : elle n'ouït jamais, 85
Ni pour froideurs, ni pour autres sujets,
Plainte de lui, ni grande ni petite.
Notre amoureux subsista[1] comme il put
Dans sa retraite, où le pauvre homme n'eut
Pour le servir qu'une vieille édentée[2] ; 90
Cuisine froide et fort peu fréquentée[3] ;
A l'écurie, un cheval assez bon,
Mais non pas fin[4] ; sur la perche[5], un faucon
Dont[6] à l'entour de[7] cette métairie

1. Dans *les Oies de frère Philippe*, vers 117 : « Comment venir bout de subsister? »

2. Comparez *les Caquets de l'accouchée*, p. 48 : « une vieille esdentée », comme ici; Rabelais, tomes II, p. 86 : « la vieille estoit mal en poinct..., esdentée », I, p. 41 : « une vieille qui n'auoit dens en gueule », et p. 303 : « grandes vieilles sempiterneuses qui n'auoient dens en gueule »; Tahureau, fol. 119; du Bellay, tome I, p. 173; Brantôme, tome IX, p. 680 : « Nos vieilles vefues qui n'ont pas [six dens en gueule »; Montaigne, tomes I, p. 295, III, p. 310 : « une vieille esdentée et decrepite »; Remy Belleau, tome II, p. 367 : « vieille carcasse esdentée »; *les Aventures du baron de Fæneste* de d'Aubigné, p. 106 : « ceste vilenne..., ceste esdentée »; etc.

3. Où il entrait fort peu de victuailles, et par conséquent auss fort peu de monde. Rapprochez, pour l'épithète *froide*, ce vers de Théophile (tome I, p. 270), sur « les landes de Castel-Jaloux,

Où les maisons n'ont rien plus froid que la cuisine. »

4. Terme de manège : « cheval fin », par opposition à « cheva grossier ». Dans une lettre de notre poète à Foucquet du 26 août 1660 : « cheval de taille assez fine ».

5. Voyez la fable xxi du livre VIII, vers 14 :

Cependant un Faucon sur sa perche voyoit, etc.

6. Tour elliptique : au moyen duquel, avec l'aide duquel, il allait chasser les perdrix : tome IV, p. 101 et note 5.

7. Page 134 et note 5.

Défunt marquis¹ s'en alloit, sans valets, 95
Sacrifiant à sa mélancolie
Mainte perdrix, qui, las! ne pouvoit mais²
Des cruautés de madame Clitie.
Ainsi vivoit le malheureux amant;
Sage s'il eût, en perdant sa fortune, 100
Perdu l'amour qui l'alloit consumant³:
Mais de ses feux la mémoire importune
Le talonnoit⁴; toujours un double ennui⁵
Alloit en croupe à la chasse avec lui⁶.

1. *Défunt*, puisqu'il avait vendu ses marquisats. Rapprochez le vers 35 de *Richard Minutolo* : « son défunt amant », et la note.
2. Tome IV, p. 169 et note 5.
3. « Le feu vengeur qui me va consumant », « vos beaux yeux qui me vont consumant » (VOITURE, *Poésies*, p. 16, 80).
4. *Comes atra premit (cura) sequiturque fugacem.*
    (HORACE, livre II, satire VII, vers 115.)

Que faites-vous dehors? et quel soin vous talonne,
Vous à qui je défends de parler à personne?
    (MOLIÈRE, *l'Étourdi*, acte I, scène IV, vers 127-128.)

« Savez-vous bien où vous êtes, et le malheur qui vous talonne? » (*La Coupe enchantée*, comédie, scène XIII.) — Comparez *le Petit Chien*, vers 132-136 :

Atis n'y rencontra nulle tranquillité (*dans ce bois*):
Son amour l'y suivit; et cette solitude,
Bien loin d'être un remède à son inquiétude,
    En devint même l'aliment,
Par le loisir qu'il eut d'y plaindre son tourment;

et le poème d'*Adonis*, vers 231 et suivants :

La molle oisiveté, la triste solitude,
Poisons dont il nourrit sa noire inquiétude,
Le livrent tout entier au vain ressouvenir
Qui le vient malgré lui sans cesse entretenir.
Enfin, pour divertir l'ennui qui le possède,
On lui dit que la chasse est un puissant remède, etc.

5. Le double chagrin de sa fortune perdue et de son amour sans récompense : ci-dessus, p. 126 et note 2.
6. Pour cette image, voyez tome I, p. 238 et note 8; et une lettre

Mort vint saisir[1] le mari de Clitie. 105
Comme ils n'avoient qu'un fils pour tous enfants,
Fils n'ayant pas pour un pouce de vie[2],
Et que l'époux, dont les biens étoient grands[3],
Avoit toujours considéré sa femme[4],
Par testament il déclare la dame 110
Son héritière, arrivant le décès[5]
De l'enfançon[6], qui peu de temps après

de la Fontaine à Mlle de Champmeslé de l'année 1676 : « Que vous aviez raison, Mademoiselle, de dire qu'ennui galoperoit avec moi devant que j'aie perdu de vue les clochers du grand village ! »

1. Chez Marot, tome II, p. 244 :

> Mort l'est venu saisir.

2.   Sa femme est seiche et tarie,
   Et n'a pas de vie plein poing.
            (Coquillart, tome I, p. 61).

« Ie ne vous esconduirai iamais, n'eussé ie qu'ung doigt de vie. » (Du Fail, tome II, p. 180.)

3. Ci-dessus, vers 70 : « grand terrien ».

4. Avait toujours eu de l'attachement, de l'estime, de la considération pour elle. Dans *la Coupe enchantée*, vers 127 :

> Ne considérez point des traits qui périront.

5. Au cas où l'enfant mourrait avant la mère. — *Hora, avvenne un dì che, essendo cosi Federigo divenuto all' estremo, che il marito di monna Giovanna infermo; et veggendosi alla morte venire, fece testamento, et essendo ricchissimo, in quello lascio suo herede un suo figliuolo gia grandicello; et appresso questo, havendo molto amata monna Giovanna, lei, se avvenisse che il figliuolo senza herede legitimo morisse, suo herede sustitui, et morissi.*

6. Enfançon (ou *enfanchon, enfanton, enfeçon, enfechon, enfancegnon*), diminutif fort en usage autrefois, mais déjà vieilli du temps de la Fontaine. Comparez *le Mistere du viel Testament*, tome IV, p. 326 : « cest enfançon, ce poupart »; Coquillart, tome I, p. 57 :

> Elle a fraiz visaige,
> Ieune, n'est qu'ung enfançon;

Baïf, tome II, p. 213 : « cher enfançon »; Ronsard, tome II, p. 302; du Bellay, tome II, p. 284; du Fail, tome II, p. 8:

Devint malade[1]. On sait que d'ordinaire
A ses enfants mère ne sait que faire
Pour leur montrer l'amour qu'elle a pour eux :
Zèle souvent aux enfants dangereux.
Celle-ci, tendre et fort passionnée,
Autour du sien est toute la journée,
Lui demandant ce qu'il veut, ce qu'il a ;
S'il mangeroit volontiers de cela ;　　　　　　　　　120
Si ce jouet, enfin si cette chose
Est à son gré. Quoi que l'on lui propose,
Il le refuse, et pour toute raison
Il dit qu'il veut seulement le faucon
De Frédéric ; pleure, et mène une vie[2]　　　　　　　125
A faire gens de bon cœur détester[3] :
Ce qu'un enfant a dans la fantaisie

« ce petit enfançon » ; l'*Histoire maccaronique de Merlin Coccaie*, p. 33 :
« ung si petit enfançon » ; Eloi Damerval, *le Liure de la Deablerie*,
fol. 42 : « mon doulx enfançon » ; et « enfanteau » dans Marot,
tome II, p. 74, « enfantelet » dans Rabelais, tome II, p. 91 : « Ce
sera d'ung beau petit enfantelet qu'elle sera grosse. » On disait
aussi : « enfanceau, enfançonneau, enfançonnet ou enfanchonnet,
enfantel ou enfantet, enfantin, enfantinet, enfantillon », etc.

1. C'est le chagrin de ne pouvoir posséder le faucon de Frédéric qui rend l'enfant malade chez Boccace.

2. Fait une vie, comme on dit familièrement (*Joconde*, vers 445).
— Comparez *la Coupe enchantée*, vers 384 et la note.

3. Jurer, pester.

　　　Pour venir au chartier embourbé dans ces lieux,
　　　Le voilà qui déteste et jure de son mieux.
　　　(Livre VI. fable XVIII, vers 10, tome II, p. 59 et note 7.)

Voyez aussi la comédie du *Florentin*, vers 304 et 378 ; Brantôme,
tomes V, p. 58, 145, 153, 191, 208, VI, p. 384, IV, p. 15 : « detester ciel et terre » ; Jodelle, tome II, p. 95, où ce verbe a également
le sens de « maudire » ; Scarron, *l'Écolier de Salamanque*, acte IV,
scène 1 :

　　　Pester, c'est dire mort, tête, sang, je déteste !

et les exemples d'Amyot et de d'Aubigné que cite Littré.

Incontinent il faut l'exécuter,
Si l'on ne veut l'ouïr toujours crier.

Or il est bon de savoir que Clitie 130
A cinq cents pas de cette métairie
Avoit du bien, possédoit un château :
Ainsi l'enfant avoit pu de l'oiseau
Ouïr parler[1]. On en disoit merveilles ;
On en contoit des choses nonpareilles : 135
Que devant lui jamais une perdrix
Ne se sauvoit[2], et qu'il en avoit pris
Tant ce matin[3], tant cette après-dînée[4].
Son maître n'eût donné pour un trésor
Un tel faucon. Qui fut bien empêchée[5]? 140
Ce fut Clitie. Aller ôter encor
A Fédéric l'unique et seule chose
Qui lui restoit[6]! et supposé qu'elle ose
Lui demander ce qu'il a pour tout bien,

1. *Rimasa adunque vedova monna Giovanna, come usanza è delle nostre donne, l'anno di state con questo suo figliuolo se n'andava in contado ad una sua possessione assai vicina a quella di Federigo. Perche avenne che questo garzoncello s'incomincio a dimesticare con questo Federigo, et a dilettarsi d'uccelli et di cani; et havendo veduto molte volte il falcone di Federigo volare, istranamente piacendogli, forte disiderava d'haverlo.*

2. N'échappait.

3. Il ne vit que de fruits, peut-être de racines;
Et, s'il mange parfois un morceau de gibier,
Il le tient d'un oiseau, son père nourricier.
    (*Le Faucon*, comédie de Mlle Barbier, citée à la fin de la notice, scène VI.)

4. L'après-midi. Chez la Bruyère (tome I, p. 295) : « .... Ne sortir de chez soi l'après-dînée que pour y rentrer le soir. »

5. Embarrassée. Voyez tome IV, p. 35 et note 3, p. 411 et note 1 ; et, pour le tour, le conte suivant, vers 87-88 et la note.

6. *Come mandero io, o andro a domandargli questo falcone, che è, per quel che io oda, il migliore che mai volasse, et oltre accio il mantien nel*

Auprès de lui¹ méritoit-elle rien ? 145
Elle l'avoit payé d'ingratitude ;
Point de faveurs ; toujours hautaine et rude
En son endroit². De quel front s'en aller
Après cela le voir et lui parler,
Ayant été cause de sa ruine³ ? 150
D'autre côté, l'enfant s'en va mourir,
Refuse tout, tient tout pour médecine ;
Afin qu'il mange il faut l'entretenir
De ce faucon ; il se tourmente, il crie :
S'il n'a l'oiseau, c'est fait que⁴ de sa vie⁵. 155

Ces raisons-ci l'emportèrent enfin.
Chez Fédéric la dame un beau matin
S'en va sans suite et sans nul équipage⁶.
Fédéric prend pour un ange des cieux

---

mondo ? Et come saro io si sconoscente che ad un gentile huomo, al quale niuno altro diletto è piu rimaso, io questo gli voglia torre ?

1. De sa part.

2.   Ie n'useray plus de rudesse
  En son endroict.
    (GRÉVIN, *la Tresorière*, acte II, scène IV.)

 Toujours le même à l'endroit de sa femme.
    (*Le Calendrier*, vers 192 et la note.)

3. Hélas ! mes cruautés sont cause de sa perte.
    (*Le Petit Chien*, vers 257.)

4. *Que*, corrélatif de *ce*. En cette construction, *que*, ou *que de*, se met plus souvent devant un infinitif : voyez les fables XIII du livre IV, vers 32, XI du livre XII, vers 25 ; et *passim* ; et les divers *Lexiques* de la Collection.

5. C'est fait de votre vie, et je vous le promets.
    (CORNEILLE, *Nicomède*, acte V, scène VI.)

 S'il m'échappoit un mot, c'est fait de votre vie.
    (RACINE, *Bajazet*, acte II, scène I.)

6. Dans le conte de Boccace, elle se fait accompagner d'une suivante.

Celle qui vient d'apparoître à ses yeux[1] ; 160
Mais cependant il a honte, il enrage
De n'avoir pas chez soi pour lui donner
Tant seulement[2] un malheureux dîner.
Le pauvre état où sa dame le treuve[3]
Le rend confus. Il dit donc à la veuve : 165
« Quoi ! venir voir le plus humble de ceux
Que vos beautés ont rendus amoureux,
Un villageois, un hère[4], un misérable !
C'est trop d'honneur ; votre bonté m'accable.

1. .... Quand l'autre voit celle-là qu'il adore,
Il se croit être en un enchantement.
(*Le Magnifique*, vers 97-98.)

2. Tant seulement (*tantummodo*), locution qui est restée dans le langage populaire. Voyez *les Troqueurs*, vers 43 ; le *Roman de la Rose*, vers 3191 : « tant solement » ; Comynes, livre VI, chapitre XII : « fors tant seulement » ; *les Cent Nouvelles nouvelles*, p. 50 : « Si leur print volunté d'aller iouer au bois eulx deux tant seulement » ; Charles d'Orléans, ballades VI, XIII, XVI ; Marot, tome II, p. 109, 163, 164, 229 ; du Bellay, tome I, p. 223 ; Théophile, tome I, p. 151, 171 ; Bertaut cité par Ménage :

Defens tant seulement à ta ieune beauté
D'etouffer de douleur.

— « Aujourd'hui, remarque Vaugelas (tome II, p. 318), *tant seulement* ne se dit plus que par le bas peuple ; on dit *seulement*, sans le faire précéder de *tant*. »

3. Forme très usitée autrefois, mais qui tendait à disparaître. La Fontaine ne l'emploie que pour les besoins de la rime. « M. de Vaugelas, dit Ménage, a décidé que *trouver* et *treuver* étoient tous deux bons, mais que le premier étoit sans comparaison le meilleur. Je suis de son avis : il faut dire *trouver*, comme on dit en italien *trovare*, et comme nous disons *prouver* et *éprouver*. » (*Observations sur les poésies de Malherbe*, 1689, p. 373-374.) — Voyez tome II, p. 376 et note 5. — *Trouve*, malgré la rime, dans les éditions de 1685, 1686.

4. Un homme de rien. — Tome IV, p. 505 et note 3 : « Tant pressèrent le hère.... » Comparez Brantôme, tome VI, p. 53 : « pauures et malotrus heres » ; et Ronsard, tome II, p. 306 :

A coups de poing te battre comme ung here....

Assurément vous alliez autre part. »
A ce propos notre veuve repart :
« Non, non, Seigneur; c'est pour vous la visite;
Je viens manger avec vous ce matin.
— Je n'ai, dit-il, cuisinier ni marmite¹ :
Que vous donner²? — N'avez-vous pas du pain? »
Reprit la dame. Incontinent lui-même
Il va chercher quelque œuf au poulailler,
Quelque morceau de lard en son grenier.
Le pauvre amant, en ce besoin extrême,
Voit son faucon, sans raisonner le prend³,   180
Lui tord le cou, le plume, le fricasse,
Et l'assaisonne, et court de place en place⁴,

1. Au livre X, fable v, vers 38 :

> Ils n'auront ni croc ni marmite?

Chez Brantôme, tome III, p. 123 : « Par boutades l'on y faisoit quelque bonne chere; car le plus souuent la marmite se renuersoit, et quelques foys se redressoit au mieulx qu'elle pouuoit. » Chez Saint-Simon, tome III, p. 58 : « Le désordre des affaires... avoit tellement renversé leur marmite, que très souvent elles n'avoient pas à dîner chez elles. » Dans une lettre de la Fontaine à l'abbé Vergier du 4 juin 1688 :

> Votre table est renversée,
> Votre marmite est cassée.

Dans la comédie de *l'Eunuque*, vers 421-422 :

> Enfin, veux-tu dîner n'ayant plus de marmite?
> Imite mon exemple, et fais-toi parasite.

2. Dans *la Fiancée de Lammermoor* de Walter Scott (chapitre VII), lord Ravenswood et son fidèle Caleb éprouvent les mêmes difficultés pour donner à souper au laird de Bucklaw, leur hôte; ils n'ont à lui offrir qu'une poule trop dure pour être mangée; et leur embarras est exprimé également d'une façon très touchante.

3. *Senza piu pensare tiratogli il collo.* — Comparez la « perdrix privée » que Baucis (vers 87 et suivants) veut sacrifier à ses hôtes.

4. *Et oltre modo angoscioso, seco stesso maladicendo la sua fortuna, come huomo che fuor di se fosse, hor quà et hor là trascorrendo, ne denari ne pegno trovandosi.*

Tandis¹ la vieille a soin du demeurant² ;
Fouille au bahut ; choisit pour cette fête
Ce qu'ils avoient de linge plus honnête³ ;   185
Met le couvert ; va cueillir au jardin
Du serpolet, un peu de romarin,
Cinq ou six fleurs, dont la table est jonchée⁴.
Pour abréger, on sert la fricassée :
La dame en mange, et feint d'y prendre goût.   190
Le repas fait, cette femme résout

1. Ci-dessus, p. 51 et note 2.
2. Du reste : comparez la fable II du livre II, vers 12 ; ci-dessous, vers 211 ; et *la Matrone d'Éphèse*, vers 29-30 :

> Mainte veuve pourtant fait la déchevelée,
> Qui n'abandonne pas le soin du demeurant.

3. Convenable, en bon état : voyez *les Rémois*, vers 119 et la note. « Elle luy donna de la vaisselle honneste pour le seruir à boire et à manger. » (*L'Heptaméron*, p. 286.) « Elles obtinrent du pere qu'il sortist de ceste meschante prison, et fust mis en une chambre assez honneste. » (Brantôme, tome IX, p. 164.) « J'ai cinq frères, qui sont bien aises, quand ils vont au bal, d'avoir des habits honnêtes. » (Racine, tome VI, p. 112.) « Figurez-vous des habits fort honnêtes. » (Mme de Sévigné, tome VI, p. 397.)

> Sa table toutefois sans superfluité,
> N'avoit rien que d'honnête en sa frugalité.
>   (Boileau, satire x, vers 259-260.)

C'est au même sens qu'on disait un *honnête homme* ; et *malhonnête* d'un homme ou d'une chose pour « malpropre ». — Expression analogue, « linge honorable », dans l'*Ancien Théâtre françois*, tome II, p. 37 :

> Femmes doibuent couurir la table,
> Mettre dessus linge honorable ;
> Aux gens de bien, s'on les admeine,
> Monstrer ung semblant amyable,
> Et faire chere conuenable.

4. Dans *Philémon et Baucis*, vers 69 : « le linge orné de fleurs » ; dans *le Tableau*, vers 86-87 :

> Sur le linge, ces fleurs
> Formoient des lacs d'amour, etc.

De hasarder l'incivile requête,
Et parle ainsi : « Je suis folle, Seigneur,
De m'en venir vous arracher le cœur
Encore un coup[1]; il ne m'est guère honnête   195
De demander à mon défunt amant[2]
L'oiseau qui fait son seul contentement :
Doit-il pour moi s'en priver un moment?
Mais excusez une mère affligée[3] :
Mon fils se meurt; il veut votre faucon.   200
Mon procédé[4] ne mérite un tel don;
La raison veut[5] que je sois refusée :
Je ne vous ai jamais accordé rien.[6]
Votre repos, votre honneur[7], votre bien,
S'en sont allés[8] aux plaisirs de Clitie.   205
Vous m'aimiez plus que votre propre vie[9] :
A cet amour j'ai très mal répondu;
Et je m'en viens, pour comble d'injustice,
Vous demander.... Et quoi? (c'est temps perdu)

1.   De m'en venir vous arracher le cœur.
     Encore un coup il ne m'est guère honnête.
                                        (1705.)

2. Comme plus haut : « *défunt* marquis », vers 95 et la note.
3. *Federigo, ricordanti tu della tua preterita vita, et della mia honesta, laquale per aventura tu hai reputata durezza et crudelta, io non dubito punto che tu non ti debbi maravigliare della mia presuntione, sentendo quello per che principalmente qui venuta sono; ma, se figliuoli havessi o havessi havuti, per liquali potessi conoscere di quanta forza sia l'amor che lor si porta, mi parrebbe esser certa che in parte m'havresti per iscusata....*
4. Même terme dans *l'Oraison de saint Julien*, vers 226.
5. Comparez la locution : « C'est la raison », ci-dessus, p. 38 et note 1.
6. Voyez les vers 74 et 147-148. — 7. Vos titres de noblesse.
8.   Le bien de notre amant s'en va le grand galop.
                              (*Le Petit Chien*, vers 104.)
9.   Caliste, que j'aimai cent fois plus que ma vie....
                    (*La Coupe enchantée*, vers 330 et la note.)

Votre faucon. Mais non : plutôt périsse 210
L'enfant, la mère, avec le demeurant¹,
Que de vous faire un déplaisir² si grand !
Souffrez sans plus que cette triste mère,
Aimant d'amour la chose la plus chère
Que jamais femme au monde puisse avoir, 215
Un fils unique, une unique espérance,
S'en vienne au moins s'acquitter du devoir
De la nature, et pour toute allégeance³
En votre sein décharge sa douleur.
Vous savez bien par votre expérience 220
Que⁴ c'est d'aimer ; vous le savez, Seigneur.
Ainsi je crois trouver chez vous excuse.

1. Ci-dessus, vers 183.
2. Tome IV, p. 79 et note 6.
3. Voyez *l'Oraison*, vers 137 et la note :

Renaud, ravi de ce peu d'allégeance....

4. Ellipse de *ce* très fréquente chez nos anciens auteurs : comparez la dernière strophe de *la Fontaine d'amours*, déjà citée :

Vous auez veu, pour faire court,
Que c'est d'amour et de son nom ;

l'*Ancien Théâtre françois*, tome III, p. 234 :

Et si ie pense fermement
Qu'ell' ne sçait que c'est du torment
D'amour ;

tome II, p. 7 :

Il a tant beu, par mon serment,
Qu'il ne sçait qu'il faict ne qu'il dit ;

et p. 12 : « On voyt bien que c'est » ; *les Cent Nouvelles nouvelles*, p. 38, et p. 146 : « Sçauez vous qu'il y a » ; *l'Heptaméron*, p. 5 : « Allons voir que c'est » ; des Périers, tomes I, p. 58, 87, 91, 154, II, p. 5, 40, 51, 69, 79, 143, 169 ; du Fail, tome II, p. 54 ; Ronsard, tomes I, p. 95, 112, 129, II, p. 516, 518 ; Olivier de Magny, p. 20 : « Voy que c'est qu'amour » ; Montaigne, tomes I, p. 175, 208, 435, II, p. 56, 162, 173, 226, 262, 331, 403, III,

— Hélas! reprit l'amant infortuné,
L'oiseau n'est plus; vous en avez dîné.
— L'oiseau n'est plus! » dit la veuve confuse. 225
« Non, reprit-il : plût au Ciel vous avoir
Servi mon cœur, et qu'il eût pris la place
De ce faucon! Mais le sort me fait voir
Qu'il ne sera jamais en mon pouvoir
De mériter de vous aucune grâce[1]. 230
En mon pailler[2] rien ne m'étoit resté :
Depuis deux jours la bête[3] a tout mangé.
J'ai vu l'oiseau; je l'ai tué sans peine[4] :
Rien coûte-t-il quand on reçoit sa reine?
Ce que je puis pour vous est de chercher 235
Un bon faucon : ce n'est chose si rare
Que dès demain nous n'en puissions trouver.

p. 333, IV, p. 107, 149; Balzac, livre I, lettre 3 : « Je ne sais que c'est de flatter personne »; Voiture, tome II, p. 279; etc., etc.· le conte de *la Jument*, vers 8; et les *Lexiques de Malherbe, Corneille Sévigné* et *Racine*.

1. *Poscia che a Dio piacque che io in voi ponessi il mio amore, in assai cose m'ho reputata la fortuna contraria, e sommi di lei doluto; ma tutte sono state leggieri a rispetto di quello che ella mi fa al presente....*

2. Dans ma basse-cour : proprement la paille sur laquelle les volailles se tiennent. Comparez Rabelais, tome I, p. 287 : « Le feu est en vostre pailler »; la comédie de *Ragotin* (acte I, scène 1, vers 28) : « rire sur son pailler »; Baïf, tome II, p. 41 :

Force volaille au pailler se repessent,
D'aultres aussi dans les mûes s'engressent;

et Mme de Sévigné, tomes VI, p. 308 : « Il a contemplé Tonquedec sur son pailler de province », VIII, p. 109 : « Il est difficile de contester un homme sur son pailler. »

3. C'est-à-dire, le loup, le renard, le putois, le furet, et les autres bêtes sauvages qui s'introduisent dans les basses-cours et les bergeries.

4. Ci-dessus, vers 180. — Dans le conte italien, Fédéric, pour prouver qu'il dit vrai, fait apporter devant la dame les plumes, les pieds et le bec du faucon.

— Non, Frédéric, dit-elle; je déclare
Que c'est assez. Vous ne m'avez jamais
De votre amour donné plus grande marque.   240
Que mon fils soit enlevé par la Parque[1],
Ou que le Ciel le rende à mes souhaits,
J'aurai pour vous de la reconnoissance.
Venez me voir, donnez-m'en l'espérance :
Encore un coup, venez nous visiter. »   245

Elle partit, non sans lui présenter
Une main blanche, unique témoignage
Qu'amour avoit amolli[2] ce courage[3].
Le pauvre amant prit la main, la baisa,

1. Voyez *la Fiancée*, vers 135 et la note.

2. Tout cœur se laisse à ce charme amollir.
(*L'Oraison*, vers 9.)

« Il falloit.... luy amollir le cœur par ung si beau don et bienfaict. » (Brantôme, tome II, p. 102; *ibidem*, tome IV, p. 255.) « La plus commune façon d'amollir les cœurs, c'est, etc. » (Montaigne, tome I, p. 5.) Ci-dessous, p. 179, dans les vers cités de du Bellay :

Ie m'efforçois d'amollir sa rudesse.

3. Ce cœur : voyez la fable II du livre IX, vers 10 et la note; *l'Eunuque*, vers 1121; l'élégie *pour M. Foucquet*, vers 49; l'ode *au Roi, sur le même sujet*, vers 7; et *passim*.

— Soit qu'en pensant ramollir mon courage,
Mon luc i'anime au passer de mes doigts....
(Tahureau, fol. 85 r°.)

Ie ne puis amollir ung courage obstiné.
(Des Portes, p. 374.)

Lors ie pourray flechir vostre courage.
(Du Bellay, tome I, p. 106.)

Amour tout seul regnoit en mon courage.
(*Ibidem*, tome II, p. 127.)

Vostre gentil courage
Pourroit m'aymer quelque poinct d'aduantage.
(Marot, tome II, p. 38.)

Mais sur les humains courages

Et de ses pleurs quelque temps l'arrosa.   250

Deux jours après, l'enfant suivit le père.
Le deuil fut grand ; la trop dolente[1] mère
Fit dans l'abord[2] force larmes couler.
Mais, comme il n'est peine d'âme si forte
Qu'il ne s'en faille à la fin consoler[3],   255
Deux médecins la traitèrent de sorte,
Que sa douleur eut un terme assez court[4].
L'un fut le Temps[5], et l'autre fut l'Amour.

              Amour a commandement.
                  (SAINT-GELAIS, tome II, p. 216.)
Ie sais combien l'amour trouble ung ieune courage.
             (RACAN, *les Bergeries*, acte I, scène II.)

Comparez les divers *Lexiques* de la Collection.
1. « .... La mere fut grandement dolente » (le Maçon). — Dans *le Mistere du viel Testament*, vers 1605 :

           Pleure, dolente femme, pleure ;

dans *les Cent Nouvelles nouvelles*, p. 9 : « sa trez dolente mere »; dans *l'Heptaméron*, p. 200 : « sa douloureuse et dolente mere »; chez Rabelais, tome II, p. 223 : « les dolens peres et meres »; chez Marot, tomes I, p. 127, 137, II, p. 243, III, p. 143, chez du Bellay, tomes I, p. 196, II, p. 151 : « femme, mere, espouse, dolente »; chez des Portes, p. 116 : « O dolente Cythere ! » Comparez Brantôme, tome IX, p. 74 : « Estant sur le point de la mort, et sa femme prez de luy dolente »; et *l'Oraison de saint Julien*, vers 100 : « Le pauvre Renaud.... va tout dolent. »
2. Tome IV, p. 411 et note 2.
3.   Il n'est affliction dont on ne vienne à bout.
              (*La Fiancée*, vers 393.)
4.   Qu'après les pleurs l'allégresse eut son tour.
              (1705.)
5. Dans la fable XXI du livre VI, vers 3 et note 4 :

    Sur les ailes du Temps la tristesse s'envole.

— Brantôme (tome V, p. 358) appelle aussi le temps « un me-

On épousa Fédéric en grand'pompe¹,
Non seulement par obligation,
Mais, qui plus est, par inclination,
Par amour même. Il ne faut qu'on se trompe
A cet exemple, et qu'un pareil espoir
Nous fasse ainsi consumer notre avoir :
Femmes ne sont toutes reconnoissantes.
A cela près, ce sont choses charmantes;
Sous le ciel n'est un plus bel animal²;
Je n'y comprends le sexe en général :
Loin de cela, j'en vois peu d'avenantes³,
Pour celles-ci, quand elles sont aimantes⁴,

decin », le « medecin des offenses » ; et (tome IV, p. 44) le « pere d'oubliance » : « Le temps, pere d'oubliance, emporta au vent l'amitié et la souuenance de mon oncle. »

1.   Alibech fut festinée en grand'pompe.
              (*Le Diable en enfer*, vers 187.)

2. Même désignation du beau sexe dans la comédie de *la Coupe enchantée*, scène XVI : « Mais pourquoi lui vient-il des idées de femmes plutôt que d'autres? — C'est que ces animaux-là se fourrent partout, malgré qu'on en ait » ; et scène XVII : « Sandis! comment faut-il donc faire avec ces diantres d'animaux-là? » Comparez Ronsard, tome I, p. 71 :

    ....Les femmes, passion de l'homme miserable,
    Miserable et chetif, d'autant qu'il est vassal,
    Durant le temps qu'il vit, d'ung si fier animal;

Scarron, *le Virgile travesti*, livre VI : « femme, imberbe animal »; Molière, *l'École des femmes*, vers 1579 :

    Dans le monde on fait tout pour ces animaux-là;

la Critique de l'École des femmes, scène VI : « Je suis dans une colère épouvantable, de voir que cet auteur impertinent nous appelle des animaux »; *les Fâcheux*, vers 372 : « quelques provinciales... fâcheuses animales »; etc.

3. Tome IV, p. 14, note 2. — « I'ay une des plus belles, plus aduenantes, plus honnestes... femmes en mariage, qui soit en tout le pays..., et n'en desplaise aux aultres. » (RABELAIS, tome II, p. 287.)

4. Il y a *charmantes* dans le premier tirage de la contrefaçon de

J'ai les desseins du monde les meilleurs :
Les autres n'ont qu'à se pourvoir ailleurs[1].

l'édition de 1671; mais la plupart des exemplaires portent une correction manuscrite du temps, de la même main sur tous, remplaçant la syllabe *char* par la syllabe *ay; aymantes* est certainement la bonne leçon, d'autant plus que l'épithète *charmantes* est déjà quatre vers plus haut.

1. A la fin du conte de Boccace, lorsque la dame apprend à ses frères qu'elle est sur le point d'épouser Fédéric, ceux-ci se récrient et lui rappellent combien son prétendu est pauvre. Mais elle leur répond : *Fratelli miei, io so bene che cosi è come voi dite; ma io voglio avanti huomo che habbia bisogno di richezza, che richezza che habbia bisogno d'huomo.*

VI

LA COURTISANE AMOUREUSE.

Cette histoire galante paraît bien être de l'invention de la Fontaine ; nous ne lui connaissons pas d'autres ascendants que ces vers touchants, pathétiques, qui sont à la fin de la poésie de Joachim du Bellay intitulée *la Vieille Courtisane* (tome II, p. 392-393), et dont notre poète s'est peut-être souvenu :

> Heureuse, las ! heureuse, et trop heureuse,
> Si Cupidon, de sa torche amoureuse,
> Pour chastier cent mille indignitez
> De tant d'amans que i'auois mal traittez,
> N'eust allumé dans mes froides mouëlles
> Le feu vengeur de ses flammes cruelles,
> Me contraignant d'aymer plus que mes yeux,
> Plus que mon cueur, ung ieune audacieux,
> Qui, d'autant plus que d'une humble caresse
> Ie m'efforçois d'amollir sa rudesse,
> Plus me fuyoit, et se paissoit, cruel,
> De mon tourment et pleur continuel !
> Las ! quantes fois ialousement malade,
> Courant par tout ainsi qu'une Menade,
> Ai ie suiuy, sans crainte du mocqueur,
> Cest inhumain qui m'emportoit le cueur ?
> Las ! quantes fois, en lieu d'estre endormie,
> Le pensant estre es bras d'une aultre amie,
> Nus pieds, nu chef, au temps des longues nuicts,
> Ay ie rompu et fenestres et huys,
> Iniuriant de mille outrages celle
> Qui receloit mon ennemy chez elle ?...

Si nous ne trouvons ou soupçonnons point à ce conte d'autre origine que ces vers, car l'épisode biblique des saints transports de Marie-Madeleine, la belle pécheresse, la nouvelle L de la Ire partie de Bandello, où la courtisane Malatesta se tue dans un accès d'amoureux délire, la comédie de Lope de Vega intitulée *la*

Esclava de su galan, et *l'Honnête Courtisane*, de l'auteur dramatique anglais Thomas Dekker, cette prostituée purifiée aussi par l'amour, n'offrent avec lui qu'une ressemblance trop lointaine, nous rappellerons en revanche qu'il a une postérité nombreuse, parmi laquelle il nous suffira de mentionner quelques œuvres qui sont dans toutes les mémoires, comme *Isidora* de George Sand, *Marion de Lorme* de Victor Hugo, *la Dame aux camélias* d'Alexandre Dumas fils. Nous citerons même *Manon Lescaut*, de l'abbé Prévost, malgré les intermittences de désordre et de repentir, de tendresse et d'infidélité, de cette héroïne charmante, mais fantasque; la Camargo dans *les Marrons du feu*, et Monna Belcolore dans *la Coupe et les Lèvres* d'Alfred de Musset, où l'amour de la fille de joie pour le héros de ce poème dramatique est, il est vrai, à peine dessiné, à peine ébauché, et ne se traduit guère que par le coup de stylet de la fin; *Proserpine*, de M. Auguste Vacquerie, courtisane italienne, amoureuse jusqu'au crime, jalouse jusqu'à l'assassinat, drame, déjà ancien (1838), mis en musique par M. Camille Saint-Saëns, et représenté à l'Opéra-Comique en 1887; *la belle Impéria mariée*, le dernier des Contes drôlatiques de Balzac, qui paraît bien s'être inspiré aussi, ou du moins souvenu, de notre conte; et, dans *Splendeurs et misères des courtisanes* du même romancier, l'épisode si émouvant de la passion d'Esther pour Lucien de Rubempré, passion qui la conduit à la mort, après l'avoir transformée en une Madeleine repentante.

Cette histoire de la femme perdue se réhabilitant par l'amour, par l'amour sincère et désintéressé, par « d'honnêtes flammes », comme dit notre poète, a, de nos jours, tenté beaucoup d'écrivains. Mais si la Fontaine a eu d'illustres imitateurs, aucun d'eux certes n'a dépassé, n'a peut-être même égalé, la grâce, le charme, et surtout le naturel, de ce touchant récit.

« Si les contes, dit, avec un véritable enthousiasme, M. Théodore de Banville, n'avaient pas gagné leur procès à force de génie et à force de joie, il faudrait leur pardonner encore pour *le Faucon* et pour *la Courtisane amoureuse*, deux histoires d'amour qu'on relira tant que les langues humaines existeront, et tant que l'amour sera le supplice et la félicité des mortels. Si quelqu'un sait des sacrifices plus attendrissants que le sacrifice de Frédéric et que l'humiliation de Constance, si quelqu'un sait de plus beaux discours que le discours de Constance à Camille et que celui de Frédéric à Clitie, que celui-là mette le feu aux contes de la Fontaine!... Constance! la nuit où ses amers sanglots lui rendirent le printemps de son âme, l'aurore qui la vit pardonnée et triomphante, dureront autant que le monde, et les pâles roses de ses joues ne peuvent plus mourir[1]. »

> Le jeune Amour, bien qu'il ait la façon
> D'un dieu qui n'est encor qu'à sa leçon[2],
> Fut de tout temps grand faiseur de miracles[3] :
> En gens coquets il change les Catons[4],

1. *Petit traité de poésie française*, Paris, 1884, p. 325-326.
2. Bien qu'il ait l'air d'un enfant, encore à l'A B C. — Dans l'opéra de *Daphné*, vers 103-108 :

> Vous méprisez celui qui tient tout sous sa loi.
> Si l'Amour vous entend ? — Et que crains-tu pour moi ?
> — Parlez bas, c'est un Dieu ; s'il venoit à paroître ?
> — Un Dieu ! c'est un enfant : quitte ce vain souci.
> — Qui donne à Jupiter un maître
> Vous en pourroit donner aussi.

Rapprochez *Psyché*, livre II (tome III *M.-L.*, p. 149) : « Lui, un enfant (l'Amour) ! On ne considéroit donc pas qu'il terrassoit les Hercules et qu'il n'avoit jamais eu d'autres toupies que leurs cœurs. Après cela, disoit-il, on me tiendra encore en tutelle ! on croira me contenter de moulinets et de papillons, moi qui suis le dispensateur d'un bien près de qui la gloire et les richesses sont des poupées ! »
3. Molière a développé la même idée dans *l'École des femmes*, 1663 (acte III, scène IV), vers 900-909 :

> Il le faut avouer, l'amour est un grand maître :
> Ce qu'on ne fut jamais il nous enseigne à l'être ;
> Et souvent de nos mœurs l'absolu changement
> Devient, par ses leçons, l'ouvrage d'un moment ;
> De la nature, en nous, il force les obstacles,
> Et ses effets soudains ont de l'air des miracles ;
> D'un avare à l'instant il fait un libéral,
> Un vaillant d'un poltron, un civil d'un brutal ;
> Il rend agile à tout l'âme la plus pesante,
> Et donne de l'esprit à la plus innocente.

Voyez *le Muletier*, vers 28-33 et les notes.

4.   Combien de ceulx auons en congnoissance
       Qui mal tenus au poinct de leur naissance

Par lui les sots deviennent des oracles, 5
Par lui les loups deviennent des moutons.
Il fait si bien que l'on n'est plus le même,
Témoin Hercule et témoin Polyphème,
Mangeurs[1] de gens[2] : l'un, sur un roc assis,
Chantoit aux vents ses amoureux soucis[3], 10

> Estoyent venus au monde mal pourueus
> De grace, et qui ont depuis esté veus
> Par cest amour amender leurs natures
> Et deuenir gentilles creatures ?
> (SAINT-GELAIS, *A une Dame*, tome I, p. 251.)

« Il avoit été malpropre toute sa vie; mais l'amour, qui fait de plus grands miracles, le rendit soigneux de sa personne. » (SCARRON, *le Roman comique*, livre I, chapitre xix.)

1. Mangeur. (1705.)

2. Ce mot est pris au figuré sans doute pour Hercule, à la fois au figuré et au propre pour Polyphème, car ce dernier, comme tous les Cyclopes, avait la réputation d'être anthropophage : voyez tomes I, p. 180 et note 9, III, p. 21 et note 8, et p. 198 et note 7.

3. Comparez le vers 41 de la fable xxiv du livre XII et la note :

> Hélas ! ce fut aux vents qu'il raconta sa peine;

et, outre les exemples déjà cités, Ovide, livre I des *Amours*, élégie IV, vers 11-12 :

> Nec Euris
> Da mea, nec tepidis verba ferenda Notis;

Psyché, livre I (tome III *M.–L.*, p. 22) :

> Clymène auprès du Dieu pousse en vain des soupirs :
> Hélas ! c'est un tribut qu'elle envoie aux Zéphirs;

Adonis, vers 553, et vers 229-230 :

> Cet amant toujours pleure, et toujours les Zéphirs
> En volant vers Paphos sont chargés de soupirs;

la comédie de *Clymène*, vers 532-533; Ronsard, tome II, p. 292 : « raconter aux vents »; Remy Belleau, tomes I, p. 186 : « chanter aux vents, aux rocs », II, p. 28 : « perdre au vent ses paroles », p. 53 : « faire ses complaintes aux vents », p. 75 : « semer ses soupirs aux haleines des vents »; Malherbe, tome I, p. 141 :

> Mes serments s'en aillent au vent; etc.

Et, pour charmer sa nymphe[1] joliette[2],
Tailloit sa barbe[3], et se miroit dans l'eau[4];

1. Galatée : tome III, p. 210 et note 15.
2. Diminutif un peu passé d'usage. Dans un rondel d'Adam de la Halle transcrit par Monmerqué (*Théâtre françois au moyen âge*, p. 29) :

> Fines amourettes ai.
> Dieu! si ne sai quant les verrai!
> Or manderai m'amiette,
> Qui est coincte et ioliette,
> Et s'est si sauerousette
> Qu'abstenir ne m'en porrai.

Dans le *Recueil de poésies françoises*, tomes V, p. 189 : « roses ioliettes », VI, p. 178 : « femmelettes coinctes et ioliettes »; dans les *Poésies* de des Périers, tome I, p. 62 : « ces ioliettes fillettes »; chez Rabelais, tome I, p. 241 : « ung escholier tout ioliet »; et dans une vieille chanson, citée par le *Dictionnaire de Trévoux* :

> Mon Dieu! qu'elle est ioliette!
> L'oserois ie aimer?

Littré donne un exemple de Froissart de l'adverbe *ioliettement*.

3. Sur la barbe de Polyphème, voyez la fable xvi du livre II, vers 18 et la note :

> .... Sa toison
> Étoit d'une épaisseur extrême,
> Et mêlée à peu près de la même façon
> Que la barbe de Polyphème.

4. Un jour qu'il se miroit dans le cristal d'une onde....
(*Joconde*, variante du vers 6.)

— Καὶ γάρ θην οὐδ' εἶδος ἔχω κακόν, ὥς με λέγοντι ·
Ἦ γὰρ πρᾶν ἐς πόντον ἐσέβλεπον, ἦς δὲ γαλάνα,
Καὶ καλὰ μὲν τὰ γένεια, καλὰ δέ μοι ἁ μία κώρα,
Ὡς παρ' ἐμὶν κέκριται, κατεφαίνετο, τῶν δέ τ' ὀδόντων
Λευκοτέραν αὐγὰν Παρίας ὑπέφαινε λίθοιο.
(Théocrite, idylle vi, vers 34-38.)

— *Nec sum adeo informis : nuper me in littore vidi,*
Quum placidum ventis staret mare.
(Virgile, églogue ii, vers 25-26.)

Il s'agit là d'un pâtre.

— *Certe ego me novi, liquidæque in imagine vidi*

L'autre changea sa massue en fuseau
Pour le plaisir d'une jeune fillette[1].

> *Nuper aquæ; placuitque mihi mea forma videnti.*
> (OVIDE, *les Métamorphoses*, livre XIII, vers 840-841.)

— Comparez *Psyché*, livre I (tome III *M.-L.*, p. 40) :

> .... Un cyclope amoureux,
> Pour plaire aux yeux d'une nymphe jolie,
> Se démêloit la barbe et les cheveux,
> Ce qu'il n'avoit encor fait de sa vie.

[1]. Ce vers est textuellement le refrain d'une ballade de Marot (tome II, p. 65-66). — On connaît les amours d'Hercule filant aux pieds d'Omphale, reine de Lydie :

> L'heros Tyrinthien qui, d'ung bras vigoureux,
> Defit et surmonta tant de monstres affreux,
> Puis dompta de Pluton la puissance infernale,
> S'est rangé filandier à la trame d'Omphale.
> (*Recueil de poésies françoises*, tome III, p. 73.)

> Et ce pendant qu'il ne fait que penser
> A s'atiffer, à s'oindre, à s'agencer,
> A dorloter sa barbe bien rongnée,
> A mignoter sa teste bien pignée,
> Impunement les monstres, etc.
> (RONSARD, *Hercule amoureux*.)

C'est pour la rime sans doute que le poète appelle la belle et orgueilleuse reine une « fillette ». Il est vrai que toute femme devait paraître frêle auprès du héros. La tradition ne dit pas qu'il ait changé sa massue en quenouille pour la jeune Iole dont il fut aussi amoureux, et à laquelle s'appliquerait beaucoup mieux ce nom. — Quant à Polyphème, on sait qu'il aimait Galatée et écrasa Acis que cette nymphe lui avait préféré. Ovide, au livre XIII de ses *Métamorphoses*, vers 776-869, nous le représente également, chantant sur un roc élevé « ses amoureux soucis » : c'est une imitation de Théocrite (idylle XI, vers 17-24) :

> ..... Ἀλλὰ τὸ φάρμακον εὗρε, καθεζόμενος δ' ἐπὶ πέτρας
> Ὑψηλᾶς ἐς πόντον ὁρῶν ἄειδε τοιαῦτα.
> Ὦ λευκὰ Γαλάτεια, τί τὸν φιλέοντ' ἀποβάλλῃ;
> Λευκοτέρα πακτᾶς ποτιδεῖν, ἀπαλωτέρα δ' ἀρνός,
> Μόσχω γαυροτέρα, φιαρωτέρα ὄμφακος ὠμᾶς....
> Φεύγεις δ' ὥσπερ ὄϊς πολιὸν λύκον ἀθρήσασα.

Voyez l'opéra de la Fontaine intitulé *Galatée*; Ronsard, églogue VII,

J'en dirois cent¹. Boccace en rapporte un², 15
Dont j'ai trouvé l'exemple peu commun :
C'est de Chimon, jeune homme tout sauvage,
Bien fait de corps, mais ours quant à l'esprit³.
Amour⁴ le lèche⁵, et tant qu'il le polit ;
Chimon devint un galant personnage. 20
Qui fit cela ? deux beaux yeux seulement⁶.
Pour les avoir aperçus un moment,
Encore à peine, et voilés par le somme⁷,
Chimon aima, puis devint honnête homme⁸.
Ce n'est le point dont il s'agit ici. 25

le Cyclope amoureux; et la peinture du Cyclope chez Homère, *Odyssée,* livre I, vers 69-71, et livre IX, vers 187 et suivants, dans *le Cyclope* d'Euripide, drame satyrique, chez Virgile, *Énéide,* livre III, vers 655-674, et aux livres XIII et XIV des *Métamorphoses,* déjà citées, d'Ovide.

1. Cent miracles de ce genre (ci-dessus, vers 3).

2. Dans la première nouvelle de la cinquième journée du *Décaméron.* La Fontaine a raconté la même histoire dans *les Filles de Minée,* où son héros se nomme Zoon, et non Chimon.

3. Il fuyoit les cités, il ne cherchoit que l'ombre,
Vivoit parmi les bois, concitoyen des ours, etc.
   (*Les Filles de Minée,* vers 482-483.)

4. *Amor che fa gentile un cor villano,* comme dit l'Arioste (*Roland furieux,* chant XXXII, stance 93).

5. Expression très naturelle puisque Chimon vient d'être comparé à un ours : voyez tomes II, p. 257 et note 2, et III, p. 144 et note 11. Dans *le Satyre* de Ronsard : « Quand il fut beau et bien poli, etc. » Dans *la Jument,* vers 182 :

Vous me rendrez une jument polie.

Rappelons le titre d'une petite pièce donnée par Marivaux au Théâtre-Italien, en 1720 : *Arlequin poli par l'amour.*

6. « ....N'estant rien qui façonnast mieulx ung ieune homme que l'amour logée en ung beau..., subiect. » (BRANTÔME, tome V, p. 274.)

7. Rapprochez « les yeux aggravés par le somme », d'*Hans Carvel* (vers 45-46).

8. C'est-à-dire « un galant personnage » : voyez quatre vers plus

Je veux conter comme une de ces femmes
Qui font plaisir aux enfants sans souci[1]
Put en son cœur loger[2] d'honnêtes flammes.
Elle étoit fière, et bizarre surtout :

haut; et ci-dessus, p. 5o et note 3. — « .... Je n'en désespère pas si l'amour est de la partie. C'est un grand ouvrier de semblables merveilles. Repassez dans votre mémoire ce qu'il sait faire. Vous trouverez qu'il a presque fait devenir autant de fous sages que de sages fous, témoin le Cimon de Boccace. » (*Lettres* de Chapelain, tome II, p. 112.)

1. « ....Lesquelles galoyses voluntiers et de bon hayt font plaisir à gens de bien; et sont Platonicques et Ciceronianes iusques là qu'elles se reputent estre ou monde nées non pour soy seulement, ains de leurs propres personnes font part à leur patrie, part à leurs amys. » (RABELAIS, le tiers livre, chapitre II, tome II, p. 22-23.

> Et par sainct Iacques ie feray
> A gens de bien, ainsi l'entens,
> Plaisir tant qui seront contens.

(*Farce de deux hommes et de leurs deux femmes*, dans l'Ancien Théâtre françois, tome I, p. 155.)

« Aussi estoit elle de nos sœurs, faisant souuent plaisir aux amys » (*le Moyen de parvenir*, p. 42); *ibidem*, p. 188 : « Les pauures petites clientes qui font plaisir aux gens de bien »; p. 196 : « Ie portay de mariage plus de dix mille francs.... gaignez à faire plaisir à mes amys »; et p. 245 : « Vaut il pas mieulx auoir ung peu de commodité et faire plaisir aux honnestes gens que de trancher de la glorieuse? » Rapprochez « les beautés qui font plaisir aux gens pour la somme » (vers 153-154 du *Roi Candaule*). — On connaît la ballade 1 de Marot : *des Enfans sans soucy*, dont voici les derniers vers (tome II, p. 62) :

> Conclusion : nous demandons liesse ;
> De la tenir iamais ne fusmes las,
> Et maintenons que cela est noblesse,
> Car noble cueur ne cherche que soulas.

Chez Brantôme (tome III, p. 47), l'épithète « sans souci » est donnée à un protonotaire, beaucoup moins savant que galant, dont la coutume était de « se donner du bon temps, d'aller à la chasse, de iouer, de se pourmener, faire l'amour », et « faire cocus les paoures gentilshommes qui estoient à la guerre. »

2. Comparez *l'Ermite*, vers 15 ; et Montaigne, tome I, p. 212 : « L'ame qui loge la philosophie.... »

On ne savoit comme en venir à bout[1]. 30
Rome, c'étoit le lieu de son négoce :
Mettre à ses pieds la mitre avec la crosse,
C'étoit trop peu : les simples monseigneurs[2]
N'étoient d'un rang digne de ses faveurs.
Il lui falloit un homme du Conclave[3], 35
Et des premiers, et qui fût son esclave ;
Et même encore il y profitoit peu[4],
A moins que d'être un cardinal neveu[5].
Le Pape enfin, s'il se fût piqué d'elle[6],

1. Dans *Joconde*, vers 329 :

> On en vient aisément à bout.

Voyez aussi le vers 15 du *Faucon*.

2. Les *monsignori*, les prélats ou les dignitaires de la cour du Pape qui n'avaient point la pourpre.

3. Un cardinal : tome IV, p. 274 et note 4. — Cependant, comme dit la Nanna de l'Arétin, *Bisogna sappere reggersi in questo mondo, e non istare in su la Reina, non aprendo la porta se non a signori.* (*Ragionamenti*, Turin, 1536, in-8°, II° partie, III° journée, *ne la quale la Nanna raccontà à l'Antonia la vita de le puttane.*)

4. Même tour chez Rabelais (tome II, p. 437) : « .... à la veue desquelz ie n'ay gueres profité. »

5. Neveu du pape vivant. — Comparez Coquillart, tome I, p. 94 :

> Elles ne couchent d'aultres dez
> Que d'euesques ou de cardinaulx,
> Archediacres ou abbez..
> Semble à ouyr langages telz
> Qu'elles ayent, festes et dimanches,
> Tousiours ung euesque aux costez,
> Ou ung archediacre en leurs manches ;

et Balzac, *la Belle Impéria :* « Il enrageoyt de ne pas sçauoir comment on abordoyt ces pies guallantes, qui rabbrouoyent les cardinaulx, abbez commandataires, auditeurs de rote, legats, euesques, princes, ducs et margraues, comme elles auroyent pu faire de simples clercs desnuez d'argent. »

6. Dans *le Berceau*, vers 15 et note 1 :

> Tant la trouva gracieuse et gentille....
> Qu'il s'en piqua.

N'auroit été trop bon pour la donzelle¹. 40
De son orgueil ses habits se sentoient :
Force brillants sur sa robe éclatoient,
La chamarrure² avec la broderie.
Lui voyant faire ainsi la renchérie³,
Amour se mit en tête d'abaisser 45
Ce cœur si haut; et, pour un gentilhomme,
Jeune, bien fait, et des mieux mis de Rome,
Jusques au vif⁴ il voulut la blesser.

L'adolescent avoit pour nom Camille;
Elle, Constance⁵. Et bien qu'il fût d'humeur 50

1. « l'aimois.... l'humeur de la courtisane Flora, qui ne se prestoit à moins que d'ung dictateur, ou consul, ou censeur, et prenoit son deduict en la dignité de ses amoureux. Certes, les perles et le brocadel y conferent quelque chose, et les tiltres et le train. » (MONTAIGNE, tome III, p. 245.) Voyez aussi Brantôme, tome IX, p. 300 : « Ceste dame Flora, la plus gentille et la plus triumphante courtisane qu'oncques exerça le putanisme dans Rome, voire ailleurs, eut cela de bon et de meilleur que Lays, qui s'abandonnoit à tout le monde comme une bagasse, et Flora aux grands; si bien que sur le sueil de sa porte elle auoit mis cest escriteau : « Rois, « princes, dictateurs, consuls, censeurs, pontifes, questeurs, ambas- « sadeurs, et aultres grands seigneurs, entrez, et non d'aultres. »
2. Passements, dentelles, galons. Ce mot a été employé par Mme de Sévigné au figuré (tome IV, p. 16).
3. Dans *la Mandragore*, vers 314 et note 8 :

N'allez donc point faire la renchérie.

4. Pour cette expression : « au vif », « jusques au vif », comparez *le Diable en enfer*, vers 24 : « atteindre jusques au vif », *le Magnifique*, vers 106 : « toucher jusqu'au vif », *la Matrone d'Éphèse*, vers 144-145 : « entamer jusqu'au vif »; et Marot, tomes I, p. 159, II, p. 15, 43; Saint-Gelais, tome III, p. 39 :

Ie me cognois si fort au vif touché;

Brantôme, tome II, p. 86, 274, et p. 148 : « Ung tel affront luy touchoit iusques au vif »; Regnier, épître 1, vers 104 : « Au plus vif du cœur ma parole te touche »; etc.
5. *Constanse*, dans l'édition originale.

Douce, traitable¹, à se prendre facile,
Constance n'eut sitôt l'amour au cœur,
Que la voilà craintive devenue :
Elle n'osa déclarer ses desirs
D'autre façon qu'avecque des soupirs². 55
Auparavant, pudeur ni retenue
Ne l'arrêtoient ; mais tout fut bien changé³.
Comme on n'eût cru qu'Amour se fût logé
En cœur si fier⁴, Camille n'y prit garde.
Incessamment Constance le regarde⁵ ; 60
Et puis soupirs⁶ ; et puis regards nouveaux :
Toujours rêveuse au milieu des cadeaux⁷.
Sa beauté même y perdit quelque chose ;

1. Même locution : « doux et traitable », dans *la Coupe enchantée*, vers 323.
2. Comparez *la Fiancée*, vers 207-208 :

Chemin faisant, Hispal expliquoit ses desirs,
Moitié par ses discours, moitié par ses soupirs ;

et le conte suivant, vers 59-61 :

A ce langage il ne sut dire
Autre chose que des soupirs,
Interprètes de ses desirs.

3. ....*Et ando di tal maniera il fatto che egli di lei fieramente s'innamoro..., et essendo con tutti gli altri superba e fastidiosa, era con Marco piacevole e tanto humile che nulla piu.* (Bandello.)
4. Ci-dessus, vers 28-29.

Et si tous ses appas sont encore en sa face,
 C'est que l'amour y loge.
 (Malherbe, tome I, p. 59.)

Le desir peut loger chez une précieuse.
 (Livre VII, fable v, vers 40.)

5. Elle ne fit en somme
Que regarder, témoignant son desir.
 (*L'Oraison*, vers 222-223.)

6. « Et puis soupirs encore » (*la Fiancée*, vers 147).
7. Au milieu des fêtes : voyez *le Faucon*, vers 73 et la note.

Bientôt le lis l'emporta sur la rose¹.

Avint qu'un soir Camille régala 65
De jeunes gens; il eut aussi des femmes :
Constance en fut. La chose se passa
Joyeusement : car peu d'entre ces dames
Étoient d'humeur à tenir des propos
De sainteté² ni de philosophie; 70
Constance seule, étant sourde aux bons mots,
Laissoit railler toute la compagnie.
Le souper fait, chacun se retira.
Tout dès l'abord Constance s'éclipsa,
S'allant cacher en certaine ruelle³. 75
Nul n'y prit garde; et l'on crut que chez elle,
Indisposée, ou de mauvaise humeur,
Ou pour affaire, elle étoit retournée.
La compagnie étant donc retirée,
Camille dit à ses gens, par bonheur⁴, 80
Qu'on le laissât, et qu'il vouloit écrire.
Le voilà seul, et comme le desire
Celle qui l'aime, et qui ne sait comment

1. Tu lui laissas des lis, si tu lui pris des roses.
(Lettre de la Fontaine à sa femme du 19 septembre 1663.)
« S'il (Jupiter) ne vous rend tous vos lis..., je ferai périr la race des animaux et des hommes.... Pour les roses, c'est mon affaire, et pour l'embonpoint, la joie le ramènera. » (*Psyché*, livre II, tome III M.-L., p. 170.)

2. Semblable locution : « mot de sainteté », dans *la Coupe enchantée*, vers 122. — Elles ne « glosaient pas sur l'Évangile » (*les Cordeliers*, vers 17), allusion aux dévotes du temps, qui, comme dame Oisille de *l'Heptaméron*, commençaient leur journée par « ung desiuner spirituel d'un si trez bon goust qu'il estoit suffisant de fortifier le corps et l'esprit » (p. 298).

3. Dans la ruelle du lit, entre le lit et la muraille, ou dans l'alcôve. Voyez le vers 36 de *Richard Minutolo* et la note.

4. Par un hasard heureux pour Constance.

Ni l'aborder, ni par quel compliment
Elle pourra lui déclarer sa flamme¹. 85
Tremblante enfin, et par nécessité²,
Elle s'en vient. Qui fut bien étonné ?
Ce fut Camille³. « Eh quoi! dit-il, Madame,
Vous surprenez ainsi vos bons amis ! »
Il la fit seoir. Et puis s'étant remis⁴ : 90
« Qui vous croyoit⁵, reprit-il, demeurée ?
Et qui vous a cette cache montrée⁶ ?
— L'Amour », dit-elle. A ce seul mot sans plus

1.   Guère ne mit à déclarer sa flamme.
(*Le Cocu*, vers 37.)

2. Parce qu'elle n'osait rester plus longtemps cachée, parce que la violence même de sa passion ne lui permettait pas de demeurer plus longtemps dans l'incertitude.

3. Même tour dans *Joconde*, vers 171 et note 3 :

Qui fut bien étonné ? ce fut notre Romain ;

dans *la Gageure*, vers 77-78 :

Qui fut bien empêché ?
Ce fut l'époux ;

et dans le conte précédent, vers 140-141. Rapprochez Marot, tome I, p. 191 :

Incontinent qui fut bien estonné ?
Ce fut Marot, plus que s'il eust tonné ;

et Brantôme, tomes III, p. 305, 309, IV, p. 13, 109, VI, p. 452, etc.

4. De son étonnement.

5. Qui vous croiroit. (1685, 1686, 1705.) — Comparez, pour le tour, le vers 162 de *Richard Minutolo* :

Ah ! qui t'eût cru, dit-elle, si méchant ?

6. Pour l'inversion et l'accord, voyez *la Coupe enchantée*, vers 140 et la note. — *Cache*, cachette.

Je sais, Sire, une cache,
Et ne crois pas qu'autre que moi la sache.
(Livre VI, fable vi, vers 20, tome II, p. 21 et note 7.)

A l'exemple de Molière, cité dans cette note, ajoutons celui-ci de

Elle rougit; chose que ne font guère
Celles qui sont prêtresses de Vénus[1]: 95
Le vermillon leur vient d'autre manière[2].
Camille avoit déjà quelque soupçon
Que l'on l'aimoit; il n'étoit si novice[3]
Qu'il ne connût ses gens à la façon[4]:
Pour en avoir un plus certain indice, 100
Et s'égayer[5], et voir si ce cœur fier
Jusques au bout pourroit s'humilier,

Regnard : « Vous sortirez tous deux de votre cache » (*Attendez-moi sous l'orme*, scène IV), un de Scarron : « C'est là trouver la cache » (*l'Écolier de Salamanque*, acte III, scène I), et un troisième, de Mme d'Aulnoy (*Mémoires de la cour d'Espagne*, Paris, 1690, tome I, p. 118) : « Le prieur fit aussitôt préparer une cache dans la cellule d'un religieux. »

1. Courtisanes. — « Je suis bien aise, Monsieur, qu'un ministre du saint Évangile veuille savoir des nouvelles d'une prêtresse de Vénus. Je n'ai pas l'honneur d'être de votre religion, et je ne suis plus de l'autre, mais, etc. » (VOLTAIRE, *Sur Mlle de Lenclos*.) Chez Brantôme, tome VII, p. 392 : « Elles auoient leur liberal arbitre pour estre religieuses aussi bien de Venus que de Diane. »

2. Dans *les Rémois*, vers 162-164 :

On n'eût jamais soupçonné ce ménage,
Sans qu'il restoit un certain incarnat
Dessus son teint.

Dans le conte XIV des *Heures perdues* : « Vos yeux me témoignent qu'oui..., et le vermillon qui se remarque sur vos joues. »

3. Sur cette épithète, voyez tome III, p. 294 et note 3. — Dans *l'Oraison*, vers 237-239 :

Renaud n'étoit si neuf qu'il ne vît bien, etc.

4. A leur air, à leur manière d'être. — « Je me tournai vers mon janséniste et je connus bien à sa façon qu'il n'en croyoit rien. » (PASCAL, *Lettres provinciales*, IV.)

5. S'amuser. Même locution, mais dans un sens très libre, au vers 195 de *la Gageure*.

— Voy comme tout ne se peut contenir
De s'esgayer, etc.
(MAROT, tome I, p. 66.)

Il fit le froid¹. Notre amante en soupire ;
La violence enfin de son martyre
La fait parler. Elle commence ainsi :   105
« Je ne sais pas ce que vous allez dire
De voir Constance oser venir ici
Vous déclarer sa passion extrême.
Je ne saurois y penser sans rougir ;
Car du métier² de nymphe³ me couvrir,   110
On n'en est plus dès le moment qu'on aime.

1.   Celle-ci fait d'abord plus la sévère.
        (*Les Rémois*, vers 181.)

Comparez ci-dessus, p. 188 et note 3.

2. De mon « négoce » (vers 31).

3. *Nymphe*, courtisane, femme galante, fille de joie, comme on dit *satyre* en parlant d'un homme adonné aux femmes. Voyez ci-dessus, p. 104 et note 2, ci-dessous, vers 277, *les Aveux indiscrets*, vers 27 ; la comédie de *l'Eunuque*, acte III, scène II : « Chacun avoit sa nymphe »; *Ragotin*, acte IV, scène I :

  Monté sur deux tréteaux, l'illustre Tabarin
  Amusoit autrefois et la nymphe et le gonze
  De la cour de miracle et du cheval de bronze;

le *Recueil de poésies françoises*, tome VII, p. 30 :

  Adieu ma nymphe, ma tendron, ma Ianette;

Coquillart, tomes I, p. 169 :

  La nymphe doïbt estre pugnye
  (*qui a vendu trois fois son pucelage*);

II, p. 109 :

  Quand les nymphes oyoient le son (*de la monnaie*),
  Tant feussent elles volées loing,
  Elles accouroient de grant randon (*en grande hâte*);

Marot, tome II, p. 185 :

  Dieu gard de mal la nymphe et la deesse;
  Mauldict soit l'or où elle a sa liesse;

Saint-Gelais, tome I, p. 76 :

  .... Portant
  Une robe aussi decoupée
  Qu'une nymphe ou une poupée;

Tallemant des Réaux, tomes I, p. 237, III, p. 126, II, p. 433 : « Il

Puis, quelle excuse! Hélas! si le passé
Dans votre esprit pouvoit être effacé!
Du moins, Camille, excusez ma franchise:
Je vois fort bien que, quoi que je vous dise, 115
Je vous déplais. Mon zèle[1] me nuira[2].
Mais, nuise ou non, Constance vous adore:
Méprisez-la, chassez-la, battez-la;
Si vous pouvez, faites-lui pis encore,
Elle est à vous. » Alors le jouvenceau: 120
« Critiquer gens m'est, dit-il, fort nouveau;
Ce n'est mon fait[3]; et toutefois, Madame,

avoit je ne sais quelle habitude.... avec une nymphe de la rue des Gravilliers »; Gresset, vers 3 du chant III de *Ver-Vert* : « deux nymphes, trois dragons »; et les diminutifs *nymphesse, nymphette, nymphelette*, au même sens, chez Martin Franc, *le Champion des Dames*, fol. 20 :

Là doibuent sur l'herbe iolie
Faire amer nymphes et nymphesses;

chez Tahureau, fol. 47, 61, 87, 90, 95, 97, 104, 109, 110: « ma iolie, ma gaillarde nymphette »; chez Olivier de Magny, p. 17; etc. Nous rencontrons au tome II, p. 566, des *Mémoires de Retz*, ce mot pris à peu près dans la même acception bien qu'il s'agisse de nobles dames : « Avouez le vrai, ce n'est pas ce qui vous tient; vous ne sauriez quitter vos nymphes. » — Au sujet de ces deux vers de la Fontaine, rappelons que dans la scène II du V⁰ acte de *Marion de Lorme* de Victor Hugo se trouvaient originairement les vers suivants que d'étranges susceptibilités firent supprimer :

Ton souffle a relevé mon âme,
Mon Didier! près de toi rien de moi n'est resté,
Et ton amour m'a fait une virginité.

1. Mon zèle d'amoureuse; comparez le vers 11 du *Baiser rendu:*

Guillot tout plein de zèle...;

le Muletier, vers 95 et la note; et *passim*.

2. Quant à nous, c'est souvent le prix de notre ardeur :
Trop de zèle nous nuit.
(*Clymène*, vers 134-135.)

3. Même locution dans *l'Abbesse*, vers 3; dans *la Mandragore*, vers 176 :

Je vous dirai tout net¹ que ce discours
Me surprend fort, et que vous n'êtes femme
Qui dût ainsi prévenir nos amours. 125
Outre le sexe, et quelque bienséance
Qu'il faut garder, vous vous êtes fait tort.
A quel propos toute cette éloquence?
Votre beauté m'eût gagné sans effort,
Et de son chef². Je vous le dis encor : 130
Je n'aime point qu'on me fasse d'avance. »

Ce propos fut à la pauvre Constance
Un coup de foudre. Elle reprit pourtant :
« J'ai mérité ce mauvais traitement³.
Mais ose-t-on vous dire sa pensée ? 135
Mon procédé⁴ ne me nuiroit pas tant,
Si ma beauté n'étoit point effacée⁵.
C'est compliment⁶, ce que vous m'avez dit.
J'en suis certaine, et lis dans votre esprit :
Mon peu d'appas n'a rien qui vous engage. 140
D'où me vient-il⁷ ? je m'en rapporte à vous.

C'est là son fait, laissez-lui cet office ;
dans une lettre à sa femme du 12 septembre 1663 : « Aussi n'est-ce pas mon fait que de raisonner, etc. »; dans une autre à la Champ-meslé de 1676 : « Parler votre langage est mieux mon fait. »

1. Ou « tout net et tout franc » (*Pâté d'anguille*, vers 32), « tout franc » (*la Fiancée*, vers 373).

2. D'elle-même, sans le secours des paroles. Comparez livre I, fable xii, vers 6; et les *Lexiques* de Racine, de Sévigné, de la Rochefoucauld.

3. Voyez le vers 202 de *Richard Minutolo*.

4. Vers 201 du conte précédent, et 30 du conte suivant.

5. Là ce beau teinct commence à s'effacer.
      (Marot, tome II, p. 117.)

6. Tome IV, p. 346 et note 3.

7. Mais d'où vient que j'aie maintenant si peu d'appas, que je n'aie rien qui vous engage, vous charme, vous séduise?

N'est-il pas vrai que naguère, entre nous,
A mes attraits chacun rendoit hommage ?
Ils sont éteints, ces dons si précieux[1] :
L'amour que j'ai m'a causé ce dommage ; 145
Je ne suis plus assez belle à vos yeux :
Si je l'étois, je serois assez sage[2].
— Nous parlerons tantôt de ce point-là,
Dit le galant : il est tard, et voilà
Minuit qui sonne ; il faut que je me couche. » 150

Constance crut qu'elle auroit la moitié
D'un certain lit que d'un œil de pitié[3]
Elle voyoit : mais d'en ouvrir la bouche,
Elle n'osa de crainte de refus.
Le compagnon[4], feignant d'être confus, 155
Se tut longtemps ; puis dit : « Comment ferai-je ?

---

1. L'éclat de mes charmes, les vives couleurs de mon teint, la flamme de mes regards. — Chez Papillon, chanson XIV, vers 49-50: « Si le soleil de ton teinct... est esteinct.... »

2. Vous ne penseriez pas à mon passé de « nymphe ».

3. D'un œil qui implorait, et non qui exprimait, la pitié ; d'un œil piteux : « .... Regardant d'ung œil de pitié sa dame. » (*Les Comptes du monde aduentureux*, tome II, p. 27.) « .... Chacun (des mystifiés) se regardant en pitié. » (Du Fail, tome II, p. 82.) « Ses yeulx tant beaulx et piteux qu'ils estoient suffisans de faire amollir ung rocher. » (*L'Heptaméron*, p. 417.) Chez des Portes, p. 67 : « œil piteux et visage blesme » ; chez Marot, tomes I, p. 43, 106, II, p. 75, 249, III, p. 49, 197 : « œil, chants, parler, piteux ; loquence, prière, harangue, piteuses », et tome II, p. 83 :
    Hommes piteux ayant la teste courbe ;
chez Brantôme, tomes V, p. 207 : « .... Ie lui en fis ma plainte, plustost en colere qu'en pitié », VII, p. 415, 425, 427, 440, et VI, p. 246 : « .... De ceste sentence ladicte dame fut fort estonnée, laquelle regardant beaucoup de ses parens, amis et gentilshommes de sa maison, piteusement, n'en trouua aucun qui s'offrist. » — Rapprochez le conte XI de la Ire partie, vers 31 et la note.

4. Le gaillard, le malin : comparez *la Mandragore*, vers 221 ; ci-dessous, vers 178 ; et *passim*.

Je ne me puis tout seul déshabiller[1].
— Et bien, Monsieur, dit-elle, appellerai-je ?
— Non, reprit-il, gardez-vous d'appeler :
Je ne veux pas qu'en ce lieu l'on vous voie,   160
Ni qu'en ma chambre une fille de joie
Passe la nuit au su de tous mes gens.
— Cela suffit, Monsieur, repartit-elle.
Pour éviter ces inconvénients,
Je me pourrois cacher en la ruelle[2] ;   165
Mais faisons mieux, et ne laissons venir
Personne ici : l'amoureuse Constance
Veut aujourd'hui de laquais vous servir ;
Accordez-lui pour toute récompense
Cet honneur-là. » Le jeune homme y consent.   170
Elle s'approche ; elle le déboutonne ;
Touchant sans plus[3] à l'habit, et n'osant
Du bout du doigt toucher à la personne.
Ce ne fut tout, elle le déchaussa.
« Quoi ! de sa main ? quoi ! Constance elle-même ? »
Qui fut-ce donc[4] ? Est-ce trop que cela ?
Je voudrois bien déchausser ce que j'aime.
Le compagnon dans le lit se plaça,
Sans la prier d'être de la partie.

1. Parce que mon habillement est trop compliqué. — « Que d'histoires et d'angigorniaux boutont ces Messieurs-là les courtisans ! dit Pierrot dans le *Don Juan* de Molière (acte II, scène 1). Je me pardrois là dedans, pour moi, et j'étois tout ébobi de voir ça. » Et il énumère les diverses pièces, les parures et fanfreluches embarrassantes du vêtement de Don Juan. — Ici, évidemment, c'est une ruse, une malice, de Camille pour forcer Constance à lui servir de valet de chambre, sous prétexte qu'il n'est ni décent ni commode à un gentilhomme de s'en passer.

2. Ci-dessus, vers 75. — 3. Vers 93.

4. Semblable tour chez Marot (tome I, p. 26) : « .... Et qui donc ? » Rapprochez le vers 74 du conte 1 de la IVe partie :

Encore ainsi ? — Vraiment oui ; comment donc ?

Constance crut dans le commencement 180
Qu'il la vouloit éprouver seulement;
Mais tout cela passoit la raillerie[1].
Pour en venir au point plus important :
« Il fait, dit-elle, un temps froid comme glace[2];
Où me coucher?

CAMILLE.

Partout où vous voudrez. 185

CONSTANCE

Quoi! sur ce siège?

CAMILLE.

Et bien non ; vous viendrez
Dedans mon lit.

CONSTANCE.

Délacez-moi, de grâce.

CAMILLE.

Je ne saurois; il fait froid, je suis nu.
Délacez-vous. »

Notre amante ayant vu,
Près du chevet, un poignard dans sa gaine, 190
Le prend, le tire, et coupe ses habits[3],
Corps[4] piqué d'or, garnitures de prix,

---

1. L'épreuve se prolongeait trop.
2. « Un froid plein de rigueur » (*l'Oraison*, vers 66).
3. « .... Et deuez croire qu'il eut tost faict son despoillement, car d'aguillectes couper et tout rompre ne fut il gaires tardif par le grant desir qui ad ce l'admonestoit. » (*Le trez cheualereux comte d'Artois*, roman du quinzième siècle.)

— .... Alors, comme autrefois Constance pour Camille,
Elle prit son poignard et coupa ses habits.
(ALFRED DE MUSSET, *Namouna*, chant III, strophe XII.)

4. Corsage. « Il faut lui mettre un petit corps un peu dur qui lui tienne la taille. » (Mme DE SÉVIGNÉ, tome IV, p. 434.) « Elle paroît ordinairement.... en simple déshabillé, sans corps. » (LA BRUYÈRE, tome I, p. 192.) Comparez *le Tableau*, vers 211 et la note : « corps de cuirasse ».

Ajustements de princesse et de reine¹ :
Ce que les gens en deux mois à grand'peine
Avoient brodé périt en un moment ;   195
Sans regretter ni plaindre² aucunement
Ce que le sexe aime plus que sa vie³.
Femmes de France, en feriez-vous autant ?
Je crois que non ; j'en suis sûr ; et partant
Cela fut beau sans doute en Italie⁴.   200

La pauvre amante approche en tapinois⁵,
Croyant tout fait, et que pour cette fois
Aucun bizarre et nouveau stratagème
Ne viendroit plus son aise⁶ reculer.

1. Ci-dessus, vers 41-43. — 2. Page 154 et note 6.
3. « Car voluntiers les dames portent une trez grande affection à leurs pierreries, bagues et ioyaux, et voluntiers presteroient et engageroient plustost quelque piece precieuse de leurs corps que leur richesse de ioyaux. » (BRANTÔME, tome IX, p. 635.) — « Sans un seul mot de description, que Constance est belle ! dit M. Th. de Banville, à l'endroit cité ; et que de choses entrevues à l'éclair de ce poignard avec lequel la pauvrette coupe sans regrets ces habits « que le sexe aime plus que sa vie ! »
4. Comparaison analogue entre les deux pays aux vers 85-88 de *Richard Minutolo*.
5. Comme un chat qui guette une souris : voyez Rabelais, tomes II, p. 509 : « happer en tapinois », III, p. 35 : « mener en tapinois et silence », p. 126 : « cachés en tapinois » ; du Fail, tomes I, p. 106, et II, p. 172 : « se retirer, issir, en tapinois » ; Molière, *les Précieuses ridicules*, scène IX : « dérober en tapinois » ; dans la comédie du *Florentin* de la Fontaine, scène IX : « tromper en tapinois » ; dans ses *Stances en vieil style* : « se glisser en tapinois ». — On disait aussi autrefois : « en tapinage » (*les Cent Nouvelles nouvelles*, p. 102).
6. Son bonheur, son plaisir. Comparez Brantôme, tome IX, p. 114 : « I'ay cogneu une fort honneste et belle dame, laquelle estant en ces doux alteres de plaisir, et en ces doux bains de delices et d'ayse auec son amy, il lui aduint, etc. » ; *ibidem*, p. 158 : « Ie n'empescheray point vos ayses et plaisirs ; aussi ne m'empeschez les miens » ; des Périers, tome II, p. 204 : « Les sœurs de

Camille dit : « C'est trop dissimuler ;   205
Femme qui vient se produire[1] elle-même
N'aura jamais de place à mes côtés :
Si bon vous semble, allez vous mettre aux pieds. »
Ce fut bien là qu'une douleur extrême
Saisit la belle[2] ; et si lors, par hasard,   210
Elle avoit eu dans ses mains le poignard[3],
C'en étoit fait : elle eût de part en part
Percé son cœur. Toutefois l'espérance
Ne mourut pas encor dans son esprit :
Camille étoit trop connu de Constance ;   215
Et que ce fût tout de bon qu'il eût dit
Chose si dure, et pleine d'insolence,
Lui qui s'étoit jusque-là comporté[4]

Pernette estoient ialouses de son ayse » ; et ces vers de Saint-Gelais, tome I, p. 87 :

> Les hommes sont ils si rauis
> Quand ils le font; et ont ils bien
> Tant comme nous d'ayse et de bien?

Voyez aussi Marot, tomes I, p. 37, II, p. 91, 100, III, p. 24, 25 ; etc.

1. S'offrir. Au vers 5 de la fable v du livre II, mais dans un sens moins énergique :

> Quoi? vous osez, dit-elle, à mes yeux vous produire ?

Dans *les Femmes savantes* de Molière, vers 1614 :

> Ah! ah! cette impudente ose encor se produire?

2. Elle y alla en effet, et, quoique ayant déjà beaucoup souffert, ce fut bien là qu'elle ressentit une douleur véritablement extrême. Même tour dans *Psyché*, livre II (tome III *M.-L.*, p. 97) : « Ce fut bien là que l'affliction de notre héroïne reprit des forces. » — Rapprochez *la Coupe enchantée*, vers 376 :

> Ce fut bien là le comble.

3. Le poignard avec lequel elle avait coupé ses habits.
4. Au livre IX, fable XI, vers 2 :

> Je ne vois point de créature
> Se comporter modérément.

En homme doux, civil, et sans fierté,
Cela sembloit¹ contre toute apparence.
Elle va donc en travers se placer
Aux pieds du sire, et d'abord les lui baise,
Mais point trop fort, de peur de le blesser.
On peut juger si Camille étoit aise :
Quelle victoire ! Avoir mis à ce point
Une beauté si superbe et si fière² !
Une beauté !... Je ne la décris point,
Il me faudroit une semaine entière³ ;
On ne pouvoit reprocher seulement
Que la pâleur à cet objet⁴ charmant⁵,
Pâleur encor, dont la cause étoit telle⁶
Qu'elle donnoit du lustre à notre belle.

Camille donc s'étend, et sur un sein
Pour qui l'ivoire auroit eu de l'envie⁷,
Pose ses pieds, et, sans cérémonie,

1. Semblant. (1685, 1686.)

2. L'ingrate, qui mettoit son cœur à si haut prix,
Apprend donc à son tour à souffrir des mépris !
(RACINE, *Andromaque*, acte II, scène 1.)

3. Rapprochez les vers 283-287 de *l'Oraison* :

Pour vous louer comme vous méritez,
Ajouta-t-il, et marquer les beautés
Dont j'ai la vue avec le cœur frappée...,
Il faut un siècle, et je n'ai qu'une nuit.

4. Page 63 et note 4.
5. Ci-dessus, vers 64 :

Bientôt le lis l'emporta sur la rose.

6. Vers 145 :

L'amour que j'ai m'a causé ce dommage.

7. Voyez, pour cette image, si fréquente chez les poètes, *l'Ermite*, vers 160 et la note. — Comparez *le Songe de Vaux* (tome III M.-L., p. 222) : « ....Bien que leur blancheur (des bras) fît honte à

Il s'accommode et se fait[1] un coussin ;
Puis feint qu'il cède aux charmes de Morphée[2].
Par les sanglots notre amante étouffée
Lâche la bonde aux pleurs[3] cette fois-là.
Ce fut la fin. Camille l'appela   240
D'un ton de voix qui plut fort à la belle.
« Je suis content, dit-il, de votre amour :
Venez, venez, Constance ; c'est mon tour[4]. »
Elle se glisse[5]. Et lui, s'approchant d'elle :
« M'avez-vous cru si dur et si brutal,   245
Que d'avoir fait tout de bon[6] le sévère[7] ?

l'albâtre » ; et *le Fleuve Scamandre*, vers 57-58 :

> La belle enfin découvre un pied dont la blancheur
> Auroit fait honte à Galatée.

1. Et s'en fait. (1685.)
2. Voyez *la Fiancée*, vers 493.
3. J.-J. Rousseau s'est servi de cette même image familière dans ses *Confessions* (chapitre IV) : « Je lâche la bonde à mes larmes. » Nous la rencontrons également chez le poëte Papillon, chanson III, vers 10-11 : « J'ouuriray la bonde aux antres plus secretz (de mes larmes) » ; dans *la Vraye histoire comique de Francion*, tome I, p. 292 : « lascher la bonde à ses risées » ; chez Jodelle, tome II, p. 143 : « debonder les maulx », « ouurir la bonde de l'aduersité » ; chez Malherbe, tome II, p. 408 : « ouvrir la bonde aux paroles », *ibidem*, p. 494 : « Puisqu'il est impossible qu'on n'ait de l'eau dans les yeux en la perte d'un ami, pour le moins il n'y faut pas avoir de rivières ; il faut qu'il sorte des larmes, mais non pas la bonde » ; et chez Quinault, *la Mère coquette*, acte I, scène I :

> Elle avoit le cœur gros ;
> Elle le débonda d'abord par des sanglots.

4. C'est mon tour de vous prier.
5. Ci-dessus, p. 48 et note 5. Comparez Hamilton, *Mémoires du comte de Grammont*, chapitre VI : « Le duc de Buckingham se glissoit la nuit.... » ; et Brantôme, tome IX, p. 679 : « Ung gentilhomme auoit coulé la nuict dans son lict.... »
6. Voyez ci-dessus, vers 216 ; et sur l'humeur de Camille, vers 50-51.
7. Page 193 et note 1.

Dit-il d'abord; vous me connoissez mal :
Je vous voulois donner lieu de me plaire.
Or bien, je sais le fond de votre cœur;
Je suis content¹, satisfait, plein de joie, 250
Comblé d'amour; et que votre rigueur,
Si bon lui semble, à son tour se déploie;
Elle le peut; usez-en librement.
Je me déclare aujourd'hui votre amant²,
Et votre époux; et ne sais nulle dame³, 255
De quelque rang et beauté que ce soit,
Qui vous valût pour maîtresse et pour femme⁴;
Car le passé rappeler ne se doit
Entre nous deux⁵. Une chose ai-je à dire :
C'est qu'en secret il nous faut marier. 260
Il n'est besoin de vous spécifier
Pour quel sujet : cela vous doit suffire.
Même il⁶ est mieux de cette façon-là;
Un tel hymen à des amours ressemble :
On est époux et galant tout ensemble⁷. » 265

1. Dans *Richard Minutolo*, vers 175 :

  Je suis content; vous n'êtes point coupable, etc.

2.   Il se déclare amant d'une autre belle.
         (*Ibidem*, vers 20.)

3. Semblable locution : « Je sais une dame », au vers 313 de *Joconde*.

4. « Il aymoit fort à faire l'amour..., il disoit souuent que, sur toutes les femmes du monde, il n'y auoit que la reyne sa femme en cela, et n'en sçauoit aucune qui la valust. » (BRANTÔME, tome VII, p. 342.)

5. Ci-dessus, vers 112-113.
6. Page 124 et note 1.
7. Dans *les Rémois*, vers 14-15 :

  Le drôle étoit, grâce à certain talent,
  Très bon époux, encor meilleur galant.

— « Que dites-vous de ces mariages de conscience? Ceux qui en

L'histoire dit que le drôle ajouta :
« Voulez-vous pas, en attendant le prêtre[1],
A votre amant vous fier aujourd'hui?
Vous le pouvez, je vous réponds de lui;
Son cœur n'est pas d'un perfide et d'un traître. »   270

A tout cela Constance ne dit rien :
C'étoit tout dire; il le reconnut bien,
N'étant novice en semblables affaires[2].
Quant au surplus, ce sont de tels mystères[3]
Qu'il n'est besoin d'en faire le récit[4].   275
Voilà comment Constance réussit.

ont amené l'usage n'étoient pas niais. On est fille et femme tout à la fois; le mari se comporte en galant. » (Lettre de la Fontaine à sa femme du 30 août 1663, tome III M.-L., p. 320.) Dans une autre lettre à la même du 19 septembre 1663 (ibidem, p. 358) : « Elle cajole son mari, et vit avec lui comme si c'étoit son galant. » Au livre 1 de *Psyché* (ibidem, p. 46) : « Les baisers (se renouvelaient), non point de mari à femme, il n'y a rien de plus insipide, mais de maîtresse à amant. »

— Pour être heureux époux, soyez toujours amant.
   Que bien plus que le sacrement,
   L'amour à jamais vous unisse;
 Et pour faire durer le plaisir entre vous,
   Que ce soit l'amant qui jouisse
   De tout ce qu'on doit à l'époux.
     (REGNARD, stances *sur le Mariage*.)

1. Page 106.
2. Voyez ci-dessus, vers 98; et, pour le tour, *le Cocu*, vers 36 et la note.
3. Tome IV, p. 413 et note 5.
4. Quant au surplus, je le laisse à penser :
 Chacun s'en doute assez sans qu'on le die.
   (*Richard Minutolo*, vers 112-113.)

— Comparez *le Cuvier*, vers 24; et *le Remède*, vers 42-49 :

 La belle, ayant fait dans son cœur
 Cet hyménée, acheva le mystère
 Selon les us de l'île de Cythère.
 Nos vieux romans, en leur style plaisant,

Or, faites-en, nymphes[1], votre profit.
Amour en a dans son académie[2],
Si l'on vouloit venir à l'examen,
Que j'aimerois pour un pareil hymen, 280
Mieux que mainte autre à qui l'on se marie.
Femme qui n'a filé toute sa vie[3]
Tâche à passer[4] bien des choses sans bruit :
Témoin Constance, et tout ce qui s'ensuit.
Noviciat d'épreuves un peu dures : 285
Elle en reçut abondamment le fruit.
Nonnes je sais qui voudroient, chaque nuit,

>Nomment cela « paroles de présent ».
>Nous y voyons pratiquer cet usage,
>Demi amour et demi mariage,
>Table d'attente, avant-goût de l'hymen.

1. Ci-dessus, p. 193 et note 3.

2. Au figuré. « *Académie* se dit du lieu où la noblesse apprend à monter à cheval et les autres exercices. » (*Dictionnaire de l'Académie*, 1694.) Voyez les *Mémoires de Saint-Simon*, tome I, p. 3, et les *OEuvres de la Bruyère*, tome I, p. 287, note 2, et p. 518. — « Elles n'auoyent demeuré un ang à l'academie de Cupidon et de Venus madame sa mere, qu'elles en sortoyent trez habiles et trez honnestes femmes en tout. » (Brantôme, tome IX, p. 217.) « Son logis étoit une académie amoureuse, si gentille, etc. » (*Les Heures perdues*, conte VI, « la Bonne mère ».) — Comparez le « séminaire » de « Vénus » au vers 51 du *Tableau*.

3. Ainsi que la reine Berthe, ou ainsi qu'une sage matrone. On sait qu'on écrivait sur le tombeau des chastes Romaines, comme leur plus bel éloge : « Elle resta chez elle et fila de la laine. » « Dame qui moult se mire peu file », dit un vieux proverbe cité par le Roux de Lincy (tome I, p. 213).

>Quand vous verrez de force de filer
>Femmes, filles, tous leurs bras debriser....
>(*Recueil de poésies françoises*, tome II, p. 36.)

4. Laisser passer sans rien dire, accepter, tolérer. Voyez les *Lexiques de Mme de Sévigné* et *de la Bruyère*; et comparez le vers 109 du conte suivant : « passer la chose au gros sas ».

En faire un tel, à toutes aventures¹.
Ce que, possible², on ne croira pas vrai,
C'est que Camille, en caressant³ la belle,   290
Des dons d'Amour⁴ lui fit goûter l'essai.
L'essai? je faux⁵ : Constance en étoit-elle
Aux éléments? Oui, Constance en étoit
Aux éléments : ce que la belle avoit
Pris et donné de plaisirs en sa vie   295
Compter pour rien jusqu'alors se devoit.
Pourquoi cela? Quiconque aime le die⁶.

1. Même locution : « à toutes aduentures », chez Montaigne (tomes II, p. 59, III, p. 231).
2. Adverbialement : peut-être. Voyez tome IV, p. 149 et note 1. « Les uns l'accusent d'être bas, dit Vaugelas dans ses *Remarques sur la langue françoise* (tome I, p. 402), les autres d'être vieux. Tant y a que, pour une raison ou pour l'autre, ceux qui veulent écrire poliment ne feront pas mal de s'en abstenir. »
3. Tome IV, p. 314, 315, et ci-dessus, p. 83.
4. Comparez les « dons du mariage » (*Cordeliers*, vers 42).
5. Mais non, je me trompe : tome IV, p. 231 et note 8.
6. On peut rapprocher de ce passage les vers 215-219 de *Richard Minutolo* :

> .... Heureux cent fois plus qu'il n'avoit été :
> Car, quand l'Amour d'un et d'autre côté
> Veut s'entremettre, et prend part à l'affaire,
> Tout va bien mieux, comme m'ont assuré
> Ceux que l'on tient savants en ce mystère;

et *Psyché*, livre II (tome III M.-L., p. 168) : « Amants heureux, il n'y a que vous qui connoissiez le plaisir! » — Sur *die*, pour *dise*, voyez tome IV, p. 72 et note 7.

VII

NICAISE.

Nicaise est imité d'une nouvelle de Girolamo Brusoni, *Curiose Novelle amorose* (Venezia, 1655, in-12), novella II, *l'Amante schernito*, l'Amant berné; mais on en rencontre l'idée première dans un conte d'Asinello Fanali, analysé dans *la Seconda Libreria* d'Antonio Francesco Doni (Venezia, 1550, in-12), et dont nous donnons la traduction à l'*Appendice*.

On peut aussi rapprocher de *Nicaise* pour le fond, sinon pour les détails, la IVe nouvelle de la IXe journée des *Facetieuses Iournées* de Gabriel Chappuys: « Le sieur Rambert Franceschini est aymé d'une femme, deuant laquelle estant venu sans lui faire caresses, elle lui donne une prune, et l'enuoye avec congé. » Dans la dernière des *Cent Nouvelles nouvelles*, imitée par Malespini (nouv. XII), la femme remercie au contraire le jeune clerc d'avoir, bien que « ieune et roide », résisté à ses avances.

Collé a tiré du conte de la Fontaine une comédie en deux actes, en prose, *Nicaise* (1753); et Vadé un opéra-comique, en un acte, et en vaudevilles, portant le même titre, et donné à la foire Saint-Germain le 7 février 1756; il est analysé au tome II du *Dictionnaire dramatique*, p. 293. Cet opéra-comique fut retouché par Framery pour la musique de Bambini (1767), puis par Léger (1794), et arrangé avec des airs nouveaux par Gouffé (1796).

Citons également *le Nouveau Nicaise*, vaudeville en un acte, par Scribe et Dupin (théâtre des Variétés, 1818); *Nicaise, ou le Jour des noces*, vaudeville en un acte par de Villeneuve et Dupeuty (Gaîté, 1825); *Nicaise à Paris*, vaudeville en un acte, par Bayard et Dumanoir (Variétés, 1844); et *Nicaise*, paysannerie en un acte, par M. Émile Abraham (Bouffes-Parisiens, 1867).

> Un apprenti marchand étoit,
> Qu'avec droit[1] Nicaise[2] on nommoit,

---

1. À bon droit.
2. Du vieux mot *nice*, simple, innocent, niais.

Garçon très neuf hors sa boutique
Et quelque peu d'arithmétique ;
Garçon novice dans les tours   5
Qui se pratiquent en amours[1].
Bons bourgeois[2] du temps de nos pères
S'avisoient tard d'être bons frères[3];

— Tant ne fut nice (encor que nice fût)
Madame Alix, que le jeu ne lui plût.
(*Le Faiseur d'oreilles*, vers 43 et la note.)

Nous avons rencontré plus haut, dans *la Mandragore*, Messer *Nice* ou *Nicia*, « sot très insigne » (vers 10).

1. Rapprochez le conte précédent, vers 273 et la note; et, pour la locution « en amours », le vers 26 des *Rémois*.

2. Ci-dessus, p. 111 et note 5.

3. Bons compagnons, joyeux drilles, frères de la jubilation, qui aiment à boire, à chanter, à rire, et « le reste » : voyez la comédie de *la Coupe enchantée*, scène XVIII : « A cause que vous êtes un bon frère, en voilà rasade; buvez »; Rabelais, tome III, p. 177 :

Elle ne fut oncques rebelle
Aux bons freres, et si fut belle;

des Périers, tome II, p. 77 : « …. Lequel cordelier estoit bon frere et aimoit le bon vin »; Molière, *l'Étourdi*, acte III, scène v, vers 1183, et le *Dépit amoureux*, acte V, scène III, vers 1541, où cette locution ne signifie pas seulement « bons vivants, bons lurons, bons camarades », mais aussi « coureurs d'aventures », « verts galants », « francs gautiers » ou « gontiers » :

De tous estats le plus entier
Et qui me reuient à merueille,
C'est la vie de franc gautier,
Qui vit entre ses pastourelles :
Au chant des oyseaulx soubs les fueilles,
Ayant pain bis et gros formage,
Glic de iambon et de boteilles,
Tels gens ont bon temps et font rage.

(*Dialogue du Mondain et du Celestin*, s. l. n. d., in-8°.)

— On disait au même sens des femmes de plaisir, des filles de joie : « bonnes sœurs », « bonnes » ou « belles cousines », « nos sœurs », « nos cousines » : « Thibaut, qui ouyt ces mots, estimant qu'on parloit de sa femme, qui peut estre aymoit l'amble comme estant de

Ils n'apprenoient cette leçon
Qu'ayant de la barbe au menton.   10
Ceux d'aujourd'hui, sans qu'on les flatte [1],
Ont soin de s'y rendre savants
Aussi tôt que les autres gens [2].
Le jouvenceau de vieille date [3],
Possible [4] un peu moins avancé,   15
Par les degrés n'avoit passé.
Quoi qu'il en soit, le pauvre sire
En très beau chemin demeura [5],

nos sœurs.... » (*Le Moyen de parvenir*, p. 116.) « Aussi estoit elle de nos sœurs, faisant souuent plaisir aux amys. » (*Ibidem*, p. 42, et p. 85, 178, 246, 312.) « On la troueroit au iour d'huy au rang de nos cousines en Auignon, à Vienne, à Valence, ou en quelque aultre lieu. » (*Les Cent Nouvelles nouvelles*, p. 253.) « Faisons venir à nostre logis deux ieunes filles de nos cousines, et couchons auec elles. » (*Ibidem*, p. 262.) Citons aussi les lettres de Maucroix (tome II des *OEuvres diverses*, p. 194) : « Je vous reporterai le flambeau joli, l'aiguière, le bassin argent mat, pour traiter les cousines un peu plus proprement; quelque petit quart d'écu et plus, car je vois que j'en ferai un furieux dégât en ce pays! » *Ibidem*, p. 196, 199, 204, et p. 198 : « Pourvu que je ne sois pas aussi noir que charbon, patience! nos cousines y prendront-elles garde de si près?... Là, mettez la main à la conscience, laquelle faut-il que j'aime, entre ces Magdelons? » — Dans tous les temps du reste les dissolus et dissolues se sont ainsi donné entre eux des titres de parenté.

1. Et je ne les flatte pas : c'est ainsi.
2. « Aduisez si au iour d'huy le ieune homme passera quinze ans sans auoir praticqué quelque cas auec ces garses.... Quoy? en l'aage de dix huit ans est blasmé, quand n'entretient les dames, ne muguette les filles, ne faict le braue, le mignon; et faut qu'en despit de luy il erre auec ceste sotte multitude, pour estre compagnon en malheur, s'il ne se veut ouïr appeler partial, solitaire, veau, melancolique. » (Noel du Fail, *les Propos rusticques*, p. 48-49.)
3. Ce jouvenceau du temps jadis.
4. Page 206 et note 2.
5. Comparez *la Coupe enchantée*, vers 231 :

    Vous n'iriez qu'à moitié chemin?

et *le Magnifique*, vers 118 :

J. DE LA FONTAINE. V

Se trouvant court par celui-là :
C'est par l'esprit que je veux dire[1]. 20

Une belle pourtant l'aima ;
C'étoit la fille de son maître,
Fille aimable autant qu'on peut l'être,
Et ne tournant autour du pot[2],
Soit par humeur franche et sincère[3], 25
Soit qu'il fût force d'ainsi faire[4],
Étant tombée aux mains d'un sot[5].
Quelqu'un de trop de hardiesse
Ira la taxer ; et moi non :

Froid est l'amant qui ne va jusqu'au bout,
Et par sottise en si beau train demeure.

1.   Le trop d'esprit ne l'incommodoit point.
(*Le Faiseur*, vers 13.)

2. N'étant pas timide, embarrassée, empruntée. — « A quoi bon tant barguigner et tant tourner autour du pot ? » (MOLIÈRE, *Monsieur de Pourceaugnac*, acte I, scène v.) Voyez aussi Rabelais, tome II, p. 147 : « circumbiliuaginer autour du pot » ; Montaigne, tome II, p. 122 : « languir autour du pot » ; Scarron, *le Virgile travesti*, livre II :

Haranguez vitement, beau sire,
Sans tant tourner autour du pot ;

Sévigné, tome II, p. 344 : « Le petit Locmaria, sans tourner autour du pot, a tout l'air de Termes » ; Racine, *les Plaideurs*, acte III, scène III, vers 706 :

Hé ! faut-il tant tourner autour du pot ?

Saint-Simon, tome I, p. 236 : « Une héritière de la maison de la Trémoïlle ne lui avoit point paru au-dessus de ce qu'il pouvoit prétendre ; il y tournoit autour du pot » ; et ci-dessous, p. 259 et note 6.

3. Dans *le Gascon puni*, vers 21 : « son humeur libre, gaie, et sincère », en parlant de Philis.

4.   Force lui fut de quitter la maison.
(*Mazet de Lamporechio*, vers 56 et la note.)

5. Soit que la sottise de Nicaise la contraignît aux plus significatives avances.

Tels procédés¹ ont leur raison.   30
Lorsque l'on aime une déesse,
Elle fait ces avances-là² :
Notre belle savoit cela.
Son esprit, ses traits, sa richesse,
Engageoient beaucoup de jeunesse   35
A sa recherche³ ; heureux seroit
Celui d'entre eux qui cueilleroit,
En nom d'Hymen, certaine chose⁴
Qu'à meilleur titre⁵ elle promit
Au jouvenceau ci-dessus dit :   40
Certain dieu parfois en dispose,
Amour nommé communément.
Il plut à la belle d'élire
Pour ce point⁶ l'apprenti marchand.
Bien est vrai⁷, car il faut tout dire,   45
Qu'il étoit très bien fait de corps⁸,
Beau, jeune, et frais⁹ : ce sont trésors

1. Ci-dessus, p. 195 et note 4.
2. Une déesse dit tout ce qu'elle a dans l'âme :
     Celle-ci déclara sa flamme.
           (Livre XII, fable 1, vers 47-48 et la note.
3. Dans *la Coupe enchantée*, vers 133-134 :

   Sa sagesse, son bien, le bruit de ses beautés,
   Mais le bien plus que tout y fit mettre la presse.

4. Sa fleur : voyez ci-dessous, le vers 230, et *la Fiancée du roi de Garbe*, vers 800 et la note.
5. Au nom d'Amour.
6. « Pour le point souhaité » (*le Tableau*, vers 136).
7. Ci-dessus, p. 77 et note 4. Cette locution « Bien est vrai », « Bien est-il vrai que », ou « Vrai que », revient souvent chez Marot, tomes I, p. 41, 255, IV, p. 63, et *passim*, chez Brantôme, tomes III, p. 234, IV, p. 297, V, p. 26, VI, p. 239, 361, et p. 416 : « Bien est il vray que pour son honneur il n'en doibt user (de ces subterfuges) » ; etc., etc.
8. Page 185 et note 3. — 9. Tome IV, p. 301 et note 3.

Que ne méprise aucune dame,
Tant soit son esprit précieux¹.
Pour une qu'Amour prend par l'âme, 50
Il en prend mille par les yeux².

Celle-ci donc, des plus galantes,
Par mille choses engageantes,
Tâchoit d'encourager le gars³,
N'étoit chiche⁴ de ses regards, 55
Le pinçoit, lui venoit sourire,
Sur les yeux lui mettoit la main,
Sur le pied lui marchoit enfin⁵.
A ce langage il ne sut dire

1. Difficile, délicat, dédaigneux. Au tome II, p. 117 :
    Sa préciosité changea lors de langage.
2. Comparez *le Diable en enfer*, vers 5-6 et la note :
    Une vertu sort de vous, ne sais quelle,
    Qui dans le cœur s'introduit par les yeux.

— C'est par les agréments que l'on touche une femme ;
Et pour une de nous que l'Amour prend par l'âme,
Nérine, il en est cent qu'il séduit par les yeux.
            (VOLTAIRE, *l'Indiscret*, scène x.)

3. Même mot aux vers 382 et 387 de *Joconde* et 40 du *Cas de conscience*. On sait que *gars* est l'ancien nominatif de *garson* (garçon).
4. Semblable épithète, mais sans complément, au tome I, p. 405. Chez Brantôme, tome IX, p. 420 : « Elles ne furent à nous guieres chiches de leur veue. » Dans la comédie du *Florentin*, vers 451 : « Il est chiche de ces tons doucereux. »
5.   Vous me marchistes sur le pied
        Si fort, en me sarrant la main,
        Que i'en clochy le lendemain.
                (MAROT, tome I, p. 264.)

Rapprochez *les Cent Nouvelles nouvelles*, p. 98 : « .... Une foiz le butoit du coude..., une aultre foiz luy ruoit des pierrettes qui brouilloient ce qu'il faisoit, et luy falloit recommencer, etc. » ; et les agaceries villageoises dont il est parlé à la scène 1 de l'acte II du *Don Juan* de Molière : « Non : quand ça est, ça se voit, et l'en

Autre chose que des soupirs, 60
Interprètes de ses desirs[1].
Tant fut, à ce que dit l'histoire,
De part et d'autre soupiré,
Que, leur feu dûment déclaré,
Les jeunes gens, comme on peut croire, 65
Ne s'épargnèrent ni serments,
Ni d'autres points bien plus charmants,
Comme baisers à grosse usure;
Le tout sans compte et sans mesure :
Calculateur que fût l'amant[2], 70
Brouiller falloit incessamment[3];
La chose étoit tant infinie,
Qu'il y faisoit toujours abus[4].

fait mille petites singeries aux personnes quand on les aime du bon du cœur. Regarde la grosse Thomasse, comme elle est assotée du jeune Robain : alle est toujou autour de li à l'agacer, et ne le laisse jamais en repos ; toujou al li fait queuque niche ou li baille queuque taloche en passant, etc.

1. Comparez le conte précédent, vers 54-55 et la note.
2. Si bon calculateur que, etc. Rapprochez ci-dessus, le vers 4 ; et les vers 692 et suivants de *la Fiancée* :

    .... Point de faute au calcul, non plus qu'entre marchands.
    De faveur en faveur, etc.

3. Souvenir de ces vers de Catulle à Lesbie (v, vers 7-13) :

> *Da mi basia mille, deinde centum,*
> *Dein mille altera, dein secunda centum,*
> *Dein usque altera mille, deinde centum.*
> *Dein, quum millia multa fecerimus,*
> *Conturbabimus illa, ne sciamus,*
> *Aut ne quis malus invidere possit,*
> *Quum tantum sciat esse basiorum.*

4. Erreur; qu'il s'y trompait toujours. « En arithmétique, quand la preuve ne se trouve pas bonne, on connoît qu'il y a de l'abus dans le calcul. » (*Dictionnaire de Trévoux.*) — Voyez tome IV, p. 495 et note 3 ; et de nombreux exemples, chez Coquillart, tome II, p. 22 :

    De prendre tels chatz sans mitaines,

Somme toute, il n'y manquoit plus
Qu'une seule cérémonie[1] :
Bon fait[2] aux filles l'épargner[3].
Ce ne fut pas sans témoigner
Bien du regret, bien de l'envie.
« Par vous, disoit la belle amie,
Je me la veux faire enseigner, 80
Ou ne la savoir de ma vie.
Je la saurai, je vous promets :
Tenez-vous certain désormais
De m'avoir pour votre apprentie.
Je ne puis pour vous que ce point : 85
Je suis franche[4] ; n'attendez point
Que, par un langage ordinaire[5],
Je vous promette de me faire

75

       Vous sçauez que c'est ung abus;

chez Brantôme, tomes II, p. 139, IV, p. 97, 299, V, p. 26, 133, et p. 211 : « D'aller en estrange terre sans moyens, ce sont abus et grandes miseres »; chez Ronsard, tomes I, p. 28, 91, II, p. 181; chez Baïf, tome II, p. 263; chez Montaigne, tome I, p. 216; chez Regnier, satire XIII, vers 105; dans la comédie du *Florentin*, vers 121; etc.

  1. Même mot, au même sens, ironiquement figuré, dans *la Jument*, vers 159.

  2. Semblable locution aux vers 54 du *Faiseur*, 99 des *Troqueurs*, 10 du *Magnifique*, etc.

  3. Ci-dessus, p. 149 et note 1.

—   Fille se doibt bien maintenir.
    (*Doctrinal des filles à marier*, dans le Recueil de poésies
       françoises, tome II, p. 20.)

      Fille, quant vous serez à part,
      Soyez tousiours amesurée,
      Sans estre par trop desriuée (*abandonnée*),
      Car tout est sceu, soit tost ou tard.
                (*Ibidem*, p. 22.)

  4. Vers 25.
  5. Ordinaire aux amoureuses.

Religieuse, à moins qu'un jour
L'hymen ne suive notre amour.
Cet hymen seroit bien mon compte[1],
N'en doutez point : mais le moyen?
Vous m'aimez trop pour vouloir rien
Qui me pût causer de la honte.
Tels et tels m'ont fait demander;
Mon père est prêt de [2] m'accorder[3].
Moi, je vous permets d'espérer
Qu'à qui que ce soit qu'on m'engage,
Soit conseiller, soit président,
Soit veille ou jour de mariage,
Je serai vôtre auparavant,
Et vous aurez mon pucelage[4]. »

Le garçon la remercia
Comme il put. A huit jours de là,
Il s'offre un parti d'importance[5].
La belle dit à son ami :
« Tenons-nous-en à celui-ci;
Car il est homme, que je pense,
A passer la chose au gros sas[6].

1. Ci-dessous, vers 188 :

Tout autre eût été mieux mon compte.

2. Emploi de *prêt* avec *de*, autrefois très ordinaire : voyez tome IV, p. 169 et note 4.

3. Ci-dessus, p. 106 et note 3.

4. Dans le conte de Fanali, les choses se passent d'une façon moins calculée, plus honnête : la jeune fille a l'intention d'épouser l'amant qu'elle préfère; voyez à l'*Appendice*.

5. Au livre VII, fable v, vers 9 :

Il vint des partis d'importance.

6. *Aux gros sas*, dans l'édition originale; faute probable. — A n'y point regarder de très près : *gros sas*, sorte de claie ou de crible aux larges ouvertures, par opposition à un tamis au tissu

216   CONTES.   [C. VII

>   La belle en étant sur ce cas,   110
>   On la promet; on la commence¹;
>   Le jour des noces se tient prêt².
>   Entendez ceci, s'il vous plaît
>   (Je pense voir votre pensée
>   Sur ce mot-là de commencée):   115
>   C'étoit alors, sans point d'abus³,
>   Fille promise et rien de plus.
>
>   Huit jours donnés à la fiancée⁴,
>   Comme elle appréhendoit encor
>   Quelque rupture en cet accord⁵,   120
>   Elle diffère le négoce⁶
>   Jusqu'au propre jour de la noce,

plus serré. On dit aussi *sasser* : « Aprez auoir bien ioué, sassé, passé et beluté temps.... » (RABELAIS, tome I, p. 83.) « Et ià le prebstre espluchoit et sassoit au gros crible les plus larges tranchées de sa conscience. » (NOEL DU FAIL, tome II, p. 29.)

> I'ay la larme assez loing de l'œil,
> Passant mes ennuys au gros sas.
>
> (CHARLES D'ORLÉANS, rondeau.)
>
> Croyez-vous qu'on se contente
> De passer comme vous les choses au gros sas.
>
> (LA MOTTE, *Fables*, II, XI.)

« Les maris d'aujourd'hui n'y cherchent pas tant de façons, et sont gens à passer les choses au gros sas. » (Théâtre de Gherardi, *le Phénix*, 1691, acte I, scène 1.) — Comparez le vers 283 du conte précédent: « passer bien des choses sans bruit. »

1. En la promettant, en la fiançant, on commence à la faire dame, comme on dit « commencer un enfant, un élève » : ci-dessous, vers 114-117.

2. On fixe le jour, on fait les apprêts de la noce.

3. Ci-dessus, vers 73.

4. Ici de deux syllabes : voyez tome IV, p. 397 et note 3.

5. Vers 96.

6. La chose, l'affaire, le trafic: *negotium*. Elle mène en effet cette galanterie avec une précision marchande.

De peur de certain accident¹
Qui les fillettes va perdant².
On mène au moutier³ cependant   125
Notre galande encor pucelle :
Le oui fut dit à la chandelle⁴.
L'époux voulut avec la belle
S'en aller coucher au retour.
Elle demande encor ce jour,   130
Et ne l'obtient qu'avecque peine ;
Il fallut pourtant y passer⁵.

Comme l'aurore étoit prochaine,
L'épouse, au lieu de se coucher,
S'habille : on eût dit une reine⁶.   135
Rien ne manquoit aux vêtements,
Perles, joyaux, et diamants :

1. .... A sœur Agnès malheur en arriva :
Il lui fallut élargir sa ceinture.
(*Les Lunettes*, vers 28-29.)

2. « Il le trouuoit ung petit malaysé (de marier ses filles), car il sçauoit bien que de les bailler à ses voisins, il n'y auoit ordre.... D'aultre part, de les faire prendre à ceulx qui estoient les faiseurs (de leurs enfants), ce n'estoit chose qui se peust bonnement faire. » (DES PÉRIERS, tome I, p. 3o.) « ....Quand elles en auroient toutes les enuies du monde, elles s'en chastrent le plus qu'elles peuuent...; d'autant que l'escandale d'une fille desbauchée est trez grand, et d'importance mille foiz plus que d'une mariée ny d'une vefue ; car elle, ayant perdu ce beau thresor, en est scandalisée, vilipendée, monstrée au doigt de tout le monde, et perd de trez bons partis de mariage. » (BRANTÔME, tome IX, p. 55r-552.)

3. A l'église ; ci-dessus, p. 111 et note 1 :
Les bons partis, qui vont souvent
Au moutier, sortant du couvent.

4. C'est-à-dire la nuit. C'est encore l'habitude en certaines provinces de France de se marier à minuit.

5. En passer par où elle voulait.

6. Dans *le Petit Chien*, vers 151 : « une nymphe en habit de reine ».

Son épousé¹ la faisoit dame².
Son ami, pour la faire femme³,

1.   L'espousé la premiere nuict
        Asseuroit sa femme farouche, etc.
                (MAROT, tome III, p. 19.)
Voyez ci-dessous, le vers 199 et la note.

2. Car le « parti » était « d'importance » (vers 105). Dans l'usage, *Madame* ne se devait qu'aux femmes haut titrées ; une bourgeoise n'eût osé se faire appeler autrement que *Mademoiselle*. — Comparez *les Cent Nouvelles nouvelles*, p. 339 : « A vostre retour vous m'auez faicte dame » ; et le sonnet LXXII de Papillon, vers 3-4 :

        Qui s'est esprouué braue en combat singulier
        Est digne de damer la simple damoiselle.

Dans un *épithalame* de notre poète *en forme de centurie* (tome V M.-L., p. 216) : « blessure clandestine, fille damée ».

3. Ci-dessous, vers 236.
—   Mainte fille a perdu ses gants,
        Et femme au partir s'est trouvée.
                (*La Fiancée*, vers 244-245 et note 2.)
        Hymeneus, qui faict la fille femme.
                (MAROT, tome II, p. 86.)

« ....Le mary (un gentilhomme qui avait été impuissant la première nuit de ses noces) vint à auoir l'esguillette desnouée, et fit rage et feu, dont d'ayse ne se souuenant de rien, alla publier à toute la compagnie que c'estoit à bon escient qu'il auoit faict preuue de sa vaillance et faict sa femme vraye femme et bien damée. » (BRANTÔME, tome IX, p. 95.) « Icy gist qui a cherché une femme et ne l'a peu faire femme. » (*Ibidem*, p. 656.) « Il se maria auec une belle ieune fille, qu'il fit femme. » (*Le Moyen de parvenir*, p. 384.) « Voulant sçauoir si ses filles estoient femmes, elle les prit à part. » (*Ibidem*, p. 304.) Dans *les Comptes du monde aduentureux*, tome I, p. 173 : « le plaisir qui rend les filles femmes » ; *ibidem*, tome II, p. 123 : « l'enflure qui faict connoistre les femmes d'entre les filles. »

        Un beau Monsieur, belle Madame,
        De fille vous va faire femme.
        (SCARRON, *Épithalame sur le mariage de M. le maréchal de Schomberg et de Mme d'Hautefort*, vers 1-2.)

        Ce héros qui vous fera femme,
        N'en rougissez donc pas, Madame.
                (*Ibidem*, vers 65-66.)

Prend heure avec elle au matin : 140
Ils devoient aller au jardin
Dans un bois propre à¹ telle affaire² ;
Une compagne y devoit faire
Le guet autour de nos amants³,
Compagne instruite du mystère⁴. 145
La belle s'y rend la première,
Sous le prétexte d'aller faire
Un bouquet, dit-elle à ses gens.
Nicaise, après quelques moments,
La va trouver ; et le bon sire⁵, 150
Voyant le lieu, se met à dire :
« Qu'il fait ici d'humidité !
Foin⁶ ! votre habit sera gâté ;
Il est beau, ce seroit dommage :
Souffrez, sans tarder davantage, 155
Que j'aille querir un tapis.
— Eh ! mon Dieu ! laissons les habits,

1. « Propre à ces douceurs » (le Psautier, vers 44).
2. Voyez ci-dessous, le vers 243, et comparez la Fiancée, vers 200-201 :

> Or au fond de ce bois un certain antre étoit,
>   Sourd et muet, et d'amoureuse affaire.

> .... Où y auoit ung lieu propre et couuert
> Pour y donner soubdain la cotte vert.
>   (Recueil de poésies françoises, tome III, p. 130.)

3. Dans Mazet, vers 138 :

> Sur l'avenue
> Je suis d'avis qu'une fasse le guet,
> Tandis que l'autre étant avec Mazet
> A son bel aise aura lieu de s'instruire.

4. Ci-dessus, p. 204 et note 3. Chez Brantôme, tome IX, p. 679 : « La dame estoit bien autant rusée et fine en tels mysteres que sage et aduisée. »
5. Même locution au vers 23 de l'Anneau d'Hans Carvel.
6. Voyez tome IV, p. 371 et note 3 ; ci-après, la Jument, vers 164, les Lunettes, vers 55 ; et passim.

Dit la belle toute piquée ;
Je dirai que je suis tombée.
Pour la perte, n'y songez point : 160
Quand on a temps si fort à point¹,
Il en faut user²; et périssent
Tous les vêtements du pays ;
Que plutôt tous les beaux habits
Soient gâtés³, et qu'ils se salissent, 165
Que d'aller ainsi consumer
Un quart d'heure ! un quart d'heure est cher⁴.
Tandis que tous les gens agissent⁵
Pour ma noce, il ne tient qu'à vous
D'employer des moments si doux. 170
Ce que je dis ne me sied guère ;
Mais je vous chéris, et vous veux
Rendre honnête homme⁶, si je peux.
— En vérité, dit l'amoureux,
Conserver étoffe si chère 175
Ne sera point mal fait à nous⁷.
Je cours : c'est fait, je suis à vous ;

---

1. Tome IV, p. 500.
— Et si trouuez la fille à vostre point,
Donnez dedans et ne l'espargnez point.
(*Recueil de poésies françoises*, tome III, p. 10.)

Ou, comme dit une vieille chanson villageoise :

Quand tu tenois la caille il falloit la plumer.

2. Ci-dessous, vers 203 et suivants. — 3. Tome IV, p. 372 et note 1.
4. Vers 209 et la note.
5. Sont occupés.
6. Ci-dessus, p. 185 et note 8. Voyez la même expression, employée par antithèse à *sot*, au vers 735 de *l'Eunuque*.
7. Dans *le Sac du pied gris*, fabliau cité par Béroalde de Verville (p. 151-152), c'est la demoiselle elle-même qui a peur de salir son manteau et qui « met sous elle » le sac d'un manant qui passe. Dans le drame de *Cromwell* de Victor Hugo (acte V, scène IV), le

Deux minutes feront l'affaire. »
Là-dessus il part, sans laisser
Le temps de lui rien répliquer[1].   180

Sa sottise guérit la dame;
Un tel dédain lui vint en l'âme,
Qu'elle reprit dès ce moment
Son cœur, que trop indignement
Elle avoit placé : quelle honte !   185
« Prince des sots, dit-elle en soi,
Va, je n'ai nul regret de toi :
Tout autre eût été mieux mon compte[2].
Mon bon ange a considéré
Que tu n'avois pas mérité   190
Une faveur si précieuse.
Je ne veux plus être amoureuse
Que de mon mari : j'en fais vœu ;
Et de peur qu'un reste de feu
A le trahir ne me rengage,   195
Je vais, sans tarder davantage,
Lui porter un bien[3] qu'il auroit,
Quand[4] Nicaise en son lieu seroit[5]. »

tapissier Barebone, un des conjurés qui ont résolu de tuer le Protecteur, éprouve un scrupule analogue :

.... C'est qu'ils vont me tacher mon trône avec leur sang !
Qu'en faire après? L'étoffe y perdra vingt pour cent.

1. Ce n'est pas l'habit de sa maîtresse, mais le sien propre, fort riche, il est vrai, que le héros du conte de Fanali a peur de gâter ; cet amoureux est donc encore moins intéressant et beaucoup plus inexcusable que Nicaise.

2. Ci-dessus, vers 91.

3. Même locution, au même sens, dans *la Fiancée*, vers 255 :

Que lui demandoit son amant?
Un bien dont elle étoit à sa valeur tenue.

4. *Quand même.* — 5. Serait mon mari.

A ces mots, la pauvre épousée[1]
Sort du bois, fort scandalisée.   200
L'autre revient, et son tapis :
Mais ce n'est plus comme jadis.
Amants, la bonne heure[2] ne sonne
A toutes les heures du jour.
J'ai lu dans l'alphabet d'amour   205
Qu'un galant près d'une personne
N'a toujours le temps comme il veut :
Qu'il le prenne donc comme il peut[3] ;

1. Ci-dessus, vers 138. — Dans *le Baiser rendu*, vers 3 :

   Qui t'a, dit-il, donné telle épousée ?

Voyez aussi *l'Eunuque*, acte V, scène VI, *Daphné*, acte II, scène V ; des Périers, tome I, p. 166 : « Vous parlez doux comme une espousée » ; Marot, tomes II, p. 231, 251, I, p. 191 :

   Sur mes deux bras ilz ont la main posée,
   Et m'ont mené, ainsi qu'une espousée ;

III, p. 117 :

   Le lendemain des nopces on vint voir
   Si l'espousée estoit point la nuict morte ;

Regnier, satire XIII, vers 162 :

   Reluire de joyaux ainsi qu'une espousée :

et Scarron, *Épithalame* déjà cité, vers 37-38 :

   Il vous sied mieux d'être épousée
   Que nonne à la tête rasée.

2. L'heure du berger. — Chez Brantôme, tome VII, p. 51 : « Ung capitaine espagnol estant ung iour allé voir une courtizane..., elle luy pensant remonstrer qu'il ne venoit à la bonne heure, d'autant qu'à telle heure du soir passoient et repassoient trois braues et rodomontz de la cour, etc. »

3. La Fontaine se souvenait peut-être dans ces vers et dans les précédents de ce passage de Brantôme (tome IX, p. 252-253) : « ....Et c'est pour quoy une grand dame, dont i'ay ouy parler, quand elle rencontroit son seruiteur à propos, et hors de veue et descouuerte, elle prenoit l'occasion tout aussi tost, pour s'en contenter le plus promptement et briefuement qu'elle pouuoit, en luy

Tous délais y font du dommage[1] :
Nicaise en est un témoignage. 210
Fort essoufflé d'avoir couru,
Et joyeux de telle prouesse[2],
Il s'en revient, bien résolu
D'employer[3] tapis et maîtresse.
Mais quoi! la dame au bel habit, 215
Mordant ses lèvres de dépit,

disant ung iour : « C'estoyent les sottes, le temps passé, qui, par
« trop se voulans delicater en leurs amours et plaisirs, se renfer-
« moyent, ou en leurs cabinets, ou aultres lieux couuerts, et là
« faisoyent tant durer leurs ieux et esbats qu'aussi tost elles estoyent
« descouuertes et diuulguées. Au iour d'huy il faut prendre le temps,
« et le plus brief delai que l'on pourra, et aussi tost assailly, aussi
« tost inuesty et acheué; et, par ainsy, nous ne pouuons estre
« escandalisées. » Ie treuue que ceste dame auoit raison; car
ceux qui se sont meslez de cest estat d'amour, ilz ont tousiours
tenu ceste maxime qu'il n'y a que le coup en robbe. Aussi quand
l'on songe que l'on braue, l'on foule, presse, et gourmande, abat, et
porte par terre, les draps d'or, les toiles d'argent, les clinquans,
les estoffes de soye, auec les perles et pierreries, l'ardeur, le contentement s'en augmente bien dauantage, et certes plus qu'en une
bergere ou aultre femme de pareille qualité, quelque belle qu'elle
soit. » — Voyez aussi Montaigne (tome III, p. 309) : « Oh! le furieux aduantage que l'opportunité! Qui me demanderoit la premiere partie en l'amour, ie respondrois que c'est sçauoir prendre
le temps; la seconde de mesme; et encore la tierce : c'est ung poinct
qui peut tout. »

1. Rapprochez ci-dessus les vers 161-162, et 166-167 : « aller ainsi consumer

Un quart-d'heure! un quart-d'heure est cher. »

— Le temps est cher en amour comme en guerre.

(*L'Oraison*, vers 291 et la note.)

2. Tome IV, p. 297 et note 1.

3. *Ibidem*, p. 212 et note 8, 387 et note 2. — Même verbe, au même sens, dans *les Quiproquo*, vers 22 :

Pour la soubrette on employa la femme.

Comparez *les Lunettes*, vers 173:

Retournoit voir la compagnie¹,
Et, de sa flamme bien guérie,
Possible² alloit dans ce moment,
Pour se venger de son amant,   220
Porter à son mari la chose³
Qui lui causoit ce dépit-là.
Quelle chose? C'est celle-là
Que fille dit toujours qu'elle a.
Je le crois; mais d'en mettre jà⁴   225
Mon doigt au feu⁵, ma foi! je n'ose :
Ce que je sais, c'est qu'en tel cas
Fille qui ment ne pèche pas⁶.

Grâce à Nicaise, notre belle,

> Employez-moi : vous verrez des merveilles;

et *les Rémois*, vers 178 : « Entendez que la dame
> Pour l'autre emploi inclinoit en son âme. »

Chez Brantôme (tome IX, p. 10) : « Contentez vous (dit une femme à son ami) que i'ay recogneu vos forces, qui sont bonnes et belles. Adieu donc iusques à une plus seure et meilleure commodité, et alors librement ie vous employeray pour la grande bataille, et non pour si petite rencontre. »

1.   Retournoit vers la compagnie.
                    (1685, 1686, 1705.)
2. Ci-dessus, vers 15 et note 4.
3. Vers 197. — 4. Tome IV, p. 319 et note 1.
5. Même locution dans *le Calendrier*, vers 137 :

> Notre légiste eût mis son doigt au feu
> Que son épouse étoit toujours fidèle.

Comparez Rabelais, tomes II, p. 405, I, p. 294 : « En mon aduis elle est pucelle, toutesfoys ie n'en vouldroys mettre mon doigt au feu »; les *Baliuerneries* de Noël du Fail, p. 161 : « Ie n'en vouldroys mettre mon doigt au feu, car il y brusleroit »; et dans une lettre de Bussy Rabutin du 21 novembre 1666 : « Pour moi, j'en mettrois mes mains dans le feu. »

6.   Mentir alors est digne de pardon.
                (*Les Aveux indiscrets*, vers 115.)

Ayant sa fleur¹ en dépit d'elle², 230
S'en retournoit tout en grondant³,
Quand Nicaise, la rencontrant :
« A quoi tient, dit-il à la dame,
Que vous ne m'ayez attendu?
Sur ce tapis bien étendu 235
Vous seriez en peu d'heure⁴ femme⁵.
Retournons donc sans consulter⁶;
Venez cesser d'être pucelle,
Puisque je puis, sans rien gâter,
Vous témoigner quel est mon zèle⁷. 240
— Non pas cela, reprit la belle;
Mon Pucelage dit⁸ qu'il faut
Remettre l'affaire⁹ à tantôt.

1. Tome IV, p. 450 et note 5 :

   Il est bon de garder sa fleur.

2. Même locution : « en dépit d'elle », dans *la Mandragore*, vers 269.
3. Dans une situation analogue :

   Thérèse est mal contente et gronde.
         (*Le Tableau*, vers 199.)

4. En une petite portion d'heure, en peu de temps. Voyez *la Fiancée*, vers 646 et la note; et *les Cent Nouvelles nouvelles*, p. 10, 68, 160, 313, et p. 80 : « Elle fut contrainte de prendre ung lieutenant qui en peu d'heure luy fist ung trez beau filz », et p. 94 : « Adonc furent mandez moynes, prebstres et clercs, qui... le firent si trez bien que Madame l'abbesse fut en peu d'heure rapaisée; » le *Recueil de poésies francoises*, tomes IV, p. 117, V, p. 187, 191 : « en bien peu d'heure », et p. 315 : « en petit d'heure ».
5. Vers 139 et note 2.
6. Dans *la Gageure*, vers 111 : « La chambrière

   Prend son paquet et sort sans consulter. »

7. Comparez le conte précédent, vers 116 et note 1.
8. Semblable personnification de *pucelage* : « Maître Pucelage », au vers 380 de *Joconde*.
9. Ci-dessus, vers 142.

J'aime votre santé¹, Nicaise,
Et vous conseille auparavant   245
De reprendre un peu votre vent².
Or, respirez tout à votre aise.
Vous êtes apprenti marchand,
Faites-vous apprenti galand :
Vous n'y serez pas si tôt maître³.   250
A mon égard, je ne puis être
Votre maîtresse en ce métier.
Sire Nicaise, il vous faut prendre
Quelque servante du quartier.
Vous savez des étoffes vendre,   255
Et leur prix en perfection ;
Mais ce que vaut l'occasion,
Vous l'ignorez⁴, allez l'apprendre. »

1. Votre santé m'est chère. (*Le Muletier*, vers 100.)
2. Souffle, haleine.
L'autre, plus froid que n'est un marbre,
Se couche sur le nez, fait le mort, tient son vent.
(Livre V, fable xx, vers 18-19.)
On dit encore « perdre, prendre, reprendre, vent ou le vent », mais sans possessif.
3. Passé maître : tome III, p. 110 et note 9 ; et ci-dessous, p. 235.
4. Rapprochez, au sujet de « l'occasion perdue », cette anecdote de Brantôme, au début de ses *Dames galantes* (p. 6) : « Une dame espagnole, conduicte une fois par ung gallant cauallier, dans le logis du roy, venant à passer par ung certain recoing caché et sombre, le cauallier, se mettant sur son respect et discretion espagnole, luy dit : *Señora, buen lugar, si no fuera vuessa merced*. La dame lui respondit seulement : *Si, buen lugar, si no fuera vuessa merced* : « Voicy ung beau lieu, si c'estoit une aultre que vous. — Ouy vrayment, si c'estoit aussi ung aultre que vous. » Par là, l'arguant et incolpant de couardise, pour n'auoir pas pris d'elle en si bon lieu ce qu'il vouloit et elle desiroit ; ce qu'eust faict ung aultre plus hardy : et, pour ce, oncques plus ne l'aima, et le quicta. »
— Anecdote semblable à celle de Brantôme dans le conte III des *Heures perdues d'un cavalier françois*, « l'Heure du berger ».

VIII

LE BÂT.

Cette anecdote est, sous le titre de « Compromis et sentence arbitraire », dans le *Formulaire fort recreatif de tous contracts, donations, testamens, codicilles et autres actes qui sont faits et passez par deuant notaires et tesmoins. Fait par Bredin le Cocu, notaire rural et contreroolleur des Basses Marches au royaume d'Utopie, par luy n'agueres reueu et accompagné pour l'edification de tous bons compagnons d'un Dialogue par luy tiré des œuures du philosophe et poëte grec Simonides, de l'origine et naturel fœminini generis*, à Lyon, pour J.-B. Gros, M.DC.III, in-16, fol. 90 v° (la première édition de ce livre curieux est de 1594, Lyon, P. Rigaud, in-16).

Béroalde de Verville lui a donné place dans *le Moyen de parvenir*, p. 262-264.

Nous la trouvons aussi dans *le Courrier facétieux ou recueil des meilleurs rencontres de ce temps* (Lyon, 1650, in-8°), p. 258 : « D'un drôle et de la femme d'un peintre »; dans le recueil de d'Ouville, tome II, p. 293-295 : « D'un jeune peintre et de sa femme »; dans les *Nouveaux contes à rire et aventures plaisantes ou récréations françoises* (20° édition, Cologne, 1722, in-8°), tome I, p. 83, sous le même titre; et dans la 28° serée de G. Bouchet (tome III, p. 104-105), où elle est assez plaisamment contée : « I'ay congneu ung peintre..., lequel ayant peur qu'on luy aydast à faire ses images vifues, s'en voulant aller aux champs pour faire quelque besongne entreprise, se doubtant de sa femme, et qu'ung aultre ouurier vinst besongner à son astelier, luy va peindre sus le ventre ung asne, luy disant : « Ie congnoistray bien si tu fais la folle, et si on frotte son « lard contre le tien; car si vous iouez à ce ieu, ie trouueray « toute la peinture effacée et barbouillée, et congnoistray bien si « ung aultre y a mis la main, tant excellent ouurier et parfaict « maistre puisse il estre. » Ce peintre, qui s'asseuroit qu'on n'eust sceu refaire cest asne qui ne l'eust congneu, s'en estant allé, ung aultre pria la femme de ce peintre de laisser besongner à son astelier, et l'asseuroit que son mary ne besongnoit pas si bien que luy. Elle luy respond, puisqu'il étoit si bon ouurier, qu'elle le voudroit bien : « Mais, luy disoit elle, mon mary, auant que s'en aller, « m'a faict et portraict ung asne sus le ventre, qui s'effaceroit, en- « core qu'il soit à huyle, et par là il congnoistroit que nous au- « rions ioué à ventre contre ventre; car il est si excellent en son « art qu'on ne sçauroit imiter son ouurage qu'il ne le congnoisse. « — Ne te soucie, va repliquer cestuy, qui disoit en sçauoir au- « tant que le mary ; monstre moy ton ventre, et que ie voye ce « maistre asne : ie m'asseure, lors que ton mary deura reuenir, « de t'en faire ung aussi bien faict, et aussi au naturel, et si sem- « blable au sien, qu'il pensera que ce soit celuy mesme. » Ayant veu l'asne, il eut si grand enuie de monter dessus et cheuaucher l'asne qu'il ne regarda pas s'il estoit basté ou non. Parquoy, estant l'asne tout effacé et barbouillé, et le mary estant prest à reuenir, quand il fut question de refaire l'asne qu'ils auoient depeinturé, en lieu que il n'estoit point basté, ce bon maistre, sans y songer, va baster et sangler celuy là qu'il luy fit en mesme lieu où estoit l'aultre, la femme le trouuant si bien faict et si semblable à l'asne de son mary, qu'elle s'asseuroit que son mary n'y congnoistroit rien. Lequel estant reuenu, voulut sçauoir, auant toutes choses, si l'asne estoit en son entier auec sa peinture. Mais voyant qu'il auoit ung bast et qu'il estoit sanglé, il va dire tout haut : « A tous les « diables l'asne, et celuy qui l'a basté ! » Et voilà dont est venu le prouerbe françois : « A tous les diables l'asne et qui me l'a basté « au iour d'huy ! »

> Un peintre étoit, qui, jaloux de sa femme,
> Allant aux champs[1], lui peignit un baudet
> Sur le nombril, en guise de cachet[2].
> Un sien confrère, amoureux de la dame,
> La va trouver, et l'âne efface net,   5
> Dieu sait comment[3]; puis un autre en remet

1. Comme Gasparin dans le conte IX de la IIe partie (vers 43 et note 5). Voyez aussi *les Rémois*, vers 61, *le Petit Chien*, vers 86, etc.
2. Ou de scellé.
3. Même locution au vers 420 du conte I de la Ire partie; au vers 8 du conte V : « Dieu sait pourquoi »; comparez le conte de *la*

Au même endroit, ainsi que l'on peut croire.
A celui-ci, par faute de mémoire,
Il mit un bât; l'autre n'en avoit point.

L'époux revient, veut s'éclaircir du point :   10
« Voyez, mon fils[1], dit la bonne commère[2],
L'âne est témoin de ma fidélité.
— Diantre soit fait[3], dit l'époux en colère,
Et du témoin, et de qui l'a bâté[4] ! »

Clochette, vers 53; *les Cent Nouvelles nouvelles*, p. 98, 111, 121 ; Montaigne, tome I, p. 425; etc.

1. Semblable apostrophe d'épouse à époux ci-dessus, p. 99, note 3 ; chez Molière, dans la bouche de Mme de Sotenville (tome VI, p. 524) ; dans celle d'une vieille bourgeoise (tome VIII, p. 218) :

> Allons, mon mignon, mon fils;

et dans celle de la femme du Malade imaginaire (tome IX, p. 306-318), prodiguant à son mari les démonstrations de sa tendresse hypocrite : « mon fils, mon petit fils, mon pauvre petit fils ».

2. Aux vers 23 du *Mari confesseur*, 53, 274 de *la Gageure*, etc., ironiquement comme ici : « la bonne dame ».

3. Même locution : « Diantre soit fait de vous! », dans *le Tartuffe*, vers 767.

4. Il y a ici une équivoque un peu gaillarde, équivoque familière à nos vieux conteurs : et de qui a « embourré son bast », ou « bas », comme disent Rabelais (tome III, p. 243), Coquillart (tome II, p. 276) :

> Femme, pour embourrer son bast,
> Perdra pleinement la grant messe;

Brantôme (tome IX, p. 151), etc., en jouant sur le mot. Comparez *les Cent Nouvelles nouvelles*, nouv. XLVIII : « De celle qui ne vouloit souffrir qu'on la baisast, mais bien vouloit qu'on lui rembourrast son bas »; et *l'Eugène* de Jodelle, acte II, scène II :

> ....Et mesmement tant de pisseuses
> Qui se font rembourrer leur bas.

— Voici la fin du conte dans le *Formulaire* : « .... Tellement qu'à la premiere veüe il entra en telle cholere qu'il ne se put abstenir de s'escrier à haulte voix, moitié en bon françois et moitié en prouençal, ces mots : « Au diable soit l'ase et qui la bastar. » — Dans *le Moyen de parvenir* : « Comme elle sentit le proche retour de son mary, elle aduisa son amy de cet asne, qui, y regardant, le vit tout effacé, excepté la teste et les iambes : « Helas ! que ferai ie ? dit elle. — Ne vous souciez : ie les racoustrerai bien. » Ce qu'il fit, et le vestit d'ung petit ioli bast tout neuf..., et estoit si bien qu'il n'y manquoit que la parole. Le mary, reuenu, fut receu auec une doulce liesse et bonne chere, comme le bien aimé, à force accollées et baisers mignons. Sur le soir, en deuisant, il s'aduisa : « Eh bien, « mamie, notre asne ? — Mon amy, ie n'ai point pensé à lui ; ie « ne sais comment il se porte. » Il leue la chemise de sa femme, et le regarde : « Ah ! ah ! dit il en grande admiration ; voilà bien « mon asne, mais au grand diable soit qui me l'a basté ! »

IX

LE BAISER RENDU.

On peut rapprocher cette facétie de la troisième des *Cent Nouvelles nouvelles*, l'histoire du diamant repêché, dont nous avons parlé dans la notice du conte 1 de la IIe partie (tome IV, p. 153-154).

Comparez aussi une farce de notre ancien théâtre, également citée déjà (*ibidem*, p. 154), qui est comme le développement de ce petit conte : *Farce nouuelle trez bonne et fort ioyeuse à quatre personnaiges, c'est assauoir le Gentilhomme, Lison, Naudet, et la Damoyselle.* Tandis que le seigneur, abusant effrontément du droit coutumier « de culage », lequel ne pouvait s'exercer qu'au jour des épousailles, caresse dans sa chaumière la femme de Naudet, manant taillable et corvéable, Naudet va consoler au château la damoiselle délaissée. Sa revanche est complète ; et, lorsque le gentilhomme, de retour, et trouvant la place prise, veut se fâcher, Naudet lui répond par cette moralité finale :

> Quand de Naudet tiendrés le lieu,
> Naudet sera Monsieur, par Dieu !...
> Se tenez Lison, ma femelle,
> Naudet tiendra ma damoyselle.
> Ne venez plus naudetiser,
> Ie n'iray plus seigneuriser, etc.

Nous avons dans *le Baiser rendu* une sorte de résumé très adouci ou plutôt d'imitation très discrète, de cette farce et de la troisième des *Cent Nouvelles nouvelles*.

Citons, comme imité de notre historiette, *le Baiser au porteur*, vaudeville en un acte, par Scribe, J. Gensoul, et F. de Courcy, représenté au Gymnase, le 9 juin 1824.

Guillot[1] passoit avec sa mariée.
Un gentilhomme à son gré la trouvant :

---

1. Nom de paysan, de berger, de valet ; voyez tomes II, p. 452

« Qui t'a, dit-il, donné telle épousée[1]?
Que je la baise, à la charge d'autant.
— Bien volontiers, dit Guillot à l'instant :
Elle est, Monsieur, fort à votre service. »
Le Monsieur donc fait alors son office[2]
En appuyant. Perronnelle[3] en rougit.

et note 2, IV, p. 309 et note 5. On connaît le vieux proverbe :

Qui croit guiller Guillot, Guillot le guille.

1. Ci-dessus, p. 222 et note 1.

2. Hem, hem, l'individu fait encor son office.
(*Ragotin*, vers 282.)

3. Nom de paysanne, comme Perrenelle, Pernette, Perrette, Perrine, Perrotte, Perronne, Pétronille, devenu un nom commun comme Catin, et signifiant le plus ordinairement une femme sotte, ou une ribaude : « une pernelle ou perronnelle des Flandres », par exemple, une femme publique de ce pays; dans la *Complainte d'une ravaudeuse à son amant* (OEuvres poissardes de Vadé, 1796, in-4°) :

.... Pour une perronnelle
Le gueux m'a planté là.

Voyez la fable x du livre VII, vers 1; ci-dessous, p. 259, et *le Diable de Papefiguière*, vers 144; *les Femmes savantes* de Molière, acte III, scène VI (tome IX, p. 156 et note 4); *l'Ancien Théâtre françois*, tome II, p. 154; le glossaire des *Noëls bourguignons;* les *Chansons du XVe siècle*, p. 41 :

Au'ous point veu la Perronnelle
Que les gendarmes ont emmenée?...

et, *ibidem*, une note de M. Gaston Paris sur cette chanson : « Cette chanson, malgré son peu de valeur, a été extraordinairement populaire. Notre manuscrit seul en a conservé le texte complet, mais les quatre premiers vers se retrouvent dans la farce de *Calbain* au milieu du seizième siècle, et, ce qui est plus remarquable, dans la *Comédie des Chansons* (Ancien Théâtre françois, tome IX, p. 129), au dix-septième. La Monnoye cite aussi cette chanson comme du temps de Louis XII; je ne sais d'après quel texte. Elle est mentionnée dans une pièce du seizième siècle (*Recueil de poésies françoises*, tome VIII, p. 303), et dans les chansons à danser du livre V de *Pantagruel*. « Péronnelle » est devenu un nom commun, non pas,

Huit jours après, ce gentilhomme prit
Femme à son tour; à Guillot il permit
Même faveur. Guillot tout plein de zèle[1] :
« Puisque Monsieur, dit-il, est si fidèle[2],
J'ai grand regret, et je suis bien fâché
Qu'ayant baisé seulement Perronnelle,
Il n'ait encore avec elle couché[3]. »

comme le dit Littré, par un développement analogue à celui d'autres noms propres, mais grâce à la popularité de la chanson (rapprochez l'exemple cité par lui d'un pamphlet du dix-septième siècle, où figure encore *la Péronnelle*, c'est-à-dire celle de la chanson). En Provence, le souvenir de la vieille chanson est seul resté populaire ; on dit *cantar la peronelo*, dans le sens de « parler pour rien », *chanter* : voyez *Mirèio*, chapitre II, p. 158; il semble, d'après ce passage, qu'il s'agisse d'une chanson connue, mais je tiens de M. Mistral que cette locution est employée dans le sens que je viens de dire. Dans Oudin, *Curiositez françoises*, p. 316, on trouve : « *Chanter la perronnelle*, dire des sottises, niaiser.* » *Perronnelle* est proprement le diminutif de *Perronne*, nom de femme[a] formé sur *Pierre*. Je ne sais si la chanson fait allusion à un personnage réel. » Comparez aussi, pour ce nom, et pour celui de *Guillot*, les pastourelles transcrites par Monmerqué, dans son *Théâtre français au moyen âge*, p. 35-36, 110-135, et *passim*.

1. Ci-dessus, p. 225 et note 7.
2. A sa parole.
3. « A la premiere fois qu'il (Monseigneur) rencontra le bon musnier, il le salua haultement et dist : « Dieu gard, Dieu gard « ce bon pescheur de dyamant ! » A quoi le bon musnier respondit : « Dieu gard, Dieu gard ce recoigneur de c...! — Par Nostre Dame, « tu dis vray, dist le seigneur; tays toy de moy, et si feray ie de « toy. » Le musnier fut content, et iamais plus n'en parla; non fist le seigneur, que ie sache. » (La IIIe des *Cent Nouvelles nouvelles*.) Comme on le voit, l'anecdote du *Baiser rendu* est beaucoup plus décente : il ne s'agit point dans notre conte de revanche, mais d'un consentement préalable, d'une parole donnée.

[a] Ainsi le bonhommeau dessus Perronne monte,
Et faict un paradis de ce dont on a honte.
  (*Deploration et complaincte de la mere Cardine*, p. 50.)

X

ÉPIGRAMME.

Dans les éditions hollandaises de 1685, 1686, 1705, et dans la plupart de celles qui ont suivi, sauf les plus récentes, cette pièce est intitulée : *Alix malade*.

Alis[1] malade, et se sentant presser[2],
Quelqu'un lui dit : « Il faut se confesser;
Voulez-vous pas mettre en repos votre âme?
— Oui, je le veux, lui répondit la dame :
Qu'à père André[3] l'on aille de ce pas, 5
Car il entend d'ordinaire mon cas[4]. »
Un messager y court en diligence,
Sonne au couvent[5] de toute sa puissance.
« Qui venez-vous demander? lui dit-on.
— C'est père André, celui qui d'ordinaire 10
Entend Alis dans sa confession.
— Vous demandez, reprit alors un frère,
Le père André, le confesseur d'Alis?
Il est bien loin : hélas! le pauvre père
Depuis dix ans confesse en paradis. » 15

1. C'est bien ainsi que la Fontaine a écrit ce nom, et la rime du dernier vers ne permet pas de changer cette orthographe. Nous avons aussi une *Alis* dans *les Rémois* et une autre dans *la Confidente*.
2. Par la mort. Voyez tome II, p. 329 et note 3.
3. Un « frère André » est dans *les Cordeliers* (vers 32).
4. Ma confession, mes péchés; non pas mon « cas de conscience », qui a un autre sens. Comparez tome IV, p. 69 et note 8.
5. Couvent. (1685, 1686, 1705.)

XI

IMITATION D'ANACRÉON.

C'est une imitation des odes xxviii et xxix : Ἐις τὴν ἑαυτοῦ ἑταίραν et Ἐις Βάθυλλον. Dans les éditions publiées par Walckenaer un titre a été ajouté en tête de cette pièce : *Portrait d'Iris*.

Même imitation chez Remy Belleau, tome I, p. 24-27, et p. 260-264 : *le Pourtraict de sa maistresse*, et *le Pourtraict de Bathylle*.

Nous donnons à l'*Appendice* le texte et la traduction des deux odes d'Anacréon.

Rapprochez le rondeau de Marot intitulé : *A la fille d'un peintre d'Orleans, belle entre les aultres* (tome II, p. 159).

O toi qui peins d'une façon galante[1],
Maître passé[2] dans Cythère et Paphos,

1. Au début du *Sonnet pour Mlle Colletet* :

Sève qui peins l'objet dont mon cœur suit la loi....

2. Ci dessus, p. 226 et note 3.

— Au Champ Gaillard (*quartier de filles*) ic me suis passé maistre.
(*Recueil de poésies françoises*, tome II, p. 103.)

Refuz est le grant chancellier,
C'est celuy qui passe les maistres.
(Coquillart, tome I, p. 76.)

A souper l'auront, à la charge
Qu'il portera du vin assez
Pour dix buueurs maistres passez.
(Marot, tome IV, p. 37.)

Estienne, ce plaisant mignon,
De la danse du Compaignon,
Que pour vous il a compassée,
M'a ià faict maistresse passée.
(*Ibidem*, tome I, p. 207.)

Maistre passé serez certainement
En un rondeau.
(*Ibidem*, tome II, p. 128.)

Fais un effort, peins-nous Iris absente.
Tu n'as point vu cette beauté charmante,
Me diras-tu; tant mieux pour ton repos. 5
Je m'en vais donc t'instruire en peu de mots :
Premièrement, mets des lis et des roses[1];
Après cela des amours et des ris[2].
Mais à quoi bon le détail de ces choses?

....Et les sept arts dont il fut passé maistre.
(SAINT-GELAIS, tome II, p. 75.)
.... Maistres passez en l'art de bien parler.
(REGNIER, satire I, vers 54.)

« Il deuint ung trez bon maistre passé en tous affaires. » (BRANTÔME, tome II, p. 421 ; *ibidem*, tomes IV, p. 144, V, p. 104, VI, p. 41, 487.)

1.
Il te faut mettre auec les lis
Des œillets fraischement cueillis,
Et meslier le tout ensemble :
Ou bien, comme la rose tremble
Nageant dessus le lait caillé,
Tel et pareil soit esmaillé
Son teint, et sa rougeur encore,
Telle que la porte l'Aurore.
(REMY BELLEAU, tome I, p. 262.)

2. On peut rapprocher de ces vers ce passage de la comédie de *Clymène*, vers 460–466 :

.... Mais n'est-ce point assez célébré notre belle?
Quand j'aurai dit les jeux, les ris, et la séquelle,
Les grâces, les amours, voilà fait à peu près.
— Vous pourrez dire encor les charmes, les attraits,
Les appas.
— Et puis quoi?
— Cent et cent mille choses.
Je ne vous ai conté ni les lis ni les roses;
On n'a qu'à retourner seulement ces mots-là.

Voyez aussi *ibidem*, vers 588 et suivants; le poème d'*Adonis*, vers 75 :

Rien ne manque à Vénus, ni les lis, ni les roses, etc.;

et comparez *Psyché*, livre I (tome III *M.-L.*, p. 25): « Psyché possédoit tous les appas que l'imagination peut se figurer et ceux où l'imagination même ne peut atteindre.... C'étoit quelque chose au-dessus de tout cela, et qui ne se sauroit exprimer par les lis, les roses,

> D'une Vénus tu peux faire¹ une Iris ;
> Nul ne sauroit découvrir le mystère :
> Traits si pareils jamais ne se sont vus ;
> Et tu pourras à Paphos et Cythère
> De cette Iris² refaire une Vénus³.

l'ivoire ni le corail. » Semblables images dans *le Songe de Vaux* (*ibidem*, p. 222) : « En vain j'emploierois tout ce qu'il y a de lis et de roses ; en vain je chercherois des comparaisons jusque dans les astres : tout cela est foible, et ne peut représenter qu'imparfaitement les charmes de cette beauté divine » ; dans une lettre à la duchesse de Bouillon de novembre 1687 : « Adieu les lis et les roses de nos Amintes » ; et dans *la Courtisane amoureuse*, vers 64 et note 1 :

> Bientôt le lis l'emporta sur la rose.

1. *Tu peux faire*, au sens de « tu n'as qu'à faire ».

2. Ce nom revient souvent, et avec application, plusieurs fois, à Mme de la Sablière, dans les écrits de la Fontaine : voyez tome II, p. 458 et note 7. Il l'a employé aussi, non sans ironie, dans la pièce intitulée : *Pour Mignon, chien de S. A. R. Madame Douairière d'Orléans* (tome V *M.-L.*, p. 65) :

> Mignon a la taille mignonne :
> Toute sa petite personne
> Plaît aux Iris des petits chiens,
> Ainsi qu'à celles des chrétiens.
> Las ! qu'ai-je dit qui te fait plaindre ?
> Ce mot d'Iris est-il à craindre ?

3. Comparez le poème d'*Adonis*, vers 81-82 :

> Et, s'il falloit juger de l'objet le plus doux,
> Le sort seroit douteux entre Vénus et vous ;

la comédie de *Clymène*, vers 303 :

> ....Voilà Vénus ; c'est elle assurément ;

et la lettre *à l'abbesse de Mouzon* (tome V *M.-L.*, p. 4) :

> ....Mars et Condé, car c'est tout un,
> Comme tout un vous et Cyprine.

Pareil éloge dans *le Tableau*, vers 102-105 :

> A ces sœurs l'enfant de Cythère
> Mille fois le jour s'en venoit
> Les bras ouverts, et les prenoit
> L'une après l'autre pour sa mère.

XII

AUTRE IMITATION D'ANACRÉON.

Walckenaer a ajouté à ce titre celui de *l'Amour mouillé*, sous lequel cette pièce est généralement connue.

C'est l'ode III d'Anacréon : Ἐις Ἔρωτα, qui a inspiré plus d'une fois les peintres et les sculpteurs.

Nous donnons à l'*Appendice* le texte et la traduction de cette ode ; et, en outre, la poésie de Ronsard, *l'Amour mouillé*, dans laquelle est imitée aussi l'ode d'Anacréon.

Comparez, parmi les anciens traducteurs de cette aimable et gracieuse petite fable, Remy Belleau, tome I, p. 8 : *Songe ou Deuis d'Anacreon et d'Amour*; Olivier de Magny (*Souspirs*, p. 60, sonnet LXXXIII); Dufour de la Crespelière, dans *les Récréations poétiques, amoureuses et galantes* (Paris, 1669, in-12), pièce intitulée : *de l'Amour*; Ignacio de Luzan (*le Parnasse espagnol*, Madrid, 1776, in-8°, tome IV, p. 167); etc.

Cherubini l'a mise en musique dans son opéra, *Anacréon, ou l'Amour fugitif*, joué à Paris en 1803.

Citons aussi *l'Amour mouillé*, comédie-vaudeville, en un acte, de MM. Jules Barbier et Michel Carré, représentée, le 5 mai 1850, au Gymnase ; et un opéra-comique, portant le même titre, en trois actes, de MM. Jules Prével et Armand Liorat, musique de M. Louis Varney, joué au théâtre des Nouveautés le 25 janvier 1887.

    J'étois couché mollement,
    Et, contre mon ordinaire,
    Je dormois tranquillement,
    Quant un enfant s'en vint faire
    A ma porte quelque bruit[1].   5

[1]   Amour, du beau traict qu'il porte,
    S'en vint heurter à ma porte.
        (REMY BELLEAU, à l'endroit cité.)

Il pleuvoit fort cette nuit :
Le vent, le froid, et l'orage,
Contre l'enfant faisoient rage [1].
« Ouvrez, dit-il, je suis nu. »
Moi, charitable et bon homme,
J'ouvre au pauvre morfondu [2],
Et m'enquiers comme il se nomme.
« Je te le dirai tantôt,
Repartit-il : car il faut
Qu'auparavant je m'essuie. »
J'allume aussitôt du feu.

1. Voyez la fable xix du livre IX, vers 29 :

> Haranguez de méchants soldats:
> Ils promettront de faire rage;

et le conte du *Muletier*, vers 87 et la note. « Cest asne... faisoit rage; il couroit à trauers pays, etc. » (B. DES PÉRIERS, tome I, p. 137.) « Alviano, estant fort ieune et tout feu, fit rage en ceste guerre. » (BRANTÔME, tome II, p. 198.) « .... Une centaine de bons arquebuziers qui firent rage. » (*Ibidem*, tome VI, p. 47.) « Le mary vint à auoir l'esguillette desnouée, et fit rage et feu. » (*Ibidem*, tome IX, p. 95.) « Cette cérémonie est une canonisation.... Toute la musique de l'opéra y fait rage. » (MME DE SÉVIGNÉ, tome II, p. 473.)

2. Pour se sauver de la pluie,
    Entre un passant morfondu.
          (Livre V, fable vii, vers 9-10.)

Comparez la fable ii du livre IX, vers 35-36 :

> L'air devenu serein, il part tout morfondu,
> Sèche du mieux qu'il peut son corps chargé de pluie;

et *la Coupe enchantée*, vers 159 et la note, où le mot est pris au figuré : « un amant morfondu ». — « La cour estoit serrée en deux petits villages, où i'arriuay bien bouillonneux et crotté, gelé et morfondu. » (DU FAIL, tome I, p. 238.) « Nous resterons aussi morfondus et glacez que ceux qui passent le mont Cenis. » (*Ibidem*, tome II, p. 17.) « Guillemin, tout morfondu comme à la messe de minuict, souffloit et ressoufloit. » (*Ibidem*, p. 185.) « Quelques disciples maigres, pasles et morfondus. » (D'AUBIGNÉ, *les Aventures du baron de Fœneste*, livre IV, chapitre ix.)

Il regarde si la pluie
N'a point gâté quelque peu
Un arc[1] dont je me méfie.
Je m'approche toutefois,
Et de l'enfant prends les doigts,
Les réchauffe; et dans moi-même
Je dis : « Pourquoi craindre tant?
Que peut-il? c'est un enfant :
Ma couardise est extrême
D'avoir eu le moindre effroi;
Que seroit-ce si chez moi
J'avois reçu Polyphème[2]? »
L'enfant, d'un air enjoué,
Ayant un peu secoué
Les pièces de son armure[3]
Et sa blonde chevelure,
Prend un trait, un trait vainqueur,
Qu'il me lance au fond du cœur.
« Voilà, dit-il, pour ta peine.
Souviens-toi bien de Clymène[4],

1.
>Faisons, me dit il, espreuue
>Si mon arc est point gasté.
>(REMY BELLEAU, à l'endroit cité.)

2. Le cyclope: ci-dessus, p. 182 et note 2. — Ce trait n'est pas chez Anacréon.

3. Il ne s'agit évidemment ici que de son arc et de son carquois, puisqu'il est nu.

4. Dans une lettre au duc de Vendôme du mois de septembre 1689, la Fontaine oppose les *Clymènes* aux *Jeannetons*, filles du commun (tome III *M.-L.*, p. 427-428) :

>Le reste ira, ne vous déplaise,
>En vins, en joie, *et cætera*.
>Ce mot-ci s'interprétera
>Des Jeannetons, car les Clymènes
>Aux vieilles gens sont inhumaines.

Voyez aussi ses *Élégies* (tome V *M.-L.*, p. 84 et suivantes), sa

Et de l'Amour, c'est mon nom.
— Ah! je vous connois, lui dis-je,
Ingrat et cruel garçon¹ ;
Faut-il que qui vous oblige   40
Soit traité de la façon² ! »
Amour fit une gambade³,
Et le petit scélérat
Me dit : « Pauvre camarade,
Mon arc est en bon état,   45
Mais ton cœur est bien malade⁴. »

comédie de *Clymène* qui fait allusion sans doute à quelque aventure amoureuse de sa jeunesse ; et *passim*. C'est un nom qui, comme celui d'*Iris*, revient souvent sous sa plume.

1. Dans *le Tableau*, vers 164, l'Amour est « un étrange garçon » ; chez Ronsard, tomes I, p. 142, II, p. 31 : « un mauuais garçon » :

C'est trop chanté d'Amour et en trop de façon :
La France ne connoît que ce mauuais garçon ;

chez Saint-Gelais, tome II, p. 92 : « un enuieux garçon », *ibidem*, p. 161 : « un aueugle garçon », chez Marot, tomes III, p. 143, 149 : « un faulx garçon », I, p. 8 : « un cruel enfant ».

2. On se riroit de vous, Alceste, tout de bon.
Si l'on vous entendoit parler de la façon.
(MOLIÈRE, *le Misanthrope*, acte I, scène 1, vers 204.)

3. Chez Coquillart (tome II, p. 270) :

.... Bon corps pour faire la gambade ;
Saillir, saulter, par long, par lé ;

chez Scarron (*le Virgile travesti*, livre VII) :

Mes beaux Messieurs de l'ambassade,
Vous n'avez qu'à faire gambade.

Même locution : « faire gambade », au vers 194 des *Lunettes*.

4. Mon arc est bien, et t'asseure
Qu'au cœur en as la blesseure.
(REMY BELLEAU, à l'endroit cité.)

XIII

LE PETIT CHIEN

QUI SECOUE DE L'ARGENT ET DES PIERRERIES.

Ce conte est emprunté à l'*Orlando furioso* de l'Arioste : il commence à la 67⁰ octave du chant XLIII et finit à la 144⁰ octave inclusivement du même chant. Nous donnons dans le commentaire et à l'*Appendice* un certain nombre des strophes du poète italien.

C'est au paladin Renaud (ci-dessus, fin de *la Coupe enchantée*) qu'un gondolier raconte l'histoire du merveilleux petit chien, tandis qu'ils descendent sur une barque le cours du Pô. Renaud vient justement de refuser de tenter l'essai imprudent de la coupe, et il a encore l'esprit tout rempli des preuves trop nombreuses et trop certaines de la fragilité des femmes.

On peut rapprocher du *Petit Chien* le conte de Perrault intitulé *les Fées* : on se rappelle qu'à chaque parole que dit l'une des deux jeunes filles, celle qui est si belle, si bonne, si honnête, elle jette par la bouche des roses ou des pierres précieuses, tandis que la méchante sœur crache des vipères ou des crapauds. Le fils du roi rencontre la bonne fille, en devient amoureux, et, « considérant qu'un tel don (les perles et les diamants qui sortent de ses lèvres) valoit mieux que tout ce qu'on pouvoit donner en mariage à une autre », il l'emmène au palais de son père et l'épouse.

Voyez aussi le conte de *Peau d'âne* mis en vers par le même, où il est question d'« un âne aux vertus nonpareilles » :

> Tel et si net le forma la nature,
> Qu'il ne faisoit jamais d'ordure,
> Mais bien beaux écus au soleil,
> Et louis de toute manière,
> Qu'on alloit recueillir sur la blonde litière,
> Tous les matins à son réveil.

Cet âne permet à son maître d'être aussi généreux que le héros du *Petit Chien* :

> ... Est-ce une si grande merveille

c. XIII] TROISIÈME PARTIE. 243

> Que tous ces dons que vous en recevez,
> Tant qu'il aura l'âne que vous savez,
> Qui d'écus d'or sans cesse emplit sa bourse?

Comparez, chez la Fontaine, la fable de *la Poule aux œufs d'or* (tome I, p. 404-406), sous les formes diverses qu'elle a revêtues depuis les temps les plus anciens, et que nous indiquons dans la notice et les notes de cet apologue ; la légende de *l'Oiseau* aux plumes, aux œufs d'or, etc., chez les frères Grimm (*Kinder und Hausmärchen*, Göttingue, 1850, in-4°), contes 57, 60, 122, etc.; et, chez Straparole (IIIe nuit, fable III), l'histoire de Blanchebelle qui fait ruisseler de ses blonds cheveux perles, topazes, rubis, diamants, de ses blanches mains roses, violettes, et toute espèce de fleurs ; *ibidem* (IVe nuit, fable III), celle des trois petits enfants dont le front étoilé sème les bagues et les pierres précieuses; et (V^e nuit, fable II), celle de la poupée qui, « en faisant la caque, rend deniers, jette or et argent à foison ». « Dans un conte slave, *le Pleur de perles*, recueilli par Glinski et traduit par M. A. Chodzko, la bonne sœur, dit M. André Lefèvre[1], ayant fait l'aumône à un pauvre vieillard, reçoit de trois jeunes gens inconnus le don de pleurer des perles, de sourire des roses, de remplir de poissons dorés l'eau que touchera sa main. La mauvaise sœur, par jalousie, fait l'aumône au vieillard; mais les trois jeunes gens la condamnent à pleurer des lézards, à sourire des crapauds, à remplir l'eau de serpents. Une variante allemande remplace les trois jeunes gens par trois nains, les perles et les roses par des pièces d'or. »

M. Lefèvre parle aussi (*ibidem*, p. LXIV) de la petite Pouffe, la chienne de *la Belle au bois dormant*, qui s'endort sur le lit de sa maîtresse en même temps qu'elle, comme d'une sœur du *Petit Chien qui secoue de l'argent et des pierreries*, de la chienne d'Érigone, de Seirios, gardien des étoiles, qu'on voit sur quelques gemmes antiques. Mais n'est-ce pas faire trop d'honneur à la petite Pouffe qui n'a pas tant de prétentions, et ne « secoue » ni pistoles, ni perles, ni rubis? Pourquoi n'a-t-il pas parlé également du petit chien Frétillon, et de la petite chienne Cabriole, dans *la Princesse Rosette*, et dans *la Belle aux cheveux d'or*, par Mme d'Aulnoy?

Citons enfin le XLVIIIe des *Contes populaires lorrains* recueillis par M. Emmanuel Cosquin, tome I, p. 245-250 : dans ce conte inti-

---

1. *Les Contes de Charles Perrault*, Paris, s. d., p. LXXII-LXXIII.

tulé *la Salade blanche et la Salade noire*, on voit des émeraudes, des diamants, des saphirs et des escarboucles tomber des lèvres d'une petite fille, parce qu'elle a répondu poliment à la Sainte Vierge ; mais de la bouche de son petit frère, qui lui a répondu malhonnêtement, s'échappent des crapauds, des scorpions et des vipères. M. Cosquin énumère des variantes de ce même thème empruntées à de nombreux récits : de Naples, de la Lithuanie, de l'Allemagne, du Tyrol, de la Souabe, de la Flandre, de l'Écosse, de la Serbie, de l'Irlande, du Japon, de la Perse, de l'Inde[1], et renvoie, en terminant, à l'introduction du *Pantschatantra* de Benfey, p. 379-380.

Mme de Sévigné fait l'éloge du *Petit Chien* dans une lettre à sa fille du 6 mai 1671 (ci-dessus, p. 7).

La clef du coffre-fort et des cœurs, c'est la même.
 Que si ce n'est celle des cœurs,
 C'est du moins celle des faveurs :
 Amour doit à ce stratagème
 La plus grand'part de ses exploits ;   5
 A-t-il épuisé son carquois,
Il met tout son salut en ce charme suprême[2].
Je tiens qu'il a raison ; car qui hait les présents ?
 Tous les humains en sont friands[3],
Princes, rois, magistrats. Ainsi, quand une belle   10
 En croira l'usage permis,
Quand Vénus ne fera que ce que fait Thémis[4],

---

1. Voyez aussi pour les contes de l'Inde, et l'épisode des rubis tombant de la bouche, des perles tombant des yeux (d'une princesse ou d'un oiseau), *ibidem*, p. 336 et 339.

2. .... Pour tout carquois, d'une large escarcelle
  En ce pays le dieu d'amour se sert.
   (*Richard Minutolo*, vers 89-90 et la note.)

3. Comparez, pour cette expression : « friand de », notre tome IV, p. 380 et note 3.

4. Sur ces abus de dame Thémis, voyez ci-dessus, tome IV, p. 130 et note 2 ; la fable IX du livre IX, *l'Huître et les Plaideurs*;

Je ne m'écrirai[1] pas contre elle.
On a bien plus d'une querelle
A lui faire sans celle-là.   15

Un juge mantouan belle femme épousa.
Il s'appeloit Anselme; on la nommoit Argie[2] :
Lui, déjà vieux barbon[3]; elle, jeune et jolie[4],
    Et de tous charmes assortie[5].
    L'époux, non content de cela,   20
    Fit si bien par sa jalousie,
Qu'il rehaussa de prix celle-là qui d'ailleurs
    Méritoit de se voir servie[6]
    Par les plus beaux et les meilleurs.

la fin de la fable XIII du livre XII, *le Renard, les Mouches, et le Hérisson;* et Racine, *les Plaideurs,* acte II, scène VII (tome II, p. 186 et note 1).

1. Comparez, pour cette orthographe, tome IV, p. 256 et 286 ; et, pour le tour : « Quand Vénus, etc. », *ibidem*, p. 259 et note 5. — Nous avons rencontré la locution *s'écrier à*, pour « apostropher », dans la fable I du livre III, vers 44 :

Le plus vieux au garçon s'écria tant qu'il put ;

et dans la fable XVIII du même livre, vers 46 :

Ce bloc enfariné ne me dit rien qui vaille.
S'écria-t-il de loin au général des chats.

— La Fontaine, on le voit, est plus indulgent ici que dans le conte IX de la IIe partie.

2. Ce sont les mêmes noms que chez l'Arioste.
3. Voyez tome IV, p. 331 : « barbe grise », p. 387 : « un mari..., vieux barbon » ; ci-dessous, vers 453 ; et l'avant-dernier vers du conte des *Troqueurs* :

Un rapporteur barbon et bien en femme.

4.   Vous, vieux penard ; moi, fille jeune et drue.
        (*Le Calendrier des Vieillards*, vers 207.)

5. Ci-dessus, p. 19 et note 4.
6.   J'ai servi des beautés de toutes les façons.
        (*Les Oies*, vers 24 et note 3.)

Elle le fut aussi¹ : d'en dire la manière,   25
    Et comment s'y prit chaque amant,
Il² seroit long : suffit que cet objet charmant³
Les laissa soupirer, et ne s'en émut guère.

Amour établissoit chez le juge ses lois⁴,
Quand l'État mantouan, pour chose de grand poids,   30
Résolut d'envoyer ambassade au saint-père.
Comme Anselme étoit juge, et de plus magistrat⁵,
    Vivoit avec assez d'éclat,
    Et ne manquoit pas de prudence,

---

1. « Il estoit vieulx et auoit pris ieune femme. .... L'homme vieulx qui prent ieune femme, puis que le sang frez et chere nouuelle le resioye d'une part, il se griesue de l'aultre; car voluntiers desuient ialoux et a soing que sa femme ne luy fasse faulte, car il scet bien qu'il n'est point souffisant pour elle, et se mest à la bien norrir et à son ayse pour maintenir son amour, et c'est ce qui la faict lubrique et rompre la bride de bonne contenance, et consequemment c'est ce qui la faict desirer hommes de son eage, pour quoy elle se meffaict. Puis se mest à la bien vestir et orner affin qu'elle ne desire d'auoir habillemens ne ornemens senon de son mary, car s'elle n'estoit bien parée elle trouueroit qui luy en donroit; et c'est ce qui la faict soliciter par les ieunes compaignons, et pour quoy souuent on treuue occasion d'aler et venir et souuentes foys se mal gouuerner. » (*Roman des Sept Sages*, p. 201 de l'édition de 1876.) « Regardons... que ceste grande et violente aspreté d'obligation que nous leur enioignons ne produise deux effets contraires à nostre fin : à sçauoir qu'elle aiguise les poursuyuans, et fasse les femmes plus faciles à se rendre ; car, quant au premier poinct, montant le prix de la place, nous montons le prix et le desir de la conqueste. Seroit ce pas Venus mesme qui eust ainsi finement haulsé le cheuet à sa marchandise?... Et quant au second poinct, serions nous pas moins cocus, si nous craignions moins de l'estre? (Montaigne, tome III, p. 317-318.) — Comparez *la Coupe enchantée*, vers 156-173.

2. Ci-dessus, p. 203 et note 6.

3. Voyez *la Courtisane amoureuse*, vers 230.

4. C'est-à-dire : s'y préparait ses voies ordinaires, y établissait peu à peu son empire.

5. Administrateur, officier de ville.

On le députe¹ en diligence. 35
Ce ne fut pas sans² résister
Qu'au choix qu'on fit de lui consentit le bon homme³.
L'affaire étoit longue à traiter;
Il devoit demeurer dans Rome
Six mois, et plus encor; que savoit-il combien? 40
Tant d'honneur pouvoit nuire au conjugal lien :
Longue ambassade et long voyage
Aboutissent à cocuage.
Dans cette crainte⁴, notre époux
Fit cette harangue à la belle : 45
« On nous sépare, Argie ; adieu ! Soyez fidèle
A celui qui n'aime que vous.
Jurez-le-moi; car, entre nous,
J'ai sujet d'être un peu jaloux.
Que fait autour de notre porte 50
Cette soupirante cohorte⁵?
Vous me direz que jusqu'ici

1. Rapprochez les vers 20 de la fable III du livre X et 9 de la fable XXVI du livre VIII.

2. Voyez, pour ce tour, tome IV, p. 218 et note 3 : « ce ne fut pas sans rire ».

3. *In questo tempo a la mia patria accade*
    Mandare un oratore al Padre santo,
    Che resti appresso a la sua Santitade
    Per alcun tempo, e non fu detto quanto.
    Getta la sorte, e nel giudice cade,
    O giorno a lui cagion sempre di pianto;
    Fe' scuse, prego assai, diede e promesse
    Per non partirsi ; ed al fin sforzato cesse.
    (Orlando furioso, chant XLIII, stance 82.

4. Pensez qu'ung homme est tormenté...,
    Delaissant auec le mesnage
    La femme en la fleur de son age!
    (GREVIN, la Tresorière, acte I, scène II.)

5. Une troupe béante
    De langoureux transis.
    (REGNIER, satire III, vers 138-139.)

La cohorte a mal réussi :
Je le crois ; cependant, pour plus grande assurance[1],
    Je vous conseille en mon absence   55
De prendre pour séjour notre maison des champs.
    Fuyez la ville et les amants,
        Et leurs présents :
    L'invention en est damnable ;
Des machines d'Amour[2] c'est là plus redoutable ; 60
    De tout temps le monde a vu Don
    Être le père d'Abandon.
Déclarez-lui la guerre ; et soyez sourde, Argie,
    A sa sœur la Cajolerie[3].
Dès que vous sentirez approcher les blondins[4],   65
Fermez vite vos yeux, vos oreilles, vos mains.
Rien ne vous manquera ; je vous fais la maîtresse

— Même mot, *cohorte*, pris aussi ironiquement, au vers 28 de la fable VII du livre XII (tome III, p. 223 et note 11) ; dans le conte des *Lunettes*, vers 191 : « l'antique cohorte » ; chez Scarron, *l'Écolier de Salamanque*, acte II, scène IV : « cohorte de sergents » ; chez Regnard, satire *Contre les maris* : « la maligne cohorte des laquais ». Rapprochez Coquillart, tome I, p. 85 :

> Puis, quand la bourgoise est en galles,
> Une caterue, une brigade,
> Vient iouer au son des cimbales, etc. ;

et Molière, *le Misanthrope*, acte II, scène I :

> Et votre complaisance un peu moins étendue
> De tant de soupirants chasseroit la cohue.

1. Page 44 et note 4.
2. Voyez les vers 221 de *la Coupe enchantée*, 3 du *Magnifique*, et les notes.
3. *Don, abandon, cajolerie*, personnifiés, comme l'ont déjà été les mots *cocuage, pucelage, négligence, ingratitude*, etc., etc. — Comparez les vers 12-13 des *Oies* :

> Je craindrois bien plutôt que la cajolerie
>   Ne mît le feu dans la maison.

4. Ci-dessus, p. 111 et note 4.

De tout ce que le Ciel m'a donné de richesse :
Tenez, voilà les clefs de l'argent, des papiers ;
  Faites-vous payer des fermiers :   70
  Je ne vous demande aucun compte[1].
 Suffit que je puisse sans honte
Apprendre vos plaisirs ; je vous les permets tous,
  Hors ceux d'amour, qu'à votre époux
Vous garderez entiers[2] pour son retour de Rome. » 75
  C'en étoit trop pour le bon homme[3] ;
Hélas ! il permettoit tous plaisirs, hors un point
  Sans lequel seul il n'en est point.
Son épouse lui fit promesse solennelle
  D'être sourde, aveugle, et cruelle[4],   80
  Et de ne prendre aucun présent ;
Il la retrouveroit, au retour, toute telle[5]
  Qu'il la laissoit en s'en allant[6],
  Sans nul vestige de galant[7].

1. Chez l'Arioste, un astrologue prédit à Anselme que sa femme se laissera séduire en son absence par de riches présents. C'est pourquoi, afin de l'empêcher de succomber à la tentation, il remet entre les mains d'Argie tout ce qu'il possède d'argent, de bijoux (stances 86-91).
2. Rapprochez *le Calendrier des Vieillards*, vers 139 et note 3 : « épouse entière ».
3. Il en demandait trop.
4. Ci-dessus, vers 66.
5. Comparez *la Mandragore*, vers 216.
6. « Ie vous promectz de ceste heure, de courage ferme, arresté..., d'attendre le iour de vostre reuenue en vraie, pure, et entiere chasteté de mon corps. » (*Les Cent Nouvelles nouvelles*, p. 413.)
7. Voyez la note 3 de la page 50 du tome IV.

— *De la dura partita ella si duole,*
 Con che lagrime, o Dio ! con che querele !
 E giura che piu tosto oscuro il sole
 Vedrassi, che gli sia mai si crudele,
 Che rompa fede ; e che vorria morire
 Piu tosto ch' aver mai questo desire.
         (Stance 85.)

Anselme étant parti, tout aussitôt Argie 85
  S'en alla demeurer aux champs¹ ;
  Et tout aussitôt les amants
  De l'aller voir firent partie².
Elle les renvoya : ces gens l'embarrassoient,
  L'attiédissoient³, l'affadissoient⁴, 90
  L'endormoient en contant leur flamme⁵ ;
  Ils déplaisoient tous à la dame,
  Hormis certain jeune blondin
  Bien fait et beau par excellence⁶,

1. Voyez ci-dessus le vers 56, et le conte du *Bât*, vers 2 et la note.
2. Résolurent de, se concertèrent pour, l'aller voir :

.... La partie ainsi faite, il vient avec ses gens.
  (Livre IV, fable IV, vers 19.)

« Alcidon... fait partie avec Célidan d'aller voir Clarice. » (Corneille, *Examen de la Veuve*.) « Sa femme est autour de moi, entendant très bien la partie que je fais avec elle de ne la voir d'aujourd'hui. » (Mme de Sévigné, tome VII, p. 294.) Dans *l'Étourdi* de Molière, vers 1157, « faire parti », peut-être pour la rime :

  Léandre fait parti
Pour enlever Célie, et j'en suis averti ;

à moins que « fait parti » ne veuille dire là : « forme une troupe ».

3.   Je crains que votre âme
  Ne s'attiédisse et s'endorme en sa flamme.
        (Élégie à Iris, tome V M.-L., p. 210.)

Vos froids raisonnements ne feront qu'attiédir
Un spectateur, etc.
        (Boileau, *l'Art poétique*, chant III, vers 21.)

4. « Il faut se prêter, s'accommoder, s'affadir avec les enfants de la terre, nous qui devions en être le sel. » (Massillon, *Discours sur la fuite du monde nécessaire aux clercs*, tome X, p. 79, de l'édition des Œuvres complètes de 1818.) Chez la Rochefoucauld, au propre (tome I, p. 93) : « Il y a de bonnes viandes qui affadissent le cœur. »

5. .... Pas une ne s'endort à ce bruit si flatteur.
      (*Discours à Mme de la Sablière*, à la suite du livre IX des Fables, vers 5.)

6. De façon à exceller sur tous. — « J'auois ouï dire que Ita-

> Mais qui ne put par sa souffrance[1] 95
> Amener à son but[2] cet objet[3] inhumain.
> Son nom c'étoit Atis[4]; son métier, paladin[5].
> Il ne plaignit[6] en son dessein
> Ni les soupirs ni la dépense.
> Tout moyen par lui fut tenté[7]; 100
> Encor si des soupirs il se fût contenté :
> La source en est inépuisable ;
> Mais de la dépense c'est trop.

liens estoient subiects à trois vices par excellence.... » (*L'Hepta-méron*, p. 356.) « Quatre filles belles par excellence. » (*Les Heures perdues*, conte IV.) «....C'est cet Agathon... qu'Aristophane raille plaisamment en le faisant venir habillé en femme dans le « Juge-« ment des femmes contre Euripide ». Il falloit qu'il fût beau par excellence. » (RACINE, tome VI, p. 268.)

> Peau, gorge, taille, bras, tout beau par excellence.
> (*OEuvres* de Vergier, tome II, p. 33.)

— Comparez la fable v du livre III, vers 24 :

> Si le Ciel t'eût, dit-il, donné par excellence...;

et les contes de *Féronde*, vers 21 : « tendrons beaux par excel-lence » ; du *Remède*, vers 14 :

> Frais, délicat, et beau par excellence.

1. Par son « martyre ».
2. A son point (*Richard Minutolo*, vers 214 et note 2).
3. Ci-dessus, vers 27.
4. Il s'appelle Adonio dans l'Arioste.
5. Page 111 et note 6 :

> Il se présenta des blondins,
> De bons bourgeois, des paladins.

6. Ne ménagea, n'épargna, ne regretta ; voyez ci-dessus, p. 199, et *le Faucon*, vers 12-13 et note 6 :

> ....Sachant très bien qu'en amour comme en guerre
> On ne doit plaindre un métal qui fait tout.

7. Pleurs et soupirs furent tentés.
(*La Coupe enchantée*, vers 299.)

Le bien de notre amant s'en va¹ le grand galop²;
  Voilà mon homme misérable. 105
Que fait-il? il s'éclipse³; il part; il va chercher
  Quelque désert pour se⁴ cacher⁵.

  En chemin il rencontre un homme,
Un manant⁶, qui, fouillant avecque son bâton,
Vouloit faire sortir un serpent d'un buisson. 110
  Atis s'enquit de la raison.
« C'est, reprit le manant, afin que je l'assomme⁷.

1.   Votre repos, votre honneur, votre bien,
       S'en sont allés aux plaisirs de Clitie.
                    (*Le Faucon*, vers 204-205.)

2. Même figure dans une épitre *à M. le Surintendant* (tome V M.-L., p. 27) :

       Nos ans s'en vont au galop,
       Jamais à petites journées.

3.   *La casa ch'era dianzi frequentata*
       Mattina e sera tanto dagli amici,
       Sola resto, tosto che fu privata
       Di starne, di fagian', di coturnici.
       Egli, che capo fu de la brigata,
       Rimase dietro e quasi fra' mendici.
       Penso, poi ch'in miseria era venuto,
       D'andare ove non fosse conosciuto.
                              (Stance 76.)

4. Le. (1685, 1686.)

5. Ces vers rappellent les vers 75-78 du *Faucon:*

       .... J'ai dit qu'il ne resta
       Au pauvre amant rien qu'une métairie,
       Chétive encore, et pauvrement bâtie.
       Là Frédéric alla se confiner.

6. Un paysan : tome II, p. 40 et note 1. — *Un villan.... con un gran bastone* (stance 78).

7.   Un homme vit une couleuvre :
       « Ah! méchante, dit-il, je m'en vais faire une œuvre
            Agréable à tout l'univers! »
                    (Livre X, fable 1, vers 1-3.)

Quand j'en rencontre sur mes pas,
Je leur fais de pareilles fêtes[1].
— Ami, reprit Atis, laisse-le; n'est-il pas   115
Créature de Dieu[2] comme les autres bêtes? »
Il est à remarquer que notre paladin
N'avoit pas cette horreur commune au genre humain
Contre la gent[3] reptile et toute son espèce[4].
    Dans ses armes il en portoit,   120
    Et de Cadmus il descendoit,
Celui-là qui devint serpent sur sa vieillesse[5].
Force fut[6] au manant de quitter son dessein ;
Le serpent se sauva. Notre amant à la fin
S'établit dans un bois écarté, solitaire :   125

1. Même euphémisme chez des Périers (tome II, p. 243) : « Pensez, si Iuno treuue une foys ce liure, et qu'elle vienne à lire tous ces beaulx faictz (de Jupiter), quelle feste elle luy menera » ; chez Brantôme, tomes IV, p. 191 : « En telles festes il y a tousiours des coups donnez et receuz », V, p. 119, 253, 255, IX, p. 598, 600, et p. 665 : « En ceste feste tout estoit de guerre et de cousteau. » — Comparez tome IV, p. 496 et note 1 :

    .... Dans ce lieu tu ne me verras point
    Un mois entier sans qu'on m'y fasse fête.

2. Tome IV, p. 466. — 3. Tome III, p. 81 et note 5.
4. *Et ait Dominus Deus ad serpentem :* « ....*Maledictus es inter omnia animantia et bestias terræ.* » (*Genèse*, chapitre III, verset 14.)
5. Voyez sur Cadmus, les *Métamorphoses* d'Ovide, livre IV, vers 562-602. — Ses ancêtres, dit l'Arioste, étaient nés des dents du dragon semées par Cadmus :

    Era d'antiqua e d'onorata gente
    Che discendea da quel lignaggio altiero
    Ch'usci d'una mascella di serpente....
    Sempre solea le serpi favorire
    Che per insegna il sangue suo le porta,
    In memoria ch'usci sua prima gente
    De' denti seminati di serpente.
                       (Stances 74 et 79.)

6. Tome IV, p. 226 et note 7.

Le Silence y faisoit sa demeure ordinaire [1],
　　Hors quelque oiseau qu'on entendoit,
　　Et quelque écho qui répondoit.
　　Là le bonheur et la misère
Ne se distinguoient point, égaux en dignité　　　130
Chez les loups qu'hébergeoit ce lieu peu fréquenté.
Atis n'y rencontra nulle tranquillité :
Son amour l'y suivit ; et cette solitude,
Bien loin d'être un remède à son inquiétude,
　　En devint même l'aliment [2],　　　135
Par le loisir qu'il eut d'y plaindre son tourment [3] ;
Il s'ennuya bientôt de ne plus voir sa belle.
« Retournons, ce dit-il, puisque c'est notre sort :
　　Atis, il t'est plus doux encor
　　De la voir ingrate et cruelle　　　140
　　Que d'être privé de ses traits [4] :
　　Adieu, ruisseaux, ombrages frais,

1.　　　Forêts..., retraites du Silence.
　　　(*Poëme de la captivité de saint Malc*, vers 105.)

Comparez Racine (tome IV, p. 26) : « demeures de silence » ; et le poëme d'*Adonis*, vers 31 :

　　Sous ses ombrages verts loge la Solitude.

2. « Ny les deserts, ny les rochers creusez, dit Montaigne (tome I, p. 338), ne nous en desmeslent (des tourments). »

　　Caché dans ces forêts dont l'ombre est éternelle,
　　J'ai trouvé le silence, et jamais le repos.
　　　　　　　　(Parny, livre IV, élégie v.)

3.　　Sage s'il eût, en perdant sa fortune,
　　Perdu l'amour qui l'alloit consumant :
　　Mais de ses feux la mémoire importune
　　Le talonnoit, etc.
　　　　　　　　(*Le Faucon*, vers 100-103.)

4. De la vue de sa beauté.

—　　.... Je trouve votre absence
　　Plus cruelle encore que vous.
　　　　　　　　(*Daphné*, vers 374-375.)

Chants amoureux de Philomèle[1] ;
Mon inhumaine seule attire à soi[2] mes sens :
Éloigné de ses yeux, je ne vois ni n'entends.   145
L'esclave fugitif[3] se va remettre encore
En ses fers, quoique durs, mais, hélas ! trop chéris. »

Il approchoit des murs qu'une fée a bâtis[4],
Quand sur les bords du Mince[5], à l'heure que l'Aurore
Commence à s'éloigner du séjour de Téthys[6],   150
    Une nymphe en habit de reine[7],
Belle, majestueuse, et d'un regard charmant[8],
Vint s'offrir tout d'un coup aux yeux du pauvre amant,
    Qui rêvoit alors à sa peine[9].
« Je veux, dit-elle, Atis, que vous soyez heureux :   155
Je le veux, je le puis, étant Manto la fée[10],

1. Tome III, p. 128 et note 20.
2. Voyez, sur cet emploi de *soi*, tome IV, p. 324 et note 1.
3. Qui avait cru trouver son salut dans la fuite.

—   Ce qu'il a su chérir rarement il l'abhorre :
    Il adoroit ses fers, il les respecte encore ;
    Ces fers à leur captif n'ont rien qu'à se montrer,
    Qui n'en sort qu'à regret est tout prêt d'y rentrer.
                (*L'Eunuque*, acte I, scène 1.)

4. Mantoue bâtie, selon la légende, par la fée Manto.
5. Le Mincio, sur lequel est située Mantoue.
6. Tome II, p. 253 et note 8.
7. « ....On eût dit une reine. » (*Nicaise*, vers 135.)
8.   La dame étoit de gracieux maintien,
    De doux regard, etc.
                (*Le Cocu*, vers 13-14.)

9.   *Venir pel lito incontra una donzella*
   In signoril sembiante, ancor ch' intorno
   Non le apparisse ne scudier ne ancella.
                (Stance 96.)

10. Fille du devin Tirésias, selon les uns, d'Hercule, selon les autres ; après la mort de son père, elle se réfugia en Italie et y eut du Tibre un fils nommé Ocnus, qui, en l'honneur de sa mère,

Votre amie et votre obligée.
Vous connoissez ce nom fameux ;
Mantoue en tient le sien[1] : jadis en cette terre
J'ai posé la première pierre 160
De ces murs en durée égaux aux bâtiments
Dont Memphis voit le Nil laver[2] les fondements.
La Parque[3] est inconnue à toutes mes pareilles :
Nous opérons mille merveilles,
Malheureuses, pourtant, de ne pouvoir mourir[4], 165
Car nous sommes d'ailleurs capables de souffrir

bâtit Mantoue, dont elle avait posé la première pierre : voyez l'*Énéide* de Virgile, livre X, vers 198-200 ; l'*Enfer* du Dante, chant XX, etc. Nous rencontrons aussi la fée Manto dans l'*Histoire maccaronique de Merlin Coccaie*, livre XIII : « Elle leur dit (aux voyageurs) plusieurs paroles en leurs oreilles, lesquelles ont ceste vertu de faire toucher de la main les premieres origines des choses, les vertus des herbes, les influences des estoiles, les diuers effects des pierres, et, en somme, leur donne aduis pour auoir tousiours la bourse pleine d'escuz : ce qui importe le plus, et qui acquiert un plus haut honneur qu'en estudiant en plusieurs liures et contemplant les astres perdre le iugement. »

1. *Se ben non mi conosci, o cavaliero,*
Son tua parente, e grande obligo t'aggio ;
Parente son, perche da Cadmo fiero
Scende d'ambedue noi l'alto lignaggio.
Io son la fata Manto, che'l primiero
Sasso messi a fondar questo villaggio ;
E dal mio nome (come ben forse hai
Contare udito) Mantoa la nomai.
(Stance 97.)

« Mantoue qui autrefois a esté bastie par les diables Mantois. » (*Histoire maccaronique de Merlin Coccaie*, livre II.)

2. Cet homme ainsi bâti fut député des villes
Que lave le Danube.
(*Le Paysan du Danube*, vers 19.)

3. Voyez *le Faucon*, vers 241 et la note.

4. Même plainte de Galatée, une autre immortelle, dans la pièce de la Fontaine qui porte ce nom (acte II, scène V) :

Ne me condamne point au supplice de vivre

Toute l'infirmité de la nature humaine[1].
Nous devenons serpents un jour de la semaine[2].
  Vous souvient-il qu'en ce lieu-ci
  Vous en tirâtes un de peine ?   170
C'étoit moi, qu'un manant s'en alloit assommer;
  Vous me donnâtes assistance :
  Atis, je veux, pour récompense,
  Vous procurer la jouissance[3]
  De celle qui vous fait aimer[4].   175
Allons-nous-en la voir : je vous donne assurance
  Qu'avant qu'il soit deux jours de temps
  Vous gagnerez par vos présents
  Argie et tous ses surveillants.
Dépensez, dissipez, donnez à tout le monde;   180
  A pleines mains répandez l'or,
Vous n'en manquerez point : c'est pour vous le trésor
Que Lucifer me garde en sa grotte profonde[5].
Votre belle saura quel est notre pouvoir.

de Vénus, dans le poème d'*Adonis*, vers 574 :

  Falloit-il m'obliger à ne jamais mourir?

d'Apollon, dans l'opéra de *Daphné*, acte V, scène v :

  Daphné, vous n'êtes plus! j'ai perdu mes amours,
   Et ne saurois perdre la vie !

1. Rapprochez les vers 61-67 de *Belphégor*.
2. Comme la fée Mélusine, tantôt belle femme, tantôt serpent.
3. Voyez ci-dessous, vers 477; *les Cent Nouvelles nouvelles*, p. 313 :
« Si pensa le cheualier par quel train et moien il paruiendroit à la iouissance de son hostesse »; et Marot, tome II, p. 95, et p. 79 ·

  Prince d'amours, par ta bonté
  Si d'elle i'auois iouissance,
  Onc homme ne fut mieulx monté :
  C'est bien la plus belle de France.

4. Ci-dessus, p. 49. — Chez Brantôme (tome X, p. 426) : « Ce grand dieu d'Amour qui noz cueurs faict aimer. »
5. Toujours l'imagination populaire a cru que les trésors étaient gardés par des génies, des fées, des lutins, des démons.

Même, pour m'approcher de cette inexorable, 185
  Et vous la rendre favorable,
  En petit chien vous m'allez voir
  Faisant mille tours sur l'herbette [1];
Et vous, en pèlerin jouant de la musette [2],
Me pourrez à ce son mener chez la beauté 190
  Qui tient votre cœur enchanté. »

Aussitôt fait que dit [3]; notre amant et la fée
  Changent de forme en un instant :
Le voilà pèlerin chantant comme un Orphée,
Et Manto petit chien faisant tours et sautant. 195
  Ils vont au château de la belle [4].
Valets et gens du lieu s'assemblent autour d'eux :
Le petit chien fait rage [5], aussi fait [6] l'amoureux ;

1.   Le mulet fait sur l'herbette gambade.
              (*Les Lunettes*, vers 194.)

2. Ce vers rappelle le vieux refrain :
   Voici le pèlerin jouant de sa musette :
       Danse, Guillot; saute, Perrette.

3. Même hémistiche au vers 229 de *la Gageure*, etc.

4.   *Mise in abito lui di pellegrino,*
     Il qual per Dio di porta in porta accatti :
     Mutossi ella in un cane, il piu piccino
     Di quanti mai n'abbia natura fatti,
     Di pel lungo, piu banco ch' armellino,
     Di grato aspetto, e di mirabili atti.
     Cosi trasfigurati entraro in via
     Verso la casa de la bella Argia. (Stance 106.)

5. Comparez ci-dessus, le vers 8 du conte XII et la note.

6. Si vous entrez partout, aussi font les profanes.
             (Livre IV, fable III, vers 27 et la note.)
   .... Vous y jouez, comme aussi faisons-nous.
             (*Comment l'esprit vient aux filles*, vers 6.)
   Si le plaisir me fuit, aussi fait le sommeil.
                (MALHERBE, tome I, p. 139.)

Chacun danse, et Guillot fait sauter Perronnelle[4].
Madame entend ce bruit, et sa nourrice[2] y court :   200
On lui dit qu'elle vienne admirer à son tour.
Le roi des épagneux[3], charmante créature,
  Et vrai miracle de nature[4] :
Il entend tout, il parle, il danse, il fait cent tours[5];
  Madame en fera ses amours;   205
Car, veuille ou non son maître, il faut qu'il le lui vende,
  S'il n'aime mieux le lui donner.
  La nourrice en fait la demande.
  Le pèlerin, sans tant tourner[6],

1. Le villageois fait danser la villageoise, ou le valet la servante. Pour le nom de *Guillot*, voyez ci-dessus, p. 231 et note 1; et, pour celui de *Perronnelle*, p. 232 et note 2.

2. C'est la nourrice de la comédie antique que l'on rencontre encore dans bien des pièces de théâtre jusqu'au milieu du xviie siècle : ci-dessus, p. 29 et note 1.

3. La Fontaine a écrit ce mot ainsi parce qu'autrefois l'*l* d'*épagneul* ne se faisait pas sentir dans la prononciation : voyez la *Grammaire* de Laurent Chifflet (Anvers, 1659, in-8°), p. 209 : « *Espagneul* ne prononce jamais l'*l* quoi qui suive. » — Proprement, chiens d'Espagne; *espagnols*, chez Rabelais (tome I, p. 48);

 Indidit ipsa suum quibus olim Hispania nomen,

dit Jean d'Archius dans son poème intitulé *Canes*. — Comparez livre III, chapitre XXIII, du *Fæneste* de d'Aubigné : « un espagneux s'estant mis à iapper.... »; *le Tombeau de Marmousette* de Saint-Amant, vers 13 : « les gentils espagneux »; etc.

4. Semblable locution chez Ronsard (tome II, p. 155):

 Son chef diuin, miracle de nature;

chez Remy Belleau, tome II, p. 158, et p. 176 : « miracle estrange de nature »; chez Brantôme (tome VIII, p. 145) : « .... Laquelle on peut dire auoir esté ung vray miracle de nature. »

5. Car il parle, on l'entend : il sait danser, baller,
  Faire des tours de toute sorte.
   (Livre IX, fable III, vers 21-22.

6. Sans hésiter : rapprochez *Belphégor*, vers 218 :

 Sans tant tourner, il dit ce qu'il étoit;

Lui dit tout bas le prix qu'il veut mettre à la chose ; 210
Et voici ce qu'il lui propose :
« Mon chien n'est point à vendre, à donner encor moins ;
Il fournit à tous mes besoins :
Je n'ai qu'à dire trois paroles,
Sa patte entre mes mains fait tomber à l'instant, 215
Au lieu de puces, des pistoles,
Des perles, des rubis, avec maint diamant :
C'est un prodige[1] enfin. Madame cependant
En a, comme on dit, la monnoie[2].
Pourvu que j'aie cette joie 220
De coucher avec elle une nuit seulement,
Favori[3] sera sien dès le même moment. »

La proposition surprit fort la nourrice.
« Quoi! Madame l'ambassadrice[4]!
Un simple pèlerin! Madame à son chevet 225
Pourroit voir un bourdon[5]! Et si l'on le savoit[6]!
Si cette même nuit quelque hôpital avoit
Hébergé le chien et son maître[7]!

---

l'Abbesse, vers 68, *le Magnifique*, vers 104 ; *Nicaise*, vers 24 et note 2 ; et les *Baliuerneries* de Noël du Fail, p. 151 : « Comme il m'a incontinent, sans aller autour du pot, touché là! »

1. « C'est un prodigue », dans l'édition originale ; faute probable.
2. « De quoi payer » (*le Calendrier*, vers 131).
3. C'était le nom qu'il avait donné au petit chien.
4. On n'a pas oublié que le mari, Anselme, avait été envoyé comme ambassadeur au saint-père.
5. Le poète a de même personnifié « le froc » (*l'Ermite*, vers 6).
6. Ci-dessous, vers 274 : « Qui le saura ? »

— Que diroit-on si le bruit en couroit ?
(*La Mandragore*, vers 189.)

7. Où, parmi les pèlerins et les mendiants, ils auraient pu gagner la vermine, la gale, ou quelque autre mal contagieux.

Mais ce maître est bien fait, et beau comme le jour[1];
    Cela fait passer en amour
    Quelque bourdon que ce puisse être. »
Atis avoit changé de visage et de traits :
On ne le connut pas[2]; c'étoient d'autres attraits[3].
La nourrice ajoutoit : « A gens de cette mine
    Comment peut-on refuser rien ?
    Puis celui-ci possède un chien
    Que le royaume de la Chine
    Ne payroit[4] pas de tout son or.
Une nuit de Madame aussi c'est un trésor. »
    J'avois oublié de vous dire
Que le drôle à son chien feignit de parler bas :
    Il tombe aussitôt[5] dix ducats,
    Qu'à la nourrice offre le sire.
    Il tombe encore un diamant :
    Atis en riant le ramasse.
« C'est, dit-il, pour Madame ; obligez-moi, de grâce,
De le lui présenter avec mon compliment[6].
    Vous direz à Son Excellence[7]

---

1.   Un prince aussi beau que le jour.
                     (*Joconde*, vers 2.)

2. On ne le reconnut pas. « Les deux femmes ne furent connues de personne. » (SCARRON, *le Roman comique*, IIe partie, chapitre XIV.) Comparez *le Muletier*, vers 123 :

    Faisons, dit-il, au galant une marque,
    Pour le pouvoir demain connoître mieux ;

et les divers *Lexiques* de notre collection.

3. Pour ce mot appliqué à un homme, voyez *Joconde*, vers 32 et la note.

4. Ci-dessus, p. 245 et note 1. — 5. De la patte du chien.

6. Dans *l'Oraison*, vers 217 :

    Il fait à la donzelle
    Son compliment, comme homme bien appris.

7. *Excellence*, parce qu'elle est la femme d'un ambassadeur (vers 224 et 262). Comparez tome III, p. 130 et 311.

Que je lui suis acquis¹. » La nourrice, à ces mots,
    Court annoncer en diligence
    Le petit chien et sa science,
    Le pèlerin et son propos.
    Il ne s'en fallut rien qu'Argie
Ne battît sa nourrice : « Avoir l'effronterie
De lui mettre en l'esprit une telle infamie² !
Avec qui ? Si c'étoit encor le pauvre Atis !
Hélas ! mes cruautés sont cause de sa perte.
Il ne me proposa jamais de tels partis³.
Je n'aurois pas d'un roi cette chose soufferte⁴,
    Quelque don que l'on pût m'offrir,
Et d'un porte-bourdon⁵ je la pourrois souffrir,
    Moi qui suis une ambassadrice !
    — Madame, reprit la nourrice,
    Quand vous seriez impératrice,
    Je vous dis que ce pèlerin
A de quoi marchander, non pas une mortelle⁶,
    Mais la déesse la plus belle.
    Atis, votre beau paladin,

1. « Personne ne vous est plus véritablement acquis que moi. »
(LA ROCHEFOUCAULD, tome III, p. 91 ; *ibidem*, p. 68, 104.)

2.   De prime face elle crut qu'on rioit ;
    Puis se fâcha ; puis jura sur son âme
    Que mille fois plutôt on la tueroit.
        (*La Mandragore*, vers 186-188.)

3. De telles conditions ; ne me fit jamais une proposition aussi brutale. Dans *l'Eunuque*, acte V, scène v :
    J'accepte, au nom des trois, le parti qu'on nous offre.
Voyez aussi *les Femmes savantes* de Molière, vers 1678 :
    Offrez-lui le parti d'épouser son aînée.

4. Pour cette inversion et cet accord irrégulier du participe, comparez *la Courtisane amoureuse*, vers 92 et note 6.

5. Ci-dessus, vers 226.

6. .... Ce don à sa mère étoit le prix fatal

Ne vaut pas seulement un doigt du personnage[1].
— Mais mon mari m'a fait jurer.... 270
— Et quoi? de lui garder la foi de mariage[2]!
Bon! jurer? ce serment vous lie-t-il davantage
Que le premier[3] n'a fait? qui l'ira déclarer[4]?
Qui le saura? J'en vois marcher tête levée[5],
Qui n'iroient pas ainsi, j'ose vous l'assurer, 275
Si sur le bout du nez tache pouvoit montrer
   Que telle chose est arrivée[6].

   Dont leur Flaminius marchandoit Annibal.
      (Corneille, *Nicomède*, acte I, scène 1, vers 22.)

« Henri IV, qui ne cherchoit que de belles filles..., la fit marchander, et on conclut à trente mille écus. » (Tallemant des Réaux, tome I, p. 107.)

1. Ne vaut pas en toute sa personne ce que celui-ci vaut en son petit doigt. « .... *Cujus pluris erat unguis quam tu totus es.* » (Pétrone, *le Satyricon*, chapitre LVII.) Image analogue chez Brantôme (tome IV, p. 122) : « M. le mareschal sçauoit plus de la guerre en son bout de doigt que le fils en tout son corps. » *Ibidem*, tome VIII, p. 157 : « .... Une aultre qui ne la valoit pas en la moindre partie de son corps. »

2. Même locution au vers 148 de *Richard Minutolo*.

3. Le premier, celui qu'on fait en se mariant.

4. « Qui l'ira dire? » (*L'Oraison de saint Julien*, vers 231.)

5. « Les voylà aller la teste haut esleuée comme si elles n'y eussent iamais touché. » (Brantôme, tome IV, p. 11.)

6.   Voyez-vous qu'il en reste une seule apparence,
   Une tache qui nuise à vos plaisirs secrets?
         (*La Coupe enchantée*, vers 39-40.)

      Si l'on a ung peu presté,
      Quand la chemise est abaissée,
      Il n'y pert qu'on y ait esté.
      (*Recueil de poésies françoises*, tome II, p. 250.)

      Et si dit on communement
      Qu'aprez le doulx esbattement
      Du ieu d'amour, il n'y pert plus,
      Le tablier rabaissé dessus.
         (Grevin, *la Tresorière*, acte IV, scène 1.

   .... Il ne fault point refuser

> Cela nous fait-il empirer
> D'une ongle¹ ou d'un cheveu²? Non, Madame, il faut être
> Bien habile pour reconnoître   280
> Bouche ayant employé son temps et ses appas,
> D'avec bouche qui s'est tenue à ne rien faire.
> Donnez-vous, ne vous donnez pas,
> Ce sera toujours même affaire³.
> Pour qui ménagez-vous les trésors de l'amour?   285
> Pour celui qui, je crois, ne s'en servira guère :
> Vous n'aurez pas grand'peine à fêter son retour⁴. »
> La fausse⁵ vieille sut tant dire,

> Ce qui ne se peut onc user.
> (*Ibidem*, acte II, scène IV.)

1. *Ongle*, au féminin, contre le commun usage, même au temps de la Fontaine, et, ici, sans le besoin de la rime. Au tome II, p. 51 et note 7 : « son ongle maline ». — D'un ongle. (1705.)

2. C'est un souvenir d'Horace (livre II, ode VIII, vers 3-4) :

*Dente si nigro fieres, vel uno
Turpior ungui....*

3. « Car enfin, comme se disoit ung ancien prouerbe françois : « D'une herbe de pré tondue, et d'ung c.. f...., le dommage en est « bientost rendu. » Et qu'est ce, amprez que tout cela est faict?... La dame en va elle plus mal droicte? Y congnoit on rien? » (BRANTÔME, tome IX, p. 544.) Voyez aussi notre tome IV, p. 451, note 1 : *Bocca basciata non perde ventura, anzi rinnuova come fa la luna.*

4. Ci-dessous, vers 482 et note 2. Comparez l'*Ancien Théâtre françois*, tome I, p. 176, où un mari fait cet aveu :

*Se ma femme secretement
Se preste à ung ou à deux,
C'est tout ung, car, par mon serment,
I'en ay encor plus que ne veulx.*

5. Rusée, rouée, hypocrite :

Or, ainsi que vieilles sont faulses....
(*Recueil de poésies françoises*, tome II, p. 287.)

Voyez le conte IV de la Iʳᵉ partie, vers 35 et la note : « la fausse femme ». Dans le *Liure du Cheualier de la Tour*, chapitre LXX : « Ie vous diray ung aultre exemple sus le faict d'une faulse femme qui eut nom Dalila. » Dans l'*Ancien Théâtre françois*, tome I, p. 384 : « faulse villaine »; chez Marot, tome II, p. 141 : « faulse Fortune »;

Que tout se réduisit seulement à douter[1]
Des merveilles du chien et des charmes[2] du sire.　　290
　　　Pour cela l'on les fit monter :
　　　La belle étoit au lit encore.
　　　L'univers n'eut jamais d'aurore
　　　Plus paresseuse à se lever[3].
Notre feint pèlerin[4] traversa la ruelle[5]　　295
Comme un homme ayant vu d'autres gens que des saints.
Son compliment parut galant et des plus fins[6];
　　　Il surprit et charma la belle.
　　　« Vous n'avez pas, ce lui dit-elle,
　　　La mine de vous en aller　　300
　　　A Saint-Jacques de Compostelle. »
　　　Cependant, pour la régaler[7],
　　　Le chien à son tour entre en lice :
　　　On eût vu sauter Favori
　　　Pour la dame et pour la nourrice,　　305

ibidem, tome I, p. 137, et chez du Bellay, tome I, p. 130, comme ici : « faulse vieille »; chez G. Chappuys, journée III, nouvelle ix: « faulse beste », en parlant de la femme en général.

1.　　　Et pensez que vieille qui plaide,
　　　D'inuention et de faconde,
　　　Pour bien persuader, excede
　　　Le plus grand orateur du monde.
　　　　　　　　(Coquillart, tome I, p. 62.)

2. Ci-dessus, vers 233 et la note.

3. ....Trop tard au lit le blond Phébus sommeille.
　　　　(Molière, *Amphitryon*, acte I, scène II.)

4. Dans *la Coupe enchantée*, vers 286 : « ce feint personnage ».

5. Voyez *la Courtisane amoureuse*, vers 75 et la note. — *Ruelle* se disait, non seulement de l'espace compris entre le lit et la muraille, mais, par extension, de l'alcôve, de la chambre à coucher elle-même : comparez Molière, tome II, p. 81 et note 2.

6. Vers 247 et la note.

7. Pour la divertir : nous avons déjà dit que *régal* signifiait anciennement toute espèce de fête et de divertissement : voyez tome IV, p. 448 et note 3.

Mais point du tout pour le mari¹.
Ce n'est pas tout ; il se secoue :
Aussitôt perles de tomber,
Nourrice de les ramasser,
Soubrettes de les enfiler,   310
Pèlerin de les attacher²
A de certains³ bras, dont il loue
La blancheur et le reste. Enfin il fait si bien,
Qu'avant que partir⁴ de la place
On traite avec lui de son chien.   315
On lui donne un baiser pour arrhes de la grâce
Qu'il demandoit⁵ ; et la nuit vint.

1. Deux chiens sans queue et sans oreilles,
    Qui savent sauter à merveilles
    Pour le roi Louis de Bourbon,
    Et pour le roi d'Espagne, non.

(SCARRON, *A Mme la comtesse de Fiesque, pour avoir une chienne*.)

2. Pour ce tour rapide de l'infinitif avec *de*, voyez tome IV, p. 391 et note 5.

3. Livre III, fable XVIII, vers 17. — 4. Page 156 et note 4.

5. L'argent sut donc fléchir ce cœur inexorable.
Le rocher disparut : un mouton succéda,
    Un mouton qui s'accommoda
A tout ce qu'on voulut, mouton doux et traitable,
Mouton qui, sur le point de ne rien refuser,
    Donna pour arrhes un baiser.
            (*La Coupe enchantée*, vers 320-325.)

Comparez le *Roman de la Rose*, vers 3415-3418 :

    Et sachiez bien, cui l'on otroie
    Le baisier, qu'il a de la proie
    Le miex et le plus aduenant,
    Si a arrhes du remenant ;

Marot, tome II, p. 159 :

    En la baisant m'a dict : « Amy sans blasme,
    Ce seul baiser, qui deux bouches embasme,
    Les arrhes sont du bien tant esperé » ;

du Bellay, tome II, p. 304 :

        Ayant aprez long desir
        Pris de ma doulce ennemie

Aussitôt que le drôle¹ tint
Entre ses bras madame Argie,
Il redevint Atis². La dame en fut ravie : 320
C'étoit avec bien plus d'honneur
Traiter Monsieur l'ambassadeur³.
Cette nuit eut des sœurs, et même en très bon nombre⁴;
Chacun s'en aperçut⁵; car d'enfermer sous l'ombre
Une telle aise⁶, le moyen? 325
Jeunes gens font-ils jamais rien
Que le plus aveugle ne voie?

   Quelques arrhes du plaisir...;

e *Lexique de Corneille*, au mot ARRHES; et *les Filles de Minée*, vers 97-98 :

Thisbé consent à tout; elle en donne pour gage
Deux baisers.

1. Ci-dessus, vers 241.
2. Le travesti changea de personnage,
Sitôt qu'il eut dame de tel corsage
A ses côtés, et qu'il fut dans le lit, etc.
    (*La Mandragore*, vers 233-235.)

3. Que si elle lui avait donné pour lieutenant, pour « vice-gérant » (vers 332), un simple pèlerin, « un porte-bourdon » (vers 261). — Rapprochez les vers 255-257 et 461-462.

— *Quest' altro comparir ch' Adonio fece,*
Fu la ruina e del dottor la morte.
Facea nascer le doble a diece, a diece,
Filze di perle, e gemme d'ogni sorte;
Si ch' il superbo cor mansuefece,
Che tanto meno a contrastar fu forte,
Quando poi seppe che costui, ch' innante
Le fa partito, è il cavalier suo amante.
    (Stance 114.)

4. Une nuit, lui dit-il, est de même que cent;
Ce n'est que la première à quoi l'on trouve à dire.
    (*La Fiancée*, vers 500-501.)

5. «.... Là où ilz cuidoient le plus secretement de leurs amoureux affaires conclure et deuiser, chacun s'en aperceuoit, et n'y auoit homme ne femme... qui trez bien ne s'en donnast garde. » (*Les Cent Nouvelles nouvelles*, p. 107.)

6. Voyez *la Courtisane amoureuse*, vers 204 et la note :

A quelques mois de là, le saint-père renvoie
  Anselme avec force pardons[1],
 Et beaucoup d'autres menus dons : 330
Les biens et les honneurs[2] pleuvoient sur sa personne.
De son vice-gérant il apprend tous les soins :
  Bons certificats des voisins[3];
 Pour les valets, nul ne lui donne
  D'éclaircissement sur cela. 335
  Monsieur le juge interrogea
  La nourrice avec les soubrettes,
 Sages personnes et discrètes[4],
  Il n'en put tirer ce secret.
  Mais, comme parmi les femelles[5] 340
  Volontiers le diable se met[6],
  Il survint de telles querelles,
La dame et la nourrice eurent de tels débats,
 Que celle-ci ne manqua pas
A se venger de l'autre, et déclarer[7] l'affaire : 345
Dût-elle aussi se perdre, il fallut tout conter[8].

  Aucun bizarre et nouveau stratagème
  Ne viendroit plus son aise reculer.

1. Indulgences, dispenses : tome IV, p. 86 et note 4.
2. Ironiquement : les honneurs de toute espèce.
3. Rapports perfides des voisins, qui lui mettent, comme on dit, la puce à l'oreille.
4. Livre XII, fable II, vers 12 et note 3 : « sage et discrète personne ».
5. Pages 28, 134, 320, etc.
6. Le poète laisse entendre ailleurs (*Belphégor*, vers 242-243) qu'elles ont toutes le diable au corps.
7. Dénoncer, révéler : ci-dessus, vers 273. « Une confidente déclare ses desseins. » (MME DE SÉVIGNÉ, tome VII, p. 272.)

  Ou moi-même à l'instant, déclarant les complices,
  Je m'en vais commencer ces affreux sacrifices.
    (VOLTAIRE, *Brutus*, acte III, scène VII.)

8. *Come uom bene esperto,*

D'exprimer jusqu'où la colère
Ou plutôt la fureur de l'époux put monter [1],
　　Je ne tiens pas qu'il [2] soit possible [3].
Ainsi je m'en tairai ; on peut par les effets 350
Juger combien Anselme étoit homme sensible [4] :
　　Il choisit un de ses valets,
Le charge d'un billet, et mande que Madame
Vienne voir son mari malade en la cité :
La belle n'avoit point son village quitté [5]; 355
L'époux alloit, venoit, et laissoit là sa femme.
« Il te faut en chemin écarter tous ses gens,
Dit Anselme au porteur de ces ordres pressants.
La perfide a couvert mon front d'ignominie ;
Pour satisfaction je veux avoir sa vie : 360
　　Poignarde-la ; mais prends ton temps [6],
Tâche de te sauver : voilà pour ta retraite,
Prends cet or. Si tu fais ce qu'Anselme souhaite,
　　Et punis cette offense-là,
Quelque part que tu sois, rien ne te manquera. » 365

　　Le valet va trouver Argie,
　　Qui par son chien est avertie.

Aspetto che discordia vi venisse;
Ch' ove femmine son, son liti e risse.
E, come egli aspetto, cosi gli avvenne;
Ch' al primo sdegno che tra lor poi nacque,
Senza suo ricercar, la balia venne
Il tutto a raccontargli, e nulla tacque.
　　　　　　　　　(Stances 120-121.)

1.　　　Je laisse à penser son courroux,
　　　　Sa fureur, afin de mieux dire.
　　　　(*Le roi Candaule*, vers 251-252.)

2. Ci-dessus, p. 246 et note 2.
3. Pour ce tour, comparez *la Fiancée*, vers 728-731 et note 3.
4. Sensible à l'outrage. — 5. Ci-dessus, vers 86.
6. Choisis bien le moment : voyez *la Gageure*, vers 17 et la note, et la fable VIII du livre V, vers 28.

Si vous me demandez comme un chien avertit,
    Je crois que par la jupe il tire ;
    Il se plaint, il jappe, il soupire,   370
Il en veut à chacun¹ : pour peu qu'on ait d'esprit,
    On entend bien ce qu'il veut dire.
Favori fit bien plus ; et tout bas il apprit
    Un tel péril à sa maîtresse.
« Partez pourtant, dit-il, on ne vous fera rien ;   375
Reposez-vous sur moi : j'en empêcherai bien
    Ce valet à l'âme traîtresse². »

Ils étoient en chemin, près d'un bois qui servoit
    Souvent aux voleurs de refuge³ :
Le ministre cruel des vengeances du juge⁴   380
Envoie un peu devant le train⁵ qui les suivoit,
    Puis il dit⁶ l'ordre qu'il avoit.
La dame disparoît aux yeux du personnage ;
    Manto la cache en un nuage.

Le valet étonné retourne vers l'époux,   385
Lui conte le miracle ; et son maître en courroux
Va lui-même à l'endroit. O prodige ! ô merveille !
Il y trouve un palais de beauté sans pareille :
Une heure auparavant c'étoit un champ tout nu.
    Anselme, à son tour éperdu,   390

1. Il s'adresse à chacun.
2. Même locution dans le *Cinna* de Corneille, vers 1477 :

    Moi, Seigneur ! moi, que j'eusse une âme si traîtresse...!

3. Rapprochez les notes 5 de la page 242 et 1 de la page 248 tome IV.
4. Dans l'*Athalie* de Racine, vers 573 :

    Des vengeances des rois ministre rigoureux...

5. Voyez *la Fiancée*, vers 704 et la note.
6. Il dit à madame Argie.

Admire ce palais bâti non pour des hommes,
>Mais apparemment pour des dieux[1] ;
Appartements dorés, meubles très précieux,
>Jardins et bois délicieux :
On auroit peine à voir, en ce siècle où nous sommes, 395
Chose si magnifique et si riante aux yeux.
>Toutes les portes sont ouvertes ;
>Les chambres sans hôte et désertes ;
Pas une âme en ce Louvre[2] ; excepté qu'à la fin
Un More très lippu, très hideux, très vilain[3], 400
S'offre aux regards du juge, et semble la copie

---

1. Comparez ci-dessous, *le roi Candaule*, vers 82, *la Chose impossible*, vers 56 ; et *le Menteur* de Corneille, vers 563-564 : « Le Palais-Cardinal

>....Nous fait présumer, à ses superbes toits,
>Que tous ses habitants sont des dieux ou des rois. »

2. Au sens général de palais, comme dans la fable vii du livre VII, vers 14-15 :

>En son Louvre il les invita.
>Quel Louvre ! un vrai charnier...;

et dans le conte xiii de la IVe partie, vers 21 :

>Tout est pour eux bon gîte et bon logis,
>Sans regarder si c'est Louvre ou cabane.

« Sa maison va être le Louvre des états : c'est un jeu, une chère, une liberté jour et nuit qui attirent tout le monde. » (Mme de Sévigné, tome II, p. 309.)

>Ce chemin, qu'à droite on découvre,
>Droit comme un fil conduit au Louvre
>Qu'habite le seigneur Pluton.
>(Scarron, *le Virgile travesti*, livre vi.)

3. Très sale. Rapprochez le conte x de la IIe partie, vers 21 « la pauvre créature, toute vilaine.... », et la note ; et « un vilain charbonnier » chez Rabelais, tome I, p. 291, « vilanie », *ibidem*, p. 327, au sens de « saleté », l'adverbe « vilainement », « salement », *ibidem*, p. 266 ; « une mare sale, boueuse et toute vilaine », chez Brantôme, tome VIII, p. 157 ; et dans la comédie de *Ragotin*, vers 1259-1260 :

>.... Ce pied empoté (*d'un vase de nuit*)

D'un Ésope d'Éthiopie[1].
Notre magistrat l'ayant pris
    Pour le balayeur du logis,
Et croyant l'honorer lui donnant cet office :   405
« Cher ami, lui dit-il, apprends-nous à quel dieu
    Appartient un tel édifice ;
    Car de dire un roi, c'est trop peu.
    — Il est à moi, » reprit le More.
Notre juge, à ces mots, se prosterne, l'adore,   410
Lui demande pardon de sa témérité.
« Seigneur, ajouta-t-il, que Votre Déité[2]
    Excuse un peu mon ignorance[3].
Certes, tout l'univers ne vaut pas la chevance[4]
Que je rencontre ici. » Le More lui répond :   415
    « Veux-tu que je t'en fasse un don ?
De ces lieux enchantés je te rendrai le maître,
    A certaine condition.
    Je ne ris point ; tu pourras être
    De ces lieux absolu seigneur,   420
Si tu me veux servir deux jours d'enfant d'honneur[5].

    Que si vilainement la Fortune a botté.

1.   *Vede innanzi a la porta un Etiopo*
    Con naso e labri grossi; e ben gli è avviso
    Che non vedesse mai prima ne dopo
    Un cosi sozzo e dispiacevol viso;
    Poi di fattezze, qual si pinge Esopo,
    Da attristar, se vi fosse, il paradiso;
    Bisunto, e sporco, e d' abito mendico :
    Ne a mezzo ancor di sua bruttezza io dico.
                              (Stance 135.)
2. Ci-dessus, vers 392 et 406.
3. Comparez un tour tout semblable dans la fable x du livre I, vers 10-11 :

    Sire, répond l'Agneau, que Votre Majesté
        Ne se mette pas en colère.

4. Les richesses, l'opulence : tome IV, p. 273 et note 2.
5. Enfants d'honneur, ou pages d'honneur, ou menins : jeunes gar-

.... Entends-tu ce langage ?
Et sais-tu quel est cet usage ?
Il te le faut expliquer mieux :
Tu connois l'échanson du monarque des dieux ? 425

ANSELME.

Ganymède[1] ?

LE MORE.

Celui-là même.
Prends que je sois Jupin, le monarque suprême,
Et que tu sois le jouvenceau :
Tu n'es pas tout à fait si jeune ni si beau.

ANSELME.

Ah! Seigneur, vous raillez, c'est chose par trop sûre : 430
Regardez la vieillesse et la magistrature[2].

çons nourris auprès des princes ou des grands, comme on en voit encore en Orient. « .... Lequel Iehan de Saintré, sur tous les aultres pages et enfans d'honneur, seruoit chacun iour à table. » (*Histoire du petit Iehan de Saintré*, p. 1.) Même locution chez Brantôme, tomes II, p. 106 : « Il aymoit fort à ribler le paué, et faire à coups d'espée, fust de iour, fust de nuict, car il auoit auec luy dix ou douze enfans d'honneur », p. 301, V, p. 86, VI, p. 15 : « Dez lors qu'il sortit hors d'enfant d'honneur du roy François.... », p. 84, 128, 352 ; *ibidem*, tome VII, p. 106 : « page d'honneur » ; chez Malherbe, tome III, p. 130 : « Vendredi dernier, Monsieur le Dauphin jouant aux échecs avec la Luzerne, qui est un de ses enfants d'honneur, la Luzerne lui donna échec et mat » ; etc.—On disait de même : chevalier d'honneur, dame d'honneur, fille d'honneur.

1. Voyez notre tome I, p. 151 et note 7 ; et tome III *M.-L.*, p. 423 :

Bentinck à son maître sut plaire,
Jusqu'à quel point, je n'en dis mot :
S'il n'eût été qu'un jeune sot,
Comme sont tous les Ganymèdes, etc.

.... L'on sçait que les Ganymèdes
Supplantent icy les Laïs.
(SAINT-AMANT, *la Rome ridicule*, vers 629-630.)

Et j'en connois d'assez peu sages (*des prélats*)
Pour enganyméder leurs pages.
(SCARRON, *A M. l'abbé d'Espagny.*)

2. Considérez que je suis vieux et que je suis magistrat.

LE MORE.

Moi railler! point du tout.

ANSELME.

Seigneur....

LE MORE.

Ne veux-tu point¹?

ANSELME.

Seigneur.... »
  Anselme ayant examiné ce point,
 Consent à la fin au mystère².
Maudite³ amour des dons, que ne fais-tu pas faire⁴? 435
En page⁵ incontinent son habit est changé :
Toque au lieu de chapeau, haut-de-chausses troussé⁶ ;

---

1. Semblable proposition, ou plutôt menace d'être livré à un Éthiopien, fut faite par les magistrats au célèbre docteur Origène, si nous en croyons Épiphane (*Hérésies*, LXIV, chapitre 2), pour le punir de ses paradoxes théologiques.

2. Page 219 et note 4. Le mot est très bien trouvé ici, étant donnée une situation aussi scabreuse.

— *E gli la fa medesima richiesta*
 Che avea gia Adonio a la sua moglie fatta.
 Da la brutta domanda e disonesta,
 Persona lo stimo bestiale e matta.
 Per tre repulse e quattro egli non resta,
 E tanti modi a persuaderlo adatta,
 Sempre offerendo in merito il palagio,
 Che fe' inchinarlo al suo voler malvagio.
      (Stance 139.)

3. Pour ce féminin, voyez tome IV, p. 23 et note 6.

4.   *Quid non mortalia pectora cogis*
 Auri sacra fames?
   (VIRGILE, *Énéide*, livre III, vers 56-57.)

5. En costume de page : trousses et petit pourpoint. On dit encore : « mettre, porter un page ».

6. Chausses, grègues ou trousses, très courtes, très relevées, qui serrent les fesses et les cuisses : accoutrement efféminé d'un mignon, « ceste vilaine chausseure, dit Montaigne (tome I, p. 411), qui monstre si à descouuert nos membres occultes ». Comparez Monstrelet, *Chroniques*, tome III, p. 129, de l'édition de 1467 : « En

La barbe seulement demeure au personnage.

L'enfant d'honneur Anselme, avec cet équipage[1],
Suit le More partout. Argie avoit ouï   440
Le dialogue entier, en certain coin cachée.
Pour le More lippu[2], c'étoit Manto la fée,
  Par son art métamorphosée,
  Et par son art ayant bâti
Ce Louvre en un moment; par son art fait un page 445
Sexagénaire et grave. A la fin, au passage
D'une chambre en une autre, Argie à son mari
Se montre tout d'un coup : « Est-ce Anselme, dit-elle,
  Que je vois ainsi déguisé?
Anselme! il ne se peut; mon œil s'est abusé.   450
Le vertueux Anselme à la sage cervelle[3]
Me voudroit-il donner une telle leçon[4]?
C'est lui pourtant. Oh! oh! Monsieur notre barbon[5],
Notre législateur, notre homme d'ambassade,
Vous êtes à cet âge homme de mascarade[6]?   455
Homme de...? la pudeur me défend d'achever.

ce temps les hommes se prindrent à vestir plus court qu'ilz n'eurent oncques faict..., chose trez malhonneste et impudique »; Mme de Sévigné, tome VIII, p. 375 : « Le maréchal de Bellefonds (était) totalement ridicule parce qu'il avoit négligé de mettre des rubans au bas de ses chausses de page, de sorte que c'étoit une véritable nudité »; et, dans les *Additions* de Saint-Simon au *Journal de Dangeau* (tome II, p. 258) : « Hocquincourt s'équipa si étrangement avec des chausses trop étroites qu'il porta en dehors et à découvert tout ce qu'on doit le plus cacher. » — On disait « un cul troussé », un page, « il a quitté les trousses », il est sorti de page.

1. Ainsi équipé. — 2. Ci-dessus, vers 400.
3. Même locution au livre II, fable XIV, vers 11.
4. Un tel exemple. — 5. Vers 18 et 438.
6. Rapprochez cette apostrophe de Mme Jourdain à son mari à la scène I de l'acte V du *Bourgeois gentilhomme* : « Miséricorde! Qu'est-ce que c'est donc que cela? quelle figure? Est-ce un momon que vous allez porter; et est-il temps d'aller en masque? Parlez

Quoi! vous jugez les gens à mort[1] pour mon affaire,
　　Vous qu'Argie a pensé trouver
　　En un fort plaisant adultère[2]!
Du moins n'ai-je pas pris un More pour galant :　460
Tout me rend excusable, Atis et son mérite,
　　Et la qualité du présent.
　　Vous verrez tout incontinent[3]
Si femme qu'un tel don à l'amour sollicite
　　Peut résister un seul moment[4] :　465
More, devenez chien. » Tout aussitôt le More
　　Redevient petit chien encore.
« Favori, que l'on danse! » A ces mots, Favori
　　Danse, et tend la patte au mari.
　　« Qu'on fasse tomber des pistoles! »　470
　　Pistoles tombent à foison.

donc, qu'est-ce que c'est que ceci? Qui vous a fagoté comme cela? »

1. Vous les condamnez à mort : vers 360-361.

— A mort serez iugié se ie ne vous estrif (*défends*).
　　　(Jean Bodel, *la Chanson des Saxons*, strophe 24.)

« Iugié fus à mort. » (*Roman de la Rose*, vers 5675.)

　　　Li uns le iuge à escorcier,
　　　Li autre le iuge à noier,
　　　Et li tiers à ardoir en cendre,
　　　Et li quars si le iuge à pendre.
　　　　　(Fabliau *du Valet aux douze fames.*)

« .... Le clerc mort et descoloré comme ung homme iugé à pendre. » (*Les Cent Nouvelles nouvelles*, p. 55.) « Il fut sentencié à mort. » (Brantôme, tome VII, p. 97.) « Ces filles ainsi vierges et pucelles..., la iustice n'auoit esgard sur elles à les sentencier à la mort. » (*Ibidem*, tome IX, p. 723.) « Il fut jugé à mort unanimement. » (Voltaire, *Histoire de la Russie*, IIe partie, chapitre x.)

2. Chez l'Arioste, elle se donne le temps de l'y surprendre.
3. Voyez *la Gageure*, vers 160 et la note.

4.　　　　La quantité rend excusable.
　　　Caliste enfin l'inexpugnable
　　　Commença d'écouter raison.
　　　　　(*La Coupe enchantée*, vers 305-307.)

« Eh bien! qu'en dites-vous ? sont-ce choses frivoles?
C'est de ce chien qu'on m'a fait don.
Il a bâti cette maison.
Puis faites-moi trouver au monde une Excellence, 475
Une Altesse, une Majesté,
Qui refuse sa jouissance[1]
A dons de cette qualité[2],
Surtout quand le donneur[3] est bien fait et qu'il aime,
Et qu'il mérite d'être aimé ! 480
En échange du chien, l'on me vouloit[4] moi-même :
Ce que vous possédez de trop[5], je l'ai donné,
Bien entendu, Monsieur; suis-je chose si chère?

1. Ci-dessus, vers 174. Chez Marot, tome I, p. 31 :

> Sa iouissance? ie l'accepte :
> Amenez la moy.

2. Vers 462.
3. Même locution chez Rabelais, tome I, p. 197; du Bellay, tome I, p. 350; Saint-Gelais, tomes I, p. 97 :

> Le donneur
> Se veut donner (à celle qu'il aime);

II, p. 70, 181, 480, et p. 51 :

> Ie ne suis point temeraire donneur;

chez Marot, tomes I, p. 71, 200, 217, II, p. 56, et p. 57 :

> Il n'est pas dit certes que tous donneurs
> Voysent cherchant partout les deshonneurs,
> Et n'est pas dit que les dames qui prennent
> Font toutes mal, et qu'en prenant mesprennent.

4. Chez Malherbe (*Poésies*, LXXIX), imitation de l'épigramme de Martial (VI, 40) :

> Mais voilà comme va le monde,
> Je t'ai voulue, et je la veux.

5. Manière délicate de lui faire entendre qu'il n'a pas besoin d'une femme comme elle pour lui tout seul, ainsi que le riche qui ne peut dépenser tout son revenu, ou l'homme assis à une table trop bien servie. Rapprochez ci-dessus, les vers 285-287 et la note; le vers 97 du *Faiseur*; et « le superflu » ou « les restes », aux vers 40, 49, des *Cordeliers*

Vraiment vous me croiriez bien pauvre ménagère[1]
Si je laissois aller tel chien à ce prix-là.   485
Savez-vous qu'il a fait le Louvre que voilà[2]?
Le Louvre pour lequel.... Mais oublions cela,
    Et n'ordonnez plus qu'on me tue,
Moi qu'Atis seulement[3] en ses lacs[4] a fait choir :
Je le donne à Lucrèce[5], et voudrois bien la voir   490
    Des mêmes armes combattue.
Touchez là, mon mari, la paix; car aussi bien
    Je vous défie[6], ayant ce chien :
Le fer ni le poison pour moi ne sont à craindre;
Il m'avertit de tout[7]; il confond les jaloux,   495
Ne le soyez donc point; plus on veut nous contraindre,
    Moins on doit s'assurer de nous[8]. »

1. « Et auez esté si pauures mesnagers que d'emprunter d'ailleurs ce que vous auez chez vous. » (Du Fail, tome I, p. 265.) Comparez le vers 184 des *Rémois* et la note :

    Elle demeure, étant trop ménagère
    Pour se laisser son habit déchirer.

2. Vers 474.
3. Elle n'a trompé Anselme avec nul autre qu'avec cet aimable galant : vers 458-460.
4. Même expression figurée au vers 56 des *Rémois*.
5. Je le donne (en dix, en vingt, en cent, en mille) à la chaste Lucrèce, la femme de Collatin : je parie qu'elle succomberait à la même épreuve.
6.   Il défioit, grâces aux Cieux,
    Sa femme, encor que très rusée.
    (*Le roi Candaule*, vers 226-227.)

7. Vers 367 et suivants.
8. Être sûr de nous. On disait aussi : s'assurer dans, en, sur, à : voyez les nombreux exemples de Corneille, Racine, Molière, que cite Littré.

—   Ne gênez point, je vous en donne avis,
    Tant vos enfants, ô vous pères et mères ;
    Tant vos moitiés, vous époux et maris :
    C'est où l'amour fait le mieux ses affaires.
    (*Le Berceau*, vers 38-41 et la note.)

Anselme accorda tout : qu'eût fait le pauvre sire[1]?
On lui promit de ne pas dire
Qu'il avoit été page. Un tel cas étant tu, 500
Cocuage[2], s'il eût voulu,
Auroit eu ses franches coudées.
Argie en rendit grâce; et, compensations
D'une et d'autre part accordées,
On quitta la campagne à ces conditions. 505

« Que devint le palais? » dira quelque critique.
Le palais? que m'importe? il devint ce qu'il put[3].
A moi ces questions! suis-je homme qui se pique[4]
D'être si régulier? Le palais disparut.
« Et le chien? » Le chien fit ce que l'amant voulut. 510
« Mais que voulut l'amant? » Censeur, tu m'importunes[5]:

— *La moglie Argia, che stava appresso ascosa,*
Poi che lo vide nel suo error caduto,
Salto fuora gridando : « Ah degna cosa,
Che veggio di dottor saggio tenuto ! »
Trovato in si mal' opra e viziosa,
Pensa se rosso far si debba e muto.
O terra, accio ti si gettasse dentro,
Perch' allor non t'apristi insino al centro?
(Stance 140.)

1. Au vers 23 de *l'Anneau d'Hans Carvel* : « le bon sire ».
2. Ci-dessus, p. 92.
3. Dans le conte des *Lunettes*, vers 195-196 :

....Ce qu'à la fin l'un et l'autre devint,
Je ne le sais, ni ne m'en mets en peine.

4. Tome IV, p. 36 et note 5.
5. Voyez, pour le tour, la fin de la nouvelle xx de B. des Périers : « ....Mais les trouua il? — Et qu'en sçay ie, mon amy? ie n'y estois pas. » Comparez aussi *la Suite du Menteur* de Corneille (acte V, scène v, variante des premières éditions : 1645-1656) :

L'invention est juste et me semble de mise.
Ne reste plus qu'un point touchant votre cheval :
Si l'auteur n'en rend compte, elle finira mal;
Les esprits délicats y trouveront à dire,

Il voulut par ce chien tenter d'autres fortunes[1].
D'une seule conquête est-on jamais content[2]?
　　　Favori se perdoit souvent,
　　　Mais chez sa première maîtresse　　　515
Il revenoit toujours. Pour elle sa tendresse[3]
Devint bonne amitié. Sur ce pied, notre amant
　　　L'alloit voir fort assidûment :
　　　Et même en l'accommodement
Argie à son époux fit un serment sincère　　　520
　　　De n'avoir plus aucune affaire[4].
　　　L'époux jura, de son côté,
　　　Qu'il n'auroit plus aucun ombrage[5],
　　　Et qu'il vouloit être fouetté[6]

　　Et feront de la pièce entre eux une satire,
　　Si de quoi qu'on y parle, autant gros que menu,
　　La fin ne leur apprend ce qu'il est devenu.

Rapprochez pour ces plaintes railleuses contre « les censeurs », la Préface de la première partie des *Contes*, p. 13-16 et les notes.

1. Sur ce mot, en ce sens, voyez *le Berceau*, vers 125 et la note.

2. 　　　　L'hôte enfin se lassant
　　　Pour d'autres conquêtes soupire.
　　　　　　(*La Fiancée*, vers 502-503.)

3. Il y a ici une sorte de confusion volontaire et assez touchante entre le chien et le maître.

4. Comparez les vers 22-23 du *Gascon puni* et la note 7 :

　　　.... Elle étoit sans affaire,
　　　Sans secret et sans passion.

5. Aucun soupçon (*la Coupe*, vers 175 et la note). — La conclusion de l'Arioste est plus rapide (stance 143) :

　　　Al marito ne parve aver buon patto,
　　　Ne dimostrossi al perdonar restio.
　　　Cosi a pace e concordia ritornaro,
　　　E sempre poi fu l'uno a l' altro caro.

6. Ce qui était le propre des pages ; on disait aussi souvent : « Il n'y a pas là de quoi fouetter un page » que : « Il n'y a pas là

Si jamais on le voyoit page.

de quoi fouetter un chat. » — Voyez, sur l'impudence, la malice, les mœurs dissolues, et la mauvaise réputation des pages, qui les exposait si fréquemment au fouet, notre tome IV, p. 95 et note 4; Brantôme, tomes II, p. 48, 208, III, p. 32, 79, 342, V, p. 108, IX, p. 705; du Fail, tome I, p. 103-108 : « .... La troupe desbauchée (des pages), se voyant, par icelles caresses non attendues, hors de compte et s'estre mescomptée, se voulut retirer en cachettes et tapinois; mais l'ung des escuiers en menaça les uns du fouet, et les plus grands de leur bien lauer le nez, leur apprendre leur bec iaune, et à qui une aultre fois ilz s'adresseroient. Toutes foys le capitaine supplia pour tous qu'ilz fussent excusez, leur en sçauoit bon gré, et que si ung ieune homme n'est ung peu prompt et esueillé, mal aisement et à peine pourra il estre bon compagnon et se trouuer aux lieux d'honneur... »; le *Recueil de poésies françoises*, tome I, p. 94 : « faire balais pour fouetter pages »; *les Comptes du monde aduentureux*, tome II, p. 118 : « .... en l'accoustrement d'ung page qu'on fouette à belles escourgées »; Rabelais, tome I, p. 297 : « Il portoit ordinairement ung fouet soubz sa robe duquel il fouettoit sans remission les pages pour les aduancer d'aller », *ibidem*, p. 305 : « Ilz font fouetter Monsieur du page comme seigle vert », tome II, p. 318 : « Vous escuiers..., vos pages de troys moys ne soient fouettez »; des Périers, tome I, p. 139, et p. 14-15 : « .... Allez faire dire ouy à ung page quand il y va du fouet! »

FIN DE LA TROISIÈME PARTIE.

CONTES ET NOUVELLES

QUATRIÈME PARTIE

(1674)

CONTES ET NOUVELLES

QUATRIÈME PARTIE[1]
(1674)

I

COMMENT L'ESPRIT VIENT AUX FILLES.

Nous ne connaissons pas la source de cette historiette. La Fontaine a bien pu la tirer de son propre fonds, sinon de ces vieux récits satiriques, dirigés contre les prêtres et les moines, où ceux-ci sont représentés comme non moins capables de déniaiser que de confesser

1. La vente des *Nouveaux contes de M. de la Fontaine* (ou quatrième partie) fut interdite à Paris par une sentence de police, signée *de la Reynie*, du 5 avril 1675 : « .... Sur ce qui nous a été remontré par le procureur du Roi qu'il a eu avis que certains libraires de cette ville débitoient un petit livre imprimé sans aucun privilège ni permission, sous le titre de *Nouveaux contes de M. de la Fontaine*, qui se trouve rempli de termes indiscrets et malhonnêtes, et dont la lecture ne peut avoir d'autre effet que celui de corrompre les bonnes mœurs et d'inspirer le libertinage ; et d'autant qu'il est important d'empêcher le débit d'un tel livre : requéroit que sur ce il fût pourvu. Vu ledit livre intitulé *Nouveaux contes*, etc., Nous, faisant droit sur le réquisitoire du procureur du Roi, ordonnons qu'à sa requête il soit informé de l'impression, vente, et débit dudit livre ; et cependant que tous les exemplaires qui pourront être trouvés seront portés à notre greffe. Faisons très expresses défenses à tous libraires, imprimeurs et colporteurs, et à tous autres, d'avoir, vendre, ou débiter ledit livre, sous les peines portées par les ordonnances, etc. » On trouvera à la page 543 du tome I du *Nouveau recueil des factums* de Furetière, et aux pages 124-126 du tome II du même recueil, le texte entier de cette in-

les filles. Elle a une affinité évidente avec *les Cordeliers de Catalogne*, *l'Ermite*, *le Diable en enfer*, *la Jument du compère Pierre*. C'est toujours en somme la même histoire : des religieux ou des curés, cherchant à abuser de l'innocence ou de la crédulité de jeunes femmes. Dans ce conte-ci, d'ailleurs, la part de l'invention est presque nulle ; il ne vaut que par les détails.

Notre poète s'est peut-être souvenu pourtant du passage suivant du *Moyen de parvenir* (chapitre LXXVIII), où un garçon « baille » de l' « esprit » à une fille, plaisanterie du reste très courante : « .... L'engin et l'esprit sont tout ung, ainsi que le praticqua la chambriere d'une veufue. Ie vous asseure que ceste garse estoit iolie, mais ung peu follette ; sur quoy sa maistresse luy disoit tousiours qu'elle n'auoit

terdiction : voyez la *Notice biographique* en tête de notre tome I, p. CXIII-CXIV.

Le livre avait paru à Mons, ou du moins sous cette rubrique, en 1674[a] et en 1675[b] ; et il fut mis en vente de nouveau, sous celle d'Amsterdam, en 1676. Il contient, outre les contes, *Janot et Catin*. Si nous en croyons Furetière, ce fut la Champmeslé qui se chargea de vendre clandestinement à Paris le recueil interdit ; c'est par reconnaissance que le poète lui aurait dédié depuis le conte de *Belphégor* (1682) ; et cette dédicace, toujours selon Furetière, lui aurait valu les faveurs de l'illustre comédienne[c]. Mais on sait quelle foi il faut ajouter à ses allégations contre la Fontaine, qu'il a injurié tout particulièrement, nous voulons dire avec le plus d'âpreté et de fureur, dans ses factums « contre quelques-uns de l'Académie françoise ». Quoi qu'il en soit, le débit de ces nouveaux contes, qui n'étaient pas en somme beaucoup plus dangereux que les précédents, fut, par le fait même de l'interdiction, facile et rapide.

Nous suivons[d] le texte de la première édition (Mons, 1674), car, ainsi que l'a fait remarquer M. Marty-Laveaux, il est impossible, dans les circonstances que nous venons de rappeler, de savoir à quelle édition l'auteur a donné ses soins.

[a] Chez Gaspard Migeon, petit in-8°, de 168 pages. Ce nom cache sans doute celui de quelque imprimeur de France, d'une ville de province (Rouen peut-être, Reims, ou Châlons), plutôt que de Paris.

[b] Il existe deux éditions de 1675, l'une, in-12, de 163 pages (Mons, chez Gaspard Migeon), l'autre, in-12, de 94 pages (sans lieu d'impression).

[c] *Nouveau recueil des factums du procès entre Furetière et l'Académie françoise*, Amsterdam, 1694, in-12, tome I, p. 292-293.

[d] Sauf pour *les Troqueurs*, qui ont été d'abord publiés à part, sans lieu ni date.

point d'esprit. Or est il qu'il y auoit ung iambon à la cheminée, et ceste fille, le voyant là si long tems, s'en ennuyoit ; elle demanda à Madame si elle le mestroit cuyre : « Non, dit elle ; c'est pour « Pasques. » Ceste fille en fit le conte à quelques aultres de ses compaignes, qui s'en gaussoient en son absence. Mais le clerc du notaire Bardé ne fut point si sot qu'il n'y prist garde pour esprouuer le sens de la fillette. Ung iour que la bonne femme estoit allée à sa maistairie, et qu'elle auoit laissé Mauricette toute seule, il vint heurter, et demanda Madame. Mauricette dit qu'elle n'y estoit pas. « I'en suis bien marry, pour ce que ie suis Pasques, qui estois « venu querir le iambon qu'elle m'a promis. » Il passa ; et la chambriere le laissa paisiblement entrer et prendre le iambon. Luy, qui la voyoit si nicette et belle, pensoit à meilleure aduenture : « Il faut, dit il, que ie voye si c'est icy mon iambon. Si ce l'est, « i'ay ung esprit qui me le dira. » Il tira son chouart vif et glorieux. Quand la fille le vit : « Qu'est ce que cela ? — C'est mon « esprit. — Ie vous prie, donnez m'en un peu : ma maistresse ne me « fait que tancer, et dire que ie n'ay point d'esprit. » Il la prit, et luy en distribua autant qu'à luy plut, dont elle se trouua passablement bien ; aussi en estoit elle toute resiouie.... Quand sa maistresse fut venue, elle luy conta comme Pasques estoit venu querir le iambon : « Et en da, Madame, vous ne me reproucherez plus que ie n'ay « point d'esprit, Pasques m'en a baillé à bon escient. »

Nous citerons aussi le conte x des *Heures perdues d'un cavalier françois*, « l'Enseignement complet » : « Un père, desirant que sa fille fût instruite aux moyens d'entretenir les honnêtes gens, pria un de ses amis faire cet office, qui l'exécuta et la rendit savante en peu de temps » ; et une lettre de Mme de Sévigné, où il est fait allusion au conte de la Fontaine, et qui même, détail assez piquant, paraît être inspirée par lui ; cette lettre en est, pour ainsi dire, le canevas, mais très décemment enveloppé, très agréablement voilé. Elle est datée de Nantes, du 20 mai 1680, et adressée à Mme de Grignan (tome VI, p. 409-411) : « .... Nous allons demain à la Silleraye...; je n'y coucherai point ; j'y mène une jolie fille qui me plaît : c'est une Agnès, au moins à ce que je pensois, et j'ai trouvé tout d'un coup qu'elle a bien de l'esprit, et une envie si immodérée d'apprendre ce qui peut servir à être une honnête personne, éclairée, et moins sotte qu'on ne l'est en province, qu'elle m'en a touché le cœur : sa mère est une dévote ridicule. Cette fille a fait de son confesseur tout l'usage qu'on en peut faire; c'est un jésuite qui a bien de l'esprit : elle l'a prié d'avoir pitié d'elle, de sorte qu'il lui apprend un peu de tout; et son esprit est tellement débrouillé qu'elle n'est ignorante sur rien. Tout cela est caché sous un beau visage fort régulier, sous une modestie extrême, sous une timidité aimable, sous une jeunesse de dix-sept ans. Il y auroit bien des gens qui s'offriroient à lui donner de l'esprit comme dans la Fontaine; mais elle paroît n'en vouloir point de celui-là. Le temps lui pourra faire changer d'avis.... Je me divertis à la dévider. »

Rapprochons *la Chercheuse d'esprit*, par Favart, opéra-comique en un acte, en prose, représenté pour la première fois sur le théâtre de la foire Saint-Germain le 20 février 1741, analysé dans le *Dictionnaire dramatique*, tome I, p. 235, et dans l'*Histoire du théâtre de l'Opéra-Comique*, tome I, p. 375 (de la pièce de Favart, Gardel a tiré un ballet pour l'Opéra, 1778); et *Comment l'esprit vient aux garçons*, vaudeville en un acte, par MM. Albert Monnier et Édouard Martin, donné aux Variétés en 1851.

> Il est un jeu[1] divertissant sur tous[2],
> Jeu dont l'ardeur souvent se renouvelle[3];
> Ce qui m'en plaît, c'est que tant de cervelle
> N'y fait besoin[4] et ne sert[5] de deux clous[6].

1. Rapprochez le vers 256 de *la Coupe enchantée* et la note.
2. Par-dessus tous : tome III, p. 204 et note 23.
3.   Larcins d'amour ne veulent longue pause.
                    (*Le Berceau*, vers 83.)
4. Même locution dans *l'Oraison*, vers 89 :
       Votre oraison vous fera bon besoin;
chez Malherbe, tome II, p. 38, 293, etc., chez Molière, *l'Étourdi*, vers 19, et *passim*.
5.   Philosopher ne faut pour cette affaire.
                    (*Le Faiseur d'oreilles*, vers 45.)
Voyez aussi le conte de *l'Ermite*, cité plus bas; et Regnier, satire VII, vers 121-124 :
       .... Si l'autre est, au rebours, des lettres nonchalante,
       Je crois qu'au fait d'amour elle sera sçavante,
       Et que Nature habile à couvrir son défaut
       Luy aura mis au lict tout l'esprit qu'il luy faut.
6. Et ne sert de rien. Comparez les locutions familières : « Cela

Or, devinez comment¹ ce jeu s'appelle.

Vous y jouez, comme aussi faisons-nous² ;
Il divertit et la laide et la belle ;
Soit jour, soit nuit³, à toute heure il est doux,
Car on y voit assez clair sans chandelle⁴.
Or, devinez comment ce jeu s'appelle.

Le beau du jeu⁵ n'est connu de l'époux :
C'est chez l'amant que ce plaisir excelle⁶,

ne vaut pas un clou ; je n'en donnerais pas un clou. » — « Quand on est mort, il ne sert pas d'un clou d'être en statue de marbre. » (BENSERADE, cité par le *Dictionnaire de Trévoux*.) « Si l'on ignore ces choses, je ne donnerois pas un clou de tout l'esprit qu'on peut avoir. » (MOLIÈRE, *les Précieuses ridicules*, scène IX.) « Les vœux de l'univers entier ne servent pas d'un clou. » (VOLTAIRE, lettre à d'Argental du 24 novembre 1774.) « Je hais ces maudits enfants de Calvin, qui prétendent, avec les jansénistes, que les bonnes œuvres ne valent pas un clou à soufflet. » (*Ibidem*, lettre au cardinal de Bernis du 9 février 1767.)

1. *Comme*, dans la seconde édition, 1675, ici et plus bas.
2. Ces quatre derniers vers, ainsi que le vers 9, ont été supprimés dans les éditions de 1685, 1686, 1705.
3. Dans *la Coupe enchantée*, vers 93 :

....Soit pour la nuit, soit pour le jour.

4. Il n'est ouurier que luy
    De ce mestier ioly
    Que l'on faict sans chandelle.
    (*Chansons du XV⁰ siècle*, p. 117.)

5. Semblable expression : « le beau du ieu », chez Noël du Fail, *les Propos rusticques*, p. 85 et 95. Dans le *Don Juan* de Molière (acte I, scène II) : « le beau de la passion ». Comparez « le bon du jeu », dans *les Heures perdues*, conte XXI : « Et sur le bon du jeu, quand l'exaltation de l'humeur radicale venoit à combler les esprits des deux extases qui ne se trouvent qu'à cet instant, etc. » ; et « le bon de l'affaire », dans *les Rémois*, vers 61 et note 2.

6. Rapprochez dans *le roi Candaule*, vers 236-238 : « certain talent,
Qu'avoit en sa moitié trouvé l'étudiant,
Et que pour le mari n'avoit pas la donzelle. »

J. DE LA FONTAINE. V

De regardants¹, pour y juger des coups²,
Il n'en faut point; jamais on n'y querelle.
Or, devinez comment ce jeu s'appelle.

Qu'importe-t-il? Sans s'arrêter au nom,
Ni badiner³ là-dessus davantage,
Je vais encor vous en dire un usage :
Il fait venir l'esprit et la raison.
Nous le voyons en mainte bestiole⁴.
Avant que Lise allât en cette école,

1. Ci-dessus, p. 85 et note 3.
2. Dans *le Faiseur d'oreilles*, vers 196 :

> André vit tout, et n'osa murmurer ;
> Jugea des coups, mais ce fut sans rien dire.

3. Jouer : rapprochez la fin de la note du vers 106 de *Mazet*.
4. Au figuré : expression particulièrement appliquée aux jeunes filles un peu sottes. — Aux tomes I, p. 227, III, p. 37 : « bestion ». — « Alad querre Dauid neis sur les rochiers et les desrubes ù à peine nule bestiole pout conuerser. » (*Les Quatre liures des Rois*, XII⁰ siècle, livre I, chapitre XXIV, verset 3, Paris, 1841, p. 93.) Voyez aussi les exemples du XVI⁰ siècle que cite Littré. — « .... Auant que se mettre à l'amour, elle estoit fort peu habile; mais l'ayant traicté, elle deuint l'une des spirituelles et habiles femmes de France, tant pour ce subiect que pour d'aultres. Et de faict, ce n'est pas la seule que i'ay veue qui s'est habilitée pour auoir traicté l'amour, car i'en ay veu une infinité trez sottes et mal habiles à leur commencement; mais elles n'auoyent demouré ung an à l'academie de Cupidon et de Venus madame sa mere, qu'elles en sortoyent trez habiles et trez honnestes femmes en tout; et quant à moy, ie n'ay veu iamais p..... qui ne fust trez habile et qui ne leuast la paille. » (BRANTÔME, tome IX, p. 217.) Comparez *l'Ermite*, vers 174-176 :

> Le jeu d'amour commençoit à lui plaire.
> Vous me direz : « D'où lui vint tant d'esprit ? »
> D'où? De ce jeu. C'est l'arbre de science ;

le *Recueil de poésies françoises*, tome III, p. 222 :

> Pucelle qui n'a amy
> Toute sa vie est sotte et lourde;

Lise n'étoit qu'un misérable oison[1];
Coudre et filer, c'étoit[2] son exercice,
Non pas le sien, mais celui de ses doigts;
Car que l'esprit eût part à cet office,   25
Ne le croyez : il n'étoit nuls emplois
Où Lise pût avoir l'âme occupée;
Lise songeoit autant que sa poupée[3].

Molière, *l'École des femmes*, vers 896-921; l'abbé Vergier, conte VII :

Mais l'amour donne de l'esprit,
Et sait rendre une Agnès habile;

et Voltaire (*Poésies*, tome XI, p. 384) :

.... Elle obtint la science
Du bien, du mal, une honnête assurance,
De l'art, du goût, enfin mille agréments
Qu'elle ignorait dans sa triste innocence....
Ainsi d'Adam la compagne imbécile,
Dans son jardin vivant sans volupté,
Dès que du diable elle eut un peu tâté,
Devint charmante, éclairée et subtile,
Telles que sont les femmes de nos jours
Sans appeler le diable à leur secours.

1. « Ceste simple damoyselle, aussi malicieuse qu'ung oyson. » (Noel du Fail, tome II, p. 10.) *Ibidem*, p. 152 : « oysons coiffez ». Chez Hamilton (*Mémoires du comte de Grammont*, chapitre XII) : « Il ne falloit, pour un goût comme le sien, que des oisons bridés, tels que la Stewart, la Wells, et cette petite gueuse de comédienne »; chez Tallemant des Réaux, tome VI, p. 123 : « Comme elle prit congé : « Hélas! dit l'affligée, que je serois heureuse, mon en- « fant, si j'étois aussi oison que toi! je ne sentirois pas ce que je « sens »; dans l'épître XL de Voltaire :

Là sont en foule antiques mijaurées,
Jeunes oisons, et bégueules titrées.

— Comparez *la Jument*, vers 178, où le mot est appliqué à un homme : « Laissons là cet oison »; Brantôme, tome V, p. 107 : « Il est croisé comme ung oyson de mars, aussi est il ung vray oyson »; Malherbe, tome IV, p. 358 : « Vous parlez en oison »; et la phrase de Mme de Sévigné citée p. 21.

2. Coudre et filer étoit. (1685, 1686, 1705.)

3. Rapprochez les vers 338 de *Joconde:*

Sa poupée en sait autant qu'elle;

Cent fois le jour sa mère lui disoit :
« Va-t'en chercher de l'esprit, malheureuse ! »   30
La pauvre fille aussitôt s'en alloit
Chez les voisins, affligée et honteuse,
Leur demandant où se vendoit l'esprit[1].
On en rioit ; à la fin l'on[2] lui dit :
« Allez trouver père Bonaventure,   35
Car il en a bonne provision[3]. »
Incontinent la jeune créature
S'en va le voir, non sans confusion :
Elle craignoit que ce ne fût dommage
De détourner[4] ainsi tel personnage.   40
« Me voudroit-il faire de tels présents,
A moi qui n'ai que quatorze ou quinze ans ?
Vaux-je cela[5] ? » disoit en soi la belle.
Son innocence augmentoit ses appas :
Amour n'avoit à son croc[6] de pucelle   45

et 88 du *Calendrier :* « .... Des esprits de poupée. » Chez Coquillart (tome I, p. 156) :

.... Ce sont chaperons d'oyseaux
Et aussi robes à poupées (*à niaises, à nigaudes*).

1. Dans *la Jument*, vers 93 : « Vend-on cela ? »
2. A la fin on. (1685, 1686, 1705.)
3. « Pour l'esprit, il n'en a pas, grâces à Dieu ! grande provision. » (Molière, *les Fourberies de Scapin*, acte II, scène iv.) — « C'est une bonne provision que d'avoir un bel et bon esprit. » (Mme de Sévigné, tome VI, p. 264.)
4. Déranger, distraire de ses occupations. Comparez *ibidem*, tome II, p. 133 : « Adieu, petit démon qui me détournez » ; Racine, *Athalie*, vers 856 :

Ma mère en ce devoir craint d'être détournée ;

Saint-Simon, tome I, p. 37 : « Le roi étoit mécontent de ses fréquents voyages (des voyages de Barbezieux) à Paris, où les plaisirs le détournoient. »
5. Dans *les Rémois*, vers 198 et note 4 : « .... aussi le valoit-elle ».
6. Voyez les fables III du livre XI, vers 13, IX du livre XII,

Dont il crût faire un aussi bon repas¹.

« Mon Révérend, dit-elle au béat² homme,
Je viens vous voir; des personnes m'ont dit
Qu'en ce couvent³ on vendoit de l'esprit;
Votre plaisir seroit-il qu'à crédit   50
J'en pusse avoir? non pas pour grosse somme⁴ :
A gros achat mon trésor ne suffit.
Je reviendrai, s'il m'en faut davantage;
Et cependant⁵ prenez ceci pour gage. »
A ce discours, je ne sais quel anneau,   55
Qu'elle tiroit de son doigt avec peine,
Ne venant point, le père dit : « Tout beau!
Nous pourvoirons à ce qui vous amène⁶,
Sans exiger nul salaire de vous;
Il est marchande et marchande⁷, entre nous :   60

vers 36, et les notes. — A une situation bien différente André Chénier (*Dernières poésies*, IV, vers 29-31) a appliqué cette même image pittoresque :

Mille autres moutons, comme moi
Pendus aux crocs sanglants du charnier populaire,
Seront servis au peuple-roi.

1. Le poète se souvient sans doute du proverbe, autrefois très répandu : « Amour se nourrit de jeune chair, Amour aime la chair fraîche. »

2. Béat; à qui on attribue une grande dévotion : voyez tome IV, p. 200 et fin de la note 4.

3. Convent. (1685, 1686, 1705.)

4. Dans *la Jument*, vers 93 : « Si j'avois grosse somme.... »

5. En attendant. — 6. Tome IV, p. 444 et note 4.

7. Même locution figurée dans *l'Oraison de saint Julien*, vers 262 et note 6; ici au sens d' « acheteuse », comme *marchand* signifie « acheteur » au vers 38 du *Cuvier*. — « Elle estoit belle et gente et en bon poinct..., appelant, sans mot dire, trop bien son marchand à son baisier et accolement. » (*Les Cent Nouvelles nouvelles*, p. 313.)

Femme au chaperon aualé
Qui va les crucifix rongeans,

A l'une on vend ce qu'à l'autre l'on donne.
Entrez ici, suivez-moi hardiment;
Nul ne nous voit, aucun ne nous entend :
Tous sont au chœur; le portier est personne
Entièrement à ma dévotion[1],   65
Et ces murs ont de la discrétion[2]. »

   C'est signe qu'elle a estalé
   Et aultres fois hanté marchans.
     (Coquillart, tome I, p. 105.)
Il n'est que d'estre libre, et en deniers comptans
Dans le marché d'amour acheter du bon temps,
Et pour le prix commun choisir sa marchandise,
Ou, si l'on n'en veut prendre, au moins on en devise,
L'on taste, l'on manie, et, sans dire combien,
On se peut retirer, l'objet n'en couste rien.
Au savoureux trafic de cette mercerie
J'ai consumé les jours les plus beaux de ma vie,
Marchand des plus rusés, etc.
    (Regnier, épître II, vers 67-75.)

« Le pis que ie vois en elles, c'est qu'au lieu que les marchans prient les plus belles, celles cy laides prient les marchans de prendre et d'achepter de leurs denrées, qu'elles leur laissent pour rien et à vil prix. Mesmes font elles mieulx; car le plus souuent leur donnent de l'argent pour s'accoster de leurs chalanderies et se faire fourbir à eux; dont voilà la pitié : car, pour telle fourbissure, il n'y faut petite somme d'argent. » (Brantôme, tome IX, p. 171.) Voyez aussi deux anciennes facéties : *les Sept Marchans de Naples* (s. l., 1530, in-8°), sept pauvres diables qui ont payé de leurs deniers pour gagner le mal de Naples, et *le Matois ou Marchand meslé propre à tout faire*, en vers burlesques (Paris, 1649, in-4°), où, comme dans nombre d'autres écrits satiriques, tous ces mots : « marché, marchand, marchander, marchandise, place marchande, chaland, chalanderie, chalandise, etc. », se rapportent aux commerces d'amours, de galanteries.

 1. « Il avoit gens à sa dévotion. » (*Féronde*, vers 47.) « Il auoit toute la cour à sa deuotion. » (Brantôme, tome IV, p. 227 ; *ibidem*, tomes V, p. 191, VI, p. 56, 101.) « .... Tousiours prest à faire de bien en mieulx pour ceulx qui luy estoient redeuables, à fin de les entretenir et garder tousiours en sa deuotion. » (Amyot, traduction de la *Vie de Flaminius*, tome I, p. 674.) « .... Recuser une partie des iuges pour en choisir à sa deuotion. » (Du Fail, tome I, p. 13.)

 2. Contrairement au vieux proverbe : « les murs ont des oreilles »

Elle le suit; ils vont à sa cellule.
Mon Révérend la jette sur un lit[1],
Veut la baiser. La pauvrette[2] recule
Un peu la tête; et l'innocente dit[3] : 70
« Quoi! c'est ainsi qu'on donne de l'esprit?
— Et vraiment oui », repart Sa Révérence;
Puis il lui met la main sur le teton[4].
« Encore ainsi? — Vraiment oui; comment donc[5]? »
La belle prend le tout en patience[6]. 75

(*les Quiproquo*, vers 124), ou « des yeux » (Racine, *Britannicus*, vers 713).

1. L'Ermite procède avec plus de mesure aux vers 159 et suivants du conte qui porte ce titre :

> Tout doucement il vous l'apprivoisa,
> Lui prit d'abord son joli bras d'ivoire, etc.

2. Pour ce diminutif, voyez ci-dessus, p. 55 et note 1.
3. Dans *le Faiseur d'oreilles* vers 166 ·

> Et l'innocente au bon apôtre dit....

4.
> Robin luy taste son tetin
> Qui est rond comme une pelotte.
> (*Chansons du XVe siècle*, p. 137.)

> ....Mettre la main sur la mamelle...,
> Pour appriuoiser la femelle.
> (COQUILLART, tome II, p. 271.)

5. Ci-dessus, p. 197 et note 4.
6. « ....Recueillant mille baisers et sur ces belles lèvres et sur ces jolis tetons qui ne faisoient encore que commencer doucement à poindre; ce que la pauvre petite enduroit patiemment. » (*Les Heures perdues*, citées à la notice.)

> — La dame prit le tout en patience.
> (*Le Faiseur d'oreilles*, vers 181 et note 1.)

« Fut la belle damoiselle .... contraincte d'obeir au cheualier et à l'escuier, chacun à son tour, dont en la fin elle s'accoustuma et trez bien le print en patience. » (*Les Cent Nouvelles nouvelles*, p. 149.) « L'aultre escollier se retourna coucher, et apaisa la dame le mieulx qu'il put, à laquelle il fut force de prendre patience. »

Il suit sa pointe¹, et d'encor en encor²
Toujours l'esprit s'insinue³ et s'avance,
Tant et si bien qu'il arrive à bon port⁴.
Lise rioit du succès de la chose.
Bonaventure à six moments de là   80
Donne d'esprit une seconde dose.
Ce ne fut tout, une autre succéda;
La charité du beau père⁵ étoit grande⁶.
« Eh bien ! dit-il que vous semble du jeu?
— A nous venir l'esprit tarde bien peu »,   85
Reprit la belle. Et puis elle demande :

Des Périers, tome I, p. 229.) « Elle se contentoit bien de trois fois la nuict..., mais, s'il y en auoit quelqu'une extraordinaire, elle la prenoit en patience. » (*Ibidem*, tome II, p. 81.)

1. Ou « pousse » sa pointe.

— Nonobstant les avis je veux suivre ma pointe.
(Scarron, *Don Japhet d'Arménie*, acte II, scène iv.)

« Elle étoit aimable à tout prendre et en tout sens. Je suivis ma pointe, et je trouvois des commodités merveilleuses. » (Retz, tome I, p. 195; *ibidem*, p. 120.) Voyez aussi les exemples de Molière, Bossuet, le Sage, que cite Littré, 28°. Chez Montaigne (tome I, p. 426), et chez Scarron, déjà cité (*le Virgile travesti*, livre ii) : « poursuivre sa pointe » :

Ami, poursuivons notre pointe...,
Poussons l'affaire avec chaleur.

— Claude suit son chemin, le rustre aussi le sien.
(*Le Tableau*, vers 198.)

2. Ci-dessous, vers 113.
3. Même locution aux vers 28-29 de *la Servante justifiée* :

Il commence à louer
L'assortiment, tâche à s'insinuer, etc.

Comparez l'abbé Vergier, tome I, p. 174 :

.... Si le galant ores sans retenue
Tout au plus loin s'avance et s'insinue.

4. Ci-dessus, p. 39. — 5. Tome IV, p. 200, note 4.
6. Comme celle des *Cordeliers de Catalogne*, vers 5 et note

« Mais s'il s'en va? — S'il s'en va, nous verrons ;
D'autres secrets[1] se mettent en usage.
— N'en cherchez point, dit Lise, davantage ;
De celui-ci nous nous contenterons.   90
— Soit fait, dit-il, nous recommencerons,
Au pis aller, tant et tant qu'il suffise. »
Le pis aller sembla le mieux à Lise[2].
Le secret même encor se répéta
Par[3] le pater[4] : il aimoit cette danse[5].   95
Lise lui fait une humble révérence,
Et s'en retourne en songeant à cela.

Lise songer! Quoi? déjà Lise songe[6] !
Elle fait plus : elle cherche un mensonge,
Se doutant bien qu'on lui demanderoit,   100
Sans y manquer, d'où ce retard venoit.
Deux jours après, sa compagne Nanette
S'en vient la voir : pendant leur entretien

1. Page 120 et note 1.
2.   …. « Soit fait », ce dit le frère.
   Tant s'appliqua Rustic à ce mystère,
   Tant prit de soin, tant eut de charité,
   Qu'enfin l'enfer s'accoutumant au diable
   Eût eu toujours sa présence agréable,
   Si l'autre eût pu toujours en faire essai.
          (*Le Diable en enfer*, vers 157-162.)

3. Exemple à remarquer d'un verbe réfléchi avec un sens passif : comparez les *Lexiques de Malherbe*, p. xxxiii, et *de la Bruyère*, p. xliv.

4. Tome IV, p. 497 et note 2 :

   …. Le pater avec le factotum.

On désigne encore les curés par ce nom de *pater* dans plusieurs provinces.

5. « …. Elle qui la danse aimoit. » (Saint-Gelais, tome I, p. 272.) Voyez *les Rémois*, vers 194 et la note.

6. Ci-dessus, vers 28.

Lise rêvoit; Nanette comprit bien,
Comme elle étoit clairvoyante et finette, 105
Que Lise alors ne rêvoit pas pour rien.
Elle fait tant, tourne[1] tant son amie,
Que celle-ci lui déclare le tout :
L'autre n'étoit à l'ouïr endormie.
Sans rien cacher, Lise de bout en bout[2], 110
De point en point[3], lui conte le mystère[4],
Dimensions de l'esprit du beau père,
Et les encore[5], enfin tout le phébé[6].

« Mais vous, dit-elle, apprenez-nous de grâce
Quand et par qui l'esprit vous fut donné. » 115
Anne reprit : « Puisqu'il faut que je fasse
Un libre aveu, c'est votre frère Alain
Qui m'a donné de l'esprit un matin.
— Mon frère Alain? Alain! s'écria Lise,
Alain mon frère! ah! je suis bien surprise : 120
Il n'en a point, comme[7] en donneroit-il?

1. Tome IV, p. 303 et note 1.
2. Comparez le Faiseur, vers 144 et la note. Dans les Cent Nouvelles nouvelles, p. 59 : « La vieillotte le tire à part et luy va dire de bout en bout tout le faict. » Dans l'Eugène de Jodelle, acte III, scène 1 :

    De bout en bout
  Ie vous conterai le malheur.

3.   La chambrière monte,
  Et va conter le tout de point en point.
    (L'Oraison, vers 204 et la note.)

4. Ci-dessus, p. 274 et note 2.
5. Vers 76. — Rapprochez le roi Candaule, vers 233 : « les si » et « les cas ».
6. Comme on dit le phébus; ici ce mot a la signification, non de galimatias prétentieux, mais d'histoire détaillée, circonstanciée : « Lise lui conte tout le joyeux mystère. »
7. Comment : voyez ci-dessus, p. 289, note 1; les Lexiques de

— Sotte, dit l'autre, hélas ! tu n'en sais guère :
Apprends de moi que pour pareille affaire
Il n'est besoin que l'on soit si subtil[1].
Ne me crois-tu ? sache-le de ta mère :   125
Elle est experte au fait dont il s'agit ;
Si tu ne veux, demande au voisinage[2] ;
Sur ce point-là l'on t'aura bientôt dit :
« Vivent les sots pour donner de l'esprit[3] ! »
Lise s'en tint à ce seul témoignage,   130
Et ne crut pas devoir parler de rien.

Vous voyez donc que je disois fort bien
Quand je disois que ce jeu-là rend sage[4].

Malherbe et *de Corneille*, et la remarque de Vaugelas citée dans ce dernier lexique.

1.   Sotte, tais-toi, lui repartit la mère,
      C'est bien cela ! va, va, pour ces leçons
      Il n'est besoin de tout l'esprit du monde, etc.
                    (*L'Ermite*, vers 80-82.)

2. Ce vers a été supprimé dans les éditions de 1685, 1686 et 1705, où le conte se termine par le vers 129 :

   Vivent les sots pour donner de l'esprit !

3.   Ce pitaud doit valoir, pour le point souhaité,
         Bachelier et docteur ensemble.
                    (*Le Tableau*, vers 136-137.)

4. Pour l'emploi plaisant de cette épithète, rapprochez le vers 160 des *Rémois* et la note.

II

L'ABBESSE[1].

Ce conte est emprunté à la xxie des *Cent Nouvelles nouvelles*, intitulée *l'Abbesse guerie* dans l'édition de 1486 : « D'une Abbesse qui fut malade par faulte de faire cela que vous sçauez, ce qu'elle ne vouloit faire, doubtant de ses nonnains estre reprouchée ; et toutes luy accorderent de faire comme elle ; et ainsy s'en firent toutes donner largement. » Ce n'est qu'après une longue discussion entre l'abbesse et les sœurs, et un « consistoire », qui suit, des bonnes religieuses, que l'abbesse finit par obéir à l'ordonnance de la Faculté, lorsque la prieure lui a adressé ce petit discours : « ....Afin « que vous l'entendez que nous vous aimons de bonne et loyale « amour, nous sommes contentes et auons conclu et meurement « deliberé, toutes ensemble generalement, que, s'il vous plaist, en « sauluant vostre vie et nous, auoir compaignie secretement d'aul- « cun homme de bien, nous pareillement le ferons comme vous, « afin que vous n'ayez pensée ne ymaginacion qu'en temps aduenir « vous en sourdist reprouche de nulle de nous. N'est ce pas ainsi, « mes seurs ? » dit elle. « Oy, oy », dirent elles treztoutes de bon cueur. » Madame l'abbesse se laisse persuader pour l'amour de ses sœurs. « Adonc furent mandez moynes, prebstres et clercs, qui trouuerent bien à besoigner ; et le firent si trez bien que Madame l'abbesse fut en peu d'heure rapaisée : dont son conuent fut trez ioyeux, qui par honneur faisoit ce que par honte oncques puis ne laissa. »

Comparez Malespini, *Ducento novelle*, nouvelle LXXIX (tome I, p. 134-135) ; et la IIIe serée du livre I de Bouchet, où il est question, non de sœurs, mais d'une « grand dame » et de ses « damoy- selles » de compagnie.

Voyez aussi Poge (édition de 1798, tome I, p. 118), *Priapi vis*, qui toutefois a plus de rapport avec les xxe et xc^e des *Cent Nou-*

---

1. L'Abbesse malade. (1685, 1686, 1705.)

velles nouvelles qu'avec la xxie citée plus haut, *ibidem*, tome II, p. 120, un renvoi aux « Conti da ridere »; *d'Una di fresco maritata;* et, dans *les Heures perdues d'un cavalier françois*, le conte VIII, *le Vœu des religieuses :* « De quelle sorte toute une compagnie de religieuses se releva du vœu qu'elles disoient avoir fait pour obéir à leurs parents. »

L'histoire des moutons de Panurge ou, pour mieux dire, des moutons de Dindenaut, est tirée de Rabelais, qui en a fait le sujet des chapitres VI, VII, et VIII de son quart livre (tome II, p. 289-298) : « Comment le debat (*du ve chapitre*) apaisé, Panurge marchande auecques Dindenaut ung de ses moutons. — Continuation du marché entre Panurge et Dindenaut. — Comment Panurge feist en mer noyer le marchant et les moutons. » On voit qu'en versifiant cette histoire, la Fontaine l'a beaucoup abrégée. Il y avait déjà fait très brièvement allusion dans le vers 9 de *l'Ours et les deux Compagnons* (livre V, fable XX) :

Dindenaut prisoit moins ses moutons qu'eux leur Ours;

et dans la comédie de *Clymène*, vers 344-347 :

C'est un bétail servile et sot, à mon avis,
Que les imitateurs : on diroit des brebis
Qui n'osent avancer qu'en suivant la première,
Et s'iroient sur ses pas jeter dans la rivière.

Rapprochez l'épître à l'évêque de Soissons (*Huet*), vers 21-22.

Rabelais avait lui-même pris cet épisode dans l'*Histoire maccaronique de Merlin Coccaie*, par Théophile Folengo (fol. 123 et suivants de l'édition de Venise, 1521, in-12) :

Interea veniunt cifilantes sæpe Tesini, etc.,

où est est raconté l'expédient de Cingar pour se débarrasser des moutons et des marchands qui encombrent le navire. Nous donnons à l'*Appendice* la traduction du curieux récit de Folengo.

L'exemple sert, l'exemple nuit aussi.
Lequel des deux[1] doit l'emporter ici ?
Ce n'est mon fait[2] : l'un dira que l'abbesse

---

1. De ces deux axiomes.
2. Voyez *la Courtisane amoureuse*, vers 122 et la note.

En usa bien, l'autre au contraire mal,
Selon les gens. Bien ou mal¹, je ne laisse
D'avoir mon compte², et montre en général,
Par ce que fit tout un troupeau de nonnes,
Qu'ouailles sont la plupart des personnes³ :
Qu'il en passe une, il en passera cent;
Tant sur les gens est l'exemple puissant!
Je le répète, et dis, vaille que vaille⁴,
Le monde n'est que franche moutonnaille⁵.
Du premier coup ne croyez que l'on aille

1.   L'autre au contraire mal :
    Selon les gens, bien ou mal, etc.
                    (1685, 1686.)

2. C'est-à-dire peu m'importe, pour la leçon que j'en veux tirer : je trouverai toujours ma preuve.

3.   Que brebis sont la plupart des personnes.
                    (1685, 1685, 1705.)

— Voyez ci-dessous, les vers 47 et 126; le conte VIII, vers 221; et Scarron, *le Virgile travesti*, livre II :

    Les Grecs confondus...,
    Devant vos vaillantes murailles,
    N'avoient plus que des cœurs d'ouailles
    Au lieu de leurs cœurs de lions.

4. Même locution chez Marot, tome II, p. 128 :

    Et toutes fois i'en ay, vaille que vaille,
    Ung bien petit (*un petit peu d'argent*);

dans *les Plaideurs* de Racine, vers 19; etc.

5. Rapprochez les passages de *Clymène* et de l'épître *à Huet* cités dans la notice. — Nous trouvons plusieurs fois *moutonnier* (berger), et l'adjectif *moutonnière* (ci-dessous, vers 19), chez Rabelais, aux chapitres indiqués, mais non *moutonnaille*, dont Cotgrave, dans son *Dictionnaire français-anglais* (1632), transcrit des exemples du seizième siècle. Ce mot n'est pas dans le Dictionnaire de l'Académie, qui a *moutonnier*, *moutonnière*, à partir de sa 4ᵉ édition, ni chez Nicot, Richelet, Furetière. — Comparez *ouaille, canaille, poulaille, bestiaille*, etc.; et, pour cette désinence péjorative *aille*, *les Cordeliers*, vers 249 et note 7.

QUATRIÈME PARTIE.

> A ses périls[1] le passage sonder:
> On est longtemps à s'entre-regarder;   15
> Les plus hardis ont-ils tenté l'affaire,
> Le reste suit[2] et fait ce qu'il voit faire[3].
> Qu'un seul mouton se jette en la rivière,
> Vous ne verrez nulle âme moutonnière[4]
> Rester au bord; tous se noieront à tas[5].   20
>
> Maître François[6] en conte un plaisant cas.
> Ami lecteur, ne te déplaira pas
> Si, sursoyant ma principale histoire[7],
> Je te remets cette chose en mémoire.

1. A ses risques et périls. Voyez Molière, *Tartuffe*, vers 1252 :
    Qu'il soit à ses périls possesseur de son bien;
et le *Lexique de Corneille*.

2. Page 83 et note 7.

3. Comme un mouton qui va dessus la foi d'autrui.
    (Livre II, fable x, vers 22.)

« Ressemblans aux moutons, qui, à quelque hazart que ce soit, suiuent le sault du premier qui se sera lancé et iecté du hault en bas. » (Du Fail, tome II, p. 100.) « La rage de sauter peut gagner : voyez les moutons de Panurge. » (Beaumarchais, *le Mariage de Figaro*, acte IV, scène vi.)

4. Ci-dessus, p. 302, note 5. — « Reste il icy, dit Panurge, ulle ame moutonniere ? » (chapitre viii du quart livre). Ce mot est aussi plus bas, vers 46; et dans la fable xvi du livre II, vers 14 :
    La moutonnière créature.

5. Même locution : « à tas, à grand tas », chez Rabelais, tome I, p. 19, et p. 26 : « Soubdain vindrent à tas saiges femmes de tous coustez »; chez Charles d'Orléans, ballade xcviii : « Ennuy et meschief à grand tas »; et dans les *Poésies diverses* de la Fontaine (tome V *M.-L.*, p. 150) :
    Cent autres maux je vois venir à tas.

6. François Rabelais.

7. « Ilz prierent les tribuns du peuple qu'ilz fissent ung peu surseoir le recueil des voix et suffrages. » (Amyot, traduction de la *Vie de Paul-Émile*, tome I, p. 455.) « Ésope... témoigna qu'il

Panurge alloit l'oracle consulter⁴ ; 25
Il navigeoit² ayant dans la cervelle
Je ne sais quoi qui vint l'inquiéter.
Dindenaut passe, et médaille l'appelle
De vrai cocu³. Dindenaut dans sa nef
Menoit moutons. « Vendez-m'en un », dit l'autre. 30
« Voire⁴, reprit Dindenaut, l'ami nôtre,
Penseriez-vous qu'on pût venir à chef⁵
D'assez priser⁶ ni vendre telle aumaille⁷ ? »

demandoit pour toute grâce qu'on sursît de quelques moments sa punition. » (La Fontaine, *Vie d'Ésope*, tome I, p. 31.)

1. Il s'étoit embarqué avec Pantagruel pour aller consulter « l'oracle de la diue Bouteille Bacbuc » (chapitre 1 du quart livre).

2. Voyez, sur cette orthographe, *la Fiancée*, vers 170 et la note, à laquelle nous joindrons cet exemple de Rabelais « .... ces Indians, qui nauigerent en Germanie » (fin du chapitre 1 du quart livre).

3. Portrait, vraie image de cocu. Si Dindenaut appelle ainsi Panurge dans Rabelais, « belle medaille de coqu », ce n'est point parce qu'il paraît inquiet, c'est parce qu'il le voit « sans braguette, auecques ses lunettes attachées au bonnet ». — Comparez Corneille, *l'Illusion*, acte III, scène IV, vers 740 :

Vrai suppôt de Satan, médaille de damné !

4. Tome IV, p. 313 et note 4.
5. A bout : ci-dessus, p. 86 et note 1.
6. D'estimer à sa valeur : tome I, p. 427.
7. *Aumaille* (du latin *animalia*) s'applique ici par restriction aux bestiaux domestiques. Les agriculteurs n'entendent aujourd'hui par ce mot que les bêtes à cornes, non les moutons par conséquent : il est vrai que parmi les moutons de Dindenaut il y avait des béliers ; il y en avait au moins un (vers 40).

Mais ne me chaut comment qu'il aille,
J'ai des deniers, j'ai de l'aumaille.
(*Roman de la Rose*, vers 11280.)

Au Perche est la grosse aumaille.
(*Recueil de poésies françoises*, tome V, p. 110.)

« Chassans deuant eux ung gros butin de bestes blanches et d'aumailles. » (Martin du Bellay, *Mémoires*, Paris, 1582, p. 408.) — On disait aussi *almaille*, *bêtes almelines* ou *aumelines*.

Panurge dit : « Notre ami, coûte et vaille,
Vendez-m'en un pour or ou pour argent[1]. »   35
Un fut vendu : Panurge incontinent
Le jette en mer, et les autres de suivre[2].
Au diable l'un, à ce que dit le livre,
Qui demeura[3]. Dindenaut au collet
Prend un bélier, et le bélier l'entraîne[4].   40
Adieu mon homme : il va boire au godet[5].

1. « Couste et vaille, respondit Panurge. Seulement vendez m'en ung, le payant bien. » (Chapitre vii du quart livre.) « Il y va de l'argent, couste et vaille. » (Du Fail, tome I, p. 7.)

2. « Soubdain, ie ne sçay comment, le cas feut subit, ie ne eus loisir le consyderer, Panurge sans aultre chose dire iecte en pleine mer son mouton criant et bellant. Tous les aultres moutons crians et bellans en pareille intonation commencerent soy iecter et saulter en mer aprez à la file. La foulle estoit à qui premier y saulteroit aprez leur compaignon. Possible n'estoit les en guarder. Comme vous sçauez estre du mouton le naturel, tousiours suyure le premier, quelque part qu'il aille. » (Chapitre viii du quart livre.)

3. C'est-à-dire je me donne au diable, que le diable m'emporte, si aucun demeura. Comparez ci-dessous, l'avant-dernier vers cité à la note du vers 101 ; et Rabelais, tome I, p. 341 : « Et aprez, grand chere.... Au diable l'ung qui se faignoit, c'estoit triumphe de les veoir bauffrer »; Grevin, *les Esbahis*, acte I, scène iii :

Au diable l'ung qui se repose
Des seruiteurs;

Brantôme, tomes I, p. 276 : « Et au diable l'une pourtant qui se tuast pour telles violences comme Lucrece », III, p. 5, 354, et p. 63 : « Au diable en voyons nous aucuns s'en corriger », V, p. 245, 332, VI, p. 155, VIII, p. 92, IV, p. 9, 10, 221, et p. 8 : « Il y eut force fuiards..., mais au diable l'ung qui en mourust de tristesse ne à qui le fiel creuast ! » — Dans une lettre de notre poète au prince de Conti du 18 août 1689 : « Au diantre l'un qui ne soit sourd. » — On dit encore familièrement : « Du diable si.... »

4. « Finablement il (Dindenaut) en print ung grand et fort par la toison sus le tillac de la nauf, cuydant ainsi le retenir, et saulter le reste aussi consequemment. Le mouton feut si puissant qu'il emporta en mer auecque soy le marchant, et feut noyé.... » (*Ibidem.*)

5. A la grande tasse, comme disent les marins.

Or revenons : ce prologue me mène
Un peu bien loin. J'ai posé dès l'abord
Que tout exemple est de force très grande,
Et ne me suis écarté par trop fort 45
En rapportant la moutonnière bande¹;
Car notre histoire est d'ouailles² encor.
Une passa, puis une autre, et puis une³,
Tant qu'à passer s'entre-pressant chacune,
On vit enfin celle qui les gardoit 50
Passer aussi : c'est en gros tout le conte.
Voici comment en détail on le conte.

Certaine abbesse un certain mal avoit,
Pâles couleurs⁴ nommé parmi les filles;
Mal dangereux, et qui des plus gentilles 55
Détruit l'éclat, fait languir les attraits⁵.

1. Voyez ci-dessus, le vers 19.
2. Page 302. — On sait que le mot s'appliquait particulièrement aux nonnes : « les ouailles du Seigneur ». Comparez ci-dessous, le conte XII vers 50 :

  Qui fut bien pris? ce fut la feinte ouaille.

3. Ci-dessus, vers 9. — Les trente-huit vers précédents, depuis *Je le répète* (vers 11), c'est-à-dire le conte de Dindenaut et de Panurge, ont été retranchés dans les éditions de 1685, 1686, 1705, et remplacés par celui-ci :

  Agnès passa, puis autre sœur, puis une.
— Sœur Angélique et sœur Claude suivirent, etc.
       (*Mazet*, vers 167.)

4. Ou chlorose, anémie, jaunisse : ci-dessous, p. 309, note 2.
— Les baisers de Doris sont baisers sans malice,
  Il en faudroit beaucoup pour guérir la jaunisse.
      (*L'Eunuque*, vers 1160-1161.)

« Il n'y a personne icy de vous aultres qui n'ait esté fille et qui n'ait eu le mal des filles, qui est la iaunisse. La dame et fille de quoy ie vous veulx parler auoit aussi ceste maladie. » (BOUCHET, serée citée.)

5. Ils sont éteints, ces dons si précieux (*mes attraits*).
     (*La Courtisane amoureuse*, vers 144.)

Notre malade avoit la face blême[1]
Tout justement comme un saint de carême[2] :
Bonne d'ailleurs, et gente[3], à cela près.
La Faculté sur ce point consultée,

1. « De iour en iour elle alloit bruslant et asseichant, de sorte qu'en ung rien elle se vit deuenir seiche, maigre, allanguie. » (BRANTÔME, tome IX, p. 543.)

2. Rapprochez Boileau, satire I, vers 17-18 :

.... Le jour qu'il partit, plus défait et plus blême
Que n'est un pénitent sur la fin d'un carême;

Racine, *les Plaideurs*, acte III, scène III, vers 704 :

Voyez cet autre avec sa face de carême !

et *Joconde*, vers 131 et suivants :

.... A quel propos nous amener
Un galant qui vient de jeûner
La quarantaine?

3. Gentille, proprette, jolie, aimable, mot qui, comme *gentement*, *genteté*, revient très souvent chez nos vieux auteurs : voyez *les Cent Nouvelles nouvelles*, p. 1, 8, 13, 29, 53, 63, 100, 114, 164, 251, etc.; les *Chansons du XVe siècle*, p. 1 :

Elle est gente et godinette,
Marionnette ;

Charles d'Orléans, chanson VII :

Quand ie voy la doulce ieunesse
De vostre gent corps gratieux...;

Villon, p. 155 :

I'estoye gent et beau de visaige ;

Coquillart, tome I, p. 46, 48, 160 : « une bourgoise belle et gente » ; Marot, tomes I, p. 21, 114, II, p. 17, 20, et p. 152 :

Toutes les nuictz ie ne pense qu'en celle
Qui a le corps plus gent qu'une pucelle
De quatorze ans ;

p. 176 :

Dieu gard ma maistresse et regente,
Gente de corps et de façon ;

III, p. 7, 31, 99, et p. 185 :

Lors en fuyant moult gente se monstroit ;

Après avoir la chose¹ examinée²,
Dit que bientôt Madame tomberoit
En fièvre lente, et puis qu'elle mourroit.
Force sera que³ cette humeur la mange,
A moins que de.... (l'à moins⁴ est bien étrange), 65
A moins enfin qu'elle n'ait à souhait⁵

et *passim;* Brantôme, tome V, p. 243 : « la desmesurée amour de la gente Cleopatre »; Regnier, satire IX, vers 75 : « gentes en habits et sades en façons »; Molière, *l'Étourdi*, vers 220 :

Que dit-elle de moi, cette gente assassine?

le conte des *Lunettes*, vers 199 : « ces nonnains au corps gent et si beau »; *la Clochette*, vers 28 :

La jeune bachelette
Aux blanches dents, aux pieds nus, au corps gent;

les Quiproquo, vers 56; etc., etc. La Bruyère le regrette (tome II, p. 211 et note 4) : « On a dit *gent*, le corps *gent* : ce mot si facile non seulement est tombé, l'on voit même qu'il a entraîné *gentil* dans sa chute » (dans le style soutenu du moins, le style noble).

1. L'urine, dans *les Cent Nouvelles nouvelles* : « Et quand les sœurs aperceurent qu'elle ne se disposoit à garison, elles ordonnerent que l'une d'elles iroit à Rouen porter son urine, et compteroit son cas à ung medicin de grant renommée. Pour faire ceste ambassade, à lendemain l'une d'elles se mit en chemin, et fit tant qu'elle se trouua deuant ledict medicin, auquel, aprez qu'il eut visité l'urine de Madame l'abbesse, elle compta tout au long la façon et maniere de sa maladie, comme de son dormir, d'aller à la chambre (à la selle), de boire et de manger. Le sage medicin, vrayement du cas de Madame informé tant par son urine comme par la relation de la religieuse, voulut ordonner le regime. »

2. Voyez, pour ce tour et cet accord, *le Petit Chien*, vers 259 et note 4.

3. Tome IV, p. 492 et note 2.

4. Comparez « le pis aller » du conte précédent, vers 93 :

Le pis aller sembla le mieux à Lise.

5. « À son contentement » (*la Coupe*, vers 198 et la note).

Je n'ai le lieu ni le temps à souhait.
(*Le Magnifique*, vers 102.)

Compagnie¹ d'homme². Hippocrate³ ne fait
Choix de ses mots, et tant tourner⁴ ne sait.
« Jésus! reprit toute scandalisée
Madame abbesse : hé! que dites-vous là ? 70
Fi! — Nous disons, repartit à cela
La Faculté, que pour chose assurée
Vous en mourrez, à moins d'un bon galant :
Bon le faut-il, c'est un point important;

1. L'e final n'est pas élidé : c'est prendre avec la prosodie une liberté bien grande.

2. Voyez *l'Ermite*, vers 65 et la note. — « Pour recouurer la santé de Madame l'abbesse, il est mestier et de nécessité qu'elle ait compagnie d'homme. » (*Les Cent Nouvelles nouvelles*, nouvelle citée.) « Compagnie d'homme! dit l'aultre; et qu'est ce à dire cela ? — C'est à dire, dit le medicin, qu'il fault que vous montiez sur elle et que vous la rouciniez trez bien trois ou quatre foiz tout à haste; et le plus que vous pourrez à ce premier faire sera le meilleur; aultrement ne sera point esteincte la grande ardeur qui la seiche et tire à fin. » (*Ibidem*, nouvelle xx.)

>   — Adieu l'esperance ennuyeuse
>   Où vit la belle et gratieuse
>   Qui par ses secretes douleurs
>   En a prins les pasles couleurs;
>   Adieu l'aultre nouuelle pasle,
>   De qui la santé gist au masle.
>   (Marot, tome I, p, 232.)

>   Pour guérir de pâle couleur,
>   De tous les secrets le meilleur,
>   C'est de bien faire la besogne, etc.
>   (Maucroix, chanson, tome I, p. 203.)

>   La belle qui cause nos pleurs
>   Est morte des pâles couleurs
>   Au plus bel âge de sa vie.
>   Pauvre fille! que je te plains
>   De mourir d'une maladie
>   Dont il est tant de médecins!
>   (*Ibidem*, épigramme, tome I, p. 130.)

On connait ce sujet de thèse médicale, si souvent soutenue et débattue : *An pallidis coloribus Venus propria?*

3. C'est-à-dire, la Faculté, les médecins.

4. Comparez ci-dessus, p. 259 et note 6.

Autre que bon n'est ici suffisant[1]. 75
Et, si bon n'est, deux en prendrez, Madame. »
Ce fut bien pis : non pas que dans son âme[2]
Ce bon ne fût par elle souhaité ;
Mais le moyen que sa communauté
Lui vît[3] sans peine approuver telle chose ! 80
Honte souvent est de dommage cause[4].
Sœur Agnès dit : « Madame, croyez-les ;
Un tel remède est chose bien mauvaise,
S'il a le goût méchant à beaucoup près
Comme la mort[5]. Vous faites cent secrets[6] ; 85
Faut-il qu'un seul vous choque et vous déplaise ?
— Vous en parlez, Agnès, bien à votre aise,
Reprit l'abbesse : or çà, par votre Dieu,
Le feriez-vous ? mettez-vous en mon lieu[7].
— Oui dea[8], Madame ; et dis bien davantage : 90
Votre santé m'est chère jusque-là

---

1. « Le principal remede, ce disent les medicins, de ceste fascheuse continence, c'est la cohabitation charnelle, et mesmes auec de fortes, robustes, et bien proportionnées personnes. » (Brantôme, tome IX, p. 538.) Comparez *la Mandragore*, vers 124, 143 et suivants.

2. Voyez *les Rémois*, vers 178 et la note. — 3. Lui vînt. (1675, s. l.)

4. Rapprochez le vers 55 du *Cas de conscience*.

5. Ci-dessus, vers 73. — « ....De ce i'en ay ouy discourir là dessus à quelques honnestes dames et seigneurs : c'estoit une sotte, et peu songneuse du salut de son ame, d'autant qu'elle mesme se donnoit la mort, qui estoit en sa puissance de l'en chasser, et pour peu de chose. » (Brantôme, tome IX, p. 544.)

6. Cent remèdes : ci-dessus, p. 297 et note 1. Saint-Simon dit de Caretti, empirique italien : « Caretti, Italien à secrets qui avoient souvent réussi » (tome I, p. 222). Dans les *Mémoires du comte de Grammont*, chapitre xii : « Il étoit arrivé depuis quelques jours un médecin allemand farci de secrets merveilleux et de remèdes infaillibles. » — Rappelons les traités de *Secrets* d'Albert le Grand, du seigneur Alexis, de Wecker, de Montvert, de Cardan, de Rondin, etc., publiés aux xve, xvie, et xviie siècles.

7. Page 221. — 8. Tome IV, p. 486 et note 7.

Que¹, s'il falloit pour vous souffrir cela,
Je ne voudrois que dans ce témoignage
D'affection pas une de céans
Me devançât². » Mille remercîments   95
A sœur Agnès donnés par son abbesse,
La Faculté dit adieu là-dessus,
Et protesta³ de ne revenir plus.

Tout le couvent⁴ se trouvoit en tristesse,
Quand sœur Agnès, qui n'étoit de ce lieu   100
La moins sensée, au reste bonne lame⁵,
Dit à ses sœurs : « Tout ce qui tient⁶ Madame
Est seulement belle honte⁷ de Dieu⁸ :

1. Voyez, pour cette locution : « jusque-là que », Molière, *Tartuffe*, vers 308, et les *Lexiques de Corneille* et de *Racine*.
2. Dans la serée citée de Bouchet, ce sont toutes les demoiselles qui, à l'envi, pressent la dame d'obéir à la Faculté, « estant la medicine fort aysée à prendre », comme elles disoient à leur maistresse. Ceste dame parlant à ses filles leur dist : « Ie n'en feray rien ; vous « seriez les premieres à me blasmer et reprocher que ie serois une « p..... » Elles luy respondent : « Madame, n'ayez peur de cela ; « et afin que personne de nous aultres ne vous iniurie, nous le « ferons toutes auec vous. »
3. Jura, fit serment : ci-dessus, p. 157 et note 3.
4. Convent. (1685, 1686.)
5. Figure empruntée à l'escrime. Le sens est plutôt ici : de bon emploi, et à qui il tardait d'agir, que fine, adroite. Comparez Marot, tome II, p. 129 :

> A mon plaisir vous faictes feu et basme :
> Parquoy souuent ie m'estonne, ma dame,
> Que vous n'auez quelque amy par amours.
> Au diable l'ung qui fera ses clamours
> Pour vous prier, quand serez vieille lame.

6. Retient.
7. « Qui eut belle honte ? » (Du Fail, tome II, p. 173.) — Chez Remy Belleau, tome I, p. 24 : « Ung beau front d'iuoyre,
> Le siege de honte, et de gloire. »

8. Voyez *le Faucon*, vers 26 et note 3.

Par charité¹ n'en est-il point quelqu'une
Pour lui montrer l'exemple et le chemin? »   105
Cet avis fut approuvé de chacune;
On l'applaudit, il court de main en main.
Pas une n'est qui montre en ce dessein
De la froideur, soit nonne, soit nonnette,
Mère prieure, ancienne², ou discrète³.   110
Le billet trotte⁴; on fait venir des gens

1. Comparez, pour cette charité-là, le vers 83 du conte précédent et la note 6.

2. « *Anciennes*, dit le Dictionnaire de Trévoux, religieuses qui sont depuis longtemps au couvent, et dont on prend les suffrages pour les choses qui regardent le bien de la maison »; les « vieilles brebis » des *Lunettes* (vers 119). Racine (tome VII, p. 296) écrit, au sujet de sa fille qui venait de faire profession chez les Ursulines : « Comme ce vint le moment où il falloit qu'elle embrassât, selon la coutume, toutes les sœurs, après qu'elle eut embrassé la Supérieure, une religieuse ancienne lui fit embrasser sa mère et sa sœur. » — Pour cette mesure, aujourd'hui inusitée, du mot *ancienne*, voyez tome II, p. 250 et note 14.

3. Ci-dessus, p. 268 et note 4. — Cette dernière épithète est usitée à l'égard des prêtres, des moines, des sœurs : « sage et discrète personne », « vénérable et discrète personne ». « Père discret », « mère discrète », sont proprement le religieux qui assiste le Supérieur, la religieuse qui est le conseil de l'Abbesse.

4. Voilà l'exploit qui trotte incontinent.
(*Les Troqueurs*, vers 138 et la note.)

Rapprochez aussi *le Psautier*, vers 33 : « Soupirs trottoient. » « Lors flaccons d'aller, iambons de trotter, goubeletz de voler. » (Rabelais, tome I, p. 21.) *Ibidem*, tome II, p. 31 : « Entre les humains, paix, amour, banquetz, festins, ioye, or, argent, menue monnoie..., trotteront de main en main »; p. 112 : « Que le grand bourrabaquin plein du meilleur trotte de ranco par leurs tables »; p. 284 : « Recommandations de toutes parts trottoient en place. » « .... Une chanson mondaine qui trotta par tout le monde. » (Du Fail, tome I, p. 145.) « La commune voix trotte assez que, etc. » (Brantôme, tome III, p. 46.) « C'estoit un quolibet qui lors trotta. » (*Ibidem*, p. 165; et tomes VI, p. 101, VII, p. 143, 233.) « Bientôt, lettres et présents trottèrent. » (Hamilton, *Mémoires du comte de*

De toute guise¹, et des noirs², et des blancs³,
Et des tannés⁴. L'escadron⁵, dit l'histoire,

Grammont, chapitre VI.) « Il n'y a pas de jours que les billets ne trottent ; c'est moi qui suis le courrier. » (HOUDART DE LA MOTTE, *Richard Minutolo*, scène x.)

1. Ci-dessus, p. 158 et note 3. Même locution : « gens de toutes guises », chez Marot (tome IV, p. 82).

2. Des bénédictins.

3. Des augustins, des feuillants, etc. : voyez *Féronde*, vers 55-56 et note 5.

4. *Tannés*, c'est-à-dire gris, roux, bruns : des carmes, des cordeliers, des capucins, des minimes. Ce mot est dans les *Fables* (livre I, fable XXI, vers 9) ; chez Marot (tome II, p. 11) :

Bien me duyra couleur noire ou tannée ;

ibidem, p. 151 : « gris, tanné, noir », et *passim;* chez Remy Belleau (tome II, p. 301), Brantôme (tome VII, p. 160) : « couleurs iaunes et tannées », (tome X, p. 437, sonnet LVI) : « A une qui m'auoit donné le tanné pour couleur » ; et Rabelais (tomes I, p. 202, II, p. 136, III, p. 222), chez lequel il y a des énumérations semblables à la nôtre : « Ung tas de villaines, immondes, et pestilentes bestes, noires, guarres, fauues, blanches, cendrées, griuolées, les quelles laisser ne me vouloient à mon ayse mourir.... » (tome II, p. 108) ; *ibidem*, p. 111 : « Et me scandalisez vous mesme grandement, interpretant peruersement des fratres mendians ce que le bon poete disoit des bestes noires, fauues, et aultres.... Il parle absolument et proprement des puces, punaises, cirons, mousches, culices, et aultres telles bestes ; les quelles sont unes noires, aultres fauues, aultres cendrées, aultres tannées et basanées : toutes importunes, tyrannicques et molestes. » Comparez aussi, pour ces épithètes, Rutebeuf (tome I, p. 242) :

Les blanches et les grises et les noires nonnains ;

et le titre d'une poésie du quinzième siècle : *le Debat de deux demoyselles, l'une nommée la Noyre, et l'aultre la Tannée*, etc., Paris, 1825, in-8°.

5. Métaphore souvent employée. Voyez *les Cordeliers*, vers 100 et la note ; la *Satire Ménippée*, p. 195 : « un escadron de Sorbonistes », Boileau, déjà cité, satire VIII, vers 293 : « un escadron de pédants », et *Lutrin*, chant I, vers 35 : « les escadrons des plaideurs ». Dans les *Mémoires du cardinal de Retz*, tome V, p. 18, et *passim*, ce terme est appliqué à une faction de jeunes cardinaux alertes, habiles, et toujours prêts à profiter des occasions.

Ne fut petit, ni, comme l'on peut croire,
Lent à montrer de sa part¹ le chemin². 115
Ils ne cédoient à pas une nonnain
Dans le desir de faire que Madame
Ne fût honteuse, ou bien n'eût dans son âme³
Tel recipé⁴, possible, à contre-cœur.

1. Tome IV, p. 55 et note 4.
2. Ci-dessus, vers 105; voyez aussi *Mazet*, vers 162.

— .... D'où s'ensuivit l'esclandre qu'on peut croire :
Un feu subit et rien moins que divin.
Grand carillon! si qu'au bruit du tocsin
Vinrent, non pas les pompes de la ville,
Mais celles-là du benoît Bernardin.
(Piron, *la Chaîne des événements*, vers 13-17.)

3. Vers 77 et la note.
4. Mot par lequel les médecins commençaient leurs ordonnances : *Recipe* (prenez). — « Et iaçoit ce qu'il eust de coutume de bailler à plusieurs ung recipe par escrit, toutesfois il se fia bien de tant en la religieuse que de bouche luy diroit ce qu'auoit à faire. » (*Les Cent Nouvelles nouvelles.*) Comparez le Recueil de poésies françoises, tome X, p. 104, *le Medecin courtizan* :

De mille recipez faire ung commun extraict;

G. Bouchet, dans la serée citée : « Vous me faictes souuenir, va dire une aultre, d'une grant dame qui, estant bien malade, ne vouloit practiquer ceste recepte, encore que, sans ce recipe auec son ingredient, on la iugeoit à mourir, et que mesme ses damoyselles le luy conseilloient »; Marot, tomes I, p. 286 :

Quand ung boiteux tu feras aller droit
Par recipez...,

III, p. 109 (*Remede contre la peste*)

Recipe, assis sus ung banc,
De Maience le bon iambon,
Auec la pinte de vin blanc;

Regnier, satire xv, vers 15-16 : « Ce mal
S'obstine aux recipez, et ne se veut guérir »;

Théophile, tome II, p. 440, « Remède approuvé pour les filles » :

Recipe virgam hominis, etc.;

De ses brebis à peine la première 120
A fait le saut[1], qu'il suit une autre sœur[2] ;
Une troisième entre dans la carrière ;

Scarron, *Révélations*, vers 85-90 :

> Son médecin Hypocras
> D'un justaucorps assez gras
> Lui frotta longtemps l'épaule,
> Puis, au lieu d'un recipé,
> Lui lut Amadis de Gaule,
> Dont il fut déconstipé ;

Regnard, *le Distrait*, acte III, scène 1 : « C'est un mal dont vous ne guérirez

> Qu'avec un recipé d'un hymen salutaire » ;

et Montesquieu, *Lettres persanes*, lettre CXLIII : *In chlorosim, quam vulgus pallidos colores aut febrim amatoriam appellat, Recipe Aretini figuras IV; R. Thomæ Sanchii de matrimonio folia II.*

1. Même locution figurée au vers 117 du conte suivant. Rapprochez Coquillart, tome I, p. 105 : « Il luy tarde qu'elle fasse le sault » ; Brantôme, tome IX, p. 142 : « l'alleguerois une infinité de remedes dont usent les pauures ialoux cocus pour brider, sarrer, gesner, et tenir de court leurs femmes qu'elles ne fassent le sault » ; du Fail, tome I, p. 142 : « Les filles alloient la nuict, et plusieurs estoient tombées à la renuerse et auoient faict le sault perilleux », p. 270 : « Toutes aultres chansons... sont vrais filets et pieges pour donner le sault et faire tomber à la renuerse la plus part des femmes et filles qui les chantent ou escoutent » ; Grevin, *les Esbahis*, acte I, scène I :

> Car une femme est tousiours preste,
> Depuis qu'elle a franchi le sault,
> D'endurer vaillamment l'assault ;

ibidem, scène II :

> Tu me dis que i'estois trop chaut
> De vouloir redoubler le sault ;

Tallemant des Réaux, tome VII, p. 39-40 : « Sa femme est bien venue partout ; jusques ici on croit qu'elle n'a point fait le saut » *le Diable de Papefiguière*, vers 127 :

> J'ai sur les bras une dame jolie
> A qui je dois faire franchir le pas.

2. Ci-dessus, p. 306 et note 3.

Nulle ne veut demeurer en arrière.
Presse se met¹ pour n'être la dernière
Qui feroit voir son zèle² et sa ferveur
A mère abbesse³. Il n'est aucune ouaille
Qui ne s'y jette; ainsi que les moutons
De Dindenaut, dont tantôt nous parlions,
S'alloient jeter chez la gent porte-écaille⁴.
Que dirai plus⁵? Enfin l'impression
Qu'avoit l'abbesse encontre⁶ ce remède⁷,
Sage rendue⁸, à tant d'exemples cède.
Un jouvenceau fait l'opération
Sur la malade. Elle redevient rose,
OEillet, aurore⁹, et si quelque autre chose

125

130

135

1. Ci-dessus, p. 110 et note 4 :

   Mais le bien plus que tout y fit mettre la presse.

2. Voyez *les Cordeliers*, vers 54 et la note.
3. *Ibidem*, vers 94-95 :

   Chacune accourt : grande dispute
   A qui la première payra.

4. Chez les poissons. Pareille locution : « le peuple porte-écaille », chez Scarron, au livre 1 du *Virgile travesti*. Rapprochez le milan « porte-sonnette », les moutons « porte-laine », etc., etc. (tome III, p. 257 et note 50, à laquelle nous aurions pu joindre cet exemple). — Ces cinq derniers vers ont été retranchés dans les éditions de 1685, 1686 et 1705, parce qu'ils font allusion à l'épisode de Dindenaut qui a été également supprimé.
5. Même tour elliptique : « Que dirai plus? » chez Marot, tome I, p. 46, 135, 180, chez du Bellay, tome II, p. 146; etc.
6. Tome IV p. 372 et note 5.
7. L'appréhension qu'il lui donnait.
8. Ellipse hardie : une fois qu'elle fut rendue sage.
9.   Ah ! si selon vos souhaits
   Vous redeveniez aurore, etc.
   (DAPHNÉ, acte II, scène v.)

   .... Plus vermeille en couleur que le teinct d'ung œillet.
   (RONSARD, églogue II.)

De plus riant se peut imaginer[1].

O doux remède ! ô remède à donner !
Remède ami de mainte créature,
Ami des gens, ami de la nature,
Ami de tout, point d'honneur excepté.   140
Point d'honneur est une autre maladie[2] :
Dans ses écrits Madame Faculté
N'en parle point[3]. Que de maux en la vie !

> Les lis, les œillets, et les roses,
> Couvroient la neige de son teint.
> (VOITURE, *Poésies*, p. 21.)

> Allez rendre l'hommage au beau teint de Philis ;
> Nommez-la votre reine, et confessez encore
> Qu'elle est plus éclatante et plus belle que Flore,
> Lorsqu'elle a plus d'œillets, de roses, et de lis.
> (*Ibidem*, p. 36.)

Comparez ci-dessus, p. 236, note 1.

1. « Et, se donnant à elle et à son amy contentement, reprint son embonpoint et deuint belle comme deuant. » (BRANTÔME, tome IX, p. 543.) — Dans la serée citée de Bouchet, la dame ne regrette qu'une chose, c'est de n'avoir pas essayé la médecine plus tôt, car, dit-elle, « ie n'eusse pas tant enduré comme i'ai faict ».

2. « Comment ? Seroit il donc dict qu'à la fleur de mon aage, et qu'à l'appetit d'ung leger poinct d'honneur et volage scrupule, pour retenir par trop mon feu ie vinsse ainsy peu à peu à me seicher, me consommer, et venir vieille et laide auant le temps, ou que i'en perdisse le lustre de ma beauté..., et qu'au lieu d'une dame de belle chair ie deuinsse une carcasse, ou plustost une anatomie.... Non, ie m'en garderay bien, mais ie m'aideray des remedes que i'ay en ma puissance. » (BRANTÔME, *ibidem*.)

3. « Quant aux loix d'honneur qui leur defendent cela..., la pluspart des femmes s'en mocquent, disans, pour leurs raisons valables, que les loix de nature vont deuant, et que iamais elle ne fit rien en vain. » (*Ibidem*, p. 538.)

III

LES TROQUEURS.

Ce conte, avant d'être inséré dans l'édition de 1674, avait paru d'abord séparément, sans mention de lieu, de date, d'imprimeur, ni de libraire : *les Trocqueurs*, conte par M. D. L. F. ; huit pages petit in-4° imprimées en caractères italiques. Nous suivons le texte de cette première édition.

Walckenaer prétend que la Fontaine n'a fait que versifier, comme du reste le poète le dit lui-même (vers 149), un fait arrivé depuis peu. « Nous avons vu, ajoute-t-il, dans les archives du Palais de justice, l'original d'un arrêt du Parlement, rendu dans cette cause ou dans une cause semblable. » Nous regrettons que Walckenaer n'ait pas copié des extraits de cet arrêt dont nous n'avons pu trouver trace : ils eussent été curieux à citer ici. Nous nous souvenons nous-même avoir lu autrefois, en Angleterre, le compte rendu d'une pareille affaire. Il est vrai que dans ce pays, il n'y a pas beaucoup plus d'un demi-siècle, les maris conduisaient leurs femmes au marché, la corde au cou, quand ils en étaient las. Semblables trocs du reste, en toutes contrées, ne sont pas aussi rares qu'on pourrait le croire et ne se dénouent pas d'ordinaire devant les tribunaux. Échange ou vente, passagers ou définitifs, nous ne disons pas seulement de femmes, mais d'épouses, de légitimes épouses, il ne serait pas difficile, si l'on cherchait bien, et sans aller jusque chez les sauvages ou dans l'extrême Orient, où communément elles servent aussi d'enjeu, d'en recueillir maint exemple dans les temps anciens et modernes.

Comparez dans le *Formulaire fort recreatif*, déjà cité, *par Bredin le Cocu*, l'article intitulé *Eschange*, fol. 35 v° - 38 v°; et dans le tome III du *Recueil des farces, moralités*, etc., publié par le Roux de Lincy et Francisque Michel (Paris, 1837, in-8°), le n° 59 : c'est un dialogue à quatre personnages, intitulé *le Trocheur*; mais il s'agit là d'un troqueur de maris, aux bons offices duquel ont recours trois femmes qui veulent en changer.

Nous connaissons trois pièces tirées de ce conte : *les Troqueurs*, intermède en un acte, donné à la Foire Saint-Laurent le 30 juillet 1753, paroles de Vadé, musique d'Antoine d'Auvergne, analysé dans le *Dictionnaire dramatique*, tome III, p. 338, et dans l'*Histoire du théâtre de l'Opéra-Comique*, tome II, p. 30 ; *les Troqueurs dupés*, opéra-comique représenté le 6 mars 1760, paroles de Sedaine, musique de Pierre Sodi ; et *le Troqueur*, paroles d'Armand et Achille Dartois (ce n'est, il est vrai, que le livret, retouché, de Vadé), musique d'Hérold, joué à Feydeau le 18 février 1819.

Le conte des *Troqueurs* se trouve dans les manuscrits Trallage, à la Bibliothèque de l'Arsenal (n° 6541, fol. 179-182), avec quelques variantes.

    Le changement de mets réjouit l'homme [1] :
    Quand je dis l'homme, entendez qu'en ceci
    La femme doit être comprise aussi :
    Et ne sais pas comme il ne vient de Rome
    Permission de troquer en hymen ;   5
    Non si souvent qu'on en auroit envie,
    Mais tout au moins une fois en sa vie.
    Tel bref en bref [2], après bon examen,
    Nous envoyer feroit grand bien en France [3].

1. « On se fasche de tous iours ung pain manger. » (RABELAIS, tome II, p. 431.) « Il faut manger de plus d'un pain. » (*la Servante justifiée*, vers 5.) « La diversité des viandes agrée. » (*l'Heptaméron*, p. 36.) C'est ce que prouve aisément la Fontaine dans le conte XI de cette IVe partie, le *Pâté d'anguille*. Dans *Joconde* (vers 309 et note 3), il a dit au contraire :

    Diversité de mets peut nuire à la santé.

2. Est-ce un jeu de mots : *en bref*, d'ici à peu de temps ? — « En brief elle feroit piedz neufz. » (RABELAIS, tome I, p. 25.)

3. Dans les éditions de 1674, 1685, 1686, et 1705, ces deux derniers vers sont remplacés par les quatre suivants :

    Peut-être un jour nous l'obtiendrons. Amen,
    Ainsi soit-il ! Semblable indult [a] en France
    Viendroit fort bien, j'en réponds ; car nos gens
    Sont grands troqueurs : Dieu nous créa changeants.

[a] *Indultum* : chose accordée (par l'aide du Pape).

Près de Rouen, pays de sapience[1],
Deux villageois avoient chacun chez soi
Forte femelle, et d'assez bon aloi[2]
Pour telles gens qui n'y raffinent guère[3] ;
Chacun sait bien qu'il n'est pas nécessaire

1. De prudence, de sagesse, de défiance même. Chez du Fail (tome I, p. 229) : « Ung bon et vaillant couard, car c'estoit au païs de sapience, en Couardois.... » Dans *le Moyen de parvenir*, p. 359 : « Quand i'estois marchand, ie menois une beste, mais c'estoit ung ours. A cela vous pouuez iuger que ie ne suis ni Normand ni Manseau, pource que l'on ne voit gueres de telles gens du païs de sapience mener l'ours. » Marot dit dans la traduction du *Psaume* xxxvii *de David* (tome IV, p. 115) :

> Du bien viuant la bouche rien n'instruict
> Que sapience ;

ibidem, p. 8 : « ce beau don de sapience ». — Comparez nos tomes II, p. 320 et note 6, IV, p. 388 et note 2 ; et le vers 11 du conte iv de la V⁰ partie et la note, où l'on voit que les Manceaux n'étaient pas moins renommés que les Normands pour leur finesse et leur science de la chicane. — La Normandie était réellement dite, depuis Rollon, « pays de sapience ».

2. Comme l'or et l'argent qui sont au titre, et « de mise ». Rapprochez du Fail, tomes II, p. 202 : « autheurs de mise et bon alloy », I, p. 63 : « une damoyselle à simple tonsure et de bas alloy » ; le conte xiii de cette IV⁰ partie, vers 38 :

> Le marchand voit s'il est de bon aloi (*le cuvier*) ;

une lettre au duc de Vendôme de septembre 1689 :

> Pourvu que la Bonté céleste
> A Vous, au Grand Prieur, à moi,
> Donne cent ans de bon aloi,
> Je serai content du partage ;

et le vers 123 du *Berceau* et la note :

> La dame étoit de bonne emplette encor.

3. Comparez *la Jument*, vers 31-34 :

> Nous autres gens peut-être aurions voulu
> Du délicat : ce rustic ne m'eût plu ;
> Pour des curés la pâte en étoit bonne,
> Et convenoit à semblables amours.

Qu'Amour les traite ainsi que des prélats[1]. 15
Avint[2] pourtant que, tous deux étant las
De leurs moitiés, leur voisin le notaire
Un jour de fête avec eux chopinoit[3].
Un des manants lui dit : « Sire Oudinet,
J'ai dans l'esprit une plaisante affaire. 20
Vous avez fait sans doute en votre temps
Plusieurs contrats de diverse nature ;
Ne peut-on point en faire un où les gens
Troquent de femme[4] ainsi que de monture[5] ?
Notre pasteur a bien troqué[6] de cure : 25
La femme est-elle un cas si différent ?
Et pargué[7] non ; car messire Grégoire[8]

1. Dans *la Courtisane amoureuse*, vers 35 et note 3 :

   Il lui falloit un homme du Conclave, etc.

2. Tome IV, p. 86 et note 1.

3.   Nous auons veu tant de bons mesnagers
   Pour chopiner se mettre en grans dangers.
          (*Recueil de poésies françoises*, tome VI, p. 177.)

« Nous chopinasmes theologalement. » (RABELAIS, *Pantagruel*, chapitre xxx.) « Ilz recommençoient à chopiner de mesmes et de plus belle. » (NOEL DU FAIL, *les Propos rusticques*, p. 35.) « I'aime mieulx aller à ce bout gausser auec ces penaillons de garçons et filles, qui s'esbattent sans mal penser, chopinant prez ce buffet. » (*Le Moyen de parvenir*, p. 229.) Dans *le Cuvier*, vers 43 : « Monsieur s'en va chopiner. »

4. Au vers 24 de *la Gageure* : « troquer de galant, d'époux ».

5. Ci-dessous, vers 47, et vers 59 et note 6.

6. *Changé*, dans les éditions de 1674, 1685, 1686, et 1705.

7. Pargué, parguié, parguenne (ci-dessous, vers 35), ou parbleu, parbieu, pardié, pardienne. On ne doit voir dans cette sorte de patois que des altérations volontaires, pour avoir le plaisir de jurer sans prononcer le nom de Dieu, et pour échapper aux peines portées autrefois contre les blasphémateurs : comme morgué, mordié, mordienne, maugrébieu, palsanguienne, tatigué, jarnigué, jarniguienne, etc., etc. Comparez le conte v de la Ire partie, vers 16 ; et le *Don Juan* de Molière, acte II, scènes I et III, et variantes.

8. Le curé, le pasteur : ce nom de Grégoire, que nous avons

Disoit toujours, si j'ai bonne mémoire :
« Mes brebis¹ sont ma femme. » Cependant
Il a changé² : changeons aussi, compère.   30
— Très volontiers, reprit l'autre manant;
Mais tu sais bien que notre ménagère
Est la plus belle : or çà, sire Oudinet,
Sera-ce trop s'il donne son mulet
Pour le retour³? — Mon mulet? et parguenne,   35
Dit le premier des villageois susdits,
Chacune vaut en ce monde son prix⁴;
La mienne ira but à but⁵ pour la tienne :
On ne regarde aux femmes de si près.
Point de retour, vois-tu, compère Étienne,   40
Mon mulet, c'est... c'est le roi des mulets.
Tu ne devrois me demander mon âne

déjà rencontré dans le conte XI de la Ire partie, appliqué à un paysan (vers 42), bien qu'il ne soit peut-être ici que pour la rime, éveille toujours l'idée d'un bon compère, d'un joyeux luron.

1. *Brebis*, au figuré, comme plus haut (p. 306), le mot *ouailles*.
2. Permuté (*le Cas de conscience*, vers 135).
3. S'il donne sa femme, plus son mulet de retour.

.... Et j'en ai refusé (*de ce cheval*) cent pistoles, crois-moi,
Au retour d'un cheval amené pour le Roi.
(Molière, *les Fâcheux*, acte II, scène VI.)

On dit encore : « y être de retour ».

4. ....Encore qu'un chacun vaille ici bas son prix.
(Régnier, satire XII, vers 71.)

5. Troc pour troc (ci-dessous, vers 43); sans avantage de part et d'autre, et par conséquent sans nécessité de retour : c'est ce qu'on appelait un troc de gentilhomme. « Estans d'une mesme condition, bonne race, et but à but, il les faut accorder. » (Du Fail, tome I, p. 88.)

Reste à vous dire adieu; but à but; serviteur.
(Montfleury, *le Mari sans femme*, acte III, scène VII.)

Aimons-nous but à but, sans soupçon, sans rigueur,
Donnons âme pour âme et rendons cœur pour cœur.
(Corneille, *la Suite du Menteur*, acte V, scène I.)

Tant seulement¹ : troc pour troc, touche là. »
Sire Oudinet, raisonnant sur cela²,
Dit : « Il est vrai que Tiennette³ a sur Jeanne 45
De l'avantage, à ce qu'il semble aux gens ;
Mais le meilleur de la bête, à mon sens,
N'est ce qu'on voit : femmes ont maintes choses
Que je préfère, et qui sont lettres closes⁴ ;
Femmes aussi trompent assez souvent⁵ ; 50
Jà⁶ ne les faut éplucher⁷ trop avant⁸.

1. Voyez *le Faucon*, vers 163 et la note. — Dans une chansonnette de la Fontaine « sur l'air des lampons » (tome V *M.-L.*, p. 272), « le curé de Bussière » déclare nettement qu'il préfère sa bête à sa chambrière :

> Prenez ma chambrière,
> Rendez-moi ma jument.

2. Dans le manuscrit Trallage :

> Sire Oudinet, réjoui sur cela.

3. Ou *Étiennette*.
4. Tome IV, p. 375 et note 2.
5. Sur leur « marchandise ».
6. *Jà* veut dire ici « certes », et non « déjà ». Comparez le conte vii de la IIIᵉ partie, vers 225 et note 4.
7. « A esplucher par le menu tous les grans capitaines, il se treuue en chascun quelque speciale qualité qui le rend illustre. » (Montaigne, tome III, p. 135; *ibidem*, tome IV, p. 60.) « Ie serois trop prolixe si ie voulois esplucher tous ces couronnelz speciaux. » (Brantôme, tome V, p. 314 ; *ibidem*, tomes IV, p. 69, IX, p. 136, 535.) « Les ministres de Geneue espluchent à leur mercuriale..., et puis vont banqueter ensemble. » (*Le Moyen de parvenir*, p. 45 ; *ibidem*, p. 115.) « Épluchez-vous bien, fouillez-vous partout. » (Malherbe, tome II, p. 322.)

> Brin après brin je me suis épluché.
> (Saint-Amant, épître *à M. le baron de Villarnoul*, vers 12.)

Dans *Belphégor*, vers 54 :

> Ce diable étoit tout yeux et tout oreilles,
> Grand éplucheur, clairvoyant à merveilles.

8. Ci-dessus, vers 39.

Or sus, voisins, faisons les choses nettes.
Vous ne voulez chat en poche donner¹
Ni l'un ni l'autre; allons donc confronter
Vos deux moitiés comme Dieu les a faites². » 55
L'expédient ne fut goûté de tous³.
Trop bien⁴ voilà messieurs les deux époux
Qui sur ce point triomphent de s'étendre⁵ :
« Tiennette n'a ni suros ni malandre⁶ »,
Dit le second. « Jeanne, dit le premier, 60

1. Conclure l'affaire sans examen, vendre la chose sans la faire voir, et sans savoir ce qu'on vous donnera en échange. « Vous êtes-vous mis dans la tête que Léonard de Pourceaugnac soit un homme à acheter chat en poche? » (MOLIÈRE, *Monsieur de Pourceaugnac*, acte II, scène VI.) Comparez Montaigne, tomes I, p. 395, et III, p. 342 : « acheter chat en poche, acheter chat en sac ».

2. Dans *le roi Candaule*, vers 234 : « .... comme elle étoit faite », dans *la Jument*, vers 120-121 : « .... comme quoi vous êtes faite ».

3.   L'expédient fut approuvé de tous.
      (1685, 1686, 1705.)

— Cette leçon est probablement fautive, puisque, au lieu d'aller *confronter* leurs femmes, comme le propose le notaire, ils restent à disputer sur leurs mérites respectifs.

4. Bien mieux : tome IV, p. 493 et note 9; ci-dessous, p. 337; et *passim*.

5.   Et d'en conter toutes trois triomphant....
      (*La Gageure*, vers 30 et la note.)

Chez Brantôme, déjà cité à ce vers de *la Gageure*, tomes VII, p. 7 : « Il me semble n'estre point plus braue entretien que du soldat espagnol, car il triumphe de discourir de son art »; VIII, p. 121 : « Elle triumpha de bien dire et bien haranguer. » Chez Remy Belleau, *la Reconnue*, acte I, scène IV :

   Maistre Iehan triumphe de dire,
   Mais c'est quand il a les piez chauds.

6. Avec leur brutalité villageoise, ils parlent de leurs femmes comme ils parleraient de leurs bêtes, de leur « monture » : « ni suros ni malandre », c'est-à-dire ni tumeur ni humeur. Chez Rabelais, tome I, p. 137 : « Et, qui est chose merueilleuse en hippiatrie,

A le corps net[1] comme un petit denier[2];

fut ledict cheual guery d'ung suros qu'il auoit en celuy pied, par l'attouchement des boyaux de ce gros marroufle. » Au livre v du *Virgile travesti* de Scarron : « guérir les suros, les malandres, farcin, avives ». La Fontaine se souvenait sans doute d'une phrase de Brantôme sur une dame qu'il compare à « une belle et honneste monture, saine, nette, sans tare, surost, et sans mallandre » (tome IX, p. 91; *ibidem*, p. 296). Le *suros* est une tumeur dure qui se forme sur la jambe des chevaux, et la *malandre* une crevasse qui se produit aux plis de leurs jarrets, et d'où découle une humeur fétide.

1. Chez Brantôme, tomes VII, p. 342 : « la charnure belle et le cuir net », IX, p. 54 : « Leurs femmes sont nettes et ne peuuent donner mal », et p. 279 : « Elles sont si belles, si nettes, propres, fraisches, etc. » Rapprochez du Bellay (tome I, p. 173) :

M'amye est ung beau petit astre,
Si clair, si net, etc.

2. Les poètes empruntent volontiers leurs métaphores aux métaux pour exprimer la netteté, la propreté, et aussi la nudité. Regnier a dit de même (satire XI, vers 114-115) :

.... Jeanne estoit et claire et nette,
Claire comme un bassin, nette comme un denier;

Scarron, dans *le Virgile travesti* (portrait de la nymphe Deiopée, au livre I) :

Au reste, on ne le peut nier,
Elle est nette comme un denier.

« Un denier qui passe par toutes sortes de mains n'est pas trop net, fait observer Fleury de Bellingen dans son *Étymologie des proverbes françois* (p. 141); on appropries ce mot à un compte qui est clair, ou à une affaire qui est bien liquide; ainsi on dit communément, quand on parle d'une affaire où il n'y a rien à débattre : « Cela est net comme un denier. » On peut très bien, répondrons-nous, appliquer aussi le mot à une pièce de monnaie quand elle est neuve, propre et brillante, comme à un plat de métal, quand il est nouvellement frotté. — Comparez Alfred de Musset, dans *Namouna* (chant I, strophe III) :

Nu comme un plat d'argent...;

des Périers (tome II, p. 17) : « Mananda ! disoit la garse, c'est mon, Madame; il est net comme une perle »; et l'*Ancien Théâtre françois* tome I, p. 392) :

Ie suis net comme ung œuf de poule.

Ma foi, c'est bàme[1]. — Et Tiennette est ambroise[2],
Dit son époux; telle je la maintien. »
L'autre reprit : « Compère, tiens-toi bien;
Tu ne connois Jeanne ma villageoise;   65
Je t'avertis qu'à ce jeu[3]... m'entends-tu? »
L'autre manant jura : « Par la vertu[4],

1. *Basme, balme,* est le mot provençal pour *baume,* et la prononciation est encore usitée dans plusieurs provinces.

> On dit qu'estes trez doulce et belle,
> Doulce fleurante comme basme.
> (*Le Mistere du vieil Testament,* tome IV, p. 167.)

> Au poinct du iour vey son corps amoureux,
> Entre deux draps plus odorans que basme.
> (MAROT, rondeau XLVI : *de Celluy qui entra de nuict chez s'amye,* tome II, p. 153.)

> En la baisant m'a dict : « Amy sans blasme,
> Ce seul baiser, qui deux bouches embasme,
> Les arrhes sont du bien tant esperé. »
> (*Ibidem,* rondeau LVII : *du Baiser de s'amye,* tome II, p. 159.)

Voyez aussi ci-dessus, p. 311, note 5; l'*Ancien Théâtre françois,* tomes X, p. 106, 190, et I, p. 146 : « C'est basme », comme ici, en parlant d'une femme; Tahureau, fol. 44 et 104 : « Mon basme, mon amourette »; Rabelais, tomes I, p. 264 : « Ce sera basme », II, p. 292 : « C'est basme », III, p. 24, 33 : « Voicy basme »; Ronsard, tome I, p. 183, Jodelle, tomes I, p. 102, II, p. 79, du Bellay, tome II, p. 62, 219, 285, Remy Belleau, tomes I, p. 69, 122, II, p. 21, 140; etc., etc. Il ne faut donc pas dire, comme le *Dictionnaire de Trévoux,* qu'ici nos paysans « estropient les mots ».

2. Est ambroisie. On trouve également cette ancienne forme : *ambroise,* dans le *Dictionnaire de la langue romane* de Roquefort (tome I, p. 57), cité par Walckenaer. Rapprochez la note 5 de la page 417 de notre tome II, où, à la 6ᵉ ligne, il faut lire *ambroisie* au lieu d'*ambrosie.* — Dans le manuscrit Trallage :

> Ma foi, c'est baume. — Et Tiennette framboise.

— Au vers suivant, *maintien* sans *s,* pour la rime.

3. Ci-dessus, p. 288 et note 1.

4. Abréviation : Par la *vertudieu* ou *vertubieu, vertubleu, vertu-*

> Tiennette et moi nous n'avons qu'une noise [1],
> C'est qui des deux y sait de meilleurs tours [2] ;
> Tu m'en diras quelques mots dans deux jours. 70
> A toi, compère. » Et de prendre la tasse,
> Et de trinquer [3]. « Allons, sire Oudinet,
> A Jeanne ; tope [4]. Puis à Tiennette ; masse [5]. »

goy, vertuchou, vertu de ma vie. Comparez ci-dessus, p. 321 et note 7.

1. « Noise ou riotte », « noise ou tanson » (*Recueil de poésies françoises*, tomes I, p. 243, II, p. 12, IV, p. 114, V, p. 271). Voyez notre tome IV, p. 165 et note 5.

2. Dans *l'Oraison*, vers 302 :

> Car l'un et l'autre y savoit plus d'un tour.

Rapprochez la fin de la note 1 de la page 359 du tome IV : « tours de souplesse et de paillardise », « tours de souplesse et de maniement » ; et Saint-Amant, *la Jouissance*, vers 135-137 :

> Jamais, alors qu'à membres nus
> Adonis embrassoit Vénus,
> Tant de bons tours ne s'inventèrent.

3.
> Puis de trinquer à la commère.
> (*Les Cordeliers*, vers 113 et la note.)

4. *Tope*, qui est la vraie orthographe, donne au vers une syllabe de trop. Cet *e* final a été retranché dans les éditions suivantes. — Chez Mme de Sévigné, tome II, p. 177 : « Mon fils... est de bonne compagnie et dit tope à tout » ; *ibidem*, tome X, p. 25 : « A la santé de Monsieur l'ambassadeur ; à la santé de Mme la duchesse de Chaulnes.... Tope à notre cher gouverneur ; tope à la grande gouvernante. — Monsieur, je vous la porte ; Madame, je vous fais raison. »

> Baille-moi de ce vin vermeil :
> C'est lui seul qui me fait toper.
> (Saint-Amant, *l'Orgie*, vers 11-12.)

D'où le mot de *topette*, flacon de vin ou d'eau-de-vie, dans nos foires de province, nos foires à bestiaux.

5. *Masse* est ce qu'on met au jeu ; pour l'accepter on répond : *tope*. Le mari de Tiennette dit *masse* en trinquant, et non *tope*, parce qu'il offre un enjeu pour lequel il attend du retour.

> Comme il entendit crier masse,
> Soudain d'une voix grêle et basse

Somme qu'enfin¹ la soute² du mulet
Fut accordée, et voilà marché fait.   75
Notre notaire assura l'un et l'autre
Que tels traités alloient leur grand chemin³.
Sire Oudinet étoit un bon apôtre⁴,
Qui se fit bien payer son parchemin.
Par qui payer? Par Jeanne et par Tiennette :   80
Il ne voulut rien prendre des maris.

Les villageois furent tous deux d'avis
Que pour un temps la chose fût secrète;

> Répondit tope, et puis mourut
> D'une broche qui le férut.
> (SAINT-AMANT, *le Poète crotté*, vers 9-12.)

> Mais le sarment de Hongrie
> Nous fournit d'une liqueur
> Qui fait qu'à table je crie
> Masse et tope de grand cœur.
> (Ibidem, *la Polonoise*, vers 39-42.)

> Par la majesté de ce broc,
> Par masse, tope, cric et croc....
> (Ibidem, *la Débauche*, vers 73-74.)

On prononçait autrefois *tōpe* et *māsse*.

1. Tome IV, p. 86 et note 7.
2. Soute (*soulte*) d'échanges, ce qu'on donne pour en parfaire l'égalité. Il y a aussi les soultes de partages.
3. Étaient très valables, ne rencontreraient aucun obstacle.

> Va t'en ton grand chemin tout rond.
> (*Recueil de poésies françoises*, tome II, p. 69.)

« M. de Beaufort employa son lieu commun, qui étoit d'assurer qu'il iroit toujours son grand chemin. » (RETZ, tome II, p. 384.) « Il y a des choses qui tout naturellement doivent aller leur chemin. » (MME DE SÉVIGNÉ, tome VIII, p. 115.) « Vous verrez ce que je dois avoir à Noël; quelque peu que ce puisse être, c'est toujours quelque chose : il y a des prés et des routes qui doivent aller leur chemin. » (*Ibidem*, tome X, p. 120.)

4. Tome IV, p. 260 et note 1.

QUATRIÈME PARTIE.

Mais il en vint au curé quelque vent¹.
Il prit aussi son droit² : je n'en assure,   85
Et n'y étois ; mais la vérité pure
Est que curés y manquent peu souvent.
Le clerc³ non plus ne fit du sien remise :
Rien ne se perd entre les gens d'Église⁴.
Les permuteurs⁵ ne pouvoient bonnement⁶   90
Exécuter un pareil changement
Dans le⁷ village à moins que de scandale :
Ainsi bientôt l'un et l'autre détale⁸,
Et va planter le piquet⁹ en un lieu

1. Voyez ci-dessus, p. 70 et note 2 ; et chez Brantôme, tomes IV, p. 77, VI, p. 495, VII, p. 289 : « auoir le vent », VI, p. 138, 143, 178, IX, p. 475 : « sauoir le vent », IV, p. 105 : « ouïr le vent », I, p. 193, II, p. 13, VI, p. 226, VII, p. 146, VIII, p. 121, IX, p. 379, 598 : « sentir le vent (ou un vent) que », III, p. 363 : « Il eut bon vent, et sentit la fricassée de ladicte entreprise. »

2. Tome IV, p. 504 et note 1.

3. Le vicaire ; ou plutôt le clerc de l'œuvre, préposé à l'administration des revenus et dépenses de l'église.

4. Car « ces bons marchands sont effrontés, et beaucoup plus hardis et plus habiles harpies que tous les autres, pour gripper et ravir à eux tout ce qu'ils peuvent. » (*Le Traité de la marchandise des prêtres*, Hanau, 1603, in-12, p. 13.)

5. Les troqueurs, les permutants. Ce mot n'est dans aucune des éditions du Dictionnaire de l'Académie, ni chez Nicot, Richelet, Furetière.

6. Véritablement ; pour parler bonnement ; dans la fable III du livre XII, vers 23 :

    Quant à moi, lorsque je compare
    Les plaisirs de ce Singe à ceux de cet Avare,
    Je ne sais bonnement auxquels donner le prix.

7. *Ce*, dans l'édition de 1674.

8.   Le Rat de ville détale.
                        (Livre I, fable IX, vers 15.)

Voyez tome II, p. 301 et note 9.

9. Encore une expression pittoresque que nous trouvons aussi dans *le Roman comique* de Scarron, II⁰ partie, chapitre III : « Le

Où tout fut bien d'abord[1], moyennant Dieu[2]. 95
C'étoit plaisir que de les voir ensemble.
Les femmes même, à l'envi des maris,
S'entre-disoient en leurs menus devis[3] :
« Bon fait troquer[4], commère; à ton avis,
Si nous troquions de valet? que t'en semble? » 100
Ce dernier troc, s'il se fit, fut secret.
L'autre d'abord eut un très bon effet ;
Le premier mois très bien ils s'en trouvèrent :
Mais à la fin nos gens se dégoûtèrent.
Compère Étienne, ainsi qu'on peut penser, 105
Fut le premier des deux à se lasser,
Pleurant Tiennette[5] : il y perdoit sans doute.
Compère Gille eut regret à sa soute[6] ;

baron de Sigognac avoit fait une assemblée de ses voisins et de ses paysans, pour délivrer ses bois d'une grande quantité de loups qui y avoient planté le piquet » ; dans son *Virgile travesti*, livre I :

> Pour une épouse tant jolie,
> Je laisserois là l'Italie,
> Planterois ici mon piquet ;

et chez Voltaire : « J'ai bien l'air d'avoir planté le piquet pour jamais sur les bords du lac de Genève. » (Lettre à Mme de Fontaine du 2 juillet 1755.) Comparez la fable VIII du livre III, vers 15 :

> Elle prend l'autre lot, y plante le piquet.

On disait également : « planter le bourdon » en un lieu, s'y arrêter ; on dit encore : « planter sa tente », pour « le piquet de tente ».

1. « Tout fut des mieux » (*Gageure*, vers 278). « Tout fut bien jusqu'au bout » (*Mandragore*, vers 321).
2. Grâce à Dieu : voyez *l'Ermite*, vers 185 et la note.
3. Tome IV, p. 65 et note 4.
4. Même tour et même locution dans *Nicaise*, vers 76 et note 2 :

> Bon fait aux filles l'épargner.

5. « .... Ce grand Caton se trouua, aussi bien que nous, desgousté de sa femme, tant qu'elle fut sienne, et la desira quand elle fut à ung aultre. » (MONTAIGNE, tome II, p. 440.)
6. A la soute de son mulet (vers 74).

Il ne voulut retroquer toutefois.
Qu'en avint-il[1]? Un jour, parmi les bois, 110
Étienne vit toute fine seulette[2]
Près d'un ruisseau sa défunte[3] Tiennette,
Qui, par hasard, dormoit sous la coudrette[4].
Il s'approcha, l'éveillant en sursaut.
Elle du troc ne se souvint pour l'heure, 115
Dont[5] le galant, sans plus longue demeure[6],

1. Ci-dessus, p. 321 et note 2.
2. Tout à fait seule. Voyez les exemples du *Roman de Couci* : « si fine belle », de la farce de *Patelin* : « fin droict », de Comynes : « tout fin seul », de Mme de Sévigné : « toute fine seule », que cite Littré; et Montaigne, tome IV, p. 86 : « Si ie m'en feusse cru, à tout hazard i'eusse parlé tout fin seul »; la comédie de *la Coupe enchantée*, scène VI : « Elles sont toutes fines seules. » *Fin* se dit aussi explétivement dans les locutions suivantes : « tout fin vrai, tout fin loyal, tout fin neuf, tout fin joli, tout fin pimpant », etc., « le fin premier », « le fin mot », « le fin fond », « le fin bout », « le fin bord », « la fine force », « le fin matin », « le fin moins », « le grand fin jamais », « le plus fin haut », etc. — Pour *seulet, seulette,* comparez *le Faiseur d'oreilles,* vers 19 et la note.
3. Qui n'était plus sa femme : expression piquante pour rendre en même temps son chagrin de l'avoir perdue. Rapprochez le vers 197 du *Faucon* et la note :

Il ne m'est guère honnête
De demander à mon défunt amant, etc.

4. Ou *coudraie* (vers 127); sous les coudriers, les noisetiers

Hors du conuent, l'aultre hyer, soubz la coudrette
Ie rencontray mainte nonne proprette, etc.
(Marot, tome II, p. 147.)

Rappelons aussi ces deux vers d'une chanson rustique :

Depuis longtemps, gentille Annette,
Tu ne viens plus sous la coudrette.

5. Ci-dessus, p. 163 et note 6.
6. Attente, retard : tome IV, p. 209 et note 1.

— Voyons donc ce que c'est, sans plus longue demeure.
(Corneille, *Mélite,* vers 1039.)

En vint au point[1]. Bref, ils firent le saut[2].
Le conte dit qu'il la trouva meilleure
Qu'au premier jour. Pourquoi cela? Pourquoi?
Belle demande! En l'amoureuse loi,   120
Pain[3] qu'on dérobe, et qu'on mange en cachette[4],
Vaut mieux que pain qu'on cuit, et qu'on achète[5]:
Je m'en rapporte aux plus savants que moi.
Il faut pourtant que la chose soit vraie,
Et qu'après tout Hyménée et l'Amour   125
Ne soient pas gens à cuire à même four[6] :
Témoin l'ébat[7] qu'on prit sous la coudraie.
On y fit chère; il ne s'y servit plat
Où maître Amour, cuisinier délicat,
Et plus savant[8] que n'est maître Hyménée,   130
N'eût mis la main[9]. Tiennette retournée[10],

1. Au principal, « au but », « au solide ». Ci-dessus, p. 132 et note 4 :
        Un cocu se pouvoit-il faire
        Par la volonté seule, et sans venir au point?

2. Même locution « faire le saut », au même sens, au vers 121 du conte précédent.

3. Pareille figure au vers 89 de *la Gageure* et note 5 :
        Il vous faut donc du même pain qu'à moi!

4.   Femme jolie, et qui n'est point à soi.
                  (*Le Cocu*, vers 102.)

5. Éditions de 1674, 1685, 1686, et 1705 : « ou qu'on achète ».

6. L'image est bien suivie. — Dans les éditions de 1674, 1685, 1686, et 1705 : « en même four ».

7. Tome IV, p. 310 et note 3.

8. Éditions de 1674, 1685, 1686, et 1705 : « et plus friand ».

9. Nous rencontrons une semblable métaphore culinaire dans *le Tableau*, vers 119-121 :

Cette dépositaire, ayant grand appétit,
Faisoit sa portion des talents de ce rustre,
Tenu, dans tels repas, pour un traiteur illustre.

10. Voyez tome IV, p. 61 et note 1; et, pour cette équivoque probable sur le mot « retournée », *les Cent Nouvelles nouvelles*,

Compère Étienne, homme neuf en ce fait[1],
Dit à part soi : « Gille a quelque secret ;
J'ai retrouvé Tiennette plus jolie
Qu'elle ne fut onc en jour de sa vie[2].   135
Reprenons-la, faisons tour de Normand :
Dédisons-nous ; usons du privilège[3]. »

Voilà l'exploit qui trotte[4] incontinent,
Aux fins de voir le troc et changement
Déclaré nul, et cassé nettement.   140
Gille assigné de son mieux se défend.
Un promoteur[5] intervient pour le siège

p. 188 : « Mon mary est si trez rude à ses besongnes de nuict que c'est grand merveille ; et de faict, la nuict passée, il m'a tellement retournée que, par ma foy, ie ne l'oseroye bonnement ennuy attendre. »

1. Ci-dessus, p. 204. — Neuf, naïf, puisqu'il ne devinait pas pourquoi il avait pris plus de plaisir à ce jeu : voyez ci-dessous les vers 150-155 ; et le vers 12 du *Faiseur d'oreilles* :

Alix étoit fort neuve sur ce point.

2. Comparez les vers 70-74 de *la Coupe enchantée* :

.... Ajoutez que l'on tient votre femme en haleine :
Elle n'en vaut que mieux, n'en a que plus d'appas.
Ménélas rencontra des charmes dans Hélène
Qu'avant qu'être à Pâris la belle n'avoit pas.
Ainsi de votre épouse : on veut qu'elle vous plaise.

3. Du privilège qu'on a de se dédire, et que les Normands s'attribuent si volontiers. « On dit que c'est un privilège de Normandie de se pouvoir dédire. Cela vient de ce que par la vieille coutume de Normandie il étoit permis de se dédire dans les vingt-quatre heures après la signature d'un contrat. » (*Dictionnaire de Trévoux*.) D'où l'ancienne formule : « Normand qui s'en dédit ! », que les Normands ont remplacée par celle-ci : « Cocu qui s'en dédit ! »

4. Ci-dessus, p. 312 et note 4 : « Le billet trotte ».

5. Procureur d'office, qui, dans la juridiction ecclésiastique, remplissait la même fonction que le procureur du roi dans la juridiction laïque.

Épiscopal, et vendique[1] le cas.
Grand bruit partout, ainsi que d'ordinaire :
Le parlement évoque à soi l'affaire[2].   145
Sire Oudinet, le faiseur de contrats,
Est amené ; l'on l'entend sur la chose.
Voilà l'état où l'on dit qu'est la cause ;
Car c'est un fait arrivé depuis peu.

Pauvre ignorant que le compère Étienne !   150
Contre ses fins cet homme, en premier lieu,
Va de droit fil[3] : car s'il prit à ce jeu

1. Revendique le cas, soutient qu'il est de son ressort. Comparez le conte XI de cette IVe partie, vers 30 :

> Cela ne plut pas au valet,
> Qui, les ayant pris sur le fait,
> Vendiqua son bien de couchette.

— « Que la santé, de vous rencontrée, sus l'instant soit par vous asserée, soit par vous vendicquée. » (RABELAIS, tome II, p. 255.)

> Assauoir que raison ordonne,
> Si ie vois quelque sot fringuer
> De chose que à femme ie donne,
> Se ie la pourroye vendicquer,
> Reprendre, ou à moy applicquer ?

(COQUILLART, *Droictz nouueaulx*, tome I, p. 176.)

« A mon petit sens, ce livret ne fait pas assez pour votre parti, parce qu'il ne vous vendique pas assez l'ouvrage contentieux. » (CORNEILLE, *Lettres*, tome X des *OEuvres*, p. 462.)

2. Toutes ces expressions techniques : *exploit*, *aux fins de voir*, *assigné*, *promoteur*, *vendique*, *évoque*, etc., sont des termes de procédure, mais de procédure fort amusante ici, quoiqu'elle soit, ou plutôt parce qu'elle est, très exacte.

3. Va en droite ligne : figure empruntée aux tisserands ; aller de droit fil, c'est couper de la toile entre deux fils, sans biaiser. Rapprochez Marot, tome III, p. 145 :

> Mais le sien traict, mortel et rigoureux,
> Va de droict fil iusques au firmament ;

Scarron, *le Virgile travesti*, livre III :

> Faites-nous aller de droit fil
> Dans ce pays gras et fertil ;

QUATRIÈME PARTIE.

> Quelque plaisir, c'est qu'alors la chrétienne[1]
> N'étoit à lui ; le bon sens vouloit donc
> Que, pour toujours, il la laissât à Gille, 155
> Sauf la coudraie[2], où Tiennette, dit-on,
> Alloit souvent en chantant sa chanson :
> L'y rencontrer étoit chose facile ;
> Et supposé que facile ne fût,
> Falloit qu'alors son plaisir d'autant crût[3]. 160
> Mais allez-moi prêcher cette doctrine
> A des manants. Ceux-ci pourtant avoient
> Fait un bon tour, et très bien s'en trouvoient,
> Sans le dédit[4] ; c'étoit pièce[5] assez fine[6]

du Fail, *Baliverneries*, p. 184 : « tirer de droict fil », et tomes I des *Contes*, p. 143 : « respondre de droict fil », II, p. 201 et p. 58 : « donner de droict fil » ; Remy Belleau, tome I, p. 151, 152, 185, 217 : « rompre de droict fil » ; Jodelle, tome II, p. 270 : « s'armer de droict fil » ; Montaigne, tomes I, p. 183, II, p. 397, III, p. 254 : « prendre, rencontrer, choquer, de droict fil », p. 333 : « Le coup du soleil et du vent est plus poisant par reflection qu'à droict fil » ; et Corneille, *la Toison d'or*, prologue, scène IV : « Les quatre Amours remontent au ciel, premièrement de droit fil tous quatre ensemble. »

1. Comparez le conte IX de la IIe partie, vers 13 et la note ; et le *Pâté d'anguille*, vers 40 :

> Direz-vous : « Je suis sans chrétienne » ?

2. Ci-dessus, vers 113 et 127. — Rapprochez la locution « sauf de », p. 67 et note 3.

3. Voyez *la Gageure*, vers 13-14 et note 4 :

> Car, quant à moi, du plaisir ne me chaut,
> A moins qu'il soit mêlé d'un peu de peine.

4. Si Étienne ne s'était dédit : ci-dessus, vers 137.

5. « .... Ce ne fut pas sans la garder bonne à Ésope, qui tous les jours faisoit de nouvelles pièces à son maître. » (*Vie d'Ésope*, tome I, p. 37.) « C'est une pièce sanglante qu'ils nous ont faite. » (MOLIÈRE, *les Précieuses ridicules*, scène XVI.) Comparez les *Lexiques de Corneille, Racine, Sévigné*.

6. Assez belle, assez bien imaginée.

Pour en devoir l'exemple à d'autres gens[1]. 165
J'ai grand regret de n'en avoir les gants[2],
Et dis parfois, alors que j'y rumine[3] :
Auroit-on pris des croquants[4] pour troquants
En fait de femme[5]? Il faut être honnête homme[6]
Pour s'aviser d'un pareil changement. 170

Or n'est l'affaire allée en cour de Rome;

1. Assez fine pour que l'exemple en eût été fourni par d'autres gens que des manants. — « Pour en donner » (manuscrit Trallage), c'est-à-dire : pour en attribuer.

2. De n'avoir pas imaginé l'expédient, de n'en avoir pas eu la première idée; proprement : de n'avoir pas droit aux *gants*, aux épingles, à la paraguante, ou gratification, pour cette invention. Comparez *la Fiancée du roi de Garbe*, vers 244 et note 3; cette phrase des *Mémoires* de Retz (tome II, p. 440) : « M. de Bouillon eut le temps de me dire que je ne devois pas avoir au moins tout seul les gants de ma proposition »; et celle-ci de Mme de Simiane (lettre à la marquise de Rousset du 22 octobre 1734) : « Vous n'avez pas les gants de la pensée de nous aller joindre à Avignon, ma chère cousine. »

3. Que j'y pense et repense. Nous avons déjà rencontré cette locution figurée dans les fables xx du livre IV, vers 14, 1 du livre X, vers 52, et dans le conte iv de la Ire partie, vers 15.

4. Des manants, des vilains, des rustres. Littré donne de ce mot deux étymologies contradictoires proposées, l'une par d'Aubigné : « d'un village nommé Crocq, en Limousin », l'autre par de Thou : « du cri des paysans révoltés : *aux croquants*, à ceux qui croquent, mangent, les pauvres gens ». La véritable est peut-être le mot gascon *croco*, diable, qui fait le diable, qui se mutine, s'insurge. — Rapprochez la fable xii du livre II, vers 10 et suivants :

Passe un certain croquant qui marchoit les pieds nus;

et ce passage des *Mémoires* de Montglat (édition Petitot, tome I, p. 170) : « Le duc de la Valette... marcha contre des communes assemblées dans le Périgord et la Saintonge, sous prétexte de liberté, et de ne plus payer de subsides : lesquels se nommoient *croquants*.... Les chefs furent pendus, et cette engeance tout à fait exterminée. »

5. Si l'on eût inventé, imaginé la chose.

6. Un homme qui sait vivre, un homme de cour : p. 220 et note 6.

Trop bien[1] est-elle au sénat[2] de Rouen.
Là le notaire aura du moins[3] sa gamme[4],
En plein bureau[5]. Dieu gard[6] sire Oudinet
D'un rapporteur barbon[7] et bien en femme[8], 175
Qui fasse aller la chose du bonnet[9].

1. Vers 57 et note 4. — 2. Au parlement.
3. Pour le moins, s'il n'a pis : tome IV, p. 80 et note 1.
4. Une réprimande : on lui dira son fait. Comparez *ibidem*, p. 72 et note 4; et ces vers de Marot (tome II, p. 130) :

> Pardonnez moy si mes motz sont trop lourdz;
> Ie ne vous veulx qu'aprendre vostre gamme
> A mon plaisir;

et de Scarron (*le Virgile travesti*, livre IV) :

> Homme sans honneur et sans âme,
> Je vais bien te chanter ta gamme!

5. En pleine audience. Rapprochez, dans les *Mémoires* de Retz (tome II, p. 156), et dans une lettre de Voltaire à d'Argental du 24 novembre 1772, les expressions : « l'air, le vent, du bureau », en parlant du Parlement. On disait de même « le bureau de la ville » pour désigner le corps des échevins d'une cité, « le bureau du roi », son conseil privé. — Dans l'édition de 1674 : « en plein barreau ».

6. Voyez, pour cette locution, qui revient continuellement chez Marot, Rabelais, et tous nos vieux auteurs, *le Diable en enfer*, vers 55, le *Pâté d'anguille*, vers 35, *les Quiproquo*, vers 198, etc.

7. Ci-dessus, p. 245 et note 3, « vieux barbon ».

8. C'est-à-dire mari d'une jeune et jolie femme, et qui ne goûtera guère un troc de ce genre. — Dans une lettre de Voltaire au duc de Richelieu du 25 août 1757 : « Vous êtes très bien en médecins et en aides de camp. »

9. Dont les conclusions soient adoptées sans débat par le tribunal : on se contentera d'opiner du bonnet en signe d'assentiment à son avis; l'affaire sera vite réglée. — Dans l'édition de 1674 :

> Qui fasse aller cette affaire au bonnet.

— Les dix derniers vers ont été supprimés dans les éditions de 1685, 1686, 1705.

IV

LE CAS DE CONSCIENCE.

On peut rappeler à propos de ce conte l'histoire racontée par Plutarque dans sa *Vie de Démétrius* (tome II, p. 669, de la traduction d'Amyot) :

« Il y eut en Ægypte ung ieune homme qui deuint amoureux d'une courtisane nommée Thonis : mais elle luy demandoit si grand argent pour coucher auec luy que le ieune homme ne le pouuoit fournir ; à la fin ce ieune amoureux, de la grande affection et desir qu'il en auoit, songea une nuict qu'il estoit couché auprez d'elle, et qu'il en prenoit son plaisir, tellement que pour l'apprehension et satisfaction du plaisir qu'il eut en dormant, son enuie et son desir luy en passa quand il fut esueillé. Cela sceu, la courtisane le fit adiourner et conuenir en iugement, pour auoir son salaire de la volupté qu'il auoit eue par imagination. Ce qu'ayant entendu, Bocchoris commanda au ieune homme qu'il apportast en iugement, à la premiere assignation, dedans quelque vase, autant d'argent bien compté comme elle luy en auoit demandé pour coucher auec luy, et puis le luy fit remuer de la main çà et là deuant la courtisane, à fin qu'elle en eust seulement l'umbre et la veue : pour autant, disoit il, que l'imagination et l'opinion n'est que l'umbre de la verité. »

Un semblable récit est chez Brantôme (tome IX, p. 235) : «....Comme fit cest amoureux de Lamia (*lisez* Thonis), qui, ayant esté trop excessiuement rançonné d'elle pour iouir de son amour, n'y put ou n'y voulut entendre, et, pour ce, s'aduisa, songeant en elle, se corrompre, se polluer, et passer son enuie en son imagination : ce qu'elle ayant sceu, le fit conuenir deuant le iuge qu'il eust à l'en satisfaire et la payer ; lequel ordonna qu'au son et tintement de l'argent qu'il luy monstreroit elle seroit payée, et en passeroit ainsi son enuie, de mesme que l'aultre, par songe et imagination, auoit passé la sienne. »

Comparez aussi Élien, *Histoires diverses* (livre XII, chapitre LXIII), de *Archedice scorto;* la ixᵉ nouvelle des *Cento novelle antike*, qui a pour titre : *Qui si ditermina una quistione e sentenzia che fu data in Alessandria;* la xxviiiᵉ du *Grand Parangon des Nouvelles nouvelles* de Nicolas de Troyes[1] : « De la vengeance que print ung sergent de son curé qui pretendoit que l'intention estoit reputée pour le faict, et l'auoit fait iusner pour auoir eu seulement l'enuie de coucher auec une belle ieune femme »; Bandello, *Novelle,* partie IV, nouvelle 11 : *Uno corteggiano va a confessarsi, e dice che havuto volonta di ancidere uno huomo benche nessuno non sia seguito. Il buono frate, che era ignorante, nol vuole assolvere, dicendo che* voluntas pro facto reputatur, *e che bisogna havere l' autorita del vescovo di Ferrara, su questo una baffa che al frate è fatta;* Rabelais, le tiers livre, chapitre xxxvii, Democritus ridens, *Odore pastus sono solvit* (Amsterdam, 1655, in-12), p. 143, Noël du Fail, *Contes et discours d'Eutrapel,* p. 443, etc. (c'est l'histoire si connue du rôtisseur et du pauvre : « Payez moi, disoit le rostisseur au gueux qui mettoit son pain sur la fumée du rost. — Oui vrayment, repond il, faisant tinter et sonner ung douzain ; c'est du vent que i'ay prins duquel mesme ie vous en paye[2] »); B. des Périers, nouvelle xxxv : « du curé de Brou et de la carpe qu'il accepta pour son disner »; *l'Élite des contes du sieur d'Ouville,* nouvelle iv : « d'une Carpe eschappée »; les *OEuvres* de l'abbé Vergier, épître vii (tome I, p. 47); etc., etc.

Citons en outre le vieux poète anglais Walter Map (dans la *Ger-*

---

1. Nicolas, de Troyes en Champagne, simple ouvrier comme Hans Sachs, le cordonnier de Nuremberg, cité plus bas, composa vers 1535 ce recueil, qui resta longtemps manuscrit, et n'a été imprimé, en fragments du moins, que de nos jours (Bruxelles, 1867, in-12, et Paris, 1869, in-16).

2.
Nutritive est la fumée
A la personne affamée,
Et, si vous ne me croyez,
Feuilletez les plaidoyez.
Entre la Rostisserie,
Jadis, et la Gueuserie,
Il se mut un gros procez:
N'ayant mangé leurs pains secz,
Mais au flair de la viande,
Les gueux payèrent l'amende.

(*Merveilles du Salmigondis de l'aloyau avec les confitures renversées,* vers 83-92, Paris, 1627, in-12.)

mania, de Pfeiffer, tome V, p. 53); Hans Sachs (V, III), *der Schultheis mit dem Karpffen;* Burkhard Waldis (IV, xiv), *vom Schultheis und seinen Pfarrherrn;* les recueils intitulés : *Eulenspiegel*, Strasbourg, 1519, in-4°, conte 80, *Schimpf und Ernst*, Strasbourg, 1552, in-fol., conte 48; etc.; et même, si l'on veut, et pour remonter bien haut, le *Pantschatantra* (voyage de Paramarta, p. 270-276 de la version de Dubois), où sont racontées l'histoire du malade couché à l'ombre du bœuf, ombre pour laquelle le conducteur du bœuf demande un salaire[1]; et aussi celle du cuisinier qui réclame le prix de la fumée de son ragoût de mouton, fumée dont un voyageur avait assaisonné son riz; et voici la décision des arbitres : « Pour avoir monté sur le bœuf, il faut payer avec de bon argent. Pour s'être reposé à l'ombre du bœuf, il faut payer avec l'ombre de l'argent. — Ceux qui ont mangé le ragoût de mouton doivent payer avec de bon argent. Celui qui a avalé la fumée qui s'exhalait du ragoût de mouton doit payer avec l'odeur (*sic*) de l'argent. »

Rapprochons enfin, dans le recueil persan qui a pour titre *Bahar-Danush*, l'aventure de ce jeune homme qui, pour avoir embrassé l'image d'une jeune fille reflétée dans un miroir, voit son ombre à lui chassée à coups de fouet (Benfey, *Pantschatantra*, tome I, p. 127).

> Les gens du pays des fables
> Donnent ordinairement
> Noms et titres agréables
> Assez libéralement[2];
> Cela ne leur coûte guère :   5
> Tout leur est nymphe ou bergère[3],

1. Rappelons aussi « l'ombre de l'âne » dans Plutarque (*Vies des dix Orateurs*), à la fin de la vie de Démosthène.

2. Comparez les vers 6-8 de la première fable additionnelle du livre XII (tome III, p. 349 et note 7) :

> Les reines des étangs, grenouilles, veux-je dire,
>   Car que coûte-t-il d'appeler
>   Les choses par noms honorables? etc.

— Par « les gens du pays des fables », la Fontaine désigne ici tous les poètes en général, comme le prouve la suite.

3. Voyez *la Coupe enchantée*, vers 86 et note 2, et *le Petit Chien*, vers 151.

Et déesse bien souvent[1].
Horace n'y faisoit faute[2] :
Si la servante de l'hôte
Au lit de notre homme alloit,   10
C'étoit aussitôt Ilie ;
C'étoit la nymphe Égérie[3] ;
C'étoit tout ce qu'on vouloit[4].

1. Souvent, mais pas toujours. Ronsard, pour ne citer qu'un exemple, dans son *Bocage royal*, ne donne-t-il pas à Charles IX le nom de Carlin et à Catherine de Médicis celui de Catin? Henri II s'appelle Henriot ; ses bergers, Bellot, Guillot, Pierrot, Michau ; ses bergères, Janeton, Marion, Thoinon, Margot ; il est vrai qu'il ne fait que suivre en cela l'exemple de Marot dans ses églogues. Comparez aussi les *Bergeries* de Remy Belleau ; et Boileau, *Art poétique*, chant II, vers 21-24.

2. Même locution au vers 167 des *Rémois*.

3. Ilia ou Rhéa Sylvia, prêtresse de Vesta, mère de Romulus et de Rémus. — La nymphe Égérie, avec laquelle Numa feignait d'avoir de secrets entretiens.

4. On connaît ces vers d'Horace (livre I, satire II, vers 125-126) :

Hæc ubi supposuit dextro corpus mihi lævum,
Ilia et Egeria est; do nomen quodlibet illi.

La Fontaine y fait une autre allusion dans une lettre au prince de Conti du 18 août 1689, déjà citée dans notre tome III, p. 349 :

« Je me contente à moins qu'Horace ;
Quand l'objet en mon cœur a place,
Et qu'à mes yeux il est joli,
Do nomen quodlibet illi.

Horace les avait ennoblies auparavant (les Jeannetons) ; mais ce privilège ne m'appartient pas. » — Walckenaer rapproche de ce passage ces vers d'un auteur anonyme (*les Moyens de se guérir de l'amour, conversations galantes*, Paris, 1681, in-12, p. 55) :

Une grisette aisée a toute ma tendresse,
Et dans les transports de mes feux
Elle est pour mon cœur amoureux
Une marquise, une comtesse :
Je la nomme comme je veux.

Nos poètes modernes chantent les grisettes sans tant de façons :

Dieu, par sa bonté profonde,
Un beau jour mit dans le monde 15
Apollon son serviteur,
Et l'y mit justement comme
Adam le nomenclateur[1],
Lui disant : « Te voilà; nomme. »
Suivant cette antique loi, 20
Nous sommes parrains du Roi[2].
De ce privilège insigne,
Moi, faiseur de vers indigne,
Je pourrois user aussi
Dans les contes que voici; 25
Et s'il me plaisoit de dire,
Au lieu d'Anne, Sylvanire,

comparez les chansons de Béranger sur Lisette ou Jeannette, Frétillon ou Rosette; celle d'Alfred de Musset sur Mimi Pinson, et la seconde strophe de sa poésie intitulée *Après une lecture;* les « torchons radieux » célébrés par Victor Hugo dans les *Chansons des rues et des bois;* etc., etc.

1. *Formatis igitur de humo cunctis animantibus terræ et universis volatilibus cœli, Dominus Deus adduxit ea ad Adam, ut videret quid vocaret ea; omne quod vocavit Adam animæ viventis ipsum est nomen ejus. Appellavitque Adam nominibus suis cuncta animantia, et universa volatilia cœli, et omnes bestias terræ.* (*Genèse*, chapitre II, versets 19-20.)

2. Puisque nous, poètes, nous avons le privilège de lui donner son nom, ou du moins son surnom. Rapprochez la *Ballade sur le nom de Louis le Hardi donné au Dauphin* (tome V M.-L., p. 182-183):

Un de nos fantassins, très bon nomenclateur,
Du titre de Hardi baptisant Monseigneur,
Le fera sous ce nom distinguer dans l'histoire....
Adam, qui sur les fonts tint les êtres divers
Dont il plut au Seigneur de peupler l'univers,
Adam, parrain banal de toutes ces familles,
Et qui n'imposoit pas le nom en étourdi,
N'y rencontroit pas mieux que nos braves soudrilles:
Louis le bien nommé, c'est Louis le Hardi;

et voyez notre tome III, p. 244, où nous avons déjà cité quatre vers de cette ballade.

> Et, pour messire Thomas,
> Le grand druide Adamas[1],
> Me mettroit-on à l'amende ?   30
> Non ; mais, tout considéré,
> Le présent conte demande
> Qu'on dise Anne et le curé.
>
> Anne, puisqu'ainsi va[2], passoit dans son village
> Pour la perle et le parangon[3].   35

1. *Sylvanire* est le titre de deux pièces, l'une d'Honoré d'Urfé (1627), l'autre de Mairet (1631) ; le grand druide Adamas est l'un des principaux personnages de l'*Astrée* de d'Urfé, « prince des druides de la contrée, homme plein de discrétion et de jugement, à qui nul des secrets de nature ni des vertus des herbes ne peut être caché » (livre IV). Voyez aussi cette indication d'un jeu de scène dans la tragédie de notre poète intitulée *Astrée*, acte I, scène VI : « Un druide conduisant la cérémonie de la fête à la place d'Adamas » ; et Mme de Sévigné, tomes III, p. 142, V, p. 312, X, p. 132, XI, p. 259.

2. Même locution : « puisqu'ainsi va », au vers 101 de *l'Ermite*.

3. Parangon ou paragon, modèle parfait, type accompli ; rapprochez la fable XII du livre XII, vers 99 et la note.

> — O dame illustre, ô paragon d'honneur !
> (Marot, épître XVII, tome I, p. 173.)

Voyez *ibidem*, p. 249 ; et Rabelais, tomes I, p. 322, II, p. 134, III, p. 70 : « Aristoteles prime homme, et paragon de toute philosophie » ; Brantôme, tomes I, p. 57, III, p. 368 : « M. de Nemours ou M. d'Anville, les deux pour lors parangons de toute cheualerie », VI, p. 329, VII, p. 80 : « Ung roy ieune, courageux, qui ne voudroit ceder, non à vous, auec lequel le parangon n'est nullement semblable..., mais au plus grand prince du monde » ; du Bellay, tome I, p. 302 ; *le Moyen de parvenir*, p. 6 : « Madame, qui est l'unique entre les sages, la perle des entendues, et le parangon de perfection... » ; Voiture, réponse *au comte de Guiche* :

> Vrai parangon de vaillants et courtois ;

etc. On disait aussi *parangonne* :

> Ceste dame excellente...,
> Enumerée entre les parangonnes,

Étant un jour près d'un rivage¹,
Elle vit un jeune garçon
Se baigner nu²; la fillette étoit drue³,
Honnête toutefois : l'objet plut à sa vue.
Nuls défauts ne pouvoient être au gars⁴ reprochés ;   40
Puis, dès auparavant⁵ aimé⁶ de la bergère,
Quand il en auroit eu, l'Amour les eût cachés ;
Jamais tailleur n'en sut, mieux que lui, la manière.
Anne ne craignoit rien : des saules la couvroient
    Comme eût fait une jalousie ;   45
Çà et là ses regards en liberté couroient
    Où les portoit leur fantaisie :
Çà et là, c'est-à-dire aux différents attraits⁷

    Royne d'honneur, exemplaire des bonnes.
       (*Recueil de poésies françoises*, tome X, p. 266.)
    De toutes c'est la parangonne.
       (*Chansons du XVᵉ siècle*, p. 104.)

Et *parangonner* (Ronsard, tome I, p. 45, Brantôme, tomes V, p. 354, VII, p. 27, Montaigne, tome III, p. 88, etc.), *se parangonner* (Marot, tome III, p. 151, Brantôme, déjà cité, tome IX, p. 358, etc.).

1. Comparez le vers 45 de la fable XIII du livre VIII (tome II, p. 277 et note 14).

2. La situation est inverse dans *le Fleuve Scamandre*, vers 34 et suivants, où « une jeune ingénue » est surprise au bain par le héros du conte.

3. Gaillarde, éveillée : ci-dessus, p. 33 et note 2.

4.   Celle-ci donc, des plus galantes,
    Par mille choses engageantes,
    Tâchoit d'encourager le gars.
       (*Nicaise*, vers 54 et note 3.)

5. « Il lui laissa douze mille écus..., outre quantité de meubles et de nippes de conséquence qu'il lui avoit donnés dès auparavant. » (Lettre de la Fontaine à sa femme du 30 août 1663.)

6. Même emploi du participe absolu au tome IV, p. 492 et note 1.

7. Pour ce mot, appliqué à un homme, voyez *Joconde*, vers 32 et la note; et le vers 233 du *Petit Chien* :

    Atis avoit changé de visage et de traits :
    On ne le connut pas ; c'étoient d'autres attraits.

Du garçon au corps jeune et frais[1],
Blanc, poli[2], bien formé[3], de taille haute et drète[4], 50
Digne enfin des regards d'Annette.
D'abord une honte secrète
La fit quatre pas reculer ;
L'Amour huit autres avancer :
Le scrupule[5] survint, et pensa tout gâter[6]. 55
Anne avoit bonne conscience[7] ;
Mais comment s'abstenir ? Est-il quelque défense
Qui l'emporte sur le desir[8],
Quand le hasard fait naître un sujet de plaisir ?
La belle à celui-ci fit quelque résistance ; 60
A la fin ne comprenant pas

1. « Beau, jeune, et frais » (*Nicaise*, vers 47 et note 9).
2. Voyez le vers 182 de *la Jument* et la note :

> Vous me rendrez une jument polie.

3.   Et de touz membres bien formé.
> (*Roman de la Rose*, vers 818.)

4. *Drete* (ancienne prononciation de *droite*) et *Annete*, pour la rime, dans les premières éditions : 1674-1676.

— Son port, sa maiesté, sa taille haute et droite.
> (REMY BELLEAU, tome II, p. 315.)

Sa taille haute et droite est comme un grand palmier.
> (*Ibidem*, p. 319.)

Sa taille haute et droite, et d'un juste corsage.
> (REGNIER, *Dialogue*, vers 305.)

5. Ci-dessous, vers 82.
6. .... Malgré quelque pudeur qui gâtoit le mystère.
> (*Le Fleuve Scamandre*, vers 77.)

Rapprochez le vers 81 de *l'Abbesse* :

> Honte souvent est de dommage cause.

7. La conscience pure : vers 39.
8.   Desir de fille est un feu qui dévore.
> (GRESSET, *Ver-Vert*, chant II.)

Comme on peut pêcher de cent pas¹,
Elle s'assit sur l'herbe, et, très fort attentive,
  Annette la contemplative²
Regarda de son mieux³. Quelqu'un n'a-t-il point vu 65
  Comme on dessine sur nature⁴?
  On vous campe⁵ une créature,
Une Ève, ou quelque Adam, j'entends un objet nu;
Puis force gens, assis comme notre bergère,
Font un crayon⁶ conforme à cet original⁷. 70
Au fond de sa mémoire Anne en sut fort bien faire
  Un qui ne ressembloit pas mal⁸.

1. A la distance de cent pas.
2. Se plaisant dans la contemplation, tout entière à la contemplation : comparez Malherbe, tome III, p. 359 : « .... Les contemplatifs en discourent à leur fantaisie »; la Bruyère, tome II, p. 153 : « paresseux et contemplatif »; et les exemples empruntés à Bossuet et à J.-J. Rousseau, que cite Littré.
3.   Le voilà donc tout dépouillé, tout nu :
   Quel corps, grand Dieu! Vous n'avez jamais vu
   Tant de beautés, j'entends beautés solides;
   Et d'autre part ne verrez de meshui
   Regards plus vifs, plus ardents, plus avides,
   Que les regards de la dame sur lui.
            (VERGIER, épître citée.)
4. Ou d'après nature. — *Dessigne*, dans nos anciens textes.
5. Figure employée plusieurs fois par notre poète, mais dans une acception moins familière : rapprochez les fables VIII du livre III, vers 20, III du livre IV, vers 12, et le conte VIII de la IVᵉ partie, vers 194. Ici, c'est un terme d'atelier et de salle d'escrime.
6. Ébauche, esquisse. « Si vous venez ici, vous verrez un miracle d'un crayon du feu Roi, fait par le sieur du Monstier, qui est si bien que je vous jure que je ne le vois jamais qu'il ne me semble qu'il veuille parler à moi. » (MALHERBE, lettre à Peiresc du 26 juin 1610.) Comparez les *Lexiques de Corneille* et *de Racine*.
7. Il y a moyen de faire quelque chose de beau sur un original fait comme celui-là. — L'original est peu de chose; mais l'adresse du peintre en saura couvrir les défauts. » (MOLIÈRE, *le Sicilien ou l'Amour peintre*, scène XI.)
8. « Elle demeura assez longtemps à philosopher sur les œuvres de nature, deliberée d'y estudier plus auant, puis qu'elle en voyoit

Elle y seroit encor si Guillot[1] (c'est le sire)
Ne fût sorti de l'eau. La belle se retire
A propos; l'ennemi n'étoit plus qu'à vingt pas,   75
Plus fort qu'à l'ordinaire; et c'eût été grand cas[2]
  Qu'après de semblables idées[3]
  Amour en fût demeuré là :
  Il comptoit pour siennes déjà
  Les faveurs qu'Anne avoit gardées[4].   80
Qui ne s'y fût trompé? Plus je songe à cela,
Moins je le puis comprendre[5]. Anne, la scrupuleuse[6],
N'osa, quoi qu'il en soit, le garçon régaler[7],
Ne laissant pas pourtant de récapituler

deuant ses yeulx le liure ouuert. » (G. Chappuys, journée I, nouvelle II.)

1. Ci-dessus, p. 259 et note 1.

2. Grand hasard; il eût été bien étonnant que : voyez *les Cordeliers*, vers 172 et la note.

3. De semblables images, pénétrant des yeux dans le cerveau.

4. N'avait pas encore accordées.

—   Bon fait aux filles l'épargner.
       (*Nicaise*, vers 76.)

5.   C'est ce qu'en bonne foi
  Jusqu'à présent je n'ai bien su comprendre.
    (*Le Diable en enfer*, vers 176-177.)

6. Ci-dessus, vers 55. — Même emploi ironique de ce mot, mais dans un sens bien différent, aux vers 129 des *Cordeliers* :

  Les donzelles, scrupuleuses,
  De s'acquitter étoient soigneuses;

et 152 de *Mazet* :

  Tant y resta cette sœur scrupuleuse....

Comparez aussi *les Lunettes*, vers 172 :

  Je ne suis pas cet ennemi des femmes,
  Ce scrupuleux qui ne vaut rien à rien;

et *ibidem*, vers 148 et 152.

7. Tome IV, p. 503 et note 6 :

  Point n'en resta (*de sœurs*) que le sire Mazet
  Ne régalât au moins mal qu'il pouvoit.

Les points qui la rendoient encor toute honteuse.   85

Pâques vint, et ce fut un nouvel embarras.
Anne, faisant passer ses péchés en revue,
Comme un passe-volant¹ mit en un coin² ce cas³ :
　　Mais la chose fut aperçue.
　　Le curé, messire Thomas,   90
Sut relever le fait ; et, comme l'on peut croire,
En confesseur exact il fit conter l'histoire,
Et circonstancier⁴ le tout fort amplement,

---

1. *Passe-volants*, mortes-payes : faux soldats, valets, laquais, courtauds de boutique, ou vagabonds, que les officiers armaient et déguisaient pour la montre, quand leurs compagnies n'étaient pas complètes, et dont ils s'appropriaient la solde, mais qu'ils ne pouvaient tenir à l'écart, ou dans un coin, comme semble l'indiquer notre poète, et qu'ils étaient bien obligés de laisser passer en revue par les commissaires des guerres, souvent, il est vrai, trop complaisants ou trop faciles à tromper. — Voyez Brantôme, tomes II, p. 9, III, p. 148 : « Il se plaignit fort aussi des Italiens, lesquelz en leurs monstres et reueues representoient force soldatz passe-volans »; Regnier, satires XIII, vers 6, X, vers 257 :

　　Et comme en une montre, où les passe-volans,
　　Pour se montrer soldats, sont les plus insolens...;

Racine, tome V, p. 124 : « Le Roi reconnut dans le régiment de Hautefeuille un passe-volant qui étoit valet de chambre de M. de Hautefeuille, et le Roi le reconnut à ses souliers, que son maître avoit portés »; Tallemant des Réaux, tome II, p. 203 : « Quand on fit l'Académie, Boisrobert y mit bien des passe-volants »; etc. — On appelait aussi ces faux soldats « fausses lances, hommes de paille, fagots ».

2. Ne l'osa pas absolument cacher, mais fit tout ce qu'il fallait pour qu'il passât inaperçu.

3. Rapprochez le vers 6 du conte X de la IIIe partie, où le mot *cas*, il est vrai, est pris dans un sens très général :

　　Qu'à père André l'on aille de ce pas,
　　Car il entend d'ordinaire mon cas.

4. Verbe que nous rencontrons aussi dans des lettres de Chapelain des années 1632 et 1637 (tome I, p. 15 et 187, du recueil

>   Pour en connoître l'importance,
> Puis faire aucunement cadrer la pénitence[1], 95
> Chose où ne doit errer[2] un confesseur prudent.
>   Celui-ci malmena la belle :
> « Être dans ses regards à tel point sensuelle !
>   C'est, dit-il, un très grand péché ;
> Autant vaut l'avoir vu que de l'avoir touché. » 100
>
>   Cependant la peine imposée
>   Fut à souffrir assez aisée :
> Je n'en parlerai point ; seulement on saura
> Que Messieurs les curés, en tous ces cantons-là[3],
> Ainsi qu'au nôtre, avoient des dévots et dévotes[4], 105
>   Qui, pour l'examen de leurs fautes,

cité) ; et chez Bossuet, *Discours sur l'histoire universelle*, IIe partie, chapitre III : « Il (Moïse) particularise et circonstancie toutes choses. »

1. Pour proportionner en certaine façon, jusqu'à un certain point, la pénitence à la faute : comparez le vers 23 de la fable I du livre IX (tome II, p. 353 et note 11). — Même locution : « cadrer », « cadrer à », dans *le roi Candaule*, vers 119, dans *les Lunettes*, vers 79, et au vers 312 de la comédie de *Clymène*.

2. Tome IV, p. 331 et note 1 :

>   Très lourdement il erroit en cela.

3. Dans la fable xx du livre VIII, vers 4 :

>   Remplissons de nouveaux hôtes
>   Les cantons de l'univers.

>   Sus, peuples, sus, vos cantons decorez
>   De diuers ieux.
>   (MAROT, tome II, p. 91.)

>   La miserable (*Rome*) auec ses propres mains
>   Attise, helas, par ses cantons Romains
>   Les mesmes feux qui luy feront la guerre.
>   (DU BELLAY, tome II, p. 79.)

4. Rapprochez *les Oies*, vers 130-132 et les notes :

>   ....Enfin dans la cité
>   Frère Philippe souhaité
>   Avoit force dévots, de dévotes pas une.

Leur payoient un tribut, qui plus, qui moins, selon
    Que le compte à rendre étoit long[1].
Du tribut de cet an Anne étant soucieuse,
Arrive que Guillot pêche un brochet fort grand :   110
    Tout aussitôt le jeune amant
Le donne à sa maîtresse ; elle, toute joyeuse,
    Le va porter du même pas
    Au curé, messire Thomas.
Il reçoit le présent, il l'admire ; et le drôle[2]   115
    D'un petit coup sur l'épaule
    La fillette régala[3],
    Lui sourit, lui dit : « Voilà
    Mon fait[4], joignant à cela
    D'autres petites affaires[5]. »   120

1. « Aprez la confession vient satisfaction, que on doibt faire selon l'arbitrage et le conseil du sage confesseur. » (*Mesnagier de Paris*, livre I, chapitre III.) — Voyez les *Taxes de la chancellerie et pénitencerie romaine* (*Taxæ cancellariæ apostolicæ et taxæ sacræ pœnitentiariæ*), dont la première édition parut à Rome en 1471, sous le pontificat de Sixte IV, des éditions plus complètes en 1510, 1514, 1517, 1520, 1523, 1533, 1538, 1545, etc., à Paris, Rome, Bologne, Venise, Leyde, Francfort, et Cologne. Cet opuscule, dans lequel tous les péchés, tous les délits, tous les crimes, sont tarifés, selon la qualité, quantité, et gravité, a été traduit et annoté par Antoine du Pinet, le traducteur de Pline, sous ce titre : *Taxes des parties casuelles de la boutique du pape, en latin et en françois*, Lyon (Genève), 1564, in-8°.

2. Comparez *le Petit Chien*, vers 318 et la note.

3.   L'un et l'autre se vit de baisers régalé.
                  (*Joconde*, vers 516.)

4. Voilà de quoi traiter mes hôtes.

    Faites-nous préparer un bon cochon de lait :
    Un cochon bien rôti, voilà notre vrai fait.
         (MAUCROIX, *la Vespière*, comédie, scène I.)

5. En y joignant quelques autres « menus mets » (ci-dessous, vers 138).

C'étoit jour de Calende¹, et nombre de confrères
Devoient dîner chez lui. « Voulez-vous doublement
    M'obliger? dit-il à la belle ;
Accommodez chez vous ce poisson promptement,
    Puis l'apportez incontinent :   125
    Ma servante est un peu nouvelle². »
Anne court ; et voilà les prêtres arrivés.

Grand bruit, grande cohue : en cave on se transporte³.
    Aucuns⁴ des vins sont approuvés ;
    Chacun en raisonne à sa sorte.   130
    On met sur table⁵, et le doyen
Prend place, en saluant toute la compagnie.
Raconter leurs propos seroit chose infinie⁶ ;
    Puis le lecteur s'en doute bien.
On permuta⁷ cent fois, sans permuter pas une⁸.   135

1. Proprement jour d'appel. « C'est un jour, dit la Fontaine en note, où tous les curés du diocèse s'assemblent, pour parler des affaires communes, chez quelqu'un d'eux, qui leur donne à dîner ordinairement ; et cela se fait tous les mois. »

2. Novice, inexpérimentée. Comparez le conte précédent, vers 132.

3. « Au retour se transportoit en la cuysine pour sçauoir quel rost estoit en broche. » (Rabelais, *Gargantua*, chapitre xxii.)

4. Quelques-uns : ci-dessus, p. 349 et note 1.

5. « Elle fist apporter une piece de bon bœuf salé et une belle piece de mouton de bon endroict, et mettre sur la table. » (*Les Cent Nouvelles nouvelles*, p. 353.) *Ibidem*, p. 354 : « La dame fist mettre à la table ung trez beau formaige. »

    Oui, qu'on mette à l'instant sur table, s'il vous plaît.
        (Regnard, *Démocrite*, acte III, scène vii.)

6. Tome IV, p. 15 et note 4.

7. Il s'agit sans doute de la permutation des cures, des bénéfices. Ce dîner de curés devait alors, à cet égard du moins, ressembler aux mess d'officiers, où il est également si souvent question de « permutations ».

8. D'autant plus que les conditions requises pour rendre une permutation canonique étaient assez nombreuses et difficiles à remplir.

Santés, Dieu sait combien ! chacun à sa chacune [1]
But[2] en faisant de l'œil[3] : nul scandale. On servit
Potage[4], menus mets, et même jusqu'au fruit[5],

1. Dans *les Cent Nouvelles nouvelles*, p. 138 : « N'eust esté le vœu du voyage, chascun d'eulx eust couché auec sa chascune »; dans les « Opuscules d'amour », déjà cités, *l'Androgyne*, p. 77 :

>L'ire recente et crainte de pecher
>Tant les garda de l'ung l'aultre approcher
>Que chascun plus ne sçachant sa chascune
>Diuersement se plaignit de fortune ;

chez des Périers (tome I, p. 31) : « Ils se prirent à regarder la contenance chascun de sa chascune »; chez du Fail (*Baliuerneries*, p. 179) : « Commandement exprez estoit aux souldatz se retirer chascun auec sa chascune »; chez Voiture (*Poésies*, p. 106) : « Chacun rencontra sa chacune »; dans *l'Étourdi* de Molière, vers 2065 :

>A voir chacun se joindre à sa chacune ici,
>J'ai des démangeaisons de mariage aussi.

2. Dans une lettre de la Fontaine à M. Simon de Troyes de février 1686 :

>Votre pâté, dès qu'il parut,
>Ramena les santés, et fit naître l'envie
>De boire à Cloris, à Silvie,
>A ce qu'on aime enfin, bonne et louable loi.

3. D'un air d'intelligence. — Rapprochez *les Cordeliers*, vers 113.
4. On sait que *potage* avait autrefois un sens plus étendu qu'aujourd'hui : voyez *l'Avare* de Molière, acte III, scène 1 (tome VII, p. 127 et note 4), la Bruyère, tome II, p. 56 ; etc. On y mettait des volailles, poulets, perdrix, pigeons, chapons, canards, du bœuf, du jarret de veau, etc., et on le servait ainsi, sous le nom de « potage » : « Le chantre leur presente de belle entrée de table les potages de ceste marmite, et Dieu sçait de quelle grace ilz estoient ; car l'ung auoit enuoyé ung chapon aux porreaux, l'aultre au safran ; l'aultre auoit la piece de bœuf poudrée aux naueaux, l'aultre ung poulet aux herbes, l'aultre bouilly, l'aultre rosty. » (DES PÉRIERS, tome I, p. 21.)
5. Le dessert : comparez Montaigne, tome I, p. 451 : « Ilz (les anciens) mangeoient, comme nous, le fruict à l'issue de la table »; et la Bruyère, tome II, p. 13, et p. 56 : « Il n'oublie pas les hors-d'œuvre, le fruit, et les assiettes. »

Sans que le brochet vînt; tout le dîner s'achève
Sans brochet, pas un brin[1]: Guillot, sachant ce don, 140
L'avoit fait rétracter pour plus d'une raison.
Légère de brochet[2] la troupe enfin se lève.

Qui fut bien étonné[3]? qu'on le juge. Il alla
    Dire ceci, dire cela
    A madame Anne le jour même, 145
L'appela cent fois sotte, et, dans sa rage extrême,
Lui pensa reprocher l'aventure du bain :
« Traiter votre curé, dit-il, comme un coquin !
Pour qui nous prenez-vous? Pasteurs, sont-ce canailles[4]?»
    Alors, par droit de représailles, 150
    Anne dit au prêtre outragé :
« Autant vaut l'avoir vu que de l'avoir mangé. »

1. Ci-dessous, p. 363.
2. Tour piquant; c'est ainsi qu'on dit : léger d'argent, léger d'étude, pour : sans argent, sans étude. Rapprochez le conte suivant, vers 118 :

> Plein de courroux, et vuide de pécune,
> Léger d'argent, et chargé de rancune...;

la Gloire du Val-de-Grâce de Molière, vers 287 :

> .... Nos courtisans les plus légers d'étude ;

et J.-B. Rousseau, épigramme xiv du livre II :

> Léger de queue, et de ruses chargé,
> Maître Renard se proposoit pour règle :
> Léger d'étude, et d'orgueil engorgé,
> Maître Houdart se croit un petit aigle.

3. Comparez *la Courtisane amoureuse*, vers 87-88 et note 3.
4. Croquants, vilains, sotte espèce, gens à traiter comme des chiens.

V

LE DIABLE DE PAPEFIGUIÈRE.

Cette nouvelle est empruntée à Rabelais, chapitres xlv-xlvii du quart livre : nous donnons ci-dessous de nombreux extraits de ces chapitres.

Elle est également dans les Contes des frères Grimm (*Kinder und Hausmärchen*), déjà cités, anecdotes, fables, traditions, ballades, recueillies dans leurs courses en Allemagne, et, à vrai dire, surtout dans les livres, sous ce titre : *der Bauer und der Teufel*, « le Paysan et le Diable » (n° 189). C'est en réalité une très vieille légende, ce qu'on appelle un conte de bonnes femmes. Chez les frères Grimm, le diable promet au manant un trésor si, pendant deux années, il consent à partager sa récolte avec lui, la première année, en lui laissant tout ce qui sera au-dessus du sol : le madré paysan sème tout son champ de raves, et le diable ne récolte que des feuilles ; la seconde année, en lui abandonnant tout ce qui se trouvera au-dessous : le rustre sème du froment, et, le temps de la moisson venu, le diable n'a pour lot que des racines; confus, désespéré, il va se cacher au fond d'un abîme.

On sait qu'il est victime de mystifications, d'affronts, analogues dans beaucoup d'anciennes histoires, comme celles de « l'ange Raphaël qui court après lui, et le cloue à un rocher dans la Haute-Égypte où il est encore », de « Jésus-Christ qui l'envoie dans deux mille cochons », de « l'ange Gabriel qui le met dans un sac, après l'avoir coupé en vingt morceaux », de « saint Dunstan qui le prend par le nez », de « sainte Marguerite qui, changée par lui en dragon, le transperce et le foule sous ses pieds », de « saint Michel et son champ », de « saint Dominique et sa chandelle », de « saint Théodore qui le fait entrer dans le corps d'une fille de joie », de « la besace remplie d'âmes qui lui sont volées successivement, ou qu'il perd au jeu », du « chevalier qui lui vend sa femme, en échange d'un monceau d'or, mais la Vierge la remplace, et rosse Satan à tour de bras » ; comme celles aussi du « pont du diable », de « la cathédrale de Cologne », du « dôme d'Aix-la-Chapelle », de mainte autre église, et de maint vieux château, commencés sur des plans qu'on lui dérobe; etc., etc.

L'exemple XLIII du *Comte Lucanor* par l'infant don Juan Manuel : « De ce qui advint au Bien avec le Mal et à un sage avec un fou » (p. 410-416 de la version de 1854), a quelque similitude, la première partie du moins, avec le récit de Rabelais. Après avoir élevé des brebis, dont le Mal accapare la laine et le lait, et des porcs dont il confisque les petits, laissant au Bien le lait et les soies, le Bien et le Mal se décident à cultiver des légumes ; ils sèment des navets, et, quand le temps de la récolte est venu, le Mal s'attribue ce qui est sous terre, laissant au Bien les feuilles. Puis ils plantent des choux, et c'est tout le contraire. Enfin ils se partagent une esclave : le Mal prend ce qui est au-dessous de la ceinture et abandonne au Bien ce qui est au-dessus. L'esclave a un enfant. Comment l'allaiter si le Bien n'y consent? Celui-ci finit par se laisser attendrir, à condition que le père, c'est-à-dire le Mal, tenant son enfant dans ses bras, ira par la ville, criant à haute voix : « Sachez, sachez tous, amis, que le Bien a vaincu le Mal ! » On peut lire la même histoire, abrégée, dans *les Vieux auteurs castillans* de M. de Puymaigre, tome II, p. 50-51, sous ce titre : « Le Bien triomphe toujours du Mal; il ne faut pas supporter le méchant. »

Entre don Juan Manuel et Rabelais, imité par la Fontaine, il n'y a, comme on le voit, de rapport que pour quelques détails. Le fond, et surtout le ton, la manière, sont très différents.

Maître François[1] dit que Papimanie[2]
Est un pays où les gens sont heureux[3]:
Le vrai dormir[4] ne fut fait que pour eux ;
Nous n'en avons ici que la copie,

1. François Rabelais : ci-dessus, p. 303.
2 Ce nom, sans parler des chapitres cités, est déjà dans le Prologue du tiers livre de Rabelais (tome II, p. 14) : « Hors d'icy, caphards, de par le diable. Ie renonce ma part de Papimanie si ie vous happe »; et il revient dans le chapitre LXVII du quart livre.
3. Voyez le séjour de Pantagruel dans « la benoiste isle des Papimanes », aux chapitres XLVIII-LIV du quart livre.
4. Comparez le vers 12 de la fable II du livre VIII (tome II, p. 217 et note 6); et ci-dessous, le vers 14 et la note 5.

Et, par saint Jean¹, si Dieu me prête vie, 5
Je le verrai ce pays où l'on dort.
On y fait plus, on n'y fait nulle chose :
C'est un emploi que je recherche encor².
Ajoutez-y quelque petite dose
D'amour honnête³, et puis me voilà fort. 10
Tout au rebours⁴, il est une province
Où les gens sont haïs, maudits de Dieu :
On les connoît à leur visage mince ;
Le long dormir⁵ est exclus⁶ de ce lieu.

1. Saint Jean, son patron. — Ci-dessus, p. 46 et note 2.
2. C'est ici le lieu de rappeler ces deux derniers vers de l'*Épitaphe d'un paresseux* (tome V *M.-L.*, p. 18) :

   Deux parts en fit (*de son temps*), dont il souloit passer
   L'une à dormir, et l'autre à ne rien faire ;

et les derniers vers de la fable IV du livre XI.
3. C'est-à-dire digne d'un honnête homme, d'un homme poli, bien élevé. Rapprochez chez G. Chappuys, fol. 80 v°, les « doulces caresses de l'honneste amour » ; chez du Bellay les « XIII sonnetz de *l'honneste amour* » ; et cette phrase de Brantôme (tome VI, p. 157) : «.... Voylà comment nos François se rangerent gentiment soubz les loix de l'amour honneste. » — On sait que la Fontaine ne dédaigna pas toujours les Jeannetons, mais ce fut surtout quand les Clymènes devinrent farouches pour lui (lettre au duc de Vendôme de septembre 1689). — Peut-être *honnête* a-t-il ici le même sens qu'*honnêtement* au vers 119 des *Rémois :* suffisant.
4. Tome IV, p. 319 et note 8.
5. Ci-dessus, vers 3 et note 4. Ce sont les épithètes : « le *vrai* dormir », « le *long* dormir », qui font l'originalité de l'expression. — Dans *les Marguerites de la Marguerite*, citées par Littré : « le long gemir, ung doulx dormir ». — Voltaire s'est souvenu de ces vers et des suivants dans une lettre au prince de Vendôme, le frère du duc, de l'année 1716 : «.... L'un, gras, rond, gros, court,

   Citadin de Papimanie,
   Porte un teint de prédestiné
   Avec la croupe rebondie....
   L'autre dans Papefigue est né,
   Maigre, long, sec, et décharné. »

6. Telle est bien l'orthographe de nos anciens textes. Comparez

Partant[1], lecteurs, si quelqu'un se présente
A vos regards ayant face riante,
Couleur vermeille, et visage replet,
Taille non pas de quelque mingrelet[2],
Dire pourrez, sans que l'on vous condamne,
« Cettui[3] me semble, à le voir, papimane. »
Si, d'autre part, celui que vous verrez
N'a l'œil riant, le corps rond, le teint frais,
Sans hésiter, qualifiez cet homme
Papefiguier : Papefigue se nomme
L'île et province où les gens autrefois

le *Lexique de Racine;* au livre II de *Psyché* (tome III *M.-L.*, p. 129) : « Ce fut beaucoup de déplaisir à Psyché de se voir exclue d'un asile, etc. »; et *inclus, use, reclus, use, perclus, use,* l'ancien participe *forclus, use.*

1. Par conséquent : tomes I, p. 110, II, p. 371 et note 6.

2. Homme maigre : forme populaire et nasalisée de *maigrelet*, comme *pingre* est une forme nasalisée de l'ancien français *pigre* (*piger*). Voyez les exemples de Bouchet et de Cholières cités par Littré; Brantôme, où l'épithète est louangeuse, tomes I, p. 338 : « Il voudroit auoir quinze cens ieunes soldatz..., bien legers de viande et de graisse, maigrelins, dispos et bien ingambes », VII, p. 90 : « Il estoit d'une iolie, gentille, et maigreline taille », p. 449 : « Il l'auoit moienne (la taille), et trez belle, et maigreline »; Papillon, *la Delice d'amour*, vers 304 :

Ie ne le veux mignard, maigrelin, ni menu ;

du Fail, tome I, p. 168 : « Ces gros ventres icy, encore que Cesar estimast que là dedans ne logeoient trahisons ne meschancetez, ains en ces meigrets et pasles, oht ordinairement de bonnes atteintes, la ruade seiche »; le Glossaire de du Cange, au mot Minutus : « Iehan Tholomer dist que Iehan de Mey n'estoit que ung mingrelins, et que une commere frapperoit plus grant cop de sa quenoille que il ne feroit d'une espée »; et Scarron, *le Virgile travesti*, livre VIII :

Vous êtes pourtant plus replet,
Au lieu qu'il étoit maigrelet.

— *Mégrelet,* au lieu de *mingrelet,* dans le texte de 1795, in-4°, Paris.
— Ce vers manque dans les éditions de 1762 et 1764, Amsterdam.

3. Tome IV, p. 491 et note 1.

Firent la figue au portrait du saint-père¹.
Punis en sont, rien chez eux ne prospère;
Ainsi nous l'a conté maître François².

1. Pour le braver, se moquer de lui : c'est un signe de mépris qui se fait en montrant le bout du pouce entre l'index et le médius : comparez le vers 32 de la fable v du livre II. Rabelais donne une singulière origine à cette locution, *far le fiche* ou *le castagne*, locution qui est dans *l'Enfer* de Dante, chant xxv, dans la nouvelle cxv de Sacchetti, dans le *Roman de Jauffre* (XIII° siècle)ᵃ, dans le *Recueil de poésies françoises* (tome X, p. 84):

> C'est le debuoir et le ieu de ma roue
> De faire à tous la figue, aussi la moue ;

dans l'*Histoire maccaronique* (livre xii) : « faire la figue au ciel », chez Montaigne (tome I, p. 103) : « faire la figue à la force et à l'iniustice », chez Regnier, satires vi, vers 114, x, vers 120, chez Scarron, *le Virgile travesti*, livre ii : « faire la moue et la figue »; etc., et qui doit remonter à la plus haute antiquité : il raconte (chapitre xlv du quart livre), après Albert Krantz (*Saxonia*, Cologne, 1520, in-fol., livre VI, chapitre vi), que, les Milanais s'étant révoltés contre l'empereur Frédéric Barberousse, avaient chassé Béatrix, sa femme, de la ville, montée sur une vieille mule, « à chevauchons de rebours ». Frédéric soumit les rebelles, et, afin de punir cette insulte, ordonna que chaque Milanais arrachât avec ses dents une figue qu'on faisait tenir dans les parties de la mule. Ceux qui refusaient étaient mis à mort. Pour rappeler, par dérision, cette fâcheuse aventure aux Milanais, on leur *faisait la figue*. Guillaume Paradin (*De antiquo statu Burgundiæ liber*, Lyon, 1542, in-4°, p. 49-50) et plusieurs autres chroniqueurs ont répété cette histoire qui paraît être une fable : aucun contemporain n'en fait mention. On peut voir à ce sujet les curieuses recherches de Francis Douce (*Illustrations of Shakspeare and of ancient manners*, London, 1839, in-8°, p. 302-307), qui rattache la locution « faire la figue » au mot latin *ficus* désignant une espèce d'ulcère, principalement celui qui vient au fondement.

2. « .... L'ung d'eulx voyant le portraict papal luy fit la figue, qui est en icelluy pays signe de contempnement et derision manifeste.... Feurent faicts esclaues et tributaires (par les Papimanes) et leur feut imposé nom de Papefigues : par ce qu'au portraict

---

ᵃ Raynouard, *Choix de poésies originales des troubadours*, Paris, 1816-1821, n-8° (tomes I, p. 339, II, p. 286).

L'île fut lors donnée en apanage
A Lucifer; c'est sa maison des champs. 30
On voit courir par tout cet héritage
Ses commensaux¹, rudes à pauvres gens²,
Peuple ayant queue, ayant cornes et griffes³,
Si maints tableaux ne sont point apocryphes⁴.

Avint un jour qu'un de ces beaux messieurs 35
Vit un manant, rusé, des plus trompeurs,
Verser⁵ un champ dans l'île dessus dite.

papal auoient faict la figue. Depuys celluy temps les paouures gens n'auoient prosperé. Tous les ans auoient gresle, tempeste, peste, famine, et tout malheur, comme eterne punition du peché de leurs ancestres et parens.... Depuys troys ans passez auoit en l'isle regné une pestilence tant horrible que pour la moitié et plus le pays estoit resté desert, et les terres sans possesseurs. » (RABELAIS, chapitre XLV du quart livre, tome II, p. 425-427.)

1. Tome II, p. 444 et note 4. — « En laquelle (île) les diables auoient familiarité grande auecques les homes et femmes, et souuent y alloient passer temps. » (*Ibidem*, p. 427.)

2. « Ah! que tu es rude à pauvres gens! » (MOLIÈRE, *George Dandin*, acte II, scène 1.)

3. « La famille de Lucifer » (*l'Ermite*, vers 93-94). — Le cardinal Pierre Damien (XIᵉ siècle), dans sa *Vie de saint Odilon de Cluny*, parle d'une île semblable, habitée par des diables, qui ne cessent de crier, de hurler, de gesticuler, de faire d'horribles simagrées (tome III des *OEuvres*. Paris, 1663, in-fol., p. 212).

4. Comparez *les Oies*, vers 100 : « Il lui dit (*à l'enfant*)
   Qu'il (*le diable*) étoit fait d'une étrange façon » ;
et *les Cent Nouvelles nouvelles*, p. 310 : « Il vit deuant luy ung grand monstre horrible et terrible, ayant grandes et longues cornes, les yeulx plus allumez que flambe de fornaise, les braz gros et longs, les griffes agues et tranchans, et bref c'estoit ung monstre trez epouuantable, et ung diable, comme ie crois. »

5. *Verser*, labourer (du latin *versare*, retourner).

— *Proles Sabellis docta ligonibus
   Versare glebas....*
   (HORACE, livre III, ode VI, vers 38-39.)

Voyez aussi Virgile, *Géorgiques*, livre I, vers 119; Ovide, *l'Art d'ai-*

Bien paroissoit la terre être maudite,
Car le manant avec peine et sueur
La retournoit et faisoit son labeur.   40
Survient un diable à titre de seigneur ;
Ce diable étoit des gens de l'Évangile[1],
Simple[2], ignorant[3], à tromper très facile,
Bon gentilhomme[4], et qui, dans son courroux,
N'avoit encor tonné que sur les choux[5] :   45
Plus ne savoit apporter de dommage.

mer, chant I, vers 726 ; etc. — On trouve dans les vieilles chartes, non seulement le mot *verser*, mais encore *verseret, verserot*, pour marquer la saison du premier labour des terres, du premier coup de charrue. — Paul-Louis Courier s'est servi de ce verbe dans sa *Gazette du Village* : « Il y a des gens dont la récolte ne craint ni temps ni grêle, et ce ne sont pas ceux qui, versant, labourant, font le meilleur guéret. » Comparez l'expression : « virer la terre », chez la Boëtie (*OEuvres*, 1846, p. 230).

1. De ces gens dont parle l'Évangile (saint Matthieu, chapitre v, verset 3, discours du Christ sur la montagne) : *Beati pauperes spiritu* : « Bienheureux les pauvres d'esprit » ; mais ce n'est pas ici le lieu d'ajouter la fin du verset : *quoniam ipsorum est regnum cœlorum* : « parce que le royaume des cieux est à eux ». — Même confusion irrévérencieuse du sacré et du profane, ci-dessous, vers 178 ; et dans *la Chose impossible*, vers 35-36 :

> Il envoyoit le diable à Rome ;
> Le diable revenoit tout chargé de pardons.

2. « .... Quelque ieune diable qui n'entendoit pas bien son mestier. » (Des Périers, tome II, p. 129.)

3. Il « ne sçauoit ne lire, n'escrire », dit Rabelais (*ibidem*).

4. C'est-à-dire habitué à ne rien faire, comme les vers suivants l'expliquent. Voyez aussi p. 363, note 4.

5. « Ung petit diable, lequel encores ne sçauoit ne tonner ne gresler, fors seulement le persil et les choux. » (*Ibidem.*) « Le diabloton... estoit du petit nombre de ceux que les bonnes gens de village disent ne sçauoir que faire gresler le persil. » (G. Bouchet, xve serée, tome II, p. 107.) « Ses ennemys n'eussent pas eu la puissance de luy faire non plus de mal que les petitz diablotins de nostre maistre Rabelays auoyent, sinon pour gresler quelque persil et geller quelques choux de iardin. » (Brantôme, tome I, p. 39.)

« Vilain, dit-il, vaquer à nul ouvrage [1]
N'est mon talent[2] : je suis un diable issu
De noble race, et qui n'a jamais su
Se tourmenter ainsi que font les autres. 50
Tu sais, vilain, que tous ces champs sont nôtres :
Ils sont à nous dévolus par l'édit
Qui mit jadis cette île en interdit[3].
Vous y vivez dessous notre police :
Partant[4], vilain, je puis avec justice 55
M'attribuer tout le fruit de ce champ ;
Mais je suis bon[5], et veux que dans un an
Nous partagions sans noise[6] et sans querelle[7].
Quel grain veux-tu répandre dans ces lieux ? »
Le manant dit : « Monseigneur, pour le mieux, 60
Je crois qu'il faut les couvrir[8] de touselle[9],

1. Semblable locution : « vaquer à son travail », dans *le Faiseur d'oreilles*, vers 46-47 et note 2.

2. N'est mon fait : même emploi de ce mot aux livres III, fable I, vers 18, IV, fable v, vers 1, etc.

3. Chez Rabelais, l'île n'est pas mise en interdit, les habitants ne sont pas excommuniés, mais en proie, comme on l'a vu (p. 358, note 2), à la peste et à la famine.

4. Vers 15.

5.   Mais je suis bon, et de trois peines l'une
    Tu peux choisir.
                    (Ire partie, conte xi, vers 8-9.)

6. Ci-dessus, p. 327 et note 1.

7. « Voire mais, dist le diable, ce champ n'est pas tien, il est à moy, et m'appartient. Car depuys l'heure et le temps qu'au pape vous fistes la figue, tout ce pays nous feut adiugé, prescript et abandonné. Bled semer toutesfoiz n'est mon estat. Pour tant ie te laisse le champ. Mais c'est en condition que nous partirons le profict. » (*Ibidem*.)

8. Ensemencer : voyez la fable viii du livre I, vers 38 et note 9 :

    Dès que vous verrez que la terre
    Sera couverte, etc.

9. Froment précoce, dit Littré, dont l'épi est sans barbe, du

Car c'est un grain qui vient fort aisément.
— Je ne connois ce grain-là nullement,
Dit le lutin. Comment dis-tu?... Touselle?...
Mémoire n'ai d'aucun grain qui s'appelle   65
De cette sorte¹! Or emplis-en ce lieu :
Touselle soit, touselle, de par Dieu²!
J'en suis content. Fais donc vite, et travaille;
Manant, travaille; et travaille, vilain :
Travailler est le fait de la canaille³.   70

latin *tonsus, tonsa,* tondu, tondue, et du vieux verbe *touzer,* tondre, raser; et il cite ce passage d'Olivier de Serres : « Les Italiens, Piedmontois, ceux de Languedoc et de la Provence, s'accordent à ce mot, tozelle, qui est un froment ras, prisé par sur tout autre pour sa délicatesse à faire pain, et pour son facile accroist. » (*Théâtre d'agriculture et mesnage des champs*, 3ᵉ édition, Paris, 1605, in-4°, p. 107.) Voyez aussi Marot, rondeau xxxiv, tome II, p. 146; Bayle, *Réponse aux questions d'un provincial*, chapitre LXI; et une note de Léon Ménard, dans son *Histoire de la ville de Nîmes* (Paris, 1750, in-4°), tome II, p. 353. Il y a sur ce même mot un curieux article dans le *Dictionnaire* de Richelet : « J'ai consulté, dit-il, plusieurs greniers ou grenetiers et plusieurs herboristes fameux : ils m'ont tous dit qu'ils ne savoient ce que c'étoit que la touselle. Là dessus, j'ai vu le célèbre Monsieur de la Fontaine, à qui, après les premiers compliments, j'ai dit : « Vous vous êtes servi du mot de « touselle dans vos contes, et qu'est-ce que touselle ? — Par Apol- « lon, je n'en sais rien, m'a-t-il répondu, mais je crois que c'est « une herbe qui vient en Touraine, car messire François Rabelais, « de qui j'ai emprunté ce mot, étoit, à ce que je pense, Touran- « geau. » Comparez, outre le chapitre xlv, déjà cité, du quart livre de Rabelais, p. 427, le chapitre iv, p. 283.

1. Comme le remarque M. Marty-Laveaux dans son *Essai sur la langue de la Fontaine*, p. 5, le nom de ce grain peu connu rend vraisemblables cette réponse du diableteau et sa méprise, c'est-à-dire le lot qu'il choisit.

2. Voyez *les Cordeliers*, vers 102; et le *Pâté d'anguille*, vers 80: « Pain de par Dieu ! »

3. Ci-dessus, p. 353. — Même ironie, quelque peu amère, dans le *Conte d'un paysan qui avoit offensé son seigneur.* — « Fays au reste comme est le debuoir. Trauaille, villain, trauaille. » (RABELAIS, *ibidem*, p. 428.) Rapprochez cette saillie de Voltaire : « Quoi

Ne t'attends pas que je t'aide un seul brin[1],
Ni que par moi ton labeur se consomme;
Je t'ai jà[2] dit que j'étois gentilhomme,
Né pour chommer[3], et pour ne rien savoir[4]. 75
Voici comment ira notre partage:
Deux lots seront, dont l'un, c'est à savoir

depuis que vous êtes établis en corps de peuple, vous n'avez pas encore trouvé le secret d'obliger tous les riches à faire travailler tous les pauvres! Vous n'en êtes donc pas encore aux premiers éléments de la police? » (*Des embellissements de la ville de Cachemire*, tome XXIV des OEuvres, p. 308.)

1. En aucune façon, le moins du monde. Comparez les vers 140 du conte précédent, 58 du conte XIII de cette IV° partie :

> .... Sans qu'il se doute brin
> De ce qu'Amour en dehors vous lui brasse;

et Marot (tome I, p. 111) :

> Aussi iamais n'en eust ung qui pour elle
> Souffrist ung brin de peine corporelle.

2. Tome IV, p. 361.
3. *Ibidem*, p. 336 et note 2.
4. Nous lisons dans la fable II du livre III (vers 7-8) :

> Chacun d'eux résolut de vivre en gentilhomme,
> Sans rien faire.

Cette idée a été bien souvent exprimée. C'est ce que dit aussi Molière (*le Sicilien*, scène IX), par la bouche d'Adraste : « Tu sais... que parfois je manie le pinceau, contre la coutume de France qui ne veut pas qu'un gentilhomme sache rien faire. » Rapprochez Rabelais, chapitre XXVII du tiers livre, p. 133 : « Pourtant, fillol, maintien tout ce bas et menu populaire... en estat de labouraige sempiternel. Donne ordre qu'ilz ne viuent en gentilz homes: de leurs rentes, sans rien faire »; Montaigne, livre II, chapitres VII et VIII, tome II, p. 76-77 et 85 ; *le Moyen de parvenir*, p. 364 : « Foy de damoyselle! disoit ma mere pansant ses pourceaux, mon mary est aussi noble que le roy; il ayme bien à ne rien faire, et se donner du plaisir »; et Chamfort (*le Marchand de Smyrne*, scène X): « Ton état? — Gentilhomme. — Que fais-tu? — Rien. » Voyez également la notice de la fable XV du livre X, *le Marchand, le Gentilhomme, le Pâtre, et le Fils de roi*.

Ce qui hors terre et dessus l'héritage[1]
Aura poussé demeurera pour toi ;
L'autre dans terre est réservé pour moi[2]. »

L'oût[3] arrivé, la touselle est sciée[4],   80

1. Tome II, p. 40 et ci-dessus, vers 31.

2. « I'entens, dist le diable, que du profict aduenant nous ferons deux lotz. L'ung sera ce que croistra sus terre, l'aultre ce que en terre sera couuert. Le choix m'appartient, car ie suys diable extraict de noble et antique race, tu n'es qu'ung villain. Ie choizis ce que sera en terre, tu auras le dessus. » (RABELAIS, chapitre XLV du quart livre, p. 427-428.)

3. *Oust*, ou *oût*, est le texte des éditions de 1674-1676, 1685, 1686, 1705. Voyez tome I, p. 59 et note 5 :

   Je vous paierai, lui dit-elle,
   Avant l'oût, foi d'animal ;

et p. 395 :

   Remuez votre champ dès qu'on aura fait l'oût.

On disait *oust* pour *moisson*, *ouster* pour *moissonner*, *ousteux*, *ousteur*, ou *ousteron*, pour *moissonneur*, comme *aoust*, *aouster*, *aousteux*, *aousteur*, *aousteron*. — « Le pays est si chaud que à l'entrée du mois de iuin l'aoust y est passé. » (FROISSART, livre II, chapitre III, § 60.) « .... Cinq gerbes de blé par luy prinses à diuerses foiz..., quand il venoit de labourer et aouster. » (*Ibidem.*) « Dieu vous garde ! Messieurs, vous faites bien vostre aoust. » (*Le Moyen de parvenir*, p. 369.) Cette locution « faire l'oût », est encore usitée dans beaucoup de provinces.

4. C'est le mot *seyer* que Rabelais emploie ; on disait aussi plus anciennement *soyer*, forme encore en usage parmi nos cultivateurs, et dont M. Marty-Laveaux (*Essai sur la langue de la Fontaine*, p. 5) cite des exemples de Beaumanoir et du *Mesnagier de Paris* auxquels nous ajouterons celui-ci, emprunté aux *Miracles de Nostre Dame* (tome IV, p. 186, de l'édition de la Société des anciens textes français) : « Nous sommes, dit un *soyeur*,

   Nous sommes deuers le Crotoy
   Et sçauons bien *soyer* et battre » ;

et un de *scieur*, pris à Ronsard (tome I, p. 223) :

   Ni le *scieur* ne va taillant
   Tant de moissons, lors que nous sommes

Et tout d'un temps¹ sa racine arrachée,
Pour satisfaire au lot du diableteau².
Il y croyoit la semence³ attachée,
Et que l'épi, non plus que le tuyau⁴,
N'étoit qu'une herbe inutile et séchée :   85
Le laboureur vous la serra⁵ très bien.
L'autre au marché porta son chaume vendre :
On le hua, pas un n'en offrit rien.
Le pauvre diable étoit prêt à se pendre.
Il s'en alla chez son copartageant⁶ :   90
Le drôle avoit la touselle vendue⁷,

> En esté, que toi bataillant
> Tailleras de cheuaulx et d'hommes.

— Chez du Cange, un *silleur* : « .... *Item* à chascun bled chascun conduict (chaque maison) nous doit chascun an ung silleur et en fenaulx ung faulcheur. »

1. Même locution au livre II, fable XIII, vers 41; et dans une lettre à Mme la duchesse de Bouillon du mois de novembre 1687 :

> Vous égalez ce dictateur
> Qui dictoit tout d'un temps à quatre.

Voyez aussi le *Lexique de Corneille*, et Molière, *l'École des maris*, vers 882 :

> Bonsoir; car tout d'un temps je vais me renfermer.

2. Comparez de semblables diminutifs : *friponneau, bonhommeau*, tome IV, p. 97 et note 2. On disait également *diableau* ou *diablot, diablon, diabloton* ou *diableton*, on dit encore *diablotin*.
3. Le grain.
4. La tige, par opposition à la racine.
5. La mit à couvert dans sa grange, mais pour la vendre aussitôt, et sans prendre même le temps de la battre (vers 92).

> — Heureux le laboureur qui laboure et qui serre.
> (PAPILLON, sonnet LI, vers 5.)

> Chacun serre son fait, le bon temps est passé.
> (*L'Eunuque*, acte IV, scène VIII.)

6. Compartageant. (1685, 1686, 1705.)
7. Pour ce tour et cet accord, voyez ci-dessus, p. 308 et note 2.

Pour le plus sûr[1], en gerbe, et non battue,
Ne manquant pas de bien cacher l'argent.
Bien le cacha ; le diable en fut la dupe[2].
« Coquin, dit-il, tu m'as joué d'un tour[3] ;   95
C'est ton métier : je suis diable de cour,
Qui, comme vous, à tromper ne m'occupe[4].

1. « Vous prendrez votre temps avec prudence, et, pour le plus sûr, suivant mes intérêts. » (Mme DE SÉVIGNÉ, tome VII, p. 519.) — « Pour plus grande assurance » (*le Magnifique*, vers 89 et la note).

2. Chez Rabelais, le diable se présente accompagné d'un escadron de diableteaux. « Lors commença le laboureur auecques ses gens seyer le bled. Les petitz diables de mesme tiroient le chaulme de terre. Le laboureur battit son bled en l'aire, le ventit (vanna), le mit en poches, le porta au marché pour vendre. Les diableteaux firent de mesme, et au marché prez du laboureur pour leur chaulme vendre s'assirent. Le laboureur vendit trez bien son bled, et de l'argent emplit ung vieulx demy brodequin, lequel il portoit à sa ceincture. Les diables ne vendirent rien : ains au contraire les paysans en plein marché se mocquoient d'eulx. » (Chapitre XLVI, p. 429.) Dans notre conte, comme on l'a vu, le manant vend sa touselle en cachette.

3. Comparez *les Cent Nouvelles nouvelles*, p. 76, et p. 177-178 : « Ha, dist il en soy mesme, ie voy bien que c'est, on m'a ioué d'ung tour, et i'en bailleray ung aultre » ; *les Chansons du XV*e *siècle*, p. 80 :

Elle m'a ioué d'ung tour
Qui de s'amour m'a esloigné ;

la *Cinquiesme repeue franche* de Villon (p. 210) :

Il alla tout incontinent
Faire grant chere auec le prebstre,
Qui luy ioua d'ung tour de maistre ;

le vers 14 de la seconde fable additionnelle du livre XII et la note :

Je lui pourrai jouer d'un mauvais tour ;

le premier vers de la variante du vers 140 de *la Coupe enchantée* ; et Voltaire, *Candide*, chapitre XVI : « Je vous l'avais bien dit, mon cher maître, que ces deux filles nous joueraient d'un mauvais tour. » *Ibidem*, dans une lettre à M. de Chabanon du 21 décembre 1767 : « Mlle Dubois m'a joué d'un tour d'adresse. »

4. On sent quelle ironie il y a dans ces deux vers. On se

Quel grain veux-tu semer pour l'an prochain? »
Le manant dit : « Je crois qu'au lieu de grain
Planter me faut ou navets ou carottes :   100
Vous en aurez, Monseigneur, pleines hottes,
Si mieux n'aimez raves dans la saison[1].
— Raves, navets, carottes, tout est bon,
Dit le lutin; mon lot sera hors terre;
Le tien dedans. Je ne veux point de guerre   105
Avecque toi, si tu ne m'y contrains.
Je vais tenter quelques jeunes nonnains[2]. »
L'auteur ne dit ce que firent les nonnes[3].

Le temps venu de[4] recueillir[5] encor,

rappelle comment le poète a défini la cour dans la fable XIV du livre VIII, *les Obsèques de la Lionne*, dans la fable IX du livre X, *le Berger et le Roi*, etc.

1. « Que pouvez-vous attendre d'un campagnard qui ne sait plus que planter et semer dans la saison? » (VOLTAIRE, lettre à la marquise du Deffand du 12 janvier 1759.)

2. « De quoy ceste année sequente pourras tu nostre champ semer? — Pour profict, respondit le laboureur, de bon mesnagier, le conuiendroit semer de raues. — Or, dist le diable, tu es villain de bien : seme raues à force, ie les guarderay de la tempeste et ne gresleray point dessus. Mais entends bien, ie retiens pour mon partaige ce que sera dessus terre, tu auras le dessoubs. Trauaille, villain, trauaille. Ie voys tenter les hereticques, ce sont ames friandes en carbonnade : Monsieur Lucifer a sa cholicque, ce luy sera une guorgechaulde. » (RABELAIS, *ibidem*, p. 430.) Et plus haut, à la fin du chapitre XLV, p. 428 : « Trauaille, villain, trauaille. Ie voys tenter du guaillard peché de luxure les nobles nonnains de Pettesec, les cagotz et briffaulx aussi. » — Chez Ronsard (tome IX de l'édition de 1617, p. 100) :

Tu sais bien enioler quelques ieunes nonnains.

3. Mais le diable le prédit (Rabelais, *ibidem*) : « De leurs vouloirs ie suys plus que asseuré. Au ioindre sera le combat. »

4. Tome IV, p. 92 et note 5.

5. Récolter.

Comme en ces derniers jours les plus beaux de l'année,

Le manant prend raves belles et bonnes ;　　　110
Feuilles sans plus tombent pour tout trésor
Au diableteau, qui, l'épaule chargée,
Court au marché. Grande fut la risée [1] ;
Chacun lui dit son mot cette fois-là :
« Monsieur le diable, où croît cette denrée [2] ?　　115
Où mettrez-vous ce qu'on en donnera [3] ? »
Plein de courroux, et vuide de pécune [4],

> Que Cybèle est partout de fruits environnée,
> Que le paysan recueille, emplissant à milliers
> Greniers, granges, etc.
> 　　　　　(REGNIER, satire xv, vers 49-52.)

> Où trouves-tu qu'il faille avoir semé son bien
> 　　Et ne recueillir rien ?
> 　　　　　(MALHERBE, *Poésies*, viii, tome I, p. 29.)

« On pouvoit recueillir et compter sur les terres de ce pays-là. » (MME DE SÉVIGNÉ, tome IV, p. 74.)

1. « Ce fut une grande risée. » (*Ibidem*, tome V, p. 353.) « Grand éclat de risée » (*le roi Candaule*, vers 339). — « ....Voilà mes quatre mille francs dépensés, et mes artichauts mangés par des rats de campagne. Je fus hué dans mon canton comme le diable de Papefiguière. » (VOLTAIRE, *l'Homme aux quarante écus*, chapitre v.)

2. Ci-dessous, p. 492 et note 3.

3. « Venu le temps de la cuillette, le diable se trouua au lieu auecques ung esquadron de diableteaux de chambre. Là, rencontrant le laboureur et ses gens, commença seyer et recueillir les feuilles des raues. Aprez luy le laboureur bechoyt et tiroyt les grosses raues et les mettoit en poches. Ainsy s'en vont tous ensemble au marché. Le laboureur vendoit trez bien ses raues. Le diable ne vendit rien. Que pis est, on se mocquoit de luy publicquement. » (RABELAIS, *ibidem*, p. 430.)

4. « Ung gentil escuier tant rembourra son bas à son chier coust, tant en substance de son corps que en despense de pecune.... » (*Les Cent Nouvelles nouvelles*, p. 336.)

> Or est ainsy que, durant ma pecune,
> Ie fus traicté comme amy precieux.
> 　　　　　(VILLON, ballade xix.)

Tu as tout seul, Ian Ian, vignes et prez,

Léger d'argent¹, et chargé de rancune,
Il va trouver le manant qui rioit
Avec sa femme, et se solacioit². 120
« Ah! par la mort! par la sang! par la tête³!

>Tu as tout seul ton cueur et ta pecune.
>>(Marot, tome III, p. 95.)

>Sur moy ne fault telle rigueur estendre,
>Car de pecune ung peu ma bourse est tendre.
>>(*Ibidem*, tome II, p. 128.)

>Le tresorier n'est endormi...
>De pouuoir gaigner la pecune.
>>(Grevin, *la Tresorière*, acte I, scène II.)

« Les nerfz des batailles sont les pecunes. »(Rabelais, tome I, p. 172. — Chez du Fail, tome I, p. 240 : « Quelque gros abbé ventru et pecunieux »; chez Brantôme, tome IX, p. 466 : « L'une des plus riches dames du Poictou et des plus pecunieuses. » Nous trouvons encore *pécunieux* chez la Bruyère (tomes I, p. 291, II, p. 448).

1. Au vers 142 du conte précédent et note 2 :

>Légère de brochet la troupe enfin se lève.

2. Se délassait, se divertissait, se faisait du bon sang :

>Car à nule riens ie ne pens
>Qu'à moy ioer et solacier.
>>(*Roman de la Rose*, vers 586-587.)

>Et voit diuersité de gens,
>Les uns en chambre solacier....
>>(*Ibidem*, vers 18574-18575.)

Rapprochez les exemples de Ronsard, de Jean-Baptiste et de Jean-Jacques Rousseau, etc., que cite Littré; et *se soulacer*, dans la première des *Poésies* de Charles d'Orléans; *solacieux*, bienveillant, agréable, récréatif, dans *le Temple de Cupido* de Marot (tome I, p. 14 et 16) : « vouloir solacieux », « ung son trez solacieux ». Nous avons rencontré *soulas*, d'où ce verbe et cet adjectif sont dérivés, dans *Joconde*, vers 522, et dans *la Gageure des trois commères*, vers 276 et note 6 :

>En grand soulas cette nuit se passa.

3. Par le sang. (1685, 1686, 1705.) — Jurons abrégés : par la morbleu, par la sambleu, par la têtebleu; ou : par la force, la vertu, de la mort, du sang, etc. Comparez ci-dessous, p. 370,

Dit le démon, il le payra, par bieu[1] !
Vous voici donc, Phlipot[2] la bonne bête !
Çà, çà, galons-le[3] en enfant de bon lieu[4].

note 3, une citation de Rabelais; et *les Fourberies de Scapin* de Molière, acte II, scène VI (tome VIII, p. 468 et note 5).

1. Ci-dessus, p. 321 et note 7.

2. Abréviation du nom rustique *Philippot* ou *Phélippot*, qui est dans la XV° nouvelle de B. des Périers, dans *les Trois galans et Phlipot, farce joyeuse* (Rouen, 1545, in-4°), etc. Il y a une *Flipote* (Phlipote) dans *le Tartuffe* de Molière (tome IV, p. 398 et note 3).

3. *Galer* (du mot *gale*), proprement gratter, égratigner; il veut le déchirer en effet « à coups de griffe » (vers 133).

> Ie croy qu'on m'eust gallé la teste.
> (*Recueil de poésies françoises*, tome II, p. 276.)

Par extension, battre, rosser, échiner :

> Vos reins... seront bien gallez.
> (MAROT, rondeau VII, tome II, p. 131.)

Chez Rabelais : « Par la vertu, dist frere Ian, du sang, de la chair, du ventre, de la teste, si encores ie te oy pioller, coqu au diable, ie te galleray en loup marin. » (Chapitre XIX du quart livre, p. 341.) — « Nous entregratterons l'ung l'aultre, dist le diable au laboureur, et qui de nous deux premier se rendra, quictera sa part du champ.... Va, villain, ie te gratteray en diable. » (*Ibidem*, chapitre XLVI, p. 431.)

4. Semblables locutions : « de lieu, de bon lieu, de grand lieu, de haut lieu, de bas lieu », dans *les Cent Nouvelles nouvelles*, p. 112, 313; chez Coquillart, tome I, p. 145; chez des Périers, tome I, p. 178, et p. 36 : « une fille qui estoit belle et ieune, et de bon lieu »; chez Ronsard, tome I, p. 71 :

> Quand on peut par hasard heureusement choisir
> Quelque belle maistresse et l'auoir à plaisir
> Soit de hault ou bas lieu...;

chez Remy Belleau, tome I, p. 249; chez Brantôme, tomes VI, p. 1, 15, 21, VII, p. 338, et p. 90 : « Il monstroit estre de lieu et de courage », IX, p. 511, 536, 562, 668, 719; chez la Bruyère, tome II, p. 167 : « Il s'en trouve qui veulent être Flamands ou Italiens, comme si la roture n'étoit pas de tout pays..., et croient que venir de bon lieu, c'est venir de loin »; etc. — Dans *les Entretiens de la grille* de Chavigny, déjà cités, p. 60 : « ....étriller en enfant de bonne maison ».

Mais il vaut mieux remettre la partie ; 125
J'ai sur les bras une dame jolie
A qui je dois faire franchir le pas[1] :
Elle le veut, et puis ne le veut pas.
L'époux n'aura dedans la confrérie[2]
Sitôt un pied, qu'à vous je reviendrai, 130
Maître Phlipot, et tant vous galerai
Que ne jouerez ces tours de votre vie.
A coups de griffe il faut que nous voyions
Lequel aura de nous deux belle amie[3],
Et jouira du fruit de ces sillons. 135
Prendre pourrois d'autorité suprême
Touselle et grain, champ et rave, enfin tout ;
Mais je les veux avoir par le bon bout[4].

1. Ou faire faire le saut (*les Troqueurs*, vers 117 et note 2).
2. La confrérie des maris trompés, la plus ancienne et la plus nombreuse de toutes. Comparez les « autres confrères » au vers 295 de *la Mandragore*, les « Messieurs de la grand'bande » au vers 360 de *la Coupe enchantée*, et les notes.

—   Par vous suis à honte liurée,
 Par vous, par vostre lecherie,
 Suis ie mis en la confrarie
 Sainct Hernoul, le seignor des cous.
  (*Roman de la Rose*, vers 9165-9168.)

Enfin, cher Philipin, nous voici dans Paris,
Où je viens augmenter le nombre des maris.
— Et des cocus peut-être orner la confrérie.
  (Boisrobert, *la Jalouse d'elle-même*, scène 1.)

Voyez aussi les *Statuts de la Confrérie des mal mariés*, dans le Nouveau Recueil de pièces comiques et facétieuses, les plus agréables et divertissantes de ce temps, Cologne (Rouen), s. d., in-12.

3. Au figuré : qui l'emportera de nous deux. — C'était une des formes de défi des chevaliers à l'époque où tout se faisait en l'honneur des dames; celle dont se servit Beaumanoir dans le combat des Trente : « Puisque i'ay pris la peine de venir, ie ne m'en retourneray sans mener les mains, et sçauoir qui a plus belle amye. »

—   Nous verrons à ce soir lequel a belle amie.
  (Scarron, *l'Héritier ridicule*, acte IV, scène III.)

4. L'expression est prise au propre ; il n'avait eu jusqu'ici que

N'espérez plus user de stratagème.
Dans huit jours d'hui⁴ je suis à vous, Phlipot ;   140
Et touchez là, ceci² sera mon arme. »

Le villageois, étourdi du vacarme,
Au farfadet ne put répondre un mot.
Perrette³ en rit : c'étoit sa ménagère⁴ ;
Bonne galande⁵ en toutes les façons,   145
Et qui sut plus que garder les moutons,
Tant qu'elle fut en âge de bergère.
Elle lui dit : « Phlipot, ne pleure point ;
Je veux d'ici renvoyer de tout point⁶
Ce diableteau ; c'est un jeune novice   150
Qui n'a rien vu⁷ ; je t'en tirerai hors⁸ :
Mon petit doigt sauroit plus de malice⁹,

le mauvais bout : la racine de la touselle et les feuilles des raves. Même locution, mais prise au figuré, « par le bon bout », ou « sur le bon bout », dans *les Cent Nouvelles nouvelles*, p. 313, chez Montaigne, tome III, p. 269, dans *l'Étourdi* de Molière, vers 970, et dans une lettre de la Fontaine à Foucquet du 26 août 1660.

1. A compter de ce jour. Comparez le vers 328 du conte II de la IIIe partie et la note :

Dans neuf mois d'hui je leur livre un enfant.

2. Mes griffes, que je vous tends. — 3. Ci-dessus, p. 232, note 3.
4. Dans *les Troqueurs*, vers 32 :

Mais tu sais bien que notre ménagère
Est la plus belle.

5. Tome IV, p. 499.
6. Tout à fait, et de manière à ce qu'il ne revienne plus.
7.   Un démon plus noir que malin.
                 (*La Chose impossible*, vers 1.)
8. « ... Rien, rien, dist la vieille, posez vous sus moy et reposez, laissez moy faire. Vous m'auez dict que c'est ung petit diable : ie le vous feray sobdain rendre, et le champ nous demourera. Si c'eust esté ung grand diable, il y auroit à penser. » (RABELAIS, *ibidem*, chapitre XLVII, p. 433.)
9. La malice du petit doigt est depuis longtemps passée en pro-

Si je voulois, que n'en sait tout son corps. »

Le jour venu, Phlipot, qui n'étoit brave,
Se va cacher, non point dans une cave, 155
Trop bien¹ va-t-il se plonger tout entier
Dans un profond et large bénitier.
Aucun démon n'eût su par où le prendre²,
Tant fût subtil³; car d'étoles⁴, dit-on,
Il s'affubla le chef⁵ pour s'en défendre, 160
S'étant plongé dans l'eau jusqu'au menton⁶.

verbe et employée, mise en scène, avec plus ou moins de succès, pour faire peur aux enfants : « Voilà un petit doigt qui sait tout, qui me dira si vous mentez.... Voilà mon petit doigt pourtant qui gronde quelque chose.... Attendez. Eh! ah, ah! oui? Oh, oh! voilà mon petit doigt qui me dit quelque chose que vous avez vu, et que vous ne m'avez pas dit;.etc. » (MOLIÈRE, *le Malade imaginaire*, acte II, scène VIII.) — Comparez les vers 268-269 du *Petit Chien* et la note :

Atis, votre beau paladin,
Ne vaut pas seulement un doigt du personnage.

1. Page 337 et note 1.

2.   Un loup n'eût su par où le prendre.
                     (Livre X, fable VIII, vers 21.)

3. Si subtil qu'il fût. — Voyez *l'Ermite*, vers 89-90 et la note, et le conte 1 de cette IVᵉ partie, vers 124.

4. Chez Marot (tome I, p. 59) :

.... C'est le sainct nom du pape, qui accolle
Les chiens d'Enfer, s'il luy plaist, d'une estolle.

5. Tome I, p. 95. — Dans la fable VI du livre V, vers 13 : « s'affubler d'un jupon »; dans *la Mandragore*, vers 54 et note 2 : « s'affubler d'un panneau ». — « Tantost qu'il fut affublé du doulx manteau de mariage.... » (*Les Cent Nouvelles nouvelles*, p. 49.)

6. Brantôme (tome II, p. 224) raconte sur les vertus de l'eau bénite une anecdote du même genre : « M. de Grignaux..., estant en ambassade à Rome, rencontra ung iour une troupe de cardinaux assemblez qui s'en alloyent coniurer ung diable et le iecter hors d'un pauure tormenté : « Ah! dist il, ie m'en vays « auec vous aultres. — Ne sortez pas, lui dirent ilz, car vous n'estes pas confez ny en « estat comme nous, et le naturel des diables est, quand on en

Or le laissons¹, il n'en viendra pas faute².
Tout le clergé chante autour, à voix haute,
*Vade retro*³. Perrette cependant
Est au logis, le lutin attendant.
Le lutin vient; Perrette échevelée
Sort, et se plaint de Phlipot, en criant :
« Ah! le bourreau! le traître! le méchant!
Il m'a perdue, il m'a toute⁴ affolée⁵!
Au nom de Dieu, Monseigneur, sauvez-vous; 170

« sort ainsi, ilz se iectent dans ung aultre corps qu'ilz rencontrent,
« s'il n'est pas bien preparé et net de sa conscience. — Ie feray
« mieulx, dist il, car ie me mettray dans le benistier iusques au
« cul, et empliray ma bouche d'eau beniste; par ainsi, les deux
« trous bien preparés et bouchés, le diable n'y pourra entrer. »
Voyez aussi tome VII, p. 197-198, où il fait plus longuement le
même récit; et, dans la nouvelle CI de B. des Périers, cette réponse
du roi François Iᵉʳ à un de ses conseillers : « .... Sire, dist il,
ie souhaiterois seulement de deuenir diable pour l'espace d'ung
quart d'heure. — Et que feriez vous? dist le roy. — Ie m'en irois
droict rompre le col à l'empereur. — Vrayement, dist le roy, vous
estes ung grand fol de dire cela, comme s'il n'y auoit pas de l'eau
benoiste au pays de l'empereur comme au mien pour faire fuir les
diables. »

1. Or laissons-le. (1685, 1686.)
2. Laissons ce gros lourdaud : nous n'en aurons plus besoin.
3. Formule d'exorcisme : *Vade retro, Satanas*, Retire-toi, Satan.
— « En la chapelle entrez et prenans de l'eau benoiste, apperceusmes dedans le benoistier ung home vestu d'estolle, et tout dedans l'eau caché, comme ung canart au plonge, excepté ung peu du nez pour respirer. Au tour de luy estoient troys prebstres bien ras et tonsurez, lisans le grimoyre, et coniurans les diables. » (RABELAIS, *ibidem*, chapitre XLV, p. 427.)
4. Tel est bien le texte de nos anciennes éditions : tome IV, p. 57.
5. Blessée, meurtrie : voyez *le Mistere du viel testament*, tome III, p. 77 :

    De voye de faict voulut user,
    Et m'a tempestée et foulée,
    Tant que i'en suis toute affolée;

l'*Ancien Théâtre françois*, tome II, p. 78, 125; *les Cent Nouvelles nouvelles*, p. 354 : « Et bon moyne, sans demander qui vine, frappe

A coups de griffe[1], il m'a dit en courroux
Qu'il se devoit contre Votre Excellence
Battre tantôt, et battre à toute outrance[2].

sus, et le naura et affola » ; le *Recueil de poésies françoises*, tomes I, p. 165, et II, p. 128 :

On luy fit un' fille espouser
Qui estoit faicte au mestier,
Et quant vint à despuceler :
« Ha! fist elle, vous m'affolez ! »

Villon, p. 152 :

Tous les capitaines
Y deschausserent leurs mitaines
De fer, de paour de m'affoler,
Et si me vindrent accoler;

des Périers, tome I, p. 194 : « affoler de coups de fouet » ; Brantôme, tome IX, p. 170 : « Luy estant demandé une foiz si elle n'auoit point de crainte d'engrosser de ses amis, et que son mary s'en apperceust et ne l'affolast... » ; Rabelais, aux chapitres III de *Pantagruel*, XVI du quart livre : « affoler de coups », XII, et IX du cinquième livre : « Ilz (les poignards) tomboient de poincte, c'estoit pour droict engainer, et eussent affolé la personne » ; ci-dessous, p. 377, note 1, lignes 8, 14 ; et les nombreux exemples, cités par Littré et Godefroy, de ce verbe, aujourd'hui inusité dans ce sens. On disait aussi : *affoleur* (meurtrisseur), et *affolure*, *affolement* (meurtrissure).

1. Inversion hardie : c'est à la fin de la phrase que la construction appellerait ces mots.

2. Nous rencontrons la même expression dans *l'Ermite*, vers 56 et note 3 : « corner à toute outrance » ; et dans une lettre de notre poète à Saint-Évremond, déjà citée : « dévots à toute outrance ». Comparez aussi le *Recueil de poésies françoises*, tome VII, p. 62 : « combattre à outrance » ; *les Cent Nouvelles nouvelles*, p. 262 : « faire la folye iusques à outrance » ; Marot, tomes I, p. 257 : « bannir à grande outrance », III, p. 106 : « iouster à outrance » ; Brantôme, tomes VI, p. 432, VII, p. 230, IX, p. 446 : « faire la guerre à outrance », VIII, p. 154 : « faire l'amour à outrance », V, p. 376, VII, p. 215, IX, p. 456, 500, 725, X, p. 446 : « louer, s'indigner, pleurer, medire, lutter, blesser, à toute outrance ».
— On appelait autrefois « armes, ioustes, champs, à outrance », les combats singuliers qui se faisaient de commun consentement, avec

Pour s'éprouver¹ le perfide m'a fait
Cette balafre. » A ces mots au follet   175
Elle fait voir.... Et quoi²? Chose terrible.
Le diable en eut une peur tant horrible³,
Qu'il se signa⁴, pensa presque tomber⁵ :
Onc n'avoit vu, ne⁶ lu, n'ouï conter
Que coups de griffe eussent semblable forme.   180
Bref, aussitôt qu'il aperçut l'énorme
Solution de continuité⁷,
Il demeura si fort épouvanté,

armes offensives non émoussées, sans ordonnance de justice, et néanmoins devant des juges choisis par les parties. *Outrer* signifiait proprement percer le corps d'outre en outre, de l'épée, du glaive, de la dague, ou de la lance : « Si on luy eust donné ung coup de poignard, il n'eust pas esté tant outré. » (G. CHAPPUYS, journée III, nouvelle IX.)

1. Pour s'essayer, se faire la main.
2. Réticences et interrogations analogues dans *le Faucon*, vers 209, dans *les Lunettes*, vers 55 ; et *passim*.
3.   .... Brief, faictes les si horribles à veoir
            (*la bouche, le sein, la main, la cuisse, etc., d'une femme*)
         Que le grand diable en puisse horreur auoir.
                    (MAROT, épître XLI, tome I, p. 212.)

4. Un diable qui fait le signe de la croix ! Le poëte, il est vrai, l'a rangé parmi « les gens de l'Évangile » (vers 42).
5.   Je fus si surprise,
         Que je pensai tomber tout de mon haut.
                    (*Le Cocu*, vers 57-58.)
« Il eut de le veoir si grand paour... qu'il se laissa tomber du hault de luy à terre. » (*Les Cent Nouvelles nouvelles*, p. 318.)
6. Ci-dessus, p. 44 et note 8. Nous rencontrons un archaïsme semblable dans *les Femmes savantes* de Molière, vers 1669 et note 4. C'est une forme très commode pour l'élision.
7. La Fontaine, comme on va le voir dans la note suivante (lignes 21-22), a reproduit textuellement les termes de Rabelais. L'expression « solution de continuité », dont il a fait un vers entier, se trouve déjà dans le chapitre xv de *Pantagruel*, tome I, p. 292 : « .... solution de continuité manifeste ». Comparez « la creuasse »,

c. v]   QUATRIÈME PARTIE.   377

Qu'il prit la fuite, et laissa là Perrette[1].

« la fendasse », dans le *Roman de Renart*, vers 29646-29650 :

> Renart l'a tenue adossée ;
> Maint grant cop et mainte dossée
> Li a doné sor la creuasse :
> Maudicte soit cele fendasse
> Où cop ne pert que l'on y fiert ;

dans le fabliau *de Berengier au long cul*, vers 212-218 :

> Sa robe contremont leua...,
> Et cil vit une grant creuasse
> Du cul et du c.. tout ensemble
> Qui treztout se tenoit ensemble.
> Onques mais, se Diex li aït,
> Ce dist, aussi long cul ne vit ;

dans *les Sept Marchans de Naples* (Recueil de poésies françoises, (tome II, p. 106) :

> Ie fus de la chasse :
> Dedans la creuasse
> Ie mis mon furet ;

et dans la *Farce ioyeuse* (Nouveau Recueil de farces, p. 174) :

> De femme monstrant sa tetasse
> Pour tesmoigner de sa fendasse,
> Et pour sot mary attraper,
> Gardez vous d'y estre trompé.

Rapprochez, dans *le Moyen de parvenir*, p. 141, « la grande solution de continuité », comme ici ; dans la même page, « la descouture au bas du corps » ; p. 264, « la grande essoine (proprement *affaire*, *accident*) qu'elle auoit entre les cuisses » ; et dans le *Catalogue ou inventaire des livres trouvez dans la bibliothèque de Mre Guillaume*, fou de Henri IV, Paris, 1605, in-8°, *le Remède de la péronnelle contre la solution de la continuité, dédié à la maréchale de Balagny*.

1. « .... Sus l'instant... eusmes aduertissement que la vieille auoit trompé le diable et guaingné le champ. La maniere feut telle : le diable vint à la porte du laboureur, et sonnant s'escria : « O vil-
« lain, villain ! Cza, ça, à belles gryphes. » Puys entrant en la maison gallant et bien deliberé, et ne y trouuant le laboureur, aduisa sa femme en terre pleurante et lamentante. « Qu'est cecy ? demandoit
« le diable. Où est il ? Que faict il ? — Ha, dist la vieille, où est il,
« le meschant, le bourreau, le brigant ? Il m'a affolée, ie suis per-
« due, ie meurs du mal qu'il m'a faict. — Comment ? dist le diable :

Tous les voisins chommèrent[1] la défaite   185
De ce démon : le clergé ne fut pas
Des plus tardifs à prendre part au cas[2].

« qu'y a il ? Ie le vous galleray bien tantoust. — Ha, dist la
« vieille, il m'a dict, le bourreau, le tyran, l'esgratineur de dia-
« ble, qu'il auoit huy assignation de se gratter auecques vous :
« pour essayer ses ongles il m'a seulement grattée du petit doigt
« icy entre les iambes, et m'a du tout affolée. Ie suis perdue,
« iamais ie n'en gueriray, regardez. Encores est il allé chez le
« mareschal soy faire esguizer et apoincter les gryphes. Vous estes
« perdu, Monsieur le diable, mon amy. Sauluez vous, il n'arrestera
« point. Retirez vous, ie vous en prie. » Lors se descouurit us-
ques au menton en la forme que iadis les femmes Persides se pre-
senterent à leurs enfans fuyans de la bataille, et luy monstra son
comment a nom. Le diable, voyant l'enorme solution de continuité en toutes dimensions, s'escria : « Mahom, Demiourgon, Me-
« gere, Alecto, Persephone, il ne me tient pas. Ie m'en voys bel
« erre. Cela ? Ie luy quicte le champ. » (RABELAIS, le quart livre,
chapitre XLVII, p. 434.) Voyez la note 7 de la page 376; et l'histoire de la « grande ouuerture », dans la fable II de la VI° nuit de
Straparole (tome II, p. 36); celle de la « plaie » de la nouvelle
mariée dans *les Entretiens de la grille* de Chavigny, p. 62-63; et le
conte des *Lunettes*, vers 60 et suivants.

1. Fêtèrent, célébrèrent : p. 363 et note 3. — Remarquons qu'au
moyen âge, aussi bien dans les contes populaires que dans les sermons des prédicateurs, le diable, comme nous l'avons indiqué dans
la notice, joue presque toujours le rôle de dupe, et souvent même
d'un personnage stupide et malheureux par sa stupidité.

2. Le clergé habitué à lever la dîme, à être seigneur et maître,
et que ce diable frustrait, en se substituant à lui. — Comparez le
conte des *Troqueurs*, vers 85-89 ; et, pour le mot *cas*, « bon tour »,
« bonne farce », notre tome IV, p. 364 et note 3.

VI

FÉRONDE OU LE PURGATOIRE.

Ce conte est imité de la vııı^e nouvelle de la IIIe journée de Boccace, dont voici le sommaire : *Ferondo, mangiata certa polvere, è sotterrato per morto, et dall' abate, che la moglie di lui si gode, tratto della sepoltura, è messo in prigione, et fattogli credere che egli è in purgatorio; et poi risuscitato, per suo nutrica un figliuolo dell' abate nella moglie di lui generato.*

« Feronde ayant mangé certaine pouldre fut enterré pour mort ; et par l'abbé qui iouyssoit de sa femme fut tiré de la sepulture et mis en prison, et luy feit l'on accroire qu'il estoit en purgatoire ; et aprez qu'on l'eut faict ressusciter, on luy feit nourrir pour sien ung enfant que l'abbé auoit faict à sa femme. »

Nous trouvons un récit analogue dans la xe nouvelle du IIIe souper (*terza cena*) de Grazzini, dit « il Lasca ». En voici le sommaire :

« Laurent de Médicis l'ancien fait secrètement conduire, un soir, après souper, dans son palais, par deux hommes travestis, le docteur Manente ivre, et le tient dans les ténèbres sans lui laisser savoir où il est, lui envoyant à manger par deux serviteurs masqués. Puis il charge le bouffon Monaco de répandre le bruit que le docteur est mort de la peste ; pour preuve, il fait sortir de la maison de Manente un cadavre, qu'on enterre sous son nom. Enfin il donne l'ordre de transporter ailleurs le faux trépassé, dans un couvent où on le houspille à plaisir. Tout le monde croyait le docteur défunt, lorsqu'il reparaît à Florence. Sa femme, qui s'est remariée et se trouve enceinte, le chasse comme un revenant. Le peuple lui crie *Vade retro*, et il n'y a qu'un nommé Burchiello qui le reconnaisse. Manente va accuser sa femme à l'évêché, ensuite au conseil des Huit ; l'affaire est renvoyée par devant le Magnifique, qui fait venir Napo da Galatrona, un enchanteur fameux : ce dernier montre que tout ce qui est arrivé au médecin est l'effet d'un sortilège. Manente recouvre sa femme (sans être condamné, comme

Féronde, à l'entretien du « fruit posthume »), et prend pour patron saint Cyprien. »

De ce récit, on peut rapprocher le suivant du même auteur, II⁰ nouvelle du II⁰ souper : « Mariotto, tisserand aux Camaldules (un faubourg de Florence), surnommé Falananna, ayant grande envie de mourir, est secondé dans son désir par sa femme, et par le Berna, amant de celle-ci. Il se croit réellement mort, et on le porte à la fosse. Pendant la route, comme il entend dire des injures sur son compte, il se dresse au-dessus de la bière ; ceux qui le portent, effrayés, laissent tomber la bière à terre. Mariotto s'enfuit, poursuivi par la populace et par les chiens du quartier, se précipite dans l'Arno, où il périt, et le Berna épouse la veuve. »

Comparez *les Cent Nouvelles nouvelles*, nouvelle VI, « l'Iurogne au paradis » ; Sabadino, *Settanta novelle, dette le porretane*, nouvelle XLI ; les *Facéties* de Poge, *de Mortuo vivo ad sepulchrum deducto, loquente et risum movente* (p. 275 de la réimpression de 1798) ; les *Lettres* de Doni, lettre II (p. 14 de l'édition de Florence, 1547, in-4°) ; Bandello, XVII⁰ nouvelle de la II⁰ partie ; *la Resurrection de Ienin Landore, à quatre personnages, Ienin, sa Femme, le Curé, et le Clerc*, dans l'Ancien Théâtre françois (tome II, p. 21) ; la *Farce de Iean le veau* (ibidem, tome I, p. 380) ; les *Contes et ioyeux Deuis* de Bonaventure des Périers, nouvelle LXVIII : « De maistre Berthaud, à qui on fit accroire qu'il estoit mort » ; le rapport de ces deux dernières facéties avec le conte de Boccace et de la Fontaine est très éloigné : il s'agit, dans la première, d'un curé, qui, couchant avec la femme d'un benêt, persuade à celui-ci qu'il est devenu veau, et le fait marcher à quatre pattes ; dans la seconde, d'une espèce de fou à qui l'on assure qu'il est mort : il le croit, bien qu'on le pince, bien qu'on « lui pique les fesses », et ne ressuscite que parce que quelqu'un s'écrie : « Ha ! le poure Berthaud qui est mort ! » en oubliant de l'appeler maître, ce qui le fâche. — Le *Grand Parangon des Nouvelles nouvelles*, n° LXXXVII : « D'ung abbé qui fut amoureux de la femme d'ung bon homme, lequel estoit ialoux, et, pour le guerir de ialousie, luy fit boire de l'endormye, puis aprez faingnit qu'il estoit mort et en purgatoire, et là le fit pugnir de son malfaict, puis aprez ressuscita. » — Malespini, *Ducento novelle*, LXXXII⁰ et XCV⁰ nouvelles. — Un conte sicilien, cité par M. Landau, p. 83, *li Tri Cumpari*, où une femme donne de l'opium à son mari et le convainc qu'il est décédé, conte inséré par M. Giuseppe Pitré dans son recueil intitulé *Fiabe novelle e racconti popolari siciliani* (Palerme, 1875, tome III, p. 255, n° 166). — *Les Illustres Proverbes* (Paris, 1665, in-12), p. 10. — *L'Élite des contes* du sieur d'Ouville, 1ʳᵉ partie du conte LXIV. — Imbert, *Nouvelles historiettes en vers* (Paris, 1774, in-8°), livre III, nouvelle 1 : « le Mort vivant. » — L'*Almanach des Muses* de 1778 : « le Mort parlant ».

La source première de ce conte, qui a passé en Italie, comme beaucoup d'autres, paraît être *le Villain de Bailleul*, attribué, peut-être à tort, à Jean de Boves. Ce vilain est fort crédule : « Comme il était rentré chez lui mal à propos, sa femme lui fait accroire qu'il est mort, et il ne se retrouve vivant que lorsqu'il s'aperçoit à travers les plis de son linceul que sa femme accueille assez bien le curé.... L'auteur va jusqu'à prétendre qu'on ne saurait dire s'ils ne finirent point par enterrer le mari :

> Ce ne vous sai ie tesmoignier
> S'ilz l'enfouirent au matin ;
> Mes li fabliaus dist en la fin
> Qu'on doibt por fol tenir celui
> Qui miex croit sa fame que lui. »

(*Histoire littéraire de la France*, tome XXIII, p. 201-202 ; Legrand d'Aussy, tome IV, p. 218-219 ; Montaiglon, tome IV, p. 212 ; comparez une poésie en vieil allemand, *der begrabene Eheman*, l'époux enterré, qui se trouve au tome II, p. 357, du recueil de Hagen, déjà cité, et où la femme et le curé tuent réellement le mari.)

N'oublions pas la fable VII du livre III, *l'Ivrogne et sa Femme*, où une femme veut faire croire à son mari qu'il est mort, qu'il est devenu « citoyen d'enfer » ; voyez la notice de cette fable, aux sources de laquelle nous aurions pu joindre : *les Comptes du monde aduentureux*, nouvelle XLI ; et *les Delices ou Discours ioyeux et recreatifs*, par Verboquet le généreux, p. 166 : « Trois femmes qui tromperent leurs maris par leur iurongnerie. »

Nous donnons à l'*Appendice* l'histoire du Vieux de la Montagne, racontée par Marco Polo aux chapitres XL et XLI de ses *Voyages*, par Ramusio aux chapitres XXVIII et XXIX de ses *Navigazioni*, etc., et qui a fourni à la Fontaine le sujet de son prologue ; mais cette histoire, comme nous le dirons plus bas (p. 383, note 4), a été dénaturée ; ce ne sont pas les jouissances paradisiaques, que nous décrivent ces voyageurs, les fraîches houris, les bayadères agiles, les luths et les chants mélodieux, les vins exquis, qui rendaient les partisans du Vieux de la Montagne si déterminés et si redoutables, capables d'un dévouement à toute épreuve : elles les auraient plutôt amollis.

Le poète irlandais Southern s'est inspiré en partie de ce conte dans son plus célèbre drame : *le Fatal mariage, ou l'Adultère innocent*.

Mentionnons aussi le second acte des *Trois Commères*, opéra-comique en trois actes, par Lesage, d'Orneval et Piron, joué en 1723, à la foire Saint-Germain.

Vers le Levant[1], le Vieil de la Montagne[2]
Se rendit craint par un moyen nouveau :
Craint n'étoit-il pour l'immense campagne
Qu'il possédât[3], ni pour aucun monceau
D'or ou d'argent[4], mais parce qu'au cerveau   5
De ses sujets il imprimoit[5] des choses
Qui de maint fait courageux étoient causes.
Il choisissoit entre eux les plus hardis,

---

1. Comparez Amyot, traduction de la *Vie de Thésée* (tome I, p. 21) : « Vers le soleil naissant.... »

2. Le Vieux de la Montagne, pour le Seigneur (*senior*) de la Montagne, *Cheik el Djebel*. — C'est d'une phrase de Boccace que la Fontaine a tiré sans doute l'idée première de ce prologue. La poudre dont se servit l'abbé pour endormir Féronde était, dit le conteur italien, *una polvere di maravigliosa virtu, laquale nelle parti di Levante havuta havea da un gran principe, ilquale affermava quella solersi usare per lo Veglio della Montagna, quando alcun voleva dormendo mandare nel suo paradiso, o trarlone*.

3. On comprend le sens de ce subjonctif : quelque grande que fût celle qu'il possédait.

4. Tome II, p. 246 et note 19.

5. .... Le mépris du sort
Que sait imprimer aux courages
Le soin de vivre après la mort.
(MALHERBE, tome I, p. 115.)

Voyez *l'Abbesse*, vers 130 ; et les divers *Lexiques* de la Collection.

Et leur faisoit donner du paradis
Un avant-goût[1] à leurs sens perceptible[2],   10
Du paradis de son législateur[3] :
Rien n'en a dit ce prophète menteur
Qui ne devînt très croyable et sensible
A ces gens-là. Comment s'y prenoit-on ?
On les faisoit boire tous de façon   15
Qu'ils s'enivroient[4], perdoient sens et raison.

1. L'arrhe du paradis, et l'avant-goût des cieux.
(CORNEILLE, *l'Imitation de Jésus-Christ*, livre III, vers 5872;
ibidem, livre IV, vers 1345.)

2. Quand dévot vers le Ciel j'ose lever les yeux,
Mon cœur ravy s'émeut et confus s'émerveille.
Comment, dis-je à part moy, cette œuvre nonpareille
Est-elle perceptible à l'esprit curieux ?
(REGNIER, sonnet II.)

3. De Mahomet; ou plutôt d'Ali: « Li Viex de la Montaingne ne creoit pas en Mahommet, ainçois creoit en la loy Haali qui fut oncle (*lisez* cousin et gendre) de Mahommet.... Quant Mahommet se fut mis en la signourie dou peuple, si despita son oncle, et l'esloingna de li; et Haali, quant il vit ce, si trait à li dou peuple ce que il pot auoir, et lour aprist une aultre creance que Mahommet n'auoit enseignie : dont encores il est ainsi, que tuit cil qui croient en la loy Haali dient que cil qui croient en la loy Mahommet sont mescreans, et aussi tuit cil qui croient en la loy Mahommet dient que tuit cil qui croient en la loy Haali sont mescreans. » (JOINVILLE, *Histoire de saint Louis*, chapitre XC.) Cette assertion est trop absolue. Ce qui est vrai, c'est que les Ismaéliens, parmi lesquels on comptait les Ismaéliens de Syrie ou Assassins, ne reconnaissaient la succession légitime au califat que dans la personne d'Ali et dans celle des imans sortis de son sang par Ismaël fils de Djafar.

4. Ce n'est pas uniquement en les enivrant dans ses vergers fleuris, dans ses bosquets délicieux, et par l'abus des voluptés, par les extases des sens, que le Vieux de la Montagne fanatisait ses sectateurs. C'est là une légende que les historiens des croisades, chrétiens ou musulmans, se sont plu à répandre. Il était en réalité le chef d'une bande d'élus, d'initiés, auxquels il communiquait sa science, ou, si l'on veut, quelques secrets, quelques recettes ou formules mystérieuses, qui semblaient les rendre invulnérables, invincibles, science suspecte, toujours combattue par les souverains,

En cet état, privés de connoissance[1],
On les portoit en d'agréables lieux,
Ombrages frais, jardins délicieux[2].

par les gouvernements, dont elle menaçait la puissance. Mais cette science, dite occulte, qui comprenait à la fois l'étude du corps et celle de l'âme, si elle fut longtemps étouffée en Occident par les progrès du christianisme et par les efforts du clergé, continua à fleurir en Orient; et l'on peut admirer encore aujourd'hui son efficacité, l'énergie, l'enthousiasme contagieux, dont elle transporte les illuminés, ses adeptes, chez les fakirs de l'Inde ou chez les lamas du Thibet et de la Mongolie, auxquels elle inspire parfois une force qu'on croit surnaturelle, auxquels elle permet d'accomplir des actes qu'on qualifie de miracles, parce qu'ils paraissent, et surtout paraissaient autrefois, inexplicables. Voyez Joinville, déjà cité, chapitres LXXXIX et XC; *die Geschichte der Assassinen*, par J. de Hammer-Purgstall (1818), traduite en français en 1833; les *Mémoires de l'Académie des Inscriptions*, tome IV, p. 1-154; les intéressantes études sur les Assassins, de M. Defrémery, publiées dans le *Journal asiatique* des années 1854, 1856, 1860; et l'ouvrage de l'abbé Huc, intitulé *Souvenirs d'un voyage dans la Tartarie et le Thibet* (1853), ouvrage qui semble aujourd'hui bien plus véridique qu'il y a trente-cinq ans.

1. On prétendait qu'ils s'enivraient avec du *hachich*, chanvre fermenté : d'où le nom de *hachaïchin* donné à ces sectaires (*assacis* dans Joinville). Mais leur vrai nom, croyons-nous, était en réalité *assassin*, pluriel du mot *assass*, garde, sicaire.

2. Il est dit aux chapitres LV, LVI, LXXVI, etc. du *Coran* que le paradis sera composé « de jardins arrosés par des fleuves, de grands bosquets dans lesquels seront de larges bassins d'eau céleste entourés de palmiers, de bananiers, de grenadiers, où les justes demeureront éternellement. Ils trouveront dans ce lieu de délices de belles vierges au regard modeste, aux grands yeux noirs, au teint éclatant, semblables aux perles dans leur nacre, à l'hyacinthe et au corail, des houris dont personne n'a jamais approché, et qui reposent sous de riches pavillons, couchées sur des tapis magnifiques. Ils s'y pareront de bracelets d'or et d'argent, se vêtiront de robes vertes de soie et de satin. Accoudés sur des lits élevés, sur des trônes ornés de pierreries, ils s'y feront servir du lait, du miel, et du vin, et la chair des oiseaux les plus rares, par des enfants doués d'une fraîcheur toujours nouvelle, d'une éternelle jeunesse. Les arbres les couvriront de leur ombrage, et leurs fruits s'abaisseront pour être cueillis sans peine. »

> Là se trouvoient tendrons[1] en abondance[2],   20
> Plus que maillés[3], et beaux par excellence[4] :
> Chaque réduit[5] en avoit à couper[6].
> Si[7] se venoient joliment attrouper

1. Tome IV, p. 56 et 304. — Chez Montaigne, tome III, p. 356 : « Il n'auoit sceu gagner la bonne grace d'ung tendron qu'il pourchassoit »; *ibidem*, p. 495 : « On luy fournissoit de ieunes tendrons à couuer la nuit ses vieux membres. »

2.   .... Charmants objets y sont en abondance.
                                    (*Les Rémois*, vers 4.)

3. Drus, à point, bien formés. C'est une expression métaphorique, empruntée au langage des chasseurs : lorsque les perdreaux grandissent, les plumes du ventre, de la poitrine et du jabot, jusque-là d'un blanc sale et jaunâtre, se trouvent renforcées par d'autres plumes mouchetées de gris; quand ces nouvelles plumes ont paru, on dit que les perdreaux sont *maillés*. « Les perdreaux ne sont bons que quand ils sont maillés. » (LANGLOIS, *Dictionnaire des chasses*, p. 121.)

> De ces perdreaux maillés le fumet seul m'attire.
>   (VOLTAIRE, *les Désagréments de la vieillesse*.)

Brantôme s'est servi, mais à propos de pages, de la même figure que la Fontaine (tome IX, p. 706) : « .... Voylà comme ce n'est d'au iour d'huy que les dames ayment les pages, et mesme quand ilz sont maillez comme perdreaux. »

4.   .... Certain jeune blondin
              Bien fait et beau par excellence.
                           (*Le Petit Chien*, vers 94 et la note.)

5. Ou bosquet, berceau, cabinet de verdure, pavillon d'arbres ployés : voyez tome IV, p. 498 et note 8. Dans le *Roman de la Rose*, vers 720-721 :

> Car maintenant en ung reduit
> M'en entray où deduit (*plaisir*) estoit.

Dans *le Légataire universel* de Regnard (acte II, scène VIII) :

> .... Je les ai déterrés où l'on m'avoit instruit,
> Dans un jardin, à table, en un petit réduit,
> Avec dames qui m'ont paru de bonne mine.

6. A foison; vulgairement : à couper au couteau.

7. *Si*, dans ce vers, ne veut pas dire précisément *ainsi*; c'est une

Près de ces gens, qui, leur boisson cuvée[1],
S'émerveilloient de voir cette couvée[2],   25
Et se croyoient habitants devenus
Des champs heureux qu'assine[3] à ses élus
Le faux[4] Mahom[5]. Lors de faire accointance[6],

particule affirmative, que nous avons déjà notée au vers 8 du *Mari confesseur*, et qui revient mainte fois.

1. Ce verbe est employé, mais au sens neutre, dans la fable VII du livre III, citée à la notice, vers 13 :

....Là, les vapeurs du vin nouveau
Cuvèrent à loisir.

2. L'image se poursuit : ces jeunes filles viennent d'être comparées à des perdreaux maillés.

3. Voyez, pour cette orthographe, tome II, p. 71 et note 8; et dans la lettre de la Fontaine *à l'abbesse de Mouzon* (tome V M.-L., p. 4) :

Passeport d'amour ne suffit.
En attendant que Mars m'en donne un, et le sine, etc.

4. Ci-dessus, p. 264 et note 5.

5. Mahomet : tome IV, p. 402 et note 5.

6. De s'accointer, de s'aboucher. « Non sans cause maudiz ie l'heure qu'oncques vous accointay! » (*Les Cent Nouvelles nouvelles*, p. 165.) « Faulse et desloyale que vous estes, il n'a pas tenu à vous que ung tel et moy ne nous sommes entretuez...; et vous l'eussiez bien voulu pour en raccointer deux aultres nouueaulx. » (*Ibidem*, p. 169.) « Elle s'accointa de l'ung des clercs, lequel luy mettoit par auenture l'intelligence de ces motz en la teste par le bas. » (Des Périers, tome I, p. 75; *ibidem*, tome III, p. 6.) « Elle (cette courtisane) eut l'accointance de plusieurs grands personnages. » (Amyot, traduction de la *Vie de Périclès*, tome I, p. 294.) « Bien gastée seroit elle d'auoir l'accointance d'ung braue roy? » (Brantôme, tome VII, p. 172.) « C'estoit une belle femme, et Cesar en eut l'accointance et doulce iouissance. » (*Ibidem*, tome IX, p. 295; et p. 116, 240, 250, 293, 722.)

Chascun le sçait, i'estois fille de roy...,
Riches et grans cherchoient mon accointance.
(Marot, tome III, p. 231.)

Amour me dit : « Prens accointance à elle. »
(Saint-Gelais, tome II, p. 228; *ibidem*, p. 223.)

« Ie ne me suis gueres adonné aux accointances venales et pu-

Turcs d'approcher, tendrons d'entrer en danse[1],
Au gazouillis des ruisseaux de ces bois[2],   30
Au son de luths[3] accompagnant les voix
Des rossignols : il n'est plaisir au monde
Qu'on ne goûtât dedans ce paradis.
Les gens trouvoient en son charmant pourpris[4]

blicques. » (MONTAIGNE, tome III, p. 244.) Comparez les nombreux exemples de ce mot (xii°, xiii°, xv° et xvi° siècles) que cite Littré ; il en donne un aussi de Voltaire, auquel il renvoie également pour *gazouillis* et *pourpris* (ci-dessous, vers 30 et 34).

1. Ci-dessus, p. 297 et note 5. — Dans *la Servante justifiée*, vers 57 :

    Fleurs de voler, tetons d'entrer en danse.

2. « .... Accordant leurs mignardes plaintes au gazouillis enroué des ruisselets voisins. » (JACQUES YVER, *le Printemps d'hiver*, p. 523.) « Gazouillis ou gazouillement, petit bruit agréable que font les oiseaux, les ruisseaux, en gazouillant. » (*Dictionnaire de l'Académie* de 1694.) — Rapprochez « chamaillis » chez Voltaire déjà cité (épître LXXIV).

3. Au son des luths. (1685, 1686, 1705.)

4. Enceinte, enclos, de l'ancien verbe *pourprendre*.

    Car enuiron de ce diuin pourpris
    Y souspiroit le doulx vent Zephyrus.
(MAROT, tome I, p. 11 ; *ibidem*, tome II, p. 173 ; et *passim*.)

    Paris
Ne tient pas tout en son pourpris.
    (SCARRON, épître *à Mme de Revel*.)

Voyez aussi Rabelais, tome III, p. 175, du Fail, tome II, p. 171, 266, Ronsard, tome II, p. 349, Remy Belleau, tomes I, p. 19, 21, 192, II, p. 131, 146, du Bellay, tomes I, p. 156, II, p. 45, Montaigne, tomes III, p. 331, IV, p. 64, Corneille, tome VIII, p. 645 :

    En ce lumineux pourpris
    Une vision pleine et claire
    Te montre à ces heureux esprits ;

et comparez l'élégie II de la Fontaine (tome V *M.-L.*, p. 86) :

    Jupiter, s'il quittoit le céleste pourpris, etc. ;

et le vers 117 de *Philémon et Baucis* :

    Le chaume devient or, tout brille en ce pourpris.

Les meilleurs vins[1] de la machine ronde[2], 35
Dont ne manquoient encor de s'enivrer,
Et de leurs sens perdre l'entier usage.
On les faisoit aussitôt reporter
Au premier lieu. De tout ce tripotage[3]
Qu'arrivoit-il? Ils croyoient fermement 40
Que quelque jour de semblables délices
Les attendoient, pourvu que, hardiment,
Sans redouter la mort ni les supplices,
Ils fissent chose agréable à Mahom[4],

1. « Mahomet promet aux siens ung paradis tapissé, paré d'or et de pierreries, peuplé de garses d'excellente beauté, de vins et de viures singuliers. » (MONTAIGNE, tome II, p. 284.)

2. Tome III, p. 350 et note 12.

—
>Or maintenant ie vous laisse penser
>Comment le tout se pourra dispenser,
>Et quel repoz en noise si profonde
>Aura le corps de la machine ronde.
>(RABELAIS, *Gargantua*, chapitre LVIII.)

3. Au premier lieu de tout ce tripotage. (1674, 1685, 1686; faute probable de ponctuation.) — C'est encore un mot de Marot (ballade des *Enfans sans soucy*, vers 31) :

>Bon cueur, bon corps, bonne phyzionomie,
>Boire matin, fuyr noise et tanson ;
>Dessus le soir, pour l'amour de s'amye,
>Deuant son huys la petite chanson ;
>Trancher du braue et du mauuais garson,
>Aller de nuyct, sans faire aulcun oultrage,
>Se retirer, voylà le tripotage ;

et de Regnier (satire XI, vers 313) :

>Il sembloit que le diable eust fait ce tripotage.

— Comparez du Fail, *Propos rusticques*, p. 18 : « Tiphaine la Bloye guerissoit sans tant de barbouilleries et tripotages »; Regnard, *Attendez-moi sous l'orme*, scène IV : « tout ce tripotage de veuve »; et la fable VI du livre III, vers 4.

4. .... Qu'on fasse une œuvre à Dieu fort agréable.
(*Le Diable en enfer*, vers 134.)

— « Li uns des poins de la loy Haali (ci-dessus p. 383, note 3) est

Servant leur prince en toute occasion. 45
Par ce moyen leur prince pouvoit dire
Qu'il avoit gens à sa dévotion¹,
Déterminés², et qu'il n'étoit empire
Plus redouté que le sien ici-bas³.

Or ai-je⁴ été prolixe sur ce cas 50
Pour confirmer l'histoire de Féronde⁵.
Féronde étoit un sot⁶ de par le monde,

que quant uns hom se faict tuer pour faire le commandement son signour, que l'ame de li en va en plus aisié corps qu'elle n'estoyt deuant; et pour ce ne font force li Assacis d'eux faire tuer, quant lour sire lour commande, pour ce que ilz croient que ilz seront assez plus aise quant ilz seront morts que ilz n'estoyent deuant. » (JOINVILLE, chapitre XC.) « Les Assassins... tiennent que le plus court chemin à gaigner paradis, c'est de tuer quelqu'un de religion contraire. Par quoy on les a veus souuent entreprendre, à ung ou deux, en pourpoinct, contre des ennemis puissans, au prix d'une mort certaine, et sans aulcun soing de leur propre dangier. » (MONTAIGNE, tome III, p. 65.)

1. Dans le conte 1 de cette IV⁰ partie, vers 65 et note 1 :

     Le portier est personne
  Entièrement à ma dévotion.

2. « Romulus n'avoit pour sujets qu'un assemblage de gens hardis, déterminés, féroces. » (ROLLIN, *Histoire romaine*, livre I, chapitre VI.)

3. ....*E cosi grande la ubidienza de' sudditi suoi, che non haverebbe mai prestata al loro falso profeta Mahometto.* (MALESPINI, nouvelle LXXXII citée.)

4. Rapprochez, pour ce tour, les vers 66 du *Diable de Papefiguière* et 222 du *Tableau*.

5. Semblable transition dans *l'Abbesse*, vers 42-47; et dans *le roi Candaule*, vers 117-120 :

  Mon dessein n'étoit pas d'étendre cette histoire,
  On la savoit assez. Mais je me sais bon gré,
     Car l'exemple a très bien cadré ;
  Mon texte y va tout droit....

6. Voyez *la Mandragore*, vers 10 et note 3 :

  Ce fut un sot en son temps très insigne.

Riche manant¹, ayant soin du tracas²,
Dîmes et cens³, revenus et ménage⁴
D'un abbé blanc⁵. J'en sais de ce plumage   55
Qui valent bien les noirs, à mon avis,
En fait que d'être aux maris secourables,
Quand forte tâche ils ont en leur logis,
Si qu'il⁶ y faut moines et gens capables.

1. Chez Boccace : *Un ricchissimo villano, ilquale havea nome Ferondo, huomo materiale et grosso senza modo.*
2. Des affaires. Rapprochez le vers 4 de la fable III du livre VII ; et le vers 85 du conte X de cette IV⁰ partie :

> Tes herbes, ta denrée,
> Tes choux, tes aulx, enfin tout ton tracas.

— Dans *le Paysan parvenu* de Marivaux (II⁰ partie) : « Je gagne ma vie à faire le tracas des maisons » ; dans la traduction de Straparole (IV⁰ nuit, fable IV) : « tracasser par toute la maison » ; chez Noël du Fail (*Baliuerneries*, p. 144) : « Ie remue mesnage, ie tracasse » ; dans les *Pensées* de Pascal (p. 51) : « On leur donne (aux hommes) des charges et des affaires qui les font tracasser dès la pointe du jour. »

3. Redevances, fermages.

4. Administration des biens, de l'argent : comparez les *Lexiques de Malherbe, Corneille, Racine, Sévigné, la Bruyère.*

—
> Lui, Berger, pour plus de ménage,
> Auroit deux ou trois mâtineaux, etc.
> (Livre VIII, fable XVIII, vers 42-43.)

5. *Abbé blanc*, de même qu'on dit moine blanc, père blanc : abbé d'augustins, de feuillants, de dominicains, de prémontrés. Un abbé noir commandait à des frères à robe noire, à des bénédictins. Quelques ordres, comme les bernardins, étaient habillés de noir et de blanc ; d'autres, comme les franciscains, d'une couleur indécise, ni toute blanche, ni toute noire, tannée, cendrée. — Dans le conte de *l'Abbesse*, vers 111-113 :

> Le billet trotte ; on fait venir des gens
> De toute guise, et des noirs, et des blancs,
> Et des tannés.

6. Tome IV, p. 111 : de l'italien *si che :* de telle sorte que. *Si que*, condamné par Vaugelas (*Remarques*, tome III, p. 71), comme « tout à fait barbare », est regretté par la Bruyère (tome II, p. 212) :

Au lendemain celui-ci ne songeoit[1], 60
Et tout son fait[2] dès la veille mangeoit,
Sans rien garder, non plus qu'un droit apôtre[3];
N'ayant autre œuvre, autre emploi, penser[4] autre,
Que de chercher où gisoient les bons vins,
Les bons morceaux, et les bonnes commères, 65
Sans oublier les gaillardes nonnains,
Dont il faisoit peu de part à ses frères.

Féronde avoit un joli chaperon[5]
Dans son logis, femme sienne : et dit-on

« Il y avoit à gagner de dire *si que* pour *de sorte que* ou *de manière que*. » Rapprochez Brantôme, tome IV, p. 2, 57, 63, Montaigne, tome I, p. 102 ; etc.

1. « Il se soucioit du lendemain, le bon homme de curé, nonobstant le mot de l'Euangile : *Nolite solliciti esse de crastino*[a]. Lequel pourtant il interpretoit gentiment à son aduantage. Car, quand quelqu'un luy dit : « Comment, Monsieur le Curé! Dieu vous a
« deffendu de vous soucier du lendemain, et toutes foiz vous acheptez une carpe pour vostre prouision? — C'est, dit il, pour accomplir le precepte de l'Euangile : car, quand ie suis bien pourueu, ie ne me soucie pas du lendemain. » (Des Périers, nouvelle xxxv, tome I, p. 175.)

2. Tout son bien : tome IV, p. 140 et note 4.
3. *Ibidem*, p. 488, fin de la note 7. — 4. *Ibidem*, p. 334 et note 2.
5. Chaperon, ancienne coiffure, « l'atour et habillement de teste des femmes de France », dit Robert Estienne (paysannes, servantes, nourrices, grisettes, bourgeoises), qui finit par n'être plus qu'une bande d'étoffe, velours ou drap, avec ou sans broderies d'or ou d'argent, dont elles ornaient leur bonnet :

Bien que d'un cabinet sortist un petit cœur,
Avec son chaperon, sa mine de poupée....
(Regnier, satire xi, vers 84-85.)

Voyez le *Recueil de poésies françoises*, tome V, p. 12-13, et p. 25 : « chaperon (bourgeoise) et atour (demoiselle) »; Coquillart, tome I, p. 83-84 :

Moytié bourgoise et damoyselle,
Moytié chaperons et atours;

[a] Saint Matthieu, chapitre vi, verset 34.

Que parentèle[1] étoit entre la dame 70
Et notre abbé; car son prédécesseur,

Noël du Fail, *les Propos rusticques*, p. 45 : « le moule à chaperon (*la tête*) », et tome II des *Contes et Discours*, p. 83 : « les cinq garses acoustrées en chaperons de velours, lesquelles on alloit visiter et iouer à tous ieux » ; Calvin, *Contre un Franciscain :* « les bonnes galoyses coiffées de chaperons de velours, pour estre honorables » ; *l'Heptaméron,* nouvelle LIX, la « fille de chambre à chaperon », qu'un gentilhomme voulait accoler; *les Aventures du baron de Fæneste* de d'Aubigné, p. 115, la « femme à chaperon », qui rosse le baron ; et Tallemant des Réaux, au début de l'historiette intitulée *Lisette :* « cette fille qui avoit un chaperon..., gagna du bien, et prit un chapeau, une fraise, etc. » — L'expression est au figuré ici, comme dans une lettre de la Fontaine à sa femme du 25 août 1663 : « Faites bien mes recommandations à notre marmot, et dites-lui que peut-être j'amènerai de ce pays-là (du Limousin) quelque beau petit chaperon pour le faire jouer et pour lui tenir compagnie. » Elle est au propre, plus haut, dans la même lettre : « On nous a dit, entre autres merveilles, que beaucoup de Limousines de la première bourgeoisie portent des chaperons de drap rose-sèche[a] sur des cales de velours noir. Si je trouve quelqu'un de ces chaperons qui couvre une jolie tête, je pourrai m'y amuser en passant, et par curiosité seulement. » — On disait aussi au figuré : « une cale », « un bavolet », « un plumet », etc.

1. Parenté : de l'italien *parentela*. Voyez les exemples de Montaigne et Saint-Simon que cite Littré; et Brantôme, tomes I, p. 149 : « .... A quoy (auquel duel) il n'eust eu grand honneur pour sa vieillesse, foiblesse, et parentelle », V, p. 401 : « Il se resoult, pour la derniere foiz, de quicter France et patrie, et parentelle, fouyer et cheminée »; Scarron, *le Virgile travesti*, livre II :

....Tant y a qu'il en mourut.
J'en eus affliction mortelle
A cause de la parentelle;

livre VII : Même sans la parentelle,
Ma maison je vous offrirois;

et livre VIII : Or, puisque notre parentelle

[a] Comme *le petit Chaperon rouge* (le second des contes en prose de Perrault) : « .... Cette bonne femme (sa mère grand) lui fit faire un petit chaperon rouge qui lui seyoit si bien que partout on l'appeloit le petit chaperon rouge. » Voyez aussi Coquillart, tome I, p. 165 : « chaperon rouge, corset de soye », mais en parlant de l'habillement d'une courtisane.

Oncle et parrain, dont Dieu veuille avoir l'âme,
En étoit père, et la donna pour femme
A ce manant[1], qui tint à grand honneur
De l'épouser. Chacun sait que de race   75
Communément fille bâtarde chasse[2].
Celle-ci donc ne fit mentir le mot[3].
Si[4] n'étoit pas l'époux homme si sot
Qu'il n'en eût doute, et ne vît en l'affaire[5]
Un peu plus clair qu'il n'étoit nécessaire.   80
Sa femme alloit toujours chez le prélat,
Et prétextoit ses allées et venues
Des soins[6] divers de cet économat[7].

>Entre nous se rencontre telle,
>Il faut, si vous le desirez,
>Que nous soyons confédérés.

1. Ci-dessus, vers 53.
2. Comme on dit : Bon chien chasse de race. Même locution : « fille chassant de race », au vers 108 de *la Coupe enchantée* et note 1.

— Fille volontiers suit de sa mere la trace.
(*Recueil de poésies françoises*, tome III, p. 116.)

Chez du Fail, tome II, p. 148 : « Le tout gist en l'exemple et nourriture qu'elles ont eus.... Il ne fut onc pie qui ne ressemblast de la queue à sa mere. »

3. Le proverbe.
4. Toutefois, pourtant : ci-dessus, p. 155 et note 3.
5. Rapprochez dans *la Fiancée*, vers 781-782 : « les maris
Qui se vantent de voir fort clair en leurs affaires. »

— Chez Boccace : *Quantunque Ferondo fosse in ogni altra cosa semplice et dissipito, in amare questa sua moglie e guardarla bene era savissimo.*

6. « On ne dira pas (Vaugelas, *Remarques*, tome I, p. 341) *prétexter*, pour *prendre prétexte.* » « *Prétexter*, répond l'Académie dans ses Observations, est encore fort en usage, pour dire *couvrir d'un prétexte* : « Il prétexta son éloignement de raisons, etc. » Comparez Racine, tome VI, p. 240 : « D'aller enterrer l'épée d'Hector, c'est pour prétexter sa sortie avec une épée. »

7. Nous trouvons le même mot chez Retz, parlant aussi de l'ad-

Elle alléguoit mille affaires menues :
C'étoit un compte, ou c'étoit un achat[1] ; 85
C'étoit un rien, tant peu plaignoit sa peine[2] ;
Bref, il n'étoit nul jour en la semaine,
Nulle heure au jour, qu'on ne vît en ce lieu
La receveuse[3]. Alors le père en Dieu[4]
Ne manquoit pas d'écarter[5] tout son monde[6]. 90
Mais le mari, qui se doutoit du tour[7],
Rompoit les chiens[8], ne manquant au retour

ministration d'abbayes, de revenus ecclésiastiques (*Mémoires*, tome I, p. 96) : « L'économat de mes abbayes étant censé tenu de la plus grande rigueur des lois, je croyois être obligé, en conscience, d'en prendre l'administration. »

1. Chez Boccace, la femme sent le besoin de se confesser à l'abbé, et c'est ainsi qu'ils entrent en relations. Il y a un dialogue entre l'abbé et la dame que la Fontaine a tout à fait laissé de côté, et dont a bien pu s'inspirer Molière dans la scène III de l'acte III du *Tartuffe*. *Io mi credeva*, dit la dame, *che voi foste un santo ; hor conviensi egli a santi huomini di richieder le donne... di cosi fatte cose ?* — *....Non vi marivigliate*, répond l'abbé.... *Tanta forza ha havuta la vostra vaga bellezza, che amore mi costrigne a cosi fare... come ch' io sia abate, io sono huomo come gli altri.* « Ce que je vous demande, ajoute-t-il, est péché de corps ; et la sainteté n'en devient pas moindre parce qu'elle demeure en l'âme. » — Il lui donne pour arrhes une bague et lui promet d'autres bijoux.

2.
>Il ne plaignit en son dessein
>Ni les soupirs ni la dépense.
>(*Le Petit Chien*, vers 98-99 et la note.)

3. L'épouse du receveur, de l'économe.

4. Tome IV, p. 177 et note 1 ; et ci-dessous, vers 192.

5. « Mon fils doit à mon arrivée de lui avoir écarté beaucoup de mauvaise compagnie, dont il étoit accablé. » (Mme de Sévigné, tome VII, p. 297.) « ....Il les écarte, et devient maître de la place. » (La Bruyère, tome I, p. 178.)

6. Comme le père Bonaventure (ci-dessus, p. 294) :

>Entrez ici, suivez-moi hardiment ;
>Nul ne nous voit, aucun ne nous entend, etc.

7. Tome IV, p. 231 et note 3.

8. Au figuré ; voyez tome III, p. 322 et note 19 : rompait, du

D'imposer mains sur madame Féronde¹ :
Onc il ne fut un moins commode² époux.
Esprits ruraux³ volontiers sont jaloux⁴,   95
Et sur ce point à chausser difficiles⁵,
N'étant pas faits aux coutumes des villes⁶.
Monsieur l'abbé trouvoit cela bien dur,
Comme prélat qu'il étoit, partant homme
Fuyant la peine, aimant le plaisir pur,   100
Ainsi que fait tout bon suppôt de Rome⁷.

moins cherchait à rompre, cette intrigue ; ou plutôt, ici : se refusait à croire ce que lui disait sa femme, l'interrompait dans ses explications mensongères.

1. Non de la bénir, qui est le sens habituel de cette locution, mais de la battre. Dans *les Heures perdues*, conte VIII : « Après lui avoir dit mille injures, elles lui eussent donné l'imposition des mains, si, apercevant cet orage, il n'eût esquivé le choc. » Dans les *Lettres* de Marguerite d'Angoulême (lettre III) : « Ie trouue fort estrange que le seigneur de Chasteaubriand use de main mise (batte sa femme). »

2. Même épithète, appliquée aussi à un mari, dans le *Pâté d'anguille*, vers 134 :

Notre jaloux devint commode.

3. *Rural*, roturier, l'opposé de *noble*. Voyez les exemples de du Cange et du *Mesnagier de Paris*, que cite Littré de cet adjectif; et Brantôme, tome IX, p. 151 : « Ung grand et gros ribaud barbu, ruraud et satyre »; Montaigne, tome IV, p. 30 : « les deux extresmes des hommes philosophes et des hommes ruraux... », et la Bruyère, tome I, p. 295 : « On s'élève à la ville dans une indifférence grossière des choses rurales et champêtres. »

4. Tandis que les gens de cour supportent plus aisément ces accidents (*Joconde*, vers 243).

5. Au figuré : à convaincre, à persuader, à gouverner, et, par extension, à tromper. On dit aujourd'hui dans le peuple, au même sens figuré, *botter* : « Il n'est pas facile à botter », ou à « mettre dedans ».

6. Où on prend la chose « en galant homme » (*ibidem*, vers 242).

7. Voyez tome IV, p. 31 et note 5 ; *la Clochette*, vers 23 : « suppôts de sainte Église »; et Marot, tomes I, p. 51, 113, II, p. 272, III, p. 52 ; Montaigne, tome I, p. 212 ; Boileau, satire VIII, vers 124 ; etc.

Ce n'est mon goût; je ne veux de plein saut
Prendre la ville, aimant mieux l'escalade¹;
En amour dea², non en guerre : il ne faut
Prendre ceci pour guerrière bravade,   105
Ni m'enrôler là-dessus malgré moi³.
Que l'autre usage ait la raison pour soi,
Je m'en rapporte⁴, et reviens à l'histoire
Du receveur, qu'on mit en purgatoire⁵
Pour le guérir; et voici comme quoi.   110

Par le moyen d'une poudre endormante⁶,
L'abbé le plonge en un très long sommeil.

1. L'escalade, l'assaut, après le siège en règle, après que la brèche a été faite dans la muraille. « C'est trop presumer de penser d'ung plein sault emporter ceste superbe cité. » (LANOUE, *Discours politiques et militaires*, p. 432.) « La bonne cordonniere se vient bouter de plein sault en l'ostel. » (*Les Cent Nouvelles nouvelles*, p. 301.)

> Elle se fit voir d'un plein saut
> Au beau milieu de l'échafaut.
> (SCARRON, *le Virgile travesti*, livre IV.)

2. Page 310 et note 8.
3. Dans la lettre de la Fontaine *à l'abbesse de Mouzon* (tome V M.-L., p. 4) :

> Je suis un homme de Champagne,
> Qui n'en veux point au roi d'Espagne;
> Cupidon seul me fait marcher.

4. Ellipse : je m'en rapporte aux autres; je le veux bien. Voyez ci-dessus, p. 66 et note 4.
5. Tour analogue aux vers 43-44 de la fable XIII du livre II :

> Je m'emporte un peu trop : revenons à l'histoire
> De ce spéculateur qui fut contraint de boire.

6. Ci-dessus, p. 382, note 2. — Chez du Bellay (tome II, p. 295) :

> Oignons, pauotz, d'endormante nature;

dans les *Lettres* de Boileau (lettre XLII) : « Ce ne sera pas une petite affaire pour moi que la prise des eaux, qui sont, dit-on, fort endormantes. »

On le croit mort ; on l'enterre ; l'on chante¹.
Il est surpris de voir, à son réveil²,
Autour de lui gens d'étrange manière³ ;   115
Car il étoit au large dans sa bière,
Et se pouvoit lever de ce tombeau
Qui conduisoit en un profond caveau⁴.
D'abord la peur se saisit de notre homme.
Qu'est-ce cela⁵ ? songe-t-il? est-il mort ?   120
Seroit-ce point quelque espèce de sort⁶ ?
Puis il demande aux gens comme on les nomme,
Ce qu'ils font là, d'où vient que dans ce lieu
L'on le retient ; et qu'a-t-il fait à Dieu ?
L'un d'eux⁷ lui dit : « Console-toi, Féronde ;   125
Tu te verras citoyen du haut monde⁸
Dans mille ans d'hui⁹, complets et bien comptés ;
Auparavant il faut d'aucuns¹⁰ péchés

1. L'office des morts.
2. Dans la fable VII du livre III, citée à la notice (vers 13 et suivants) :

          A son réveil il treuve
L'attirail de la mort à l'entour de son corps, etc.

3. Ou « d'étrange façon » (*les Oies*, vers 100), « d'étrange guise » (*la Mandragore*, vers 212).
4. Chez Boccace, l'abbé et son complice, un moine de Bologne, l'enlèvent de son tombeau pendant qu'il dort encore, et le portent dans un cachot où il se réveillera. — Ce cachot, ou caveau, rappelle la « chambre de méditations », de mortifications, de macérations, jadis en usage dans certains couvents, et dont les murs étaient couverts de représentations de démons, de tourments, et de flammes.
5. Qu'est-ce là ? (1685, 1686.) — 6. Qu'on lui aurait jeté.
7. Le moine de Bologne, chez Boccace.
8. Du paradis. Comparez les fables V du livre VIII, vers 7 : « citoyens de l'Olympe » ; VII du livre III, vers 22 : « citoyen d'enfer » ; l'opéra de *Galatée*, vers 229 ; et Marot, tomes II, p. 80, III, p. 151, Ronsard, tomes I, p. 119, II, p. 276, 352, Remy Belleau, tome II, p. 20, 76, 145, 300 : « citoyen du ciel, des cieulx, des haults cieulx », « citoyenne de la ville étherée », « de la saincte cité ».
9. Ci-dessus, p. 372 et note 1. — 10. Page 351 et note 4.

Te nettoyer[1] en ce saint purgatoire :
Ton âme un jour plus blanche que l'ivoire[2]   130
En sortira. » L'ange consolateur
Donne, à ces mots, au pauvre receveur
Huit ou dix coups de forte discipline[3],
En lui disant : « C'est ton humeur mutine[4],
Et trop jalouse, et déplaisant à Dieu[5],   135

1. Semblable locution : « nettoyer les consciences », dans *les Comptes du monde aduentureux* (tome I, p. 185). « On luy apprendroit à se purger et nettoyer de telle forfaicture. » (Du Fail, tome II, p. 177.) « Que ceulx qui estoient vilains et sales soient nettoyez et purgez de tous vices. » (*Ibidem*, p. 263.)

    Laue moy, Sire, et relaue bien fort
    De ma commise iniquité mauuaise,
    Et du peché qui m'a rendu si ord
    Me nettoyer d'eau de grace te plaise.
                (Marot, psaume li.)

....Qui s'est nettoyé de vices
Ne lui fait point de vœux (*à Jupiter*) qui ne soient exaucés.
                (Malherbe, *Poésies*, xcviii, tome I, p. 269.)

    Elles (*les âmes*) sont nettoyées
    Dans la rivière de Léthé.
                (Scarron, *le Virgile travesti*, livre vi.)

2.   Tu feiz icy ton purgatoire,
    Car ton charbon deuint yuoire.
                (Jean de Meung, *Thresor*, vers 908.)

3. Quelle piquante ironie dans ces deux mots rapprochés : *consolateur* et *discipline* !

4. « Ton humeur mutine » signifie ici ton obstination à te dépiter, à ne pas vouloir te laisser tromper, te laisser faire (ci-dessus, vers 91-97). Comparez chez la Bruyère une phrase où le mot *mutinerie* a un sens analogue : « Il me faut pour le réduire (le prince, mon élève) une mutinerie qui ne se comprend pas sans l'avoir vue » (tome II des *OEuvres*, p. 504); et chez Molière (*Sganarelle*, scène 1, vers 13-14) :

    Votre plus court sera, Madame la mutine,
    D'accepter sans façons l'époux qu'on vous destine.

5. Et déplaisante à Dieu. (1675 *s. l.*, 1685, 1686, 1705.)

Qui te retient pour mille ans en ce lieu. »
Le receveur, s'étant frotté l'épaule,
Fait un soupir¹ : « Mille ans! c'est bien du temps! »
Vous noterez que l'ange étoit un drôle²,
Un frère Jean, novice de léans³.   140
Ses compagnons jouoient chacun un rôle
Pareil au sien dessous un feint habit⁴.
Le receveur requiert pardon, et dit :
« Las ! si jamais je rentre dans la vie,
Jamais soupçon, ombrage⁵, et jalousie,   145
Ne rentreront dans mon maudit esprit :
Pourrois-je point obtenir cette grâce⁶ ? »
On la lui fait espérer, non si tôt :
Force est qu'un⁷ an dans ce séjour se passe;
Là cependant il aura ce qu'il faut   150
Pour sustenter son corps, rien davantage,
Quelque grabat, du pain pour tout potage⁸,
Vingt coups de fouet chaque jour, si l'abbé,
Comme prélat rempli de charité,

1. « Faisant autant de soupirs qu'il faisoit de pas. » (*Psyché*, livre I, tome III *M.-L.*, p. 32.) Comparez « faire plainte », dans l'*Amphitryon* de Molière (vers 925) ; « faire des cris » (*ibidem*, vers 366), et chez Scarron (*le Virgile travesti*, livre VII) :

Versant des pleurs, faisant des cris;

« faire des regrets », dans *la Matrone d'Éphèse* (vers 33-34), et dans *les Fourberies de Scapin* de Molière (acte I, scène II).

2. Ci-dessus, p. 350 et note 2.
3. De ce lieu-là ; ci-dessus, p. 30 et note 6 : « l'épouse de léans ».
4. Dans *les Lunettes*, vers 47 : « sous de trompeurs habits »; chez Charles d'Orléans (rondeau XXXIII) : « en habit déguisé »; chez des Périers (tome I, p. 36) : « ....Et mesme quelques foiz alloit par ville en habit dissimulé. » — Ci-dessus, p. 265 et note 4.
5. Page 280 et note 5. — 6. De rentrer dans la vie.
7. Page 308 et note 3.
8. Même locution, prise au figuré, dans *la Coupe enchantée*, vers 439 et note 4.

N'obtient du Ciel qu'au moins on lui remette, 155
Non le total des coups, mais quelque quart,
Voire¹ moitié, voire la plus grand'part :
Douter ne faut qu'il ne s'en entremette,
A ce sujet disant mainte oraison.
L'ange en après² lui fait un long sermon³ : 160
« A tort, dit-il, tu conçus du soupçon ;
Les gens d'église ont-ils de ces pensées ?
Un abbé blanc ! c'est trop d'ombrage avoir ;
Il n'écherroit⁴ que dix coups pour un noir⁵.
Défais-toi donc de tes erreurs passées. » 165

1. Page 49 et note 1.
2. Même locution dans le *Roman de Renart*, vers 5707; chez Froissart, livre I, chapitre 1, § 154; chez Marot, tome II, p. 46 :

    .... Et deuiendroit fascheuse leur liesse,
    Si quelquefoiz n'entreuenoit tristesse,
    La quelle en fin se perd auec le tems,
    Dont en aprez sont plus gays et contens.

— « Ces façons de parler (*par après, en après*) ont vieilli, dit Vaugelas (tome II, p. 110), et l'on dit *après* tout seul. Néanmoins ces particules *par* et *en* n'y étoient pas inutiles, parce qu'elles servoient à distinguer l'adverbe *après* d'avec *après* préposition. »

3.   Et vous lui fait un beau sermon
    Pour l'exhorter à patience.
        (Livre III, fable v, vers 22-23.)

4.   Au pis aller n'y cherroit qu'une amende.
        (Marot, tome I, p. 192.)

5. M. Moland explique ainsi ce passage : « Même s'il s'agissait d'un abbé noir il n'arriverait qu'une fois sur dix qu'un tel soupçon fût justifié. » Le sens est, croyons-nous : « Tu ne recevrais tout au plus que dix coups par jour (au lieu de vingt : voyez le vers 153) si tu avais soupçonné un abbé noir. Mais un abbé blanc !... » — Notre poète n'a pas plus confiance aux uns qu'aux autres (vers 55-59). — On sait l'émulation, la jalousie, l'inimitié, qui régnèrent longtemps entre les anciens moines noirs et les nouveaux moines blancs, rivalité éclatante, hostilité scandaleuse, qu'on a comparées à celles des factions verte et bleue dans l'empire romain. Il est vrai que des ordres religieux de même couleur se signalèrent parfois, eux aussi, par une animosité manifeste.

Il s'y résout[1]. Qu'eût-il fait[2]? Cependant
Sire Prélat et Madame Féronde
Ne laissent perdre un seul petit moment[3].
Le mari dit : « Que fait ma femme au monde ?
— Ce qu'elle y fait ? Tout bien[4]. Notre prélat 170
L'a consolée ; et ton économat
S'en va son train toujours à l'ordinaire.
— Dans le couvent[5] toujours a-t-elle affaire ?
— Où donc[6] ? Il faut qu'ayant seule à présent
Le faix entier sur soi, la pauvre femme, 175
Bon gré, mal gré, léans[7] aille souvent,
Et plus encor que pendant ton vivant. »
Un tel discours ne plaisoit point à l'âme[8].

1. Comparez livre VIII, fable 1, vers 4. — Chez Boccace, il se plaint de ne pas voir clair : le purgatoire est trop obscur. On lui répond : « C'est que les chandelles que ta femme t'a envoyées pour t'éclairer, on les a brûlées en disant des messes à ton intention. »

2. « Qu'eût-elle fait ? » (*A Femme avare*, vers 63.) « Qu'eût fait le pauvre sire ? » (*Le Petit Chien*, vers 498.) « Qu'y feroit-on ? » (*Joconde*, vers 456 et note 1.) Voyez aussi la fable XII du livre IV, vers 72, Brantôme, tome IV, p. 45, Montaigne, tomes I, p. 66, 279, III, p. 269, Regnier, satire II, vers 119, etc.

3. ....Rien ne s'en perd, et des moindres moments
Bons ménagers furent nos deux amants.
(*La Gageure*, vers 121-122.)

4. Même locution dans le roman de *Berte aus grans piés* (vers 1832) :

Et de faire tout bien
Fut en grant conuoitise ;

dans l'*Ancien Théâtre françois*, tome I, p. 197 ; chez Rabelais, tome I, p. 174 : « Ce n'estoit... raison molester ainsi ses voisins, desquelz iamais n'auoient eu que tout bien » ; chez Marot, tome II, p. 235 ; dans *le Moyen de parvenir*, p. 47 ; etc.

5. Convent. (1685, 1686.)

6. Où donc aurait-elle affaire si ce n'est là ? — Ci-dessus, p. 295.

7. Vers 140 et note 3.

8. Dans *les Rémois*, vers 102 :

Cela ne plut aux maris nullement.

Ame j'ai cru le devoir appeler,
Ses pourvoyeurs ne le faisant manger   180
Ainsi qu'un corps. Un mois à cette épreuve
Se passe entier, lui jeûnant¹, et l'abbé
Multipliant œuvres de charité²,
Et mettant peine³ à consoler la veuve.
Tenez pour sûr qu'il y fit de son mieulx⁴.   185
Son soin ne fut longtemps infructueux⁵ ;

1.   Un jour se passe entier, lui sans cesse jeûnant.
            (*La Fiancée du roi de Garbe*, vers 339.)

2. Ci-dessus, vers 57 ; et p. 312 et note 1. Chez des Périers (tome I, p. 46) : « Il trouuoit façon de se pouruoir le mieulx qu'il pouuoit, faisant œuure de charité, c'est à sçauoir aymant la femme de son voisin comme la sienne propre. »

3. Mettant tous ses soins. Semblable locution *mettre peine à* ou *de*, dans le *Recueil de poésies françoises*, tome II, p. 209 ; chez Froissart livre I, chapitre 1, § 73 ; chez Coquillart, tome I, p. 62 :

....Pour ce, mettez peine à sçauoir
Ceste question ou epistre ;

dans *les Cent Nouvelles nouvelles*, p. 68, 187, 388, et p. 360 : « La bonne fille, à qui tardoit l'attente de la nuyct, mit grosse peine et grand diligence de retenir la leçon de sa bonne mere » ; *ibidem*, p. 411 : « Que si le meschief vous aduient, il mette aussi grand peine à le celer comme vous » ; dans la XII° serée de Bouchet ; chez Marot, tome I, p. 156, 158 ; chez Malherbe, tomes I, p. 471 : « Il épluche curieusement toutes ces choses l'une après l'autre, et met peine de s'en informer », II, p. 292 : « Il ne laisse pas d'avoir besoin d'amis, et met peine d'en acquérir le plus qu'il peut », et p. 558 : « Notre esprit a besoin d'être souvent déplié... ; au premier séjour que je pourrai faire en quelque lieu, je ne faudrai pas d'y mettre la peine. »

4.   Notre peintre y pourvut
            Tout de son mieux.
                (*Les Rémois*, vers 198 et la note.)

5.   Cet entre-temps ne fut sans fruit : le sire
            L'employa bien ; Agnès en profita.
            Las ! quel profit ? j'eusse mieux fait de dire
            Qu'à sœur Agnès malheur en arriva.
            Il lui fallut élargir sa ceinture, etc.
                (*Les Lunettes*, vers 25-29.)

Pas ne semoit en une terre ingrate[1].
Pater[2] abbas avec juste sujet
Appréhenda d'être père[3] en effet.
Comme il n'est bon que telle chose éclate, 190
Et que le fait ne puisse être nié,
Tant et tant fut par Sa Paternité[4]

1. Pour cette image, empruntée aux travaux des champs, voyez tome IV, p. 352, note 3, lignes 4 et suivantes ; *la Mandragore*, vers 248 et la note ; et G. Chappuys, fol. 93 v° : « Que pour chose du monde elle ne laissast semer Menicuccio en son champ.... » ; Noël du Fail, tome I, p. 58 : « Le pauure iardinier, qui estoit sur le point de laisser choir sa graine en ceste fertile terre, se vouloit oster ; mais la dame repliqua, etc. » ; Montaigne, tome III, p. 292 : « Le philosophe Polemon fut iustement appelé en iustice par sa femme, de ce qu'il alloit semant en ung champ sterile le fruit deu au champ genital » ; Brantôme, tome IX, p. 541 : « Ne sçauez vous pas, dit elle, que, pour bien cultiuer une terre, il y faut plus d'ung laboureur », p. 699 : « Lycurgus permit à ceulx qui estoient beaux et dispos d'emprunter des femmes des aultres pour y labourer comme en terre grasse, belle et bonne » ; et, dans les Contes drôlatiques de Balzac, *le Péché véniel* : « Il m'ayme beaucoup comme tout bon cocu doibt aymer celuy qui l'ayde à bescher, arrouser, cultiuer, labourer, le iardin naturel de Venus. »

2. Page 297 et note 4.

3. Même jeu de mot chez Marot (tome IV, p. 32) :

Tout par tout peres on les nomme,
Et, de faict, plusieurs foiz aduient
Que ce nom trez bien leur conuient ;

et dans le conte de *Mazet* (vers 193-196) :

Ces moinillons devinrent bientôt pères, etc.

4. Ci-dessus, vers 89. — Voyez la traduction de Straparole, tome II, p. 306 : « Ie salue Vostre Paternité » ; Rabelais, tome III, p. 64 : « Sa Paternité », comme ici ; p. 177 :

(*Elle*) fut de faict amourachée
De Ta dicte Paternité ;

p. 185 : « I'ay entendu l'ambassadeur que la Seigneurie de Vos Seigneuries a transmis par deuers Ma Paternité » ; et comparez « Leur Sororité », *ibidem*, tome II, p. 134. — Semblable locution : « Votre Paternité », chez Voltaire, lettre au marquis d'Argens du 23 mars 1754.

Dit d'oraisons, qu'on vit du purgatoire
L'âme¹ sortir², légère, et n'ayant pas
Once de chair³. Un si merveilleux cas⁴ 195
Surprit les gens⁵. Beaucoup ne vouloient croire
Ce qu'ils voyoient. L'abbé passa pour saint⁶.
L'époux pour sien le fruit⁷ posthume tint,
Sans autrement de calcul oser faire⁸.

Double miracle étoit en cette affaire : 200
Et la grossesse, et le retour du mort⁹.

1. Vers 130-131 et 178-181.
2. *Ma come advengono le sventure, la donna ingravidò, et, prestamente accortasene, il disse all'abate; perche ad amenduni parve che senza alcuno indugio Ferondo fosse da dovere essere di purgatorio rivocato a vita, et che a lei si tornasse, et ella di lui dicesse che gravida fosse.* (BOCCACE.)
3. Tant on l'avait fait jeûner. — « .... Un homme pâle et livide qui n'a pas sur soi dix onces de chair, et que l'on croiroit jeter à terre du moindre souffle. » (LA BRUYÈRE, tome II, p. 131.)
4. Ci-dessus, p. 378 et note 2.
5. Chez Boccace, tout le monde se sauve devant Férondo comme devant un spectre.
6. *La tornata di Ferondo et le sue parole, credendo quasi ogn'huomo che risuscitato fosse, accrebbero senza fine la fama della santita dell' abate.* (*Ibidem.*)
7. Voyez tome IV, p. 170 et note 5; et ci-dessus, p. 402, ci-dessous, p. 470 et 580. Chez Marot, tome III, p. 226 :

> Adultere vilaine,
> Encor falloit qu'eusses la panse plaine
> Et que le tort que de toy i'ay receu
> Fust par ton fruict manifesté et sceu ;

chez G. Chappuys, fol. 51 vº : « Le pere donc, qui n'auoit que ce fruict, et qui estoit certain de n'auoir aultres enfans de sa femme.... »
8.   Avec une femme qu'on aime,
   Il ne faut pas entrer dans un calcul bourgeois.
         [(REGNARD, *la Baguette de Vulcain*, scène III.)
9. Dans la farce de *Ienin Landore*, citée à la notice :

LA FEMME.
D'où venez vous?

On en chanta *Te Deum*[1] à renfort[2].
Stérilité régnoit en mariage
Pendant cet an, et même au voisinage
De l'abbaye[3], encor bien que léans[4]   205
On se vouât[5] pour obtenir enfants.

IENIN.
De paradis....
Mon suaire en ay apporté,
Et suis passé par purgatoire.

1. *Té-déums*, dans nos anciennes éditions. On écrivait aussi quelquefois *Tédéons*, comme « factons, factotons, dictons, rogatons ». Voyez Vaugelas, tome III, p. 132, où nous lisons cette curieuse remarque : « Il est vrai qu'on pourroit présentement donner un pluriel à ce mot, après le grand nombre de *Te Deum* que l'amour ardent des peuples pour notre auguste monarque a fait chanter plusieurs fois dans toutes les églises du royaume en actions de grâces du recouvrement de sa santé. »

2. Beaucoup, et à pleines voix. Comparez du Fail, tome II, p. 215 : « Puis il vit ceste troupe et compagnie noire renforcer de letanies graues »; et *le Barbier de Séville* de Beaumarchais, acte II, scène VIII : « Le mal est fait..., et, *rinforzando* de bouche en bouche, il va le diable. »

3. Même dans le voisinage de l'abbaye, malgré la présence des bons pères, malgré celle de l'abbé. Rapprochez *la Mandragore*, vers 77-79 et note 3; la rencontre de la dame des Belles Cousines et du joyeux abbé dans le roman du *Petit Iehan de Saintré*, et le « traitement » qu'elle suit au monastère; dans *le Moyen de parvenir*, p. 391, cette version d'une historiette si connue : « Où allez-vous, Madame la royne ? » dit une paysanne à la reine de France qu'elle rencontre marchant à pied. — Mais, que ne vous desplaise, ie vay à Chartres, ma mie, pour aller en ceste belle eglise prier Dieu à ce qu'il luy plaise que i'aye enfans. — Helas, Madame la royne, ne laissez pas de vous en retourner : ce grand chanoine qui les faisoit est mort, on n'y en faict plus »; et les *Mémoires du comte de Grammont*, chapitre IX : « Sous prétexte d'un pèlerinage à sainte Winyfrède, vierge et martyre, qui communiquoit la fécondité aux femmes, il n'eut point de repos qu'il n'eût mis les plus hautes montagnes du pays de Galles entre la sienne et le dessein qu'on avoit eu de faire ce miracle à Londres après son départ. »

4. Ci-dessus, vers 176.

5. Au service de Dieu ou des saints; ou de la Vierge, qu'on

A tant[1] laissons l'économe et sa femme;
Et ne soit dit que nous autres époux
Nous méritions ce qu'on fit à cette âme
Pour la guérir de ses soupçons jaloux[2].

habillait de velours, de soie, de dentelles, qu'on ornait de fleurs, de joyaux, qu'on couronnait de diadèmes d'or ou d'argent : bien qu'on fît des vœux, des neuvaines, qu'on allumât des cierges, qu'on prodiguât toute sorte d'offrandes.

1. Là-dessus, sur ce : voyez tome IV, p. 353 et note 1.
2. On sait que la Fontaine ne courait aucun risque à cet égard, et qu'il n'était guère possible de trouver un mari moins jaloux.

VII

LE PSAUTIER.

Ce conte est tiré de la 11ᵉ nouvelle de la IXᵉ journée de Boccace, dont voici le sommaire :

Levasi una badessa in fretta et al buio, per trovare una sua monaca allei accusata col suo amante nel letto; et essendo lei con un prete, credendosi il saltero de veli haver posto in capo, le brache del prete vi si pose : lequali vedendo l'accusata et fattalane accorgere, fu diliberata et hebbe agio di starsi col suo amante.

« Une abbesse se leuant à haste sans chandelle pour trouuer une sienne nonnain couchée auec son amy, ainsi qu'elle auoit esté aduertie, et estant elle mesme couchée lors auec ung prebstre, pensant auoir mis sur sa teste son voyle plié, y auoit mis les brayes du prebstre. Ce que voyant la nonnain, et faisant que l'abbesse s'en apperceut, elle fut absoute, et eut plus grande commodité d'estre auec son amy que au parauant. »

Une des sources premières de ce récit est dans la troisième branche de *Renart le contrefait*, terminé vers l'an 1330, vingt-trois ans avant le *Décaméron*. Il n'est pas non plus sans quelque rapport avec une aventure de *l'Ane d'or* d'Apulée (livre IX), celle des sandales oubliées par Philésiétère sous le lit de la femme de Scorpion, et que l'esclave Myrmex est accusé par l'amant de lui avoir volées aux bains publics, aventure racontée par Noël du Fail au début de son XIIᵉ conte; avec « les brayes du chapelain laissées soubz le cheuet du lict de l'espousée », dans la LIIᵉ des *Cent Nouvelles nouvelles*; ou avec le surcot glissé par la vieille Auberée dans le lit du *Bourgeois de Compiègne*; et surtout avec *les Brayes du Cordelier* (voyez l'*Histoire littéraire de la France*, tome XXIII, p. 72; et p. 188-189), fabliau imité par Sacchetti, Poge, Vergier, Grécourt, Chevigné, etc., et dans la farce de *Frère Guillebert* (*Ancien Théâtre françois*, tome I, p. 305).

Ce sont là les origines probables de ce conte dont on peut rapprocher la nouvelle XL de Morlini : *De abbatissa quæ moniales corripiens supra caput bracas tenebat*, nouvelle qui est comme un abrégé

de celles de Boccace et de la Fontaine, mais où le « beau sermon »
de l'abbesse n'est pas justifié par la faute d'une de ses nonnes ; et
le xxvii° des *Comptes du monde aduentureux*, où l'abbesse, il est vrai,
est innocente, mais dans le lit de laquelle on cache un « Messire Iean »,
amant d'une des religieuses, tandis que l'évêque inspecte le couvent : à la grande confusion de la supérieure, le jeune clerc est
découvert blotti dans ses draps. — La même histoire est racontée
chez Jean de Condé, *Dictz et Contes* (édition Scheler, Bruxelles,
1866, in-8°), p. 174 ; dans le n° clii du *Grand Parangon des Nouvelles nouvelles* : « D'une abbesse qui vouloit bailler discipline à une
de ses nonnains d'ung cas dont elle estoit coupable elle mesme » ;
dans la fable 33 du livre IV de Burkhard Waldis, *Von einer armen
Nonnen*; chez Aloisio Cinthio, *Ogni cuffia scusa di notte*; dans l'*Apologie pour Hérodote* d'Henri Estienne, *Nonnain rendant bien le change
à son abbesse*; etc. Il y est fait aussi allusion dans le xviii° conte
de Noël du Fail (tome I, p. 244) : « .... Il s'en treuue... bien
souuent de prins à telles faulses rencontres : comme l'abbesse qui
à la haste voulant prendre sœur Friande sus le faict, print au lieu
de son couurechef de nuyct les brayes d'ung Cordelier sien amy
spirituel. »

M. Landau (p. 247) rappelle au sujet de cette historiette le mauvais
tour joué à saint Jérôme par ses ennemis, qui déposèrent près de
son lit une robe de femme que le saint revêtit par distraction, et
avec laquelle il se rendit à l'église, ce qui l'obligea à quitter Rome
(*Legenda aurea*, Ulm, s. d., in-fol., chapitre cxli, fol. 277).

Citons enfin *l'Abbesse grosse*, dans les *Miracles de Nostre Dame*
(tome I, p. 57-100), qui, après avoir bien sermonné une de ses nonnes,
sœur Ysabel, parce qu'elle a reçu « ung sien cousin qui luy apportoit

    Ung poy de toile
  Pour faire surplis, et ung voyle »,

se livre elle-même à son clerc, lequel lui fait un enfant ; et le
court récit du *Mensa philosophica* (fol. 47 r°), où ce n'est pas
l'abbesse qui est prise en faute, mais une des compagnes de la
nonne : *Contigit quadam domo beghinarum quemdam clericum nocte
inventum fuisse cum una. Ubi ad cameram illius multe alie conve-
nerunt ad videndum spectaculum. Quod audiens, una alia, in cujus
lecto adhuc quidam alter clericus jacebat, festinans videndi cupiditate,
credens cooperire caput panno consueto, accepta braca amasii sui, caput*

suum cum ea cooperuit, et sic ad locum spectaculi vel lamenti venit, conans cum aliis plangere, ac si ipsa nihil de simili sciret. Quam bracam capiti suprapositam una prospiciens, clamavit : « *O soror et socia dilecta, quid est hoc, vel quid sibi vult hoc somnium quod supportasti* (proprement : quel rêve viens-tu de subir)? » *Illa ex hoc plus confusa est quam altera socia, que salvata est, quippe non esset sola in tali delicto.*

Ajoutons que, même au temps de la Fontaine, il y avait encore beaucoup de relâchement, de dissipation, de désordres, ou tout au moins très peu de régularité, dans certains couvents de religieuses, surtout au midi de la France, en Italie, en Espagne, licence qui, dans ces contrées, ne fit que croître et se répandre au siècle suivant. Lisez ce qu'écrit le maréchal de Grammont dans ses *Mémoires* (Paris, 1716, tome II, p. 81) du débordement, de la dissolution des mœurs, des religieuses d'Espagne, de leurs galanteries et mascarades : ce dérèglement « ne se peut exprimer », prétend-il; rapprochez ce passage des *Mémoires* de Mlle de Montpensier racontant le séjour de la cour à Perpignan en 1660 (tome III, p. 440, de l'édition de 1866) : « La Reine alla voir tous les couvents. Les religieuses, qui sont très austères en ce pays-ci, et qui sont du même ordre, en ce pays-là sont très coquettes; elles ont des guimpes de quintin[1] plissé, mettent du rouge, sont même fardées et se vantent d'avoir des amants. Il y en eut une qui pria Comminges de me la présenter, et de me dire qu'elle étoit maîtresse de M. de Saint-Aunais. Je fus fort effrayée de ce discours. Elle me dit qu'elle espéroit, par la bonté qu'il lui avoit souvent dit que j'avois pour lui, que j'en aurois un peu pour elle; qu'il y avoit dix ans qu'elle étoit sa dévote (car ils appellent cela ainsi). Je ne savois que lui dire. » On connaît enfin l'histoire de cette jeune abbesse bénédictine, à laquelle notre poète avait donné une hospitalité « trop complète », et que sa femme surprit en conversation galante avec lui : voyez notre tome I, p. xli, et l'épître citée dans cette page. Voyez aussi les contes de *Sœur Jeanne*, de *Mazet*, de *l'Abbesse*, des *Lunettes*, du *Tableau*, et les notes.

Nonnes, souffrez pour la dernière fois[2]
Qu'en ce recueil, malgré moi, je vous place.

1. « Toile fort fine et fort claire, dit Furetière, dont on fait des collets et des manchettes, tant pour hommes que pour femmes. »
2. La Fontaine n'a pas tenu parole ; car les nonnes font aussi les

De vos bons tours les contes ne sont froids¹ ;
Leur aventure a ne sais quelle grâce
Qui n'est ailleurs ; ils emportent les voix². 5
Encore un donc, et puis c'en seront trois.
Trois ! je faux³ d'un ; c'en seront au moins quatre.
Comptons-les bien : Mazet⁴ le compagnon⁵ ;
L'abbesse ayant besoin d'un bon garçon
Pour la guérir d'un mal opiniâtre⁶ ; 10
Ce conte-ci, qui n'est le moins fripon ;
Quant à sœur Jeanne ayant fait un poupon⁷,
Je ne tiens pas qu'il la faille rabattre⁸.
Les voilà tous : quatre, c'est compte rond.
Vous me direz : « C'est une étrange affaire⁹ 15
Que nous ayons tant de part en ceci !

¹frais des contes XII, *les Lunettes*, et XVI, *le Tableau*, de cette quatrième partie.

1. Je veux que les nonnains
Fassent les tours en amour les plus fins....
(*Les Lunettes*, vers 8-9.)

Dans le *Recueil de poésies françoises* (tome VII, p. 30) :

.... Adieu le cloître, adieu tous les fins tours.

2. Les suffrages : ci-dessous, vers 131.
3. Je me trompe : p. 206 et note 5.
4. *Mazet de Lamporechio*, conte XVI de la II⁰ partie.
5. Le bon compagnon, le gaillard : voyez tome IV, p. 493, et ci-dessous, p. 508, ci-dessus, p. 197 :

Le compagnon dans le lit se plaça.

Rapprochons *compagnes*, au même sens, chez Noël du Fail (tome II, p. 148) : « Une qui en sa ieunesse a esté bonne compagne... »; et chez Brantôme (tome VII, p. 378) : « Charlemagne fut, sur sa vieillesse, fort adonné aux femmes, mesme que ses filles furent bonnes compagnes. » — Ce vers manque dans les textes de 1685, 1686.
6. Le conte II de la IV⁰ partie, *l'Abbesse*.
7. Le conte IX de la Iʳᵉ partie.
8. Qu'il la faille déduire du compte.
9. Même locution dans *la Coupe enchantée*, vers 46.

— Que voulez-vous ? je n'y saurois que faire ;
Ce n'est pas moi qui le souhaite ainsi.
Si vous teniez toujours votre bréviaire [1],
Vous n'aurièz rien à démêler ici [2] ;   20
Mais ce n'est pas votre plus grand souci. »
Passons donc vite à la présente histoire.

Dans un couvent de nonnes fréquentoit [3]
Un jouvenceau, friand [4], comme on peut croire,
De ces oiseaux [5]. Telle pourtant prenoit   25
Goût à le voir [6], et des yeux le couvoit [7],
Lui sourioit [8], faisoit la complaisante,
Et se disoit sa très humble servante,
Qui pour cela d'un seul point n'avançoit.
Le conte dit que léans [9] il n'étoit   30

1. Ci-dessous, vers 48.—Rapprochez Brantôme, tome IX, p. 555 : « Ie vous laisse à penser si ceste fille auoit tousiours dict ses heures de Nostre Dame. »

2. Ce ne sont point seulement les mœurs dépravées de certains couvents de religieuses ; c'est surtout, nous l'avons dit, l'exemple des anciens jongleurs malins et grivois, des vieux conteurs goguenards, et aussi l'influence des libertins ses amis, qui met à la Fontaine la plume à la main, et le pousse à faire sa partie dans ce concert de satires mordantes.

3. Tome IV, p. 491 et note 3 :
En cettui lieu beaux pères fréquentoient.

4. Ci-dessus, p. 244 et note 3.

5. Pour ce terme, appliqué aux femmes, comparez le conte VIII de la II⁰ partie, vers 40 et la note.

6.   Et la galande à le considérer
    Avoit pris goût.
                (*Mazet*, vers 119-120.)

7. Messire Jean Chouart couvoit des yeux son mort.
              (Livre VII, fable XI, vers 18.)

Voyez aussi la fable XVI du livre II, vers 9.

8. « Lui venoit sourire » (*Nicaise*, vers 56).

9. Page 405 et note 4.

Vieille ni jeune à qui le personnage
Ne fît songer quelque chose à part soi[1];
Soupirs trottoient[2] : bien voyoit le pourquoi[3],
Sans qu'il s'en mît en peine davantage.
Sœur Isabeau[4] seule pour son usage[5]   35
Eut le galant : elle le méritoit[6],

1. Comme le jeune clerc fait rêver l'abbesse, dans le *Miracle* cité à la notice (vers 211-219):

> Que feray ie, saincte Marie?
> Amour m'assault et me guerrie
> Pour mon clerc qui de cy s'en va,
> Car sodainement monstré m'a
> Son maintien qui par est si gent
> Qu'il doibt bien plaire à toute gent,
> Son biau parler, sa doulce face.
> Mere Dieu, ne sçay que ie face,
> Tant suis de li amer esprise!

2. Ci-dessus, p. 333 et note 4. — Allaient et venaient comme les coups de poing de la fable XIII du livre I, vers 3 :

> Tandis que coups de poing trottoient...,

vers imité de Rabelais (tome II, p. 43, 321): « coups de poing trotteroyent », « coups de poing commencerent trotter », et de Noël du Fail, *Propos rusticques*, p. 43 : « Martin baston trotteroit ». Ici la figure est plus expressive : non seulement allaient, venaient, mais trottaient après le jouvenceau. Comparez le vers 131 de *la Gageure* :

> Garçon bien fait, beau parleur, et de mise,
> Et qui faisoit les servantes trotter.

3. « Caton luy demandoit (à son pédagogue) la cause de toutes choses, et vouloit tousiours sçauoir le pourquoy. » (AMYOT, traduction de la *Vie de Caton d'Utique*, tome II, p. 425.)

> Mesme aux plus avancés demandant le pourquoy....
>   (RÉGNIER, satire x, vers 61.)

4. *Sœur Ysabel*, dans *l'Abbesse grosse*; *Isabetta*, chez Boccace, *una giovane di sangue nobile, e di maravigliosa bellezza dotata*.

5.   André me dit, quand il parfit l'enfant,
>   Qu'en trouveriez plus que pour votre usage.
>   (*Le Faiseur d'oreilles*, vers 97.)

6. Dans *les Rémois*, vers 198: « ....aussi le valoit-elle ».

Douce d'humeur, gentille de corsage[1],
Et n'en étant qu'à son apprentissage[2],
Belle de plus. Ainsi l'on l'envioit
Pour deux raisons : son amant, et ses charmes ; 40
Dans ses amours chacune l'épioit :
Nul bien sans mal[3], nul plaisir sans alarmes.

Tant et si bien l'épièrent les sœurs,
Qu'une nuit sombre et propre à ces douceurs[4]
Dont on confie aux ombres le mystère[5], 45
En sa cellule on ouït certains mots,
Certaine voix, enfin certains[6] propos
Qui n'étoient pas sans doute en son bréviaire[7].
« C'est le galant, ce dit-on ; il est pris. »
Et de courir[8] ; l'alarme est aux esprits[9] ; 50

1. Ci-dessus, p. 49 et note 6.
2. Aux éléments (*la Courtisane amoureuse*, vers 293). Rapprochez *Nicaise*, vers 84 :
> Tenez-vous certain désormais
> De m'avoir pour votre apprentie ;

et la ballade *sur le mal d'Amour*, vers 37 :
> Jusqu'aux tendrons qui font apprentissage,
> Tout est galant, traitable et gracieux.

3.
> Mais ici bas put-on jamais tant faire
> Que de trouver un bien pur et sans mal ?
> (*La Mandragore*, vers 101-102.)

4. « Propre à telle affaire » (*Nicaise*, vers 142). — 5. Page 219.
6. Semblable répétition dans *Richard Minutolo*, vers 27-28, dans *l'Abbesse*, vers 53, et dans *le Cuvier*, vers 8.
7. Vers 19. — Comparez Brantôme, tome IX, p. 550 : « Elle s'aduise, quand sa maistresse fut couchée, de faire le guet à estre aux escoutes à la porte. Elle l'oyoit bien gazouiller tout bas, mais elle cogneut bien que ce n'estoit point la lecture qu'elle auoit accoustumé... faire en son lict. »
8. Pour cet infinitif de narration, voyez ci-dessus, p. 266, 386, etc.
9. Comme on dit : l'alarme est au camp ; rapprochez les fables XIV du livre II, vers 28, et IX du livre XII, vers 50.

L'essaim frémit¹ ; sentinelle se pose².
On va conter en triomphe la chose
A mère abbesse; et, heurtant à grands coups,
On lui cria : « Madame, levez-vous ;
Sœur Isabelle a dans sa chambre un homme³. »   55
Vous noterez que⁴ Madame n'étoit
En oraison⁵, ni ne prenoit son somme⁶.
Trop bien⁷ alors dans son lit elle avoit
Messire Jean⁸, curé du voisinage.

1. C'est bien le bourdonnement d'une ruche d'abeilles. La même image est chez Racine, appliquée à de saintes filles :

>   Ciel! quel nombreux essaim d'innocentes beautés
>   S'offre à mes yeux en foule et sort de tous côtés!
>   (*Esther*, acte I, scène II, vers 122-123.)

Dans *les Cordeliers*, vers 19 : « un essaim de frères ».

2. A la porte de la cellule. Chez Boccace, les sœurs se divisent en deux bandes, dont l'une fait sentinelle, tandis que l'autre va prévenir la supérieure.

3. *Et picchiando l'uscio allei, che gia rispondeva, dissero :* « *Su, Madonna, levativi tosto, che noi habbiam trovato che l'Isabetta ha un giovane nella cella.* »

4. Ci-dessus, p. 399 ; et *passim*.

5.   (*Il*) ne surprit sa femme en oraison.
                    (*Le Mari confesseur*, vers 9.)

Chez Tallemant des Réaux (tome IV, p. 223, 224) : « Elle est en oraison », « On les trouvoit souvent en oraison ». Voyez aussi notre tome IV, p. 124 et note 3.

6.   Et ne croyez qu'on employât au somme
        De tels moments.
                    (*La Mandragore*, vers 238-239.)

7. Bien mieux : ci-dessus, p. 337 et note 1.

8. Nous avons un « frère Jean » dans le conte précédent ; nous retrouverons un « messire Jean » dans *la Jument*, sans oublier le curé « Jean Chouart » (livre VII, fable XI). Comparez ci-dessus, p. 408 ; du Fail, *les Propos rusticques*, p. 20 : « Messire Iean, le feu curé de nostre paroisse », et tome II de ses *Contes*, p. 183 : « Messire Iean, leur curé ».

Pour ne donner aux sœurs aucun ombrage[1], 60
Elle se lève en hâte, étourdiment,
Cherche son voile ; et malheureusement
Dessous sa main tombe du personnage[2]
Le haut-de-chausse, assez bien ressemblant,
Pendant la nuit, quand on n'est éclairée, 65
A certain voile aux nonnes familier,
Nommé pour lors entre elles leur psautier[3].
La voilà donc de grègues[4] affublée[5].
Ayant sur soi ce nouveau couvre-chef[6],

1. Chez Boccace, elle a peur qu'on n'enfonce sa porte.
2. On sait que le mot *personnage* s'appliquait particulièrement autrefois aux curés, aux dignitaires ecclésiastiques, sens conservé par l'anglais *parson*.
3. Grand voile dont elles se couvrent la tête et les épaules. — .... *Et credendosi*, dit Boccace, *tor certi veli piegati liquali in capo portano et chiamangli il saltero*. « .... Et pensant prendre certains voiles pliés, qu'elles portent sur la tête et qu'elles appellent le psautier. » Ici le Maçon traduit à tort *veli piegati* par *coiffe;* mais plus haut, dans le sommaire, il a bien écrit *voyle plié*. — Dans *le Moyen de parvenir*, p. 225 : « Elle se signa fort deuotieusement et deuint toute troublée de son sautier (ou psautier) », de se voir couverte du psautier, dont elle se jugeait indigne. — Ce mot se disait aussi quelquefois du grand chapelet pendu à la ceinture des nonnes, et appelé ainsi parce qu'il a cent cinquante grains qui égalent le nombre des psaumes de David.
4. Sorte de haut-de-chausses (vers 64), ou culottes sans brayettes voyez tome I, p. 177 et note 6.
5. Ci-dessus, p. 373 et note 5.
6. Villon s'est probablement souvenu de cette aventure plaisante, de cette vieille histoire populaire, dans la XIVe octave de son *Petit Testament* :

.... Et à maistre Robert Vallée,
Poure clergeon au Parlement,
Qui ne tient ne mont ne vallée,
I'ordonne principalement
Qu'on luy baille legerement
Mes brayes estans aux trumellieres,
Pour coeffer plus honestement
S'amye Iehanneton de Millieres.

Et s'étant fait raconter derechef 70
Tout le catus[1], elle dit, irritée :
« Voyez un peu[2] la petite effrontée,
Fille du diable[3], et qui nous gâtera
Notre couvent[4]! Si Dieu plaît[5], ne fera;
S'il plaît à Dieu, bon ordre s'y mettra[6] : 75
Vous la verrez tantôt bien chapitrée[7]. »

Chapitre donc, puisque chapitre y a,
Fut assemblé[8]. Mère abbesse, entourée

1. Corruption macaronique et badine du mot *cas*, restée dans le langage du peuple. — Dans le *Recueil de poésies françoises*, tome IV, p. 43 : « C'est ung mauuais catus. » Chez Fleury de Bellingen (*Étymologie des proverbes françois*, p. 88) : « Il y a toujours du qu'as-tu (*sic*) en notre fait, c'est-à-dire du sujet de demander ce que nous avons, quel est le motif de nos déplaisirs, quelle est la cause de nos douleurs. »
2. Tome IV, p. 306.
3. Dans *la Confidente*, vers 83 :
Madame Alis l'appelle enfant du diable.

Voyez aussi ci-dessous, vers 116-117 : « esprit de Lucifer..., petit tison d'enfer ».
4. Couvent. (1685, 1686; ici et aux vers 23 et 136.)
5. Dans *la Chanson de Roland*, vers 358, 1062, 1073, 3538, 3718, 3906 : « Deu ne placet, ne placet Deu »; dans le *Roman de la Rose*, vers 4179 : « Se Diex plaist »; chez Charles d'Orléans, ballades XLV, LV et CXXXIX : « Se Dieu plaist »; chez Amyot, tome I, p. 577 : « Dieu ne plaise ».
6. « Nous y mettrons bon ordre » (*la Mandragore*, vers 320).
7. Ici l'expression est prise au propre : « réprimandée en plein chapitre », et elle amène la transition toute naturelle : « Chapitre donc, » etc. Chez Scarron, *le Virgile travesti*, livre v :
Faire d'eux des moines châtrés,
Après les avoir chapitrés....
Dans *les Cent Nouvelles nouvelles*, p. 169, « capituler », au lieu de « chapitrer » : « Et alors adressa sa parole mesme à la gouge; et Dieu sçait s'il parla bien à elle...; et ne pense pas que gueres oncques femme fut mieulx capitulée qu'elle fut pour adonc. »
8. « La cloche du chapitre fut sonnée, le fouet disciplinal du

De son sénat[1], fit venir Isabeau[2],
Qui s'arrosoit de pleurs tout le visage, 80
Se souvenant qu'un maudit jouvenceau
Venoit d'en faire un différent usage[3].
« Quoi ! dit l'abbesse, un homme dans ce lieu !
Un tel scandale en la maison de Dieu[4] !
N'êtes-vous point morte de honte encore ? 85
Qui nous a fait recevoir parmi nous
Cette voirie[5] ? Isabeau, savez-vous
(Car désormais qu'ici l'on vous honore
Du nom de sœur, ne le prétendez pas),
Savez-vous, dis-je, à quoi, dans un tel cas, 90
Notre institut[6] condamne une méchante ?

conuent apporté. » (*Les Comptes du monde aduentureux*, tome I, p. 80.)

1. Des religieuses anciennes : voyez *l'Abbesse*, vers 110 et note 2. — Même locution : « le sénat », en parlant du parlement de Rouen, dans *les Troqueurs*, vers 172, et, à propos du « consistoire » des démons, dans *Belphégor*, vers 51.

2. Chez Boccace, l'abbesse va surprendre elle-même Isabeau, dont elle enfonce la porte avec l'aide de ses nonnes ; *et entrate dentro, nel letto trovarono i due amanti abbracciati*. Ensuite elle assemble le chapitre.

3. Qu'il avait couvert de baisers ce visage qu'elle-même baignait de pleurs.

4.   Avoir ainsi souillé cette maison !
     (*Les Lunettes*, vers 39.)

5. Cette ordure, digne d'être jetée à la voirie : injure très expressive, dont Littré cite un exemple de Montaigne : « Nous mesmes, qui sommes de la voirie du peuple », et un de Charron : « l'ordure et la voirie du monde ». Ajoutons-en un troisième emprunté au *Recueil de poésies françoises*, tome III, p. 297 :

  Telle qu'on appeloit de tous costez « Voirie ! »

6. « Ces religieuses, étant des étrangères et d'un autre institut que le leur, n'étoient point capables de les gouverner. » (Racine, tome IV, p. 554.)

Vous l'apprendrez devant qu'il soit demain[1].
Parlez, parlez. » Lors la pauvre nonnain,
Qui jusque-là, confuse et repentante,
N'osoit branler[2], et la vue[3] abaissoit,   95
Lève les yeux, par bonheur aperçoit
Le haut-de-chausse, à quoi toute la bande,
Par un effet d'émotion trop grande,
N'avoit pris garde[4], ainsi qu'on voit souvent.
Ce fut hasard qu'Isabelle à l'instant   100
S'en aperçut[5]. Aussitôt la pauvrette[6]
Reprend courage, et dit tout doucement :
« Votre psautier a ne sais quoi qui pend[7] ;

1. Même tour dans *le Petit Chien*, vers 177 : « Avant qu'il soit deux jours de temps ».

2. Bouger, locution encore usitée dans beaucoup de provinces : « Branlez-vous », « Ne branle pas ». Chez Montaigne, tome III, p. 488 : « J'entreprends seulement de me branler pendant que le branle me plaist » ; chez Brantôme, tome IV, p. 234 : « Si l'on eust branlé le moins du monde, il y eust eu de la folie », p. 247 : « Tout estoit perdu s'il eust parti et branlé. » Voyez aussi, pour *branle, branlement, branler*, ibidem, tomes II, p. 351, V, p. 55, VI, p. 226, 280, IX, p. 565, 691, etc.; Rabelais, tome III, p. 221 ; Saint-Gelais, tome II, p. 268 ; Regnier, satire IX, vers 149 ; Théophile, tome I, p. 179, 273 ; Retz, tome II, p. 106, 203, 280 ; Scarron, *le Virgile travesti*, livre VI :

> Son corps chancelant
> Branloit dans le bateau branlant ;

Mme de Sévigné, tome IX, p. 54 : « On leur a dit (aux soldats) qu'il ne faut pas branler, ni aller et venir quand ils sont dans leurs rangs » ; et les divers *Lexiques* de notre collection.

3. Tome IV, p. 306 et note 4.

4. *Altre ....si focose e si attente erano a dover far trovare in fallo l'Isabetta, che di cosa che la badessa in capo havesse non s'avedieno.*

5. S'en aperçût. (1685, 1686.) — 6. Tome IV, p. 347 et note 3.

7.   Que sçauez vous que il vous pend,
   Belle dame, deuant vos yeulx?
         (JEAN DE CONDÉ, cité à la notice.)

— *Venne alla giovane alzato il viso e veduto cio che la badessa haveva*

Raccommodez-le. » Or c'étoit l'aiguillette[1] :
Assez souvent pour bouton l'on s'en sert.   105
D'ailleurs ce voile avoit beaucoup de l'air
D'un haut-de-chausse ; et la jeune nonnette,
Ayant l'idée encor fraîche[2] des deux[3],
Ne s'y méprit : non pas que le messire[4]
Eût chausse faite ainsi qu'un amoureux[5],   110
Mais à peu près ; cela devoit suffire.
L'abbesse dit : « Elle ose encore rire !
Quelle insolence[6] ! Un péché si honteux
Ne la rend pas plus humble et plus soumise !
Veut-elle point que l'on la canonise ?   115
Laissez mon voile, esprit de Lucifer[7] ;
Songez, songez, petit tison d'enfer[8],

in capo, et gli usolieri delle brache che di qua et di la pendevano. « Il aduint à la ieune folle de hausser la veue, et vit ce que l'abbesse portoit en sa teste, et les lacets des brayes qui pendoient des deux costez. »

1. Cordon ferré par les deux bouts qui servait à attacher le haut-de-chausses au pourpoint. Cette mode tendait à disparaître au temps où la Fontaine publiait ce conte (1674) : l'aiguillette était bien souvent remplacée par des boutons. La Bruyère (1688), parlant d'un fat ridicule qui « fuit la mode » pour se faire remarquer, nous le montre portant encore des chausses à aiguillettes » (*de la Mode*, tome II, p. 146 ; la note 4 de cette page 146 est donc à rectifier).

2. « ....I'en ay aussi fresche memoire comme si ce eust hier esté. » (*Les Cent Nouvelles nouvelles*, p. 310.)

3. Du haut-de-chausses et de l'aiguillette de son amoureux.

4. « Messire Jean », le curé avec lequel l'abbesse était couchée (ci-dessus, vers 59).

5. Elle était de moins belle étoffe sans doute, et n'était pas ornée de cet amas de rubans qui recouvrait chez les élégants les attaches des chausses.

6.   Tu ris, dit-elle : ô Dieux ! quelle insolence !
                    (*Richard Minutolo*, vers 155.)

7. Plus haut, vers 73 : « fille du diable ».

8. En langage mystique ; *titio infernalis :* sorti de l'enfer ou digne

Comme on pourra raccommoder¹ votre âme. »
Pas ne finit mère abbesse sa gamme²
Sans sermonner³ et tempêter⁴ beaucoup.   120
Sœur Isabeau lui dit encore un coup :
« Raccommodez votre psautier, Madame⁵. »
Tout le troupeau⁶ se met à regarder⁷ :
Jeunes de rire, et vieilles de gronder⁸.

d'y brûler, une âme damnée, et qui damne autrui. Nous retrouvons cette énergique invective dans *le Joueur* de Regnard (acte V, scène x) : « Adieu, tison d'enfer... ! » — Chez Brantôme (tome IX, p. 172) : « C'est une misere extresme d'auoir à ses costez ung diable d'enfer couché, au lieu d'ung ange. »

1. Remettre en meilleur état : réponse ironique au vers 104.
2. Voyez ci-dessus, p. 337 et note 4. Dans *le Mistere du viel Testament*, tome III, p. 74 :

> Mais ie suis bien femme
> De sçauoir ung iour
> Te monstrer ta gamme.

Comparez Coquillart, tome II, p. 45, 216, et p. 286 :

> Quant au regard des damoyselles,
> Grosses bourgoises, gentilz femmes,
> Il n'y a que redire en elles :
> Elles sçauent trop bien leurs gammes.

3. Chez Molière, *le Tartuffe*, acte I, scène II, vers 205 :

> Il vient nous sermonner avec des yeux farouches.

4. « De quoi lui servit jamais tout ce qu'il sut crier et tempêter? » (MALHERBE, tome II, p. 315.)

> C'est en vain qu'il tempête et feint d'être en fureur.
> (CORNEILLE, *Polyeucte*, vers 1461.)

5. *Allhora la giovane un' altra volta disse : « Madonna, io vi priego che voi v' annodiate la cuffia, poi dite a me cio che vi piace. »*
6. Dans *l'Abbesse*, vers 7 : « tout un troupeau de nonnes ».
7. *Laonde molte delle monache levarono il viso al capo della badessa, et ella similmente ponendovisi le mani, s'accorsero perche l'Isabetta cosi diceva.*
8. Ci-dessus, vers 50 et note 8.

La voix manquant à notre sermonneuse, 125
Qui, de son troc bien fâchée[1] et honteuse,
N'eut pas le mot à dire en ce moment[2],
L'essaim[3] fit voir par son bourdonnement
Combien rouloient de diverses pensées
Dans les esprits. Enfin l'abbesse dit : 130
« Devant qu'on eût tant de voix ramassées[4],
Il seroit tard ; que chacune en son lit
S'aille remettre[5]. A demain toute chose. »

Le lendemain ne fut tenu, pour cause,
Aucun chapitre ; et le jour ensuivant[6] 135
Tout aussi peu. Les sages du couvent
Furent d'avis que l'on se devoit taire ;
Car trop d'éclat eût pu nuire au troupeau[7].
On n'en vouloit à la pauvre Isabeau
Que par envie : ainsi, n'ayant pu faire 140
Qu'elle lâchât aux autres le morceau[8],

1. D'avoir troqué son psautier contre un haut-de-chausses.
2. Et mérita bien dès lors d'être appelée l'abbesse « de Longue Braiere », expression plaisante de Coquillart (tome II, p. 115).
3. Ci-dessus, vers 51 et note 1.
4. Voyez, pour ce tour et cet accord, p. 365 et note 7.
5. *Col suo prete si torno a dormire, et l'Isabetta col suo amante.*
6. Tome IV, p. 503 et note 3.
7. Ci-dessus, p. 403 :

    Comme il n'est bon que telle chose éclate....

8. Tome IV, p. 214. — Même locution figurée chez Brantôme, tome IX, p. 337 : « La vieillesse les doit elle empescher (les dames) qu'elles ne tastent ou mangent quelques foiz de bons morceaux, dont elles en ont praticqué l'usance si longtemps? » ; p. 551 : « Elles ont peur que ce meschant ventre les accuse aussi tost, sans lequel elles mangeroient de bons morceaux » ; p. 577 : « Quand elles ont enuie d'ung homme..., elles vendroient et donneroient iusques à leur chemise, plus tost qu'elles n'en tastassent ; à maniere des friands et de ceulx qui sont subiects à leur bouche, quand ilz

Chaque nonnain, faute de jouvenceau,
Songe à pourvoir d'ailleurs à son affaire¹.
Les vieux amis reviennent de plus beau.
Par préciput² à notre belle on laisse   145
Le jeune fils, le pasteur à l'abbesse :
Et l'union alla jusques au point
Qu'on en prêtoit à qui n'en avoit point.

ont enuie d'ung bon morceau, fault qu'ilz en tastent. » — *Ibidem*, p. 469 : « On ne doit iamais offenser l'honneur des dames.... Ie parle autant de ceulx qui en reçoiuent des iouissances, comme de ceulx qui ne peuuent taster de la venaison et la descrient. »

1. Tome IV, p. 249 et note 8. — *L'altre, che senza amante erano, come seppero il meglio, segretamente procacciaron lor ventura.*

2. Par prélèvement : *quia præcipitur seu ante capitur*. — Le préciput est proprement l'avantage que le testateur ou la loi donne à un des cohéritiers par-dessus les autres, ou l'avantage stipulé, par contrat de mariage, en faveur de l'époux survivant. Comparez *l'École des femmes* de Molière, acte IV, scène II (tome III, p. 234 et note 3).

VIII

LE ROI CANDAULE
ET
LE MAÎTRE EN DROIT.

L'histoire du roi Candaule est chez Hérodote, livre I, chapitres VIII-XII ; nous aurons l'occasion, dans les notes qui suivent, de rapprocher du récit de la Fontaine celui de l'historien grec.

Comparez, entre autres nombreux écrits, annales, chansons, complaintes, fables, ballades, contes, romans, satires, où cette fâcheuse aventure est racontée, où il y est fait du moins allusion, le livre I de la *Chronique* d'Eusèbe, traduite et augmentée par saint Jérôme qui approuve la pudeur de la reine et sa vengeance ; la version de Ptolémée Éphestion, qui appelle cette reine Nyssia (dans la *Bibliothèque* de Photius, édition de Berlin, 1824, p. 190) ; le Recueil de poésies françoises, tome III, p. 74, *le Danger de se marier* :

> Candaules, Lydien, est de nuict massacré
> Dans son lict coniugal à l'hymen consacré,
> Par le commandement de sa femme cruelle,
> La quelle, auec Giges, luy seruit de bourrelle ;

l'*Apologie pour Hérodote*, tome I, p. 22-23 ; le passage de Brantôme cité plus bas ; un curieux épisode du *Grand Alcandre frustré* dans l'Histoire amoureuse des Gaules (tome IV, p. 69) ; la piquante et brillante étude antique de Théophile Gautier intitulée *le roi Candaule*, etc., etc.[1].

L'histoire du Maître en droit est dans la IIe nouvelle de la Ire journée d'*il Pecorone* (Milan, 1558, in-8º), recueil publié par un imitateur de Boccace, Giovanni Fiorentino, qui avait pris de lui-même ce surnom : *il Pecorone*, la bête. En voici le sommaire :

1. Le bon Rollin, répétant cette anecdote dans son *Histoire ancienne* (livre V, chapitre III), recommande, à ce propos, aux maris d'empêcher leurs femmes de se baigner dans la rivière.

Bucciolo e Pietro Paolo vanno a studiare a Bologna. Bucciolo licenziato in lege vuol tornarsene a Roma senza l'altro, ma poi si determina d'aspettarlo. Intanto domanda il maestro che gl'insegni che modo si tiene d'innamorarsi. Profitto ch'gli ne fece a danno del maestro.

« Bucciolo et Pierre Paolo vont étudier à Bologne. Bucciolo, après avoir été reçu licencié en loi, veut retourner à Rome sans son compagnon, mais se détermine ensuite à l'attendre. Cependant il demande à son maître de lui enseigner comment on fait l'amour, et se sert contre ce maître de ses leçons. »

Le même sujet a été traité par Masuccio, nouvelle IV de sa IV⁰ partie, par Straparole, dans ses *Facétieuses nuits*, fable IV de sa IV⁰ nuit, et par G. Chappuys, nouvelle x de sa VII⁰ journée.

Molière est très certainement redevable aux conteurs italiens de l'idée des confidences que fait dans *l'École des femmes* le jeune Horace à Arnolphe. Voyez la Notice de M. Despois sur cette comédie (tome III du Molière de notre collection, p. 115-116).

Brantôme, dans ses *Dames galantes*, discours premier (tome IX des OEuvres, p. 66-70), a rapproché de l'histoire de Candaule et de Gygès, qui forme la première moitié de notre conte, un certain nombre d'exemples de maris « prodigues, comme il dit, de la veue de leurs femmes nues », qui ne se contentent « de se donner du plaisir paillard de leurs femmes, mais en donnent de l'appetit, soit à leurs compaignons et amys, soit à d'aultres. Ainsi que i'en ai cogneu plusieurs qui leur louent leurs femmes, leur disent leurs beautez, leur figurent leurs membres et partyes du corps, leur representent leurs plaisirs qu'ilz ont auec elles, et leurs folastreries dont elles usent enuers eux, les leur font baiser, toucher, taster, voire voir nues.... Or... i'en sçay ung qui, pour ung matin, ung sien compagnon l'estant allé voir dans sa chambre ainsi qu'il s'habilloit, luy monstra sa femme toute nue, estendue tout de son long toute endormie, et s'estant elle mesme osté ses linceuls de dessus elle, d'autant qu'il faisoit grand chaud, luy tira le rideau à demy, si bien que le soleil leuant donnant dessus elle, il eut le loisir de la bien contempler à son ayse, où il ne vit rien que tout beau en perfection; et y put paistre ses yeulx non tant qu'il eust voulu, mais tant qu'il put; et puis le mary et luy s'en allerent chez le roy. Le lendemain, le gentilhomme, qui estoit fort seruiteur de ceste dame honneste, luy raconta ceste vision, et mesme luy figura beaucoup de choses qu'il auoit remarquées en ses beaux membres, iusques aux plus cachez; et si le mary le luy confirma, et que c'estoit luy mesme qui en auoit tiré le rideau. La dame, de despit qu'elle conceut contre son mary, se laissa aller et s'octroya à son amy par ce seul subiect : ce que tout son service n'auoit sceu gaigner.... Il ne faut iamais monstrer sa femme nue, ajoute-t-il en forme de conclusion, ny ses terres, pays et places. »

Mentionnons enfin, dans le *Lai de Graelent*, de Marie de France, la singulière habitude qu'a le Roi de Bretagne, d'après ce fabliau, quand il convoque ses barons à la Pentecôte, et leur offre un festin, de faire monter la Reine sur une estrade, où elle ôte ses vêtements, et de les prendre à témoin de ses charmes avec une complaisance étrange (vers 411-426[1]) :

> A Pentecuste chascun an
> Semouneit ses baruns par ban,
> Tus cex qui de lui rien teneient,
> Et à sa cort od lui mangeient....
> Quant mangié aueient le iur,
> La Roine faiseit munter
> Sor un haut banc et deffubler,
> Puis demandeit à tus ensanble :
> « Segnur Barun, que vus en sanble?
> A sous ciel plus bele roine,
> Pucele, dame ne mescine? »
> A tus le conueneit loer,
> Et au Roi dire et affremer
> K'il ne seuent nule si bele,
> Mescine, dame ne pucele.

Trois opéras-comiques, portant tous les trois le même titre : *le Maître en droit*, ont été tirés de la seconde partie de notre conte, le premier, par Quetant, joué à Troyes, en 1759; le second, par le Monnier et Monsigny, représenté sur le théâtre de la foire Saint-

---

[1]. C'est ce que fait aussi Assuérus au chapitre I, versets 10-11, du livre d'*Esther* : «....Sur la fin du repas (de cent quatre-vingts jours), le Roi invita tout le peuple de Suse pendant sept jours, depuis le plus grand jusqu'au plus petit.... Le septième jour, le Roi, étant plus gai que de coutume, à cause du trop de vin qu'il avait bu, commanda aux sept princes eunuques qui le servaient de faire venir la reine Vasthi (toute nue, dit le texte chaldéen), le diadème au front, pour montrer sa beauté à tous ses peuples; car elle était fort belle. »

Germain, en 1760 (analysé dans le *Dictionnaire dramatique*, tome II, p. 155); le troisième, par un anonyme, également représenté à la foire Saint-Germain, en 1762.

N'oublions pas, pour la première partie, *le Roi Candaule*, comédie en un acte, par MM. Meilhac et Halévy, donnée au théâtre du Palais-Royal en 1873.

La galante et tragique aventure de Candaule, Gygès et Nyssia a également inspiré les peintres, les sculpteurs : rappelons la statue de la reine Nyssia, par Pradier, qui est au musée de Montpellier; le célèbre tableau de Gérôme; etc.

Force gens ont été l'instrument de leur mal[1] :
    Candaule en est un témoignage.
Ce roi fut en sottise[2] un très grand personnage[3];
    Il fit pour Gygès son vassal[4]
Une galanterie imprudente et peu sage.   5
« Vous voyez, lui dit-il[5], le visage charmant
Et les traits délicats dont la reine est pourvue[6] ;
Je vous jure ma foi[7] que l'accompagnement[8]

1. De leur malheur : ci-dessus, p. 135 et note 1.

2. On peut prendre ici le mot *sottise* dans son double sens : bêtise ou niaiserie, et qualité de cocu, cocuage; voyez *Féronde*, vers 52 et la note :

    Féronde étoit un sot de par le monde.

3. Chez Brantôme, tomes III, p. 315, IV, p. 46, 279, VI, p. 140, VII, p. 90 : « ung grand, trez grand personnage en tout, en toutes façons ».

4. « L'un de ses gardes, Gygès, fils de Dascyle », dit Hérodote.

5. Pour expliquer cette confidence, la rendre plus vraisemblable, Hérodote nous apprend que Candaule chérissait tendrement Gygès, et lui demandait son avis sur ses plus importantes affaires : aussi en vint-il à le consulter jusque sur sa femme.

6.   Si divine et si belle, et d'attraits si pourvue....
               (REGNIER, élégie 1, vers 73.)
    De grâces et d'attraits je vois qu'elle est pourvue.
               (MOLIÈRE, *le Misanthrope*, vers 697.)

7. Même locution dans *la Gageure*, vers 105 et note 2.

8. Comparez « tout le reste », ci-dessous, vers 40, « tout ce qui s'ensuit », dans *la Jument*, vers 99, et « la suite », dans le conte des

Est d'un tout autre prix, et passe[1] infiniment;
    Ce n'est rien qui ne l'a vue[2]   10
        Toute nue[3].
Je vous la veux montrer sans qu'elle en sache rien,
    Car j'en sais un très bon moyen[4];
Mais à condition..., vous m'entendez fort bien
    Sans que j'en dise davantage :   15
    Gygès, il vous faut être sage;
    Point de ridicule desir :
    Je ne prendrois pas de plaisir
Aux vœux impertinents qu'une[5] amour sotte et vaine
    Vous feroit faire pour la reine.   20
Proposez-vous de voir tout ce corps si charmant
    Comme un beau marbre seulement.
Je veux que vous disiez que l'art, que la pensée,
Que même le souhait ne peut aller plus loin.
    Dedans le bain je l'ai laissée :   25

Lunettes, vers 123 :
    Le dos à l'air avec toute la suite.

  1. Absolument : va au delà ou au-dessus. Chez Malherbe, traduction du *Traité des Bienfaits de Sénèque* (livre I, chapitre IV) : « En matière de revanche, qui ne passe n'atteint point. »

  2. Ellipse hardie : pour qui ne l'a vue, quand on ne l'a vue....

  3. Après lui avoir vanté les charmes de sa femme, ce qu'il faisait souvent, Candaule, dit Hérodote, tint à Gygès ce langage : « Il me semble que tu n'ajoutes pas foi à l'éloge que je te fais de la beauté de la reine; au reste, l'oreille est moins aisée à persuader que les yeux : fais donc en sorte de la voir nue. »

  4. « Je disposerai si bien tout qu'elle ne soupçonnera jamais que tu l'aies vue. Je te placerai derrière la porte ouverte de notre chambre à coucher. Lorsque j'y serai entré, ma femme ne tardera pas à me suivre. Or il y a près de la porte un siège sur lequel elle déposera ses vêtements l'un après l'autre : tu auras donc tout loisir de la contempler. Puis lorsqu'elle viendra se mettre au lit et te tournera le dos, ce sera à toi de prendre bien garde qu'elle ne te voie pas sortir. » (*Ibidem.*)

  5. Ci-dessus, p. 274 et note 3.

Vous êtes connoisseur¹; venez être témoin
De ma félicité suprême². »

Ils vont³ : Gygès admire. Admirer c'est trop peu :
Son étonnement est extrême.
Ce doux objet joua son jeu⁴ :
Gygès en fut ému, quelque effort qu'il pût faire⁵.

30

1. Même hémistiche dans la comédie de *Clymène*, vers 568.

— Nous en croirons les connoisseuses.
(*Joconde*, vers 33 et la note.)

2. Dans la nouvelle citée de Théophile Gautier : « Pour me comprendre..., il faut que tu contemples Nyssia dans l'éclat radieux de sa blancheur étincelante, sans ombre importune, sans draperie jalouse, telle que la nature l'a modelée de ses mains dans un moment d'inspiration qui ne reviendra plus. Ce soir, je te cacherai dans un coin de l'appartement nuptial..., tu la verras! »

3. Gygès se récrie, chez Hérodote, car il a peur qu'il ne lui arrive quelque mal : « Maître, es-tu insensé, toi qui m'ordonnes de voir ma maîtresse toute nue? La femme qui dépouille sa tunique dépouille aussi sa pudeur avec son vêtement : ... que chacun regarde ce qui est à lui. Je suis convaincu que la reine est la plus belle des femmes; mais, je t'en conjure, ne me demande rien d'inconvenant. » — « Certes, remarque Brantôme (tome IX, p. 67), ce roy estoit bien de loisir de donner ainsi appetit d'une viande nouuelle, si belle et bonne, qu'il debuoit tenir si chere! »

4. Son jeu, son manège, de coquette; le jeu du miroir : une jolie femme est coquette, même lorsqu'elle est ou se croit seule, même en dormant, à plus forte raison au bain. Ou peut-être, simplement : « Ce doux objet produisit son effet, l'effet qu'il devait produire. » Comparez *le Magnifique*, vers 208; Brantôme, tomes III, p. 59, VII, p. 258 : « Il auoit ioué son ieu seur et sans bruit »; VIII, p. 185, IX, p. 548, 642, 657, et p. 725 : « Telle prendra on pour une preude femme et confite en sapience qui... iouera son ieu si bien à point »; et Scarron, *le Virgile travesti*, livre VI :

Au bûcher ils mirent le feu;
Lors la flamme joua son jeu.

5. Ravi comme en extase à cet objet charmant....
(*Les Oies*, vers 152 et note 5.)

Il auroit voulu se taire,
Et ne point témoigner¹ ce qu'il avoit senti ;
Mais son silence eût fait soupçonner du mystère :
L'exagération fut le meilleur parti.   35
   Il s'en tint² donc pour averti³ ;
Et, sans faire le fin, le froid, ni le modeste⁴,
Chaque point, chaque article, eut son fait, fut loué.
« Dieux ! disoit-il au roi, quelle félicité⁵ !
Le beau corps ! le beau cuir⁶ ! ô ciel ! et tout le reste⁷ ! » 40
   De ce gaillard entretien
   La reine n'entendit rien ;
   Elle l'eût pris pour outrage :
   Car en ce siècle ignorant
   Le beau sexe étoit sauvage⁸.   45
   Il ne l'est plus maintenant,
   Et des louanges pareilles
   De nos dames d'à présent

1. Voyez *le Berceau*, vers 111. — 2. Il s'en tient. (1675.)
3.   Cléon se tint pour dûment averti.
                         (*La Confidente*, vers 168.)

4. *Modeste*, c'est-à-dire, ici, pudique, réservé.
5. Ci-dessus, vers 27.
6. La belle peau ! (tome IV, p. 214 et note 3). — Chez Ronsard, tome I, p. 118 : « La plaie n'auoit profondement saigné,
   Et le cuir seulement n'estoit qu'esgratigné » ;
chez Brantôme, tome VII, p. 342 : « Elle estoit fort blanche..., et la charnure belle, et son cuir net. » — Comparez chez Coquillart, tome II, p. 117 : « Guillemette porte cuirache », c'est-à-dire à la grosse peau, à la peau tannée.
7. Vers 8 et note 8.
8. *Sauvage*, au sens où l'entend Molière dans *le Tartuffe* (acte IV, scène III, vers 1330-1331) :
   (Je) ne suis point du tout pour ces prudes sauvages
   Dont l'honneur est armé de griffes et de dents.
C'est le poignard, chez Hérodote, le poison, chez la Fontaine, qui serviront à la reine de griffes et de dents.

N'écorchent point les oreilles.
Notre examinateur¹ soupiroit dans sa peau² ; 50
L'émotion croissoit³, tant tout lui sembloit beau⁴.
Le prince, s'en doutant, l'emmena ; mais son âme
  Emporta cent traits de flamme :
  Chaque endroit lança le sien.
  Hélas ! fuir n'y sert de rien ; 55
  Tourments d'amour font si bien
  Qu'ils sont toujours de la suite⁵.

Près du prince, Gygès eut assez de conduite⁶.
Mais de sa passion la reine s'aperçut.

1. Le mot ici est pris dans un sens absolu. — Comparez le vers 566 de *l'École des femmes* de Molière :

  O fâcheux examen d'un mystère fatal,
  Où l'examinateur souffre seul tout le mal.

2. Dans *le Cocu*, vers 17-18 et note 2 :

  Tant se la mit le drôle en la cervelle,
  Que dans sa peau peu ni point ne duroit.

3. Ci-dessus, vers 31.

4.   Il ne sait quels charmes élire,
Il dévore des yeux et du cœur cent beautés.
   (*Le Fleuve Scamandre*, vers 48-49.)

5. Idée bien souvent exprimée. Rapprochez, entre autres nombreux exemples, *le Faucon*, vers 102-104 et la note ; Properce, élégie xxx du livre II :

 Quo fugis, ah ! demens ? nulla est fuga. Tu licet usque
  Ad Tanain fugias, usque sequetur Amor;

et Quinault, tragédie de *Roland*, acte II, scène I :

 Je porte au fond du cœur mon funeste martyre.
 Hélas ! où puis-je aller ? où puis-je fuir, hélas !
  Où l'Amour ne me suive pas ?

Voyez aussi ci-dessous, p. 464, note 1.

6. Se comporta avec assez de prudence. Comparez Régnier (satire XIII, vers 111) :

 Le malheur par conduite au bonheur cédera ;

Elle sut
L'origine du mal : le roi, prétendant rire,
 S'avisa de lui tout dire¹.
 Ignorant ! savoit-il point
 Qu'une reine sur ce point
 N'ose entendre raillerie ?
 Et supposé qu'en son cœur
 Cela lui plaise, elle rie²,
 Il lui faut, pour son honneur,
 Contrefaire la furie.
 Celle-ci le fut vraiment,
 Et réserva dans soi-même
 De quelque vengeance extrême
 Le desir très véhément³.
 Je voudrois pour un moment,

Corneille (*Poésies diverses*, tome X, p. 201) :

 ....Le Ciel réservoit à notre auguste roi
 D'avoir plus de conduite et plus de cœur que toi

et les *Lexiques de la Rochefoucauld, de Sévigné, de la Bruyère*.

1. Chez Hérodote, la reine aperçoit Gygès tandis qu'il se glisse hors de la chambre ; son mari n'a pas besoin de lui faire ce maladroit, cet imprudent aveu.

2. Dans *la Fiancée du roi de Garbe*, vers 739 et note 3 : « La dame
 Qui rioit sans doute en son âme.... »

Dans *les Oies*, vers 5-6 :
 Ne peut-il pas (*le beau sexe*), sans qu'il le dise,
 Rire sous cape de ces tours ?

3. « Dès qu'elle comprit, dit Hérodote, ce qu'avait fait son mari, elle résolut d'en tirer vengeance, mais se tut par fierté, et feignit de ne se douter de rien. Chez les Lydiens en effet, et chez presque tous les barbares, c'est une grande honte, même pour un homme, d'avoir été vu nu. » Cette dernière assertion nous paraît étrange ; mais, fût-elle exacte, du moins au temps d'Hérodote, elle n'est pas nécessaire pour expliquer le ressentiment de la reine : ce qui l'irrite, ce qui l'exaspère, ce n'est pas précisément d'avoir été vue nue, mais d'avoir été surprise ainsi par un « vassal » (vers 4), et par la faute de son mari, qui semble avoir voulu lui faire outrage.

Lecteur, que tu fusses femme[1] : 75
Tu ne saurois autrement
Concevoir jusqu'où la dame
Porta son secret dépit.
Un mortel eut le crédit
De voir de si belles choses, 80
A tous mortels lettres closes[2] !
Tels dons étoient pour des dieux,
Pour des rois, voulois-je dire[3] ;
L'un et l'autre y vient[4] de cire[5],
Je ne sais quel est le mieux. 85

1.
> Alors que quelqu'un lui déplaît,
> C'est une diablesse complète.
> Toute autre femme est ainsi faite,
> Et n'est pas un pire animal
> Qu'une femme qui nous veut mal.
> (SCARRON, *le Virgile travesti*, livre IV.)

2. Comparez, pour cette expression, *les Troqueurs*, vers 49 et la note.

3. Pareille assimilation des rois aux dieux dans notre tome III, p. 63 et note 5, 245 et note 14; voyez aussi *le Petit Chien*, vers 391-392 et la note; et une lettre de Saint-Évremond à notre poète (tome III *M.-L.*, p. 392) :

> Je ne parlerai point des rois;
> Ce sont des dieux vivants que j'adore en silence.

4. Tome IV, p. 255 et note 5.

5. A propos, parfaitement, en convenance parfaite. « Cette locution, dit Littré, est une extension de la locution : égaux comme de cire, et signifie : comme si la chose était en cire, substance molle et à laquelle on donne la forme que l'on veut. » Et il cite deux exemples de Voltaire qui confirment cette explication, et cet autre de la Fontaine (*le Magnifique*, vers 147) :

> Votre jardin viendra comme de cire :
> Descendez-y; ne doutez du succès.

Rapprochons aussi l'*Ancien Théâtre françois*, tome VII, p. 125, 370, le *Recueil de poésies françoises*, tomes I, p. 84, 91, XII, p. 10, Gringore, tome I, p. 280, Rabelais, tome I, p. 72, des Périers,

Ces pensers¹ incitoient la reine à la vengeance².
Honte, dépit, courroux, son cœur employa tout ;
Amour même, dit-on, fut de l'intelligence³ :
    De quoi ne vient-il point à bout⁴ ?
Gygès étoit bien fait, on l'excusa sans peine ;   90
Sur le montreur d'appas⁵ tomba toute la haine :
    Il étoit mari, c'est son mal ;
    Et les gens de ce caractère⁶

tome I, p. 118 : « Sa botte luy estoit faicte comme ung gant ou comme de cire » ; Marot, tomes I, p. 225 : « parler comme de cire » ; III, p. 21 :

    Monsieur l'abbé et monsieur son valet
    Sont faictz egaulx tous deux comme de cire ;

Perrault, dans son conte de *Cendrillon* : « Approchant la pantoufle de son petit pied, il vit qu'il y entroit sans peine, et qu'elle y étoit juste comme de cire » ; etc.

1. Ci-dessus, p. 391 et note 4.
2. Comparez Marot, tome III, p. 124 : « inciter à sommeil », Malherbe, tome II, p. 454 : « inciter à la vertu ».
3. « De l'intrigue » (ci-dessous, vers 105). — Voyez, pour cette locution, *Ragotin* (acte V, scène XII) :

    Je crois que ce perfide est de l'intelligence ;

Psyché, livre II (tome III *M.-L.*, p. 145) : « Il lui envoya un baume excellent par celle qui étoit de l'intelligence » ; du Fail, tome II, p. 158 : « ....ung tiers qui en estoit de moytié et de l'intelligence » ; Corneille, *le Menteur*, vers 350, *Nicomède*, vers 1167, *Agésilas*, vers 1708 ; etc. ; et rapprochez la ballade IV de Charles d'Orléans :

    Amour aussi est de leur alliance :
    Nul ne tiendroit contre telle puissance.

4.   ....De quoi ne vient à bout
    L'esprit joint au desir de plaire ?
    (Livre XI, fable II, vers 47-48 et note 21.)

5. Comme on dit montreur de marionnettes. Ce mot *montreur*, qui n'est ni dans le Dictionnaire de l'Académie, ni dans aucun de nos anciens glossaires, sauf celui de Cotgrave, ne s'applique guère qu'à ceux qui montrent quoi que ce soit moyennant une rétribution : c'est pourquoi il est fort plaisant ici.

6. Revêtus de ce caractère.

J. DE LA FONTAINE. V.   28

Ne sauroient en aucune affaire
Commettre de péché qui ne soit capital¹.   95
Qu'est-il besoin d'user d'un plus ample prologue?
Voilà le roi haï, voilà Gygès aimé;
   Voilà tout fait et tout formé²
   Un époux du grand catalogue³ :
Dignité⁴ peu briguée, et qui fleurit pourtant.   100
La sottise du prince étoit d'un tel mérite⁵
Qu'il fut fait in petto⁶ confrère de Vulcan⁷;
De là jusqu'au bonnet⁸ la distance est petite⁹.

1. Qui n'ait pour eux les plus dangereuses conséquences.

2. Comparez *la Coupe enchantée*, vers 341 : « Un cocu se pouvoit-il faire, etc. »; et Brantôme, tome IX, p. 141 : « En leur presence (des duègnes) les cocus se forgent sans qu'elles y prennent garde. »

3. Du grand livre des maris trompés[a] (p. 83 et note 5), de la longue liste, aussi longue, plus longue peut-être, que le catalogue des belles que Don Juan avait séduites, et que l'Arlequin de la comédie italienne déroulait et laissait flotter sur le parterre (*Joconde*, vers 260, 283, et notes). — Rapprochez « la grand'bande », ci-dessus, p. 133 et note 4.

4.   Si j'étois crû, dit-il, en dignité
       De cocuage...?
                       (*Le Mari confesseur*, vers 17-18.)

5. Non d'un tel acabit, mais, au sens propre du mot : méritait tellement une récompense..., ou une punition. Chez Mme de Sévigné (tome VII, p. 99) : « Cet homme le traite actuellement selon le mérite de ce mal, sans néanmoins le séquestrer. »

6. En secret, en pensée; avant même l'exécution.

7. Dans *la Coupe enchantée*, vers 414-415 et note 4 :

   .... Mais si du dieu nommé Vulcan
   Vous suivez la bannière, étant de nos confrères, etc.

8. Jusqu'au bonnet de docteur en cocuage (vers 288-289), jusqu'à porter des cornes.

9. Dans *les Rémois*, vers 154-156 et note 1 :

   N'êtes-vous pas cocu plus d'à demi?
   Madame Alis au fait a consenti :
   Cela suffit; le reste est bagatelle.

[a] Comme celui de Saint-Gengoux, en Lorraine, petit hameau de la com-

Cela n'étoit que bien; mais la Parque maudite[1]
Fut aussi de l'intrigue[2], et, sans perdre de temps,   105
    Le pauvre roi par nos amants
    Fut député vers le Cocyte[3];
    On le fit trop boire d'un coup :
    Quelquefois, hélas! c'est beaucoup[4].
    Bientôt un certain breuvage[5]   110
    Lui fit voir le noir rivage[6],
    Tandis qu'aux yeux de Gygès
    S'étaloient de blancs objets[7] :
    Car, fût-ce amour, fût-ce rage,
    Bientôt la reine le mit   115
    Sur le trône et dans son lit[8].

1. Ci-dessus, p. 175 et note 1.
2. « De la faciende » (la Mandragore, vers 214), « de l'intelligence » (ci-dessus, vers 88).
3. Image analogue au tome II, p. 304 et note 10.
4. Surtout quand c'est du poison.

—   Un jour le cuisinier, ayant trop bu d'un coup....
              (Livre III, fable xii, vers 11.)

5. Tome II, p. 304 et note 17.
6. Nous rencontrons la même métaphore dans la fable xx du livre XII, vers 18 et note 13 :

  Ils (ces arbres) iront assez tôt border le noir rivage.

7.   Que du trauers de sa vesture
    Les flots de sa blanche charnure
    L'on entreuoye....
        (REMY BELLEAU, tome I, p. 25.)

« .... Leur tendre et delicate peau et blanche charnure. » (BRANTÔME, tome IX, p. 697.) — Comme ce jeu de mots : *noir rivage*, *blancs objets*, très admissible dans le style familier, fait bien ressortir et rend lamentable l'infortune du pauvre mari !

8. Voici le discours que tient la reine à Gygès chez Hérodote pour le déterminer à la venger : « Deux chemins te sont ouverts ; choisis : ou bien tue Candaule et possède-moi avec l'empire ; ou

mune de Larochemillay, où la tradition veut qu'il existe un registre sur lequel sont mystérieusement inscrits depuis des siècles par une main inconnue les noms de tous les maris qui ont été trompés par leurs femmes.

Mon dessein n'étoit pas d'étendre cette histoire[1],
On la savoit assez. Mais je me sais bon gré;
    Car l'exemple a très bien cadré[2];
Mon texte y va tout droit[3] : même j'ai peine à croire 120
Que le docteur en lois[4] dont je vais discourir
Puisse mieux que Candaule à mon but concourir.
Rome, pour ce coup-ci, me fournira la scène;
Rome, non celle-là que[5] les mœurs du vieux temps[6]
Rendoient triste, sévère, incommode aux galants[7], 125
    Et de sottes femelles[8] pleine;
Mais Rome d'aujourd'hui, séjour charmant et beau,

bien meurs à l'instant, afin que tu ne sois plus exposé, par obéissance au roi, à voir ce que tu ne dois point voir. Il faut en effet que celui-là périsse qui a conçu un tel attentat, ou bien toi qui m'as vue nue, qui as commis ce crime de lèse-majesté. » Après quelques hésitations, Gygès se décide à vivre, c'est-à-dire à tuer son maître, et, guidé par la reine, qui prend soin de l'armer elle-même, caché derrière cette porte d'où il avait contemplé tous ses charmes, il s'élance sur Candaule endormi, le poignarde, et monte « sur son trône et dans son lit ».

1. « Pour peu que j'eusse voulu étendre quelques-unes de mes lettres, elles se fussent appelées des livres. » (BALZAC, livre IV, lettre IV.) — Semblable transition aux vers 50-51 de *Féronde :*

    Or ai-je été prolixe sur ce cas, etc.

2. Page 349 et note 1. — 3. Ci-dessus, vers 1.

4. Ou ès lois, aux lois, de lois : *dottor in lege, licenziato in lege.* Chez Brantôme (tome VIII, p. 175) : « Paris de Puteo, docteur en loix »; chez Voltaire, *Lettre à M. le marquis de Beccaria* : « Trouvez-vous probable que le petit-fils de l'agioteur, docteur ès lois, ait couru cinq lieues à pied? » — Comparez *la Mandragore*, vers 57 : « docteur en droit canon ».

5. Même tour ci-dessus, p. 245.

6. Du temps de la chaste Lucrèce, et des sages matrones qui « restaient chez elles et filaient de la laine », du temps où Virginie, la belle plébéienne, était immolée par son père parce qu'il préférait sa mort à son déshonneur, du temps où l'on pouvait encore, sans rire, élever des temples à la Chasteté.

7. Page 97. — 8. Page 268 et note 5.

Où l'on suit un train plus nouveau[1].
Le plaisir est la seule affaire
Dont se piquent[2] ses habitants :
Qui n'auroit que vingt ou trente ans,
Ce seroit[3] un voyage à faire[4].

130

Rome donc eut naguère un maître dans cet art
Qui du Tien et du Mien tire son origine[5];

1. Un train de vie plus à la mode. Comparez Coquillart (tome I, p. 114) :

> Ung trez beau pourpoint de satin,
> Satin fin, delié comme lin,
> Court, faict selon le train nouueau...;

et Molière, *le Tartuffe*, acte I, scène 1 :

> ....Et vous menez sous chape un train que je hais fort.

2. Page 279 et note 4.
3. Même tour elliptique ci-dessus, aux vers 10-11.
4.
> Nous n'avions alors que vingt-huit ans,
> Et nous étions, ma foi! tous deux de verts galants.
> — Je le crois. — Nous donnions chez les dames romaines,
> Et tout le monde là parloit de nos fredaines.
> (Molière, *les Femmes savantes*, acte II, scène II.)

5. Voyez tome II, p. 69 et note 4, où nous avons renvoyé, entre autres exemples, à ces vers de Boileau (168-172 de la satire XI, 1699) :

> .... Le Mien et le Tien, deux frères pointilleux,
> Par son ordre amenant les procès et la guerre,
> En tous lieux de ce pas vont partager la terre,
> En tous lieux, sous les noms de bon droit et de tort,
> Vont chez elle établir le seul droit du plus fort,

imités de ceux-ci de Regnier (satire VI, vers 115-118), dont s'est également souvenu la Fontaine :

> Lors du Mien et du Tien naquirent les procez,
> A qui l'argent départ bon ou mauvais succez.
> Le fort battit le foible, et luy livra la guerre;
> De là l'ambition fit envahir la terre, etc.

Rapprochez aussi Ronsard, tome II, p. 231 :

> Quand ces mots Tien et Mien en usage n'estoient;

et p. 293 :

> Et lors on n'auroit point ce mot de Tien ni Mien.

Homme qui hors de là faisoit le goguenard[1] :
   Tout passoit par son étamine[2];
   Aux dépens du tiers et du quart

  1. Comme Arnolphe, dans *l'École des Femmes* de Molière, ou comme le vieux Crémante, dans *la Mère Coquette* de Quinault (acte I, scène II) :

> Courbé sur son bâton, le bon petit vieillard
> Tousse, crache, se mouche, et fait le goguenard.

Comparez Scarron, *le Virgile travesti*, livre II :

> Je pense déjà l'ouïr rire,
> Et bien faire le goguenard,
> Ménélaüs le franc cornard.

Chez Brantôme (tome III, p. 193) : « Il ayme fort à rire, passer son temps, dire le mot et goguenarder »; (*ibidem*, tome V, p. 148) : « Luy mesme, en goguenardant, il disoit qu'il estoit ung maistre Aliboron. » Dans la traduction de la fable citée de Straparole : « Or maistre Raimond, qui auoit l'une des plus belles femmes que nature fist oncques, commença à entrer en ses gogues. »

  2. Par son filtre, son crible : était attentivement examiné par lui; locution proverbiale, employée aussi par Rabelais (tome III, p. 105); du Fail (tome II, p. 148); Regnier (satire XIV, vers 4) :

> J'ay pris cent et cent fois la lanterne en la main,
> Cherchant en plein midy parmi le genre humain
> Un homme qui fust homme et de faict et de mine,
> Et qui pust des vertus passer par l'étamine;

Scarron (*le Virgile travesti*, livre VII) :

> Pour bien passer par l'étamine
> L'état de la terre Latine...;

Boileau (satire VII, vers 54) :

> ....Sitôt qu'une fois la verve me domine,
> Tout ce qui s'offre à moi passe par l'étamine.

Dans les *Poésies* de J. de la Mesnardière (Paris, 1656, in-4°, p. 54) :

> ....Chez Cornuel, la dame accorte et fine,
> Où gens fâcheux passent par l'étamine,
> Tant et si bien qu'après que criblés sont
> Se trouve en eux cervelle s'ils en ont;
> Si pas n'en ont, on leur fait bien comprendre
> Que fats céans onc ne se doivent rendre.

Il se divertissoit[1]. Avint que le légiste,
Parmi ses écoliers, dont il avoit toujours
      Longue liste,   140
Eut un François, moins propre à faire en droit un cours
      Qu'en amours[2].
Le docteur, un beau jour, le voyant sombre et triste,
Lui dit : « Notre féal[3], vous voilà de relais[4],
Car vous avez la mine, étant hors de l'école,   145
      De ne lire jamais
      Bartole[5].
Que ne vous poussez-vous[6] ? Un François être ainsi
      Sans intrigue et sans amourettes !

   1. ....Bien souvent le prochain en a sa bonne part,
      Et l'on y sait médire et du tiers et du quart.
          (Molière, *le Tartuffe*, acte I, scène I.)

Chez Mme de Sévigné (tome V, p. 399) : « causer du tiers et du quart. » On dit aussi « dauber sur le tiers et le quart. »

   2. D' « un âge propre à soutenir thèse, thèse d'amour » (*le Tableau*, vers 69-70).

   3. Familièrement : mon ami, mon disciple fidèle ; comparez ci-dessus, p. 37 et note 6 ; ci-dessous, p. 444.

   4. Vous n'avez rien, pour le moment, qui vous occupe ; vous êtes de loisir, comme un cheval à l'écurie. — « .... Les fols, les femmes, et aultres gens du pays d'imperfection oysiue et de relais. » (Du Fail, tome I des *Contes*, p. 257.) « Discourir par heures rompues et de relais. » (Ibidem, *les Propos rusticques*, p. 15.)

   5. Cosme Bartole, né à Sasso-Ferrato, dans l'Ombrie, en 1313, mort à Pérouse, en 1356, et que Dumoulin appelle « le premier et le coryphée des interprètes du droit. » Rapprochez ce que dit Cliton à Dorante, dans *le Menteur* de Corneille (acte I, scène I) :

      Ce visage et ce port n'ont point l'air de l'école,
      Et jamais comme vous on ne peignit Bartole.

   6. On sait que ce pied plat, digne qu'on le confonde,
      Par de sales emplois s'est poussé dans le monde.
          (Molière, *le Misanthrope*, acte I, scène I.)

« Te voilà devenu habile garçon : il faut songer à te pousser. » (Lesage, *Gil Blas*, livre I, chapitre I.)

Vous avez des talents¹ ; nous avons des coquettes, 150
   Non pas pour une², Dieu merci. »
L'étudiant reprit : « Je suis nouveau dans Rome.
Et puis, hors les beautés qui font plaisir aux gens
   Pour la somme³,
   Je ne vois pas que les galants 155
   Trouvent ici beaucoup à faire.
   Toute maison est monastère :
Double porte, verrous, une matrone austère,
Un mari, des Argus⁴. Qu'irois-je, à votre avis,
   Chercher en de pareils logis ? 160

1. Ci-dessous, vers 236. Dans *les Rémois*, vers 14-15 :

   Le drôle étoit, grâce à certain talent,
   Très bon époux, encor meilleur galant.

2. Rapprochez le conte xvi de la IIe partie, vers 21 et note 9 :
   Les autres n'ont pour un seul adversaire.

3.   Ces femmes
   Qui font plaisir aux enfants sans souci.
      (*La Courtisane amoureuse*, vers 26-27.)
   Que le son d'un écu rend traitables à tous,

comme dit Cliton dans *le Menteur* (acte I, scène 1, vers 40).
« Et aussi cogneut la piteuse fin de l'amour des femmes, lesquelles font plaisir de leur corps non par ung amoureux zele, mais par une grande auarice. » (G. Chappuys, fol. 32 v°.) « Toute dame gentille debuoit faire plaisir à son amoureux pour amour, et non pour auarice. » (Brantôme, tome IX, p. 300.)

      .... Et si estoit propice
   Pour faire aux gens tout plaisir et seruice.
      (Des Périers, *Compte nouueau*.)

   Nos gorgiases, nos sucrées,
   Qui ne le font pour rien sinon
   Pour le denier.
      (Coquillart, tome I, p. 126.)
   Laissez la mine à part, prenez garde à la somme.
      (Regnier, satire xiii, vers 213.)

4. Des espions : comparez ci-dessus, p. 134 et note 2.

Prendre la lune aux dents seroit moins difficile[1].
— Ha! ha! la lune aux dents! repartit le docteur;
    Vous nous faites beaucoup d'honneur.
J'ai pitié des gens neufs[2] comme vous. Notre ville
Ne vous est pas connue, en tant[3] que je puis voir[4]. 165
    Vous croyez donc qu'il faille avoir
Beaucoup de peine à Rome en fait que d'aventures?
Sachez que nous avons ici des créatures[5]
    Qui feront leurs maris cocus
    Sur la moustache[6] des Argus : 170
    La chose est chez nous très commune.
Témoignez seulement que vous cherchez fortune[7];

1. ....Arrêter le soleil, aller prendre la lune,
   Tout cela se feroit beaucoup plus aisément.
                    (*Le Florentin*, scène III.)

— Pareille locution chez Rabelais, tome I, p. 275 : « Ie ne suis point clerc pour prendre la lune auecques les dentz », chez Voiture, lettre LXXXI, chez Mme de Sévigné, tome II, p. 3, etc. Rapprochez Scarron, *le Virgile travesti*, livre VI : « prendre le ciel avec les dents ».

2. Page 333 et note 1.
3. Autant. (1705.)
4. Même tour au livre X, fable IV, vers 13. Voyez aussi les *Lexiques de Malherbe et de Corneille*.
5. Tome IV, p. 379 et note 2; et ci-dessous, p. 516 :

    Il n'étoit bruit que d'aventures
    Du chrétien et de créatures.

6. Même expression : « sur votre moustache », ci-dessus, p. 129 et note 4.
7. Page 280 et note 1. — C'est à peu près ce que dit Arnolphe à Horace dans *l'École des femmes* (acte I, scène IV, vers 291-302) :

    Chacun a ses plaisirs qu'il se fait à sa guise;
    Mais pour ceux que du nom de galants on baptise,
    Ils ont en ce pays de quoi se contenter,
    Car les femmes y sont faites à coqueter :
    On trouve d'humeur douce et la brune et la blonde,

Placez-vous dans l'église auprès du bénitier ;
Présentez sur le doigt aux dames l'eau sacrée[1] ;
   C'est d'amourettes les prier[2].   175

   Et les maris aussi les plus bénins du monde;
   C'est un plaisir de prince; et des tours que je voi
   Je me donne souvent la comédie à moi.
   Peut-être en avez-vous déjà féru quelqu'une.
   Vous est-il point encore arrivé de fortune ?
   Les gens faits comme vous font plus que les écus,
   Et vous êtes de taille à faire des cocus.

1. L'eau bénite ; ci-dessous, vers 206 : « l'eau lustrale ». — « Le iour qu'elle vint à l'eglise, se pourmenoit, et se tenoit prez du benistier, et, quand elle fut prez, il luy bailla de l'eau beniste.... » (*Les Cent Nouvelles nouvelles*, p. 216.)

2.   Ces nonnes m'ont en vain prié d'amours.
                     (*Les Lunettes*, vers 145.)

   Cestuy manteau iusque au retour
   De mon mary ie garderay,
   Et que Ioseph prier d'amour
   M'est venuc ie luy diray.
(*La Machination de la femme Putiphar à l'encontre de Ioseph*,
   dans le Mistere du viel Testament, tome III, p. 75.)

   Ie prendray luy et lerray vous,
   Car tousiours m'y prie d'amours.
              (*Chansons du XVe siècle*, p. 103.)

Voyez aussi tomes I, p. 357, IV, p. 274 et note 1 ; les *Cent Nouvelles nouvelles*, p. 40, 74, 194, 200, et p. 22 : « Elle fut d'amours si doulcement priée que... » ; *l'Heptaméron*, p. 27 : « Pour la garder d'ennuyer, vinrent à la prier d'amour » ; le *Moyen de parvenir*, p. 243 : « Ce Breton ne vous pria il point d'amour en la caue ? » ; etc. Malherbe approuve cette locution : *prier de*, dans son commentaire sur des Portes : « Malaisément dirois-je : « Je prie une chose » ; mais : « Je vous prie d'une chose » (tome IV, p. 373). — Dans *il Pecorone*, cité à la notice, le maître conseille également au jeune homme de se rendre le dimanche matin à l'église, et de suivre la dame qui l'aura le plus séduit par sa beauté. — Molière trouvait admirable cette donnée qui fait le fond de sa pièce et de ce conte : celle d'un amant qui prend innocemment pour confident son rival même, et qui n'en réussit pas moins à le tromper ; et il fait dire à la sage Uranie, dans *la Critique de l'École des femmes* (scène VI, tome III, p. 364-365) : « Pour moi, je trouve que la beauté du

Si l'air du suppliant à quelque dame agrée,
    Celle-là, sachant son métier,
    Vous envoyra faire un message[1].
Vous serez déterré[2], logeassiez-vous en lieu
    Qui ne fût connu que de Dieu :   180
Une vieille viendra, qui, faite au badinage[3],
Vous saura ménager un secret entretien[4] :

sujet de *l'École des femmes* consiste dans cette confidence perpétuelle; et ce qui me paroît assez plaisant, c'est qu'un homme qui a de l'esprit, et qui est averti de tout... par un étourdi qui est son rival, ne puisse pas avec cela éviter ce qui lui arrive. »

1. « ....Si la hucha et commanda qu'elle s'en allast demander la maison d'ung tel, c'est assauoir de ce grand clerc, et, quand elle l'auroit trouué, où qu'il fust, luy dist que le plus en haste qu'il pourroit venir... il venist. » (*Les Cent Nouvelles nouvelles*, p. 417.)

2. Ci-dessus, p. 385, note 5, ligne 7. Dans les *Mémoires du comte de Grammont*, chapitre III : « Il déterroit les malheureux pour les secourir »; chez Saint-Simon, tome I, p. 219 : « Elle (Mme de Nemours) déterra un vieux bâtard obscur du dernier comte de Soissons. »

3. Aux jeux de l'amour, à ses bons tours, à ses finesses. Même locution : « faict au badinage, sçauoir son badinage », chez Noël du Fail, *Contes d'Eutrapel*, tome I, p. 211, et *Propos rusticques*, p. 75 : « Elle, qui sçauoit trez bien son badinage, contrefaisoit la pucelle »; chez Scarron, *le Virgile travesti*, livres VI : « des hommes faits au badinage », VIII :

        J'aurois pu vous députer
        Quelque fourbe adroit à traiter,
        Et fait à notre badinage;

et chez Tallemant des Réaux, tomes IV, p. 331, VII, p. 343. Rapprochez le vers 260 de *la Gageure* et la note.

4. « Une vieille praticienne bien instruicte en telz messages » (*les Comptes du monde aduentureux*, tome I, p. 172); la « vieille aux yeulx rians », qui « sert » les femmes « de courtages », dont parle Coquillart (tome I, p. 84), l'entremetteuse hypocrite qui fait semblant de surveiller les femmes et en réalité les corrompt, qui, au lieu d'éclairer leurs actions, ne s'occupe qu'à les cacher. Comparez Regnier, élégie II, vers 85 et suivants :

    Si dans quelque recoin quelque vieille incognue,
    Marmottant un *Pater*, lui parle et la salue, etc.

Ne vous embarrassez de rien.
De rien ; c'est un peu trop, j'excepte quelque chose :
Il est bon de vous dire en passant, notre ami[1],   185
Qu'à Rome il faut agir en galant et demi[2].
En France on peut conter des fleurettes[3]; l'on cause[4];
Ici tous les moments sont chers et précieux[5] :
Romaines vont au but[6]. » L'autre reprit : « Tant mieux.
Sans être Gascon je puis dire   190
Que je suis un merveilleux sire[7]. »

1. Même expression familière dans *Joconde*, vers 453, dans *l'Abbesse*, vers 31, dans *la Chose impossible*, vers 82, etc.
2. Comme on dit Normand et demi ou corsaire et demi : voyez le vers 375 de *la Fiancée du roi de Garbe* et la note.
3. Ci-dessus, p. 126 et note 1.
4. Chez ces coquettes dont parle Corneille :

.... Que vous cherchiez de ces sages coquettes
Où peuvent tous venants débiter leurs fleurettes,
Mais qui ne font l'amour que de babil et d'yeux,
Vous êtes d'encolure à vouloir un peu mieux.
Loin de passer son temps, chacun le perd chez elles;
Et le jeu, comme on dit, n'en vaut pas les chandelles.
(*Le Menteur*, acte I, scène 1, vers 41-46.)

5. Comparez *Nicaise*, vers 167 : « un quart d'heure est cher ».
6. Ci-dessus, p. 125 et note 4 : elles aiment mieux faire que dire. Semblable locution au même sens : « venir au principal but », dans *les Comptes du monde aduentureux* (tome II, p. 2).—Rapprochez le *Tableau*, vers 134-135 :

Qu'attendions-nous ici ? Qu'il nous fût débité
De beaux discours ? Non, non, ni rien qui leur ressemble.

7. Un très bon, un très vigoureux compagnon, rude et vaillant chevalier aux batailles amoureuses; même locution : « ung merueilleux sire », chez Gringore, tome I, p. 280; chez l'abbé Vergier, tome II, p. 10 :

En fait d'amour il étoit un grand sire.

— Dans *Joconde*, vers 236 :

Astolphe vit des merveilles;

dans *les Lunettes*, vers 173 :

Employez-moi : vous verrez des merveilles.

Peut-être ne l'étoit-il point :
Tout homme est Gascon sur ce point.

Les avis du docteur furent bons : le jeune homme
Se campe¹ en une église où venoit tous les jours   195
  La fleur et l'élite² de Rome,
Des Grâces, des Vénus, avec un grand concours
  D'Amours³,
C'est-à-dire, en chrétien⁴, beaucoup d'anges femelles ;
Sous leurs voiles brilloient des yeux pleins d'étincelles.
Bénitiers, le lieu saint n'étoit pas sans cela⁵ ;
Notre homme en choisit un chanceux pour ce point-là⁶ ;
A chaque objet qui passe adoucit ses prunelles⁷ ;
Révérences, le drôle en faisoit des plus belles,
  Des plus dévotes ; cependant   205

 1. S'installe, de façon à être bien remarqué, bien vu : comparez le vers 67 du *Cas de conscience* et la note.
 2. Chez Eustache Deschamps (ballade ccvii), « la fleur et la droicte esliture » ; chez Marot (tome I, p. 239) :

  Dieu gard la court des dames, où abonde
  Toute la fleur et l'eslite du monde.

 3. *Veneres, Cupidinesque.*
 4. Pour parler comme un chrétien, sans langage païen. Dans une lettre de notre poète au prince de Conti de novembre 1689 :

  ....Qu'Apollon s'exprime en païen,
  Trouve-t-on cela fort étrange?
  Pour bannir pourtant ce mélange,
  Et parler du Pape en chrétien,
  Souhaitons que Dieu l'illumine.

 5. Semblable ellipse au vers 204. — *Benitier*, au singulier, dans nos anciennes éditions ; faute probable. — Au vers précédent, « leur voile » (1685, 1686, 1705).
 6. Devant lequel il y avait chance de voir passer beaucoup d'« anges femelles ». Rapprochez un autre emploi du mot *chanceux* dans *l'Oraison*, vers 356 et note 4.
 7. Fait les yeux doux. Dans *Je vous prends sans verd*, scène I :

  ....Ce beau fils, ce tourneur de prunelle,
  Qui la lorgnoit, dit-on, et qu'elle lorgnoit, elle.

Il offroit l'eau lustrale¹. Un ange², entre les autres,
En prit de bonne grâce. Alors l'étudiant
     Dit en son cœur³ : « Elle est des nôtres⁴. »
Il retourne au logis : vieille vient; rendez-vous :
D'en conter le détail, vous vous en doutez tous⁵.   210
    Il s'y fit nombre de folies.
    La dame étoit des plus jolies;
    Le passe-temps fut des plus doux⁶.
Il le conte au docteur. Discrétion françoise

1. « L'eau beniste..., amusoir du peuple, emprunté de ceremonies payennes » (PASQUIER, *les Recherches*, etc., livre VIII, chapitre VI); l'eau placée à la porte du temple, et destinée à purifier : voyez Scarron, *le Virgile travesti*, livre VI :

        .... (Il) fit aller de l'eau,
      Eau lustrale, ainsi que je pense,
      Sur toute la triste assistance;

et *les Caractères de Théophraste*, traduits par la Bruyère, tome I, p. 65 et note 3. Plus haut (vers 173) : « l'eau sacrée ». — Comparez Marot, tome I, p. 32 :

      Quand elle venoit au moustier,
      Ie l'attendois au benistier
      Pour luy donner de l'eau beniste.

2. Dans la fable citée de Straparole : « Elle ne sembloit pas une femme, mais plustost une deesse. »
3. Ci-dessus, vers 66. — 4. Elle est à nous.
5. Nouvelle ellipse non moins hardie que celles des vers 201 et 204. — Rapprochez *la Courtisane amoureuse*, vers 274-275 et note 4; et *le Magnifique*, vers 191-195 : « Nos gens

      Au rendez-vous tout aussi peu manquèrent.
      Dire comment les choses s'y passèrent,
      C'est un détail trop long; lecteur prudent,
      Je m'en remets à ton bon jugement. »

6.   Le passe-temps en est d'autant plus doux.
           (*La Gageure*, vers 20 et note 4.)

      Helas! Ioseph, aproche toy;
      Passons temps amoureusement
      Icy nous deux secretement.

(*La Conspiration de la femme Putiphar pour l'amour de Ioseph*, dans le Mistere du viel Testament, tome III, p. 72.)

Est chose outre nature et d'un trop grand effort[1]. 215
 Dissimuler un tel transport,
  Cela sent son humeur bourgeoise[2].
Du fruit de ses conseils le docteur s'applaudit,
Rit en jurisconsulte[3], et des maris se raille :

[1]. Rapprochez ce passage de Brantôme (tome VI, p. 157), où la galanterie française est réhabilitée en dernier ressort : « Qui a ruyné les François aux royaumes de Sicile, Naples et Lombardie, sinon les amours que les François faisoient aux dames ? Ouy, cela est vray ; mais c'estoient des insolens et indiscretz qui ne sçauoient presenter leurs seruices aux dames qu'à la grossiere mode, et en tirer des iouyssances si indiscretement que les hommes en perdirent patience. Mais qu'on aduise despuis au Piedmont si telz scandales sont arriuez, bien que les François fissent d'ordinaire l'amour aux dames, mais c'estoit auec toutes les belles discretions du monde, tous respectz, toutes belles seruitudes, humilitez.... Voylà comment nos François se rangerent gentiment soubz les loix de l'amour honneste » ; et celui-ci de *l'Heptaméron* (p. 114) : « Elle dit qu'elle connoissoit le contraire du faux bruit que l'on donnoit aux François, car ils estoient plus sages, perseuerans et discretz que les Italiens. »

[2]. Comparez *le Tartuffe* de Molière, vers 989-994 :

 Tous ces galants de cour, dont les femmes sont folles,
 Sont bruyants dans leurs faits et vains dans leurs paroles,
 De leurs progrès sans cesse on les voit se targuer ;
 Ils n'ont point de faveurs qu'ils n'aillent divulguer,
 Et leur langue indiscrète, en qui l'on se confie,
 Déshonore l'autel où leur cœur sacrifie ;

les vers 160-162 de *l'Oraison de saint Julien* :

   Tout plaisir tranquille
 N'est d'ordinaire un plaisir de marquis :
 Plus il est su, plus il leur semble exquis ;

et la fin d'*A Femme avare Galant escroc* :

 .... En la quittant, Gulphar alla tout droit
 Conter ce cas, le corner par la ville,
 Le publier, le prêcher sur les toits.
 De l'en blâmer il seroit inutile :
 Ainsi vit-on chez nous autres François.

[3]. Lourdement, et en expliquant, en commentant son rire ; rapprochez la fable v du livre IX et la notice. — Horace, comme nous l'avons dit, fait aussi ses confidences à Arnolphe dans *l'École*

Pauvres gens qui n'ont pas l'esprit
De garder du loup leur ouaille[1] !
Un berger en a cent ; des hommes ne sauront
Garder la seule qu'ils auront[2] !
Bien lui sembloit ce soin[3] chose un peu malaisée,
Mais non pas impossible ; et, sans qu'il eût cent yeux[4],
Il défioit[5], grâces aux Cieux,
Sa femme, encor que très rusée[6].

des femmes ; mais il y a cette différence entre le docteur de notre conte et Arnolphe que ce dernier est presque tout de suite averti qu'il est dupe (acte I, scène IV, vers 317).

1. Nous avons rencontré la même expression figurée ci-dessus, p. 306 et note 2.

2. « I'ay cent femmes, et toutes foiz ie les sçay rendre tant craintiues que ie les fais obeyr à mes commandemens, chastiant tantost les unes, maintenant les aultres, selon qu'elles m'offensent ; et luy qui n'en a qu'une est tant nyais qu'il ne luy peut aprendre à l'obeyr. » (STRAPAROLE, XIIe nuit, fable III, *le Coq et ses cent femmes.*)

3. A la vérité ce soin lui semblait, etc. Même tour ci-dessus, p. 77 et note 4.

4. Comme Argus (ci-dessus, vers 159), dont cinquante yeux étaient toujours ouverts, quand les cinquante autres dormaient ; comme la vieille « au corps tout rempli d'yeux » du conte x de la IIe partie. Comparez tome I, p. 350 et note 11.

— Et qui voudroit s'estimer plus clair voir
Que fit Argus, que l'on disait auoir
Cent yeux au front et cent aultres derriere?
L'eust on pensé laisser rien en arriere ?
Et toutes fois Amour, qui ne voit goutte,
Trompa et luy, et sa lumiere toute.

(SAINT-GELAIS, tome II, p. 178.)

5. Voyez *le Petit Chien,* vers 493 et la note.

6. Voici comment débute la fable de Straparole, où le jeune prince Nérin, fils de Galois, roi de Portugal, étudiant à Padoue, tombe amoureux d'une femme de la ville, sans savoir que cette belle est Janeton, l'épouse du « physicien », ou médecin, maître Raimond Brunel : « Il y a beaucoup de gens, trez honorées dames, qui, s'estans adonnez par longue espace de temps aux estudes des bonnes lettres, pensent sçauoir beaucoup de choses, mais ilz

A ce discours, ami lecteur,
Vous ne croiriez jamais, sans avoir quelque honte[1],
    Que l'héroïne de ce conte   230
    Fût propre femme du docteur :
Elle l'étoit pourtant. Le pis fut que mon homme,
En s'informant de tout, et des si, et des cas[2],

ne sçauent rien ou bien peu : car se cuydant telles gens signer par le front, se viennent eux mesmes à arracher les yeux, comme il aduint à ung medecin fort sçauant en son art, lequel, pensant se mocquer d'aultruy, fut luy mesme mocqué à son grand deshonneur et reproche, comme vous entendrez par le discours de la fable que ie vous raconteray presentement. » Maître Raimond Brunel commet la grave imprudence de vanter sa femme à Nérin et de la lui faire voir, mais il ne l'engage pas à courir les aventures, comme le docteur dans le récit de Giovanni Fiorentino et dans celui de la Fontaine, ou comme Arnolphe dans *l'École des femmes*.

1. Sans rougir de cette supposition, ou plutôt sans rougir de l'entendre confirmer.

2. Dans le *Recueil de poésies françoises*, tome IV, p. 15 :

    Ie dis moy, sans cas et sans si ;

dans les *OEuvres* de l'abbé Vergier, tome I, p. 96 :

    Et là dessus chacune d'étaler
    Les si, les cas, importants de l'affaire.

Comparez ci-dessus, p. 28 et note 3 : « les si, les car » ; chez Saint-Gelais, tome I, p. 199 :

    .... En ce corps faict de sucre et de miel
    Y a des cas trop peu dignes du ciel ;

et chez Brantôme, tome IX, p. 68 : « S'il l'eust bien veue toute nue, il l'eust cogneue à plusieurs si, possible, dont il fait bon les visiter quelques foiz par le corps », p. 255 : « L'Espagnol dit que, pour rendre une femme toute parfaicte et absolue en beauté, il luy fault trente beaux si », p. 500 : « Ilz descrient ces pauures femmes, ne fault point dire comment, iusques à raconter particulierement leurs lasciuetez et paillardises qu'ilz ont ensemble exercées, et à descouurir leurs si qu'elles portent sur leurs corps nuds, à fin que mieulx on les croye », tome VIII, p. 96 : « Le gentilhomme... allegua les plus secretes particularitez qui estoient soubz sa chemise, et qu'elle auoit tels si et telles marques sur sa nature, et à l'entour, et aux cuisses, bref par tout le corps nud, et demandoit qu'on la visitast pour voir si on ne les y trouueroit pas » ; et les plaisanteries de

Et comme elle étoit faite¹, et quels secrets appas²,
  Vit que c'étoit sa femme en somme.   235
Un seul point l'arrêtoit : c'étoit certain talent³
Qu'avoit en sa moitié trouvé l'étudiant,
Et que pour le mari n'avoit pas la donzelle⁴.
  « A ce signe, ce n'est pas elle,
  Disoit en soi le pauvre époux ;   240
  Mais les autres points y sont tous ;
C'est elle. Mais ma femme au logis est rêveuse ;
  Et celle-ci paroît causeuse⁵
  Et d'un agréable entretien⁶ :
  Assurément c'en est une autre ;   245
  Mais du reste il n'y manque rien :
Taille, visage, traits, même poil⁷ ; c'est la nôtre. »

  Après avoir bien dit tout bas,
  « Ce l'est », et puis, « ce ne l'est pas »,

Voltaire, sur ces monosyllabes, dans ses *Poésies mêlées* (nᵒˢ CCXXXIII-CCXXXVIII), dans une lettre à Mme d'Épinai du 19 mai 1760 : « Ma belle philosophe, « les qui » et « les quoi », qu'on m'envoie, m'ont amusé », et dans une lettre à d'Alembert du 26 mai de la même année : « Il pleut des monosyllabes. On m'a envoyé « les que », on m'a promis « les oui, les non », « les pour », « les qui, les quoi », « les si*ᵃ* ». Il est très bon de rire aux dépens des faquins qui font les importants, et des absurdes faiseurs de réquisitoires. »

1. Page 324 et note 2.
2. « Tout le phébé » (p. 298). — 3. Vers 150 et note 1.
4.   Le beau du jeu n'est connu de l'époux :
    C'est chez l'amant que ce plaisir excelle.
  (*Comment l'esprit vient aux filles*, vers 11-12 et note 6.)
5. On trouve avec elle « à qui parler » (*le Tableau*, vers 241).
6. Comparez Marot, tome II, p. 153 : « maistresse au plaisant entretien », et p. 187 :
    Si vous la prenez trop ieunette,
    Vous en aurez peu d'entretien.
7. Ci-dessus, p. 111 et note 8 : « gens de tout poil ».

ᵃ De l'abbé Morellet : *Les Si et les Pourquoi* (Genève, s. d.).

Force fut¹ qu'au premier en demeurât le sire. 250
　　Je laisse à penser² son courroux,
　　Sa fureur, afin de mieux dire³.
« Vous vous êtes donné⁴ un second rendez-vous? »
　　Poursuivit-il. « Oui, reprit notre apôtre⁵;
Elle et moi n'avons eu garde de l'oublier, 255
　　Nous trouvant trop bien du premier
　　Pour n'en pas ménager⁶ un autre,
Très résolus tous deux de ne nous rien devoir.
— La résolution, dit le docteur, est belle.
Je saurois volontiers quelle est cette donzelle. » 260
L'écolier repartit : « Je ne l'ai pu savoir ;
Mais qu'importe? il suffit que je sois content d'elle.
　　Dès à présent je vous réponds
Que l'époux de la dame a toutes ses façons⁷ :
Si quelqu'une manquoit, nous la lui donnerons 265

1. Ci-dessus, p. 399 et note 7. — 2. Tome IV, p. 388 et note 1.
3. 　　D'exprimer jusqu'où la colère
　Ou plutôt la fureur de l'époux put monter, etc.
　　　　　(*Le Petit Chien*, vers 347-348.)
4. *Donnés*, dans nos anciens textes.
5. Notre bon apôtre : p. 328 et note 4.
6. Vers 182.
7. Comme le champ, la vigne, le verger, auxquels on a donné toutes les façons nécessaires. Seulement, c'est en *façonnant* sa femme qu'on l'a *façonné* lui-même. Rapprochez ci-dessus, le vers 98, le vers 187 de *Féronde* et la note, et aussi, pour ces images, ces assimilations courantes dans tous les pays du monde, outre les exemples déjà cités plus haut : Apulée, *Apologie* (Paris, 1883), p. 506-507; saint Augustin, au chapitre VII du livre V de la *Cité de Dieu* intitulé : *Du choix des jours pour se marier et pour planter*, et au chapitre XXIV du livre XIV; Mahomet, *le Coran*, chapitre II, intitulé *la Vache;* Rabelais, tomes I, p. 221, II, p. 43, 133, III, p. 173; Straparole, tome I, p. 363; Érasme, à la fin de son colloque sur *le Mariage;* du Fail, tome II des *Contes et discours*, p. 184, 186; Brantôme, tome IX, p. 154, 342, 440, 442; Montaigne, livre I, chapitre VII (tome I, p. 43), et livre II chapitre XII (tome II, p. 395); etc., etc.

Demain, en tel endroit, à telle heure, sans faute.
On doit m'attendre entre deux draps[1],
Champ de bataille[2] propre à de pareils combats[3].

1. Voyez *l'Oraison*, vers 323; et Marot, tome II, p. 153:

> Au poinct du iour vis son corps amoureux,
> Entre deux draps plus odorans que basme;

Remy Belleau, tome II, p. 108:

> Tantost nous luttons bras à bras
> Dessus le lict, entre les draps;

Brantôme, tome IX, p. 228 : « vautrer son beau corps tout nud entre les draps », p. 252 : « Quelle est la chose du monde que l'on puisse voir plus belle qu'une belle femme nue entre deux draps? »; *le Moyen de parvenir*, p. 198 : « se mettre entre deux draps sur de bons licts »; *ibidem :* « entrer nud à nud, comme aux estuues, entre deux draps »; Tallemant des Réaux, tome VII, p. 201: « coucher avec une demoiselle entre deux draps »; Saint-Simon, tome XIX, p. 172 : « Pour être plus à son aise, le Roi se mettoit les après-dînées entre deux draps chez ses maîtresses »; etc.

2. « Il n'espargnoit point sa peine, ses forces, sa violence, et, pour la bien contenter, et luy donner du plaisir, il mouroit pour l'amour d'elle, et dans le camp amoureux de son lict, où il auoit si vaillamment combattu. » (BRANTÔME, tome VIII, p. 155.)

> ....Qu'à bon droict Petrarque a tenu ce propos
> Que le lict d'ung amant est ung camp de bataille[a] !
> (OLIVIER DE MAGNY, sonnet LXXI, vers 1-2.)

> O benoist lict, que benoistes mains firent,
> Pour fin d'ennuy auquel amours me mirent,
> Lict, place et camp du combat gratieux,
> Où le vaincu reste victorieux !
> (SAINT-GELAIS, *Nuict d'amour*, vers 17-20.)

> Après festin, rapt, puis guerre intestine,
> Rude combat, en champ clos, quoiqu'à nu ;
> Point d'assistants ; blessure clandestine ;
> Fille damée, et le vainqueur vaincu.
> (LA FONTAINE, *Épithalame en forme de centurie*.)

3. Ci-dessus, p. 40 et note 2. — Chez G. Chappuys, fol. 145 r°: « combattre à la lutte amoureuse », fol. 225 v° : « Elle sçauoit pour certain que c'estoit de la iouste amoureuse. »

[a] *È duro campo di battaglia il letto.*

Le rendez-vous n'est point dans une chambre haute[1] :
    Le logis est propre et paré[2].   270
On m'a fait à l'abord[3] traverser un passage
    Où jamais le jour n'est entré ;
Mais, aussitôt après, la vieille du message[4]
M'a conduit en des lieux où loge, en bonne foi,
    Tout ce qu'Amour a de délices :   275
    On peut s'en rapporter à moi. »
A ce discours jugez quels étoient les supplices
Qu'enduroit le docteur. Il forme le dessein
    De s'en aller le lendemain
Au lieu[5] de l'écolier, et, sous ce personnage,   280
Convaincre[6] sa moitié, lui faire un vasselage[7]

  1. Comparez « la troisième chambre », c'est-à-dire le troisième étage, dont il est parlé dans la fable XIX du livre VIII, vers 17 :

    Ils sont toujours logés à la troisième chambre,
    Vêtus au mois de juin comme au mois de décembre.

  2. Tome IV, p. 253.

    Ie ne crains point la mer desesperée
    S'il fault aller en ta chambre parée.
             (MAROT, tome III, p. 258.)

    Me promis tu en ma chambre parée,
    Quand te promis suiure iour et serée,
    De me laisser ? etc.
             (*Ibidem*, tome I, p. 130.)

    Beau lict paré, la chambre belle.
             (COQUILLART, tome II, p. 271.)

    Mes ioustes se font en parcquetz
    D'herbe verd ou en licts parez.
             (*Ibidem*, p. 184.)

  3. Tome IV, p. 179. — 4. Qui lui avait transmis le message.
  5. A la place : voyez *Nicaise*, vers 198.
  6. Absolument, prendre en flagrant délit : « Cinna est convaincu ; pardonne luy. » (MONTAIGNE, tome I, p. 156.)

    Quand vous la convaincrez, je saurai la punir.
             (CORNEILLE, *Théodore*, vers 330.)

  7. Lui faire une réprimande, une correction, comme à un « vas

454 CONTES. [c. VIII

Dont il fût à jamais parlé.
N'en déplaise au nouveau confrère[1],
Il n'étoit pas bien conseillé[2];
Mieux valoit pour le coup[3] se taire[4],
Sauf d'apporter[5] en temps et lieu
Remède au cas, moyennant Dieu[6].
Quand les épouses font un récipiendaire[7]
Au benoît[8] état de cocu,

285

sal », à un inférieur; ou plutôt la rouer de coups : on dit en provençal *bacel*, battoir, soufflet, *bacelar*, battre, souffleter; ou bien accomplir une prouesse, un acte d'énergie, de vaillance, de quelque nature qu'il soit : c'est le sens qu'avait aussi autrefois « faire vasselage ». Comparez le *Recueil de poésies françoises*, tome X, p. 207, où cette expression signifie, comme on dit vulgairement, « faire la noce », « faire la fête » :

En ces derniers caresmeaulx, à Paris,
Ont maintz et maintes faict maint beau vasselage;
Et si dis plus, car on y a faict rage
De faire festes et bancquetz à puissance,
Les plus nouueaulx qu'on vit oncques en France.

1. De la grande confrérie des époux trompés (ci-dessus, p. 434 et note 3).

2. Bien conseillé par lui-même. « .... Quiconque donc estimera le tout auecques bon iugement cognoistra qu'ilz ont esté mal conseillez (mal inspirés). » (CALVIN, *Institution de la religion chrestienne*, Bâle, 1541, in-8°, livre IV, chapitre VI.)

3. Ci-dessus, p. 56 et note 5.

4. Voyez *la Coupe enchantée*, vers 382-383 et note 1 :

Cette honte, qu'auroit le silence enterrée,
Court le pays, et vit du vacarme qu'il fait.

5. Ci-dessus, p. 67 et note 3.

6. Page 330 et note 2.

7. *Recipiendus*; non pas quand elles reçoivent, mais quand elles se disposent à recevoir.

8. Béni : « terre benoiste » (Joinville, p. 166); « le sacrement benoist de la messe » (*Recueil de poésies françoises*, tome IV, p. 106); « benoiste eau » (*ibidem*, p. 200); « le benoist iour luy soit donné » (*ibidem*, tome V, p. 207); « nostre benoist Dieu » (*les Cent Nouvelles nouvelles*, p. 312); « eau benoiste de cour » (Coquillart, tome I, p. 181); « le benoist royaulme des Cieulx » (Rabelais,

S'il en peut sortir franc¹, c'est à lui beaucoup faire ;
  Mais, quand il est déjà reçu,
Une façon² de plus ne fait rien à l'affaire.
Le docteur raisonna d'autre sorte, et fit tant
Qu'il ne fit rien qui vaille. Il crut qu'en prévenant³
  Son parrain⁴ en cocuage,
  Il feroit tour d'homme sage⁵ :
  Son parrain, cela s'entend
  Pourvu que sous ce galant
  Il eût fait apprentissage⁶ :
Chose dont, à bon droit, le lecteur peut douter.   300

Quoi qu'il en soit, l'époux ne manque pas d'aller

tome II, p. 459) ; « ce benoist venerable frere Ian » (*ibidem*, p. 501) ; « benoist lict, benoistes mains », chez Saint-Gelais, cité ci-dessus, p. 452, note 2 ; « ces benoîts pères conscrits » (Scarron, *le Virgile travesti*, livre 1) ; « la benoîte cinquantaine » (Corneille, tome X, p. 158) ; « benoît saint » (Voltaire, tome XI, p. 125) ; « benoît moine » (*ibidem*, p. 132). On disait aussi *benoistier* pour *bénitier* (Coquillart, déjà cité, tomes I, p. 181, II, p. 187 ; *le Moyen de parvenir*, p. 354 ; et ci-dessus, note du vers 206 ; etc.). — Comparez, pour le vers entier, *la Coupe enchantée*, vers 54-78 ; et ci-dessus, p. 434 et note 4 :

  Voilà le roi haï, voilà Gygès aimé ;
    Voilà tout fait et tout formé
    Un époux du grand catalogue :
  Dignité peu briguée, et qui fleurit pourtant.

1. C'est-à-dire sain et sauf, sans accident : voyez tome IV, p. 344 et note 3.
2. Ci-dessus, vers 264.
3. En le précédant au rendez-vous : p. 106 et note 2.
4. *Récipiendaire*, du vers 288, amène ici le mot *parrain*.
5.   Il eût fait un trait d'homme sage.
          (*La Coupe enchantée*, vers 177 et la note.)

6. Apprentissage de cocu ; mais sans doute il avait déjà « pris quelques degrés » ; notre écolier n'était peut-être pas son premier « parrain ».

                    Au logis de l'aventure[1],
                    Croyant que l'allée obscure,
Son silence, et le soin de se cacher le nez[2],
Sans qu'il fût reconnu le feroient introduire 305
                    En ces lieux si fortunés.
Mais, par malheur, la vieille avoit pour se conduire
Une lanterne sourde : et, plus fine cent fois
                    Que le plus fin docteur en lois,
Elle reconnut l'homme, et, sans être surprise[3], 310
                    Elle lui dit : « Attendez là ;
                    Je vais trouver madame Élise.
Il la faut avertir; je n'ose sans cela
Vous mener dans sa chambre; et puis vous devez être
                    En autre habit pour l'aller voir[4], 315
C'est-à-dire, en un mot, qu'il n'en faut point avoir.
Madame attend au lit. » A ces mots notre maître,
Poussé dans quelque bouge[5], y voit d'abord paroître

1. Où on avait « poussé » l'aventure.
2. Dans *le Muletier*, vers 61 :

.... S'étant caché quelque peu le visage.

3. Du moins sans le paraître, sans se troubler.
4. Dans *l'Oraison*, vers 243 : « La dame s'étoit mise
                    En un habit à donner de l'amour. »
5. Un petit cabinet, un élégant boudoir, digne du logis « propre et paré » dont il est parlé plus haut, et non un endroit malpropre, comme celui d'où sort la servante Alison dans *le Lutrin* de Boileau (chant II, vers 63). — « Sorte de petite chambre sans cheminée. » (Richelet.) « Le bouge d'une chambre, dit Nicot, le petit reduit qui est ioignant la chambre et hors le mur d'icelle, qui ne merite le nom de garde-robe, mais qui peut en tenir lieu. »

—   .... Nous étions couchés dans un bouge ici près ;
    Le lit, qu'apparemment on avoit fait exprès,
    Étoit, comme le bouge, étroit et sans ruelle.
                    (*Ragotin*, acte II, scène xi.)

« Tu trouveras là un escalier, qui mène à un bouge, qui est auprès de ma chambre. Va t'y cacher. » (Palaprat, *la Fille de bon sens*, acte III, scène iv.)

Tout un déshabillé, des mules¹, un peignoir,
Bonnet, robe de chambre, avec chemise d'homme, 320
Parfums² sur la toilette, et des meilleurs de Rome :
Le tout propre, arrangé, de même qu'on eût fait
Si l'on eût attendu le cardinal préfet³.

Le docteur se dépouille⁴ ; et cette gouvernante
Revient, et par la main le conduit en des lieux 325
Où notre homme privé de l'usage des yeux
    Va d'une façon chancelante.
    Après ces détours ténébreux,
La vieille ouvre une porte et vous pousse le sire
    En un fort mal plaisant endroit, 330
    Quoique ce fût son propre empire :
    C'étoit en l'école de droit.
« En l'école de droit? » Là même. Le pauvre homme
Honteux, surpris, confus, non sans quelque raison,
    Pensa tomber en pâmoison⁵. 335
    Le conte en courut par tout Rome.
Les écoliers alors attendoient leur régent :
Cela seul acheva sa mauvaise fortune.

---

1. Chez la Bruyère, tome I, p. 192 : « Elle paroît ordinairement en simple déshabillé..., et avec des mules : elle est belle en cet équipage. »

2. Comparez *l'Oraison de saint Julien*, vers 215 et note 1.

3. Il y avait à Rome deux cardinaux préfets, chargés de la police de la ville : le préfet de la signature de justice, et le préfet de la signature de grâce.

4. « Il se despoille et auprez de sa femme se boute. » (*Les Cent Nouvelles nouvelles*, p. 87.) Dans *la Jument*, vers 109 et note 1 :

    Il se faut, et pour cause,
    Dépouiller nue et quitter cet habit.

Voyez aussi le conte x de la IIe partie, vers 22.

5. « .... Il en tomba en grandes pasmoisons. » (Amyot, traduction de la *Vie d'Agésilas*, tome II, p. 163.)

Grand éclat de risée¹, et grand chuchillement²;
　　Universel étonnement.　　　　　　　　　340
« Est-il fou ? qu'est-ce là ? vient-il de voir quelqu'une³ ? »
Ce ne fut pas le tout, sa femme se plaignit.
Procès. La parenté⁴ se joint en cause, et dit
Que du docteur venoit tout le mauvais ménage⁵;
Que cet homme étoit fou ; que sa femme étoit sage.　345
　　On fit casser le mariage;

1. Dans *Psyché*, livre 1 (tome III *M.-L.*, p. 75) : « Ces paroles... firent faire un petit éclat de risée. » Dans la comédie de *l'Eunuque*, vers 1277 :

　　Mais pourquoi jetez-vous cet éclat de risée?

2. *Susurratio;* on disait aussi : *chuchètement*, on dit encore *chuchotement*, *chuchoterie*; mais *chuchillement*, qui s'appliquait parfois au murmure d'un baiser, indique, ici, un chuchotement très ironique, presque un sifflement. — « Accolades, embrassemens, baisers, chuchillemens, et tant de façons qu'il seroit impossible de les raconter. » (*Ancien Théâtre françois*, tome VI, p. 301.)

3. Dans le *Recueil de poésies françoises*, tome I, p. 159 :

　　Et puis, s'on en ayme quelcune,
　　Baiser la cliquette de l'huis;

dans *Don Sanche* de Corneille, vers 1070 : « se donner à quelqu'une »; dans *l'École des femmes* de Molière, vers 299 :

　　Peut-être en avez-vous déjà féru quelqu'une;

dans le ballet des *Noces de Pélée et de Thétis* de Benserade (1ʳᵉ entrée, vers 14) :

　　Toutefois il le faut, c'est une loi commune
　　Qui veut que tôt ou tard je coure après quelqu'une.

4. Comparez *le Diable en enfer*, vers 182 :

　　Sa parenté prit pour argent comptant, etc.;

Belphégor, vers 180 :

　　La parenté de Madame Honesta;

et chez Regnier (satire v, vers 43) :

　　Charnellement se joindre avec sa parenté
　　En France c'est inceste, en Perse charité.

5. Ci-dessus, p. 80 et note 7. — « L'aultre cause de leur mauuais mesnage fut, etc. » (*Satire Menippée*, p. 135.)

Et puis la dame se rendit[1]
Belle et bonne religieuse
A Saint-Croissant[2] en Vavoureuse[3] ;

1. Et puis (*Carloman*) se rendit moyne dedans une abaye.
(*Berte aus grans piés*, vers 43.)

Rendre ie m'en irai
Dedans une abaye.
(*Chansons du XVe siècle*, p. 106.)

Et si aulcun, pour le monde laisser,
Veult là dedans se rendre moyne ou prebstre....
(Marot, tome I, p. 19.)

Puis que de vous ie n'ay aultre visage,
Ie m'en voys rendre hermite en ung desert.
(*Ibidem*, tome II, p. 192.)

« La damoyselle s'estoit rendue religieuse. » (G. Chappuys, fol. 254 v°.) « Qu'ilz se rendent religieux, comme ont faict aulcuns. » (Brantôme, tome V, p. 245.) « Il y a eu force gens de guerre d'aultres foiz qui... se sont ainsi rendus religieux et prebstres. » (*Ibidem*, tome VI, p. 307.) « Ce roy s'y vint rendre cordelier.... On le vit rendu cordelier. » (*Ibidem*, tome VIII, p. 186 et 189.) « .... Et pour cette cause Abelard se rendit moyne profez en l'abaye de sainct Denys, et Heloïse religieuse voilée au prioré d'Argenteuil. » (Pasquier, *les Recherches*, etc., livre VI, chapitre xvii.) D'où un *rendu*, un moine[a], une *rendue*, une nonne. Rapprochons le titre de l'opuscule gothique, déjà cité : *l'Amant rendu cordelier à l'observance d'amours*; et dans la lettre de notre poète à l'abbesse de Mouzon (tome V *M.-L.*, p. 6) :

Les Grâces qui vous suivirent
Bénédictines se rendirent.

2. Équivoque : on sait ce que signifiaient les expressions « loger au croissant », « porter, arborer le croissant ».

Son ascendant toujours l'entraîne
A loger au croissant.
(Regnard, *la Baguette de Vulcain*, scène iii.)

3. *Vavoureuse* pour *Vaucreuse* (*Val cava*). M. Moland cite à propos de cette seconde équivoque le passage du conte vii de la IIe journée de Boccace, où la Fiancée du roi de Garbe raconte à son père qu'elle s'est réfugiée dans un couvent de religieuses, et qu'elle y a

[a] Voyez l'épître de la Fontaine *à M. de Vendôme*, vers 14-15 (tome V *M.-L.*, p. 190).

Un prélat lui donna l'habit¹.

servi « saint Croissant en Vaucreuse, auquel les femmes de ce pays-là portent grande dévotion »; et il fait remarquer que dans la traduction de le Maçon, de 1670, on lit « Vanoreuse », et que l'*u* devenant une consonne devant une voyelle, on a *Vavoreuse*, qui se rapproche singulièrement de la leçon de la Fontaine. Ajoutons que ce nom pourrait bien être une imitation plaisante de celui de la fameuse abbaye bénédictine de Vallombreuse dans l'Apennin. Il y avait aussi près d'Orléans un monastère du même nom, et un autre en Provence, dont il est question dans l'Arioste (chant XXII, strophe 36 du *Roland furieux*). — Rabelais parle (tome I, p. 166-167) d'un « Sainct Genou en Berry », arrondissement de Châteauroux, et de l'abbé Tranchelion, « le bon beuueur », et des moines gaillards de ce moutier dont « l'ombre seulement du clochier est feconde »; et, ailleurs (tome I, p. 26), d'« une orde vieille, venue de Brizepaille d'auprez Sainct Genou » : on comprend le jeu de mots. Il est aussi question dans *le Grand Testament* de Villon (XCIV^e huitain) d'un « Sainct Genou, prez Sainct Iulian des Vouentes », ou des Vœux, pèlerinage célèbre (Saint-Julien de Vouvantes, arrondissement de Châteaubriant) :

> Filles sont trez belles et gentes,
> Demourantes à Sainct Genou
> Prez Sainct Iulian des Vouentes,
> Marches de Bretaigne ou Poictou,
> Mais ie ne dy proprement où.

Comparez le couvent « de Haulte Culière » chez Coquillart (tome II, p. 115); l'abbaye « de Coingnaufond » chez Rabelais (tiers livre, chapitre XXXIII); et dans le XXe des *Contes* de Noël du Fail (tome II, p. 4), « la vallée de Concreux, prez Nantes », où « s'esbattoient les deuotes gens », vallée dont on chercherait vainement l'indication dans les dictionnaires géographiques. — Marot s'est fait aussi l'écho de ces plaisanteries sur les couvents :

> Et puis dictes que les moustiers
> Ne seruent point aux amoureux !
> Bonne macquerelle pour eux
> Est umbre de deuotion.
> (*Du Coq à l'asne*, à Lyon Jamet, tome I, p. 223.)

Rappelons enfin la légende du saint breton Guignolé ou Guignolet, et de ses dévotes pèlerines, Guignolet dont Piron a chanté les vertus miraculeusement prolifiques.

1. Dans le récit de Giovanni Fiorentino, lorsque le maître en droit a découvert que son élève Bucciolo faisait l'amour avec sa

femme, il a beau se mettre en fureur, parcourir sa maison dans tous les sens, armé de toutes pièces, l'étudiant trouve le moyen d'échapper à ses recherches : bien mieux, comme il n'a pas reconnu son maître, il continue, lorsqu'il le rencontre, à lui faire ses confidences. Le vacarme, le tapage assourdissant que fait le mari, la nuit venue, l'épée qu'il tient à la main, les injures, les blasphèmes que vomit sa bouche, tout persuade à ses parents, à ses voisins, qu'il a perdu la tête à force d'étudier, qu'il est fou, fou à lier, et, en conséquence, on l'attache avec des cordes, on le porte sur son lit, où il est gardé à vue, et où ses élèves, Bucciolo, entre autres, viennent le voir. Lorsqu'il aperçoit ce dernier, le maître lui crie : « Va-t'en, Bucciolo, va-t-en à la grâce de Dieu, car tu t'es suffisamment instruit... à mes dépens. » L'étudiant, jugeant en effet qu'il n'a plus rien à apprendre chez son maître, retourne à Rome. — Dans la nouvelle de Straparole, mêmes confidences du jeune homme, même vaine poursuite du mari, qui, dans sa fureur, va jusqu'à incendier sa maison, croyant que l'amant, s'il lui échappe, n'échappera pas du moins aux flammes. Quelle est sa surprise, lorsque, le lendemain, le jeune galant vient à lui d'un air riant et lui dit : « Bonjour, maître Raimond, je veux vous raconter une chose qui vous plaira grandement !... » Bref, les deux amants s'enfuient en Portugal, et le docteur finit par mourir de colère et de chagrin.

IX

LE DIABLE EN ENFER.

Cette nouvelle est tirée de la x° nouvelle de la III° journée du *Décaméron* de Boccace, dont voici le sommaire :

Alibech divienne romita, a cui Rustico monaco insegna rimettere il diavolo in inferno; poi, quindi tolta, diventa moglie di Neherbale.

« Alibech fille vint en ung hermitaige où Rustique hermite luy enseigna de remettre le diable en enfer ; puis, estant ostée de là, elle fut mariée à Neherbale. »

La fin du conte est différente chez Boccace. Le père d'Alibech et tous ses enfants sont brûlés dans un incendie : Alibech devient par cet accident seule héritière. Aussi un jeune homme nommé Neherbale, d'autant plus empressé qu'il est ruiné, la cherche avant que la justice se soit saisie des biens du trépassé, comme biens de mainmorte, la trouve, la ramène, au grand contentement de Rustique épuisé, desséché, et l'épouse. Grands éclats de rire des dames de la ville, lorsqu'Alibech, avant d'avoir passé sa première nuit de noces avec son mari, leur raconte ce qu'elle faisoit au désert, et comment elle servait Dieu. D'où ce commun proverbe : *Che il piu piacevol servigio che a Iddio si facesse era rimettere il diavolo in inferno.* Rapprochez le Grand Parangon *des Nouvelles nouvelles,* nouvelle CXLII ; Bandello, II° partie, nouvelle LVII : *Et alzandole i panni, caccio il diavolo nel' inferno;* III° partie, nouvelle CLXII : *E chiamato, grido che voleva metter il diavolo nel' inferno ;* Straparole, fin de la fable v de sa X° nuit : « Ma damoyselle..., vostre enigme ne signifie aultre chose que donner l'ame au diable ; mais gardez qu'il ne se mette en vostre enfer, pour ce qu'il le brusleroit » ; G. Chappuys, journée I, nouvelle II : « ....Elle fit appeler Pierre (son valet) par une chambriere, la quelle, l'ayant veu au mesme poinct que sa maistresse l'auoit trouué, cuyda de peur tomber à la renuerse, et iecta un si grand cry que le pauure garçon se reueilla.... Et elle le regardoit, pensant tousiours à son grand diable y ait part, que voluntiers, à voir sa contenance, elle eust bien voulu chastier et mettre en son enfer » ; *ibidem*, journée VIII, nouvelle III : « Victor et Philippe (sa maîtresse) chassoient le plus qu'il leur estoit possible le diable en enfer » ; *le Moyen de parvenir*, p. 257 : « mettre le diable en enfer, auoir le diable au corps » ; *les Heures perdues*, nouvelle VIII : « …. Que surtout il prît bien garde que quelque diable n'entrât parmi elles (parmi les religieuses), de peur que, trouvant la porte de leur enfer ouverte, il n'y entrât, sans lui demander congé » ; l'abbé Vergier (*OEuvres diverses*, tome II, p. 207) :

> Il suffit qu'on sait que chez soi,
> Sous le nom de nièce ou de tante,
> Tout curé qui n'est pas de fer,
> Pour mettre le diable en enfer,
> A toujours une gouvernante ;

la IX° des *Épigrammes facétieuses* de Piron :

> ….Priez pour moi, mon Père, je suis morte ;
> Le diable m'entre au corps par cette porte
> Que vous savez. — Gardez de résister,
> Dit le frater, il faudra bien qu'il sorte,
> Quand dans tel lieu sera las d'habiter ; etc., etc.

M. Landau (p. 162) rapproche du conte de Boccace une poésie allemande *Die Teufelsacht*, « l'exil du Diable », qui se trouve dans le recueil de Hagen, déjà cité, p. 123-135 ; voyez aussi p. XIV du même recueil.

Berni, au second tome de ses *Rime* (p. 23 de l'édition de Londres, 1742), fait une allusion plaisante à cette histoire, dans les vers qui commencent ainsi :

> *E leverotti il panno di sul letto….*

Manni (p. 239) croit que Boccace a déguisé les vrais noms des personnages, car Sacchetti (nouvelle CI) raconte une aventure semblable dont il place le théâtre à Todi, près de Spolète. Pour celui de Rustic, Boccace l'a peut-être emprunté à l'épître (CXII) où saint Jérôme recommande à un jeune moine de ce nom de fuir les tentations du monde.

Elle a été versifiée dans *le Banquet des chambrieres faict aux estuues* (1541, in-8°), sans nom de lieu ni d'auteur, jolie pièce pleine de détails curieux et d'anciens proverbes, et où sont finement observées les mœurs du peuple de Paris. Nous donnons à l'*Appendice* cette divertissante version de notre historiette.

Comparez le conte 1 de cette IV° partie.

Qui craint d'aimer a tort, selon mon sens,
S'il ne fuit pas dès qu'il voit une belle[1].
Je vous connois, objets doux et puissants;
Plus ne m'irai brûler à la chandelle[2].

1. Bon faict fuir amourettes
    Et des femmes l'accointance.
    Regardez, cestes fillettes
    Tiennent fiere contenance;
    Retirez de leur presence
    A tous mais vostre visaige;
    Ne cherchez leur congnoissance:
    D'amours ne se cure ung saige.
    (*Recueil de poésies françoises*, tome V, p. 198.)

    Car qui d'amours ne veut prendre le ply,
    Et a desir de fuir le danger...,
    Besoing luy est d'eslongner la personne.
    (MAROT, tome I, p. 9.)

    « ....Il disoit qu'il n'y auroit pas grande seureté en icelles approches, que Nature estoit trop coquine, que c'estoit mettre le feu bien prez de l'amorche. » (DU FAIL, tome I, p. 138.) Mais notre poète a dit dans *le roi Candaule*, vers 55 :

    Hélas! fuir n'y sert de rien.

2. Même figure dans le *Recueil de poésies françoises*, tomes III, p. 117, et V, p. 14 :

    Vous vous bruslez à la chandelle;

chez Charles d'Orléans, rondeau LVI :

    Ie me bruslay à la chandelle,
    Ainsy que faict le papillon;

chez Coquillart, tome II, p. 98 :

    Et puis quant on a l'esguillon,
    Et qu'on se sent de l'estincelle,
    On faict comme le papillon
    Qui se brusle à la chandelle.

Comparez des Portes, *Diuerses Amours*, sonnet X :

    Amours, qui voletiez à l'entour de nos flammes
    Comme gays papillons;

Brantôme, tome IX, p. 127 : « Sans y penser, elles se vont brusler

Une vertu sort de vous, ne sais quelle[1], 5
Qui dans le cœur s'introduit par les yeux[2] :
Ce qu'elle y fait, besoin n'est de[3] le dire ;
On meurt d'amour, on languit, on soupire[4] :

à la chandelle » ; p. 220 : « S'ilz se veulent brusler à leur chandelle, à leur dam » ; et Scarron, *le Virgile travesti*, livre I :

> Elle le retient auprès d'elle,
> Elle se brûle à la chandelle....

1. « Ces je ne sais quoi qu'on ne peut expliquer », dont il est parlé dans *Rodogune* (vers 362). « .... Un regard y suffit », dit ailleurs Corneille (*la Comédie des Tuileries*, vers 103).

2. *Qui videt, is peccat; qui te non viderit, ergo*
    Non cupiet; facti crimina lumen habet.
            (PROPERCE, livre II, élégie XXXII, vers 1-2.)

.... *Et aperta la via per gli occhi al core.*
            (PÉTRARQUE, livre I, sonnet II.)

Quand Beaulté vit que ie la regardoye,
Tost par mes yeux ung dard au cœur m'enuoye.
            (CHARLES D'ORLÉANS, prologue.)

Là ie sentis dedans mes yeux couler
Ung doulx venin, subtil à se mesler,
Où l'ame sent une douleur extreme....
            (RONSARD, tome I, p. 37.)

Le coup au cœur par les yeux descendit..
            (DU BELLAY, tome I, p. 83.)

L'amour est une affection
Qui par les yeux dans le cœur entre.
            (REGNIER, épigramme.)

Elle aura quelque trait qui, de mes sens vainqueur,
Me passant par les yeux me blessera le cœur.
            (*Ibidem*, satire VII, vers 47-48.)

Rapprochez Remy Belleau, tome I, p. 152, et p. 204 :

> ....L'ardeur des amoureuses peines
> Qui glissent en nous par les yeux ;

Ibidem, p. 276, et tome II, p. 51 ; Corneille, *la Suite du Menteur*, vers 1603-1604 ; et Voltaire, tome XI, p. 35 :

> ....Mais sa pudeur triomphait de la flamme
> Qui par les yeux se glissait dans son âme.

3. Comparez ci-dessous, p. 480 et note 6. — 4. Page 147 :
            Faut-il toujours vous dire

Pas ne tiendroit aux gens qu'on ne fît mieux[1].
A tels périls ne faut qu'on s'abandonne[2]. 10

J'en vais donner pour preuve une personne
Dont la beauté fit trébucher[3] Rustic[4].
Il en avint un fort plaisant trafic[5] :
Plaisant fut-il, au péché près, sans faute[6];
Car, pour ce point, je l'excepte, et je l'ôte, 15
Et ne suis pas du goût de celle-là

Qu'on brûle, qu'on languit, qu'on meurt sous votre empire?

1. Comparez *le Cocu*, vers 44; et *Belphégor*, vers 28 :

Et plût au Sort que j'eusse pu mieux faire !

2. Dans *la Confidente*, au figuré, vers 40 :

Le plus sûr est ne se point mettre à table.

3. Tomber, faillir : le mot est pris au propre dans *la Servante justifiée*, vers 92 et note 1.

4. Semblable nom : « *Rustic*, amoureux d'Athlette », dans *Athlette*, pastourelle ou fable bocagère, en trois actes, en vers, par Nicolas de Montreux (Paris, 1585, in-8°). Voyez aussi la notice de notre conte, p. 463.

5. Même locution, au même sens ironique, dans *Belphégor*, vers 76. Rapprochez Coquillart, tome II, p. 160 :

I'ay sceu, veu, leu, aprins, congneu,
Noté, entendu, souuenu,
Epilogué, mille trafficques ;

des Périers, tome I, p. 139 : « Sur ce poinct, l'ung des pages, qui sçauoit toute la trafficque, car telles gens ne se trouuent iamais loing de toutes bonnes entreprises, etc. »; Regnier, satire XIII, vers 155 :

C'est entre les devots un estrange commerce,
Un trafic, etc. ;

et épître II. vers 73 :

Au savoureux trafic de cette mercerie (*la femme*)
J'ay consumé les jours les plus beaux de ma vie.

6. Sans aucune restriction dans mon affirmation : voyez le vers 335 de *Joconde* et la note.

Qui, buvant frais (ce fut, je pense, à Rome),
Disoit : « Que n'est-ce un péché que cela[1] ! »
Je la condamne, et veux prouver en somme
Qu'il fait bon craindre[2], encor que l'on soit saint. 20
Rien n'est plus vrai : si Rustic avoit craint,
Il n'auroit pas retenu cette fille,
Qui, jeune et simple[3], et pourtant très gentille,
Jusques au vif vous l'eut bientôt atteint[4].

Alibech fut son nom, si j'ai mémoire ; 25
Fille un peu neuve[5], à ce que dit l'histoire.
Lisant un jour comme quoi certains saints,
Pour mieux vaquer à leurs pieux desseins,
Se séquestroient, vivoient comme des anges,
Qui çà, qui là, portant toujours leurs pas 30
En lieux cachés[6], choses qui, bien qu'étranges,
Pour Alibech avoient quelques appas :

1. L'attrait du fruit défendu : anecdote souvent répétée, avec de nombreuses variantes de lieu, de temps, et de sujet de plaisir.
2. Redouter les embûches du Malin, les surprises des sens. Comparez *les Oies*, vers 75 ; et *l'Ermite*, vers 140 et suivants :

   Je crains, dit-il, les ruses du Malin.

3. Dans *le Faiseur*, vers 3 : « simple, jeunette ».
4. Même locution, « atteindre au vif », chez Jodelle, tomes I, p. 187, 193, II, p. 15 :

   Celle qui est au vif de quelque amour atteinte....

Voyez *la Courtisane amoureuse*, vers 48 et note 4.

5. « Quand il eut aduisé ceste garse ainsi neufue.... » (Des Périers, tome I, p. 48.) — Dans le conte de *Nicaise*, vers 3 : « garçon très neuf ».
6. Comme saint Paul ermite, saint Antoine, saint Pacôme, saint Arsène, saint Hilarion, saint Macaire, etc. — Rapprochez le début du *Poème de la captivité de saint Malc* (vers 10 et suivants) :

   Je chante d'un héros la vertu solitaire,
   Ces déserts, ces forêts, ces antres écartés,
   Des favoris du Ciel autrefois habités, etc.

« Mon Dieu! dit elle, il me prend une envie
D'aller mener une semblable vie⁴. »
Alibech donc s'en va, sans dire adieu :   35
Mère, ni sœur, nourrice, ni compagne
N'est avertie. Alibech en campagne²
Marche toujours, n'arrête en pas un lieu,
Tant court enfin qu'elle entre en un bois sombre,
Et dans ce bois elle trouve un vieillard,   40
Homme possible³ autrefois plus gaillard⁴,
Mais n'étant lors qu'un squelette et qu'une ombre.
« Père, dit-elle, un mouvement⁵ m'a pris :
C'est d'être sainte et mériter pour prix
Qu'on me révère, et qu'on chomme ma fête.   45
Oh! quel plaisir j'aurois, si tous les ans,
La palme en main⁶, les rayons sur la tête⁷,
Je recevois des fleurs et des présents !
Votre métier est-il si difficile?

1. Page 166 et note 2.
2. Dans la fable ix du livre I, vers 18 :

   Rats en campagne aussitôt.

3. Adverbialement : *peut-être;* voyez p. 206 et note 2.

4. Rapprochez *le Muletier*, vers 68. — « Il tenta ce dessein trop tard, n'estant si gaillard comme d'aultres foiz. » (BRANTÔME, tome I, p. 54.) « Il ne fournissoit pas beaucoup, au gré de la reyne, à ses besongnes de nuict, encore qu'il fust ieune, gaillard, et en bon poinct. » (*Ibidem,* tome VIII, p. 149.) « Ieune, beau, fort, gaillard, et de grand cœur. » (G. CHAPPUYS, fol. 17 v°.) — Au vers 66 de *Féronde* : « les gaillardes nonnains ».

5. Comparez *la Coupe enchantée*, vers 178 et la note :

   .... S'il n'eût cru que son mouvement.

6. « En parlant de la mort que les martyrs ont soufferte pour la confession de la foi, on dit dans l'Église qu'un tel saint a la palme du martyre, et en effet on lui met une palme à la main. » (*Dictionnaire de Trévoux.*)

7. « Une gloire sur la tête des saints canonisés se représente avec des rayons : cela s'appelle un nimbe. » (*Ibidem.*)

Je sais déjà jeûner plus d'à demi¹. 50
— Abandonnez ce penser inutile,
Dit le vieillard ; je vous parle en ami.
La sainteté n'est chose si commune
Que le jeûner² suffise pour l'avoir.
Dieu gard de mal³ fille et femme qui jeûne 55
Sans pour cela guère mieux en valoir !
Il faut encor pratiquer d'autres choses,
D'autres vertus, qui me sont lettres closes⁴,
Et qu'un ermite habitant de ces bois
Vous apprendra mieux que moi mille fois. 60
Allez le voir, ne tardez davantage ;
Je ne retiens tels oiseaux⁵ dans ma cage. »
Disant ces mots, le vieillard la quitta,
Ferma sa porte, et se barricada.
Très sage fut d'agir ainsi, sans doute, 65
Ne se fiant à vieillesse, ni goutte,
Jeûne, ni haire, enfin à rien qui soit⁶.

Non loin de là notre sainte aperçoit
Celui de qui ce bon vieillard parloit,
Homme ayant l'âme en Dieu toute⁷ occupée, 70

1. Voyez p. 79 et note 8 ; et, pour *penser* au vers suivant, p. 433.
2. Comparez « le dormir, le manger, le boire » (livre VIII, fable II, vers 12-13, déjà citée ci-dessus, p. 355).
3. « Dieu gard de mal le petit homme ! » (BRANTÔME, tome IV, p. 339.) « Dieu gard de mal celuy que ie n'ayme pas tant que vous! » (*Ibidem*, tome IX, p. 702.) « Dieu gard de mal le compagnon ! » (DU FAIL, *les Propos rusticques*, p. 73.) — *Gard* pour *garde*, comme dans *les Troqueurs*, vers 174 et note 6.
4. Rapprochez le vers 81 du conte précédent et la note.
5. Ci-dessus, p. 411 et note 5.
6. A quoi que ce soit, pour se croire à l'abri des tentations. Comme le dit Montaigne (tome I, p. 338) : « Ni la haire ni les ieusnes ne nous en desmeslent (des passions). »
7. Telle est bien notre orthographe : ci-dessus, p. 374.

Et se faisant tout blanc de son épée[1].
C'étoit Rustic, jeune saint très fervent :
Ces jeunes-là s'y trompent bien souvent[2].
En peu de mots, l'appétit d'être sainte
Lui fut d'abord par la belle expliqué ;   75
Appétit tel qu'Alibech avoit crainte
Que quelque jour son fruit[3] n'en fût marqué[4].
Rustic sourit d'une telle innocence :
« Je n'ai, dit-il, que peu de connoissance
En ce métier[5] ; mais ce peu-là que j'ai   80
Bien volontiers vous sera partagé ;
Nous vous rendrons la chose familière[6]. »

1. Comme un jeune présomptueux : tout fier d'une foi, d'une ferveur, qui étaient moins vives qu'il ne le croyait, et trop confiant dans sa force contre la tentation. — « Se faire blanc de son épée », proprement et originairement, se blanchir, se justifier par son épée, comme dans les duels judiciaires ; mais l'expression a un peu dévié de son sens primitif. Comparez Saint-Amant, épître *à Mgr le duc d'Orléans*, vers 45-47 :

....César, Alexandre et Pompée,
Qui se faisoient tout blanc (*sic*) de leur épée
Dans les assauts ;

Scarron, *le Roman comique*, livre I, chapitre x : « Représentez-vous, je vous prie, quelle doit être la fureur d'un petit homme plus glorieux lui seul que tous les barbiers du royaume, dans un temps où il se faisoit tout blanc de son épée... » ; Corneille, tome X, p. 402 : « Vous vous êtes fait tout blanc d'Aristote et d'autres auteurs que vous ne lûtes et n'entendîtes peut-être jamais » ; Tallemant des Réaux, tome V, p. 436 ; etc.

2. Sur leur vocation de saints.

3. Son enfant : voyez le vers 198 de *Féronde*. Chez Brantôme tome IX, p. 285) : « De peur de gaster son fruict pour son enuie.... »

4. Qu'il ne portât marque de cet appétit immodéré de sa mère.

5. En ce métier de saint (ci-dessus, vers 49).

6.   Le bachelier
Leur avoit rendu familier
Chaque point de cette science,
Et le tout par expérience.
            (*Le Tableau*, vers 70-73.)

Maître Rustic eût dû donner congé
Tout dès l'abord à semblable écolière.
Il ne le fit, en voici les effets : 85
Comme il vouloit être des plus parfaits,
Il dit en soi : « Rustic, que sais-tu faire?
Veiller, prier, jeûner, porter la haire?
Qu'est-ce cela? moins que rien, tous le font;
Mais d'être seul auprès de quelque belle 90
Sans la toucher, il n'est victoire telle;
Triomphes grands chez les anges en sont :
Méritons-les; retenons cette fille[1];
Si je résiste à chose si gentille,
J'atteins le comble, et me tire du pair[2]. » 95
Il la retint[3], et fut si téméraire
Qu'outre Satan il défia la chair[4],
Deux ennemis toujours prêts à mal faire.

1. Ci-dessus, vers 22.
2. Je monte au plus haut point, je m'élève au-dessus des autres. « Comme elle (Mme de Grignan) s'est tirée du pair d'avec les autres femmes par son mérite, elle s'en veut tirer par toutes ses actions. » (Lettre de Bussy Rabutin du 15 avril 1676.)
3. *Ilquale, per voler fare della sua fermezza una gran pruova, non come gli altri la mando via, ma seco la ritenne nella sua cella; et, venuta la notte, un lettuccio di frondi di palma le fece, et sopra quello le disse si risposasse.*
4. L'épreuve allait quelquefois très loin, si nous en croyons la reine de Navarre (*l'Heptaméron*, nouvelle xxx) : « Ilz (certains religieux) disent qu'il se fault habituer à la vertu de chasteté, et, pour esprouuer leurs forces, parlent auec les plus belles qui se peuuent trouuer et qu'ilz aiment le mieulx, et auec baisers et attouchemens de mains, experimentent si leur chair est du tout morte; et, quand par tel plaisir se sentent emouuoir, ilz se separent, ieusnent, et prennent de trez grandes disciplines; et quand ilz ont maté leur chair iusque là que pour parler ne pour baiser ilz n'ont point d'emotions, ilz viennent à essayer la sotte tentation qui est de coucher ensemble et s'embrasser sans aulcune concupiscence. Mais, pour ung qui en est eschappé, sont venuz tant d'inconueniens que l'archeuesque de Milan, où ceste religion s'exerçoit, fut d'aduis de les

Or sont nos saints logés sous même toit :
Rustic apprête, en un petit endroit,
Un petit lit de jonc pour la novice ;
Car, de coucher sur la dure¹ d'abord,
Quelle apparence²? elle n'étoit encor
Accoutumée à si rude exercice.
Quant au souper, elle eut pour tout service
Un peu de fruit, du pain non pas trop beau.
Faites état que la magnificence
De ce repas ne consista qu'en l'eau,
Claire, d'argent, belle par excellence³.
Rustic jeûna ; la fille eut appétit.
Couchés à part, Alibech s'endormit ;
L'ermite non : une certaine bête,

separer, et mettre les femmes au conuent des hommes et les hommes en celuy des femmes. » — C'est ainsi qu'Adhelme, l'abbé de Malmesbury, et Robert d'Arbrisselle, le fondateur de Fontevrault, couchaient, dit-on, avec leurs plus jolies pénitentes pour mieux faire triompher leur continence. *Fœminarum quasdam, ut dicitur,* écrivait à ce dernier Geoffroy, abbé de la Trinité de Vendôme, *nimis familiariter tecum habitare permittis, et cum ipsis etiam, et inter ipsas, cubas noctu frequenter.* Nous lisons aussi dans la Vie de saint Bernard que l'on fit entrer, pour le tenter, une belle jeune fille dans son lit ; mais, *quamvis impudice ipsum irritaret suis illecebris, tamen se continuit.* — Comparez, entre autres liaisons, passions, transports, ravissements, dits spirituels ou mystiques, les amours étranges de Christine de Stommeln et du révérend Pierre de Dace (*Histoire littéraire de la France,* tome XXVIII, p. 1-26).

1. Couché sur la dure,
La faim, la soif, le chauld, et le froid il endure.
(Du Bellay, tome II, p. 498.)
Coucher sur la dure,
A l'air, au chauld, à la froidure.
(Remy Belleau, tome II, p. 428.)
J'ay bu chaud, mangé froid, j'ay couché sur la dure.
(Regnier, satire II, vers 64.)

2. Même locution dans *le Magnifique,* vers 86, dans *les Quiproquo,* vers 109, etc.

3. Voyez *Féronde,* vers 21 et note 4 : « beaux par excellence ».

Diable nommée, un vrai serpent maudit,
N'eut point de paix qu'il ne fût de la fête¹.
On l'y reçoit. Rustic roule en sa tête,   115
Tantôt les traits de la jeune beauté,
Tantôt sa grâce et sa naïveté,
Et ses façons, et sa manière douce,
L'âge, la taille, et surtout l'embonpoint²,
Et certain sein ne se reposant point,   120
Allant, venant³; sein qui pousse et repousse⁴
Certain corset⁵ en dépit d'Alibech

1.   Car Satan lors vient frapper sur l'oreille
De tel qui dort, et fait tant qu'il s'éveille.
(*Les Rémois*, vers 130-131.)

2. Tome IV, p. 262 et note 2.

3. Voltaire s'est souvenu de ce passage dans ces jolis vers (tome XI, p. 20) :

Sous un cou blanc, qui fait honte à l'albâtre,
Sont deux tetons séparés, faits au tour,
Allants, venants, arrondis par l'Amour;
Leur boutonnet a la couleur des roses.
Teton charmant, qui *jamais ne reposes*,
Vous invitiez les mains à vous presser ;

et Parny, dans *la Guerre des Dieux* (fin du chant II) :

Son joli sein, qui *jamais ne repose*....

4.   ....Ceste haleine tant doulce
Qui faict doulcement venir
Et plus doulcement repoulse
Les deux sommetz endurcis
De ces blancs costeaux d'iuoyre.
(Du Bellay, tome II, p. 316.)

« Deux petites boules assises, s'enflans doulcement au mouuement de son odorante haleine. » (Du Fail, tome II, p. 130.) « Deux tetins s'enflans et baissans par ung flus et reflus qui eust bien debauché la faculté d'une religion plus reformée. » (*Ibidem*, p. 178.) « Le bal mesuré de leurs pommes jumelles et les soupirs contrebalancés de ces deux hémisphères. » (*Les Caquets de l'accouchée*, 1624, p. 158.)

5.   On pouvoit déjà voir
Hausser et baisser son mouchoir
(*La Coupe enchantée*, vers 102-103.)

Toutes beautés à mes yeux ne sont rien

Qui tâche en vain de lui clore le bec,
Car toujours parle[1]; il va, vient et respire :
C'est son patois[2]; Dieu sait ce qu'il veut dire[3]. 125

Le pauvre ermite, ému de passion[4],
Fit de ce point sa méditation[5].
Adieu la haire, adieu la discipline.
Et puis voilà de ma dévotion[6] !

> Au prix du sein qui soupirant secoue
> Son gorgerin sous qui doulcement noue (*nage*)
> Ung petit flot de marbre Parien.
> (RONSARD, tome I, p. 44.)

1. « Iamais le bec ne luy cessa. » (BRANTÔME, tome IX, p. 461.)
2. Comparez livres III, fable I, vers 41, VIII, fable XIV, vers 16.

> Son œil me dit en son patois :
> « Berger, berger, ton heure sonne. »
> (*Janot et Catin*, tome V M.-L., p. 107.)

3. Ces vers semblent inspirés de ceux-ci de Marot, épigramme *du beau Tetin* (tome III, p. 34) :

> O Tetin ne grand ne petit,
> Tetin meur, Tetin d'appetit,
> Tetin qui nuict et iour criez :
> « Mariez moy tost, mariez; »
> Tetin qui t'enfles, et repoulses
> Ton gorgias de deux bons poulses,
> A bon droict heureux on dira
> Celluy qui de laict t'emplira,
> Faisant d'un tetin de pucelle
> Tetin de femme entiere et belle.

4. ....Gygès en fut ému, quelque effort qu'il pût faire.
(*Le roi Candaule*, vers 31.)

5. L'oraison mentale à laquelle les religieux sont astreints.

6. Là (*en une église*) commençay mes passions.
— Voylà de mes deuotions !
(MAROT, tome I, p. 28.)

Dans *le Tartuffe* de Molière, acte IV, scène III :
Ah! voilà justement de mes religieuses!
Dans *le Joueur* de Regnard, acte I, scène VII :
Quand ils n'ont pas un sou, voilà de leur morale !

c. IX] QUATRIÈME PARTIE. 475

 Voilà mes saints ! Celui-ci s'achemine   130
Vers Alibech, et l'éveille en sursaut :
« Ce n'est bien fait que de dormir sitôt,
Dit le frater[1] ; il faut au préalable[2]
Qu'on fasse une œuvre à Dieu fort agréable[3],
Emprisonnant en enfer le Malin[4] ;   135
Créé ne fut pour aucune autre fin :
Procédons-y[5]. » Tout à l'heure[6] il se glisse
Dedans le lit[7]. Alibech, sans malice,
N'entendoit rien à ce mystère-là[8] ;
Et, ne sachant ni ceci, ni cela[9],   140

 1. Comparez le « pater », ci-dessus, p. 403 et note 2.
 2. Tome IV, p. 247 et note 5.
 3. ....Qu'ils fissent chose agréable à Mahom.
          (*Féronde*, vers 44.)
Voyez aussi livre X, fable 1, vers 2-3.
 4. Le malin esprit, le diable : tome IV, p. 486 et note 2. Cette expression revient dans une lettre de notre poète à Simon de Troyes de février 1686 :

  Tout faiseur de journaux doit tribut au Malin.

 — *Et primieramente con molte parole le mostro quanto il diavolo fosse nemico di Domenedio; et appresso le diede ad intendere che quello servigio che piu si poteva far grato a Dio, si era rimettere il diavolo in inferno, nel quale Domenedio l'haveva dannato.*
 5. Tome IV, p. 284 et note 3.
 6. Tout à l'instant (tome IV, p. 199 et note 4). « Psyché partit tout à l'heure. » (*Psyché*, livre II, tome III M.-L., p. 154.)

   Dès lors qu'un endroit se dément,
   On le rétablit tout à l'heure.
  (Lettre de la Fontaine à sa femme du 3 septembre 1663.)

 7. Comme *la Courtisane amoureuse* (vers 244).
 8. Ci-dessus, p. 298 et note 4.
 9. Même locution familière dans *les Quiproquo*, vers 148 ; et dans *Joconde*, vers 422 :

   Et de ceci ni de cela
   Ne se douta le moins du monde, etc.

Moitié forcée, et moitié consentante[1],
Moitié voulant combattre ce desir,
Moitié n'osant, moitié peine et plaisir,
Elle crut faire acte de repentante[2] ;
Bien humblement rendit grâce au frater ;   145
Sut ce que c'est que le diable en enfer.
Désormais faut qu'Alibech se contente[3]
D'être martyre, en cas que[4] sainte soit.

Frère Rustic peu de vierges faisoit[5] :
Cette leçon ne fut la plus aisée,   150
Dont Alibech, non encor déniaisée[6],
Dit : « Il faut bien que le diable en effet
Soit une chose étrange et bien mauvaise ;
Il brise tout[7] ; voyez le mal qu'il fait
A sa prison : non pas qu'il m'en déplaise ;   155
Mais il mérite, en bonne vérité,

---

1. « Moitié raisin, moitié figue » (*le Faiseur*, vers 180).
2. De repentance. (1685, 1686, 1705.)

— Il la prêcha, mais si bien et si beau,
Qu'elle donna les mains par pénitence.
(*La Mandragore*, vers 204-205.)

3. S'accommode de, se résigne à.
4. En supposant que.
5. Peu de vierges passaient par ses mains.
6. Rapprochez *Joconde*, vers 343 ; et le vers 83 de *l'Ermite* et la note :

Dès la première ou bien dès la seconde (*leçon*),
Ta cousine Anne en saura moins que toi ;

et, pour l'expression *déniaisée*, des Périers, tome I, p. 50-51 :
« Ce pendant que le procureur attendoit que la garse fust desniaisée, son clerc prenoit ceste charge sans procuration.... Il fut bien peneux, sçachant que son clerc auoit commencé de si bonne heure à la luy desniaiser » ; *le Moyen de parvenir*, p. 227 : « Elle estoit par ce moyen ingenieusement desniaisée » ; etc

7. Le voilà qui rompt tout : c'est assez sa coutume.
(*Le Tableau*, vers 170.)

QUATRIÈME PARTIE. 477

> D'y retourner. — Soit fait », ce dit le frère[1].
> Tant s'appliqua[2] Rustic à ce mystère,
> Tant prit de soin, tant eut de charité[3],
> Qu'enfin l'enfer s'accoutumant au diable   160
> Eût eu toujours sa présence agréable[4],
> Si l'autre eût pu toujours en faire essai[5].
> Sur quoi la belle : « On dit encor bien vrai
> Qu'il n'est prison si douce que son hôte
> En peu de temps ne s'y lasse sans faute[6]. »   165
> Bientôt nos gens ont noise[7] sur ce point :
> En vain l'enfer son prisonnier rappelle[8] ;
> Le diable est sourd, le diable n'entend point.

1. .... *E cosi detto, menata la giovane sopra uno de loro letticelli, le insegno come star si dovesse a dover incarcerare quel maladetto da Dio. La giovane, che mai piu non haveva in inferno messo diavolo alcuno, per la prima volta senti un poco di noia ; perche ella disse a Rustico :* « *Per certo, padre mio, mala cosa dee essere questo diavolo, et veramente nemico d'Iddio, che anchora al ninferno, non che altrui, duole, quando egli v' e dentro rimesso.* » *Disse Rustico :* « *Figliuola, egli non adverra sempre cosi.* » *E per fare che questo non advenisse, da sei volte, anzi che di su il letticel si movessero, vel rimisero, tanto che per quella volta gli trassero si la superbia del capo, che egli si stette volentieri in pace.*

2. Comparez, pour ce tour, tome IV, p. 502 et note 1, et ci-dessus, p. 403.

3. Ci-dessus, p. 402 et note 2.

4. .... *Per laqual cosa essa spesse volte andava a Rustico, et gli diceva :* « *Padre mio, io son qui venuta per servire a Dio, et non per istare otiosa ; andiamo a rimettere il diavolo in inferno.* » *Laqual cosa faccendo diceva ella alcuna volta :* « *Rustico, io non so perche il diavolo si fugga di ninferno ; che s'egli vi stesse cosi volentieri come il ninferno il riceve et tiene, egli non se ne usarebbe mai.* »

5.   « Soit fait, dit-il, nous recommencerons,
         Au pis aller, tant et tant qu'il suffise. »
     Le pis aller sembla le mieux à Lise, etc.
         (*Comment l'esprit vient aux filles*, vers 91-93.)

6. « Il n'y a point de belle prison », dit le proverbe.

7. Querelle : voyez *les Troqueurs*, vers 68 et la note.

8. Comme dans le conte 1 de cette IVe partie, vers 87 et suivants : « .... Mais s'il s'en va ? »

478 CONTES. [C. IX

L'enfer s'ennuie, autant en fait la belle [1];
Ce grand desir d'être sainte [2] s'en va.
Rustic voudroit être dépêtré [3] d'elle ; 170
Elle pourvoit d'elle-même à cela :
Furtivement elle quitte le sire,
Par le plus court s'en retourne chez soi.

Je suis en soin [4] de ce qu'elle put dire [5] 175

1. *Laqual, poi che vide che Rustico non la richiedeva a dovere il diavolo rimettere in inferno, gli disse un giorno : « Rustico, se il diavolo tuo è gastigato, et piu non ti da noia, me il mio ninferno non lascia stare; perche tu farai bene che tu col tuo diavolo aiuti ad attutare la rabbia al mio ninferno, com' io col mio ninferno ho aiutato a trarre la superbia al tuo diavolo. » Rustico, che di radici d'herbe et d'acqua vivea, poteva male rispondere alle poste, et dissele che troppi diavoli vorrebbono esser a potere il ninferno attutare, ma ch' egli ne farebbe cio che per lui si potesse; et cosi alcuna volta le sodisfaceva; ma si era di rado, che altro non era che gittare una fava in bocca al leone. Di che la giovane, non parendole tanto servire a Dio quanto voleva, mormorava anzi che no.*

2. Ci-dessus, vers 74.

3. Débarrassé : voyez tome IV, p. 91 et note 1, à laquelle nous pouvons joindre des exemples de Ronsard, *Sonnets retranchés* (II, vers 8-10):

Ha, poete romain (*Ovide*), il te fut bien aysé,
Quand d'une courtisane on se voit embrasé,
Donner quelque remede afin qu'on s'en despestre !

de G. Chappuys, tome I, fol. 280, et Jodelle, tome I, p. 219 : « se despestrer d'une femme »; de Noël du Fail, tome I, p. 29, 209, 222 : « se despestrer de vermine, d'une troupe, d'ung homme d'armes »; de Brantôme, tomes I, p. 75, V, p. 136 : « se despestrer des menées, des ruses, des manigances »; de Montaigne, tome III, p. 97 : « l'excuse la victoire de ne s'estre pu despestrer de luy »; de Tallemant des Réaux, tome I, p. 214 : « Il se dépêtre d'elle, prend son cheval, et s'enfuit »; etc.

4. En peine : tome III, p. 20 et note 4.

5. Elle cherche un mensonge,
Se doutant bien qu'on lui demanderoit,
Sans y manquer, d'où ce retard venoit.
(*Comment l'esprit vient aux filles*, vers 66-101.)

A ses parents[1]; c'est ce qu'en bonne foi
Jusqu'à présent je n'ai bien su comprendre[2].
Apparemment elle leur fit entendre
Que son cœur, mû d'un appétit[3] d'enfant[4],
L'avoit portée à tâcher d'être sainte :   180
Où l'on la crut, ou l'on en fit semblant.
Sa parenté[5] prit pour argent comptant
Un tel motif : non que de quelque atteinte
A[6] son enfer on n'eût quelque soupçon ;
Mais cette chartre[7] est faite de façon   185
Qu'on n'y voit goutte[8], et maint geôlier s'y trompe[9].

1. Par « ses parents », et, plus bas (vers 242), « sa parenté », le poète entend sans doute non seulement son père et sa mère, mais sa sœur, et peut-être même sa nourrice, tous ses parents et alliés, ses voisins, ses compagnes (vers 36).

—
   Lor mariz et lor parentez
  Sçauent bien (*les femmes*) de paroles pestre.
    (*Roman de la Rose*, vers 14625-14626.)

2.   Plus je songe à cela,
  Moins je le puis comprendre.
   (*Le Cas de conscience*, vers 81-82.)

3. Ci-dessus, vers 170. — 4. *Uno cotal fanciullesco appetito.*
5. Voyez le conte précédent, vers 343 et la note.
6. Semblable locution : « donner atteinte à », chez la Fontaine, tome III *M.-L.*, p. 281, et p. 244 : « Il lui donna des atteintes qui l'ébranlèrent »; et dans les *Lexiques de Malherbe, de Corneille, de Racine, de Sévigné.*
7. Lieu clos, prison : tome II, p. 20 et note 1. Chez Marot, tome I, p. 49 : « tenebreuses chartres »; dans *l'Heptaméron*, p. 187, 191 : « chartre perpetuelle »; chez du Bellay, tome I, p. 123 :

  O doulce chartre! o bienheureux seiour,
  Qui m'a rendu la liberté moleste!

8. Tome IV, p. 332 et note 4. — Comparez le conte IV des *Heures perdues d'un cavalier françois* : « Que c'est une pure erreur de croire que la perte du pucelage des dames se puisse connoitre, vu les artifices qu'elles trouvent pour se le faire recoudre. »
9. Rapprochez les vers 372-381 de *Joconde*, 771-780 de *la Fiancée du roi de Garbe*, et les notes.

Alibech fut festinée¹ en grand'pompe².
L'histoire dit que par simplicité³
Elle conta la chose à ses compagnes⁴.
« Besoin n'étoit que Votre Sainteté⁵, 190
Ce lui dit-on, traversât⁶ ces campagnes;
On vous auroit, sans bouger du logis,
Même leçon, même secret appris.
— Je vous aurois, dit l'une, offert mon frère.
— Vous auriez eu, dit l'autre, mon cousin. 195
— Et Néherbal, notre prochain voisin,
N'est pas non plus novice en ce mystère⁷ ? :

1. On lui servit un festin, on la festoya, on lui fit fête, comme à l'enfant prodigue, comme à *la Fiancée du roi de Garbe*, déjà citée. Pour ce verbe *festiner* (on disait aussi *festier*), comparez Malherbe, tomes III, p. 249 : « Mesdames les Princesses doivent être aujourd'hui à Cadillac, où M. d'Espernon les festie », II, p. 21 : « Alexandre festia (édition de 1630; dans celle de 1650, festina) les ambassadeurs »; et Molière, *le Bourgeois gentilhomme*, acte IV, scène II : « C'est ainsi que vous festinez les dames en mon absence. » — Dans la fable XIV du livre I, vers 35 :

Il vient : l'on festine, l'on mange.

2. On épousa Fédéric en grand'pompe.
(*Le Faucon*, vers 259.)

3. Tome IV, p. 462, et ci-dessus, p. 54.

4. *Essendo ella domandata dalle donne di che nel diserto servisse a Dio, non essendo anchora Neherbale giaciuto con lei, rispose che il serviva di rimettere il diavolo in inferno, et che Neherbale haveva fatto gran peccato d'haverla tolta da cosi fatto servigio. Le donne domandarono :* « *Come si rimette il diavolo in inferno?* » *La giovane tra con parole et con atti il mostro loro. Di che esse fecero si gran risa che anchor ridono, et dissono :* « *Non ti dare malinconia, figliuola, no che egli si fa bene anche qua; Neherbale ne servira bene con esso teco Domenedio.* »

5. Rapprochez « Sa Paternité » dans *Féronde*, vers 192 et note 4.

6. Même tour dans *les Rémois*, vers 24 et note 1 :

Besoin n'étoit qu'elle fît la jalouse.

7. Page 333 : « neuf en ce fait ». — Page 475 :

Alibech, sans malice,
N'entendoit rien à ce mystère-là.

Il vous recherche¹; acceptez ce parti,
Devant qu'on soit d'un tel cas averti. »

Elle le fit. Néherbal n'étoit homme 200
A cela près². On donna telle somme
Qu'avec les traits de la jeune Alibech
Il prit³ pour bon un enfer très suspect⁴,
Usant des biens que l'hymen nous envoie⁵.
A tous époux Dieu doint⁶ pareille joie ! 205

1. Dans *Nicaise*, vers 36 :

>Son esprit, ses traits, sa richesse,
>Engageoient beaucoup de jeunesse
>A sa recherche.

2. A y regarder de si près, à reculer devant cela. *Ibidem*, vers 108-109 :

>Car il est homme, que je pense,
>A passer la chose au gros sas.

3. Même tour aux vers 90-91 de *la Mandragore* :

>Ce curieux en toucha telle somme
>Qu'il n'eut sujet de s'en mécontenter.

4. Dans *la Fiancée du roi de Garbe*, vers 19-21 :

>.... Son fiancé ne s'en embarrassa,
>Ayant peut-être eu sa personne
>De quoi négliger ce point-là.

5.
>L'anneau lui fut donné,
>Et maint bel écu couronné,
>Dont peu de temps après on la vit mariée,
>Et pour pucelle employée.
>(*Joconde*, vers 477-480.)

>.... Dotez-la,
>Vous trouverez qui la prendra :
>L'argent répare toute chose.
>(*Le Fleuve Scamandre*, vers 110-112.)

6. Donne.

>Mais à tous penaillons Dieu doint pareille joie !
>(VOLTAIRE, lettre à M. Bordes du 13 mai 1767.)

>Dieu me doint patience !
>(*Les Lunettes*, vers 146.)

Dieu doint bon iour à mon amy. » (*Recueil de poésies françoises*, tome V, p. 211.) Voyez *ibidem*, p. 223, 170, et p. 116 : « Dieu

Ne plus ne moins[1] qu'employoit au désert
Rustic son diable, Alibech son enfer[2].

nous doint pain et paradis », tome I, p. 150, II, p. 17 : « Dieu doint patience aux marys » ; Charles d'Orléans, ballade XLI :

Dieu doint qu'ainsi puist aduenir;

nous doint paix et paradis », tomes I, p. 150, II, p. 17 : « Dieu *les Cent Nouvelles nouvelles*, p. 347, et p. 360 : « M'amye, Dieu vous doint ioye et plaisir » ; Rabelais *Pantagruel*, chapitre XVI : « Ma dame, Dieu vous doint ce que vostre noble cueur desire ».

Dieu tout puissant te doint pour t'estrener
Les quatre coings du monde gouuerner.
(MAROT, tome I, p. 198.)

Dieu te doint pour guerdon de tes œuvres si sainctes
Que soient avant ta mort tes prunelles esteinctes.
(REGNIER, satire XIII, vers 293.)

1. *Ne plus ne moins* est ici un archaïsme plaisant ; il est à la fois plaisant et pédant dans la bouche de Thomas Diafoirus (*le Malade imaginaire*, acte II, scène v) : « Mademoiselle, ne plus ne moins que la statue de Memnon », etc. Comparez *le Moyen de parvenir*, p. 178 : « Ie me gouuernay en femme de bien, ne plus ne moins que les dames de Paris » ; Marot, tomes II, p. 16, 51, III, p. 63, IV, p. 61 ; Malherbe, tome I, p. 450 ; etc.

2. Ces deux derniers vers ont été retranchés dans les éditions de 1685, 1686, 1705.

X

LA JUMENT DU COMPÈRE PIERRE.

Ce conte est imité de la x⁰ nouvelle de la IX⁰ journée du *Décaméron* :

Domno Gianni ad instanza di compar Pietro fa lo' ncatesimo per fare diventar la moglie una cavalla, et quando viene ad appicar la coda, compar Pietro, dicendo che non vi voleva coda, guasta tutto lo'ncantamento.

« Domp Iehan, à la priere et requeste de son compere Pierre, feit l'enchantement pour faire deuenir sa femme une iument ; et, quant ce veint à luy attacher la queue, le compere Pierre, en disant qu'il n'y vouloit point de queue, gasta tout l'enchantement. »

Dans Boccace, le curé, auquel son bénéfice ne suffit pas pour vivre, porte lui-même, sur une jument, différentes marchandises par les foires de la Pouille, et c'est ainsi qu'il rencontre Pierre qui fait le même métier avec son âne ; ils logent l'un chez l'autre quand ils viennent dans leurs villages respectifs ; Pierre, faute de place, fait coucher le curé sur la paille, auprès de sa monture, dans une écurie étroite. Le curé prétendant qu'il n'avait pas à se plaindre parce qu'il changeait au besoin sa jument en une belle fille (*non ti tribolar di me, ch' io sto bene ; percio che, quando mi piace, io fo questa cavalla diventare una bella zitella, et stommi con essa*), la femme de Pierre éprouve un vif désir d'être métamorphosée elle-même en jument, afin que son mari puisse travailler à la fois avec son âne et avec elle, et faire double profit. Le curé, après avoir refusé pour la forme, consent à la satisfaire. Mais c'est le lendemain, au petit jour, et à peine vêtu, qu'il procède à l'enchantement, après avoir mis préalablement une chandelle dans la main de Pierre :

Appresso Domno Gianni fece spogliare ignuda nata comar Gemmata, et fecela stare con le mani et co piedi in terra a guisa che stanno le cavalle, ammaestrando la similmente, che di cosa che advenisse motto non facesse, et con le mani cominciandole a toccare il viso et la testa, comincio addire : « Questa sia bella testa di cavalla », *et toccandole i capelli disse :* « *Questi sieno belli crini di cavalla* », *et poi toccandole le braccia disse :* « *Et queste sieno belle gambe et belli piedi di cavalla.* » *Poi toccandole il petto et trovandolo sodo et tondo, risvegliandosi tale che non era chiamato, et su levandosi, disse :* « *Et questo sia bel petto di cavalla.* » *Et cosi fece alla schiena, et al ventre, et alle groppe, et alle coscie, et alle gambe. Et ultimamente niuna cosa restandogli affare, se non la coda, levata la camiscia, et preso il pivolo col quale egli piantava gli huomini et prestamente nel solco per cio fatto messolo, disse :* « *Et questa sia bella coda di cavalla.* » *Compar Pietro, che attentamente infino allhora haveva ogni cosa guardata, veggendo questa ultima, et non parendonegli bene disse :* « *O Domno Gianni, io non vi voglio coda, io non vi voglio coda.... Perche non diciavate voi a me ; falla tu? et anche l'appiccavate troppo bassa.* »

La même anecdote est dans *le Grand Parangon des Nouvelles nouvelles* (nouvelle CLXVI) : « D'ung prebstre qui voulut faire venir iument la femme d'un marchant. »

Pierre le Loyer, dans ses *Quatre liures de spectres, etc.* (Angers, 1586, in-4°, p. 217), raconte qu'on conduisit un jour à saint Macaire, ermite de la Haute-Égypte, une jeune mariée qu'un enchanteur avait changée en jument. Le saint la plongea tout entière dans l'eau bénite, et aussitôt elle reprit sa première forme.

On peut rapprocher du conte de Boccace et de la Fontaine un fabliau faussement attribué à Rutebeuf, intitulé : « Du Clerc et de la Damoyselle qui onques ne se volt marier, mais volt en l'air voler. » (Barbazan-Méon, tome IV, p. 271 ; Legrand d'Aussy, tome IV, p. 318 ; Montaiglon, tome IV, p. 208.) Si les détails du récit diffèrent, le stratagème est le même. La demoiselle qui veut voler s'attache des ailes avec de la cire, comme Icare, mais ne peut réussir à s'élever dans l'air : un clerc lui offre de la faire devenir oiseau, comme le curé promet à la femme de Pierre de la transformer en jument. Mais, plus heureux que le curé, il lui attache tout ce qu'il veut sans obstacle ; car il n'y a point là de mari pour mettre le holà. Au bout de quelque temps, la demoiselle est très étonnée de sentir que, malgré ses ailes, elle est beaucoup moins légère qu'auparavant, et invinciblement retenue à la terre par un poids qui l'alourdit. Elle adresse de vifs reproches au clerc. Mais celui-ci, non content d'avoir trompé la trop naïve demoiselle, lui fait encore une belle moralité sur les dangers de l'orgueil et de la présomption, et sur leurs fâcheuses conséquences.

QUATRIÈME PARTIE.

Messire Jean, c'étoit certain curé¹
Qui prêchoit peu, sinon sur la vendange² :
Sur ce sujet, sans être préparé,
Il triomphoit³ : vous eussiez dit un ange⁴.
Encore un point étoit touché de lui,   5
Non si souvent qu'eût voulu le messire⁵ ;
Et ce point-là les enfants d'aujourd'hui
Savent que c'est⁶, besoin n'ai de le dire⁷.

1.   Messire Jean, curé du voisinage.
(*Le Psautier*, vers 59 et la note.)

2.   Tout son faict ne sont que redictes :
Tousiours parle sur la vendange.
(*Sermon ioyeux de bien boyre,* dans l'Ancien Théâtre
françois, tome II, p. 19.)

> C'est bien raison,
> Veu la saison
> De vendange tant cherie,
> Qu'on meine ioyeuse vie.
> (Des Périers, *Chant de vendanges.*)

.... Maints rubis balais (*sur son nez*), tous rougissans de vin,
Monstroient un *Hac itur* à la Pomme de pin ;
Et, preschant la vendange, assuroient en leur trongne
Qu'un jeune médecin vit moins qu'un vieux ivrongne.
(Regnier, satire x, vers 157-160.)

3.   .... C'étoit alors que Richard triomphoit.
(*Le Calendrier des vieillards*, vers 63.)

4. Comparez le *Pâté d'anguille*, vers 115 :

> On dit qu'il parloit comme un ange ;

et *Mazet*, vers 107 et la note.

5. Voyez *le Psautier*, vers 109.
6. Même tour elliptique dans *le Faucon*, vers 220-221 et note 4.
7. Ci-dessus, p. 465 : « Besoin n'est de le dire. » — À toutes les époques, il a été de mode de considérer les enfants comme plus précoces qu'ils ne l'étaient autrefois. Rapprochez les vers 7-13 de *Nicaise* :

> Bons bourgeois du temps de nos pères
> S'avisoient tard d'être bons frères ;
> Ils n'apprenoient cette leçon
> Qu'ayant de la barbe au menton

Messire Jean, tel que je le décris,
Faisoit si bien que femmes et maris
Le recherchoient, estimoient sa science ;
Au demeurant¹ il n'étoit conscience
Un peu jolie², et bonne à diriger,
Qu'il ne voulût lui-même interroger,
Ne s'en fiant aux soins de son vicaire.
Messire Jean auroit voulu tout faire³,
S'entremettoit en zélé directeur,
Alloit partout, disant qu'un bon pasteur
Ne peut trop bien ses ouailles⁴ connoître⁵,
Dont⁶ par lui-même instruit en vouloit⁷ être.

Parmi les gens de lui les mieux venus⁸,
Il fréquentoit⁹ chez le compère Pierre,
Bon villageois, à qui pour toute terre,
Pour tout domaine et pour tous revenus,
Dieu ne donna que ses deux bras tout nus¹⁰,

  Ceux d'aujourd'hui, sans qu'on les flatte,
  Ont soin de s'y rendre savants
  Aussi tôt que les autres gens.

1. Voyez l'*Ermite*, vers 202 et la note.
2. Charmante métonymie.
3. « Auoit ung maistre curé qui faisoit rage de confesser ses parrochiennes. De faict, il n'en eschappoit pas une qui ne passast par là, voire des plus ieunes. Au regard des vieilles, il n'en tenoit compte. » (*Les Cent Nouvelles nouvelles*, p. 291.)
4. Ci-dessus, p. 448 et note 1.
5. *Ego sum pastor bonus, et cognosco meas (oves), et cognoscunt me meæ.* (*Évangile selon saint Jean*, chapitre x, verset 14.)
6. Page 331 et note 5. — 7. En voulut. (1685, 1686.)
8. Comparatif de *bien venu* : qu'il avait le plus de plaisir à voir. « Ie le vis arriuer à la cour..., bien venu du roy et de la reyne. » (Brantôme, tome V, p. 80.) Rapprochez *la Mandragore*, vers 26 et note 5.
9. Page 411 et note 3. Dans *l'Indiscret* de Voltaire (scène xx) :
  ....De plus, certain abbé fréquente trop chez elle.
0. *Tous nus*, dans nos anciens textes

Et son louchet[1], dont, pour toute ustensile[2],
Pierre faisoit subsister sa famille.
Il avoit femme et belle et jeune encor,
Ferme surtout[3] : le hâle avoit fait tort
A son visage[4], et non à sa personne[5].   30
Nous autres gens peut-être aurions voulu
Du délicat : ce rustic[6] ne m'eût plu;

1. Bêche à fer long et étroit dont se servent les maraîchers. Nous lisons dans l'*Essai sur la langue de la Fontaine* de M. Marty-Laveaux, p. 6 : « Les auteurs du vocabulaire provençal publié à Marseille en 1785 traduisent *louchet* par le mot patois *lichet*, et remarquent qu'en français cet instrument est communément appelé *bêche*. Ménage observe qu'on nomme *louchet*, en quelques endroits de Normandie, ce qu'on appelle à Paris une bêche. » L'observation de Ménage est encore vraie pour la Normandie. Ajoutons qu'on trouve dans Monstrelet (*Théâtre d'agriculture*, 1605, p. 36) : « *louchez*, et aultres instrumens pour reffaire et ahonnier (aplanir) les chemins. » — Il est évident qu'il s'agit ici d'une bêche, et non d'un hoyau comme le dit l'Académie, car Pierre n'est pas un vigneron.

2. *Toute ustensille*, dans les éditions de 1674, 1675, 1676, 1685, 1686 (pour mieux rimer avec *famille*). Rapprochez l'orthographe de *volatille* (tome III, p. 256 et note 48), et, pour le féminin, les « menues ustensiles » (tome III *M.-L.*, p. 324), et dans les *Lettres* de Chapelain (tome I, p. 503) : « un portrait, et autres pareilles ustensiles d'amour ».

3. Comparez *les Lunettes*, vers 108 : « fermes tetons », et *le Tableau*, vers 96-97 : « embonpoint, fermeté, etc. »

4. Dans *Mazet*, vers 115 :

Nulle des sœurs ne faisoit long séjour
Hors le logis, le tout crainte du hâle.

5. « Pour être un peu noire de visage, elle n'est pas plus laide sous le linge. » (*Les Caquets de l'accouchée*, p. 188.)

.... Sous le linge elle a des beautés,
Quoiqu'elle ne soit pas trop blanche.
(Voltaire, *la Fête de Bélébat*.)

6. Ces charmes rustiques, ces « amours de village » (*le Berceau*, vers 28). — *Rustiq*, ou *rustic*, dans nos anciens textes; au conte précédent, le nom du jeune solitaire est écrit *Rustic* : orthographe que nous ne trouvons dans aucun de nos Dictionnaires, mais qui est, ainsi que *rustiq*, chez Remy Belleau, tomes II, p. 303, et I, p. 80 :

Pour des curés la pâte¹ en étoit bonne²,
Et convenoit à semblables amours.
Messire Jean la regardoit toujours   35
Du coin de l'œil³, toujours tournoit la tête
De son côté, comme un chien qui fait fête⁴
Aux os qu'il voit n'être par trop chétifs⁵.
Que s'il en voit un de belle apparence,

>Il n'a rien de rustic en soi;

ibidem, p. 82 :

>.... Ung Mars, ung Iupiter esmeu
>D'amour rustiq.

Rapprochez *melancholiq*, *lunatiq*, ibidem, tome II, p. 251; et *unic*, *tragic*, *comic*, chez du Bellay, tomes I, p. 99, 200, II, p. 142; etc.

1. Comparez cette phrase d'une lettre de Mme de Sévigné à Bussy (tome VII, p. 175), où le mot *pâte* est pris également au propre : « Elle (Mme de Coligny) est bien votre fille de toutes façons, non seulement par cette bonne pâte dont vous l'avez faite, mais par le bel et par le bon esprit qu'elle a »; et celle-ci de Brantôme (tome IV, p. 389), où il est pris au figuré : « Ce fut une grande perte de ce prince, car estoit il trez bon prince et tenoit encor de cette vieille bonne paste que peu voit on au iour d'huy en tenir parmy nous. »

2.
>....Forte femelle, et d'assez bon aloi
>Pour telles gens qui n'y raffinent guère;
>Chacun sait bien qu'il n'est pas nécessaire
>Qu'Amour les traite ainsi que des prélats.
>
>(*Les Troqueurs*, vers 12-15 et note 3.)

3. « Frere Ian les reguardoit de cousté (les pucelles), comme ung chien qui emporte ung plumail. » (RABELAIS, tome II, p. 448.) Comparez ci-dessus, p. 150 et note 3, ci-dessous, p. 569; et Scarron, *le Virgile travesti*, livre I :

>Maudit soit si jamais je vis
>Face qui m'ait plu davantage.
>La male-peste, quel visage!
>Et que qui vous regardera
>Sans cligner impudent sera !

4. Page 253 et note 1.

5. Voyez ci-dessus, p. 162 et note 3, cette épithète appliquée à une métairie.

Non décharné, plein encor de substance¹, 40
Il tient dessus ses regards attentifs ;
Il s'inquiète², il trépigne, il remue
Oreille et queue ; il a toujours la vue
Dessus cet os, et le ronge des yeux
Vingt fois devant que son palais s'en sente³. 45
Messire Jean tout ainsi se tourmente
A cet objet pour lui délicieux.
La villageoise étoit fort innocente,
Et n'entendoit aux façons du pasteur
Mystère aucun : ni son regard flatteur, 50
Ni ses présents ne touchoient Magdeleine ;
Bouquets de thym et pots de marjolaine⁴
Tomboient à terre⁵ : avoir cent menus soins,

1. Chez Villon, p. 113 :
   Force n'ay plus, substance ne liqueur.
Au vers 20 de *la Servante justifiée* : « fille pleine de suc ».
   2. Dans *la Coupe*, vers 266 : « se tourne, s'inquiète, et regarde. »
   3. Voyez une comparaison analogue, empruntée aux allures du chat, dans le conte xi de la Iʳᵉ partie, vers 32-34 ; et rapprochez Rabelais (tome I, p. 5) : « Veistes vous onques chien rencontrant quelque os medulare ?... Si vu l'auez, vous auez pu noter de quelle deuotion il le guette, de quel soing il le guarde, de quelle feruecur il le tient, de quelle prudence il l'entome, de quelle affection il le brise, et de quelle diligence il le sugce. »
   4. « ....Aprez toutes foiz auoir donné ung brin de mariolaine à la done, qui estoit la plus grande recompense et entretien d'amour qu'on eust pour lors. » (Noel du Fail, *les Propos rusticques*, p. 50.)
       Fais que leur chambre toute pleine
       Soit de thym ou de mariolaine.
           (Remy Belleau, tome II, p. 127.)
« Ils lui donnèrent (à la suivante) quelques brins de thym et de marjolaine. » (*Psyché*, livre II, tome III M.-L., p. 151.)
   5. Image très expressive : ne servaient à rien. Chez Mme de Sévigné (tome V, p. 331) : « Je ne sais si vous avez l'intention de m'écrire des endroits admirables : vous y réussiriez ; mais aussi ils ne tombent pas à terre » ; dans l'*Histoire amoureuse des Gaules* (tome II, p. 457) : « Il ne laissa pas tomber ce reproche à terre » (*ibidem*,

C'étoit parler bas-breton[1] tout au moins.
Il s'avisa d'un plaisant stratagème.   55

Pierre étoit lourd[2], sans esprit : je crois bien
Qu'il ne se fût précipité[3] lui-même ;
Mais par delà de lui demander rien
C'étoit abus[4] et très grande sottise.
L'autre lui dit : « Compère mon ami,   60
Te voilà pauvre, et n'ayant à demi
Ce qu'il te faut[5] ; si je t'apprends la guise[6]

tome III, p. 318) : « Son dessein étoit de ne pas laisser tomber cette affaire à terre » ; chez Racine (tome V, p. 91) : « Ces paroles ne tombèrent pas à terre » ; dans une lettre de Voltaire à la marquise du Deffand du 7 décembre 1768 : « Voilà une belle oraison funèbre... : cela ne tombera pas à terre. »

1. C'est-à-dire un langage qu'elle ne pouvait comprendre, une « langue barbare » (à Femme avare, vers 28), une « langue étrangère » (la Clochette, vers 42), un « jargon » (la Coupe, vers 120). — « Parlois ie allemand, ou le breton bretonnant ? » (G. Chappuys, fol. 228r°.)

2. Dans la Mandragore, vers 231 et note 3 : « un esprit lourd ».

Et pensez-vous que ie soye si lourd
Que vostre honneur tant notable et tant chier
Vueille blesser ?

(Recueil de poésies françoises, tome IV, p. 164.)

Ibidem (tome III, p. 222) : « sotte et lourde ». Dans les Cent Nouvelles nouvelles, p. 83 : « Bien qu'il fust lourd, trez peu sçachant... » ; chez G. Chappuys, fol. 9 r° : « Estant lourd, il deuiendroit accort » ; chez Regnier, Contre un amoureux transi, vers 55 :

Votre belle, qui n'est pas lourde....

— Comparez la fable XIX du livre VI, vers 10 : « un manant, un rustre, un lourdaud » ; Rabelais, tome III, p. 70 : « Grand nombre d'aultres ont icy passé de vostre pays de Touraine, lesquels nous sembloient bons lourdauts » ; et l'Eugène de Jodelle, acte I, scène 1 : « Guillaume le bon lourdaut,

Qui est tout tel qui nous le faut. »

3. Jeté dans un précipice : ci-dessus, p. 135 et note 7.
4. Pages 77 et 213. — 5. N'ayant pas la moitié du nécessaire.
6. La façon : p. 313 et note 1.

QUATRIÈME PARTIE.

> Et le moyen d'être un jour plus content
> Qu'un petit roi, sans te tourmenter tant,
> Que me veux-tu donner pour mes étrennes[1] ? » 65
> Pierre répond : « Parbleu ! Messire Jean,
> Je suis à vous, disposez de mes peines ;
> Car vous savez que c'est tout mon vaillant[2].
> Notre cochon ne nous faudra[3] pourtant ;
> Il a mangé plus de son, par mon âme ! 70
> Qu'il n'en tiendroit trois fois dans ce tonneau ;
> Et d'abondant[4], la vache à notre femme[5]

1. .... Surtout il a de quoi te donner tes étrennes.
— Qui, lui ? c'est petit gain, je n'y perds que mes peines.
(*L'Eunuque*, vers 1369-1370.)

2. Tout mon bien vaillant ou valant. Rapprochez les locutions : « n'avoir rien vaillant, n'avoir pas un sou vaillant », et les exemples de Comynes, Montaigne, Scarron, Saint-Simon, etc., que cite Littré, auxquels nous en ajouterons un de Villon, p. 15 :

....Girard Gossoyn, Iehan Marceau,
Qui n'ont vaillant l'anse d'ung seau;

et un de Marot (tome II, p. 256) : « Tu n'as vaillant que ta chemise. »

3. Manquera : ci-dessous, p. 540.

4. De plus, en outre : voyez Joinville, *Histoire de saint Louis*, p. 166 : « Et d'abundant li enuoierent touz les os du comte Gautier de Brienne pour mettre en terre benoiste »; Rabelais, tomes I, p. 185, 188, 210, 318, II, p. 52, 101, 123, 251, 325, 337, 508, et p. 268 : «Ilz ne se contentent de santé : d'abundant, ilz soubhaytent guaing »; des Périers, tome II, p. 193 : « Ce ne fut pas encore assez si elle n'offensoit d'abondant son mary »; du Fail, tome II, p. 9 : « Et d'abondant remonstra, etc. »; du Bellay, tome II, p. 388 :

Tous les secretz que son liure descœuure,
Et d'abundant mille tours incogneus;

Chapelain, tome I des *Lettres*, p. 610 : « Pour vous montrer d'abondant »; etc. Comparez la locution « d'abundance », au même sens, dans *les Cent Nouvelles nouvelles*, p. 62 : « Puisque Dieu veult et commende que ie fasse lignée papale, voire et le daigne reueler non pas une foiz ou deux seullement, mais bien la tierce d'abundance.... »

5. La vache qu'elle soigne, qu'elle mène paître,

Nous a promis qu'elle feroit un veau :
Prenez le tout. — Je ne veux nul salaire,
Dit le pasteur¹; obliger mon compère   75
Ce m'est assez. Je te dirai comment :
Mon dessein est de rendre Magdeleine
Jument le jour, par art d'enchantement,
Lui redonnant sur le soir forme humaine².
Très grand profit pourra certainement   80
T'en revenir : car ton âne est si lent,
Que du marché l'heure est presque passée
Quand il arrive; ainsi tu ne vends pas,
Comme tu veux, tes herbes, ta denrée³,
Tes choux, tes aulx, enfin tout ton tracas⁴.   85
Ta femme, étant jument forte et membrue⁵,
Ira plus vite; et sitôt que chez toi

1.   Le père dit : « Tout beau!
Nous pourvoirons à ce qui vous amène,
Sans exiger nul salaire de vous. »
(*Comment l'esprit vient aux filles*, vers 57-59.)

2. On sait qu'au moyen âge beaucoup de gens, comme aux temps du paganisme, croyaient encore à l'effet de ces pratiques, à la possibilité de ces métamorphoses.

3. Au sens restreint des fruits de sa terre, peut-être aussi du lait de sa vache.

4. Toutes tes affaires, toutes tes denrées : voyez ci-dessus, p. 390 et note 2; et rapprochez la Boétie (*OEuvres*, 1846), p. 162 : « Celuy qui feroit le *train* de dehors (le travail des champs et la vente des récoltes).... »; Remy Belleau, tome I, p. 237 : « Il sçait le train du pasturage »; et p. 297 :

Iamais il n'oubliera le train du pasturage.

5. Aux gros membres. Comparez, dans la chanson d'*Auberi le Bourgoing*, vers 80 : « franc cheualier membru », vers 101 : « senescal membru »; dans le *Roman de Renart*, vers 2591 : « corps membru »; dans la Satire Ménippée, *l'Asne ligueur* : « ung asne bien membru, bien gras, bien refaict »; chez Montaigne, tome III, p. 379 : « ung monde grand, plein et membru »; chez G. Chappuys, fol. 6 r° : « Une certaine dame ayant en sa maison ung seruiteur

Elle sera du marché¹ revenue,
Sans pain ni soupe, un peu d'herbe menue
Lui suffira. » Pierre dit : « Sur ma foi ! 90
Messire Jean, vous êtes un sage² homme.
Voyez que c'est³ d'avoir étudié⁴ !
Vend-on cela⁵ ? Si j'avois grosse somme⁶,
Je vous l'aurois, parbleu ! bientôt payé. »
Jean poursuivit : « Or çà, je t'apprendrai 95
Les mots⁷, la guise⁸, et toute la manière
Par où jument, bien faite et poulinière⁹,

assez puissant et membru.... »; dans les *Merveilles du Salmigondis*, déjà citées, vers 45 : « géants membrus et forts »; chez Voiture, lettre LXIII : « Je puis ici avoir, quand je voudrai, une maîtresse... forte et membrue comme l'infante Gradafilée..., une des plus puissantes filles qui soit »; chez Scarron, *le Virgile travesti*, livre VII : « Cyrus,
   Dont le nez fut des plus membrus. »

1. C'est seulement dans l'édition de 1710 Amsterdam que le mot *marché* a été substitué à une faute évidente qui est dans toutes les éditions publiées du vivant de l'auteur, au mot *logis*.

2. Savant, habile, grand clerc, comme Salomon : voyez livre X, fable XIII, vers 22.

3. Ci-dessus, p. 485 et note 6.

4. « Ah ! que n'ai-je étudié ? » dit Géronte dans *le Médecin malgré lui* de Molière (acte II, scène IV). « Ah ! que n'ai-je étudié plus tôt, pour savoir tout cela ? » (*Le Bourgeois gentilhomme*, acte II, scène IV.)

5. La science que vous avez le bonheur de posséder. Rapprochez le vers 33 du conte 1 de cette IVᵉ partie.

6. Ci-dessus, p. 293.

7.   Ils tombèrent enfin
 Sur ce qu'on dit de la vertu secrète
 De certains mots, caractères, brevets,
 Dont les aucuns ont de très bons effets, etc.
  (*L'Oraison de saint Julien*, vers 35-38.)

8. Page 490 et note 6.

9. Proprement : destinée à la reproduction. Comparez Molière, *les Fâcheux* (vers 499-501) :

.... Un franc campagnard, avec longue rapière,
Montant superbement sa jument poulinière
Qu'il honoroit du nom de sa bonne jument....

Auras de jour, belle femme de nuit[1].
Corps, tête, jambe, et tout ce qui s'ensuit[2]
Lui reviendra : tu n'as qu'à me voir faire.   100
Tais-toi surtout : car un mot seulement
Nous gâteroit tout notre enchantement[3];
Nous ne pourrions revenir au mystère
De notre vie : encore un coup, motus[4],
Bouche cousue[5]; ouvre les yeux sans plus[6] :   105
Toi-même après pratiqueras la chose. »

Pierre promet de se taire, et Jean dit :
« Sus, Magdeleine, il se faut, et pour cause,

1.   Galant de nuit, chambrière de jour.
                    (*La Gageure*, vers 115.)
2. « Et tout le reste » (*le roi Candaule*, vers 40 et note 7).
3.   Ne parlez point, vous gâteriez l'histoire.
                    (*Richard Minutolo*, vers 74.)
Chez Noël du Fail (tome II, p. 122): «Pour ne gaster le mystere....»
4. *Motus* pour *mot* : « Silence! pas un mot! » encore une locution empruntée au latin macaronique. Voyez tome II, p. 300 et note 5; la comédie de *Ragotin*, vers 313 : « Point de caquet.... Motus au moins, pour cause »; Molière, *George Dandin*, acte I, scène II : « Motus! Il ne faut pas dire que vous m'ayez vu sortir de là »; et Hauteroche, *les Maris infidèles*, acte II, scène VIII :
       Mais motus, je saurai cacher la vérité.
5. «Adieu. Bouche cousue au moins. » (MOLIÈRE, *ibidem*.) « Voilà donc... M. de Revel et moi dans la confidence, nos bouches cousues. » (MME DE SÉVIGNÉ, tome IX, p. 162.)
       Lisette, quelque temps tiens ta bouche cousue,
       Si tu peux.
                    (REGNARD, *le Légataire universel*, acte III, scène x.)
— Comparez « bouche close » dans la comédie de *Ragotin* (vers 314).
6. *Guata ben come io faro, e che tu tenghi bene a mente come io vi diro; et guardati quanto tu hai caro di non guastare ogni cosa, che, per cosa che tu oda o veggia, tu non dica una parola sola; et priega Iddio che la coda s'appicchi bene.*

Dépouiller nue¹ et quitter cet habit².
Dégrafez-moi³ cet atour des dimanches⁴ :   110
Fort bien. Otez ce corset et ces manches :
Encore mieux. Défaites ce jupon :
Très bien cela. » Quand vint à la chemise,
La pauvre épouse eut en quelque façon

1. Dans *les Cent Nouvelles nouvelles*, p. 62 : « L'hermite..., comme s'il la voulsist rebaptiser, toute nue la fit despoiller »; chez du Fail, tome I, p. 196 : « Ma doulce amie, nous despoillons tous nuds sous ces beaux ombrages »; chez des Périers, tome II, p. 8 : « L'abbesse leur commanda qu'elles eussent à se despoiller toutes nues »; *ibidem*, p. 157 : « Et là dessus furent les deux pauures cordeliers despoillez nuds comme quand ilz vinrent du ventre de leur mere. » Comparez *le roi Candaule*, vers 324 et la note.

2. « Sus, qu'on se déshabille. » (*Les Lunettes*, vers 48.)

3.   Elle en cornette et dégrafant sa jupe....
                                    (*La Gageure*, vers 76.)

4. Robe, cotte, collet, des dimanches.

> Aux festes et aux dimanches
> Ne mettoit gans, ne vestoit manches,
> Tant que midis estoit passé.
>   (Rutebeuf, tome II, p. 164.)

> Son beau surcot rouge, et ses manches
>   Des dimanches.
> (Mellin de Saint-Gelais, villanesque, tome II, p. 232.)

« Il fit mettre les manches rouges aux quatre chambrieres et adimancher les quatre curez. » (D'Aubigné, *les Aventures du baron de Fæneste*, livre II, chapitre xiv.)

> ....Qu'on n'y vienne point en gredins,
> Ni les dames en martingales,
> En collets et chemises sales,
> Mais avec leurs plus beaux atours,
> Que l'on ne porte qu'aux grands jours,
> *Verbi gratia*, les dimanches.
>   (Scarron, *le Virgile travesti*, livre v.)

Rapprochez dans *l'Ermite*, vers 116 : « son corset des bons jours »; et dans *le Moyen de parvenir*, p. 81 : « Sainct Michel ayant ses bonnes ailes des festes ».

De la pudeur : Être nue ainsi mise [1] 115
Aux yeux des gens! Magdeleine aimoit mieux
Demeurer femme, et juroit ses grands dieux [2]
De ne souffrir une telle vergogne [3].
Pierre lui dit : « Voilà grande besogne [4]!
Eh bien! tous deux nous saurons comme quoi 120
Vous êtes faite [5]; est-ce, par votre foi [6],
De quoi tant craindre ? Et là là, Magdeleine,
Vous n'avez pas toujours eu tant de peine
A tout ôter. Comment donc faites-vous
Quand vous cherchez vos puces? dites-nous. 125
Messire Jean est-ce quelqu'un d'étrange [7]?

1.   Puis le galant vous la mit toute nue,
    Comme s'il eût voulu la baptiser.
            (*L'Ermite*, vers 163-164.)

2. Serment solennel qui ne devait pas être mieux tenu que celui de l'épouse indiscrète (fable VI du livre VIII, vers 13), qui elle aussi jure *ses grands dieux;* ou celui de madame Lucrèce (*la Mandragore,* vers 187-188), qui « jura sur son âme

    Que mille fois plutôt on la tueroit. »

3. Une telle honte; terme autrefois usité dans le style noble aussi bien que dans le style bas (voyez le *Lexique de Malherbe*), mais qui, au temps de la Fontaine, ne s'employait guère plus que dans le langage burlesque ou familier.

—   Doncques m'aydant de moy mesme au besoing,
    Et reiectant toute vergongne au loing,
    I'ouure boutique.
            (Du Bellay, *la Vieille Courtisane,* vers 115-117.)

    .... Je puis voir à l'aise la trogne
    Du malheureux pendard qui cause ma vergogne.
            (Molière, *Sganarelle,* scène IX.)

4. Ne voilà-t-il pas une grande affaire !
5. Ci-dessus, p. 450 et note 1 : « En s'informant... comme elle étoit faite. »
6. Page 37 et note 2.
7. D'étranger : tome III, p. 324 et note 38.

Que craignez-vous? Eh quoi! qu'il ne vous mange?
Çà, dépêchons : c'est par trop marchandé¹.
Depuis le temps, Monsieur notre curé
Auroit déjà parfait son entreprise². » 130
Disant ces mots il ôte la chemise,
Regarde faire, et ses lunettes prend³.

Messire Jean par le nombril commence,
Pose dessus une main, en disant :
« Que ceci soit beau poitrail de jument. » 135
Puis cette main dans le pays s'avance⁴.
L'autre s'en va transformer ces deux monts⁵
Qu'en nos climats les gens nomment tetons;

1. Comparez ci-dessus, p. 118 et note 2.
2.   André..., quand il parfit l'enfant, etc.
                      (*Le Faiseur*, vers 96.)

3. Comme nous l'avons dit à la notice, le curé, chez Boccace, met un cierge dans la main de Pierre. Dans quelques-unes des gravures qui illustrent ce conte, Pierre est représenté s'agenouillant à ce moment solennel. — C'est ainsi que les sorciers, par des passes magiques, par des opérations cabalistiques, incantations, conjurations, grimoire, s'appliquaient à délivrer du démon les jeunes femmes, pendant que les maris leur tenaient la chandelle en tremblant de peur.

4.   Tandis qu'une main
   Se promenoit sur la gorge à son aise,
  L'autre prenoit un tout autre chemin.
                    (*Les Rémois*, vers 132-134.)

5. « Ces montagnes iumelettes » (Remy Belleau, tome I, p. 264).

  Monstre moy de ton sein le petit mont iumeau.
                  (*Ibidem*, tome II, p. 305.)

Le petit mont iumeau de tes deux mammelettes.
                  (*Ibidem*, p. 319.)

Desgraffe ce collet, m'amour, que ie manie
De ton sein blanchissant le petit mont besson.
                  (*Ibidem*, p. 99.)

J'ai vu les beaux trésors de ses deux monts de lait

Car, quant à ceux qui sur l'autre hémisphère
Sont étendus plus vastes en leur tour, 140
Par révérence on ne les nomme guère[1].
Messire Jean leur fait aussi sa cour [2],
Disant toujours pour la cérémonie :
« Que ceci soit telle ou telle partie,
Ou belle croupe, ou beaux flancs », tout enfin. 145

Tant de façons mettoient Pierre en chagrin ;
Et ne voyant nul progrès à la chose,
Il prioit Dieu pour la métamorphose.
C'étoit en vain ; car de l'enchantement
Toute la force et l'accomplissement[3] 150
Gisoit à mettre[4] une queue à la bête[5].

S'enfler aimablement sous un jaloux collet.
(Saint-Amant, *l'Amarante*, vers 73-74.)
Elle avoit le sein nu : je n'ai point de parole,
Quoique dès ma jeunesse instruit dans cette école,
Pour vous bien exprimer un double mont d'attraits.
(*Clymène*, vers 592-594.)

1. La Fontaine lui-même ne les a nommés qu'une fois, dans le conte vi de la Ire partie.

2.   Puis mains d'aller, mains d'agir, de soumettre
  Plaines et monts du pays de beauté.
         (Vergier, tome II, p. 231.)

3. La fin, l'achèvement.

4.   La difficulté
Ne gisoit pas à plaire à cette belle.
     (*Le Berceau*, vers 21 et la note.)

« La grandeur et prouesse d'ung braue et hardy gentilhomme gisoit à pardonner aux petits et abaissez. » (Du Fail, tome II, p. 21.)
« I'en ay cogneu ung de par le monde, que vous eussiez dict que toute sa felicité et contentement gisoit à estre cocu. » (Brantôme, tome IX, p. 118.)

5. *È il vero che quello che piu è malagevole in questa cosa si è l'appicar la coda, come tu vedrai.*

Tel ornement est chose fort honnête¹ :
Jean, ne voulant un tel point oublier,
L'attache donc². Lors Pierre de crier
Si haut qu'on l'eût entendu d'une lieue : 155
« Messire Jean, je n'y veux point de queue³ !
Vous l'attachez trop bas, Messire Jean⁴ ! »

Pierre à crier ne fut si diligent⁵,
Que bonne part de la cérémonie⁶
Ne fût déjà par le prêtre accomplie⁷. 160
A bonne fin⁸ le reste auroit été,
Si, non content d'avoir déjà parlé,

1. Fort convenable pour la perfection de l'animal. Comparez *le Faucon*, vers 185 et la note.

2.
  A voler bien vos aprendrai,
  Car l'art dou faire bien en sçai.
  Bec, eles et coe vos faut
  Por vos faire voler en haut,
  Et bien les conuient attacher
  Por vos en l'air faire voler.
    (*La Damoyselle qui volt voler.*)

3. Dans le sommaire de le Maçon : « Il n'y vouloit point de queue. »
4. Voyez à la notice la fin de la citation de Boccace.
5. Dans *la Gageure*, vers 176-183 :

  L'époux, qui voit comme l'on se caresse,
  Crie, et descend en grand'hâte aussitôt.
  Il se rompit le col, ou peu s'en faut,
  Pour empêcher la suite de l'affaire,
  Et toutefois il ne put si bien faire
  Que son honneur ne reçût quelque échec.
  « Comment ? dit-il, quoi ! même à mon aspect !
  Devant mon nez ! à mes yeux !... »

6. Ci-dessus, vers 143 ; et p. 214 et note 1.

7.
  Li clers entent à son affaire,
  Et pense de la coe faire.
  Ne li chaut gaires s'ele hoingne (*si elle grogne*),
  Moult bien entent à sa besoingne.
    (*La Damoyselle qui volt voler.*)

8. « Tout fut bien jusqu'au bout. » (*La Mandragore*, vers 321.)

Pierre encor n'eût tiré par la soutane
Le curé Jean, qui lui dit : « Foin de toi[1] ! »
T'avois-je pas recommandé, gros âne[2],   165
De ne rien dire[3] et de demeurer coi[4] ?
Tout est gâté[5], ne t'en prends qu'à toi-même. »
Pendant ces mots l'époux gronde à part soi ;
Magdeleine est en un courroux extrême[6],
Querelle Pierre, et lui dit : « Malheureux[7] !   170
Tu ne seras qu'un misérable gueux
Toute ta vie ! Et puis viens-t'en me braire[8],

1. Ci-dessus, p. 219 et note 6 : « Foin ! » tout court.

2.   .... Va, tu n'es qu'un gros âne.
                (*Le Cuvier*, vers 34.)

Chez Brantôme, tome III, p. 308 : « Il fut contrainct leur dire... que ce n'estoient que des asnes. » Dans *le Moyen de parvenir*, p. 279 : « Gros bedier, asne que tu es! »

3. Ci-dessus, vers 101-105.
4. Tome IV, p. 375 et note 4.
5. *Tu favellando hai guasta ogni cosa.*
6. Dans *les Lunettes*, vers 38 :

    La prieure est en un courroux extrême.

7. *Bestia che tu se, perche hai tu guasti li tuoi fatti e miei ? qual cavalla vedestu mai senza coda ? Se m'aiuti Dio, tu se povero, ma egli sarebbe merce che tu fossi molto piu.*

8. Comparez la fable v du livre XI, vers 40-44 ; c'est un âne qui parle :

        Il profane
    Notre auguste nom, traitant d'âne
    Quiconque est ignorant, d'esprit lourd, idiot :
        Il abuse encore d'un mot,
    Et traite notre rire et nos discours de braire.

Cette locution familière : « braire », « crier et braire », c'est-à-dire brailler, se lamenter, pleurer, est plusieurs fois chez Joinville, p. 28, p. 107 : « Grans pitiez estoit d'oïr braire les gens parmi l'ost..., car ilz breoient comme femmes qui trauaillent d'enfant », et p. 200 : « Quant li enfans aus Sarrazines breoient, elles lour disoient : « Tay « toy, tay toy, ou ie irai querre le roy Richart, qui te tuera » ; dans le *Roman de la Rose*, vers 9414 : « celle qui brait, et crie, et

Viens me conter ta faim et ta douleur !
Voyez un peu, Monsieur notre pasteur
Veut de sa grâce[1] à ce traîne-malheur[2]   175

braille »; dans le *Recueil de poésies françoises*, tomes II, p. 12 :

Et se prend à braire et huer,
Comme s'on la vouloit tuer,

III, p. 170 : « tant brait et oraige », p. 186 : « se prendre à braire »,
p. 262 : « braire comme ung tonnerre », IV, p. 194 : « criant,
brayant : quelz douleurs ! », V, p. 6, 79, etc.; dans l'*Ancien Théâtre
françois*, tomes I, p. 151, 152, II, p. 177, III, p. 433 : « Ne cesserez vous huy de braire ? »; chez Rabelais, tome I, p. 195 : « Allez
y braire »; Coquillart, tomes I, p. 68, 81, II, p. 43; Bouchet,
tome I, p. 157 :

Qui bat sa femme, il la fait braire,
Qui la rebat, il la fait taire;

Marot, tomes II, p. 256, III, p. 18, IV, p. 106; du Bellay, tome I,
p. 417 : « iapper et braire »; Roger de Collerye, p. 61 : « Le mary
brait, la femme pleure »; Baïf, tome II, p. 117 : « ung piteux
braire »; Scarron, *Adieu au Marais*, vers 8 : « la douleur qui me
fait braire », *le Virgile travesti*, livre I :

N'avez-vous point honte de brair
Ainsi que la femme d'un veau
Ah ! vraiment cela n'est pas beau !
Ne pleurez plus;

chez Voltaire enfin, lettre à d'Alembert du 19 octobre 1764 :
« Non, vous ne brairez point, mon cher et grand philosophe, mais
vous frapperez rudement les Welches qui braient. » Ce verbe n'a
pas, dans beaucoup de provinces, le sens dérisoire que nous lui
donnons : « Une femme d'un village du Soissonnais, raconte Lorin
dans son *Vocabulaire*, me disait un jour sérieusement : « Je m'en« nuie dans ma nouvelle maison; depuis que j'y suis, je ne fais que
« braire. » On disait aussi, on dit encore en Picardie, dans le
Berry : *brayer*, pleurnicher; en Normandie : conduire un enfant
à saint Siméon, « pour le guérir de la *brairie* », et *braitteur*, qui
brait, qui crie.

1. Ci-dessus, p. 138 et note 1.— « Les bons et fructueux enseignemens que nostre curé de sa grace vous expose.... » (NOEL DU
FAIL, *les Propos rusticques*, p. 34.)

2. Qui traîne le malheur après soi : expression énergique dont

Montrer de quoi finir notre misère :
Mérite-t-il le bien qu'on lui veut faire ?
Messire Jean, laissons là cet oison [1] :
Tous les matins, tandis que ce veau [2] lie
Ses choux, ses aulx, ses herbes, son oignon,   180
Sans l'avertir venez à la maison ;

nous ne connaissons pas d'autre exemple. Rapprochez « traîne-potence », dans *la Belle plaideuse* de Boisrobert (acte I, scène VIII) : « méchant filou, traîne-potence », et chez Hamilton, *Mémoires du comte de Grammont* (chapitre XIII) : « Elle ne pourroit être qu'un traîne-potence pour vous, quelque bien qu'elle vous voulût. » — On dit aussi d'un malheureux, d'un pauvre diable : « un traîne-souci », « un traîne-misère », « un traîne-la-faim »; et, au propre, « un traîne-chausses », « un traîne-savates », « un traîne-guenilles », etc.

1. Voyez le conte 1 de cette IV° partie, vers 22 et la note :

Lise n'étoit qu'un misérable oison.

2. Ce niais, ce lourdaud.

.... Ce nigaud, comme un évêque assis,
Fait le veau sur son âne.

(Livre III, fable 1, vers 53.)

Comparez Marot, tome I, p. 157 : « gentilz veaux », et p. 245 :

Lauez tous deux aux veaux les testes ;

Coquillart, tome II, p. 25 : « aux veaux ! aux veaux ! », cri familier jadis aux écoliers, et p. 185 : « les lourds, dont on dit : ce ne sont que veaux »; *le Moyen de parvenir*, p. 279 : « le veau d'euesque », p. 357 : « le veau de licencié »; Brantôme, tomes III, p. 300 : « La moindre qualité qu'il leur donnoit, c'estoit qu'il les appeloit asnes, veaux, sotz », p. 305 : « Et qui estes vous, Messieurs les sotz, qui me voulez contreroller ?... Vous estes d'habiles veaux d'estre si hardis d'en parler », VII, p. 73 : « Ilz monstrent bien qu'ilz sont de grands veaux, qui ne sçauent et ne parlent que leur langue de veau », IX, p. 154 : « Combien en ay ie veu de dames auoir produict des plus beaux et honnestes et braues enfans que, si leurs peres putatifs les eussent faicts, ilz fussent esté vrays veaux et vrayes bestes »; Montaigne, tomes I, p. 333 : « Quand ie l'appelle (mon valet) ung veau.... », II, p. 165 : « Veulx tu pas que ie croye qu'Agesilaus et Epaminondas, si grands hommes,

> Vous me rendrez une jument polie[1]. »
> Pierre reprit : « Plus de jument, ma mie;
> Je suis content de[2] n'avoir qu'un grison[3]. »

seront miserables; et que toy, qui n'es qu'ung veau, et qui ne fais rien qui vaille, seras bienheureux parce que tu es prebstre? »; Regnier, satire IV, vers 147 :

> Ce malheur est venu de quelques jeunes veaux
> Qui mettent à l'encan l'honneur dans les bordeaux;

Scarron, *le Virgile travesti*, livre VI : « quelque tête mal faite, quelque étourdi, quelque veau »; et les exemples de des Périers, Rabelais, Pasquier, etc., cités par Littré. — *Galli socordes et stultos vituli nomine designare soliti sunt*, dit Arnoul le Ferron (*De rebus gestis Gallorum*, Paris, 1550, in-fol., livre III).

1. Bien entretenue, et au poil luisant, comme le dogue de la fable V du livre I, vers 4 (tome I, p. 71 et note 2), et sans doute aussi bien dressée, douce au montoir.

> Soyons coinctes et de maniere,
> Visaige luysant, bien polies.
> (*Le Mistere du vieil Testament*, tome IV, p. 277.)

> Sur mol duuet assis ung gras chanoine...,
> A son costé gisant dame Sydoine,
> Blanche, tendre, polie, et attintée (*parée*).
> (VILLON, *les Contredictz* de Franc Gontier.)

« Ces trois Graces..., belles, ieunes, et polies. » (REMY BELLEAU, tome I, p. 289.) — Comparez *le Faiseur d'oreilles*, vers 50 :

> Demain, dit-il, nous polirons l'ouvrage;

et *le Cas de conscience*, vers 50 : « blanc, poli, bien formé ».

2. Il me suffit de : rapprochez la fable I du livre V, vers 52.
3. Voyez la fable VIII du livre VI, vers 3.

XI

PÂTÉ D'ANGUILLE.

Ce conte est tiré de la x⁰ des *Cent Nouvelles nouvelles*, où l'on voit un chevalier d'Angleterre, « lequel, lisons-nous dans le sommaire, despuis qu'il fut marié, voulut que son mignon, comme par auant son mariage faisoit, de belles filles luy fist finance; laquelle chose il ne voulut faire, car il pensoit qu'il luy suffisoit bien d'auoir une femme. Mais ledict chevalier à son premier train le ramena, par le faire tousiours seruir de pastez d'anguilles au disner et au soupper ». Et comme le jeune homme avait fini par se plaindre de cet ordinaire : « Par la mort bieu, i'en suis si hourdé (bourré)
« que plus n'en puis; il me semble que ie ne voy que pastez »,
le chevalier lui répondit : « De quoi te plains tu donc, ie te fais
« bailler ce que tu aymes. — Ayme! dit le mignon, il y a ma-
« niere ; i'ayme trez bien, voirement, pastez d'anguilles pour une
« foiz, ou pour deux, ou pour trois, ou de foiz à aultre, et n'est
« viande que deuant ie preisse; mais de dire que tous les iours
« les voulsisse auoir sans manger aultre chose, par Nostre Dame!
« non feroye; il n'est homme qui n'en fust rompu et rebouté. Mon
« estomac en est si trauaillé que, tantost qu'il les sent, il a assez
« disné. Pour Dieu! Monseigneur, commandez qu'on me baille
« aultre viande pour recouurer mon appetit; aultrement ie suis
« homme deffaict. — Ha dya, dist Monseigneur, et te semble il que
« ie ne soye ennuyé, qui veulx que ie me passe (*me contente*) de la
« chair de ma femme; tu peux penser, par ma foy, que i'en suis
« aussi saoul que tu es de pastez, et que aussi voluntiers me re-
« nouuelleroye d'une aultre, iaçoit que point tant ne l'aymasse,
« que tu feroyes d'aultre viande que point tant n'aymes que pas-
« tez. » .... Et pour ce point Monseigneur, pour changer voire et Madame espergnier, au pourchaz du mignon passa le temps comme il souloit auecques les belles et bonnes; et nostre bon mignon fut deliuré de ses pastez et à son premier mestier ratellé. » Chez la Fontaine, le « mignon » est marié, ce qui rend l'histoire beaucoup plus plaisante, et son infortune, sa double infortune, bien plus comique.

Comparez la LVII° nouvelle de Malespini : *Come un signore, per via di alcuni pasticci d'anguille, fece ritornare un suo favorito a riservirlo nelle cose d'amore che egli non vi voleva acconsentire per esserli marito.*

> Même beauté, tant soit exquise,
> Rassasie et soûle à la fin.
> Il me faut d'un et d'autre pain[1] :

1. Ci-dessus, p. 319 et note 1. — Dans *les Troqueurs*, vers 121-122 :

> Pain qu'on dérobe, et qu'on mange en cachette,
> Vaut mieux que pain qu'on cuit, et qu'on achète.

> L'homme ie tiens foul
> Qui ne se dit soul
> De tel pain (*la femme*) manger.
> (*Recueil de poésies françoises*, tome II, p. 105.)

> On s'ennuye d'ung pain à manger.
> (MAROT, tome I, p. 284.)

« Aucuns affirment qu'elle change aucunes foiz de pain, et qu'estant affriandée à la diuersité agreable, elle ne s'en peut garder. » (G. CHAPPUYS, fol. 229 v°.) La reine de Navarre (p. 285) se plaint de la fragilité des hommes qui « s'ennuyent de tousiours manger de bon pain » ; et Montaigne (tome III, p. 337), du caprice, de la fantaisie, des femmes qui trop souvent « mangent leur pain à la saulce d'une plus agreable imagination ». « C'est une étrange chose que d'être obligé de ne manger que d'un pain ; l'on s'en ennuie à la fin. » (HAUTEROCHE, *Crispin médecin*, acte II, scène 1.) Images analogues chez l'Arétin (*Ragionamenti*, Ire partie, IIe journée, *la Vita de le maritate*) : *Certo è che il variare de le vivande accresce l'appetito. E te lo credo, perche anchora si dice che ogni cosa è meglio che moglie* (parce que, selon le proverbe, tout pour un mari vaut mieux que sa femme) ; dans l'*Histoire comique de Francion*, tome I, p. 124 : « Comme on se lasse d'estre tousiours nourri d'une mesme viande, il n'a plus tant adoré les appas de Laurette » ; chez Brantôme, tomes I, p. 275 : « D'aultres disent que c'est la perdrix des femmes (la nonnain), pour en estre la viande plus friande et sauoureuse que des aultres », III, p. 245, VIII, p. 95 : « Ce sont viandes royales et trez exquises (les princesses), autant pour les friands que pour les sobres », IX, p. 24 : « Il leur en faut de la viande fraische à ces messieurs, qui veulent tenir table à part sans y conuier personne », p. 237 : « Il debuoit tousiours continuer ses coups et manger sa viande »,

Diversité c'est ma devise¹.

>Cette maîtresse un tantet² bise³   5
>Rit à mes yeux : pourquoi cela ?
>C'est qu'elle est neuve⁴ ; et celle-là,
>Qui depuis longtemps m'est acquise,
>Blanche qu'elle est, en nulle guise⁵
>Ne me cause d'émotion⁶.   10
>Son cœur dit oui ; le mien dit non.

p. 294 : « Il n'est telle viande au monde qu'une femme prise de guerre », p. 533 : « L'on s'ennuye de manger tousiours d'une mesme viande »; dans *l'Eugène* de Jodelle, acte I, scène I :

>Car ces femmes ainsi friandes
>Suiuent les nouuelles viandes (*les nouveaux mâles*);

chez Regnier, épître II, vers 44; etc.

1. Ce vers est l'épigraphe, la devise, du *Nouveau Mercure galant* qui parut en 1677 : au-dessous de cette devise est inscrit le nom de notre poète. — Comparez le vers 35 de la comédie de *Clymène*:

>Il me faut du nouveau, n'en fût-il point au monde;

le conte des *Quiproquo*, vers 49-52 ; et, dans les *Poésies diverses* de Papillon, la chanson III :

>Les petites et les grandes
>Couchent souuent en mon lit :
>Diuersité de viandes
>Cause nouuel appetit.

2. Adverbialement : un peu ; on disait aussi *un tantelet*, *un tantin*, on dit encore *un tantinet :* tant soit peu. — Dans le *Roman de la Rose*, vers 6889 et 12619 : « ung petitet ».

3. La comparaison se poursuit : *bis*, au temps de la Fontaine, comme aujourd'hui, ne se disait guère que du pain, ou de la toile.

>Aprez tous ceulx se tint Franchise,
>Qui ne fut ne brune ne bise,
>Ains ere blanche comme neige.
>   (*Roman de la Rose*, vers 1197-1199.)

4. Nouvelle : ci-dessous, vers 140.
5. En nulle façon : ci-dessus, p. 493 et note 8.
6. Rapprochez, pour ce mot, *le roi Candaule*, vers 51 :

>Notre examinateur soupiroit dans sa peau;
>L'émotion croissoit, tant tout lui sembloit beau.

D'où vient? en voici la raison :
Diversité c'est ma devise.

Je l'ai jà¹ dit d'autre façon²,
Car il est bon que l'on déguise³,   15
Suivant la loi de ce dicton :
Diversité, c'est ma devise.

Ce fut celle aussi d'un mari⁴
De qui la femme étoit fort belle.
Il se trouva bientôt guéri   20
De l'amour qu'il avoit pour elle :
L'hymen et la possession
Éteignirent sa passion⁵.
Un sien valet⁶ avoit pour femme
Un petit bec assez mignon⁷ :   25

1. Déjà : ci-dessus, p. 363.
2. Dans le conte des *Troqueurs*, vers 1 :

   Le changement de mets réjouit l'homme.

3. Que l'on habille sa pensée de diverses manières.
4. Semblable à celui dont il est question au conte VIII de Noël du Fail (tome I, p. 108) : « Il alloit aucunes foiz au change, disant qu'il gardoit sa femme pour les grand's festes et qu'il ne la vouloit mettre à tous les iours : quelle proposition n'estoit pas bien agreable à celle qui y pretendoit interest formel. »
5. Voyez *les Troqueurs*, vers 125-126 et la note.
6. Tome IV, p. 442 et note 5.
7. Un joli petit minois, un joli petit museau, une gentille petite femme. Comparez du Fail (tome II, p. 6) : « Les sucrées, faisans bien le petit bec ». De cette expression : « faire le petit bec, la petite bouche », on a détaché *petit bec* au sens où le prend aussi Molière dans *l'École des femmes*, vers 1586 : « Mon pauvre petit bec.... »

—   Tu voudrois me déplaire,
   A moi, Crispin, à moi, que tu nommois toujours
   Ton bec, ton petit bec?
         (HAUTEROCHE, *les Nobles de province*, acte IV, scène IV.)

Le maître, étant bon compagnon[1],
Eut bientôt empaumé la dame[2].
Cela ne plut pas au valet[3],
Qui, les ayant pris sur le fait,
Vendiqua[4] son bien de couchette,
A sa moitié chanta goguette[5],
L'appela tout net et tout franc[6]....
Bien sot de faire un bruit si grand
Pour une chose si commune[7];

30

1. Ou « bon frère, bon apôtre » : ci-dessus, p. 208 et note 3, et p. 410 et note 5.
2. Au figuré : s'en fut bientôt emparé, l'eut bientôt dans sa main. Comparez Molière, *l'École des femmes*, vers 983 :

Je vois qu'il a, le traître, empaumé son esprit ;

Tallemant des Réaux, tome IV, p. 223 : « Elle s'étoit laissé empaumer par une vieille mademoiselle »; Saint-Simon, tomes I, p. 177 : « Il n'avoit eu que deux fils, le cadet d'une grande espérance..., l'autre d'un esprit foible, qu'on envoya à Rome, que les Jésuites empaumèrent, et que le pape fit prêtre », II, p. 376 : « Elle se trouvoit sans conseil, sans secours, et sans ressource en elle-même, et le temps selon toute apparence trop court pour qu'un autre eût le loisir de l'empaumer »; et Voltaire, *l'Enfant prodigue*, acte III, scène II :

Tu connais l'art d'empaumer une fille.

3.   Cela ne plut aux maris nullement.
       (*Les Rémois*, vers 102.)
4. Revendiqua : p. 334 et note 1.
5. Euphémisme : lui dit des injures, lui chanta pouille, lui chanta sa gamme, son antienne, lui lava la tête.

Je dis : *Nescio vos*, et lui chantai goguette.
(SCARRON, *Jodelet ou le Maître valet*, acte II, scène I.)

  Aux tritons, les divins trompettes,
  Il osoit bien chanter goguettes.
      (Ibidem, *le Virgile travesti*, livre VI.)

Gogue signifie proprement « joie » (ci-dessus, p. 438, fin de la note 1), *goguette*, « propos joyeux ».
6. Page 195 et note 1.
7. Rapprochez *la Coupe enchantée*, vers 383 et note 1.

Dieu nous gard[1] de plus grand'fortune[2] !   35

Il fit à son maître un sermon[3].
« Monsieur, dit-il, chacun la sienne,
Ce n'est pas trop ; Dieu et raison[4]
Vous recommandent cette antienne[5].
Direz-vous : « Je suis sans chrétienne[6] » ?   40
Vous en avez à la maison
Une qui vaut cent fois la mienne.
Ne prenez donc pas[7] tant de peine :
C'est pour ma femme trop d'honneur[8] ;
Il ne lui faut si gros monsieur[9].   45

1. Ci-dessus, p. 469 et note 3.
2. De plus grand hasard, d'accident plus fâcheux. Même locution dans la nouvelle v de B. des Périers (tome I, p. 30) : « Or bien, dit il, Dieu nous doint bonne auenture et nous garde de plus grand' fortune ! » Comparez tome IV, p. 110 :

    Lors de mon coin vous me verrez sortir
    Incontinent, de crainte de fortune ;

et *la Coupe enchantée*, vers 26 :

    Vous croyez cependant que c'est un fort grand cas.

3. Ci-dessus, p. 134 et 400. — 4. Et la raison.
5. Ou cette « gamme » (*le Psautier*, vers 119).

    La bonne dame Phrygienne
    Eut pour sa part une antienne.
        (SCARRON, *le Virgile travesti*, livre VII.)

    Je reviens donc à ma première antienne.
        (VERGIER, tome II, p. 22.)

6. Sur ce mot, voyez ci-dessus, p. 335 et note 1.
7. Plus. (1685, 1686, 1705.)
8.   Ah ! Monsieur, quoi ! vous voir chez nous ?
    C'est trop d'honneur que vous nous faites.
        (*Les Rieurs du Beau-Richard*, vers 174-175.)

9. Tome IV, p. 111 et note 4. — Dans *le Calendrier*, vers 33 : « les plus gros de la ville ».

Tenons-nous chacun à la nôtre;
N'allez point à l'eau chez un autre,
Ayant plein puits de ces douceurs¹ :
Je m'en rapporte aux connoisseurs².
Si Dieu m'avoit fait tant de grâce
Qu'ainsi que vous je disposasse
De Madame³, je m'y tiendrois,
Et d'une reine ne voudrois.
Mais, puisqu'on ne sauroit défaire
Ce qui s'est fait⁴, je voudrois bien
(Ceci soit dit sans vous déplaire)
Que, content de votre ordinaire⁵,
Vous ne goûtassiez plus du mien. »

Le patron ne voulut lui dire
Ni oui ni non sur ce discours,
Et commanda que tous les jours
On mît aux repas près du sire

1. Un puits de douceurs, comme on dit un puits d'or, un puits de science. — Aux vers 217-218 de *la Gageure* et note 1 :
    Les rendez-vous chez quelque bonne amie
    Ne lui manquoient non plus que l'eau du puits.
2. Voyez *le roi Candaule*, vers 26 et la note.
3.   Tant que la belle, après un peu d'effort,
        Vient à son point, et le drôle en dispose.
                        (*Richard Minutolo*, vers 214.)
4. *Infectum nequit esse quod factum est.* « Ce qui est faict ne peut aultrement estre. » (*Les Cent Nouvelles nouvelles*, p. 250.) « ....Laquelle, comme sage et discrete, voyant ne pouuoir faire que ce qui estoit faict ne fust faict. » (G. Chappuys, journée III, nouvelle II.)
5. Même locution figurée au vers 80 de *la Gageure* et note 4 :
    Oh ! oh ! lui dit la commère en riant,
    Votre ordinaire est donc trop peu friand
    A votre goût;
et dans *les Comptes du monde aduentureux*, tome I, p. 175, et *passim* : « aller au change, se lasser de l'ordinaire ». Comparez des Périers, tome I, p. 171 : « Il auoit appresté.... à tous ses gens chacun une

Un pâté d'anguille : ce mets
Lui chatouilloit fort le palais[1].
Avec un appétit extrême   65
Une et deux fois il en mangea ;
Mais quand ce vint à la troisième,
La seule odeur le dégoûta.
Il voulut sur une autre viande[2]
Mettre la main ; on l'empêcha :   70
« Monsieur, dit-on, nous le commande ;
Tenez-vous-en à ce mets-là.
Vous l'aimez : qu'avez-vous à dire ?
— M'en voilà soûl[3], reprit le sire.
Eh quoi ! toujours pâtés au bec[4] !   75
Pas une anguille de rôtie[5] !

commere, car c'estoit leur ordinaire quand ilz venoyent chez luy » ; Tallemant des Réaux, tomes V, p. 461 : « Pour le mari, il étoit amoureux, et tenoit si grand ordinaire qu'il n'avoit pas besoin d'aller ailleurs », et VI, p. 146 : « Quoiqu'il cherchât fortune en ville, il ne laissoit pas d'avoir un ordinaire chez lui. »

1.   Ce morceau me chatouille l'âme.
         (SAINT-AMANT, *le Melon*, vers 62.)

2. Au sens général de nourriture, et s'appliquant à tout ce qui se mange : au pain, au laitage, aux œufs, au riz, aux légumes, aux fruits, au poisson, comme aux animaux terrestres. On a même appelé les pâtes d'Italie « viandes de pâte », nom que leur donne encore le P. Labat, dans son *Voyage en Espagne et en Italie*, Paris, 1730, in-12 (tome II, p. 41). — « Il luy faut tous les iours enuoyer ung corps humain pour sa viande (pour sa nourriture), aultrement il destruiroit tout. » (STRAPAROLE, traduction de la fable III de sa X° nuit.) « Et si fut affirmé qu'il n'y auoit viande au monde qui plus humectast que le poisson frais. » (BOUCHET, livre I, serée VI.)

Dieu donne la viande aux petits passereaux.
(R.-J. NÉRÉE, *le Triomphe de la Ligue*, 1607, acte II, scène I.)

Voyez les divers *Lexiques* de notre collection.

3. Ci-dessus, vers 2. — 4. Tome IV, p. 136, fin de la note 3.
5. Toujours bouillie, jamais rôtie.

Pâtés tous les jours de ma vie !
J'aimerois mieux du pain tout sec :
Laissez-moi prendre un peu du vôtre.
Pain de par Dieu¹, ou de par l'autre²!   80
Au diable ces pâtés maudits!
Ils me suivront en paradis,
Et par delà, Dieu me pardonne! »

Le maître accourt soudain au bruit;
Et, prenant sa part du déduit³ :   85
« Mon ami, dit-il, je m'étonne
Que d'un mets si plein de bonté
Vous soyez si tôt dégoûté.
Ne vous ai-je pas ouï dire
Que c'étoit votre grand ragoût⁴ ?   90
Il faut qu'en peu de temps, beau sire,

---

1. Même locution: « de par Dieu », dans *le Diable de Papefiguière*, vers 67 et note 2.

2. De par le diable. « Aidez moy de par Dieu, puis que de par l'aultre ne voulez. » (Rabelais, *Gargantua*, chapitre XLII.) « Parle, si tu es de par Dieu! » (Du Fail, tome II, p. 71.) « Si tu es de Dieu, parle, si tu es de l'aultre, va t'en ! » (D'Aubigné, *les Aventures du baron de Fæneste*, livre III, chapitre XXIV.) « Il falloit de par Dieu ou de par l'aultre, que, etc. » (Ibidem, *Confession du sieur de Sancy*, livre II, chapitre II.)

    Si vous êtes de Dieu, parlez,
    Et si du Diable, détalez.
      (Scarron, *le Virgile travesti*, livre II.)

3. De la plaisanterie, de la bonne farce qu'on faisait à son valet. — Comparez le vers 136 du *Muletier* et la note.

4.   Que c'étoit là votre ragoût. (1705.)

— Ce qui vous ragoûtait le plus, ce qui excitait le plus votre appétit. — « Des monceaux de viandes les plus exquises, et tout ce qu'on pourroit s'imaginer de plus ragoûtant et de plus délicieux. » (Boileau, traduction du *Sublime* de Longin, chapitre XXXIV.) « Sa beauté frappoit d'abord; cependant..., avec tout ce qui rend une

Vous ayez bien changé de goût.
Qu'ai-je fait qui fût plus étrange ?
Vous me blâmez lorsque je change
Un mets que vous croyez friand[1],   95
Et vous en faites tout autant !
Mon doux ami, je vous apprend[2]
Que ce n'est pas une sottise,
En fait de certains appétits,
De changer son pain blanc en bis[3] :   100
Diversité, c'est ma devise. »

Quand le maître eut ainsi parlé,
Le valet fut tout consolé.
Non que ce dernier n'eût à dire
Quelque chose encor là-dessus :   105
Car, après tout, doit-il suffire
D'alléguer son plaisir sans plus ?
« J'aime le change[4]. » A la bonne heure !

femme ragoûtante, elle ne touchoit pas. » (HAMILTON, *Mémoires du comte de Grammont*, chapitre IX.)

    C'est un charmant ragoût que la variété.
                      (VERGIER, tome II, p. 31.

Il semble que le voile embellisse les filles,
    Et c'est la contrainte des grilles
    Qui fait le ragoût du péché.
        (BENSERADE, stances *à Mlle de Brionne*.)

1. Page 65 et note 1. — 2. *Apprend* sans *s*, pour la rime.
3. Dans les premiers vers de ce conte, maîtresse *bise* et maîtresse *blanche*.

        En changeant mes appetis
        Ie suis tout saoul de blanc pain,
        Et de manger meurs de faim
        D'ung frez et nouueau pain bis.
              (CHARLES D'ORLÉANS, rondeau LXV.)

4.   C'est boucanier (*hors d'usage*) de s'en tenir à une ;
    Le change est bon, ainsi comme l'on dit.
    Par quoy i'ordonne que l'homme aura credit

On vous l'accorde ; mais gagnez,
S'il se peut, les intéressés ; 110
Cette voie est bien la meilleure :
Suivez-la donc. A dire vrai,
Je crois que l'amateur du change
De ce conseil tenta l'essai.
On dit qu'il parloit comme un ange[1], 115
De mots dorés[2] usant toujours :
Mots dorés font tout en amours[3],
C'est une maxime constante.
Chacun sait quelle est mon entente[4] :

> Qui changera tout ainsi que la lune.
> (*Recueil de poésies françoises*, tome VIII, p. 310.)

« Il aymoit fort à faire l'amour et aller au change. » (BRANTÔME, tome VII, p. 342.) *Ibidem*, tomes IV, p. 80, IX, p. 24 : « Il estoit fort subiect au change des nouuelles femmes », p. 221, 639, et p. 715 : « Ie n'en ay veu aulcune (de ces dames) qui n'allast au change plus que ses chiens de la meute à la chasse du cerf. »

> Femme sans cueur, qui ne se peut tenir
> D'aller au change....
> (MAROT, tome II, p. 155.)

C'est le change qui rend l'homme plus vigoureux,
Et qui jusqu'au tombeau le fait estre amoureux.
(REGNIER, épître II, vers 131-132.)

1. « Vous eussiez dit un ange » (*la Jument*, vers 4 et note 4).
2. Dans l'*Ancien Théâtre françois*, tome II, p. 14 : « paroles dorées » ; dans le *Recueil de poésies françoises*, tome IV, p. 156 :

> O motz sucrés et paroles dorées !
> Bien sourd seroit qui ne les entendroit ;

chez Coquillart, tome II, p. 54 : « motz dorés, adulations » ; chez Marot, tome I, p. 194, 200 : « dictz dorés, dictz tous d'or » ; chez Amyot, traduction de la *Vie de Démosthène* (tome II, p. 591) : « langage doré » ; etc.
3. Même tour au vers 8 de *l'Oraison de saint Julien* :

> Paroles font en amour des merveilles.

4. Ce que j'entends dire, ce que je veux dire : il ne s'agit pas

J'ai rebattu cent et cent fois 120
Ceci[1] dans cent et cent endroits[2];
Mais la chose est si nécessaire
Que je ne puis jamais m'en taire,
Et redirai jusques au bout :
Mots dorés en amours font tout. 125
Ils persuadent la donzelle,
Son petit chien, sa demoiselle[3],
Son époux quelquefois aussi.
C'est le seul qu'il falloit ici
Persuader : il n'avoit l'âme 130
Sourde à cette éloquence ; et, dame!
Les orateurs du temps jadis
N'en ont de telle en leurs écrits[4].

Notre jaloux devint commode[5];
Même on dit qu'il suivit la mode 135

seulement d'avoir la langue dorée, persuasive, éloquente, mais de dorer ses paroles, d'accompagner ses discours de libéralités. — Chez des Périers (*Poésies*, p. 72) :

   Entendez quelle est mon entente.

1. Livre VIII, fable xxvii, vers 8 :

  Je te rebats ce mot, car il vaut tout un livre.

Dans la comédie de *l'Eunuque*, acte V, scène ii :

   .... Je tiens que le nôtre
 A rebattre un discours l'emporte dessus l'autre.

Dans *la Matrone d'Éphèse*, vers 1 : « conte usé, commun, et rebattu ».

2. Voyez le conte ix de la IIe partie, vers 3-4 et la note.
3. Sa suivante.
4. Ce métal, est-il dit dans *le Faucon* (vers 15-18 et notes 1 et 2),

  N'entreprend rien dont il ne vienne à bout;
  Fait taire chiens, et, quand il veut, servantes,
  Et, quand il veut, les rend plus éloquentes
  Que Cicéron, et mieux persuadantes.

5. Comparez *Féronde*, vers 94 :

  Onc il ne fut un moins commode époux.

De son maître, et toujours depuis
Changea d'objets[1] en ses déduits[2].
Il n'étoit bruit que d'aventures
Du chrétien[3] et de créatures[4].
Les plus nouvelles[5] sans manquer   140
Étoient pour lui les plus gentilles :
Par où le drôle en put croquer
Il en croqua[6] : femmes et filles,
Nymphes[7], grisettes[8], ce qu'il put[9].

1. Ci-dessus, p. 261, 464, etc.
2. En ses plaisirs amoureux : voyez p. 512 et note 3.

> Et quand i'ay mon amy
> Couché auprez de my,
> Il me tient embrassée ;
> Aussi fais ie moy luy :
> D'auoir ung tel deduict
> Iamais n'en fus lassée.
> (*Chansons du XVe siècle*, p. 117.)

3. Vers 40 et note 6. — 4. *Créatures*, sans épithète.

> Sachez que nous avons ici des créatures.
> (*Le roi Candaule*, vers 168.)

> On peut par tout chercher pasture,
> Et prier toute creature.
> (COQUILLART, tome I, p. 110.)

« Son père mangeoit tout avec des créatures. » (SAINT-SIMON, tome VIII, p. 49.) « ....Une créature qu'il entretenoit. » (*Ibidem*, tome II, p. 191.)

> Des créatures
> Qui viennent comme vous chercher des aventures.
> (REGNARD, *les Ménechmes*, acte II, scène v.)

5. Ci-dessus, vers 7.
6. Même locution figurée dans *Mazet*, vers 70 et note 1 :

> Trop bien croyoit, ces sœurs étant peu sages,
> Qu'il en pourroit croquer une en passant.

On dit encore couramment : « gentil, gentille à croquer ».
7. Courtisanes : ci-dessus, p. 193 et note 3.
8. Voyez le vers 326 de *Joconde* et la note.
9. Comparez *la Coupe enchantée*, vers 86 : « Nymphe..., bergère, et cætera. »

Toutes étoient de bonne prise[1] ;
Et sur ce point, tant qu'il vécut,
Diversité fut sa devise.

1. Terme de marine et de vénerie : chez G. Chappuys, fol. 92 r° :
« Ie suis en la plus grande peine du monde, pour ce que ie voy aller
tous les iours autour d'elle certains de ces muguetz de ville, qui ne
me plaisent point : tu sçais qu'elle est de prise » ; chez Brantôme,
tome IX, p. 705 : « Ceste dame donc, voyant ce ieune garson qui
estoit de bonne prise, luy va dire qu'elle luy vouloit donner une
maistresse qui l'aymeroit bien. », p. 291 : « Elle estoit si excellente
en beauté et en si bel aage de prise.... » ; chez Tabourot, *les Bigar-
rures* (Paris, 1562, in-12), p. 372 :

   Ie suis d'ung estrange usage,
   Une fille en sou vefuage,
   Qui a sous le bout du buscq
   Ung morceau de bonne prise ;

dans le poème intitulé *la Chasse et l'Amour* (s. l., 1627, in-8°),
vers 31-34 :

   Bien garni de tout ce qu'il faut,
   Et les voyant de bonnes prises,
   Sans les aller courre en défaut,
   Les belles vous seront acquises.

XII

LES LUNETTES.

Ce conte est imité de la LXII° nouvelle de B. des Périers, que nous transcrivons à l'*Appendice* : « Du ieune garson qui se nomma Thoinette pour estre receu à une religion de nonnains ; et comment il fit sauter les lunettes de l'abbesse qui le visitoit tout nu. »

Il est aussi dans le chapitre CXLIX du livre II des *Joco-seria* (Marbourg, 1604-1609, in-8°) d'Otho Melander (Schwarzmann), né en 1571, petit-fils de ce Denys Melander qui fut aumônier du landgrave Philippe de Hesse, et le promoteur de la Réforme à Francfort. Othon donne presque toutes ses anecdotes pour historiques ; il semble, à l'entendre, que, trop jeune lui-même pour avoir été contemporain de ces faits, il les tient de vieillards qui en ont été témoins ou les ont entendu narrer, peut-être de son grand-père Denys Melander. Nous reproduisons également à l'*Appendice* le récit d'Othon : *De adolescente quodam qui, puellam se mentitus, monialibus quibusdam vitium intulit.*

Comme l'a fait observer M. Moland, le narrateur entoure son conte de circonstances propres à le faire accepter pour authentique. « L'aventure s'est passée, dit-il, dans tel monastère de la Hesse, au temps où le pouvoir de Rome était encore reconnu (il fut aboli dans la Hesse en 1526). La personne qui nous a raconté le méchant tour de ce mauvais sujet est une des religieuses qui était alors dans le couvent, et qui avait assisté à l'affaire. Cette religieuse, après l'abolition du papisme, épousa le pasteur Sebastianus Tylesius ; elle était du petit nombre des sœurs qui avaient échappé aux ruses et aux embûches du séducteur. Toutes les fois qu'elle nous racontait l'histoire, peu s'en fallait qu'elle ne se pâmât de rire. »

Malgré l'intervalle qui sépare la première édition des *Nouuelles recreations* de Bonaventure des Périers (1558) et la première édition des *Joco-seria* de Schwarzmann (1604), « les souvenirs de famille invoqués par le compilateur allemand permettraient de croire, ajoute M. Moland, que son récit nous reporte à la véritable origine de ce conte, qui, dans ce cas, serait venu à des Périers de la même source, c'est-à-dire des caquets de dame Sebastianus Tylesius ou de ses compagnes. Des Périers n'y aurait ajouté de son fonds que les lunettes de l'abbesse. Ainsi l'un des contes les plus scabreux du recueil de la Fontaine pourrait être un fait historique. »

Quoi qu'il en soit, que l'aventure se soit réellement passée dans un monastère de la Hesse, ou ne soit que le rêve d'une imagination licencieuse, d'un esprit satirique et goguenard, il est bien probable, en effet, que la source première de cette histoire est dans la tradition rapportée par Otho Melander : on sait qu'autrefois, et particulièrement à l'époque où la puissance de Rome était ébranlée, dans ces temps voisins de la Réforme où débordaient la malice et la moquerie, les railleries bouffonnes sur les religieuses et les moines disputaient aux facéties des scatologues le privilège de provoquer les risées.

Quant à la plaisante allégorie des deux lacets (vers 53-84), empruntée aux mythes orientaux, et au *Banquet* de Platon (chapitres XIV-XV, fable de l'Androgyne [1]), allégorie qui commence ainsi chez la Fontaine :

> Nécessité, mère de stratagème, etc.,

elle est dans *le Moyen de parvenir*, au mot *Annotation*, chapitre XLIII; dans un prologue de Bruscambille intitulé : *Prologue facecieux des parties naturelles de l'homme et de la femme*, qui se trouve dans les *Fantaisies de Bruscambille, contenant plusieurs discours, paradoxes, harangues et prologues facecieux, faits par le sieur des Lauriers, comédien*, Rouen, 1612, in-8°, p. 251; dans les *Fantaisies et Dialogues* de Tabarin, fantaisie et dialogue XLV : « Pourquoi les femmes aiment les hommes si passionnément »; etc.

Voltaire s'est inspiré de notre conte dans son histoire de « sœur Besogne » (tome XI, p. 175), jeune garçon qui s'est déguisé en nonne pour s'introduire dans un couvent de femmes :

> ....Puis-je au lecteur raconter sans vergogne
> Ce que c'était que cette sœur Besogne ?

1. « Platon dechifra par longs et eloquens traictz, philosophant à sa mode, son Androgyne, de laquelle on pourroit tirer de belles choses pour la descouuerture de ceste admirable et terrible cognoissance. » (Du Fail, tome II, p. 141.)

> Il faut le dire, il faut tout publier :
> Ma sœur Besogne était un bachelier
> Qui d'un Hercule eut la force en partage
> Et d'Adonis le gracieux visage,
> N'ayant encor que vingt ans et demi,
> Blanc comme lait, et frais comme rosée.
> La dame abbesse, en personne avisée,
> En avait fait depuis peu son ami.
> Sœur bachelier vivait dans l'abbaye,
> En cultivant son ouaille jolie :
> Ainsi qu'Achille, en fille déguisé,
> Chez Lycomède était favorisé
> Des doux baisers de sa Deidamie....

N'oublions pas non plus de rappeler la scène lascivement grotesque des *Thesmophoriazuses* (les Femmes aux fêtes de Cérès) d'Aristophane, où Mnésiloque, qu'on a déguisé en femme, rasé, épilé, et même flambé par le bas, selon l'usage oriental, passe à l'inspection, devant l'assemblée des femmes où il s'est introduit pour les espionner ; il voudrait bien se soustraire à cette visite ; il simule un besoin pressant ; mais on le suit, on l'entoure, on le harcèle de questions, on finit par le dépouiller de ses vêtements. Il se récrie : « Quoi ! vous mettrez toute nue une mère de neuf enfants ? — Impudent, ôte vite ce corset.... Certes voilà une solide gaillarde, mais elle n'a pas de tetons comme nous. — C'est que je suis stérile, je n'ai jamais eu d'enfants. — Oui-da ? Tout à l'heure tu en avais neuf.... Tiens-toi droit ! Pourquoi essayes-tu de dissimuler quelque chose ?... Voyez : il n'y a pas à s'y tromper !... Où est-ce passé maintenant ?... En avant.... Mais non.... Ah ! en arrière à présent.... Mais c'est un va-et-vient, l'ami, plus que sur l'isthme de Corinthe [1].... »

---

[1] ....*Sta erectus. Quo penem trudis deorsum ?... Eccum, vide, prominet, et optimi coloris est.... At ubi est ?... Rursus in anteriorem partem abit.... Utique hic non est.... Etenim huc revorsus est.... Isthmum aliquem habes, homo : sursumque et deorsum penem trahis retrahisque frequentius quam Corinthii.* — Comme le remarque M. Émile Deschanel, auquel nous empruntons la traduction de ce passage (*Études sur Aristophane*, 2ᵉ édition, p. 256), « les Corinthiens, pour n'avoir pas à faire le tour du Péloponèse, faisaient passer sans cesse leurs navires, qui étaient de petite dimension, d'une mer à l'autre, à travers l'isthme, au moyen de machines ».

Parny s'est souvenu du conte des *Lunettes* dans sa *Guerre des Dieux*, fin du chant II; et Favart, dans son opéra-comique en un acte, *les Nymphes de Diane*, représenté pour la première fois, à la foire Saint-Laurent, le 22 septembre 1755 (in-8°, *s. l. n. d.*) : un amant déguisé se glisse parmi les nymphes. Comme sa présence est soupçonnée, la vieille Gangan leur fait subir à toutes un examen (scène v) :

> Nous nous rangeons sous ses yeux,
>   Surprises, muettes :
> A cet air audacieux
> Que n'ont jamais les fillettes,
> Elle reconnoît l'amant,
> Culbute d'étonnement
>   Et casse ses lunettes.

C'est un satyre dans cette pièce (scène ix), qui joue le rôle du meunier du conte, et se fait attacher à la place de l'amant, en promettant, comme le meunier, des merveilles.

> J'avois juré de laisser là les nonnes[1] :
> Car, que toujours on voie en mes écrits
> Même sujet et semblables personnes,
> Cela pourroit fatiguer les esprits.
> Ma muse met guimpe[2] sur le tapis[3];   5
> Et puis quoi ? guimpe, et puis guimpe sans cesse;
> Bref, toujours guimpe et guimpe sous la presse[4].

1. Rapprochez le début du *Psautier* et la note 2 :

> Nonnes, souffrez pour la dernière fois, etc.

2. Tome IV, p. 486 et note 5.
3. Ci-dessus, p. 16 et note 7.
4. Faut-il voir là un jeu de mot, de mot à triple entente : la presse d'imprimerie? la presse qui servait à tenir serré, à comprimer le linge, comme le Plutarque à mettre les rabats de Chrysale dans *les Femmes savantes* de Molière ? On devine la troisième. Comparez tome IV, p. 262, note 6 : « Pour estre ung petit mise en presse, etc. »; et le « pressoir » du conte de *Mazet*, vers 166 :

> A sœur Agnès, quelques jours ensuivant,
> Il fit apprendre une semblable note
> En un pressoir tout au bout du couvent.

C'est un peu trop. Je veux que les nonnains
Fassent les tours en amour les plus fins¹;
Si ne faut-il² pour cela qu'on épuise
Tout le sujet. Le moyen? c'est un fait
Par trop fréquent; je n'aurois jamais fait³ :
Il n'est greffier dont la plume y suffise⁴.
Si j'y tâchois⁵, on pourroit soupçonner
Que quelque cas⁶ m'y feroit retourner,
Tant sur ce point mes vers font de rechutes :
Toujours souvient à Robin de ses flûtes⁷.

1. De vos bons tours les contes ne sont froids;
Leur aventure a ne sais quelle grâce
Qui n'est ailleurs; ils emportent les voix.
(*Le Psautier*, vers 3-5.)

2. Encore ne faut-il pas : tome IV, p. 358. — Semblable locution : « Si faut-il », dans la comédie de *Clymène*, vers 548; et *passim*.

3. Je n'aurois jamais fini : tome IV, p. 44 et note 3.

4. Comparez les vers 15-21 du *Psautier*.

5. Pour cette expression : « tâcher à », voyez tome II, p. 413 et note 9; et les *Lexiques de Corneille, Sévigné, Racine, la Rochefoucauld*.

6. Aventure personnelle, ou goût particulier tout au moins.

7. Proverbe connu : on se rappelle toujours ses premiers goûts, ses anciennes inclinations; on revient facilement à ses anciennes habitudes. Le Duchat, cité par Quitard, dans son *Dictionnaire des Proverbes*, au mot FLUTE, dit que « ce proverbe est venu d'un ami de la bouteille, nommé Robin, qui, n'osant plus, à cause de la goutte dont il était tourmenté, boire dans de grands verres appelés *flûtes*, ne pouvait cependant en perdre le souvenir ». Mais il est bien plus vraisemblable qu'il s'agit du berger ou du ménétrier Robin : voyez la *Deploration de Robin*, dans le *Recueil de poésies françoises*, tome V, p. 242-257; *li Gieus de Robin et de Marion*, par Adam de la Halle :

.... J'oy Robin flagoler
Au flagol d'argent;

et les motets et pastourelles si nombreux où sont accouplés les noms de Robin et de Marion (*Théâtre français au moyen âge*, p. 102-135, et p. 31-48), de Robin et de sa flûte. Voyez aussi *les Cent Nouvelles nouvelles*, fin de la nouvelle LXXV intitulée « la Musette »; *le Grand Parangon des Nouvelles nouvelles*, nouvelle XXVIII : « Il sou-

c. xii] QUATRIÈME PARTIE. 523

Or apportons à cela quelque fin ;
Je le prétends, cette tâche ici faite.

Jadis s'étoit introduit un blondin [1] 20
Chez des nonnains, à titre de fillette.
Il n'avoit pas quinze ans que tout ne fût [2] ;
Dont [3] le galant passa pour sœur Colette,
Auparavant que la barbe lui crût [4].
Cet entre-temps [5] ne fut sans fruit [6] : le sire 25
L'employa bien [7] ; Agnès en profita [8].
Las ! quel profit ? j'eusse mieux fait de dire

uient tousiours à ung tambourineux de ses flustes » ; B. des Périers, tome II, p. 77 ; Noël du Fail, tomes I, p. 253-254, II, p. 143 ; *le Printemps d'Yver*, p. 573 ; *le Moyen de parvenir*, p. 88, etc. ; et le titre d'une ancienne facétie : *La Fluste de Robin, en la quelle les chansons de chaque mestier s'egayent, et vous y apprendrez la maniere de jouer de la fluste, ou bien de vous en taire, auec traitz de parolles dignes de vostre veue, si les considerez* (Paris, 1519, lisez 1619, petit in-8°).

1. Ci-dessus, p. 248 et note 4.

2. Tout au plus ; ses quinze ans n'étaient pas encore tout à fait accomplis. « Il n'auoit que cinquante ans que c'est tout quand il mourut. » (BRANTÔME, tome IV, p. 182.)

3. Page 486 et note 6.

4. Dans *la Gageure*, vers 45-46 : « ....Un beau jeune garçon

Frais, délicat, et sans poil au menton. »

....*Quem si puellarum insereres choro,
Mire sagaces falleret hospites
Discrimen obscurum solutis
Crinibus, ambiguoque vultu.*

(HORACE, livre II, ode v, vers 21-24.)

5. Intervalle de temps. Voyez les *Lexiques de Racine* et de *Sévigné*.

6. Jeu de mot : comparez *Féronde*, vers 186 :

Son soin ne fut longtemps infructueux.

7. Dans *Joconde*, vers 383 :

Le temps, à cela près, fut fort bien employé.

8. « L'ayant trouué ung masle, elle faict son profict d'une telle auenture. » (G. CHAPPUYS, journée I, nouvelle vi.)

Qu'à sœur Agnès malheur en arriva :
Il lui fallut élargir sa ceinture¹,
Puis mettre au jour petite créature   30
Qui ressembloit comme deux gouttes d'eau,
Ce dit l'histoire, à la sœur jouvenceau.
Voilà scandale et bruit dans l'abbaye² :
« D'où cet enfant est-il plu? comme a-t-on,
Disoient les sœurs en riant, je vous prie,   35
Trouvé céans ce petit champignon?
Si³ ne s'est-il après tout fait lui-même. »
La prieure est en un courroux extrême⁴ :
« Avoir ainsi souillé cette maison⁵ ! »
Bientôt on mit l'accouchée en prison ;   40
Puis il fallut faire enquête du père.
« Comment est-il entré? comment sorti?
Les murs sont hauts, antique la tourière⁶,
Double la grille, et le tour très petit⁷.
— Seroit-ce point quelque garçon en fille?   45
Dit la prieure, et parmi nos brebis

1.   En fin finale, une certaine enflure
     La contraignit d'allonger sa ceinture.
                            (*L'Ermite*, vers 169-170.)

2. Dans le conte de B. des Périers, aucune nonne n'éprouve le besoin d'« élargir sa ceinture » ; mais, éveillées par un secret instinct de jalousie comme dans notre conte du *Psautier*, les sœurs les plus laides du couvent finissent par découvrir la présence du jouvenceau. — Chez Melander, le scandale est plus grand : *uni post aliam uterus in monasterio intumescit.*

3. Ci-dessus, vers 10.

4.   Magdeleine est en un courroux extrême.
                            (*La Jument*, vers 169.)
5.   Un tel scandale en la maison de Dieu !
                            (*Le Psautier*, vers 84.)
6. Et d'autant plus sûre. — Ci-dessous, vers 191 : « l'antique cohorte ».

7. Trop petit pour qu'on puisse y faire passer un homme. — *Trou*, au lieu de *tour* (1685, 1686 ; faute évidente).

N'aurions-nous point, sous de trompeurs habits,
Un jeune loup? Sus, qu'on se déshabille¹;
Je veux savoir la vérité du cas. »

Qui fut bien pris? ce fut² la feinte ouaille³ :   50
Plus son esprit à songer se travaille⁴,
Moins il espère échapper d'un tel pas⁵.
Nécessité, mère de stratagème,
Lui fit⁶.... « eh bien? » lui fit en ce moment
Lier.... « et quoi⁷? » Foin⁸! je suis court moi-même;
Où prendre un mot qui dise honnêtement
Ce que lia le père de l'enfant⁹?
Comment trouver un détour suffisant
Pour cet endroit?   Vous avez ouï dire
Qu'au temps jadis le genre humain avoit   60

1.   Sus, Magdeleine, il se faut, et pour cause,
    Dépouiller nue et quitter cet habit.
            (*La Jument*, vers 108-109.)

— Voyez, pour le vers précédent, p. 399 et note 4.

2. Page 191 et note 3.

3. La feinte brebis, le jeune loup. Comparez ci-dessus, p. 448 et note 1.

4. Chez Corneille, *l'Imitation de Jésus-Christ* (livre IV, chapitre XVIII, vers 2227) :

....Plus l'esprit s'y travaille, et plus il s'y confond.

5. Dans *le Mari confesseur*, vers 36 : « La fausse femelle... d'un tel pas se sut bien démêler. »

6. Rapprochez les vers 190-191 du *Discours à Mme de la Sablière* (tome II, p. 474 et note 79) :

Nécessité l'ingénieuse
Leur fournit une invention.

7. Ci-dessus, p. 401 et note 6. — 8. Page 500 et note 1.

9. Stratagème analogue dans la XIII° des *Cent Nouvelles nouvelles*, dont le sujet est d'ailleurs tout différent; et dans la tragi-comédie de Jean de Schélandre, intitulée *Tyr et Sidon* (1628), Iʳᵉ journée, acte IV.

Fenêtre au corps¹, de sorte qu'on pouvoit
Dans le dedans tout à son aise lire :
Chose commode aux médecins d'alors.
Mais si d'avoir une fenêtre au corps
Étoit utile, une au cœur au contraire
Ne l'étoit pas, dans les femmes surtout² ;   65
Car le moyen qu'on pût venir à bout
De rien cacher³ ? Notre commune mère,
Dame Nature, y pourvut sagement
Par deux lacets de pareille mesure⁴.
L'homme et la femme eurent également   70
De quoi fermer une telle ouverture.
La femme fut lacée un peu trop dru⁵.
Ce fut sa faute ; elle-même en fut cause,
N'étant jamais à son gré trop bien close⁶.   75

1. Une « solution de continuité » (*le Diable de Papefiguière*, vers 182).

2. ....Aussi qu'au mesme temps voyant choir ceste dame,
Par je ne sçay quel trou je lui vis jusqu'à l'âme.
(RÉGNIER, satire XI, vers 145-146.)

3. Comparez Noël du Fail, tome II, p. 106 : « Momus..., ayant par grand artifice affusté ses lunettes, s'attacha viuement à l'homme du boiteux Vulcan, disant le tout, sous correction et meilleur aduis, estre assez bien basty et estoffé, fors pour le regard de l'estomach, lequel, à son iugement, deuoit estre ouuert et à boutons, afin, disoit il, de voir à l'œil les pensées, proiects et fantasies qui bouillent et se remuent au fond et creux d'iceluy. » — Rapprochez, pour le tour, les vers 324-325 du *Petit Chien* :

....Car d'enfermer sous l'ombre
Une telle aise, le moyen ?

4. Nous avons indiqué dans la notice de ce conte les sources de cette allégorie.

5. D'une manière un peu trop serrée. Ce terme, pris adverbialement, a déjà été rencontré dans les fables VII du livre IV, vers 37, et XI du livre XII, vers 12 ; voyez aussi *Belphégor*, vers 295.

6. Au figuré, non au propre : n'étant jamais à son gré trop impénétrable.

L'homme, au rebours¹ ; et le bout du tissu
Rendit en lui la Nature perplexe².
Bref, le lacet à l'un et l'autre sexe
Ne put cadrer³, et se trouva, dit-on,
Aux femmes court, aux hommes un peu long⁴. 80

Il est facile à présent qu'on devine
Ce que lia notre jeune imprudent :
C'est ce surplus, ce reste de machine⁵,
Bout de lacet aux hommes excédant.
D'un brin de fil il l'attacha de sorte 85
Que tout sembloit aussi plat qu'aux nonnains :
Mais, fil ou soie, il n'est bride assez forte
Pour contenir ce que bientôt je crains
Qui ne s'échappe. Amenez-moi des saints ;
Amenez-moi, si vous voulez, des anges ; 90
Je les tiendrai⁶ créatures étranges

1. Comparez le vers 74 de la fable 1 du livre III :

Nicolas, au rebours...;

le conte v de cette IVᵉ partie, vers 11 et la note ; et ci-dessous, le vers 144.

2. Elle ne sut trop d'abord qu'en faire. Rapprochez le conte x de la Iʳᵉ partie, vers 2, et la note, dont la dernière phrase est à supprimer, puisque le substantif ici, non moins que la rime, veut le féminin.

3. Ci-dessus, p. 436 et note 2.

4. « .... C'est une descouture au bas du corps ; ce qui aduint quand Iupiter eust coupé l'Androgyne. Il commanda à Mercure de recoudre le ventre à l'ung et à l'aultre : cela est cause que le ventre est si delicat. Il cousit l'homme auec ung lacet trop long ; tellement qu'à la fin de la cousture il en resta ung bout. Et, cousant la femme, il prit le lacet trop court ; si qu'il y eut faute, et il y demeura une fente, faute de poincts. » (*Le Moyen de parvenir*, cité à la notice, p. 141.)

5. Ci-dessous, vers 109.

6. Page 56 et note 1.

Si¹ vingt nonnains, telles qu'on les vit lors,
Ne font trouver à leur esprit ² un corps :
J'entends nonnains ayant tous les trésors
De ces trois sœurs dont la fille de l'onde   95
Se fait servir³; chiches et fiers appas⁴
Que le soleil ne voit qu'au nouveau monde⁵;
Car celui-ci ne les lui montre pas.

La prieure a sur son nez des lunettes,
Pour ne juger du cas légèrement.   100

1. Tome IV, p. 41 :
>Il faudroit être bien étrange
>Pour, etc.

2. A leurs esprits. (1685, 1686, 1705.) — Rapprochez *le Diable en enfer*, vers 112-114 et note 1.

3. Les trois Grâces, compagnes de Vénus, qui ne devait jamais paraître sans elles :
>Les Grâces qui suivent toujours
>La douce mère des amours.
>>(Voiture, *Poésies*, p. 24.)

— Jamais on ne lui vit (à *Vénus*) un tel dessein de plaire :
Rien ne lui semble bien, les Grâces ont beau faire.
>(*Adonis*, vers 55-56.)

4. « Secrets appas » (ci-dessous, vers 107), chiches, avares d'eux-mêmes, ne se montrant pas au grand jour, du moins dans nos climats. — Comparez le vers 55 du conte vii de la IIIᵉ partie : « Celle-ci donc... n'étoit chiche de ses regards. »

5. Chez les Indiennes, comme on les appelait, d'Amérique. On sait que les femmes ne sont pas plus vêtues, aujourd'hui encore, dans la plupart des contrées de l'Afrique ou de l'Océanie. La moitié des femmes de la terre vont nues ou presque nues.— Rapprochez *le Tableau*, vers 100 :

>....Ceci..., cela que voit peu l'œil du jour ;

et Voiture, *Poésies*, p. 73 :

>....Enfin Vénus n'est pas si belle,
>Et n'a pas si bien faites qu'elle
>Les beautés qui ne voient pas
>>Le soleil.

Tout à l'entour sont debout vingt nonnettes,
En un habit¹ que vraisemblablement
N'avoient pas fait les tailleurs du couvent².
Figurez-vous la question³ qu'au sire
On donna lors : besoin n'est de⁴ le dire. 105
Touffes de lis, proportion du corps⁵,
Secrets appas, embonpoint, et peau fine,
Fermes tetons⁶, et semblables ressorts,
Eurent bientôt fait jouer la machine⁷ :
Elle échappa, rompit le fil d'un coup, 110
Comme un coursier qui romproit⁸ son licou,
Et sauta droit au nez de la prieure,
Faisant voler lunettes tout à l'heure⁹
Jusqu'au plancher. Il s'en fallut bien peu
Que l'on ne vît tomber la lunetière¹⁰. 115

1. « L'habit de guerre de Vénus » (*le Tableau*, vers 216).

.... Vous devez être
En autre habit pour l'aller voir :
C'est-à-dire, en un mot, qu'il n'en faut point avoir.
(*Le roi Candaule*, vers 314-316.)

2. Du convent. (1685, 1686.) — 3. La torture.
4. Page 480 et note 6.
5.   Trop ni trop peu de chair et d'embonpoint.
(*L'Oraison de saint Julien*, vers 254 et la note.)
6.   Tetins rebondis, rondeletz,
   Durs, picquans, bien iectez au moule.
(Coquillart, tome I, p. 58.)

Le corps tout nud, monstrant ung dur tetin.
(Marot, tome I, p. 17.)

Voyez ci-dessus, p. 473 ; et *la Jument*, vers 29 : « femme et belle et jeune..., ferme surtout. »

7. Ci-dessus, vers 83.
8. *Rompoit*, dans l'édition de 1675, faute corrigée dans celle de 1676.
9. Au même moment : p. 475 et note 6.
10. La porteuse, et non, au sens ordinaire, la faiseuse de lunettes :

Elle ne prit cet accident en jeu[1].

L'on tint chapitre[2], et sur cette matière
Fut raisonné longtemps dans le logis.
Le jeune loup fut aux vieilles brebis[3]
Livré d'abord. Elles vous l'empoignèrent,　　　　120
A certain arbre en leur cour l'attachèrent,
Ayant le nez devers l'arbre tourné,
Le dos à l'air avec toute la suite[4].
Et cependant que la troupe maudite
Songe comment il sera guerdonné[5],　　　　125

nous trouvons ce mot chez Rabelais (tome II, p. 288) : « Ie te donneroys ung coup d'espée sus ceste aureille lunetiere. »

1. 　　　…..Baisers, approches, et plaisirs,
　　　　Que ne debuez à l'amy refuser,
　　　　Mais prendre en ieu.
　　　　　　　　(MAROT, tome I, p. 121.)

— Chez des Périers, l'histoire finit là ; l'abbesse juge plus prudent de renvoyer le jeune homme sans bruit, et en lui faisant jurer de se taire : « Toutes foiz qu'y eust elle faict, sinon qu'il falloit y remedier par patience, car elle n'eust pas voulu scandaliser la religion ? Sœur Thoinette eut congé de s'en aller auec promesse de saulver l'honneur des filles religieuses. »

2. 　　　Chapitre donc, puisque chapitre y a,
　　　　Fut assemblé.
　　　　　　　(*Le Psautier*, vers 77-78.

3. Aux sœurs « anciennes ou discrètes » (*l'Abbesse*, vers 110).
4. Avec ce qui suit le dos, ce qui est au bas du dos. Comparez *la Jument*, vers 99 : « tout ce qui s'ensuit », et la note.
5. Ironiquement : récompensé. *Guerdonner, reguerdonner, guerdon, guerdonneur*, se trouvent plusieurs fois chez Marot (tomes I, p. 58, 137, 259, II, p. 224, III, p. 47, et p. 78) :

　　　…. Si le don plaist, me voilà guerdonnée ;
　　　Amour ne veut meilleure recompense.

Voyez aussi, entre autres nombreux exemples, oinville, p. 158, 178, 237, 272, *les Cent Nouvelles nouvelles*, p. 122, 183, 191, 217, Rabelais, tome I, p. 198, Brantôme, tome IX, p. 399, Ronsard, tome II,

Que l'une va prendre dans les cuisines
Tous les balais, et que l'autre s'en court[1]
A l'arsenal[2] où sont les disciplines,
Qu'une troisième enferme à double tour
Les sœurs qui sont jeunes et pitoyables[3],   130

p. 378, 476, Baïf, tome II, p. 54, 74, 87, Saint-Gelais, tomes II, p. 41, 51, 73, 77, III, p. 42 :

....Si i'ay voulu sans guerdon vous aimer;

Regnier, satire XIII, vers 293; Scarron, *le Virgile travesti*, livre V :

Vous serez aussi guerdonné
D'un beau casque damasquiné;

et *le Songe de Vaux* (tome III *M.-L.*, p. 214) :

Aucun labeur n'y manque de guerdon.

1. Comme on écrirait « s'en fuir » (ci-dessous, vers 155), comme on écrit « s'en aller ». Voyez tome II, p. 221; *les Aveux indiscrets*, vers 76 :

Ce discours fut à peine proféré
Que l'écoutant s'en court;

les Quiproquo, vers 169 :

L'associé des frais et du plaisir
S'en court en haut en certain vestibule;

et Regnier, satire XI, vers 346, élégie II, vers 92, Malherbe, tome I, p. 440; etc.

2. Expression plaisante, et qui assimile les disciplines, ces instruments de flagellation, à de véritables armes de combat.

3. Enclines à la pitié. « Elle estoit doulce et piteable. » (*Les Cent Nouvelles nouvelles*, p. 171.) « Il faut... se souuenir d'estre homme, c'est à dire pitoyable. » (Du Fail, tome II, p. 25.) « Cest acte n'apporta pas moins de louange à ceste sage et pitoyable reine, usant de ceste doulceur. » (Brantôme, tome VII, p. 447.)

Sois pitoyable, et gueris ma langueur.
(Ronsard, le premier livre des *Amours*, sonnet XXXIV.)

Et quoiqu'Iris pitoyable pût faire
Pour adoucir ma peine et mon tourment....
(Voiture, élégie II.)

Comparez les *Lexiques de Malherbe* et *de Corneille*. — On disait aussi

Bref, que le sort, ami du marjolet[1],
Écarte ainsi toutes les détestables,
Vient un meunier monté sur son mulet,
Garçon carré[2], garçon couru des filles[3],
Bon compagnon, et beau joueur de quilles[4]. 135

piteux au même sens : « Doulx, benins, piteux. » (COQUILLART, tome II, p. 166; et p. 192, 195.) « Puis luy reprocha la dureté de son cueur, pour estre si peu piteux à l'endroict d'ung si grand roy et si bon. » (BRANTÔME, tome VIII, p. 120.) *Ibidem*, p. 169 : « Elle se faict cognoistre toute humaine, familiere, piteuse, debonnaire et doulce. »

1. *Marjolet*, comme on dit muguet (*la Gageure*, vers 274 et note 4), de *marjolaine;* ou diminutif masculin de *mariole*, marionnette, poupée : jeune freluquet qui fait le galant. Voyez le *Recueil de poésies françoises*, tomes X, p. 139, et p. 271 :

> Ung tas de menus marioletz,
> De fleureurs de ie ne sçay quoy,
> De trop iolis;

IV, p. 21 :

> De quoy seruent tant de folletz
> Qui vont de nuict parmi ces rues,
> Ung tas de mignons marioletz?
> Amour faict deuenir gens grues;

les *Chansons du XV° siècle*, p. 95 : « puant mariolet »; Rabelais, tome III, p. 243 : « marioletz, bougrins, bragars »; les exemples de Marot et de Regnier que cite Littré; et cette phrase de Sully, dans ses *Mémoires* (tome V, p. 93) : « Il ne se trouveroit plus de gentilshommes qui ne fussent... plus propres à faire les marjolets, berlandiers, et batteurs de pavé, que s'employer à la vraie vertu et aux armées. »

2. Ci-dessous, vers 163 : « large d'épaule ».

3. « Il suffisoit à Bathylle d'être pantomime pour être couru des dames romaines. » (LA BRUYÈRE, tome II, p. 79.)

4. Tome IV, p. 309 et note 4. — Ces vers sont imités de Rabelais (*Gargantua*, chapitre IV, tome I, p. 20) : « Tous bons beuueurs, bons compaignons, et beaulx ioueurs de quille »; et de Marot :

> I'auois ung iour ung valet de Gascongne...,
> Sentant la hart de cent pas à la ronde,
> Au demourant le meilleur filz du monde,
> Prisé, loué, fort estimé des filles

« Oh! oh! dit-il, qu'est-ce là que je voi?
Le plaisant saint! Jeune homme, je te prie,
Qui t'a mis là? sont-ce ces sœurs? dis-moi :
Avec quelqu'une as-tu fait la folie[1]?
Te plaisoit-elle? étoit-elle jolie ? 140
Car, à te voir, tu me portes, ma foi,

  Par les bordeaulx, et beau ioueur de quilles.
    (Épître xxix, tome I, p. 195.)

Même locution « joueur de quilles, jouer aux quilles », au même sens, dans le *Recueil de poésies françoises*, tome XI, p. 114, chez Brantôme, tome IX, p. 505; etc.; et « grand abatteur de quille », chez Regnier (satire xi, vers 93); « grand-abatteur de bois », dans l'*Ancien Théâtre françois* (tome IX, p. 295) : « ce grand abatteur de bois, qui en une nuict fut cinquante fois gendre de son hoste », dans la xxiii° serée de Bouchet (tome II, p. 166), chez Noël du Fail, *Propos rusticques* (p. 41, 46), dans *le Moyen de parvenir* (p. 220) : « grand abatteur de bois remuant et culbuteur de commères », chez Tallemant des Réaux (tomes I p. 474, II, p. 163, III, p. 111, et I, p. 8) : « Henri IV a eu une quantité étrange de maîtresses; il n'étoit pourtant pas grand abatteur de bois : aussi étoit-il toujours cocu. » — Rappelons aussi le vieux proverbe : « Que l'aze te quille. »

 1. Ou « la joie », « la sottise » : comparez *les Oies*, vers 4 et la note. — « Couchons auec elles, et leur faisons tant la folye que nous ne puissions les reins traisner. » (*Les Cent Nouvelles nouvelles*, p. 262.) « Elles ont faict iusques à oultrance la folye. » (*Ibidem.*) « Le mary pensant en soy mesme, puis qu'elle auoit encommencé à faire la folye, que fort (difficile) seroit de l'en retirer.... » (*Ibidem*, p. 304.)

  Ie ne sçay se c'estoit de paour
  Qu'el ne fist folye de son corps.
    (Coquillart, tome II, p. 42.)

  Faisons à cueur perdu l'agreable folye.
    (Papillon, sonnet lxvii, vers 8.)

« Qu'à la fin elle ne fust aucunement taxée d'auoir faict la commune folye des aultres. » (G. Chappuys, fol. 225 r°.) « Il y en eut une pourtant... qui luy eschappa ung iour de faire la folye aux garsons, comme telle espece de sexe y est subiecte. » (Brantôme, tome VIII, p. 104.) « Toutes foiz ces laides charbonnieres font la folye comme les aultres. » (Tome IX, p. 171.) *Ibidem*, p. 346, et p. 589 : « Quant à son douaire, l'heritier ne lui eust sceu faire

Plus je regarde et mire¹ ta personne,
Tout le minois d'un vrai croqueur² de nonne. »
L'autre répond : « Hélas! c'est le rebours³ ;
Ces nonnes m'ont en vain prié d'amours⁴ :   145
Voilà mon mal⁵. Dieu me doint⁶ patience !
Car de commettre une si grande offense⁷,
J'en fais scrupule, et fût-ce pour le roi,
Me donnât-on aussi gros d'or que moi! »

perdre, quand bien elle eust faict toutes les folyes du monde de son corps. » On disait aussi *folier*, faire la folle, être folle de son corps, vivre « en péché de son corps », *femme folieuse* ou *femme folle*, femme dévergondée, ribaude, gourgandine. — Dans la xxviiie serée de Bouchet (tome III, p. 104) : « Ie congnoistray bien si tu fais la folle, et si on frotte son lard contre le tien. »

1. Contemple. Chez Ronsard (tome I, p. 299) :

Il n'est plus temps d'apprendre à mirer mon visage;

Brantôme (tome IV, p. 246) : « Il se mit à aduiser à son ayse, voire se haussant sus ses estrieux, bien qu'il fust grand, de haulte et belle taille, et monté à l'aduantage, pour mieulx mirer » ; *ibidem*, tome IX, p. 321 : « Tous ces galans de la cour prirent ung merueilleux plaisir à contempler et mirer celles (les jambes) de ces belles nymphes » ; et p. 345 : « Elle ne voulut oncques plus iamais mirer son visage dans son miroir..., et, pour recompense, se miroit et s'arregardoit par les parties d'en bas » ; du Bartas (p. 154) :

.... Ung chatouilleux desir d'aller mirer les fleurs;

Remy Belleau (tome II, p. 83) :

Du pied iusques au chef ie remire sa grace,
Ie contemple ses yeux, ie contemple sa face.

2. Comparez le conte précédent, vers 143 et la note.
3. C'est le contraire : ci-dessus, p. 527 et note 1.
4. Voyez *le roi Candaule*, vers 175 : « prier d'amourettes », et la note.
5. *Ibidem*, vers 92 :

Il étoit mari, c'est son mal.

6. Me donne : ci-dessus, p. 481 et note 5.
7. Outre l'offense et péché trop énorme....
(*La Mandragore*, vers 190 et note 2.)

Le meunier rit, et sans autre mystère 150
Vous le délie, et lui dit : « Idiot !
Scrupule¹, toi qui n'es qu'un pauvre hère²
C'est bien à nous qu'il appartient d'en faire ?
Notre curé ne seroit pas si sot.
Vite fuis-t'en, m'ayant mis en ta place ; 155
Car aussi bien tu n'es pas, comme moi,
Franc du collier, et bon pour cet emploi ;
Je n'y veux point de quartier ni de grâce.
Viennent ces sœurs ; toutes, je te répond³,
Verront beau jeu, si la corde ne rompt⁴. » 160

L'autre deux fois ne se le fait redire⁵ ;
Il vous l'attache, et puis lui dit adieu.
Large d'épaule⁶, on auroit vu le sire
Attendre nu les nonnains en ce lieu.
L'escadron vient⁷, porte en guise de cierges 165
Gaules et fouets : procession de verges,

1. Ellipse hardie : tu te ferais scrupule. — Dans *la Mandragore*, vers 287 :

        Honte cessa ; scrupule autant en fit.

2. Nous avons rencontré le mot *hère*, au même sens, mais sans épithète, dans *le Faucon*, vers 168 et note 4.

3. *Répond* sans *s*, pour la rime, comme, plus haut, *voi* (vers 136).

4. Voyez le conte II de la Iʳᵉ partie, vers 80 et note 5 : l'image, surtout ici, est empruntée plutôt à la corde d'un arc qu'à celle d'un danseur de corde.

5.   ....Ne se le fait par deux fois répéter.
                  (*La Gageure*, vers 112.)

6. Large des épaules : il avait « le nez tourné devers l'arbre », et « le dos à l'air » (vers 122-123) : le blondin l'avait attaché comme il l'avait été lui-même.

7. Au sortir de « l'arsenal » (vers 128). Comparez le vers 191 ; l' « escadron » de *l'Abbesse*, vers 113 ; et chez du Fail (tome I, p. 105) « la brigade bien eschauffée ». — On sait que Catherine de Médicis appelait ses filles d'honneur son « escadron volant ».

Qui fit la ronde à l'entour du meunier¹,
Sans lui donner le temps de se montrer,
Sans l'avertir. « Tout beau! dit-il, Mesdames,
Vous vous trompez, considérez-moi bien :   170
Je ne suis pas cet ennemi des femmes,
Ce scrupuleux² qui ne vaut rien à rien³.
Employez-moi⁴ : vous verrez des merveilles⁵;
Si je dis faux, coupez-moi les oreilles.
D'un certain jeu⁶ je viendrai bien à bout :   175
Mais quant au fouet, je n'y vaux rien du tout.
— Qu'entend ce rustre, et que nous veut-il dire?
S'écria lors une de nos sans dents⁷;
Quoi! tu n'es pas notre faiseur d'enfants?
Tant pis pour toi, tu payras pour le sire :   180
Nous n'avons pas telles armes en main
Pour demeurer en un si beau chemin⁸.

1. Qui fit la ronde, tout en commençant à le frapper, ainsi qu'on le voit par ce qui suit.

2. Ci-dessus, vers 148 et 152. Comparez *le Cas de conscience*, vers 82 : « Anne la scrupuleuse ».

3. *A rien* : dans aucune circonstance, ni pour personne.

4. Page 223 et note 3; et ci-dessus, vers 157.

5. « Ces ribaulx moynes ont faict merueilles d'armes. » (*Les Cent Nouvelles nouvelles*, p. 142; *ibidem*, p. 76 et 248.) « Comme i'auois entendu dire à des hommes qui font tant des braues et des galans, et qui en promettent montz et merueilles.... » (BRANTÔME, tome IX, p 557.) Dans *le roi Candaule*, vers 191 et note 7 :

> Sans être Gascon, je puis dire
> Que je suis un merveilleux sire.

6. Page 326 et note 3 :

> Je t'avertis qu'à ce jeu... m'entends-tu?

7. Dans le *Recueil de poésies françoises* (tome II, p. 291), et dans les *Caquets de l'accouchée* (p. 83) : « la vieille sans dents ». Voyez *le Faucon*, vers 90 : « une vieille édentée », et la note.

8. Rapprochez *Nicaise*, vers 18 :

> .... Quoi qu'il en soit, le pauvre sire
> En très beau chemin demeura.

Tiens, tiens, voilà l'ébat¹ que l'on desire. »
A ce discours, fouets de rentrer en jeu,
Verges d'aller², et non pas pour un peu³ ; 185
Meunier de dire en langue intelligible⁴,
Crainte de n'être assez bien entendu :
« Mesdames, je... ferai tout mon possible
Pour m'acquitter de ce qui vous est dû⁵. »
Plus il leur tient des discours de la sorte, 190
Plus la fureur de l'antique⁶ cohorte⁷
Se fait sentir. Longtemps il s'en souvint.
Pendant qu'on donne au maître l'anguillade⁸,
Le mulet fait sur l'herbette gambade⁹.

1. Ci-dessus, p. 332 et note 7.
2. Pour ces infinitifs de narration, voyez ci-dessus, p. 420 et note 8.
3.   Cette apparition soudaine
    Non pour un peu m'emplit d'effroi.
            (SCARRON, *le Virgile travesti*, livre II.)

4. Non pas seulement à voix très haute, mais dans des termes d'une netteté, d'une crudité, que le poète ne peut reproduire.
5. Pour vous payer la dette du blondin (ci-dessus, vers 145).
6. « Antique » (vers 43), parce qu'il était « livré aux vieilles brebis » (vers 119); on avait enfermé les jeunes sœurs « à double tour » (vers 129-130).
7. Vers 165. — Comparez *le Petit Chien*, vers 51 et la note.
8. Proprement le fouet, le fouet avec une peau d'anguille, dont on se servait pour fustiger les enfants (Pline, livre IX, chapitre XXXIX; et Glossaire de du Cange, au mot ANGUILLA). « Le pasticier luy bailla l'anguillade, si bien que sa peau n'eust rien valu à faire cornemuses. » (RABELAIS, tome I, p. 368.) « Ie le renuoyerois bien d'où il est venu à grans coups d'anguillade. » (*Ibidem*, tome III, p. 216.) « Les petites anguillades à la saulce de ners bouins ne seront espargnées sus vos espaules. » (*Ibidem*, p. 233.)

   Ce beau valet, à qui ce beau maistre parla,
   M'eust donné l'anguillade, et puis m'eust laissé là !
            (REGNIER, satire VIII, vers 155-156.)

9. Même locution ci-dessus, p. 241.

         Le grison se rue

Ce qu'à la fin l'un et l'autre devint, 195
Je ne le sais, ni ne m'en mets en peine [1]:
Suffit [2] d'avoir sauvé le jouvenceau.
Pendant un temps les lecteurs, pour douzaine
De ces nonnains au corps gent [3] et si beau,
N'auroient voulu, je gage, être en sa peau [4]. 200

> Au travers de l'herbe menue,
> Se vautrant, grattant, et frottant,
> Gambadant, etc.
> (Livre VI, fable viii, vers 3-6.)
> En petit chien vous m'allez voir
> Faisant mille tours sur l'herbette.
> (*Le Petit Chien*, vers 187-188.)

— Il y a un dénouement analogue, mais plus tragique, dans un conte afghan analysé par M. Cosquin (*Romania*, tome VII, p. 590): Un jeune homme, attaché à un arbre par des paysans qui se proposent de le jeter le soir à la rivière, persuade à un passant crédule que, s'il est lié ainsi, c'est parce qu'il refuse d'épouser la fille du roi voisin. Le passant prend sa place en se moquant de lui, et, la nuit venue, est noyé.

1. Comparez *le Petit Chien*, vers 506-507:

> « Que devint le palais? » dira quelque critique.
> Le palais? que m'importe? il devint ce qu'il put.

2. Ci-dessous, p. 546.
3. Voyez, pour cette épithète, *l'Abbesse*, vers 59 et la note.
4. Page 430 et note 2.

XIII

LE CUVIER.

Ce conte est dans *l'Ane d'or* ou *la Métamorphose* d'Apulée, vers le commencement du livre ix, tel à peu près que nous le lisons chez la Fontaine. Morlini reproduit le récit d'Apulée dans sa xxxve nouvelle : *De Adultero qui uxorem, in præsentia viri in dolio permanentis, retromarte delibabat.*

Il est aussi dans la 11e de la VIIe journée de Boccace : *Peronnella mette un suo amante in un doglio; tornando il marito a casa, ilquale havendo il marito venduto, ella dice che venduto l'ha ad uno che dentro v' è a vedere se saldo gli pare. Ilquale saltatone fuori, il fa radere al marito, et poi portarsenelo a casa sua.*

« Peronnelle cacha ung sien amy par amour en ung grant vaisseau de terre ; et, voyant retourner son mary au logis qui disoit l'auoir vendu, elle luy dit qu'elle l'auoit aussi vendu à ung homme qui estoit dedans pour veoir s'il estoit entier : parquoy, aprez qu'il en fut sorty, ilz le feirent rascler au mary, et puis l'amy l'emporta en sa maison. »

On peut rapprocher l'*Apologie pour Hérodote* d'Henri Estienne, chapitre xv, où l'anecdote est narrée en trois lignes : « On conte aussi d'une qui fit entrer son amy en ung tonneau quand elle sentit venir son mary ; et fit semblant que c'estoit ung homme qui estoit venu pour l'acheter, et le vouloit veoir dedans » ; *les Delices* de Verboquet le généreux, p. 83 ; un fabliau du treizième siècle qui a également pour titre : *le Cuvier* (Barbazan-Méon, tome III, p. 91 ; Legrand d'Aussy, tome III, p. 135 ; Montaiglon, tome I, p. 126), et qu'il ne faut pas confondre avec l'ancienne comédie du même nom. Dans ce fabliau, l'histoire n'est pas tout à fait semblable à la nôtre. Au moment où l'époux rentre chez lui, accompagné de quatre autres marchands, l'amant se cache sous le cuvier. L'époux veut dîner avec ses hôtes sur le fond de ce cuvier qui est renversé sur le jeune « clerc », et qui peut fort bien servir de table. Mais voici qu'au même instant une voisine qui l'a prêté l'envoie réclamer; la femme répond qu'elle en a un pressant besoin, qu'elle le lui rendra un peu plus tard. La voisine complaisante, soupçonnant l'aventure, fait crier dans la rue par un « ribaud » : « Au feu! Au feu! » Le mari et ses convives sortent pour aller voir ce qui se passe; et pendant ce temps le clerc s'échappe. Les marchands rentrent bientôt, et attribuent à l'ivresse du ribaud les cris qu'ils ont entendus.

Le Cuvier a inspiré trois opéras-comiques en un acte, tirés du même livret, *le Tonnelier :* le premier par Audinot, paroles et musique, représenté à la foire Saint-Laurent le 28 septembre 1761, analysé dans le *Dictionnaire dramatique*, tome III, p. 287; le second, musique de Gossec, donné à la Comédie italienne le 16 mars 1765; le troisième, musique de Nicolo, joué sur le théâtre de Livourne en 1799.

>   Soyez amant, vous serez inventif[1];
>   Tour ni détour, ruse ni stratagème,
>   Ne vous faudront[2] : le plus jeune apprentif[3]

1.   Homme n'est plus expéditif,
          Mieux instruit, ni plus inventif.
(Lettre de la Fontaine au prince de Conti de novembre 1689.)
Chez des Périers, tomes I, p. 115 : « accort et inuentif », II, p. 95 : « inuentif en moyens »; dans *l'Heptaméron*, p. 359 : « fin et inuentif »; chez Remy Belleau, tome II, p. 118 :
          Or que l'Amour soit inuentif,
          Si ne suis ie plus apprentif.

2. Ne vous feront défaut : ci-dessus, p. 491.

3.   Car d'amourettes les seruices
        Sont faictz en termes si trez clairs
        Que les apprentifs et nouices
        En sçauent plus que les grans clercs.
                    (Marot, tome I, p. 19.)
— Voyez, pour cette orthographe : *apprentif*, tome II, p. 468 et note 54. Nous la rencontrons aussi chez du Fail, tome I des *Contes*, p. 6, et *Baliuerneries*, p. 155 : « ung appretif de basse danse »; chez Marot, déjà cité, tome I, p. 244, Ronsard, tome II, p. 410, Brantôme, tomes V, p. 302, VII, p. 101, VIII, p. 42, IX, p. 53, Montaigne, tome II, p. 26, 120, 140, 170, et dans une lettre de Philippe de Coulanges du 17 février 1696; etc.

c. XIII] QUATRIÈME PARTIE. 541

Est vieux routier¹ dès le moment qu'il aime² : 5
On ne vit onc que cette passion
Demeurât court faute d'invention³ ;
Amour fait tant qu'enfin il a son compte⁴.
Certain cuvier, dont on fait certain⁵ conte,
En fera foi. Voici ce que j'en sais,
Et qu'un quidam me dit ces jours passés. 10

Dedans un bourg ou ville de province
(N'importe pas du⁶ titre ni du nom),
Un tonnelier⁷ et sa femme Nanon⁸
Entretenoient un ménage assez mince⁹.
De l'aller voir Amour n'eut à mépris¹⁰, 15

1. Voyez la fable I du livre XI, vers 9 et la note :

Vieux routier, et bon politique ;

et, outre les exemples déjà cités, l'*Ancien Théâtre françois*, tome VIII, p. 119 :

L'Amour,
Petit enfant de corps, vieux routier de malices ;

Marot, tomes I, p. 26, 223, 280, II, p. 95 : « vieil routier d'aimer » du Bellay, tome II, p. 39 ; Brantôme, tomes V, p. 305, VI, p. 328, 366, 378, 379, VII, p. 354 : « vieil routier de prudence et conseil » ; etc.

2. Dans *la Courtisane*, vers III : « dès le moment qu'on aime ».
3. Tome IV, p. 223 et notes 5 et 7.
4. *Ibidem*, p. III et note 5. — 5. Ci-dessus, p. 413 et note 6.
6. Comparez, pour ce tour, les *Lexiques de Corneille et de Racine*.
7. C'est un forgeron chez Apulée, un maçon chez Boccace, et la femme file la quenouille.
8. Plus bas, *Anne* : c'est le même nom ; dans le conte IV de cette IVᵉ partie, *Anne* et *Annette* (selon les besoins de la mesure ou de la rime).
9. Comme le savetier et sa femme dans le conte V de la Iʳᵉ partie.
10. Ne dédaigna. Chez Remy Belleau (tome II, p. 303) :

Que ce palais rustic ne te vienne à mespris ;

chez Racan (psaume II) :

Mais l'Éternel mettra leur audace à mépris.

Y conduisant un de ses bons amis,
C'est Cocuage¹; il fut de la partie :
Dieux familiers et sans cérémonie,
Se trouvant bien dans toute hôtellerie;
Tout est pour eux bon gîte et bon logis,   20
Sans regarder si c'est Louvre² ou cabane.
Un drôle donc caressoit³ madame Anne;
Ils en étoient sur un point, sur un point....
C'est dire assez de ne le dire point⁴;
Lorsque l'époux revient tout hors d'haleine   25
Du cabaret, justement, justement....
C'est dire encor ceci bien clairement.
On le maudit; nos gens sont fort en peine.
Tout ce qu'on put fut de cacher l'amant;
On vous le serre⁵ en hâte et promptement   30

1. Ci-dessus, p. 279 et note 2.
2. Palais : p. 271 et note 2. — 3. Page 206 et note 3.
4.   Quant au surplus, je le laisse à penser:
       Chacun s'en doute assez sans qu'on le die.
                    (*Richard Minutolo*, vers 112-113.)

       I'ay en amours trouué cinq points exprez :
       Premierement, il y a le regard,
       Puis le deuis, et le baiser aprez ;
       L'attouchement le baiser suyt de prez,
       Et tous ceulx là tendent au dernier point,
       Qui est.... Et quoy? ie ne le dirai point.
                    (MAROT, tome III, p. 24.)

« Regardez, ô muguetz, qui sçauez que c'est, et qui en faictes mestier, si par tel moyen viendriez à ce but pretendu que vous appelez le don de mercy, le consentement, la recompense du trauail, le cinquiesme point d'amours, et aulcuns docteurs, le vieux ieu. » (DU FAIL, *les Propos rusticques*, p. 50.)

5. « Entre les deux maisons y auoit une grande granche, en la quelle il serra trois cens hommes d'armes. » (COMYNES, livre II, chapitre XI.) « La Cour estoit serrée en deux petits villages. » (DU FAIL, tome I, p. 238.) « Elle tint Monsieur et le roy de Nauarre si serrez dans le bois de Vincennes qu'ilz ne purent sortir. » (BRAN-

Sous un cuvier dans une cour prochaine¹.

Tout en entrant² l'époux dit : « J'ai vendu
Notre cuvier. — Combien? dit madame Anne.
— Quinze beaux francs. — Va; tu n'es qu'un gros
Repartit-elle, et je t'ai d'un écu   [âne³, 35
Fait aujourd'hui profit par mon adresse,
L'ayant vendu six écus avant toi⁴.
Le marchand⁵ voit s'il est de bon aloi⁶,
Et par dedans le tâte pièce à pièce,
Examinant si tout est comme il faut,   40

TÔME, tome VII, p. 359.) « Ung pauure criminel serré dans ung cachot. » (*Ibidem*, p. 217.)

 La Parque également sous la tombe nous serre.
    (MALHERBE, tome I, p. 58.)

1. Dans Apulée et dans Boccace, la femme, après avoir fait cacher son amant sous le cuvier, apostrophe aigrement son mari, dès qu'il a passé le seuil de la porte, lui reproche sa paresse, et lui dit qu'il ne mérite pas d'avoir une épouse aussi honnête qu'elle, qui file nuit et jour, tandis que les autres femmes prennent du bon temps avec leurs amoureux. Le mari s'excuse en disant que c'est jour de chômage, mais qu'ils auront néanmoins de quoi dîner, car il vient de vendre ce cuvier encombrant.

2. « Dès en entrant » (tome IV, p. 371).

3. Même apostrophe ci-dessus, p. 500 et note 2.

4. *Ego mulier et intra hospitium contenta, jamdudum septem denariis vendidi.* (APULÉE.) — *Io femminella che non fui mai appena fuor dell' uscio..., l'ho venduto sette.* (BOCCACE.) Sur quoi le mari congédie l'homme qu'il avait ramené du cabaret, et qui le suivait avec son argent pour emporter le cuvier.

5. L'acheteur : comparez le mot « marchande », *acheteuse*, au conte 1 de cette IVe partie, vers 60 et note 6; cette phrase des *Cent Nouvelles nouvelles* (p. 287) : « Il ne trouua ame, fors seulement ces chemises, couurechefz, et petiz draps, qui ne demandoient que marchand »; et dans *l'Opéra de campagne* de Dufresny (acte I, scène IX) : « La dernière fois que je fus à la foire des Tuileries, il y avoit tant de cette marchandise-là (de femmes), et si peu de marchands, que je crus que le commerce alloit périr. »

6. Ci-dessus, p. 320 et note 2.

Si quelque endroit n'a point quelque défaut.
Que ferois-tu, malheureux, sans ta femme ?
Monsieur s'en va chopiner[1], cependant
Qu'on se tourmente ici le corps et l'âme[2] :
Il faut agir sans cesse en l'attendant[3]. 5
Je n'ai goûté jusqu'ici nulle joie ;
J'en goûterai désormais, attends-t'y.
Voyez un peu : le galant a bon foie[4] ;
Je suis d'avis[5] qu'on laisse à tel mari
Telle moitié[6] ! — Doucement, notre épouse, 50
Dit le bon homme[7]. Or sus, Monsieur, sortez :
Çà, que je racle un peu de tous côtés
Votre cuvier, et puis que je l'arrouse[8] ;

1. Nous avons déjà rencontré ce mot dans *les Troqueurs*, vers 18.
2. Même locution : « se tourmenter le corps et l'âme », dans les *Poésies diverses* (tome V M.-L., p. 58). Dans *le Magnifique*, vers 51 :
   Or le voilà qui tourmente sa vie ;
chez Marot, tome I, p. 185 :

   Ie suis bien fol : ie me tourmente
   Le cueur et le corps d'un affaire....

3. Deux vers d'une ironie bien effrontée. — Ci-dessus, p. 40.
4. Son foie est sain, il ne se fait pas de bile ; et, familièrement, ironiquement : Il a bon temps, le voilà bien tranquille, il ne se foule pas la rate, Dieu lui sauve la rate !
5. Ci-dessus, p. 42 et note 3.
6. *Siccine, vacuus et otiosus, insinuatis manibus ambulabis mihi, nec, obito consueto labore, vitæ nostræ prospicies, et aliquid cibatui parabis? At ego misera et pernox et perdia lanificio nervos meos contorqueo, ut intra cellulam nostram saltem lucerna luceat. Quanto me felicior Daphne vicina, quæ mero et prandio matutino saucia cum suis adulteris volutatur!* (APULÉE.) — .... *Che non fo il dì et la notte altro che filare, tanto che la carne mi se spiccata dall' unghia, per potere almen havere tanto olio che n'arda la nostra lucerna*, etc. (BOCCACE.)
7. Ci-dessus, p. 249, et tome IV, p. 106 et note 2.
8. Prononciation encore usitée dans certaines provinces, et que blâme Vaugelas : voyez l'*Ancien Théâtre françois* (tome II, p. 14, et p. 7) :

   On se doibt au matin leuer
   Pour bien arrouser le gosier ;

Par ce moyen vous verrez s'il tient eau¹ :
Je vous réponds qu'il n'est moins bon que beau. »

Le galant sort; l'époux entre en sa place,
Racle par tout, la chandelle à la main,
Deçà, delà, sans qu'il se doute brin²
De ce qu'Amour en dehors vous lui brasse³ :
Rien n'en put voir; et pendant qu'il repasse   60
Sur chaque endroit, affublé du cuveau⁴,
Les dieux susdits⁵ lui viennent de nouveau

Brantôme, tome IX, p. 341 : « arrouser d'eau beniste »; Montaigne, tomes I, p. 179, et p. 291 : « une grande isle arrousée de grandes et profondes riuieres », II, p. 66, 196, 436, III, p. 299 : « largement arrouser et ensemencer »; etc.; et le *Lexique de Malherbe*.

1. S'il ne fait pas eau, s'il la garde.
2. Ci-dessus, p. 363 et note 1.
3. Comparez le conte III de la Iʳᵉ partie, vers 113 et la note :

    A ton mari tu brassois un tel tour !

le *Recueil de poésies françoises*, tome I, p. 4 :

    L'aultre (*femme*) quelque traïson brasse ;

Chappuys, fol. 79 r° : « la tromperie et traïson qu'il luy vouloit brasser.... », fol. 253 r° : « brasser une haine »; Rabelais, tome II, p. 352 : « brasser ung orage »; Remy Belleau, tome II, p. 101 : « brasser ung malheur », p. 141 : « brasser ung bien », p. 383 : « brasser quelque amour », p. 425 : « brasser quelque fallace »; Marot, tome II, p. 157 : « brasser une iouissance »; du Bellay, tomes I, p. 343 : « brasser l'occasion », II, p. 384 : « brasser ung mariage »; Brantôme, tomes VI, p. 334 : « en brasser une », III, p. 361 : « .... Cela s'adoulcit ung peu..., non pourtant que mondict sieur le cardinal ne brassast à mondict sieur le mareschal soubz couuert tout ce qu'il pouuoit de sinistre »; etc., etc.

4. Ci-dessus, p. 415 et note 5 : « de grègues affublée ». Dans les *Cent Nouvelles nouvelles*, p. 74 : « Il fut affublé de ce buleteau (tamis) »; *ibidem*, p. 184 : « La damoyselle fut affublée par son seruiteur du seau d'eau et de cendres »; et p. 272 : « Adonc leurs maris les firent deffubler (décoiffer). »

5. Amour et Cocuage.

Rendre visite, imposant un ouvrage
A nos amants bien différent du sien.
Il regratta, gratta, frotta si bien   65
Que notre couple, ayant repris courage,
Reprit aussi le fil de l'entretien [1]
Qu'avoit troublé le galant personnage [2].
Dire comment le tout se put passer,
Ami lecteur, tu dois m'en dispenser [3] :   70
Suffit [4] que j'ai très bien prouvé ma thèse.
Ce tour fripon du couple augmentoit l'aise [5];

1. « Et bonnes gens de raccorder leurs musettes et de parfaire la note encommencée. » (*Les Cent Nouvelles nouvelles*, p. 314.)

2. *Nudatus ipse, delato lumine, scabiem vetustam cariosæ testæ occipit exscalpere. At vero adulter, bellissimus ille pusio, inclinatam dolio pronam uxorem fabri superincurvatus secure dedolabat.* (APULÉE.)

3. D'en conter le détail, vous vous en doutez tous.
(*Le roi Candaule*, vers 210 et note 5.)

— La fin du conte est plus développée chez Boccace que chez Apulée et chez la Fontaine : ....*Il marito disse si bene et posti giu i ferri suoi et spogliatosi in camiscione, si fece accendere un lume et dare una radimadia et fuvi entrato dentro et comincio a radere. Et Peronnella (quasi veder volesse cio, che facesse, messo il capo per la bocca del doglio, che molto grande non era, et oltre a questo l'uno de bracci con tutta la spalla) comincio addire :* « *Radi quivi et quivi, et anche cola et vedine qui rimaso un micolino.* » (La coquine, chez Apulée, s'amuse de la même façon à prolonger l'ouvrage aux dépens du pauvre homme : *At illa, capite in dolium demisso, maritum suum astu meretricio tractabat ludicre; hoc, et illud, et aliud, et rursus aliud purgandum digito demonstrat suo.*) *Et mentre cosi stava et al marito insegnava et ricordava, Gianello, ilquale appieno non haveva quella mattina il suo disiderio anchor fornito, quando il marito venne, veggendo che come volea non potea, s'argomento di fornirlo come potesse, et allei accostatosi, che tutta chiusa teneva la bocca del doglio, et in quella guisa che negli ampi campi gli sfrenati cavalli et d'amor caldi le cavalle di Parthia assaliscono, ad effetto recco il giovanil disiderio, ilquale quasi in un medesimo punto hebbe perfettione, et fu raso il doglio, et egli scostatosi, et la Peronnella tratto il capo del doglio, et il marito uscitone fuori....*

4. Ci-dessus, p. 538.

5. Page 267 et note 6.

Nul d'eux n'étoit à tels jeux apprentif[1].
Soyez amant, vous serez inventif[2].

1. Ci-dessus, p. 540 et note 3. — Dans *les Troqueurs*, vers 68-69 et note 2 :
Tiennette et moi nous n'avons qu'une noise,
C'est qui des deux y sait de meilleurs tours.

2. Page 540 et note 1. — Voici la manière plaisante dont se termine le récit d'Apulée : *Utroque opere perfecto, acceptis septem denariis, calamitosus faber collo suo gerens dolium coactus est ad hospitium adulteri perferre.*

XIV

LA CHOSE IMPOSSIBLE.

Peut-être la Fontaine a-t-il pris l'idée, sinon le sujet, de ce conte dans ce passage du *Théâtre d'honneur et de chevalerie, ou histoire des ordres militaires des roys et princes de la chrestienté*, etc., par André Favyn (Paris, 1620, 2 vol. in-4°) :

« Ledit duc Philippe, gouvernant avec beaucoup de privauté une dame de Bruges douée d'une exquise beauté, et entrant du matin en sa chambre, trouva sur sa toilette de la toison de son pays d'embas (*sic*), dont cette dame mal soigneuse donna sujet de rire aux gentilhommes suivants dudit duc qui, pour couvrir ce mystère, fit serment que tel s'étoit moqué de telle toison, qui n'auroit pas l'honneur de porter un collier d'un ordre de la Toison qu'il désignoit d'établir pour l'amour de sa dame » (tome II, p. 944, à l'article intitulé : *Institution de l'ordre de la Toison d'or, nombre de chapitres et chevaliers d'iceluy*).

Du reste l'anecdote était très connue. Comparez cet extrait d'une lettre de M. de Tessé à M. de Barbezieux, datée de Turin, le 14 août 1696 : « M. de Mansfeld porte une perruque blonde, mais blonde et frisottée, que celui qui fonda l'ordre de la Toison d'or, en commémoration de ce qu'il trouva, ne rencontra rien de si crêpé ni de si blond. Il est pourtant sexagénaire. » (Appendice du tome III de Saint-Simon, 1882, p. 438.)

Selon une autre version, plus décente, ce serait aux cheveux d'une de ses favorites que Philippe aurait emprunté l'idée de cet ordre, cheveux qui brillaient d'un vif éclat au milieu de ceux de ses nombreuses maîtresses dont il avait fait des lacs d'amour, mèches d'un roux étincelant qui attiraient tous les regards.

Voyez enfin dans la *Revue des Deux Mondes* du 1ᵉʳ juin 1882, p. 487, un article de M. Montégut sur Charles Nodier, où est rapportée une historiette que M. Montégut aurait entendu conter dans son enfance. Cette historiette n'est autre chose que le sujet de notre conte, légèrement voilé, il est vrai : la jeune servante d'un curé trouve sur la table de son maître un livre de magie. Elle en lit à haute voix un passage qui, précisément, est une formule d'évocation. Le diable lui apparaît aussitôt, et lui demande ce qu'elle veut. Sans se troubler, la jeune fille s'arrache un cheveu tout frisé, mêlé, et retors, et le tend au malin en lui ordonnant de le faire tenir droit. En vain celui-ci s'efforce ; il passe, il mouille, il repasse, n'arrive à rien, et finalement s'enfuit, en laissant dans la maison une puante odeur de soufre.

Un démon plus noir que malin[1]
Fit un charme[2] si souverain
Pour l'amant de certaine belle,
Qu'à la fin celui-ci posséda sa cruelle.
Le pact[3] de notre amant et de l'esprit follet[4],　　　5
Ce fut que le premier jouiroit[5] à souhait
De sa charmante inexorable.
« Je te la rends dans peu, dit Satan, favorable :
Mais par tel si[6], qu'au lieu qu'on obéit au diable

1. Comme *le Diable de Papefiguière*, et comme la plupart des démons et diableteaux chez tous nos vieux conteurs.
2. Tomes I, p. 185, IV, p. 240.
3. *Ibidem*, p. 244 et note 4.
4. Esprit familier et voltigeant, génie, diablotin, sylphe, lutin, farfadet. Rapprochez les esprits follets,

Qui font office de valets,

dans la fable VI du livre VII, et la notice et les notes de cette fable.
5. Ci-dessus, p. 257 et note 3.
6. A telle condition : p. 449 et note 2. — Même locution : « par tel si », dans *les Cent Nouvelles nouvelles*, nouvelle LXXXII : « Ung bergier fit marchié auec une bergiere qu'il monteroit sur elle..., par tel si qu'il ne l'embrocheroit non plus auant que, etc. » ; chez Coquillart, tome II, p. 114, et p. 140 :

Ledict mignon par tel si
A ceste simple s'obligeoit ;

Brantôme, tomes VIII, p. 163, IX, p. 240 : « Elle en desiroit fort l'accointance..., mais par tel si qu'elle ne vouloit qu'il la vist » ; et

Quand il a fait ce plaisir-là,
A tes commandements le diable obéira 10
Sur l'heure même; et puis sur la même heure,
Ton serviteur lutin, sans plus longue demeure [1],
Ira te demander autre commandement
Que tu lui feras promptement; 15
Toujours ainsi, sans nul retardement [2]:
Sinon ni ton corps ni ton âme
N'appartiendront plus à ta dame;
Ils seront à Satan, et Satan en fera
Tout ce que bon lui semblera [3]. » 20

dans le *Recueil de poésies françoises*, tome IV, p. 93. Comparez *ibidem*, p. 207 :

Quelcun a bouté quelque si
Entre elle et moy;

Brantôme, déjà cité, tomes IV, p. 370 : « On ne donna que ces deux si à ce grand roy Antoine, sinon aussi qu'il estoit fort adonné à l'amour », VII, p. 312, VIII, p. 193 : « C'est le vice le moins blasmable (la galanterie) à une reyne, et si est le moindre si qu'elle puisse auoir », IX, p. 91 : « Ie voudrois bien sçauoir à ces messieurs de maris, que si telles montures bien souuent n'auoient un si, ou à dire quelque chose en elles, s'ilz en auroient si bon marché ? » et Marot, tome II, p. 180 :

Il vous a trouuée sans si,
Fors qu'estes dame sans merci.

1. Sans plus tarder : voyez tome IV, p. 209 et note 1.
2. Ci-dessous, p. 588. — « Ma tante seule fait mon retardement. » (MME DE SÉVIGNÉ, tome III, p. 1.)

Surpris, n'en doutez point, de mon retardement,
Lui-même il me viendra chercher dans un moment.
(RACINE, *Iphigénie*, acte III, scène VII.)

Nous disons plutôt aujourd'hui *retard*, qui n'est dans le Dictionnaire de l'Académie qu'à partir de la 4ᵉ édition.
3. Rapprochez *le Faucon*, vers 6-9 :

.... Il étoit donc autrefois un amant
Qui dans Florence aima certaine femme.
Comment aimer? c'étoit si follement
Que, pour lui plaire, il eût vendu son âme.

Le galant s'accorde à cela[1] :
Commander, étoit-ce un mystère[2] ?
Obéir est bien autre affaire.
Sur ce penser-là notre amant
S'en va trouver sa belle, en a contentement[3],
Goûte des voluptés qui n'ont point de pareilles,
Se trouve très heureux, hormis qu'incessamment
Le diable étoit à ses oreilles[4].
Alors l'amant lui commandoit
Tout ce qui lui venoit en tête ;
De bâtir des palais[5], d'exciter la tempête[6] :

1. A tout ce qu'on disoit doucet je m'accordois.
(RÉGNIER, satire x, vers 346.)

Voyez aussi les *Lexiques de Malherbe* et *de Corneille*.
2. Était-ce difficile ? était-ce une si grande affaire ?
3. Comparez *la Coupe enchantée*, vers 198 et note 3.

L'ung a de l'aultre une fruition,
Ung ayse grand, certain contentement, etc.
(HÉROET, *Pourtraict de la parfaicte amye*, dans les Opuscules d'amour, Lyon, 1547, in-12, p. 25.)

« Il ne tiendra qu'à vous que n'ayez contentement et plaisir de l'une des plus braues et plus belles dames de l'Europe. » (*Les Comptes du monde aduentureux*, tome II, p. 18.) « Que l'amy soit pour le iour qui esclaire sa beauté, et d'autant plus en faict venir l'enuie à la dame, et s'en donne plus de plaisir et contentement. » (BRANTÔME, tome IX, p. 151.) « Elle faict ung amy ailleurs pour la secourir en ses petites necessitez, et eslit son contentement. » (*Ibidem*, p. 157.) « Prenez vos contentemens ailleurs ; ie vous en donne congé. » (*Ibidem*, p. 158.)

4. A ses côtés, attendant ses ordres.
5. Rapprochez, pour ces enchantements, ces prodiges, *le Petit Chien*, vers 387-389 :

.... O prodige ! o merveille !
Il y trouve un palais de beauté sans pareille :
Une heure auparavant c'étoit un champ tout n

6. Dans *la Coupe enchantée*, vers 184-186 :

Car Nérie eut à ses gages

En moins d'un tour de main¹ cela s'accomplissoit.
  Mainte pistole se glissoit
  Dans l'escarcelle de notre homme ².
  Il envoyoit le diable à Rome ;
Le diable revenoit tout chargé de pardons ³. 35
  Aucuns voyages n'étoient longs,
  Aucune chose malaisée.

  L'amant, à force de rêver
Sur les ordres nouveaux qu'il lui falloit trouver, 40
  Vit bientôt sa cervelle usée⁴.

  Les intendants des orages,
  Et tint le Destin lié, etc.

1. Ou *tournemain*. « En ung tour de main le serrurier eut ouuert le cabinet. » (BRANTÔME, tome II, p. 246.) « Ce sont esté eux qui ont remis en ung tour de main toute la Flandre rebellée à leur seigneur. » (*Ibidem*, tome VII, p. 11.) « Tout cela, mon espée et moy l'auons faict en ung tournemain. » (*Ibidem*, p. 133.)

En moins d'un tournemain on ne s'en souvient pas.
(CORNEILLE, *le Menteur*, vers 1192.)

Tant qu'en un tournemain tous les plats étant vuides....
(*Ragotin*, vers 50.)

— Chez du Fail (*les Propos rusticques*, p. 28) : « En moins d'ung tour d'œil ».

2. « Il plut dans son escarcelle », comme à la fable XIV du livre VII, vers 12.

Comparez *le Petit Chien*, vers 329 :

A quelques mois de là, le saint-père renvoie
  Anselme avec force pardons ;

et des plaisanteries analogues à celle de ce vers 36, ci-dessus, p. 376 et note 4 ; et chez Voltaire, lettre à Mme Denis du 14 août 1750, où il semble se comparer lui-même à quelque esprit malin : « J'ai quatre vers du roi de Prusse pour Sa Sainteté. Il serait plaisant d'apporter au Pape quatre vers français d'un monarque allemand et hérétique, et de rapporter à Potsdam des indulgences. »

4. Dans *le Menteur* de Corneille (acte V, scène III, vers 1542) :

Tu me fais donc servir de fable et de risée,

[c. xiv] QUATRIÈME PARTIE.

Il s'en plaignit à sa divinité[1],
Lui dit de bout en bout[2] toute la vérité.
« Quoi ! ce n'est que cela ? lui repartit la dame[3] :
　　Je vous aurai bientôt tiré
　　Une telle épine de l'âme[4].
Quand le diable viendra, vous lui présenterez
　　Ce que je tiens, et lui direz :
« Défrise-moi ceci, fais tant par tes journées[5]

　　Passer pour esprit foible, et pour cervelle usée !
Rapprochez Coquillart, tome I, p. 114 :
　　　　Le poure homme use son cerueau ;
et, chez Mme de Sévigné (tome VI, p. 348) : « épuiser une cervelle ».

1. 　　Le Ciel vous fit, il est vrai, ce qu'on nomme
　　　　Divinité.
　　　　　　(*Le Magnifique*, vers 122.)

Chez Brantôme, tome III, p. 279 : « .... Là, trouuant une troupe de deesses humaines, les unes plus belles que les aultres, chaque seigneur et gentilhomme entretenoit celle qu'il aymoit le mieulx. »

2. Locution plusieurs fois employée par notre auteur : voyez ci-dessus, p. 298 et note 2 ; et *passim*.

3. Qui, elle aussi, va jouer, berner le diable, comme la commère du conte v de cette IVe partie.

4. Nous ne connaissons pas d'autre exemple de cette substitution, quelque peu hardie, à l'image si connue : tirer une épine du pied. Rapprochons, faute de mieux, cette phrase de Malherbe (tome I, p. 398) : « Quintius... ne voulut pas demeurer avec cette épine en l'esprit » ; et *l'Étourdi* de Molière, vers 423 :

　　N'ayez point pour ce fait l'esprit sur des épines.

5. Par ton travail, tes efforts, de chaque jour. Comparez *les Cent Nouvelles nouvelles*, p. 112, 114 ; des Périers, tome I, p. 44 : « Il fit tant par ses iournées qu'il arriua à Rome », *ibidem*, p. 123 : « Il arriua par ses iournées à ioye et santé » ; Noël du Fail, *Baliuerneries*, p. 173 : « Pasquier (un lutteur) faict tant par ses iournées qu'il gagne l'espaule gauche (de son adversaire) », et tome I des *Contes*, p. 119 : « Les gens d'eglise ont tant faict par leurs iournées qu'ilz sont plusieurs foiz plus riches que le roy, sa noblesse et le tiers estat » ; Calvin, *Reformation pour imposer silence à un certain belistre :* « Il fit tant, en somme, par ses belles iournées,

« Qu'il devienne tout plat. » Lors elle lui donna 50
　Je ne sais quoi, qu'elle tira
Du verger de Cypris¹, labyrinthe des fées,
Ce qu'un duc autrefois jugea si précieux,
Qu'il voulut l'honorer d'une chevalerie²;

qu'il fut banni, sur peine du fouet »; Montaigne, tome IV, p. 26;
Voiture, *Poésies*, p. 119; les *Mémoires de Retz*, tome II, p. 67; etc.
　1. Ou champ, préau, jardin, de Vénus. Rapprochez le « ioly iardinet de la belle heaulmiere », chez Villon (p. 41); et « le parterre d'Amour », « le iardin de la mignonne », « le iardin de ces fillettes », dans *les Heures perdues*, contes I, IV et IX. Chez Remy Belleau, tome II, p. 320 : « Là ie te donneray

　　De mon sein blanchissant l'ung et l'aultre tetin,
　　Et l'honneur florissant de mon petit iardin. »

Dans *la Delice d'amour* du poète Papillon, vers 368-369 : « .... Tel mon gay iardinet, couuert de blonde soye »; dans l'*Histoire amoureuse des Gaules* (tome III, p. 105) :

　　Alors tout doucement j'entre
　　Là bas, dans ce petit centre
　　Où Cypris fait son séjour,
　　Dedans les vergers d'amour,
　　Vergers qui toujours verdissent,
　　Vergers qui toujours fleurissent.

　2. L'ordre de la Toison d'or, fondé à Bruges, en 1429, par Philippe le Bon, duc de Bourgogne, en l'honneur d'une de ses maîtresses, Marie de Crumbrugge, disent quelques historiens (ci-dessus, p. 548), qui attribuent à cet ordre une origine analogue à celle de la Jarretière; en 1430, selon d'autres, en l'honneur d'Isabelle de Portugal, qu'il avait épousée le 10 janvier de cette année. Quoi qu'il en soit, qu'il ait institué cet ordre en l'honneur de son épouse ou de sa maîtresse, ou en souvenir d'une toison d'or qu'un ange aurait autrefois apportée du ciel, nous devons supposer que par cet emblème il a moins voulu « glorifier la religion, Dieu, la Vierge, et saint André » (*la Toison d'or, ou recueil des statuts et ordonnances*, etc., p. 5, Cologne, 1689, in-12) qu'honorer le commerce des laines qui faisait la principale richesse de Bruges et des Pays-Bas. Quant à rappeler la mémoire de Jason et de ses vaillants Argonautes, comme le fait Brantôme (tome V, p. 109), après Olivier de la Marche, nous ne croyons pas que le duc y ait songé, pas plus qu'à « l'histoire canonique de Gédéon, fameux par sa toison

Illustre et noble confrérie,
  Moins pleine d'hommes que de dieux¹.
L'amant dit au démon : « C'est ligne circulaire
Et courbe que ceci ; je t'ordonne d'en faire
  Ligne droite et sans nuls retours² :
  Va-t'en y travailler et cours. »

  L'esprit s'en va, n'a point de cesse
  Qu'il n'ait mis le fil sous la presse,
Tâché³ de l'aplatir à grands coups de marteau,
  Fait séjourner au fond de l'eau,
Sans que la ligne fût d'un seul point étendue.
  De quelque tour qu'il se servît,
Quelque secret⁴ qu'il eût, quelque charme qu'il fît,

arrosée » (*Juges*, chapitre VI, verset 20), ainsi que le prétendait Jean Germain, évêque de Châlon en Bourgogne et chancelier de l'ordre, dans un discours à Philippe Iᵉʳ, dit le Beau, père de Charles-Quint (*la Toison d'or*, etc., *ibidem*). Voyez Paradin, *Annales de Bourgogne* (Lyon, 1566, in-fol.), livre III; l'*Historia de la insigne orden del Toyson de oro*, par J. Pinedo de Salazar (Madrid, 1787, in-fol.); la comtesse d'Aulnoy, *Relation du voyage d'Espagne* (Paris, 1691, in-12), tome I, p. 208 ; l'*Histoire de la Toison d'or*, par Reiffenberg (Bruxelles, 1830, in-4°); etc.

1. Plus pleine d'empereurs, de rois, de princes, que de simples gentilshommes. Comparez *le roi Candaule*, vers 82-83 et la note. — Le nombre des membres de la Toison d'or, d'abord fixé à vingt-quatre, y compris le grand maître, qui était le duc lui-même, fut élevé graduellement jusqu'à cinquante. — Il y a dans la *Physiologie du mariage* de Balzac (XVIᵉ méditation) une allusion plaisante à ces six derniers vers.

2. .... Et comme le lierre
    En couleuurant se serre
    De maint et maint retour
      Tout à l'entour
    Du tige et du branch'age
    De quelque bois sauvage, etc.
        (Remy Belleau, tome I, p. 310.)

3. Tâche. (1675, 1676, 1685, 1686.) — 4. Page 310 et note 6.

C'étoit temps et peine perdue :
Il ne put mettre à la raison
La toison.
Elle se révoltoit contre le vent, la pluie, 70
La neige, le brouillard¹ : plus Satan y touchoit,
Moins l'annelure² se lâchoit.
« Qu'est-ce ci ? disoit-il ; je ne vis de ma vie
Chose de telle étoffe : il n'est point de lutin
Qui³ n'y perdît tout son latin⁴. » 75
Messire diable un beau matin
S'en va trouver son homme, et lui dit : « Je te laisse.
Apprends-moi seulement ce que c'est que cela ;
Je te le rends ; tiens, le voilà.
Je suis *victus*⁵, je le confesse. 80

1. Les brouillards. (1685, 1686, 1705.)
2. Les « tortillons annelets », comme dit Remy Belleau (tome II, p. 225). Comparez Ronsard, *Sonnets retranchés* (VI, vers 5-6) :

.... Ni le bel or qui frisé s'entrelace
En mille nœuds crespés folastrement ;

et livre V des *Odes*, ode IV :

.... Sa hanche,
Sa greue, et sa cuisse blanche,
Et son (*sic*) qui ne faict encor
Que se friser de fils d'or.

3. Qu'il. (1685, 1686.)
4. Rapprochez ce curieux exemple de Brantôme, tome IV, p. 124 : « Ie m'estonne de quoy les douze galeres du roy d'Espagne..., ne firent plus d'effort et d'effect sur Ostende..., ie ne veux pas parler durant l'hyver, car elles y pouuoient perdre leur latin, mais l'esté » ; *ibidem*, tome V, p. 271 : « Tant y a que les medecins y perdirent leur latin » ; et *l'Oraison*, vers 46 et la note :

.... Ce qu'un bon médecin
Ne sauroit faire avec tout son latin.

5. Mot usité dans les concours, les débats et disputes, les soutenances et argumentations scolastiques, pour désigner l'écolier qui était obligé de s'avouer vaincu. Il est dans le *Moyen de parve-*

— Notre ami[1] Monsieur le luiton[2],
Dit l'homme, vous perdez un peu trop tôt courage[3] ;
Celui-ci n'est pas seul, et plus d'un compagnon
  Vous auroit taillé de l'ouvrage[4]. »

nir, p. 27 : « Qui ont belles et amples bibliotheques remplies de telz volumes, ilz sont capables de rendre *victus* tout le monde, tant docte soit il » ; chez Scarron, épître burlesque *à Mgr le Prince* :

Feu saint Thomas, disciple d'Albertus,
En disputant, ne l'auroit pas *victus* ;

et dans *le Virgile travesti*, livre v :

Le misérable Cloantus,
De *victor* devenu *victus*....

1. Ci-dessus, p. 444 et note 1.
2. *Luiton*, *luton*, ou *luthon*, pour *lutin* : voyez les exemples de Rabelais et d'autres anciens auteurs cités par Littré. Joignons-y celui que nous avons donné dans notre tome I, p. 210, note 3 ; et cet autre, emprunté à la xiiie épître de Marot (tome I, p. 160) :

Si n'est il loup, louue ne louueton,
Tigre, n'aspic, ne serpent, ne luthon,
Qui iamais eust sur moy la dent boutée,
Si mon excuse il eust bien escoutée.

3.   Notre féal, vous lâchez trop tôt prise.
    (*Le Magnifique*, vers 181.)

4. Dans la comédie de *Ragotin*, acte IV, scène IV :
Ce petit sot me taille ici de la besogne.

Comparez du Fail, tomes I, p. 30, 86, II, p. 146 ; Brantôme, tomes I, p. 28, et p. 325 : « Ilz taillerent et cousurent force besogne tous ensemble », II, p. 78, et p. 229 : « Il trouua bien de la besogne à tailler », VII, p. 332 : « Catherine de Medicis... a taillé bien de la besogne, si iamais reyne tailla » ; etc.

XV

LE MAGNIFIQUE.

Ce conte est emprunté à la v⁰ nouvelle de la III⁰ journée de Boccace, dont voici le sommaire :

Il Zima dona a messer Francesco Vergellesi un suo palafreno, et per quello con licenza di lui parla alla sua donna, et ella tacendo, egli in persona di lei si risponde, et secondo la sua risposta poi l'effetto segue.

« Le magnifique Richard donna ung cheual à messire François Vergelesy, au moyen de quoy il parla par son congé à sa femme, et elle ne respondit aulcune chose ; mais luy respondit à soy mesme pour elle ; et selon sa responce l'effect s'en ensuiuit aprez. »

C'est aussi le sujet de la nouvelle LXXV du *Grand Parangon des Nouvelles nouvelles* :

« D'ung ieune galant qui donna ung beau cheual à ung homme pour parler à sa femme dont il estoit amoureux ; mais à la fin il iouit de ses amours. »

Rapprochez un conte transcrit par Hagen (tome I, p. 277-311) : *der Schüler zu Paris*, « l'Étudiant à Paris », et le xxx⁰ du *Novellino* de Masuccio, qui ont quelque analogie.

M. Landau (p. 86 et 303) a indiqué, comme source problable du récit de Boccace, l'histoire du Roi, de sa Femme, et du Sénéchal, dans le *Roman des sept sages*. Elle n'a, selon nous, aucun rapport.

Plusieurs pièces de théâtre ont été inspirées par cette anecdote : *le Magnifique*, comédie en deux actes, en prose, par Houdart de la Motte, jouée au Théâtre-Français le 11 mai 1731 (Paris, 1750, in-12), et qui formait avec *le Talisman* et *Richard Minutolo*, déjà donnés en 1704 et 1705 (voyez notre tome IV, p. 64 et 238), un spectacle entremêlé d'intermèdes et de divertissements de musique et de danse, sous le titre général de *l'Italie galante, ou les Contes*, dans le genre des *Plaisirs de l'Ile enchantée*, du *Ballet des Muses* ou du *Ballet des ballets*. « Les contes sont si bien déguisés ici, dit « le comédien » à une dame et à sa nièce, dans le Prologue, qu'ils

deviennent des comédies purement galantes et même morales »
(tome VIII des OEuvres, Paris, 1754, p. 102). *Le Magnifique* seul
réussit et resta au théâtre.

Sedaine composa sur le même sujet une comédie ou plutôt une
sorte d'opéra-comique en trois actes, en prose et en vers, musique
de Grétry, représenté à Versailles le 19 mars 1773, puis au Théâtre-
Italien, analysé dans le *Dictionnaire dramatique*, tome II, p. 151.

Citons aussi un opéra-comique en un acte, portant le même titre,
paroles de Jules Barbier, musique de J. Philippot, donné au théâtre
de l'Opéra-Comique le 4 mai 1879.

> Un peu d'esprit, beaucoup de bonne mine,
> Et plus encor de libéralité,
> C'est en amour une triple machine[1]
> Par qui maint fort est bientôt emporté,
> Rocher fût-il : rochers[2] aussi se prennent.   5
> Qu'on soit bien fait, qu'on ait quelque talent,
> Que les cordons de la bourse ne tiennent[3],
> Je vous le dis, la place est au galant[4].
> On la prend bien quelquefois sans ces choses.

1. Ci-dessus, p. 126 et note 5.
2. Semblable figure dans *le Faucon*, vers 23 :

> Fédéric échoua
> Près de ce roc, et le nez s'y cassa.

3. Ne demeurent serrés, ne tiennent la bourse fermée. — Il est souvent parlé dans les contes de cette obligation pour les amants d'être généreux et de délier les cordons de leur bourse. Comparez le conte XI de cette IVe partie, vers 121 et note 2. — « Cet attachement, dit Pascal, à ce que l'on aime fait naître des qualités que l'on n'avoit pas auparavant. L'on devient magnifique sans l'avoir jamais été. Un avaricieux même qui aime devient libéral, et il ne se souvient pas d'avoir jamais eu une habitude opposée : l'on en voit la raison en considérant qu'il y a des passions qui resserrent l'âme et qui la rendent immobile, et qu'il y en a qui l'agrandissent et la font répandre au dehors. » (*Discours sur les passions de l'amour.*)

4. Pour ces métaphores militaires, voyez ci-dessus, p. 31 et note 1.

Bon fait avoir¹ néanmoins quelques doses
D'entendement, et n'être pas un sot.
Quant à l'avare, on le hait; le magot²
A grand besoin de bonne rhétorique :
La meilleure est celle du libéral³.

Un Florentin, nommé le Magnifique,
La possédoit en propre original⁴.
Le Magnifique étoit un nom de guerre
Qu'on lui donna; bien l'avoit mérité⁵ :
Son train de vivre et son honnêteté⁶,
Ses dons surtout, l'avoient par toute terre

1. Ci-dessus, p. 330 et note 4.
2. L'homme laid, laid comme un singe.

    Il parut à mes yeux d'aussi belle structure
    Que mon magot étoit de laide regardure.
               (RAGOTIN, acte V, scène XVI.)

    Ils tiroient donc en grand souci....
    Au sort les mâles et femelles,
    Autant les beaux comme les belles,
    Les magots comme les guenons.
          (SCARRON, *le Virgile travesti*, livre VI.)

« Vous ne seriez pas le premier magot qui auroit épousé une jolie fille. » (REGNARD, *la Sérénade*, scène XVI.)

3. Page 154 et note 2.

    L'amant avare ou tyrannique
    Verra rebuter ses desirs :
    Mais si l'amour a des plaisirs,
    Ils sont pour l'amant magnifique,

dit Houdart de la Motte, dans le divertissement qui suit sa comédie (tome VIII des *OEuvres*, p. 155).

4. En toute réalité.
5. *Era allhora un giovane in Pistoia, il cui nome era Ricciardo, di picciola natione, ma ricco molto, ilquale si ornato et si pulito della persona andava, che generalmente da tutti era chiamato il Zima.* (BOCCACE.)
6 Au sens où on entendait ce mot au XVIIᵉ siècle : toutes ses qualités d'homme accompli selon le monde : ci-dessus, p. 336 et note 6.

Déclaré tel ; propre[1], bien fait, bien mis[2],
L'esprit galant, et l'air des plus polis.
Il se piqua[3] pour certaine femelle[4]
De haut état[5]. La conquête étoit belle :
Elle excitoit doublement le desir ;   25
Rien n'y manquoit, la gloire et le plaisir.

Aldobrandin étoit de cette dame

1. Dans *la Mandragore*, vers 25 et note 3 :

   Propre, galant, cherchant partout fortune,
   Bien fait de corps, etc.

Comparez la fable xi du livre VII, vers 26 ; Marot, tome II, p. 147 :
« nonne proprette » ; Brantôme, tome IX, p. 638 : « Ie vous iure
auoir veu des vefues estre aussi propres en leurs habitz blancz
noirs, qui attiroient bien autant que les bigarrez des mariées » ;
ibidem, p. 634 : « Elle estoit suiuie d'une grande bande de damoyselles, fort richement, mignardement, et proprement vestues » ; et
tome IV, p. 76 : « Il les faisoit tous bon veoir et estoient fort braues
et bien en poinct, mais non si proprement que les courtizans qui
d'eux mesmes sont inuenteurs de belles façons de s'habiller. »

2. « Et des mieux mis » (*la Courtisane amoureuse*, vers 47). —
« Bien en ordre et ieune homme de belle apparence. » (G. Chappuys, fol. 247 r°.)

3. Rapprochez le conte vi de la IIIe partie, vers 39 et la note :

   Le Pape enfin, s'il se fût piqué d'elle,
   N'auroit été trop bon pour la donzelle ;

et le conte v de la Ve partie, vers 8 :

   Le beau Damon s'étant piqué pour elle,
   Elle reçut les offres de son cœur.

Dans *le Virgile travesti* de Scarron, livre VIII :

   Faunus pour elle se piqua,
   Elle fit peu de résistance.

4. Voyez, pour cette désignation peu polie, ci-dessus, p. 436
et note 8 ; et ci-dessous, le vers 199.

5. De haute qualité : comparez *le Berceau*, vers 25, et vers 50 :

   Ce gîte n'est pour gens de votre état.

Bail¹ et mari : pourquoi bail ? Ce mot-là
Ne me plaît point ; c'est mal dit que cela,
Car un mari ne baille² point sa femme. 30
Aldobrandin la sienne ne bailloit ;
Trop bien³ cet homme à la garder veilloit
De tous ses yeux⁴ ; s'il en eût eu dix mille,
Il les eût tous à ce soin occupés :
Amour le rend, quand il veut, inutile ; 35
Ces Argus-là⁵ sont fort souvent trompés.
Aldobrandin ne croyoit pas possible
Qu'il le fût onc ; il défioit⁶ les gens.
Au demeurant⁷ il étoit fort sensible
A l'intérêt, aimoit fort les présents. 40

1. Gardien, gouverneur, régent, tuteur : d'où est dérivé le mot *bailli*. « L'homme a comme mari et bail de sa femme l'administration et gouuernement des biens et heritages de sadicte femme. » (*Coustumes generales du comté d'Artois*, § 134.) « Le mari est bail de sa femme. » (Loysel, *Institutes coustumieres*, § 178.)

2. Ne donne point, ne livre point : le poète joue sur ces deux mots *bail* et *bailler*. Chez des Périers, tome I, p. 219 : « Il me promist, en me baillant sa fille, etc. »

3. Bien mieux : ci-dessus, p. 414 et note 7.

4. Ce badinage a été supprimé à partir de l'édition de 1685 dont voici la leçon :

> Aldobrandin étoit de cette dame
> Mari jaloux, non comme d'une femme,
> Mais comme qui depuis peu jouiroit ᵃ
> D'une Philis. Cet homme la veilloit
> De tous ses yeux.

5. Ci-dessus, p. 440 et note 4.
6. Voyez *le roi Candaule*, vers 226 et note 5.
7. Page 486 et note 1 :

> Au demeurant il n'étoit conscience
> Un peu jolie, etc.

ᵃ Même tour dans *la Coupe enchantée*, vers 96 et suivants :

> Le pauvre homme en pleurs,
> Se plaignit, gémit, soupira,
> Non comme qui perdroit sa femme...,
> Mais comme qui perdroit tous ses meilleurs amis, etc.

c. xv]   QUATRIÈME PARTIE.   563

>Son concurrent¹ n'avoit encor su² dire
>Le moindre mot à l'objet de ses vœux :
>On ignoroit, ce lui sembloit, ses feux,
>Et le surplus de l'amoureux martyre³
>(Car c'est toujours une même chanson).   45
>Si l'on l'eût su, qu'eût-on fait? Que fait-on?
>Jà⁴ n'est besoin qu'au lecteur je le die.
>Pour revenir à notre pauvre amant,
>Il n'avoit su dire un mot seulement
>Au médecin touchant sa maladie⁵.   50
>Or le voilà qui tourmente sa vie⁶,
>Qui va, qui vient, qui court, qui perd ses pas⁷ :

1. « Sa concurrente », au même sens, dans *Richard Minutolo*, vers 23. Chez Hamilton (*Mémoires du comte de Grammont*, chapitre vii) : « Elle prit occasion de faire la guerre au chevalier de Grammont sur ce qu'il avoit jeté cette pomme de discorde parmi de telles concurrentes. »

2. *Su*, au sens de *pu*.

3. Ci-dessus, p. 53 et note 5, p. 193, etc. — Et tout ce que peut éprouver, souffrir, un amant passionnément épris.

>....Et le surplus que dit un pauvre amant.
>   (*Clymène*, vers 322.)

>Qui pis vaudra que l'amoureux martyre?
>   (Charles d'Orléans, *Songe en complaincte*.)

4. Certes : p. 323 et note 6. — 5. A celle qui pouvait la guérir.

6. Comparez *le Cuvier*, vers 44 et la note : « se tourmenter le corps et l'âme »; et Voltaire, *l'Enfant prodigue*, acte III, scène iii :

>Oui, je suis las de tourmenter ma vie.

7.
>Icis venir, icis aler,
>Icis veillier, icis parler,
>Font as amans sous lor drapiaux (*vêtements*)
>Durement amaigrir lor piaus.
>   (*Roman de la Rose*, vers 2555-2558.)

>On scet trop bien que l'amoureux malade,
>Quand il ne peut à sa dame et amye
>Dire ung bon iour ou enuoyer ballade,
>Moult dolent est. Il soupire et larmie;
>Son cueur tressault et tressue et fermie;

Point de fenêtre et point de jalousie
Ne lui permet d'entrevoir les appas
Ni d'entr'ouïr¹ la voix de sa maîtresse : 55
Il ne fut onc² semblable forteresse³ ;
Si faudra-t-il qu'elle y vienne pourtant.
Voici comment s'y prit notre assiégeant.

Je pense avoir déjà dit⁴, ce me semble,
Qu'Aldobrandin homme à présents étoit : 60
Non qu'il en fît, mais il en recevoit.
Le Magnifique avoit un cheval d'amble,
Beau, bien taillé, dont il faisoit grand cas :
Il l'appeloit, à cause de son pas,
La haquenée⁵. Aldobrandin le loue : 65
Ce fut assez ; notre amant proposa
De le troquer⁶. L'époux s'en excusa :
« Non pas, dit-il, que je ne vous avoue
Qu'il me plaît fort ; mais à de tels marchés
Je perds toujours. » Alors le Magnifique, 70
Qui voit le but de cette politique⁷,

    Il va, il vient, il s'assied, il se lieue ;
    Il n'a en luy contenance de vie.
(*Recueil de poésies françoises*, tome IV, p. 169-170.)

1. Entendre quelque peu, entendre à demi. « La dame, qui auoit l'œil et l'oreille tousiours à son amy, l'entreouït d'aduenture. » (*Les Cent Nouvelles nouvelles*, nouvelle LXXII.) Voyez aussi Brantôme, tome X, p. 404.

2. « Onc il ne fut. » (*Féronde*, vers 94.)

3. Ci-dessus, vers 8 et note 4. — 4. Vers 40.

5. Aller la haquenée ou à la haquenée : aller à l'amble. « Hacquenées et aultres bestes d'ambles » (Martin du Bellay, *Mémoires*, p. 333).

6. C'est le mari lui-même qui lui demande son cheval chez Boccace, moins par envie de le lui acheter que pour l'engager à lui en faire présent, car il spécule sur l'amour et la libéralité du Magnifique.

7. De cette tactique. « Politique se dit de la conduite particu-

Reprit : « Eh bien, faisons mieux : ne troquez ;
Mais, pour le prix du cheval, permettez
Que, vous présent¹, j'entretienne Madame :
C'est un desir curieux qui m'a pris.   75
Encor faut-il que vos meilleurs amis
Sachent un peu ce qu'elle a dedans l'âme² :
Je vous demande un quart d'heure sans plus. »
Aldobrandin l'arrêtant là-dessus :
« J'en suis d'avis³ ! je livrerai ma femme !   80
Ma foi, mon cher, gardez votre cheval.
— Quoi ? vous présent. — Moi présent. — Et quel mal,
Encore un coup, peut-il, en la présence
D'un mari fin comme vous, arriver ? »
Aldobrandin commence d'y rêver ;   85
Et raisonnant en soi : « Quelle apparence⁴
Qu'il en mévienne⁵, en effet, moi présent ?

lière (des règles de conduite) de chacun... dans ses affaires. » (Dictionnaire de Furetière.) Voyez tome II, p. 123 ; et les *Lexiques de Sévigné, de la Bruyère, de la Rochefoucauld*.

1. Chez Boccace : « *Con la gratia vostra, et in vostra presentia*. — Semblable locution : « moi présente », dans *la Fiancée*, vers 598 et note 3 :

    Il ne sera pas dit que l'on ait, moi présente,
        Violenté cette innocente.

2. Dans une lettre de la Fontaine à sa femme du 19 septembre 1663 : « J'aurois découvert ce qu'elle a dans l'âme. » Dans *l'Eunuque*, acte V, scène VI :

    Son front vous dit assez ce qu'elle a dedans l'âme ;

dans *Je vous prends sans verd*, scène I :

    C'est pour mettre en plein jour tout ce qu'elle a dans l'âme, etc.

3. Ci-dessus, p. 544 et note 5. — 4. Page 472 et note 2.
5. Qu'il en mésavienne, que la chose tourne mal. Nous trouvons ce verbe *mévenir* (mesvenir) chez Robert Estienne, chez Nicot ; mais il n'est dans aucune des éditions du Dictionnaire de l'Académie. — Rapprochez le verbe *mescheoir* dans le *Roman de la Rose*, vers 4254, 15633, 18889, etc.

C'est marché sûr; il est fol; à son dam[1].
Que prétend-il? Pour plus grande assurance[2],
Sans qu'il le sache, il faut faire défense
A ma moitié de répondre au galant. 90
Sus, dit l'époux, j'y consens. — La distance
De vous à nous, poursuivit notre amant,
Sera réglée, afin qu'aucunement
Vous n'entendiez. » Il y consent encore; 95
Puis va querir sa femme en ce moment.

Quand l'autre voit celle-là qu'il[3] adore,
Il se croit être en un enchantement[4].
Les saluts faits, en un coin de la salle
Ils se vont seoir. Notre galant n'étale[5] 100

1. A son détriment (*damnum*). Comparez la comédie du *Florentin*, vers 1319, Marot, tomes I, p. 151, IV, p. 90, du Bellay, tomes I, p. 157, II, p. 293, 308, Baïf, tome II, p. 120, des Périers, tomes I, p. 10, 32, II, p. 10, 30, du Fail, tome II, p. 5, 155, Ronsard, tomes I, p. 42, II, p. 220, 405, Jodelle, tomes I, p. 97, II, p. 223, Brantôme, tomes II, p. 190, VII, p. 195, 293, IX, p. 220, X, p. 118, Regnier, satire VIII, vers 48, élégie II, vers 77, Saint-Amant, tome I, p. 147, 360 : « à mon dam, à son dam, à son grand dam, en votre dam, en leur dam »; etc.
2. Même locution dans *le Petit Chien*, vers 54 et note 1.
3. Ci-dessus, p. 38, et *passim*.
4. *Enchantement*, proprement : « évocation magique ». Dans la fable 1 du livre II, vers 13 :

.... Qui ne prendroit ceci pour un enchantement ?

— Dans *le Faucon*, vers 159-160:

Fédéric prend pour un ange des cieux
Celle qui vient d'apparoître à ses yeux.

5. Tome IV, p. 269 et note 4.

— Tout le secret ne gît qu'en un peu de grimace,
A mentir à propos, jurer de bonne grâce,
Étaler force mots qu'elles n'entendent pas.
(CORNEILLE, *le Menteur*, acte I, scène VI.)
« Elle lui étale le parti, les richesses, l'aisance, une fille unique. » (SAINT-SIMON, tome II, p. 242.)

Un long narré¹, mais vient d'abord au fait².
« Je n'ai le lieu ni le temps à souhait³,
Commença-t-il; puis je tiens inutile
De tant tourner⁴; il n'est que d'aller droit.
Partant, Madame, en un mot comme en mille⁵, 105
Votre beauté jusqu'au vif⁶ m'a touché.
Penseriez-vous que ce fût un péché
Que d'y répondre⁷? Ah! je vous crois, Madame,
De trop bon sens. Si j'avois le loisir,
Je ferois voir par les formes⁸ ma flamme, 110
Et vous dirois de cet ardent desir
Tout le menu⁹; mais que je brûle, meure,
Et m'en tourmente¹⁰, et me dise aux abois¹¹,
Tout ce chemin que l'on fait en six mois,

1. « Les ambassadeurs du roy Antiochus... firent un long narré de la grande multitude des combattans. » (Amyot, traduction de la *Vie de Flaminius*, tome I, p. 693.)
2. *Ilquale, havendo col cavaliere i patti raffermati, da una parte della sala, assai lontano da ogni huomo, con la donna si pose a sedere, et cosi comincio addire* : « *Valorosa donna, etc.* »
3. Page 308 et note 5.
4. Tome II, p. 12, et ci-dessus, p. 309 et note 4.
5. Semblable locution dans la comédie de *Ragotin*, vers 157 : « en un mot comme en mille », et vers 1330 : « en un mot comme en trente ».
6. Ci-dessus, p. 467 et note 4. Dans les *Cent Nouvelles nouvelles*, p. 226 : « S'il estoit bien feru auparauant (de la dame), encores fut il plus touché au vif », *ibidem*, p. 247 : « Il estoit feru et atteinct bien au vif d'une damoyselle », et p. 40 : « Tousiours la requeroit, et bref nul bien sans elle auoir il ne pouuoit, tant estoit il au vif feru de l'amour d'elle. »
7. A ma passion.
8. « Il arriva où il vouloit aller par les formes. » (*Histoire amoureuse des Gaules*, tome III, p. 325.) Comparez Molière, *les Précieuses ridicules*, scène IV : « Que sa recherche soit dans les formes. Premièrement, etc. »
9. Tout le détail : tome IV, p. 264 et note 2.
10. Au sens le plus énergique du mot : ci-dessus, vers 51.
11. Livre XII, fable XXIII, vers 31.

Il me convient le faire¹ en un quart d'heure², 115
Et plus encor; car ce n'est pas là tout :
Froid est l'amant qui ne va jusqu'au bout³,
Et par sottise en si beau train demeure⁴.
Vous vous taisez? pas un mot! Qu'est-ce là⁵?
Renvoyrez-vous de la sorte un pauvre homme? 120
Le Ciel vous fit, il est vrai, ce qu'on nomme
Divinité⁶, mais faut-il pour cela
Ne point répondre alors que l'on vous prie?
Je vois, je vois; c'est une tricherie⁷
De votre époux : il m'a joué ce trait, 125
Et ne prétend qu'aucune repartie
Soit du marché⁸; mais j'y sais un secret;

1. Force m'est de le faire. « Si fut chose pitoyable que ce qu'il conuint alors faire et souffrir à Perseus. » (AMYOT, traduction de la *Vie de Paul-Émile*, tome I, p. 450.)

2. C'étoit un homme qui faisoit
Beaucoup de chemin en peu d'heure.
(*La Fiancée*, vers 645-646.)

— Rapprochez ci-dessus, p. 149, la locution : « avancer chemin », dans la bouche aussi d'un amoureux.

3. Page 120 et note 5. Comparez *l'Eunuque*, acte V, scène III :
Mais puisque tant d'amour loge dans votre sein,
Que cette amour d'ailleurs s'obstine en son dessein,
Vous irez jusqu'au bout, j'ose vous le promettre.

4. « Ilz auoient cheuauché si fort que les trois quarts de leurs gens estoient demourez en train. » (MONSTRELET, *Chroniques*, tome I, p. 288.) — Dans *les Lunettes*, vers 182 et note 7 :
Nous n'avons pas telles armes en main
Pour demeurer en un si beau chemin.

5. Qu'est cela? (1685, 1686.)

6. Il s'en plaignit à sa divinité.
(*La Chose impossible*, vers 42.)

7. Quant à ceste peine arbitraire,
On me iugea par tricherie. (VILLON, p. 104.)

8. Ci-dessus, vers 69, 88, et tome IV, p. 303 et note 7.

Rien n'y fera, pour le sûr[1], sa défense.
Je saurai bien me répondre pour vous :
Puis ce coin d'œil[2], par son langage doux,   130
Rompt à mon sens quelque peu le silence[3] :
J'y lis ceci : « Ne croyez pas, Monsieur,
« Que la nature ait composé mon cœur
« De marbre dur[4]. Vos fréquentes passades[5],
« Joutes, tournois[6], devises[7], sérénades,   135

1. Courte n'étoit, pour sûr, la kyrielle.
(*Le Mari confesseur*, vers 31 et la note.)

Voyez aussi *l'Heptaméron*, p. 180 : « Il luy dit que, pour le seur, il auoit trouué le bastard bien fort amoureux » ; Brantôme, tomes II, p. 89, 122, 132, 172, 258, 364, III, p. 282, IV, p. 90, 116, V, p. 132, 192, VI, p. 282, VII, p. 100, IX, p. 578, et p. 475 : « Que s'il eust esté pris, pour le seur, il estoit pendu » ; et chez Coquillart, tome I, p. 88, la locution : « pour tout seur ».

2. Ce regard à la dérobée. Comparez ci-dessus, p. 488 :

Messire Jean la regardoit toujours
Du coin de l'œil.

3. « Les amoureux se courroucent, se reconcilient, se prient, se remercient, s'assignent, et disent enfin toutes choses des yeulx. » (MONTAIGNE, tome II, p. 180.)

4. ....De marbre dur, voire de diamant.
(SAINT-GELAIS, tome I, p. 93.)

O cueur de pierre dure !
(DU BELLAY, tome I, p. 108.)

Dans la traduction de Straparole (tome I, p. 203) : « Le roy n'auoit pas le cueur de pierre. »

5. Allées et venues, voltes, passes : terme de manège et de tournoi. Rapprochez Coquillart, tomes I, p. 85, II, p. 206-208 : « aubades, virades, tours, passades, passer, repasser », et p. 181 :

Ie fais mes gorgias courir,
Danser, bondir, tourner, virer...;

Brantôme, tome IV, p. 13 : « faire une centaine de passades » ; du Fail, tomes I, p. 223 : « Les plus vaillans brauoient à passades... » ; II, p. 196 : « tourner à passades et vire-vouster » ; etc.

6. « .... Les ioustes, festes, et prouesses, qu'il auoit faictes pour l'amour d'elle. » (G. CHAPPUYS, journée II, nouvelle II.)

7. Devises, allégories, figures, légendes, restes de l'ancienne che-

« M'ont avant vous déclaré votre amour[1].
« Bien loin qu'il m'ait en nul point offensée,
« Je vous dirai que dès le premier jour
« J'y répondis, et me sentis blessée
« Du même trait[2]. Mais que nous sert ceci?... 140
— Ce qu'il nous sert? je m'en vais vous le dire :
Étant d'accord[3], il faut cette nuit-ci

valerie, si usitées dans les tournois, les carrousels, les pas d'armes, dans toutes les solennités brillantes et guerrières où le blason déployait ses symboles, et dont on ornait les meubles, les armoiries, les tapisseries, etc.

1. Dans *le Faucon*, vers 44-47 :

> De maints tournois elle fut le sujet;
> Faisant gagner marchands de toutes guises,
> Faiseurs d'habits, et faiseurs de devises,
> Musiciens, gens du sacré vallon.

— Comparez *les Cent Nouvelles nouvelles*, p. 344, et p. 247 : « Trez souuent ioustoit, faisoit mommeries (mascarades), bancquetz, et generalement tout ce qu'il pensoit qui peust plaire à sa dame »; du Fail, *les Propos rusticques*, p. 51 : « Vous enuoyez rythmes, estes aux aubades, allez emmasquez »; Brantôme, tome IX, p. 501 : « Ung amour secret ne vault rien, s'il n'est ung peu manifeste..., et, si à tous il ne se peut dire, pour le moins que le manifeste s'en fasse, ou par monstres ou par faueurs, ou de liurées et couleurs, ou actes cheualeresques, comme couremens de bague, tournois, masquarades, combatz à la barriere, etc. »; et, les *Poésies diverses* de notre auteur (tome V M.-L., p. 58) :

> Il a donné des sérénades,
> Des concerts, et des promenades;
> Item, mainte collation,
> Maint bal, et mainte comédie:
> A consacré le plus beau de sa vie
> A l'objet de sa passion.

2. *La donna, laquale il lungo vagheggiare, l'armeggiare, le mattinate, et l'altre cose simili a queste per amor di lei fatte dal Zima, muovere non havean potuto, mossero l' affettuose parole dette dal ferventissimo amante; et comincio a sentire cio che prima mai non havea sentito, cio è che amor si fosse.*

3. Dans le *Cocu*, vers 43 :

> .... La jeune dame en étoit bien d'accord.

Goûter le fruit de ce commun martyre[1],
De votre époux nous venger et nous rire,
Bref le payer du soin qu'il prend ici :   145
De ces fruits-là le dernier n'est le pire[2].
Votre jardin viendra comme de cire[3] :
Descendez-y; ne doutez du succès.
Votre mari ne se tiendra jamais
Qu'à sa maison des champs[4], je vous l'assure, 150
Tantôt il n'aille[5] éprouver sa monture.
Vos douagnas[6] en leur premier sommeil,
Vous descendrez[7] sans nul autre appareil[8]
Que de jeter une robe fourrée
Sur votre dos, et viendrez au jardin.   155
De mon côté l'échelle est préparée;
Je monterai par la cour du voisin;
Je l'ai gagné[9] : la rue est trop publique[10].

1. Ci-dessus, p. 563 et note 3. — Dans *la Fiancée*, vers 56 :

    Et d'un commun martyre,
Tous deux brûloient sans oser se le dire.

2.   Qu'on dit bien vrai que se venger est doux!
                  (*Le Faiseur*, vers 190.)

3. Ci-dessus, p. 432 et note 5 :

    L'un et l'autre y vient de cire.

4. Page 359.
5. On dit aussi *se tenir de* avec l'infinitif : voyez le livre 1 de *Psyché* (tome III, M.-L., p. 18).
6. Duègnes, ou *doégnes, douégnes* : tome IV, p. 371 et note 2.
7. Comparez *le Cocu*, vers 70-71 :

Je ne me puis dépêtrer de cet homme,
Sinon la nuit pendant son premier somme.

8.   Dans le simple appareil
D'une beauté qu'on vient d'arracher au sommeil.
         (Racine, *Britannicus*, vers 389.)

9. Voyez *Richard Minutolo*, vers 70; *le Petit Chien*, vers 178; et *la Mandragore*, vers 32 : « gagner les confidents d'amours ».
10. Trop fréquentée.

Ne craignez rien. — Ah! mon cher Magnifique,
« Que je vous aime, et que je vous sais gré   160
« De ce dessein! Venez, je descendrai.
— C'est vous qui parle¹. Eh! plût au Ciel, Madame,
Qu'on vous osât embrasser les genoux!...
— Mon Magnifique, à tantôt; votre flamme
« Ne craindra point les regards d'un jaloux. »   165

L'amant la quitte, et feint d'être en courroux;
Puis, tout grondant : « Vous me la donnez bonne²,
Aldobrandin! je n'entendois cela³.
Autant vaudroit n'être avecque personne
Que d'être avec Madame que voilà⁴.   170
Si vous trouvez chevaux à ce prix-là,
Vous les devez prendre, sur ma parole.
Le mien hennit du moins; mais cette idole
Est proprement un fort joli poisson⁵.

1. *Parle,* au lieu de *parlez,* pour la mesure du vers. Voyez notre tome II, p. 293, note 15; les *Lexiques de Malherbe,* p. LII, *de Sévigné,* p. XLII, *de la Rochefoucauld,* p. LXXXVI; etc.

2. Comparez Brantôme, tomes II, p. 332 : « Ce roy (Louis XI) la donna bonne aussi au connestable de Sainct Paul », IV, p. 345, V, p. 357, VI, p. 473, VIII, p. 100, IX, p. 157 : « la garder bonne », VII, p. 340 : « la vendre bonne », *ibidem,* p. 123 : « la rendre bonne »; des Périers, tome I, p. 152 : « la bailler bonne », p. 172 : « en donner de bonnes »; les locutions : « en donner d'une, la donner belle », dans notre tome IV, p. 218 et note 2; et chez Brantôme, déjà cité, tome IV, p. 352 : « en prester une », chez Chappuys, fol. 257 r° : « Vous m'en baillez d'une bien verte. »

3. Ce n'est point là ce que je voulois, ce n'est pas ainsi que j'entendais la chose.

4. *Laonde il Zima si levo suso, et verso il cavaliere comincio a tornare, ilquale, veggendolo levato, gli si fece incontro, et ridendo disse : « Che ti pare ? hott'io bene la promessa servata ? — Messer, no, rispose il Zima, che voi mi prometteste di farmi parlare con la donna vostra, et voi m'havete fatto parlare con una statua di marmo. »*

5. Cette femme, encensée comme une idole, mais tout aussi insensible, est muette comme un poisson.

QUATRIÈME PARTIE.

Or sus, j'en tiens¹, ce m'est une leçon ; 175
Quiconque veut le reste du quart d'heure²
N'a qu'à parler ; j'en ferai juste prix. »
Aldobrandin rit si fort qu'il en pleure.
« Ces jeunes gens, dit-il, en leurs esprits
Mettent toujours quelque haute entreprise. 180
Notre féal³, vous lâchez trop tôt prise⁴ ;
Avec le temps on en viendroit à bout.
J'y tiendrai l'œil⁵ ; car ce n'est pas là tout :
Nous y savons encor quelque rubrique⁶ ;
Et cependant, Monsieur le Magnifique, 185
La haquenée est nettement⁷ à nous :
Plus ne fera de dépense chez vous.

1. Me voilà pris, attrapé. Comparez le conte VI de la IIᵉ partie, vers 107 et la note :

Vous en tenez, ma commère m'amie.

2. Ci-dessus, vers 78, 115.
3. Familièrement ; comme on diroit aujourd'hui : mon brave. Voyez ci-dessus, p. 439 et note 3.
4. Dans la Chose impossible, vers 82-83 : « Notre ami..., vous perdez un peu trop tôt courage. »
5. « Je ne suis pas fâché de cette aventure ; et ce m'est un avis de tenir l'œil, plus que jamais, sur toutes ses actions. » (MOLIÈRE, l'Avare, acte II, scène II.)
6. Nous savons encore quelque autre moyen d'empêcher vos entreprises galantes.

— .... Tel parle d'amour sans aucune pratique.
— On n'y sait guère alors que la vieille rubrique.
(CORNEILLE, la Galerie du Palais, acte I, scène VII.)

« Il n'a pas affaire à un sot, et vous savez des rubriques qu'il ne sait pas. » (MOLIÈRE, le Médecin malgré lui, acte III, scène VII.)

Il (le débauché) dégoûte les cœurs des galantes rubriques....
Il conduit les amants par un plus court chemin.
(DUFRESNY, les Adieux des officiers, scène III.)

— Rubriques signifiait proprement les titres écrits ou imprimés en lettres rouges dans les vieux livres de droit.

7. Sans contestation possible. Dans la Coupe enchantée, vers 38 :

.... Cela s'en va-t-il pas tout net ?

Dès aujourd'hui, qu'il ne vous en déplaise[1],
Vous me verrez dessus fort à mon aise
Dans le chemin de ma maison des champs. »   190

Il n'y manqua, sur le soir ; et nos gens
Au rendez-vous tout aussi peu manquèrent[2].
Dire comment les choses s'y passèrent,
C'est un détail trop long ; lecteur prudent[3],
Je m'en remets à ton bon jugement[4] :   195
La dame étoit jeune, fringante et belle[5],
L'amant bien fait[6], et tous deux fort épris.
Trois rendez-vous coup sur coup furent pris[7] :

1. Ci-dessus, p. 78.
2. *Come la notte fu venuta, segretamente e solo se n'ando all' uscio del giardin della donna, et quello trovo aperto ; et quindi n'ando ad un' altro uscio che nella casa entrava, dove trovo la gentil donna che l'aspettava. Laqual veggendol venire, levataglisi incontro, con grandissima festa il ricevette ; et egli, abbracciandola et basciandola centomilia volte, su per le scale la seguito ; et senza alcuno indugio coricatasi, gli ultimi termini conobber d'amore.*
3. Sage, savant en ces mystères.
4.   Dire comment le tout se put passer,
     Ami lecteur, tu dois m'en dispenser.
          (*Le Cuvier*, vers 69-70 et note 3.)
5. Ci-dessus, p. 122 et note 4 :
   Une épouse fringante, et jeune, et dans son feu.
6. Vers 21 : « propre, bien fait, bien mis ».
7. *Ne questa volta, come che la prima fosse, supero l'ultima ; percio che, mentre il cavalier fu a Melano, et anchor dopo la sua tornata, vi torno con grandissimo piacere di ciascuna delle parti il Zima molte dell' altre volte.*

— .... « Vous vous êtes donné un second rendez-vous ? »
Poursuivit-il. « Oui, reprit notre apôtre ;
Elle et moi n'avons eu garde de l'oublier,
   Nous trouvant trop bien du premier
   Pour n'en pas ménager un autre,
Très résolus tous deux de ne nous rien devoir. »
          (*Le roi Candaule*, vers 253-258.)

[c. xv] QUATRIÈME PARTIE. 575

Moins n'en valoit¹ si gentille femelle².
Aucun péril, nul mauvais accident, 200
Bons dormitifs en or comme en argent
Aux douagnas³, et bonne sentinelle.

Un pavillon vers le bout du jardin⁴
Vint à propos⁵ : messire Aldobrandin
Ne l'avoit fait bâtir pour cet usage. 205
Conclusion, qu'il⁶ prit en cocuage
Tous ses degrés : un seul ne lui manqua⁷,
Tant sut jouer son jeu⁸ la haquenée !
Content ne fut d'une seule journée
Pour l'éprouver⁹ ; aux champs il demeura 210
Trois jours entiers, sans doute ni scrupule.¹⁰

1. Elle valait, méritait bien cela. Ci-dessus, p. 292 et note 5 :
« Aussi le valoit-elle. » Chez Marot (tome III, p. 38) :

Elle est pourtant bien belle, et si le vault (*être aimée*).

Chez Brantôme, tomes VI, p. 169 : « Il aymoit le gentilhomme autant que soy mesme, car il le valoit », IX, p. 420 : « Elles valoient bien le regarder et desirer. »
2. Ci-dessus, vers 23 et note 4.
3. Vers 152. — Pour qu'elles voulussent bien faire semblant de dormir, ne rien voir et ne rien entendre. — Déjà, au temps de la Fontaine, on disait plutôt un *narcotique* qu'un *dormitif*.
4. Un pavillon de verdure : p. 385 et note 5.
5. Vers 147 :

Votre jardin viendra comme de cire.

6. Même locution et même tour, p. 159 et note 4.
7. Page 451 et note 8.
8. Dans *le Roi Candaule*, vers 30 :

Ce doux objet joua son jeu.

9. Ci-dessus, vers 151.
10. Pour ce sens particulier de *scrupule*, inquiétude, ombrage, alarme, comparez Molière, *le Mariage forcé*, scène III : « Il m'est venu depuis un moment, dit Sganarelle, de petits scrupules sur le mariage. »

J'en connois bien qui ne sont si chanceux[1] ;
Car ils ont femme, et n'ont cheval ni mule[2],
Sachant de plus tout ce qu'on fait chez eux[3].

1. Tome IV, p. 272 et note 4.
2. Qui sont bien préférables à la femme, si nous en croyons le bon curé de Bussière : ci-dessus, p. 323, note 1. — C'est une locution proverbiale. Rapprochez le vieux dicton : « Qui ne s'aventure n'a cheval ni mule; qui trop s'aventure perd cheval et mule »; dans la comédie de Voltaire intitulée *l'Échange* (acte III, scène 1), cette phrase mise dans la bouche de Gotton : « L'excès de votre amour me fait beaucoup de plaisir; mais je ne vois arriver ici ni cheval ni mule, et je veux aller à Paris »; et ces vers de Regnard (*les Ménechmes*, acte IV, scène v) :

> Il ne vous souvient pas qu'allant en Allemagne,
> Étant vuide d'argent pour faire la campagne,
> Sans âne ni mulet, prêt à demeurer là....

3. Cependant, comme notre poète l'a dit lui-même,

> Il est quelquefois bon
> D'apprendre comme tout se passe à la maison.
> (*La Coupe enchantée*, vers 408-409.)

XVI

LE TABLEAU.

Cette nouvelle est imitée de l'Arétin, *Ragionamenti*, déjà cités, I₁ʳᵉ partie, 1ʳᵉ journée, *ne la quale la Nanna in Roma sotto una ficaia racconta a l'Antonia la vita de le monache.* Après un certain nombre d'aventures dont cette Nanna a surpris le secret dans le cloître, vrai repaire de vices, sentine d'impuretés, où elle avait fait profession avant d'être mariée, puis femme galante, puis courtière d'amour, aventures qu'elle raconte, avec les siennes, à son amie Antonia, elle arrive à celle qui fait le sujet de cette historiette, et s'exprime de la sorte :

Scoprii a lato a la stanza de le predette una camerina imbossolata a la cortigiana, molto leggiadra, ne la quale erano due suore divine. Et haveano apparecchiato un tavolino in su le gratie, e postovi suso una tovaglia, che pareva di damasco bianco, e sapea piu di spigo che di zibetto gli animali che lo fanno, vi acconciarono tovaglini, piatti, coltelli e forchette per tre persone, si pulitamente, che non te lo potrei dire ; e tratto fuori d'un panieretto molte varieta di fiori, andavano ricamando con gran diligenza la tavola. Una de le suore havea nel mezzo di quella composto un festoncello tutto di frondi di lauro, e spartovi dove meglio campeggiavano alcune rose bianche e vermiglie, e di fior rancio dipinte le fasce, che legavano il festone, le quali per lo spatio de la tavola si distendevano, e dentro del festone co fiori di borrana scritto il nome del vicario del vescovo.... (C'est lui qu'on attend. L'autre sœur dessine d'autres lacs d'amour, complaisamment décrits. Suivent les minutieux apprêts du festin.)

ANTONIA. *Veramente la diligenza usata ne lo imbellettare il tavolino, non volea essere opra, se non di suore, le quali gittano il tempo dietro al tempo.*

NANNA. *Stando a sedere, ecco che scroccano le tre hore, onde disse la piu galluta :* « *Il vicario è piu lungo che la messa di Natale.* » (L'autre sœur l'excuse, puis toutes deux s'impatientent....) *Tutte due dissero di lui quello che dice maestro Pasquino de cardinali; e gaglioffo, e porco, e poltrone era il nome dal di de le feste....* (Elles se disposent, dans leur colère, à jeter le repas par la fenêtre, lorsque l'on frappe à la porte.) *Et in cotale scompiglio il mulattiere* (qui devait porter ce jour-là du bois dans une cellule voisine) *falli la porta che gli mostro colei, che gli pose il fascio in su le spalle, et entrato dove era aspettato il Messere, ivi lo asino lascio andar giu le legne.... Che rallegrate per la non aspettata ventura del mulattiere... gli fecero un accoglienza da re.... Il mulattiere era d'un venti anni o circa, sbarbato, paffuto, con la fronte come il fondo d'un staio, con duo lombi badiali, grandone, biancone, un certo cacapensieri, un cotale guardafeste, troppo buono per il proposito loro.* (Elles le font manger, il dévore....)

E mentre questa tenea il bacchettone in mano, quella scanso la tavoletta; onde la sua sotia recatosi il bambolino fra le gambe, si lascio tutta sul flauto del mulattiere, che sedea; e spingendo con quella discretione, che si spinge l'un l'altro sul ponte (sur le pont Saint-Ange), *data la beneditione, cade la sede, il mulattiere et ella.... L'altra suora, che biasciva come una mula vecchia, perche il bambolino che non havea nulla in testa non infreddasse, lo incapello col* verbi gratia; *tal che la compagna dischioduta venne in tanta collera che la prese per la gola....* (Une bataille acharnée termine la scène, puis les deux nonnes, restées seules, s'abandonnent à une sorte de frénésie érotique.)

Comparez la XCII⁰ des *Cent Nouvelles nouvelles*, qui a quelque rapport avec notre conte, et dont voici le sommaire : « D'une bourgeoise mariée qui estoit amoureuse d'ung chanoine, la quelle, pour plus couuertement aller chez ledict chanoine, s'accointa d'une sienne voisine; et de la noyse et debat qui entre elles sourdit pour l'amour du mestier dont elles estoient. »

On m'engage[1] à conter d'une manière honnête[2]
 Le sujet d'un de ces tableaux
 Sur lesquels on met des rideaux;
 Il me faut tirer de ma tête
Nombre de traits nouveaux, piquants, et délicats[3],   5
 Qui disent et ne disent pas,
 Et qui soient entendus sans notes

---

1. Page 411, note 2. — 2. Rapprochez *les Lunettes*, vers 56.
3. Dans la fable 1 du livre V, vers 7-8 :

 ....Non qu'il faille bannir certains traits délicats:
 Vous les aimez, ces traits; et je ne les hais pas.

Des Agnès¹ même les plus sottes :
Ce n'est pas coucher gros² ; ces extrêmes Agnès
   Sont oiseaux³ qu'on ne vit jamais.   10

Toute matrone sage, à ce que dit Catulle,

1. Nom des ingénues, des innocentes, ou soi-disant telles, que nous avons rencontré déjà dans trois contes, *Mazet, l'Abbesse*, et *les Lunettes*.— Comparez ces vers de Saint-Gelais (tome II, p. 276) :

>Agnès se dore et va egorgetée,
>Cheueux frisés, et à cornette ostée,
>La voix fait gresle, et si quelqu'un lui conte
>Quelque folie, elle rougit de honte,
>Et va si dru, qu'il pert qu'elle n'y touche,
>Et a sa mere à toute heure à la bouche,
>Et n'oseroit, ce croys ie, auoir songé
>De faire un pas sans elle, et sans congé.

2. Ou coucher belle : ce n'est point jouer gros jeu, risquer beaucoup. On disait : coucher, être couché, de vingt, de trente pistoles, etc. — « Elles ne couchent d'aultres dez. » (Coquillart, tome I, p. 94.) « Voilà cent escus ; couchez en autant. » (Du Fail, tome II, p. 81.) « Bien souuent les affrontoit, et couchoit de sa conscience à toutes restes. » (*Ibidem*, tome I, p. 200.) « Monsieur s'en debuoit plaindre au roy, de la grandeur duquel ilz couchoient aussi hardiment comme s'ilz parloient auec luy quand ilz veulent. » (*Ibidem*, p. 223.) « Il ne couchoit pas moins que de la conqueste de tout l'empire d'Orient. » (Brantôme, tome II, p. 359.) « L'empereur... ne couchoit rien moins que de la prise et du sac de Paris. » (*Ibidem*, tome III, p. 162.) « Il couche de beaucoup. » (Montaigne, tome III, p. 136.)

>.... Ne coucher de rien moins que l'immortalité.
>   (Regnier, satire II, vers 194.)

« Vous couchez d'imposture. » (Corneille, *le Menteur*, vers 1509.)
« Tu couches d'imposture. » (Molière, *l'Étourdi*, vers 366.)

3. Ci-dessus, p. 411 :

>Un jouvenceau, friand, comme on peut croire,
>De ces oiseaux ;

et p. 10 :

>.... Non pas que les heureux amants
>Soient ni phénix ni corbeaux blancs.

Regarde volontiers[1] le gigantesque don[2]
Fait au fruit[3] de Vénus par la main de Junon[4] :
A ce plaisant objet si quelqu'une recule,
    Cette quelqu'une dissimule.
Ce principe posé, pourquoi plus de scrupule,
Pourquoi moins de licence aux oreilles qu'aux yeux ?
Puisqu'on le veut ainsi, je ferai de mon mieux :
Nuls traits à découvert n'auront ici de place ;
Tout y sera voilé, mais de gaze[5], et si bien
    Que je crois qu'on n'en perdra rien.

1. Non seulement les dames romaines considéraient volontiers le membre énorme de Priape, non seulement elles aimaient à en avoir la figure réduite dans leurs maisons ou à la porter à leur cou, mais encore elles s'asseyaient dessus (*sic*) dans les occasions solennelles, si nous en croyons saint Augustin : *Sed quid hoc dicam, quum ibi sit et Priapus nimius masculus, super cujus immanissimum et turpissimum fascinum sedere nova nupta jubeatur, more honestissimo et religiosissimo matronarum?* (*De Civitate Dei*, livre VI, chapitre ix.)

2. Allusion à ces deux vers de la viiie épigramme des *Priapées*, qui n'est pas de Catulle, mais d'un anonyme :

    Nimirum sapiunt, videntque magnam
    Matronæ quoque mentulam libenter.

Dans les *OEuvres* de l'abbé Vergier (tome II, p. 45), qui fait la même erreur d'attribution que la Fontaine :

    Catherine avoit en sa main
    Ce qui servit au premier homme
    A conserver le genre humain ;
Ce que vous n'oseriez prononcer sans scrupule,
Belles qui vous piquez de sentiments si fiers,
Et que vous regardez pourtant très volontiers
    Si l'on en croit le bon Catulle.

3. Ci-dessus, p. 470 et note 3.

4. « Le fruit de Vénus », c'est Priape, qui, à peine sorti du sein de sa mère, l'effraya par la monstrueuse grosseur de son organe viril. Selon la tradition la plus accréditée à Lampsaque, où il naquit, il devait cette difformité à la jalousie de Junon contre Vénus.

5. Non de rideaux de taffetas ou de serge : ci-dessus, vers 3.

Qui pense finement et s'exprime avec grâce
  Fait tout passer, car tout passe¹ :
   Je l'ai cent fois éprouvé;
   Quand le mot est bien trouvé,   25
Le sexe, en sa faveur, à la chose pardonne :
Ce n'est plus elle alors, c'est elle encor pourtant;
  Vous ne faites rougir personne,
  Et tout le monde vous entend.
J'ai besoin aujourd'hui de cet art important.   30
« Pourquoi, me dira-t-on, puisque sur ces merveilles
Le sexe porte l'œil sans toutes ces façons² ? »
Je réponds à cela : « Chastes sont ses oreilles,
  Encor que les yeux soient fripons³. »

Je veux, quoi qu'il en soit, expliquer à des belles   35
Cette chaise rompue, et ce rustre tombé.
Muses, venez m'aider : mais vous êtes pucelles⁴,

1. Page 119 et note 4.
2. « ....Quant à moi ie n'y songe point à mal; la veue et la peinture ne souillent point l'ame », fait dire Brantôme à l'une de ses « honnestes » dames (tome IX, p. 46).

— Être dans ses regards à tel point sensuelle!
    C'est... un très grand péché;
  Autant vaut l'avoir vu que de l'avoir touché,

répond un confesseur prudent à sa pénitente dans *le Cas de conscience* (vers 98-100).
3. « Il faut singulièrement respecter les oreilles du sexe, car c'est la seule chose qu'il ait de chaste. » (BALZAC, *Physiologie du mariage*, méditation VII.)
4. Prince du double mont, commande aux neuf pucelles
   Que leur chœur, pour m'aider, députe deux d'entre elles.
       (*Poème du Quinquina*, chant I, vers 51-52.)

Comparez Baïf, tome II, p. 58, du Bellay, tomes I, p. 144, 166, 439, II, p. 515 : « les saintes pucelles », « les neuf doctes pucelles »; etc., etc.

Au joli jeu d'amour ne sachant A ni B[1].

Muses, ne bougez donc ; seulement par bonté,
Dites au dieu des vers que dans mon entreprise   40
    Il est bon qu'il me favorise,
    Et de mes mots fasse le choix,
    Ou je dirai quelque sottise
Qui me fera donner du busque sur les doigts[2].

---

1. Comme l'héroïne du conte I de cette IV° partie, vers 28 et note 3.

    Et Circé,
Au prix d'elle, en diablerie
N'eût été qu'à l'A B C.
    (*La Coupe enchantée*, vers 181-183.)

S'il (*saint Bernard*) estoit viuant, trouueroit maint abbé,
Prieur, curé trois fois, qui ne sçait pas A B.
    (*Recueil de poésies françoises*, tome III, p. 104.)

Il ne sçauoit ny A ny B,
Et toutes foiz il fut abbé.
    (Tabourot, *les Bigarrures*, p. 337.)

Dans *les Femmes savantes* de Molière, vers 1669 : « Et je veux
Un mari qui n'ait point d'autre livre que moi,
Qui ne sache A ne B, n'en déplaise à Madame. »

2. Lame de fer, ou baleine, maintenant la partie antérieure du corsage, et glissée dans une sorte de gaine d'où on la retirait à volonté. On écrit aujourd'hui *busc*.

    Ce sont les busques de nouueau,
    Maintenant comment on les porte.
    (*Recueil de poésies françoises*, tome II, p. 160.)

Et le busque au sein porterons.
    (*Ibidem.*)

« ...C'est une resolution qui mene les gens aux coups, non pas seulement de ceinture et de busc, mais au gibet et à l'echaffaut. » (D'Aubigné, *les Aventures du baron de Fœneste*, livre II, chapitre XVII.) « Comment Ragotin eut un coup de busc sur les doigts. » Scarron, *le Roman comique*, Ire partie, chapitre x.)

Mais la dame, pleine d'honneur...,
D'un busc lui marqua le visage, etc.
    (Ibidem, *le Virgile travesti*, livre VI.)

c. xvi]   QUATRIÈME PARTIE.   583

C'est assez raisonner; venons à la peinture :   45
    Elle contient une aventure
    Arrivée au pays d'Amours.

        Jadis la ville de Cythère
        Avoit en l'un de ses faubourgs
            Un monastère;   50
        Vénus en fit un séminaire[1] :
Il étoit de nonnains, et je puis dire ainsi
        Qu'il étoit de galants aussi.
        En ce lieu hantoient[2] d'ordinaire
Gens de cour, gens de ville, et sacrificateurs[3],   55
        Et docteurs,

1. Comparez l' « abbaye », le « conuent d'Amour », chez Charles d'Orléans, ballade LIII, l' « académie d'Amour » dans *la Courtisane amoureuse*, vers 278.

2. Chez Coquillart, tome I, p. 191 :
            Nos mignons
    Vont quelque bourgoise hanter;

et p. 162 :
        Si son mary s'en va hantant
        Aulcunes mignonnes fillettes,
        Doibt elle frequenter pourtant
        Les Cordeliers ou les Billettes ?

Chez Regnier, satire XIII, vers 243 :
        Il hante en mauvais lieux.

3. Locution qui ne se dit guère qu'en parlant des ministres du culte chez les Juifs et chez les Gentils; ici, prêtres, moines.

    —   En cettui lieu beaux pères fréquentoient,
        Comme on peut croire, et tant bien supputoient
        Qu'il ne manquoit à tomber sur leurs routes.
                    (*Mazet*, vers 47-49.)

— « Vous cognoissez il y a long temps quels peres sainets l'Eglise a eus quelques foiz, comme ilz ont esté dignement sacrez, comme ilz sont bien pansez, combien ilz sont iolys, comme ilz sont parez... et comme ilz sont coustumiers d'entretenir des garses qu'ilz appellent leurs sœurs, etc. » (*Histoire maccaronique* de Merlin Coccaie,

Et bacheliers¹ surtout. Un de ce dernier ordre
Passoit dans la maison pour être des amis.
Propre, toujours rasé, bien disant², et beau fils³,
Sur son chapeau luisant, sur son rabat bien mis, 60
  La médisance n'eût su mordre⁴.
  Ce qu'il avoit de plus charmant
C'est que deux des nonnains alternativement
  En tiroient maint et maint service.
L'une n'avoit quitté les atours de novice
Que depuis quelques mois ; l'autre encor les portoit. 65
  La moins jeune à peine comptoit
  Un an entier par-dessus seize⁵ ;
  Age propre à soutenir thèse,
  Thèse d'amour⁶ : le bachelier
  Leur avoit rendu familier 70

livre xxv.) « En leurs eueschez et abbayes ilz (les gens d'Église) estoient deshauchez autant que gens d'armes. » (BRANTÔME, tome III, p. 130.)

1.   Interprétez ce mot à votre guise :
   L'usage en fut autrefois familier
   Pour dire ceux qui n'ont la barbe grise ;
   Ores ce sont suppôts de sainte Église.
          (*La Clochette*, vers 20-23.)

2. Ci-dessus, p. 129 et note 1.

3.   Propre, bien fait, bien mis,
   L'esprit galant et l'air des plus polis.
          (*Le Magnifique*, vers 21-22.)

4.   A leurs habitz qu'ilz donnent ordre,
   Tant qu'on n'y treuue plus que mordre.
   (*Recueil de poésies françoises*, tome II, p. 159.)
   .... Et tant polis qu'il n'y a que remordre.
          (DES PÉRIERS, *Prophetie*, vers 2.)

5. C'est à seize ans, au plus tôt, que le concile de Trente avait accordé la liberté de faire profession.

6.   .... Moins propre à faire en droit un cours
      Qu'en amours.
          (*Le roi Candaule*, vers 141-142.)

Chaque point de cette science[1],
Et le tout par expérience.

Une assignation[2] pleine d'impatience
Fut un jour par les sœurs donnée à cet amant ;　　　　　75
Et, pour rendre complet le divertissement,
Bacchus avec Cérès, de qui la compagnie
　　Met Vénus en train bien souvent[3],

1. 　　　　....Nous vous rendrons la chose familière.
　　　　　　　(*Le Diable en enfer*, vers 82.)

Comparez *la Servante justifiée*, vers 18 :
　　　　Il la rendit au jeu d'amour savante.

2. « Un homme..., sur le point d'aller à une assignation amoureuse.... » (Lettre de la Fontaine à Maucroix du 22 août 1661.)
　　　　Au diable la passion,
　　　　L'heure, et l'assignation !
　　　　　　　(Saint-Gelais, tome II, p. 219.)

« L'heure de ceste doulce assignation venue.... » (*Histoire comique de Francion*, tome I, p. 91.) « Ung soir, enuiron les cinq heures, estant ioignant le pilier deuant Nostre Dame, lieu seur et infaillible de toutes bonnes aduentures et assignations.... » (Du Fail, tome II, p. 3.) « ....Ung poulet que Seruilla... lui enuoyoit, qui portoit assignation ou rendez vous pour coucher ensemble. » (Brantôme, tome IX, p. 506.) « Si elle a failli à une assignation, ç'a été pour se trouver à l'autre. » (Malherbe, tome II, p. 66.)

3. 　　*Sine Cerere et Libero friget Venus.*
　　　　　　(Térence, *l'Eunuque*, acte IV, scène VI.)

Rapprochez, entre autres exemples très nombreux, Apulée, *l'Ane d'or*, livre II : *Veneris hortator et armiger Liber*; Rabelais, tome II, p. 151 : « Venus se morfond sans la compagnie de Ceres et Bacchus.... Messer Priapus fut filz de Bacchus et Venus »; Marot, tome III, p. 15 :
　　Sans Ceres et Bacchus tousiours Venus est froide ;

les Comptes du monde aduentureux, tome I, p. 50 : « Bacchus et Ceres, ayant si continuellement faict leur siege au corps de ce moyne, y amenerent leur compagne Venus »; Montaigne, tome III, p. 95 : « Venus et Bacchus se conuiennent voluntiers, à ce que dict le prouerbe »; etc, etc..

Devoient être ce coup de la cérémonie.
Propreté¹ toucha seule aux apprêts du régal² ;   80
Elle sut s'en tirer avec beaucoup de grâce :
Tout passa par ses mains, et le vin, et la glace,
   Et les carafes de cristal³ ;
On s'y seroit miré. Flore à l'haleine d'ambre⁴
   Sema de fleurs toute la chambre :   85
Elle en fit un jardin. Sur le linge, ces fleurs⁵
Formoient des lacs d'amour, et le chiffre des sœurs.
   Leurs cloîtrières⁶ Excellences

1. Encore une de ces personnifications familières à notre poète : voyez tome IV, p. 260, ci-dessus, p. 525, etc.

2. La propreté si recherchée des religieuses, la propreté, symbole de la virginité, emblème de la netteté de l'âme. On disait : « linge de nonne, nappe de béguine, etc. », à savoir d'une entière blancheur, lancs comme la neige.

3. Comparez les apprêts de la jeune veuve dans *l'Oraison de saint Julien*, vers 166 et suivants :

> Monsieur étoit de Madame attendu ;
> Le souper prêt, la chambre bien parée ;
> Bons restaurants, champignons, et ragoûts ;
> Bains et parfums ; matelas blancs et mous ;
> Vin du coucher ; toute l'artillerie
>   De Cupidon, etc.

4.   .... Et plus olent que pomme d'ambre.
         (*Roman de la Rose*, vers 21008.)
   Cette bouche m'appelle à son haleine d'ambre.
         (*Clymène*, vers 616.)

5. Rapprochez *le Faucon*, vers 188 et la note :
   .... Cinq ou six fleurs, dont la table est jonchée.

— Dans le roman du *Petit Iehan de Saintré*, le très galant abbé offre un festin à la dame des Belles Cousines sur une table couverte du plus beau linge, et également jonchée de fleurs odorantes. On sait que cette gracieuse coutume de parsemer les tables de fleurs, devant les convives, est redevenue fort à la mode.

6. *Cloîtrier* : qui habite dans le cloître.

> Je crois que la remarque habile
> De la cloîtrière sibylle, etc.
>   (GRESSET, *Ver-Vert*, chant II.)

Aimoient fort ces magnificences :
C'est un plaisir de nonne[1]. Au reste, leur beauté   90
Aiguisoit l'appétit aussi de son côté.
   Mille secrètes circonstances[2]
   De leurs corps polis et charmants
   Augmentoient l'ardeur des amants.
   Leur taille étoit presque semblable;   95
Blancheur, délicatesse[3], embonpoint raisonnable,
Fermeté[4] : tout charmoit, tout étoit fait au tour[5];
   En mille endroits nichoit l'Amour[6],
Sous une guimpe[7], un voile, et sous un scapulaire,
Sous ceci, sous cela, que voit peu l'œil du jour[8],   100

— Comparez, pour ce mot pris adjectivement, « la chancelière haquenée », dans une lettre de la Fontaine à Foucquet (tome III M.-L., p. 291).

1. Un plaisir de nonnes, habituées qu'elles sont à parer leur autel, à orner leur madone, à broder du linge très fin, à manier des fleurs, des rubans, des dentelles.

2. Page 449 et note 2. — « Cette grande héritière tant souhaitée et prise enfin avec tant de circonstances est morte à dix-huit ans. » (Mme DE SÉVIGNÉ, tome V, p. 424.)

3.   Sa femme avoit de la jeunesse,
      De la beauté, de la délicatesse.
                              (*Joconde*, vers 40-41.)

4.   Touffes de lis, proportion du corps,
      Secrets appas, embonpoint, et peau fine,
      Fermes tetons, et semblables ressorts, etc.
                  (*Les Lunettes*, vers 106-108 et note 6.)

5. Dans *l'Oraison*, vers 249 et note 3 :
      ....Sous ce mouchoir ne sais quoi fait au tour.

6.   En mille endroits de sa personne
      La belle avoit de quoi mettre un Gascon aux cieux.
                  (*Le Gascon puni*, vers 29-30.)

7. Ci-dessus, p. 521 et note 2.

8. Si ce n'est « au nouveau monde » (*les Lunettes*, vers 97). — Voyez, sur cette expression figurée, tome III, p. 350 et note 9, à laquelle nous pouvons ajouter des exemples de Ronsard, tome II, p. 429, de Jodelle, tome II, p. 182 : « l'œil du monde », de Théophile,

Si celui du galant ne l'appelle au mystère¹.
　　　A ces sœurs l'enfant de Cythère
　　Mille fois le jour s'en venoit
　　Les bras ouverts, et les prenoit
　　L'une après l'autre pour sa mère². 105

Tel ce couple attendoit le bachelier trop lent;
　　　Et de lui, tout en l'attendant,
Elles disoient du mal, puis du bien; puis les belles
　　　Imputoient son retardement³
　　A quelques amitiés nouvelles⁴. 110

tome I, p. 136, 185 : « l'œil du iour », comme ici, de J. du Bellay, tome II, p. 320 : « l'œil qui tout regarde,

　　OEil de qui la lampe darde
　　Les rayons de nostre iour ».

Comparez Ronsard, déjà cité, tome II, p. 35 : « l'œil de la nuict » (la lune).

1. N'invite le jour à assister, ne le convoque, à l'amoureux mystère : ci-dessus, p. 477, 480, et *passim*. Au tome IV, p. 283 et note 2

　　Une voisine aperçut le mystère.

Chez Voiture, épitre à M. de Coligny :

　　Car l'Amour tout seul et sa mère
　　Virent le reste du mystère.

2. Ces vers rappellent l'épigramme CIII de Marot : *de Cupido et de sa dame* (tome III, p. 44) :

　　Amour trouua celle qui m'est amere,
　　Et y estois, i'en sçay bien mieulx le compte :
　　« Bon iour, dict il, bon iour, Venus, ma mere; »
　　Puis tout à coup il veoit qu'il se mescompte,
　　Dont la couleur au visage lui monte,
　　D'auoir failly honteux Dieu sçait combien :
　　« Non, non, Amour, ce dy ie, n'ayez honte :
　　Plus cleruoyans que vous s'y trompent bien. »

3. Ci-dessus, p. 550 et note 2.
4. A quelques amours nouveaux : tome IV, p. 344 et note 4. —

« Qui peut le retenir ? disoit l'une ; est-ce amour ?
    Est-ce affaire ? est-ce maladie ?
        — Qu'il y revienne de sa vie,
    Disoit l'autre ; il aura son tour[1]. »

Tandis qu'elles cherchoient là-dessous du mystère,   115
Passe un Mazet[2] portant à la dépositaire[3]
    Certain fardeau peu nécessaire :
Ce n'étoit qu'un prétexte ; et, selon qu'on m'a dit,
Cette dépositaire, ayant grand appétit,
Faisoit sa portion[4] des talents[5] de ce rustre,   120
Tenu, dans tels repas, pour un traiteur illustre[6].

Même locution chez Ronsard, dans un sonnet où il vante l'inconstance en amour :

> Celuy qui n'ose faire une amitié nouuelle
> A faulte de courage, ou faulte de ceruelle.
>   (Le second livre des *Amours*, VIII.)

1. Il pourra attendre à son tour. — Comparez ci-dessus, p. 202.
2. C'est le nom du jardinier des nonnes (nom déjà rappelé au début du *Psautier*) dans la 1ʳᵉ nouvelle de la IIIᵉ journée du *Décaméron*, imitée par la Fontaine (conte XVI de sa IIᵉ partie). — Parmi les peintures qui ornaient le couvent de la Nanna, et que celle-ci décrit à Antonia, l'Arétin a placé l'histoire de Mazet : *Ne la seconda* (sur la seconde paroi de la salle) *è la historia di Masetto, da Lampolecchio* (sic), *e ti giuro per l'anima mia che paiono vive quelle due suore, che lo menarono ne la capanna, mentre il gallioffone, fingendo dormire, facea vela de la camiscia ne l'alzare de la antenna carnefice.*
3. La religieuse qui, dans la communauté, a la garde des archives, des titres, et de l'argent.
4. Terme monastique : ce que, dans les cloîtres, la règle assigne à chacun pour son repas. Rapprochez « pitance, double et triple pitance », au vers 174 de *Mazet*.
5. Ci dessus, p. 450 et note 3.
6. Semblable comparaison culinaire dans *les Troqueurs*, vers 128-131 :

> ....On y fit chère ; il ne s'y servit plat
> Où maître Amour, cuisinier délicat...,
> N'eût mis la main.

Le coquin, lourd¹ d'ailleurs, et de très court esprit²,
 A la cellule se méprit :
 Il alla chez les attendantes³
 Frapper avec ses mains pesantes.   125

On ouvre; on est surpris. On le maudit⁴ d'abord,
 Puis on voit que c'est un trésor⁵.
 Les nonnains s'éclatent de rire⁶.
 Toutes deux commencent à dire,
Comme si toutes deux s'étoient donné le mot :   130
 « Servons-nous⁷ de ce maître sot⁸;
 Il vaut bien l'autre⁹; que t'en semble¹⁰ ? »

1. Voyez de semblables expressions : « le coquin », « lourd », « lourd et de peu », dans *la Mandragore*, vers 134, 161, 231, dans *la Jument*, vers 56, et les notes.

2. Aux vers 19-20 de *Nicaise* : « court par l'esprit ».

3. Comparez « les écoutants » (tome III, p. 162 et note 2), « les regardants » (ci-dessus, p. 290 et note 1).

4. Dans *le Cuvier*, vers 28 : « On le maudit », comme ici.

5. Même terme, mais dans un sens bien différent, au vers 146 du *Cocu*, où il sert à faire l'éloge de la fidélité et de la continence.

6. Livre III, fable 1, vers 35 :

 Le premier qui les vit de rire s'éclata.

Chez Brantôme (tome III, p. 284) : « Elles s'esclatoient de rire »; chez Mme de Sévigné (tome III, p. 18) : « Madame s'éclata de rire. »

7. Rapprochez le verbe *employer*, « employer tapis et maîtresse », au vers 214 de *Nicaise*.

8.   Dedans ce cabinet
 Menons ce sot.
                 (*Mazet*, vers 117-118.)

9.   Autant me vaut celui-ci que cet autre.
                 (*L'Oraison*, vers 236.)

Chez Scarron (*le Virgile travesti*, livre 1) :

 Un tel mari vaudroit bien l'autre.

10. Comparez *les Troqueurs*, vers 100.

La professe¹ ajouta : « C'est très bien avisé².
Qu'attendions-nous ici? Qu'il nous fût débité
De beaux discours? Non, non, ni rien qui leur ressemble³.
Ce pitaud⁴ doit valoir, pour le point souhaité⁵,
  Bachelier et docteur ensemble.

Elle en jugeoit très bien : la taille du garçon,
  Sa simplicité, sa façon⁶,
Et le peu d'intérêt qu'en tout il sembloit prendre, 140
  Faisoient de lui beaucoup attendre⁷.
C'étoit l'homme d'Ésope : il ne songeoit à rien,
  Mais il buvoit et mangeoit bien ;
  Et, si Xantus⁸ l'eût laissé faire,
  Il auroit poussé loin l'affaire⁹. 145

1. La religieuse professe, celle qui avait fait des vœux (vers 65-66).

2.   Ce fut à lui bien avisé.
   (Livre III, fable xviii, vers 40.)

3. En France on peut conter des fleurettes ; l'on cause ;
Ici tous les moments sont chers et précieux, etc.
  (Le roi Candaule, vers 187-188.)

4. Ce lourdaud, ce rustre, ce pied poudreux : ci-dessous, vers 173 et 206 ; et ci-dessus, p 42 et note 5.

5. « Pour le solide » (le Calendrier, vers 89) ; « pour ce point » (Nicaise, vers 44).

6. Toute sa manière d'être. — Dans la Courtisane amoureuse, vers 99 et note 4 : « Il n'étoit si novice
  Qu'il ne connût ses gens à la façon. »

7. Ie m'arrestois aux choses apparentes,
Dont femmes sont communement contentes :
A la couleur, à la lineature,
A ie ne sçay quelle bonne nature
Dont mainte femme, auant que moy hantée,
Auoit esté surprinse et enchantée.
(Heroet, Pourtraict de la parfaicte amye, déjà cité, p. 5.)

8. Le maître d'Ésope.

9. Voyez notre tome I, p. 39. — Même locution, au même sens, « pousser les affaires », dans la Fiancée, vers 527 et note 3.

Ainsi, bientôt apprivoisé[1],
Il se trouva tout disposé
Pour exécuter sans remise
Les ordres des nonnains, les servant à leur guise[2]
Dans son office de Mazet, 150
Dont il lui fut donné par les sœurs un brevet[3].

Ici la peinture[4] commence :
Nous voilà parvenus au point[5];
Dieu des vers, ne me quitte point :
J'ai recours à ton assistance[6]. 155
Dis-moi pourquoi ce rustre assis,
Sans peine de sa part, et très fort à son aise[7],
Laisse le soin de tout aux amoureux soucis[8]
De sœur Claude[9] et de sœur Thérèse.

1. Dans *l'Ermite*, vers 159 :

   Tout doucement il vous l'apprivoisa.

Comparez Regnier, satire xi, vers 32 :

   Toutes, à qui mieux mieux, s'efforçoient de me plaire....
   Jà tout apprivoisé, je mangeois sur le poing.

2. Tome IV, p. 332, et p. 495 :

   ....Je te le dis, laisse là ce couvent,
   Car d'espérer les servir à leur guise,
   C'est un abus.

3. Constatant son aptitude, et l'accréditant auprès d'elles. — Au livre II de *Psyché* (tome III M.-L., p. 173) : « Vénus consentit... qu'un brevet de déesse lui fût donné (à Psyché). »

4. Ci-dessous, vers 224.

5. Au point scabreux : voyez *le Cuvier*, vers 23 et la note.

6. Vers 40-44.

7.
   ....Dès aujourd'hui, qu'il ne vous en déplaise,
   Vous me verrez dessus fort à mon aise.
               (*Le Magnifique*, vers 188-189.)

8. A l'amoureuse initiative. Même locution dans *la Courtisane amoureuse*, vers 10.

9. C'est le nom d'une des nonnes du conte de *Mazet* (vers 167).

N'auroit-il pas mieux fait de leur donner la chaise ? 160

Il me semble déjà que je vois Apollon
    Qui me dit : « Tout beau ! ces matières
    A fond ne s'examinent guères. »
J'entends ; et l'Amour est un étrange garçon[1] ; 165
    J'ai tort d'ériger un fripon
    En maître de cérémonies.
    Dès qu'il entre en une maison,
    Règles et lois en sont bannies ;
    Sa fantaisie est sa raison.
Le voilà qui rompt tout[2] ; c'est assez sa coutume : 170
Ses jeux sont violents. A terre on vit bientôt
Le galant cathédral[3]. Ou soit par le défaut
De la chaise un peu foible, ou soit que du pitaud
    Le corps ne fût pas fait de plume,
Ou soit que sœur Thérèse eût chargé d'action[4] 175
Son discours véhément et plein d'émotion,
On entendit craquer l'amoureuse tribune :
Le rustre tombe à terre en cette occasion.
    Ce premier point eut par fortune[5]
    Malheureuse conclusion. 180

---

1. Ci-dessus, p. 241 et note 1.
2. « Il brise tout » (*le Diable en enfer*, vers 154).
3. Le galant *siégeur* (assis sur le siège, *cathedra*). Ce mot *cathédral* se disait autrefois du chanoine d'une église cathédrale. On nommait « fête de la cathédration » la fête de la chaire de saint Pierre. — C'est dans un sens inverse, pour ainsi dire, que l'on appelait Mme de Bretonvilliers, maîtresse de l'archevêque de Paris Harlay de Champvallon, la *cathédrale*.
4. Tome IV, p. 232 et note 2. — « Le témoignage qu'elle rendit de son aise par son action le contenta tellement qu'il voulut derechef recommencer. » (*Les Heures perdues*, conte VI.) « Un médecin voluptueux, se plaignant à sa femme, jeune et innocente, du peu d'action qu'elle auoit en ses caresses.... » (*Ibidem*, conte XXI.)
5. Page 509 et note 2.

Censeurs, n'approchez point d'ici votre œil profane.
Vous, gens de bien, voyez comme sœur Claude mit
  Un tel incident à profit.
Thérèse en ce malheur perdit la tramontane¹ :
Claude la débusqua, s'emparant du timon². 185
  Thérèse, pire qu'un démon³,
Tâche à⁴ la retirer, et se remettre au trône ;
  Mais celle-ci n'est pas personne
  A céder un poste si doux.
  Sœur Claude, prenez garde à vous : 190
  Thérèse en veut venir aux coups ;
Elle a le poing levé. « Qu'elle ait⁵ ! » C'est bien répondre.
Quiconque est occupé comme vous ne sent rien ;
Je ne m'étonne pas que vous sachiez confondre
  Un petit mal dans un grand bien. 195

1. Ne sut que faire, perdit sa présence d'esprit. — *La tramontaine* ou *tramontane* : nom de l'étoile polaire en Provence et dans le nord de l'Italie, parce qu'elle s'y voit au delà des monts. Rapprochez l'expression : « perdre la boussole ».

2. De la barre : la métaphore marine est suivie.

  L'autre, allant la dégager,
  De faction la fut faire changer.
    (*Mazet*, vers 153-154.)

C'est ce que Brantôme appelle « se relever de sentinelle » (tome IX, p. 165), en parlant de deux sœurs qui, plus accommodantes entre elles que nos deux nonnes, « s'entendoient, et s'entredonnoient si bien la main ».

3.   Je te tiens pire qu'un démon,
     Pire qu'un diable.
      (SCARRON, *le Virgile travesti*, livre IV.)

4. Page 522 et note 5.

5. Qu'elle ait le poing levé : qu'elle frappe si elle veut. — « Adonc l'aultre hausse et de bon poing charge sur le visage de sa voisine, qui ne tint pas longuement sans rendre, s'appelans l'une l'autre ribaulde. Bref, elles s'entrebattirent tant et de si bonne maniere que à bien petit qu'elles ne s'entretuerent. » (*Les Cent Nouvelles nouvelles*, nouvelle XCII.)

Malgré la colère marquée
Sur le front de la débusquée,
Claude suit son chemin¹, le rustre aussi le sien :
Thérèse est mal contente², et gronde³.

Les plaisirs de Vénus sont sources de débats ;   200
　　Leur fureur n'a point de seconde :
　　J'en prends à témoin les combats
　　Qu'on vit sur la terre et sur l'onde,
　　Lorsque Pâris à Ménélas
　　Ota la merveille du monde⁴.   205
Qu'un pitaud faisant naître un aussi grand procès
Tînt ici lieu d'Hélène, une foi sans excès
Le peut croire⁵, et fort bien : troublez nonne en sa joie,

---

1. Voyez la note 3 de la page 50 du tome IV; et ci-dessus, p. 296 et note 1 : « suit sa pointe ».
2. Page 85 et note 4.
3. Page 500.
4. Comparez Properce, livre II, élégie VI, vers 15-16 :

His olim, ut fama est, vitiis ad prælia ventum est;
His Trojana vides funera principiis;

ibidem, élégie III, vers 35-36 :

Olim mirabar quod tanti ad Pergama belli
Europæ atque Asiæ causa puella fuit;

la fable XIII du livre VII, vers 3-5 (tome II, p. 169 et note 1) :

Amour, tu perdis Troie; et c'est de toi que vint
　　Cette querelle envenimée
Où du sang des Dieux même on vit le Xanthe teint!

le *Roman de la Rose*, vers 14125-14128 :

Iadis au temps Helene furent
Batailles, que les c... esmurent,
Dont cil à grant dolor perirent
Qui por eux les batailles firent;

et le célèbre sonnet (XV) de Ronsard, dont l'idée est prise d'Homère (*Iliade*, III, vers 156-160).

5. Sans être trop crédule, on peut le croire.

Vous verrez la guerre de Troie[1].
Quoique Bellone ait part ici, 210
J'y vois peu de corps de cuirasse[2].
Dame Vénus se couvre ainsi
Quand elle entre en champ clos avec le dieu de Thrace[3].
Cette armure a beaucoup de grâce.
Belles, vous m'entendez ; je n'en dirai pas plus : 215
L'habit de guerre de Vénus
Est plein de choses admirables !
Les cyclopes aux membres nus
Forgent peu de harnois[4] qui lui soient comparables ;
Celui du preux Achille auroit été plus beau, 220
Si Vulcan eût dessus gravé notre tableau[5].

1. Ces quatre derniers vers ont été supprimés, à partir de l'édition de 1685, dans presque toutes celles des deux derniers siècles.

2. Corps, corset, pièce couvrant du cou à la ceinture ; corps de cuirasse, comme on dit corps de fer, corps de baleine. « Les aultres luy faulserent son corps de cuirasse. » (AMYOT, traduction de la *Vie de Pélopidas*, tome I, p. 533.) « Brassards et corps de cuirasse. » (REMY BELLEAU, tome I, p. 191.) *Ibidem*, p. 217 :

Corps de cuirasse en dos, le morion en teste.

« Il porta ung corps de cuirasse soubz ung habit de religieux. » (MONTAIGNE, tome I, p. 378.) « Il leur avoit mis à chacune une salade en tête, leur avoit passé un corps de cuirasse, mis des brassards, etc. » (LA BRUYÈRE, tome II, p. 130.) — Ci-dessus, p. 198 et note 4 : « corps piqué d'or » ; dans *la Baguette de Vulcain* de Regnard, scène II : « Le dernier corps qu'elle m'a fait faire me va jusqu'au menton » ; dans *les Mal-Assortis* de Dufresny (acte I, scène IV) : « L'une est à sa toilette, l'autre se fait lacer un corps. »
— Rapprochez les locutions : « corps de chemise », « corps de pourpoint », « corps de jupe », « corps de velours », « corps de satin », etc.

3. Mars, ainsi nommé parce que, selon certains mythologues, il fut élevé en Thrace.

4. Dans *les Cent Nouvelles nouvelles*, nouvelle XC : « Il estoit bien records... qu'il n'auoit besoigné sur son harnoys, que l'on peut bien appeler cuir à chair, toutes les foiz qu'elle eust bien voulu. »

5. Il s'agit des armes divines forgées pour Achille, et particulière-

Or ai-je¹ des nonnains mis en vers l'aventure,
Mais non avec des traits dignes de l'action²;
Et comme celle-ci déchet dans la peinture,
La peinture déchet³ dans ma description.   225
Les mots et les couleurs ne sont choses pareilles;
    Ni les yeux ne sont les oreilles⁴.

    J'ai laissé longtemps au filet⁵
    Sœur Thérèse la détrônée⁶ :
    Elle eut son tour; notre Mazet   230
    Partagea si bien sa journée
Que chacun⁷ fut content⁸. L'histoire finit là :
Du festin pas un mot. Je veux croire, et pour cause,
    Que l'on but et que l'on mangea⁹;

ment du bouclier aux riches ciselures qui a servi de modèle à Hésiode pour le bouclier d'Hercule, et à Virgile pour celui d'Énée : voyez le xviiiᵉ chant de l'*Iliade*; et, pour *Vulcan*, ci-dessus, p. 434 et note 7.

1. Même tour, p. 389 et note 4.
2. Ci-dessus, vers 175.
3. *Déchet* est bien le texte de nos anciennes éditions, et même de celle de 1762, dite des fermiers généraux. L'Académie, à partir de sa 3ᵉ édition (1740), n'admet que l'orthographe *déchoit*.
4. Vers 16-17 et 33-34.
5. Au figuré : je l'ai fait attendre; comme le cheval dont on tourne la croupe du côté de la mangeoire, pour l'empêcher de manger, après lui avoir mis un filet dans la bouche, petite bride dont le mors est terminé par deux branches toutes droites avec une gourmette. Voltaire s'est servi de la même métaphore dans une lettre à Mme de Choiseul du 2 février 1769 : « Si le délicat et ingénieux abbé... me défend de plus vous fournir, je ne vous fournirai rien, et je vous laisserai au filet. »
6. Vers 187.
7. *Chacun* se rapporte non seulement aux deux nonnes, mais aussi au rustre, qui employa bien et partagea agréablement son temps; il n'est donc pas ici pour *chacune*.
8. Tome IV, p. 354 et note 4. Comparez ci-dessus, vers 199.
9. Rapprochez *les Cordeliers*, vers 111 et note 3.

Ce fut l'intermède et la pause [1].
Enfin tout alla bien, hormis qu'en bonne foi [2]
L'heure du rendez-vous m'embarrasse. Et pourquoi?
Si l'amant ne vint pas, sœur Claude et sœur Thérèse
Eurent à tout le moins de quoi se consoler :
S'il vint, on sut cacher le lourdaud et la chaise;
L'amant trouva bientôt encore à qui parler [3].

1. Larcins d'amour ne veulent longue pause.
(*Le Berceau*, vers 83 et la note.)

Chez Brantôme déjà cité à ce vers du *Berceau* : « Cest homme, qui faisoit tant de l'eschauffé amoureux, et du vaillant, et du si bon coureur de bague, pour toutes courses n'en a faict que quatre..., encore entre les quatre y a il faict plus de pauses qu'il n'en fut hier au soir faict au grand bal » (tome IX, p. 557).

2. Même locution dans *le Diable en enfer*, vers 176 :

C'est ce qu'en bonne foi
Jusqu'à présent je n'ai bien su comprendre.

3. Car ces deux nonnes ressemblaient fort à celles du conte de *Mazet*, vers 39 :

.... Prête chacune à tenir coup aux gens.

FIN DE LA QUATRIÈME PARTIE.

APPENDICE

APPENDICE.

I. — Page 7.

(IIIe partie, conte 1.)

.... Matrem hoc pertritum nobis ad focum narrantem quotiens miratus sum, quod tale erat : « Secretum ab omni consortio hominum pater puerum cum diu enutrivisset, ubi ad eam venisset ætatem cui ex aere sagacissimo odore (sic illa ludebat) percipere datum est an in vicinia puellæ sint, in urbem forumque deducit. Miratur ac pavet puer nitentes vittas ac spatiosa vestimenta; et mehercule longe a virili diversus habitus, quem ni stupet insolitus, næ lapis est. Sedula curiositate exquirit quid monstri esset, quas regio illa feras aleret volucresve. Pater anseres esse : quod facile simplici puero persuasum, qui ea forma nunquam sensus imbuerat. Ast secretiori æstu viscera jam calebant. Pavor vento citius abierat. Mirari quidem adhuc; at concupiscere protinus. Patrem levi manu pulsare, ut sibi talem anserem comparet. » Docebat eo quam alte is sensus a natura insitus esset. Frigidior ego mirari secretum illum æstum : quæ illa cupido rei ignotæ ac nunquam antea visæ esset; quæ illa odoris vis ex proximo aere adventum puellarum præsagiendi. Cœpi anxie dubitare, anilisne fabula esset, sed matris reverendæ autoritas credulitatem movebat. Ætatem teneriorem accuso. Varia tacita æstimatione pensans, me futuris annis ultimum solor.

(*Amatus Fornacius amator ineptus*, Palladii, 1633, in-12, p. 11-13.)

II. — Page 91.

(IIIe partie, conte IV.)

Ora essendo la cena terminata,
Ecco un donzello a chi l'ufficio tocca,
Pon su la mensa un bel nappo d'or fino,
Di fuor di gemme, e dentro pien di vino.

Il signor de la casa allora, alquanto
Sorridendo, a Rinaldo levo il viso :
Ma, chi ben lo notava, piu di pianto
Parea, ch'avesse voglia, che di riso.
Disse : « Ora a quel, che mi ricordi tanto,
Che tempo sia di soddisfar, m'è avviso,
Mostrarti un paragon, ch'esser de grato
Di vedere a ciascun ch'ha moglie allato.

Ciascun marito, a mio giudicio, deve
Sempre spiar se la sua donna l'ama,
Saper s'onore o biasmo ne riceve,
Se per lei bestia, o se pur uom si chiama.
L'incarco delle corna è lo piu lieve
Ch'al mondo sia, se ben l'uom tanto infama.
Lo vede quasi tutta l'altra gente ;
E chi l'ha in capo, mai non se lo sente.

Se tu sai che fedel la moglie sia,
Hai piu d'amarla e d'onorar ragione ;
Che non ha quel, che la conosce ria,
O quel che ne sta in dubbio e in passione.
Di molte n'hanno a torto gelosia
I lor mariti, che son caste e buone.
Molti di molte anco sicuri stanno
Che con le corna in capo se ne vanno.

Se voi saper se la tua sia pudica,
Come io credo, che credi, e creder dei ;
Ch'altramente far credere è fatica,
Se chiaro gia per prova non ne sei ;
Tu per te stesso, senza ch'altri il dica,
Te n'avvedrai, s'in questo vaso bei.
Che per altra cagion non è qui messo,
Che per mostrarti quanto t'ho promesso.
Se bei con questo, vedrai grande effet

APPENDICE. 603

Che se porti il cimier di Cornovaglia,
Il vin ti spargerai tutto sul petto,
Ne gocciola sara ch'in bocca saglia.
Ma s'hai moglie fedel, tu berrai netto :
Or di veder tua sorte ti travaglia. »
Cosi dicendo per mirar tien gli occhi
Ch'in seno il vin Rinaldo si trabocchi.

(L'Arioste, *Orlando furioso*, chant XLII, strophes 98-103.)

Il conforto, ch'io prendo, è che di quanti
Per dieci anni mai fur sotto al mio tetto
(Ch'a tutti questo vaso ho messo innanti)
Non ne trovo un che non s'immolli il petto.
Aver nel caso mio compagni tanti,
Mi da fra tanto mal qualche diletto.
Tu tra infiniti sol sei stato saggio
Che far negasti il periglioso saggio.

(*Ibidem*, chant XLIII, strophe 44.)

III. — Page 207.

(IIIe partie, conte VII.)

.... Il s'agit ici d'un jeune homme de vingt à vingt-deux ans, fils de noble famille. Grand, séduisant d'aspect, bien proportionné des membres, le front et les yeux beaux, le nez d'un dessin pur, les dents très blanches, frais comme une rose, la bouche jolie, mains, jambes, en un mot tout parfait, et une mise des plus élégantes, ce jeune homme courtisait depuis deux ans environ une jeune fille de seize à dix-huit ans, telle que, s'il eût été donné au monde de la voir, le monde aurait jugé le meilleur peintre incapable de rendre si délicieuse figure : on eût dit un ange du ciel venu habiter la terre.

Très épris l'un de l'autre, ils réussirent à se ménager plusieurs entrevues, mais au prix de dangers et de précautions sans nombre, car le père de la jeune fille l'avait accordée à un autre, l'amant n'étant point d'aussi haute naissance, ni aussi riche qu'elle. Tant bien sut dire, tant doucement prêcher, qu'il la fit consentir à céder à ses vœux, à condition qu'une fois introduit secrètement dans le logis de sa maîtresse, dûment il l'épouserait avant de passer plus outre. Une double flamme brûlait leurs cœurs.

Le galant s'habille tout d'écarlate, prodigue le velours et le satin ; il s'enveloppe pour la nuit d'un manteau merveilleux. Parfumé, il s'en va au rendez-vous de celle qui est la lumière de sa vie ; il arrive, elle le cache dans une cave jusqu'à ce que tous ceux du logis soient couchés. Et plusieurs fois l'amante vient consoler l'amant, lui faire trouver plus courtes ces heures de l'attente qui leur semblent à tous deux des siècles ; puis remonte auprès de ses parents.

La jeune fille avait toujours mal accueilli l'époux qu'on prétendait lui imposer; toujours, et d'un cœur résolu, elle avait repoussé sa demande, et elle n'agissait ainsi que par amour pour l'autre jeune homme qui avait seul toutes ses pensées. Mais jamais elle ne s'était montrée plus cruelle que ce soir-là.

Cependant l'amant aimé, seul dans sa cachette, brûlait de désir, tremblait de joie, mourait d'impatience. O dure attente ! martyre insupportable ! Quand voici la jeune fille qui revient, et se jette elle-même dans ses bras. Tout frissonnant, il lui dit : « Et pourquoi résister plus longtemps à ma flamme ? » Déjà elle s'abandonnait. Il reprend : « Mais où nous poserons-nous ? Il n'y a ici d'autre lit que le sol. — Étendez votre manteau à terre », répond la jeune fille.

Écoutez, de grâce écoutez, la belle, la nouvelle, la singulière aventure ; écoutez, au nom de Dieu !

Le galant se lamente : « Je vais gâter mon précieux manteau.... Que maudite soit la fortune ! » Alors la jeune fille, indignée de la vilenie de son amant : « Tu as raison. »

Et sous prétexte de le conduire à sa chambre, elle le mit hors du logis. Le lendemain elle épousait celui que lui destinait son père.

(FRANCESCO DONI, *la Seconda Libreria*, fol. 26 v°-28 r° de l'édition de Venise, 1557, in-8°.)

IV. — Page 235.

(IIIe partie, conte XI.)

ΕΙΣ ΤΗΝ ΕΑΥΤΟΥ ΕΤΑΙΡΑΝ.

Ἄγε, ζωγράφων ἄριστε,
γράφε, ζωγράφων ἄριστε,

Ῥοδίης κοίρανε τέχνης,
ἀπεοῦσαν, ὡς ἂν εἴπω,
γράφε τὴν ἐμὴν ἑταίρην.
Γράφε μοι τρίχας τὸ πρῶτον
ἁπαλάς τε καὶ μελαίνας·
ὁ δὲ κηρὸς ἂν δύνηται,
γράφε καὶ μύρου πνεούσας.
Γράφε δ' ἐξ ὅλης παρειῆς
ὑπὸ πορφύραισι χαίταις
ἐλεφάντινον μέτωπον.
Τὸ μεσόφρυον δὲ μή μοι
διάκοπτε, μήτε μίσγε·
ἐχέτω δ', ὅπως ἐκείνη,
τὸ λεληθότως σύνοφρυν
βλεφάρων δ' ἴτυν κελαινήν.
Τὸ δὲ βλέμμα νῦν ἀληθῶς
ἀπὸ τοῦ πυρὸς ποίησον,
ἅμα γλαυκὸν, ὡς Ἀθήνης,
ἅμα δ' ὑγρὸν, ὡς Κυθήρης.
Γράφε ῥῖνα καὶ παρειάς,
ῥόδα τῷ γάλακτι μίξας.
Γράφε χεῖλος οἷα Πειθοῦς,
προκαλούμενον φίλημα.
Τρυφεροῦ δ' ἔσω γενείου
περὶ λυγίνῳ τραχήλῳ
Χάριτες πέτοιντο πᾶσαι.
Στόλισον τὸ λοιπὸν αὐτὴν
ὑποπορφύροισι πέπλοις·
διαφαινέτω δὲ σαρκῶν
ὀλίγον, τὸ σῶμ' ἐλέγχον.
Ἀπέχει· βλέπω γὰρ αὐτήν·
τάχα κηρὲ καὶ λαλήσεις.

(ANACRÉON, ode XXVIII.)

Sur sa maîtresse.

Allons, le meilleur, oui, le meilleur des peintres, roi du bel art de Rhodes, trace le portrait de ma maîtresse absente, peins-la comme je vais te le dire. Donne-lui d'abord des cheveux ondoyants et noirs, et, si la cire te le permet, qu'ils semblent exhaler des parfums. Sous leurs boucles soyeuses développe de face un front d'ivoire. Ne sépare ni ne confonds les sourcils; mais qu'ils expirent imperceptiblement, comme dans le modèle, à leurs extrémités. Pour ses yeux, qu'ils soient tout de flamme, azurés comme ceux de Minerve, humides comme ceux de Cythérée. Sur le nez et les joues mélange le lait et la rose. Peins des lèvres pareilles à celles de la Persuasion, et qui provoquent le baiser. Sur un menton délicat, autour d'un cou flexible, fais voltiger toutes les Grâces. Enfin, revêts-la de pourpre, mais laisse paraître quelques attraits qui fassent juger de ceux que l'on ne voit pas. Arrête : je la vois ; ô chère image, tu vas parler.

ΕΙΣ ΒΑΘΥΛΛΟΝ.

Γράφε μοι Βάθυλλον οὕτω,
τὸν ἑταῖρον, ὡς διδάσκω.
Λιπαρὰς κόμας ποίησον,
τὰ μὲν ἔνδοθεν, μελαίνας,
τὰ δ' ἐς ἄκρον, ἡλιώσας·
Ἕλικας δ' ἐλευθέρους μοι
πλοκάμων, ἄτακτα συνθεὶς,
ἄφες, ὡς θέλωσι, κεῖσθαι.
Ἁπαλὸν δὲ καὶ δροσῶδες
στεφέτω μέτωπον ὀφρὺς
κυανωτέρη δρακόντων.
Μέλαν ὄμμα γοργὸν ἔστω,
κεκερασμένον γαλήνῃ,
τὸ μὲν ἐξ Ἄρηος ἕλκον,
τὸ δὲ τῆς καλῆς Κυθήρης,
ἵνα τις τὸ μὲν φοβῆται,
τὸ δ' ἀπ' ἐλπίδος κρεμᾶται.
Ῥοδίνην δ', ὁποῖα μῆλον,
χνοίην ποίει παρειήν·
ἐρύθημα δ' ὡς ἂν Αἰδοῦς
δύνασαι βαλεῖν, ποίησον.
Τὸ δὲ χεῖλος, οὐκ ἔτ' οἶδα
τίνι μοι τρόπῳ ποιήσεις....
ἁπαλὸν, γέμον τε Πειθοῦς.
Τὸ δὲ πᾶν, ὁ κηρὸς αὐτὸς
ἐχέτω λαλῶν σιωπῇ.
Μετὰ δὲ πρόσωπον ἔστω
τὸν Ἀδώνιδος παρελθὼν
ἐλεφάντινος τράχηλος.
Μεταμάζιον δὲ ποίει
διδύμας τε χεῖρας Ἑρμοῦ,
Πολυδεύκεος δὲ μηρούς,
Διονυσίην δὲ νηδύν.
Ἁπαλῶν δ' ὕπερθε μηρῶν,
μηρῶν τὸ πῦρ ἐχόντων,
ἀφελῆ ποίησον αἰδῶ,
Παφίην θέλουσαν ἤδη.
Φθονερὴν ἔχεις δὲ τέχνην,
ὅτι μὴ τὰ νῶτα δεῖξαι

APPENDICE.

δύνασαι· τὰ δ' ἦν ἀμείνω.
Τί με δεῖ πόδας διδάσκειν;
λάβε μισθὸν ὅσσον εἴπῃς.
Τοῦτον δὲ τὸν Ἀπόλλωνα
καθελὼν, ποίει Βάθυλλον.
Ἦν δ' ἐς Σάμον ποτ' ἔλθῃς,
γράφε Φοῖβον ἐκ Βαθύλλου.

(*Ibidem*, ode xxix.)

Sur Bathylle.

Peins-moi mon cher Bathylle comme je vais te le dire. Donne-lui des cheveux brillants, aux noires tresses, mais dont les extrémités se colorent de reflets dorés. Laisse leurs boucles flottantes se jouer en liberté. Sur son front délicat et frais comme la rosée arrondis des sourcils plus luisants que la peau des serpents. Que son œil noir soit sévère et doux à la fois, sévère comme l'œil de Mars, doux comme celui de la belle Cythérée, afin qu'il laisse entre la crainte et l'espérance. Que ses joues de rose aient le velouté de la pêche; et, autant que tu le pourras, répands-y l'incarnat de la pudeur. Sa bouche, comment la peindre, sa tendre bouche où siège la Persuasion? Pour tout dire en un mot, que son silence parle. Vienne ensuite un cou d'ivoire plus beau que celui d'Adonis. Donne-lui la poitrine et les mains de Mercure, les jambes de Pollux et le ventre de Bacchus. Au-dessus de ses cuisses délicates, de ses cuisses ardentes, montre sa naïve puberté appelant déjà la reine de Paphos. Mais ton art jaloux ne peut nous montrer en même temps son dos, qui est pourtant ce qu'il a de plus parfait. Que te dire de ses pieds? Demande le prix que tu voudras; mais enlève l'Apollon que voilà et peins Bathylle. Si jamais tu vas à Samos, de Bathylle tu feras Apollon.

V. — Page 238.

(IIIᵉ partie, conte xii.)

ΕΙΣ ΕΡΩΤΑ.

Μεσονυκτίοις ποθ' ὥραις,
στρέφεται ὅτ' Ἄρκτος ἤδη

κατὰ χεῖρα τὴν Βοώτου,
μερόπων δὲ φῦλα πάντα
κέαται κόπῳ δαμέντα,
τότ᾽ Ἔρως ἐπισταθείς μευ
θυρέων ἔκοπτ᾽ ὀχῆας.
Τίς, ἔφην, θύρας ἀράσσει;
κατά μευ σχίσεις ὀνείρους.
Ὁ δ᾽ Ἔρως, ἄνοιγε, φησί,
Βρέφος εἰμί, μὴ φόβησαι,
βρέχομαι δέ, κἀσέληνον
κατὰ νύκτα πεπλάνημαι.
Ἐλέησα ταῦτ᾽ ἀκούσας,
ἀνὰ δ᾽ εὐθὺ λύχνον ἅψας
ἀνέῳξα · καὶ βρέφος μὲν
ἐσορῷ φέροντα τόξον
πτέρυγάς τε καὶ φαρέτρην ·
παρὰ δ᾽ ἱστίην καθίξας,
παλάμαισι χεῖρας αὐτοῦ
ἀνέθαλπον, ἐκ δὲ χαίτης
ἀπέθλιβον ὑγρὸν ὕδωρ.
Ὁ δ᾽, ἐπεὶ κρύος μεθῆκε,
φέρε, φησί, πειράσωμεν
τόδε τόξον, ἐς τί μοι νῦν
βλάβεται βραχεῖσα νευρή.
Τανύει δέ, καὶ με τύπτει
μέσον ἧπαρ, ὥσπερ οἶστρος.
Ἀνὰ δ᾽ ἅλλεται καχάζων,
ξένε δ᾽, εἶπε, συγχάρηθι ·
κέρας ἀβλαβές μέν ἐστι,
σὺ δέ καρδίαν πονήσεις.

(ANACRÉON, ode III.)

Sur l'Amour.

Naguère, vers le milieu de la nuit, lorsque l'Ourse tourne déjà près de la main du Bouvier et que tous les mortels reposent domptés par la fatigue, l'Amour vint tout à coup ébranler mes verrous : « Qui heurte à ma porte, m'écriai-je? tu vas troubler mes songes. — Ouvre, répond l'Amour, ne crains pas; je suis un petit enfant mouillé par la pluie, et j'erre dans une nuit sans lune. » A ces mots je me sens ému de pitié; j'allume aussitôt une lampe, j'ouvre et je vois un enfant ailé, portant un arc et un carquois. Je le fais asseoir près du foyer, je réchauffe ses mains entre les miennes, et j'exprime l'eau qui coulait de ses cheveux. « Çà, dit-il, dès qu'il fut réchauffé, essayons cet arc, voyons si la pluie n'en a point un peu gâté la corde. » Il le bande, et me frappe au milieu du cœur, comme ferait un taon. Puis il saute en riant aux éclats : « Mon hôte, dit-il, félicite-moi ; mon arc est en bon état, mais ton cœur sera malade. »

L'Amour mouillé.

Du malheur de receuoir
Ung estranger, sans auoir
De luy quelque cognoissance,
Tu as faict experience,
Menelas, ayant receu
Paris dont tu fus deceu :
Et moy ie la viens de faire
Las ! qui ay voulu retraire
Tout soubdain ung estranger
Dans ma chambre et le loger.

Il estoit minuit, et l'Ourse
De son char tournoit la course
Entre les mains du Bouuier,
Quand le somme vint lier
D'une chaisne sommeillere
Mes yeulx clos soubz la paupiere.
Ià ie dormois en mon lit,
Lors que i'entr'ouis le bruit
D'ung qui frappoit à ma porte,
Et heurtoit de telle sorte
Que mon dormir s'en alla.
Ie demanday : « Qu'est ce là
Qui faict à mon huys sa plainte ?
— Ie suis enfant, n'aye crainte »,
Ce me dit il. Et adonc
Ie lui desserre le gond
De ma porte verrouillée.
« I'ay la chemise mouillée
Qui me trempe iusqu'aux os,
Ce disoit ; car sur le dos
Toute nuit i'ay eu la pluie ;
Et pour ce ie te supplie
De me conduire à ton feu
Pour m'aller secher ung peu. »
Lors ie pris sa main humide,
Et par pitié ie le guide
En ma chambre et le fis seoir
Au feu qui restoit du soir.
Puis, allumant des chandelles,
Ie vis qu'il portoit des ailes,
Dans la main ung arc turquois,
Et soubz l'aisselle ung carquois.
Adonc en mon cœur ie pense

Qu'il anoit grande puissance,
Et qu'il falloit m'apprester
Pour le faire banqueter.
Cependant il me regarde
D'ung œil, de l'aultre il prend garde
Si son arc estoit seché;
Puis, me voyant empesché
A luy faire bonne chere,
Me tire une fleche amere
Droict en l'œil et qui de là
Plus bas au cœur deuala,
Et m'y fit telle ouuerture
Qu'herbe, drogue ni murmure
N'y seruiroient plus de rien.

Voilà, Robertet, le bien
(Mon Robertet, qui embrasses
Les neuf Muses et les Graces),
Le bien qui m'est aduenu
Pour loger ung incogneu.

(Ronsard, livre II, ode xix.)

VI. — Page 242.

(IIIe partie, conte XIII.)

E quivi Adonio a comandare al cane
Incomincio e il cane a ubbidir lui;
E far danze nostral, farne d'estrane,
Con passi e continenze e modi sui;
E finalmente con maniere umane
Far cio che comandar sapea colui,
Con tanta attenzion che chi lo mira
Non batte gli occhi e appena il fiato spira.

Gran maraviglia, ed indi gran desire
Venne alla donna di quel can gentile;
E ne fa per la balia proferire
Al cauto peregrin prezzo non vile.
« S'avessi piu tesor che mai sitire
Potesse cupidigia femminile
(Colui rispose), non saria mercede
Di comprar degna del mio cane un piede. »

E per mostrar che veri i detti foro
Con la balia in un canto si ritrasse,
E disse al cane ch'una marca d'oro
A quella donna in cortesia donasse.
Scossessi il cane e videsi il tesoro.
Disse Adonio alla balia, che 'l pigliasse,
Soggiugnendo : « Ti par che prezzo sia
Per cui si bello ed util cana io dia ?

« Cosa qual vogli sia non gli domando
Di ch'io ne torni mai con le man vote ;
E quando perle, e quando anella, e quando
Leggiadra veste, e di gran prezzo scote.
Pur di a madonna, che fia al suo comando,
Per oro no, ch'oro pagar nol puote,
Ma, se vuol, ch'una notte seco io giaccia,
Abbiasi il cane e 'l suo voler ne faccia. »

Cosi dice, e una gemma allora nata
Le da ch'alla padrona l'appresenti.

(L'ARIOSTE, *Orlando furioso*, chant XLIII, strophes 108-112.)

VII. — Page 301.

(IVᵉ partie, conte II.)

Voicy de loing arriuer les Tesinois sublans souuent, ayans beaucoup de bergers conduisans leurs bercails qui estoient en si grand nombre que la terre en sembloit couuerte. Ilz portoient sus leurs dos leurs fouillouzes et auoient leurs gros mastins attachez à leur ceincture, lesquels, quand il en est mestier, ilz laschent pour se ruer sus les loups et les tuer. Il y auoit plus de trois mille moutons et auoient tous la laine blanche et estoient sans cornes. De la laine d'iceulx se font les bureaux et aultres draps de grosse estoffe.

On tire la premiere par les oreilles dedans la nauire ; laquelle est incontinent suiuie de toutes les aultres, sans auoir aulcune peur ; car Nature a donné ceste faculté au bercail, de suiure tousiours la premiere qui marche deuant.

Mais quand ceste canaille de Tesinois eut veu Balde et ses compaignons armez dedans la nauire, et leurs cheuaux occuper la meilleure place du vaisseau : « O ! dirent ilz, patron, pour quoy rompez vous les accors faicts entre nous? Ne nous as tu pas promis que tu n'en prendrois pas d'aultres en ceste nauire? Gardes tu ainsy tes promesses? O! barquerolliers, vostre foy est elle ainsy entretenue en son entier? O gens à qui est propre de donner des bourdes aux aultres, et qui ne se soucient gueres de commettre une faulseté! Tu es fol, et ne sçais, ô Chiozois, que tu fais, et tu ne cognois point telle marchandise et quel est ce meschant gain. Reçois tu des soldatz et diables armez en ton vaisseau? Iecte ces François, iecte nos ennemis! Ung paysan ne s'accorde iamais auec ung gendarme, et ne souffriroient manger leur viande ensemble. l'ay bonne enuie de leur rendre autant de bastonnades que nous en auons receu d'eux. Nous en auons maintenant le moyen. Il faut, dis ie, leur rendre le change : que ces larrons s'en aillent hors d'icy, à leur faciende; il y a des forests et des cauernes : en icelles font mieulx leur demeure tels voleurs, que de se venir mettre dedans des nauires, et de se mesler icy, parmy des gens de bien. S'ilz ne s'en vont, nous les iecterons en l'eau par force. » Ainsy le plus grand paysan, et le plus audacieux, parla. Le patron ne leur respondit rien, et estouppe ses oreilles à une telle honte, laquelle aucun masque ne pouuoit couurir.

Or Balde, entendant les paroles audacieuses de ce villain moutonnier, desgaine incontinent son espée et met son bouclier au bras, et se delibere d'attaquer ces braues marauts. Cingar le retient, et, en le retenant, parle à luy en l'oreille et le prie de luy laisser la charge de faire ceste vengeance. « Cela, dit il, mon Balde, n'est point seant à vous, ny propre à vostre vertu naturelle; mais appartient plustost à la subtilité de Cingar. Arreste toy, ie te prie : tu verras maintenant merueilles; il ne faut point endurer l'orgueil d'ung villain merdeux : les uns riront; aultres, croy moy, pleureront. » Balde luy obeit et rengaine son espée.

Cependant le vent doucement s'enfle, et la mer commence à se cresper et faire branler ses ondes. Le vaisseau se separe du bord, et peu à peu s'aduance au milieu et laisse le riuage, lequel, en fuyant ainsy, semble emporter auec soy les villes et pays. On ne veoit desià plus les bois, on ne veoit que la mer et le ciel; et les mariniers, en chantant, se reposent.

Cingar, cauteleux, voyant le temps proche et propre pour mettre à effect ce qu'il auoit en pensée, finement s'approche de l'ung de ces paysans, luy disant : « O que voicy grande abundance de viure! Veux tu, mon compaignon, me vendre ung gras mouton? » Le marchand luy respond : « Moy! trois, huict, quatorze, si ung seul ne te suffit, moyennant que tu les veuilles payer, et que tu m'en donnes au moins huict carlins pour piece. » Alors Cingar, le marché arresté, et prenant son mouton, luy compte de sa bourse huict carlins de cuiure, lesquels il auoit n'a gueres forgez.

Les marchans estoient là presens, et toute la compaignie, riches et pauures, lays, moynes et prebstres, s'attendoient de manger chacun ung bon morceau de ce mouton ; mais Balde considerant la mocquerie, desià se prepare fort bien et chuchette en l'oreille de Leonard : « Il sortira, dit il, tantost une belle farce ; tay toy, ie te prie, et t'appreste à rire. » Cingar prend par les oreilles ce mouton qu'il auoit achepté en presence de la compaignie, et le iecte en la mer du hault de la nauire. Chose merueilleuse, et, par aduenture, malaisée à croire à la compaignie ! Incontinent tout le troupeau à la file saulte en la mer, et n'en demeura une seule piece qui ne saultast et ne se iectast en l'eau. Par ce moyen, la mer fut toute couuerte de poissons porte laines, et ces moutons paissoient aultre chose que de l'herbe. Les Tesinois s'efforçoient de les retenir le plus qu'ils pouuoient ; mais c'estoit pour neant, car enfin tout ce bestail abandonna le vaisseau. Au temps du deluge, les poissons, montez au hault sommet des montaignes, contemploient les forests et se promenoient ioyeux par dessus les ormes et peupliers, regardans au dessoubz d'eulx les prez et les fleurs ; et maintenant le bercail paist soubz les eaux l'algue, mange et boit ce qu'il ne veut, et se noye tout à faict. Neptune lors feit ung grand butin, s'esmerueillant d'où estoient descendus tant de moutons : d'iceulx il fait un festin aux nymphes et barons de sa court, lesquels s'en farcirent à bon escient le ventre, laissans soubz la table les ossemens pour les chatz.

Balde creue de rire, Leonard en pette, et les aultres en grongnent. Cingar ne rit point, mais feinct estre marri et rapporte à mal'heur ce qu'il auoit faict de guet à pend, et feignoit d'aller secourir ces bestes ; mais, au contraire, subtilement il les poussoit en la mer : et vous eussiez dict, à le veoir bien embesongné, que les moutons estoient à luy, tant il sçauoit bien accommoder sa mocquerie. Et parce que chaque mouton, saultant ainsy, chantoit, en prononçant *bai, bai*, sa miserable mort, de là la prochaine ville fut nommée Bebba, et le peuple d'autour fut par nos anciens appelé Bebbéns. Iceulx ont aultre foiz dompté les vieux Poposses et auoient soubz leur domination les Malgariens.

(*Histoire maccaronique de Merlin Coccaie*, Paris, 1606, in-12, tome I, p. 323-328.)

VIII. — Page 318.

(IVe partie, conte III[1].)

En 1712, le sieur Duchesne, marchand à Blois, et le sieur Dubois, officier du Roi, demeurant dans la même ville, consentirent réciproquement l'échange de leurs femmes par un écrit ainsi conçu :

« Nous, soussignés, sommes convenus de ce qui suit : c'est à savoir que moi, Duchesne, marchand à Blois, consens que le sieur Dubois, officier du Roi, y demeurant, aille, en exécution du présent billet, chez moi coucher avec ma femme, en contre-échange du consentement donné par lui présentement que moi Duchesne coucherai avec la femme dudit sieur Dubois, où je suis présentement.

« Pourquoi je lui ai donné les loquet et grosse clef de la porte pour l'entrée de ma maison, à peine pour le contrevenant audit troc de payer dix pistoles, applicables, moitié à l'Hôpital général de cette ville, et l'autre moitié à l'Hôtel-Dieu.

« Fait double, à Blois, le 9 janvier 1712, à dix heures du soir. Et, faute pour celui qui ne voudra l'exécution du présent troc, sous deux heures, consentons que le contenu en icelui aura lieu, dont nous prenons pour témoins les sieurs Charles Touzai, Louis Cousin, Pierre et Barthelemy Chauveau, qui seront pour nous régler sur le dédit dudit troc pour l'heure convenue, faute d'exécution d'icelui.

« *Signés* : Duchesne, Dubois, etc. »

Le dédit qu'on avoit prévu n'eut point lieu, et l'échange reçut son exécution ; ce qui fut reconnu de part et d'autre par un écrit qui fut fait à côté du premier, en ces termes :

« Nous, soussignés, reconnoissons qu'en exécution du traité de

---

1. Comme nous le disons ci-dessus (p. 318), nous n'avons pu, malgré des recherches répétées à la Bibliothèque du Palais de justice et aux Archives nationales, trouver l'arrêt du dix-septième siècle auquel Walckenaer fait allusion. Mais nous avons transcrit du moins, faute de mieux, la pièce suivante insérée par Jean-François Fournel, avocat au Parlement, dans son *Traité de l'adultère* (Paris, 1783, in-12, p. 188-190) : on dirait que les parties troquantes se sont inspirées, « en chopinant », du conte de notre auteur.

l'autre part, le sieur Dubois, étant en possession des loquet et grosse clef, a été chez moi Duchesne, et a frayé avec ma femme, et qu'il y a eu copulation charnelle en présence des dénommés de l'autre part;

« Reconnoissant, moi Dubois, que réciproquement ledit sieur Duchesne a eu la même faveur de ma femme, dont nous sommes contents l'un et l'autre ; pourquoi nous avons signé le présent. »

Cette aventure s'étant ébruitée, ajoute Fournel, a fait matière d'un procès criminel intenté, à ce qu'il paroît, par M. le Procureur général, ou son substitut au bailliage de Blois; j'ignore les détails et l'issue de ce procès, n'ayant pu en recouvrer que la pièce que je viens de rapporter et qui est copiée exactement sur celle qui s'est trouvée au greffe criminel du Parlement, et au bas de laquelle il y a la mention suivante : « Paraphé au desir[1] du procès-verbal de cejourd'hui 4 août 1715.

« *Signés* : Carré de Mongeron et Nègre. »

IX. — Page 339.

(IVᵉ partie, conte IV.)

Aduint une foiz que, au pays de Poictou, il y auoit ung sergent, assez bon compaignon, lequel se tenoit en ung village audict pays, et aduint que enuiron Pasques, ledict sergent s'en vint à confesse à son curé, et se confessa au moins mal qu'il put. Aprez plusieurs pechés par luy declarés audict curé, entre les aultres choses ledict curé luy demanda s'il n'auoit point rompu son mariage, car on dit communement que il souuient tousiours à ung tambourineux de ses flustes. A ce dit le sergent au curé : « Monsieur, ie ne l'ay point rompu, ie vous promets que il est encore tout entier. — Comment ! dit le curé, vous vous mocquez de Dieu ! — Non fais, dea ! » dit le sergent. Lors luy dit le curé : « Auez-vous point eu affaire à d'aultres femmes que la vostre? — Non, Monsieur, ie vous promets. — Or çà, dit le curé, vous n'en auez point eu d'enuye? Auez-vous point veu d'aultres femmes que vous eussiez mieulx aymé coucher auec elles que auec la vostre? — Helas ! Monsieur, ouy, dit le sergent; il est bien vrai que, il n'y a pas longtemps, ie vis

---

1. Terme d'ancienne pratique : suivant le procès-verbal.

une fort belle femme à mon appetit et ie la regardois tant doulcement, elle me sembloit tant belle, que i'eusse voluntiers couché auec elle. Ie vous promets, Monsieur, que ie l'eusse embrassée et baisée de bon couraige. Hé! par ma foy! Monsieur le curé, vous en eussiez bien faict autant si vous l'eussiez eue à vostre appetit. — Voire! mais, dit le curé, vous ne luy fistes rien? — Non, Monsieur, dit il. — Vous eustes seulement la volunté que, si vous eussiez esté couché auec elle, vous luy eussiez faict cela? — Par ma foy, ouy, dit le sergent, et de bon couraige. — Or ie vous diray, mon amy, dit le curé, que la bonne volunté est reputée pour le faict. Pour ce peché icy que vous auez faict, ie vous encharge et baille en penitence que, vendredy prochain, vous iusnerez au pain et à l'eau. — Voire! mais, dit le sergent, Monsieur, ie ne l'ai pas faict. — Il ne m'en chaut, dit le curé, la bonne volunté est reputée pour le faict. »

Lors dit le sergent : « Monsieur, ie l'auroys faict, ie vous promets que ne me feroit point de mal de jusner; mais!... — Quel mais? dit le curé, or ie vous encharge de iusner, ou aultrement, si ie le sçay, ie ne vous bailleray point à recepuoir à Pasques. — Hé bien donc, dit le sergent, Monsieur le curé, ie iusneray, s'il plaist à Dieu; mais!... — Vous estes tousiours à ce mais, dit le curé. — Par ma foy, dit le sergent, Monsieur le curé, ie crois que, si la fortune vous estoit ainsi aduenue, qu'il vous fascheroit bien de iusner; mais c'est tout ung, c'est pour la pareille; autant pour autant. Le bon Dieu pouruoyra à tout. — Hé bien, dit le curé, sçauez-vous que vous ferez? Iusnez d'aussi bon couraige comme vous eussiez couché auec la dame. — Bien ie le veux, » dit le sergent.

Lors luy bailla l'absolution, et nostre homme s'en va tousiours grondant pour ce iusne. Quelque temps aprez, enuiron le moys de may, que les blez sont grans, vous deuez sçauoir que le curé auoit plusieurs vaches, dont il vint l'une desdictes vaches auprez d'ung grant blé et y auoit une haye entre deux, et ceste vache cuydoit manger de ce blé, mais elle ne pouoit, et tiroit sa grant langue pour cuyder manger par au trauers de la haye, mais iamais n'y pouoit toucher. Or vous deuez sçauoir que le sergent estoit là et regardoit la vache, attendant qu'elle entrast dedans le blé pour la mener en prison. Si demanda à quelqu'un qui estoit là, à qui estoit la vache, et on luy respondit qu'elle estoit au curé. « Au curé! dit il; sainct Iehan! vous viendrez en prison. » Et de faict mena ceste vache prisonniere. Le curé en fut aduerty et vint au sergent, luy disant qu'il auoit mal faict d'auoir ainsy mené sa vache, veu qu'elle n'auoit point faict de mal. « Comment! dit le sergent, Monsieur, elle en vouloit manger; la bonne volunté est reputée pour le faict. Par Dieu! vous en payerez l'amende pour elle. Vous souuient il point que vous me fistes iusner au pain et à l'eau par ung vendredy, parce que ie auoys enuye de coucher auec une belle ieune femme, et si n'y auoys pas couché? Mais vous me fistes passer par là. Ie ne l'ay pas oublié, non! non! et en passerez par là pour vostre vache. » Et fallut que le curé en payast l'amende.

(*Le Grand Parangon des Nouvelles nouvelles*, nouvelle XXVIII.)

X. — Page 381.

(IVᵉ partie, conte VI.)

Mulette (Alamoûth) est une contrée [là où le Viel de la Montaigne souloit demourer anciennement.... Or vous conteray tout son afaire selon ce que le dit Messire Marc Pol, qui l'oy conter à plusieurs hommes de celle contrée. Le Viel estoit apelé en leur language Aloadin (Ala-ed-dîn). Il auoit faict fermer entre deux montaignes, en une vallée, le plus grant iardin et le plus beau qui oncques fust veu, plein de tous fruiz du munde; et y auoit les plus belles maisons et les plus beaux palais qui oncques feussent veuz, touz dorez et pourtraiz de toutes choses moult bien. Et si y auoit conduis qui couroient moult bien de vin et de laict et de miel et d'aigue; et plein de dames et de damoyselles les plus belles du munde, qui sçauoient sonner de touz instrumens et chanter moult bien, et dansoient si que ce estoient ung deliz de ce veoir. Et leur faisoit entendant, le Viel, que ce iardin estoit paradis. Et pour ce l'auoit il faict de telle maniere que Mahomet dit que leur paradis seroit beau iardin plein de conduis de vin et de laict et de miel et d'aigue, et plein de belles femmes au deliz de chascun, en celle maniere comme celui du Viel. Et pour ce creoient ilz que ce fust paradis.

En cel iardin n'entroient nulz homs, se non ceus que il vouloit faire ses Hasisins. Il auoit ung chastel à l'entrée de cel iardin, si fort que tout le munde ne le pourroit prendre, et ne pouoit on entrer en cel iardin que par illec. Il tenoit en sa court ieunes enfans de douze ans, de sa contrée, qui auoient volunté d'estre hommes d'armes : et leur disoit comment Mahomet disoit que leur paradis estoit de la maniere que ie vous ay dict; et ceus le creoient comme Sarrasins le croient. Et les faisoit mettre dedans cel iardin par dix et par six et par quatre ensemble, en celle maniere : car il leur faisoit boire ung breuuage de quoy ilz s'endormoient maintenant; puis les faisoit prendre et mettre en son iardin. Et quant ilz s'esueilloient si se treuuoient là.

Quant ilz se treuuent leans et ilz se veoient en si beau lieu, cuydent estre en paradis vraiement. Les dames et les damoyselles les soulacent tousiours à leur volunté, si que les ieunes ont ce que ilz veulent auoir, et iamais à leur volunté n'istròient de leans. Le Seigneur Viel, que ie vous ay dict, si tient sa court noble et grant, et faict acroire à celle simple gent, qui li est entour, que il est ung grant prophete. Et ainsy le croient certainement. Et quant il veut auoir de ses Hasisins pour enuoier les en aulcun lieu, si il faict donner de ce breuuage à aulcun qui est en cel iardin, et si le faict porter en son palais. Et quant il est esueillié, si se treuue hors de son paradis, en ce chastel, de quoy il en a moult grant merueille, et n'en est pas trop aise. Le Viel le faict venir deuant luy, et si s'umilie moult vers luy comme celuy qu'il croit qu'il soit vray prophete. Et il leur demande dont ilz viennent. Et ilz dient que ilz viennent de paradis, et dient que il est tel comme Mahomet dit en leur loy. Et li autres qui ce oient et ne l'ont veu, si ont grant volunté d'aler.

Et quant il veut faire occire ung grant seigneur, si leur dit : « Alez et occiez tel personne; et quant vous serez retournez, ie vous feray porter par mes anges en paradis. Et se vous morez là, ie manderay à mes anges que ilz vous portent arrieres en paradis. » Et ainsy leur faisoit acroire ; et pour ce faisoient trez tous son commandement qu'ilz ne laissoient pour nul peril, pour le grant talent que ilz auoient de tourner arriere en son paradis. Et par celle maniere faisoit le Viel occire touz ceus que il leur commandoit. Et pour la trez grant doubte que les seigneurs auoient de luy, si li rendoient treu (tribut) pour auoir paix à luy et amitié.

(*Le Liure de Marco Polo*, édition de M. Pauthier, Paris, 1865, in-8°, chapitres xl : « Cj deuise du Viel de la Montaigne », et xli : « Comment le Viel faict parfaictz ses Hasisins. »

APPENDICE.

XI. — Page 381.

(IVᵉ partie, conte VI.)

Est in terris illis regio quædam Mulete dicta, ubi dominabatur princeps quidam pessimus, Senex de Montanis dictus, de quo multa audivi, et quæ relaturus sum ab aliis multis regionis illius incolis didici qui ita mihi dixerunt. Fuit princeps ille cum universo populo suo, cui præerat, legi Mahumeti addictus. Is inauditam excogitavit malitiam : nam homines quosdam sicarios seu gladiatores, quos vulgo assassinos vocant, sibi adjunxit, et per illorum effrenem audaciam quoscunque voluit occidit, ut brevi omnibus terrori esset. Porro id hac impostura effecit. Erat in terra illa vallis quædam amœnissima altissimis septa montibus, intra quam viridarium plantavit maximum, et pulcherrimum floribus odoriferis et fructibus suavibus, atque aliis delectabilibus refertum herbis. Extruxerat etiam in illo horto palatia quædam egregia, mira decorata pictura, et quiquid illis ornamento esse potuit, adhibuit. Porro quæ ad totius corporis voluptatem faciunt, non est opus ut multam de illis faciam mentionem, quum horto illi et palatiis non defuerint rivuli varii, aqua, melle, vino et lacte fluentes, varia musicæ artis instrumenta et melodiæ, choreæ, tripudiæ, palestræ, vestes pretiosæ, et mirus apparatus omnium delectabilium rerum, quibus pro voto fruebantur juvenes quidam intra viridarium positi, qui aliud nihil faciebant quam quod vitam beatam vivebant, tristitiæ nullum dantes locum. Erat proinde in introitu horti castrum fortissimum, diligenti munitum custodia, per quod solum et per nullum alium locum patebat ingressus et exitus in hortum. Extra locum illum habebat Senex ille, cui nomen erat Alaodin, juvenes quosdam et viros fortes, audacis atque præfracti animi, quos ad hoc ipsum instituebat, ut animi sui detestabile exsequerentur propositum. Curabat illos informari nefaria lege Mahumetica, quæ observatoribus suis in vita futura carnales promittit voluptates. Et ut eos obsequentiores sibi redderet et ad omne vitæ periculum intrepidos, quum illi videretur, faciebat eis, vel quibusdam eorum, dari potum quemdam, quo inescati dementes fiebant, et gravi opprimebantur sopore, interimque in viridarium ducebantur, et quum sopore soluto evigilarent, et viderent se tantis interesse delitiis, putabant se in paradisum Dei raptos, vivereque cum Mahumeto, legislatore ipsorum, et illis quæ promisit perfrui gaudiis. Quid plura? Gaudebant se ex seculi miseriis ereptos, et jam aliam atque felicem vivere vitam. Sed quum paucis diebus his gaudiis interfuissent, Senex quibus volebat iterum memoratum potum bibendum exhibuit, et dementatos extra paradisum illum reduxit. Tunc illi ad se redeuntes, et reminiscentes quibus et quantis ad modicum tempus potiti fuissent gaudiis, supra modum dolebant et tristes efficiebantur quod delitiis illis perpetuo frui non concessum sit, mortem libenter subituri, modo hac vita tam modice degustata semper vivant. Tunc tyrannus ille, qui Dei prophetam se esse mentiebatur, aiebat illis : « Audite me, et nolite contristari. Si parati estis ut pro mea obedientia mortem intrepide, ubi illata fuerit, subeatis, participes vos pronuntio futuros illorum gaudiorum quæ ad horam vidistis. » At miseri illi mortem lucrum putantes, nihil tam difficile aiunt injungendum, quod pro illa beata vita consequenda non libenter subeant. Abutitur igitur tyrannus ille his præfractis hominibus ad innumera homicidia, quippe qui corporalem vitam prostituentes contemnebant etiam mortem ipsam, et passim ad tyranni jussus in regione illa sic grassabantur, ut omnibus hominibus essent formidini, et nemo insaniæ illorum resistere auderet. Sicque fiebat ut multæ regiones et potentes viri tyranno illi tributarii fierent.

Anno domini millesimo ducentesimo sexagesimo secundo Allau rex Tartatorum potenti exercitu tyranni illius castrum obsedit, cupiens tantum periculum e suis eliminare partibus, Et elapsis tribus annis cepit illum cum omnibus assassinis suis, defecerant enim illis victualia, et funditus abolevit locum, et homines interfecit.

(*Navigazioni e Viaggi* raccolti gia da Gio.-Bat. Ramusio, traduction latine des chapitres xxviii et xxix, Venezia, 1550-1559, 3 volumes in-fol.)

XII. — Page 463.

(IVe partie, conte ix.)

Filles, à ung pere seullet,
Toutes foiz lors d'assez ieune aage,
Dedans ung caduc hermitage
Arriua une godinette

APPENDICE.

Qui desiroit d'estre nonnette
Et viure de pain et racines.
Or, ainsy que ieunes poupines
Il est aisé à decepuoir,
Le frere mit tout son debuoir
De luy apprendre une leçon
Du moyen, maniere et façon
De remettre ung diable en enfer,
Combien qu'il fust plus dur que fer,
Non pas ainsy que Theophile[1].
Si vint dire à la ieune fille :
« Auez vous bonne volunté
Viure auec moy? — Pater sancte,
Aultre chose ie ne porchasse,
Respondit elle sans fallace ;
Ie ne quiers que la vie munde.
— Or, dit il, Dieu priua du munde
Le grand diable par son peché
D'orgueil, duquel fut entaché.
Pour tant quand ce malheureux diable
Vient au munde, il est delectable
A Dieu le remettre en enfer,
Pour les damnez y reschauffer :
I'entens le tout sans deshonneur. »
La fille respond : « Mon seigneur,
Comment se faict cela? — Comment ?
Dit il ; ma fille, habilement :
Sans plus tarder, despoillons nous,
Puis nous nous mettrons à genoux.
Ainsy apprendrez la maniere
Chasser le diable en sa taniere. »
Le ieune homme osta sa chemise
Sans rien aulcunement cacher ;
Incontinent se va lascher
Le grand diable de ce mignon,
Plus rouge que n'est ung oignon.
Elle voyant cela saillir
Commence lors à tressaillir,
Disant : « Que voi ie là dehors
Ainsy saillir de vostre corps?
Beau pere, il semble d'une bille.
— Certes, dit il, la belle fille,
C'est le diable sans nul default
Qui hors de mon poure corps sault,
Pour faire quelque desplaisir.

1. Sans doute le moine et poète latin de la fin du quinzième siècle, célèbre par ses austérités et sa chasteté.

Fille, c'est à vous grand plaisir
Que n'en auez ung comme moy.
Las! pour m'oster de cest esmoy,
Usez deuers moy par concorde
Des œuures de misericorde,
Et chassons ce diable en enfer,
Ou qu'il voise ailleurs se chauffer. »
Ceste leçon tant recorda
Que la fille enfin s'accorda :
Si se mirent dessus le lict,
Où firent l'amoureux delict,
Chassant ce diable à toutes foiz
Qu'il sortoit.

(*Le Banquet des chambrieres faict aux estuues*, s. l., 1541, in-8°, vers 282-343.)

XIII. — Page 518.

(IVe partie, conte xii.)

Il y auoit ung ieune garson de l'aage de dix sept à dix huict ans, lequel, estant à ung iour de feste entré en ung conuent de religieuses, en vit quatre ou cinq qui luy semblerent fort belles, et dont n'y auoit celle pour laquelle il n'eust trop voluntiers rompu son ieusne; et les mit si bien en sa fantasie qu'il y pensoit à toutes heures. Ung iour, comme il en parloit à quelque bon compaignon de sa cognoissance, ce compaignon luy dit : « Sçais tu que tu feras? Tu es beau garson, habille toy en fille, et t'en va rendre à l'abbesse; elle te recepura aisement : tu n'es point cogneu en ce pays icy. » Car il estoit garson de mestier, et alloit et venoit par pays. Il creut assez facilement ce conseil, se pensant qu'en cela n'auoit aulcun danger qu'il n'euitast bien quand il voudroit. Il s'habille en fille assez pourement, et s'aduisa de se nommer Thoinette.

Dont de par Dieu s'en va au conuent de ces religieuses, où elle trouua façon de se faire veoir à l'abbesse, qui estoit fort vieille, et de bonne aduenture n'auoit point de chambriere. Thoinette parle à l'abbesse et luy compta assez bien son cas, disant qu'elle estoit une poure fille orfeline d'ung village de là auprez qu'elle luy nomma. Et en effect parla si humblement que l'abbesse la trouua à son gré, et, par maniere d'aumosne, la voulut retirer, luy disant que, pour quelques iours, elle estoit contente de la prendre, et que, s'elle vouloit estre bonne fille, qu'elle demoureroit là dedans. Thoinette fit bien la sage, et suiuit la bonne femme d'abbesse, à laquelle elle sceut fort bien complaire, et quant et quant se faire aymer à toutes les religieuses; et mesme en moins de rien elle apprit à ouurer de l'aiguille, car peut estre qu'elle en sçauoit desià quelque chose, dont l'abbesse fut si contente qu'elle la voulut incontinent faire nonne de là dedans.

Quand elle eut l'habit, ce fut bien ce qu'elle demandoit, et commença à s'approcher fort prez de celles qu'elle voyoit les plus belles, et, de priuaulté en priuaulté, elle fut mise à coucher auec l'une. Elle n'attendit pas la deuxiesme nuict que par honnestes et amyables ieux elle fist cognoistre à sa compaigne qu'elle auoit le ventre cornu, luy faisant entendre que c'estoit par miracle et vouloir de Dieu. Pour abreger, elle mit sa cheuille au pertuys de sa compaigne, et s'en trouuerent bien et l'une et l'aultre; laquelle chose, en la bonne heure, il, dis ie elle, continua assez longuement, et non seulement auec celle là, mais encore auec trois ou quatre des aultres, desquelles elle s'accointa.

Et quand une chose est venue à la cognoissance de trois ou de quatre personnes, il est aysé que la cinquiesme le sçache, et puis la sixiesme; de mode qu'entre ces nonnes, y en ayant quelques unes de belles, et les aultres laydes, ausquelles Thoinette ne faisoit pas si grande familiarité qu'aux aultres, auec maintes aultres coniectures, il leur fut facile de penser ie ne sçay pas quoy, et y firent tel guet qu'elles le cogneurent assez certainement, et commencerent à en murmurer si auant que l'abbesse en fut aduertie; non pas qu'on luy dit que nommement ce fust sœur Thoinette, car elle l'auoit mise là dedans, et puis elle l'aymoit fort, et ne l'eust pas bonnement creu; mais on luy disoit par paroles couuertes qu'elle ne se fiast pas en l'habit, et que toutes celles de leans n'estoyent pas si bonnes qu'elle pensoit bien, et qu'il y en auoit quelqu'une d'entre elles qui faisoit deshonneur à la religion et qui gastoit les religieuses. Mais quand elle demandoit qui c'estoit et que c'estoit, elles respondoyent que, s'elle les vouloit faire despoiller, elle le cognoistroit.

L'abbesse, esbahie de ceste nouuelle, en voulut sçauoir la verité au premier iour, et, pour ce faire, fit venir toutes les religieuses en chapitre. Sœur Thoinette estant aduertie par ses mieulx aymées de l'intention de l'abbesse, qui estoit de les visiter toutes nues, attacha sa cheuille par le bout auec ung filet qu'elle tira par derriere, et accoustra si bien son petit cas qu'elle sembloit auoir le ventre fendu comme les aultres à qui n'y eust regardé de bien prez, se pensant que l'abbesse, qui ne voyoit pas la longueur de son nez, ne le sçauroit iamais cognoistre.

Les nonnes comparurent toutes. L'abbesse leur fit sa remonstrance et leur dit pour quoy elle les auoit assemblées, et leur commanda qu'elles eussent à se despoiller toutes nues. Elle prend ses lunettes pour faire sa reueue, et, en les visitant les unes aprez les aultres, ce vint au rang de sœur Thoinette, laquelle, voyant ces nonnes toutes nues, fraisches, blanches, refaictes, rebondies, elle ne put estre maistresse de ceste cheuille qu'il ne se fist maunais ieu. Car, sus le poinct que l'abbesse auoit les yeux le plus prez, la corde vint rompre, et, en desbandant tout à ung coup, la cheuille vint repousser contre les lunettes de l'abbesse et les fit saulter à deux grandz pas loing. Dont la poure abbesse fut si surprise qu'elle s'escria : « *Iesu Maria!* Ah! sans faulte, dit elle, et est ce vous? Mais qui l'eust iamais cuydé estre ainsy! Que vous m'auez abusée!»

Toutes foiz qu'y eust elle faict, sinon qu'il falloit y remedier par patience, car elle n'eust pas voulu scandaliser la religion? Sœur Thoinette eut congé de s'en aller auec promesse de sauluer l'honneur des filles religieuses.

(BONAVENTURE DES PÉRIERS, *Nouuelles Recreations et Ioyeulx Deuis*, nouvelle LXII.)

XIV. — Page 518.

(IVᵉ partie, conte XII.)

Erant in monasterio Germerodano, quemadmodum ex multis senibus audivi, papatu adhuc per Hassiam vigente, virgines sacræ longe omnium speciosissimæ, ita prorsus ut cunctis ejus nationis puellis oris elegantia formæque decore anteire et non habere hac quidem in parte secundas vulgo crederentur. Id cum adolescentem quemdam minime fugeret, hominem et peni deditum, et versutum, et confidentem, totus in eam curam atque cogitationem incumbit : quemadmodum isto in cœnobio aliquandiu ætatem agere et uni atque alteri moniali, si non pluribus, stuprum inferre posset. Quocirca, ut quod animo intenderat perficeret, muliebri habitu assumpto, se pro famula rei culinariæ administraudæ perita agit, suamque sacrarum virginum præfectæ operam locat. Quæ et ipsum conductum rei mox culinariæ præfecit, altera illa quæ cum senio tum morbis etiam jam squalebat rude donata. Quod autem hic planus et vultu, et voce, et incessu, et gestibus, et toto denique corporis motu, fœminam mirifice ad vivumque repræsentaret, fuit talis utique habitus qualem mentiebatur atque fingebat. Quamobrem antistita æquo animo patiebatur cum viginibus ipsum sacris libere versari et quo vellet cunque expatiari. Quid multa ? Has ille rus euntes comitabatur, adhærebat ipsis indivulse commeantes, animi causa, in hortos, in prata, in vicinum lucum. Intervisebat eas identidem in ipsarum conclavibus, explicabat illis capillos, ac lectis abjectisque pediculis demulcebat capita.

Cæterum cum mensem jam unum in monasterio atque alterum confecisset, et a nemine non putaretur fœmina, petit a moniali natu minima ut sibi condormiat. Hæc quod fucum minime olfaceret, morem illi haud repugnanter gerit, conscensoque lecto non ita multo post animadvertit probe mutoniatum ipsum esse. Itaque pene ipsius apprehenso exclamat : « Papæ! quid hoc monstri est! Cornu, me hercle, esse dixerim. Vaccæ quidem nostræ, et capræ, et cervi, et capreoli fronte sunt cornuti; tu vero sub umbilico. Quid, quæso, monstri alis? Numnam es monoceros? » Illo dicente pistillum se eo loco circumferre quo quidem pisa comminuere in pultemque redigere consueverit, respondet illa : « Vah! quantopere calet! de pisis, credo, adhuc fervet quæ cœnatæ sumus hac vespera. » Vix hæc effata ipsa fuerat, ecce tibi nebulo in simplicis virgunculæ collum invadens stuprum illi infert, posteaque vetat ut ne efferat foras aut effutiat, se ita ab ipso tractatam esse, posse namque sæpius sic beari, siquidem taceat et non enuntiet.

Quemadmodum autem hanc miseram circumvenerat impostor iste, ita et quibusdam aliis fucum faciebat; sic quidem ut uni post aliam uterus in monasterio intumesceret. Quo sacerdos maxima animadverso inquit : « Vah! sancta Maria! ecquid hoc infortunii, tot jam virgines uterum sacras ferre! Quin profecto nebulo quispiam se pro fœmina gerens inter nos versetur dubitari non potest. Ut igitur lastaurum istum deprehendam, volo utique ut a prandio vos mihi nudas ad unam omnes sistatis. » Ne multa; significatur hoc ipsum atque injungitur non sacris solum virginibus, sed et ancillis ex æquo omnibus. Quamobrem impostor iste priapum mox suum crinali annexum sub alvum perinconque deflectit, ita quidem ut podici fere inclusus minime appareret. Nam et filum illud quo penem constrinxerat collo suo aptaverat monili aliquo ipsi addito.

A prandio accersuntur omnes ut inspiciantur accurate. Hic personata fœmina cum cæteris quoque se nudam sistit neque vero mas agnoscitur, quod inguen funiculo serico, uti diximus, alligasset, qui per interfœminium a tergoque ductus de collo pendebat, monili ornatus. At vero cùm sacræ virgines pleræque omnes, veste deposita, nudæ in conspectu ejus jam consisterent, nebuloni mentula mox tenditur, ruptoque lupato seu filo erumpit et ventrem prosiliendo ita ferit pulsatque ut cum audiretur tum conspiceretur. Itaque dicatarum Deo virginum maxima confestim exclamat : « Sancta Maria! at verba mihi data abs te sunt, lastaure. Tu vero unus virgines hasce compressisti atque vitiasti. Disperearn, equidem, si hoc impune tu auferes! »

Atqui ille vesti arrepta mox sese induit, ac fugam arripiens, periculum quod ipsi creabatur evitat. Cæterum, quæ hoc nebulonis facinus nobis narravit, omnium prima ea quidem una de monialium istarum numero atque adeo hujusce rei spectatrix fuit, et, abrogata religione papistica, Sebastiano Tylesio, Germerodanæ ecclesiæ pastori, nupsit. Ipsa tamen lastauri istius dolos atque insidias cum paucis aliis ætate provectis effugit. Quoties autem nobis hanc rem referebat, toties tantum non risu corruebat.

(OTHO MELANDER, *Joco-seria*, Marbourg, 1604-1609, in-8°, livre II, chapitre CXLIX.)

TABLE DES MATIÈRES

CONTENUES DANS LE CINQUIÈME VOLUME.

CONTES ET NOUVELLES.

TROISIÈME PARTIE.

Conte I.	Les Oies de frère Philippe, nouvelle tirée de Boccace..................................	3
Conte II.	La Mandragore, nouvelle tirée de Machiavel.	22
Conte III.	Les Rémois..	60
Conte IV.	La Coupe enchantée, nouvelle tirée de l'Arioste.	88
Conte V.	Le Faucon, nouvelle tirée de Boccace.......	151
Conte VI.	La Courtisane amoureuse..................	179
Conte VII.	Nicaise...	207
Conte VIII.	Le Bât...	227
Conte IX.	Le Baiser rendu.............................	231
Conte X.	Épigramme....................................	234
Conte XI.	Imitation d'Anacréon.......................	235
Conte XII.	Autre imitation d'Anacréon................	238
Conte XIII.	Le Petit Chien qui secoue de l'argent et des pierreries.................................	242

QUATRIÈME PARTIE.

Conte I.	Comment l'esprit vient aux filles..........	285
Conte II.	L'Abbesse................................	300
Conte III.	Les Troqueurs............................	318
Conte IV.	Le Cas de conscience.....................	338
Conte V.	Le Diable de Papefiguière.................	354
Conte VI.	Féronde ou le Purgatoire..................	379
Conte VII.	Le Psautier...............................	407
Conte VIII.	Le roi Candaule et le Maitre en droit.......	423
Conte IX.	Le Diable en enfer........................	462
Conte X.	La Jument du compère Pierre.............	483
Conte XI.	Pâté d'anguille...........................	504
Conte XII.	Les Lunettes.............................	518
Conte XIII.	Le Cuvier................................	539
Conte XIV.	La Chose impossible.....................	548
Conte XV.	Le Magnifique...........................	558
Conte XVI.	Le Tableau...............................	577
Appendice...		599

FIN DE LA TABLE DES MATIÈRES.

12665. — Paris, Imprimerie A. Lahure, rue de Fleurus, 9.

12665 — PARIS, IMPRIMERIE A. LAHURE
Rue de Fleurus, 9

www.ingramcontent.com/pod-product-compliance
Lightning Source LLC
Chambersburg PA
CBHW071201230426
43668CB00009B/1036